MW01115411

Ludwig M. Auer

Europa:
Wunsch, Wahn und Wirklichkeit
Eine Trilogie

Band 1:
Zur Geschichte von Migration und Kultur

Ludwig M. Auer

Europa:
Wunsch,
Wahn und
Wirklichkeit

Eine Trilogie

Band 1
Zur Geschichte von Migration und Kultur

Europa; Wunsch, Wahn und Wirklichkeit
Eine Trilogie
Band 1: Zur Geschichte von Migration und Kultur

1. Auflage 2019
© 2019 Ludwig M. Auer
Alle Rechte vorbehalten
Autor: Ludwig M. Auer
Umschlaggestaltung: Ludwig M. Auer
Abbildung am Beginn von Band 1, S.1. siehe [293]
Herstellung und Verlag: BoD, Books on Demand, Norderstedt

ISBN   9783750430167

Gewidmet allen Zweiflern an der europäischen Idee

Inhaltsverzeichnis

Anmerkungen zum Text

Auf welcher Seite sich welche Abbildung findet, ist in der Liste „Abbildungs-
zuordnung" auf Seite 306 zusammengestellt.

Mit einem Sternzeichen * markierte Zitate sind vom Autor übersetzt.

Hochgestellte Zahlen, z.B. Autor [35] beziehen sich auf die Literaturliste ab Seite
399. Eine detaillierte Liste der ca. 1000 Einzel-Zitate mit allen
individuellen Seitenangaben ist beim Autor via e-mail erhältlich:
europatrilogie@gmx.net

Hochgestellte Zahlen mit vorangestelltem "A", z.B. Demokratie [A39] stehen für
Anmerkungen ab Seite 307.

Verweise auf Seiten in Texten, z.B. „S. 104", gelten für mehrere Seiten, wenn
hinter der Zahl ein "f" oder "ff" steht, z.B. „S. 104f".

Vorwort

Europa hat in meiner Lebenszeit so wenig dramatischen Wandel durchgemacht wie selten davor in seiner Geschichte. Zwar bin ich noch während der Besatzungszeit in meine Bewusstheit aufgeschreckt: wir fuhren in der Straßenbahn. Man saß auf Holzbänken längs des Waggons, so wie heute in der U-Bahn. Man konnte auf der Bank knien und hinausschauen. Plötzlich blieb die Tram gerade in der Mitte der großen Brücke über die Donau stehen. Alle Erwachsenen stiegen aufgeregt aus, drehten sich nicht einmal nach uns Kindern um, die drinnen bleiben mussten. Draußen zwei Gruppen von Soldaten mit Gewehr über der Schulter: Es war die Zonengrenze zwischen den Besatzungsmächten, an der man einen Ausweis zeigen und eine Genehmigung eintragen lassen musste, wenn man aus der Vorstadt in die Stadt wollte zum Einkaufen. Unsicherheit und Angst hängen über der Kindheit wie eine dunkle Wolke.

Mit der Jugend begann das Leben einen regelmäßigen Lauf zu nehmen wie nach dem Ende der Geschichte der Menschheit: alles war schon geschehen, nichts konnte sich mehr ändern. Aufregungen waren selbstgemacht, Gefahren erlebte man nur im Kino, hörte davon in den Nachrichten aus fernen Ländern.

Das Berufsleben als Chirurg an einer Universitätsklinik verbringt die Mehrzahl als unpolitische Menschen zwischen Patientenversorgung und Forschung, vor allem, weil für Politik einfach keine Zeit bleibt. Mit dem Altern kommt das Aufwachen in die Geschichte, wenn die eigene Lebensspanne zu erlauben beginnt, den Zeittakt der Veränderungsprozesse auch im Frieden zu spüren.

In hunderten Reisen quer durch die Welt genoss ich jedes Mal wieder die Rückkehr in meine Heimat Europa. Europa mit all den reizvollen kleinen Unterschieden zwischen seinen Ländern, mit der großzügig- schwelgenden Fülle seiner Kultur, die man auf Spaziergängen durch seine Städte durchwandern konnte, als heimatlich vertraut empfand, oder als reizvoll fremd, aber dennoch stets als Teil der eigenen Welt.

Soweit sich dieses Europa seit dem letzten Weltkrieg in seiner Kultur nicht geändert hat, ist es an vielen Orten zum Museum für Touristen aus aller Welt geworden. Soweit es sich gewandelt hat, waren Kräfte von außen ausschlaggebend. Sehenswürdigkeit aus vergangenen Zeiten für die Einen, sehnsüchtig erstrebter, traumgleicher Zufluchtsort für die Anderen.

Ich war kürzlich wieder einmal in Venedig: dort habe ich die Stadt nicht wiedererkannt, aber Europa in seiner Gegenwart gesehen: Massen von Touristen drängen durch die engen Gassen; bettelnde Flüchtlinge an den Straßenecken. Die Einheimischen erkennt man daran, dass sie wie mit Scheuklappen dazwischen durchgehen, nicht hastig aber geradewegs, belästigt und unnahbar, mit einer

Miene, die das Getriebe ringsum nicht wahrnehmen will, sich dahinter aber dennoch ängstlich verloren zu erkennen gibt.

In Venedig steht eines der ältesten Ghettos der Welt: jüdische Einwanderer durften sich dort niederlassen und bleiben. Mittlerweile gibt es Viertel in Europas Städten, deren Bevölkerung den Besucher in ein anderes Land versetzt, eine andere Kultur, Stadtteile, in denen man Europa nicht wiedererkennt. Jetzt erst beginnen sich Leute zu fragen, erwacht aus ihrer Selbstverständlichkeit: Europa und seine Kultur, hat das etwas mit uns zu tun? Migration ja, *das* ist nicht zu übersehen. Und Multi-Kulti? Der Begriff ist von gestern; das Gefühl davon verworren in einem Gemenge von Nostalgie und Ärger ob dem Ansinnen von Sinnhaftigkeit.

Vor 500 Jahren malte man Europa als schöne Prinzessin, deren Körperformen man denen der immer klarer werdenden geographischen Umrisse des Kontinentes anpassen konnte (Abb. 53). Heute malt niemand mehr Europa. Allenfalls bilden Sterne auf seinem Banner ein großes Fragezeichen.

Viele Menschen in europäischen Ländern fühlen sich heute von Immigranten aus fremden Kulturen überrannt, ihre Länder damit überfüllt. Warum diese Angst vor Überfremdung gleichzeitig mit einer Abkehr vom Zusammenwachsen dieser Länder in der Europäischen Union einhergeht, wird von der etablierten Politik in den einzelnen Nationen auf populistische Aktivitäten geschoben, die ihre Wählerschaft durch Instrumentalisierung dieser Angst zu gewinnen und mehren hoffen. Dass man diese Entwicklung in ein politisches Aktivitätsvakuum hinein nachgerade erzwang, wird dabei meist verschwiegen. Warum ließ sich diese Angst vor Überfremdung nun derart erfolgreich in einem demagogischen Streich der Europäischen Union als Verursacherin andichten, einer Union, die noch gar keine ist, die doch gar nichts getan hat?

Wellen von Immigranten waren entweder aus den früheren Kolonien dieser europäischen Länder oder als Gastarbeiter im Rahmen des wirtschaftlichen Aufschwungs nach dem Zweiten Weltkrieg gekommen – und samt ihren nachgeholten Familien geblieben. Diese Entwicklung wurde von angestammter Gesellschaft und dem sogenannten politischen Establishment der betroffenen europäischen Länder für Jahrzehnte ignoriert. Erst seit wenigen Jahren spricht man nun von „Multikulturalität" als nationaler, und neuerdings auch europäischer, Herausforderung. Damit ist ein Teil von Sinn und Ziel und Zweck dieser gegenständlichen Publikation beschrieben: ein Versuch, Ordnung in ein chaotisches, europaweites Stimmengewirr zu bringen, das aus parteiischen Interessenskundgebungen, Abwehrreaktionen und vielen falschen oder fehlinformierten Beiträgen besteht, aus dem niemand mehr erraten kann, ob es noch jemanden gibt, der den politischen Überblick bewahrt hat, jemand ohne machtpolitisches Interesse und ohne ideologisch- zwanghafte Überzeugtheit mit dem Ziel, diese chaotische Situation auszunutzen.

Was man seit dem Jahr 2015 sehr deutlich wahrnimmt, ist das auffällige Schweigen auf der Ebene der Europäischen Union, allenfalls ein betontes Leisetreten, um nicht auf sich aufmerksam zu machen und damit zu ermöglichen, dass man gefragt wird: Was nun, EU? In diesem Schweigen ist auch eine Tatenlosigkeit inbegriffen, die von internationalen humanitären Einrichtungen als verantwortungslos und pharisäerhaft kritisiert wird.

Die unterschiedlichen Grade der Säkularisierung in verschiedenen europäischen Ländern und das inhaltliche Verständnis der Begriffe „Kultur", „culture", „Zivilisation" und „civilisation" ergänzen das verworrene Bild. Nicht anders verhält es sich mit dem Begriff „Integration": Je nach drängender Aktualität werden wir in den Medien von Politikern mitunter täglich anstatt mit konkreten Maßnahmen mit „Wir müssen ..." - Appellen in eine nicht ernsthaft gemeinte Pflicht genommen: „Wir müssen diese Flüchtlinge kurzfristig integrieren". Was aber meint heute jemand, der öffentlich den Begriff „Integration" verwendet - und gleichzeitig von der „Verteidigung unserer Werte" spricht? Worin besteht Integration? Und wer ist „integriert"? Auch „Integration" bedarf, so wie „Multikulturalität", einer klaren Definition, einer Zuordnung von Kriterien, die erfüllt sein müssen, um öffentlich von „Integration" sprechen zu dürfen.

Über solche Kriterien wird heute in ganz Europa gestritten, in einem Umfang, der klar macht, dass keiner weiß, was hier und heute unter Integration verstanden werden möchte.

Auch der Begriff „Integration" erinnert also daran, dass dringender Handlungsbedarf in Europa und durch Europa besteht. Leisetreterisch wird Klarheit nicht geschaffen. Ein leisetreterisches Europa würde seinem nahen Ende entgegenschleichen. Dieses Europa braucht zu seinem Überleben eine Stimme, *eine* Stimme, klare Meinung, Richtung, Haltung, mit der seine Bürger in diese Zukunft eines neuen Zusammenlebens der traditionellen Kulturen dieser Welt zu gehen beabsichtigen. Wir werden sehen, dass es hierfür nicht nur die Möglichkeit eines über Alle entscheidenden oder für Alle koordinierenden Superstaates gibt, sondern auch die Möglichkeit eines multikulturellen Europa der unterschiedlichen Nationen. Schafft Europa diese Herausforderung, wird es zum Modell und Vorbild für eine friedliche Koexistenz weltweit. Dieses Buch soll zur Bildung einer solchen Lösung einen Beitrag leisten.

Ich biete hierzu in diesem ersten Band einen historischen Überblick zur Entwicklung eines europäischen Kulturbewusstseins. Denn ohne Standortbestimmung aus der Geschichte lässt sich eine Europäische Identität für die Gegenwart nicht darstellen. Ohne Erörterung der Möglichkeit einer Kultur bzw. kulturellen Identität in Europa wäre die Besprechung von „Multikulturalität" ohne Grundlage. Dies gilt auch für die Rolle und den Umfang von „Migration" in Geschichte und Gegenwart bei der Entstehung von Kultur. Vor allem jedoch will ich zu zeigen versuchen, wieviel an Migration dieser Kontinent hinter sich hat, und was wir aus diesen früheren Geschehnissen für die heutige Situation nicht nur lernen *können*, sondern berücksichtigen *müssen*, insbesondere betreffend die Zusammenhänge zwischen Migration und Kultur, wenn wir „kulturelle Evolution" als Prozess bewusster Verarbeitung von Welterkenntnis leben wollen, nicht nur als

Folge instinktiver Abläufe in Massen, deren Folgen die Entstehung menschlicher Intelligenz in der genetischen Evolution ad absurdum führen.

Im zweiten Band will ich versuchen, die gegenwärtige Situation aus Stimmen und Daten aus möglichst vielen Ecken und Ländern der Europäischen Union zu sammeln und dem historischen Europa diese Bestandsaufnahme als Spiegel vorzuhalten in der Hoffnung, dadurch ein Gewahrsein der tatsächlichen Lage aus der historischen Gesamtsicht zu wecken, aber auch die verheißungsvollen Perspektiven für eine künftige gesellschaftliche und politische Rolle Europas in dieser letzten Episode der Menschheit vor ihrer globalen Vereinigung sicht-bar zu machen.

Im dritten Band will ich die Meinungen, Vorschläge und Visionen für und gegen ein Vereintes Europa oder dessen sonstige Zukunft einander gegenüberstellen und dadurch mögliche Positionierungen eines künftigen Europa zusammen-fassen: Positionierungen gegenüber den heranstürmenden Herausforderungen wie Massenmigration, politische Destabilisierung durch Kräftemessen mit dem Ziel der Bildung neuer Machtblöcke, nur global lösbare ökologische Probleme, und – vielleicht als herausragenden Auftrag für ein neues „Altes Europa" – Bewahren unserer Menschenwelt durch Bemühen um eine friedliche, humanis-tisch geprägte Soziokultur mit tatsächlich gewährleisteter Menschenwürde auf der Basis von Fairness und Gleichheit- ich nenne sie Gleichwertigkeit.[1] Die Menschen Europas könnten diesen Auftrag als Chance sehen, vor der Welt Abbitte zu leisten für kolonialistische Ausbeutung und kulturelle Arroganz ihrer Vorfahren, Ursache für viele Probleme unserer Gegenwart.

Politik kann nichts durch Ideologien erzwingen, so auch nicht Weltfrieden oder Weltherrschaft; sie kann nur auf die fürsorglichen Eigenschaften im Menschen bauen und sie nutzen, kultivieren, sie in den Kulturen der Völker und im Aus-tausch zwischen ihnen zum Erblühen bringen. In diesem Buch versuche ich, Wege dorthin aus der Geschichte in die Zukunft zu zeichnen, Europa als Weg-bereiter und Versuchsfeld für die Welt.

Die Entstehung, derzeitige Gestalt und künftige Tragkraft der Demokratie als Rückgrat des sozialen Körpers habe ich in einen eigenen, vierten, Band ausge-sondert;[1] da er einen wesentlichen Teil der politischen Geschichte, Gegenwart und Zukunft Europas und seiner hegemonialen Expansion zur demokratisch geprägten „Westlichen Welt" beinhaltet, sollte er begleitend neben der Trilogie stehen und damit eigentlich dazugehören.

Band 1

Zur Geschichte von Migration und Kultur

Einleitung

Eine "Geschichte der Migration, Kultur und Politik in Europa" in diesem Band ist natürlich im Sinne eines kurzen historischen Überblicks gemeint, denn zum einen gibt es heute – mit einigem Recht - nur noch wenige Leser, die sich der Mühe unterziehen wollen, einen Text von über 2700 Seiten wie Egon Friedell's Europäische Kulturgeschichte der Neuzeit aufzunehmen und zu verarbeiten - obwohl der Text eine Trouvaille und eine Delikatesse ist, *„eine Anektotik der Neuzeit ... ihre chronique scandaleuse"* [2] und *„seelische Kostümgeschichte"*.[2] Viele Einsichten in historische Zusammenhänge der Europäischen Kulturgeschichte verdanke ich ihm – allerdings kann ich mir nicht anmaßen, seiner Definition eines Dilettanten auch nur annähernd zu genügen: sie ist äußerst lesenswert, ebenso lesenswert wie Kant's Kommentar zu den Philistern des Plagiarismus. [A1]

Zum anderen ist mit diesem Band auch gar keine erschöpfende Geschichte beabsichtigt: es geht um die Geschichte der Migration nach und aus Europa, und es geht um den Versuch darzustellen, woraus sich im Laufe der Geschichte entwickelt hat, was heute die Welt – und die Europäer selbst – unter "Kultur" im Zusammenhang mit "Europa" verstehen. Ich werde also lediglich überblicksweise, zusammenfassend, und manchmal anhand herausragender Beispiele von Personen oder Ereignissen für prägende historische Entwicklungen, die Geschichte von Kultur, Politik und Migration in Europa beleuchten. Dabei interessieren im Zusammenhang der gesamten Absicht mit dieser Arbeit vor allem zwei Punkte: zum einen der Einfluss, den Migration auf die kulturelle Entwicklung in Europa genommen hat; zum anderen, welche Lehren man aus regelmäßig wiederkehrenden Erfahrungen auch für eine neue, unsere, Zeit ziehen kann.

Interessant war für mich beim Studium von Literaturquellen, dass sich bisher kaum ein Historiker oder Kulturphilosoph vorgenommen hat, eine "Kulturgeschichte Europas" zu schreiben – auf die wenigen existierenden Werke werde ich an jeweils relevanter Stelle eingehen. Selbstverständlich berücksichtige ich dabei auch Werke wie das von Arnold Toynbee mit seiner erschöpfenden Darstellung der Entwicklung und Vernetzung aller Kulturen der Menschheitsgeschichte.

Am Wege der Erforschung einer europäischen Identität und möglichen Mission werden wir im Verlauf der rekapitulierten Geschichte auf Kernfragen stoßen, die wesentlichen Anteil an diesen Themen haben, z.B.: Was hat bewirkt, dass das Christentum das Römische Reich eroberte? Was gab dem Kontinent Europa als geographischer Region und den dort wohnenden Menschen und ihrer kulturellen Entwicklung eine Identität?

Im Gegensatz zu Ländern wie Japan und China, die über mehrere Jahrhunderte weitgehend geschlossene Großräume blieben, existierte Europa nur für kurze Zeit als weitgehend einheitlicher, umgrenzter politischer Raum. Dennoch entwickelte sich diese westliche Halbinsel des riesigen eurasischen Kontinents zu einem länderübergreifenden Kulturraum, oder blieb es trotz dauernder Umverteilungen und Kämpfe nach kurzer politischer Einheit.

Das Geschichtswissen hat sich in den vergangenen 50 Jahren dank einer ungeahnten Erweiterung des technisch-methodischen Repertoires mit exponentieller Beschleunigung vermehrt; dadurch sind frühe Migrationsrouten und genetische Zugehörigkeiten wie unverwischbare Leuchtspuren entstanden, die ähnlich Film und Photographie allen politisch-ideologischen Korrekturversuchen an der Geschichte entgegenstehen. Deutlicher als je zuvor treten damit gemeinsame Ursprünge und distanzierende kulturelle Ausdifferenzierungen hervor, vergleichbar mit der genetischen Evolution – und stehen damit manchen Mythen autochthoner historischer Vergangenheit in der kollektiven Erinnerung von Völkern und Kulturen entgegen.[1]

Die Besprechung von Multikulturalität ist nicht sinnvoll ohne Erörterung der Geschichte der einzelnen Kulturen und deren Interaktion, sowie der Geschichte der Migration, welche für ein Zusammentreffen verschiedener Kulturen Voraussetzung ist. Deshalb habe ich mich zu diesem Wagnis im Rahmen der Trilogie „Europa" entschlossen: lassen Sie sich darauf ein, mit mir den Berg zu besteigen, an dessen Aussichtspunkt Sie einen weiten Blick über Europa und seine Nachbarn, über die Geschichte von Migration und Kultur des Kontinents verinnerlichen können. Die Bilder werden Sie in der nachfolgenden Diskussion um die heutigen Herausforderungen in Europa begleiten. Sie werden Sie möglicherweise auch dazu herauszufordern, manchen altgedienten Standpunkt zu überdenken. Diese Wanderung kann nicht beginnen ohne einige Begriffsbestimmung: während „Migration" und „Politik" als Bedeutungsinhalte relativ wenig Anhalt zu Missverständnis und daraus resultierendem Streitgespräch bieten, verhält es sich mit „Kultur" anders:

Definitionen: Was Kultur ist

„Die einzigen Veränderungen von Bedeutung – die einzigen, aus welchen die Erneuerung der Kulturen hervorgeht – vollziehen sich innerhalb der Anschauungen, der Begriffe und des Glaubens. Die bemerkenswerten Ereignisse der Geschichte sind die sichtbaren Wirkungen der unsichtbaren Veränderungen des menschlichen Denkens."
Gustave LeBon, 1911[3]

Während „Migration" mit einem Wort „Heimatflucht" bedeutet, oder allgemeiner ausgedrückt „Aus- und Einwanderung", ist die Bestimmung des Begriffs „Kultur" zum inter- und sogar intra-kulturellen Streitpunkt, ja nachgerade zum Politikum geworden.

Im Lebensraum, den die Sprache dieses Buchs repräsentiert, bezeichnet „Kultur" die Art des Zusammenlebens eines Volkes und deren Auswirkung auf die Entwicklung und Ausdrucksformen der Individuen sowie deren Einwirkung auf die Umwelt. Es ist jedoch weitgehend müßig geworden, Kultur definieren zu wollen; jeder Mensch hat dazu eine Meinung, jeder Denker seine Definition, von unterschiedlichen Kulturräumen ganz zu schweigen, wie besonders der Unterschied im Verständnis von „Kultur" gegenüber dem englischen Begriff „culture" und „Zivilisation" versus „civilization" verdeutlicht.[1] Zu dieser Verwirrung trug Oswald Spengler mit der Feststellung bei: *„Die Zivilisation ist das unausweichliche Schicksal einer Kultur."*[4] Diskutabel bleibt auch sein Hinweis, Kulturen seien Organismen, Kulturgeschichte also ihre Biographie,[2] so wie jene des britischen Historikers Arnold Toynbee mit der kryptischen Meinung: *„Eine Kultur ist ein Lebewesen, das danach strebt, sich selbst wiederzugebären"*, obwohl der Prozess einer kulturellen Evolution unleugbar aus der Geschichte lugt, ja sie geformt hat und weiter formt. Nur ähnelt der Ablauf eher dem kreatürlichen Vorgang des Metabolismus als jenem der Geburt - näher an der Erkenntnis des tatsächlichen Prozesses scheint mir daher die deftige Weise, auf welche Goethe die Frage nach dem Ursprung von Erkenntnissen verlacht, indem er schreibt: *„Man könnte ebensogut einen wohlgenährten Mann nach den Ochsen, Schafen und Schweinen fragen, die er gegessen und die ihm Kräfte gegeben"*. Mit anderen Worten: die Inhalte der bisherigen Welterkenntnis werden von der nächsten Generation aufgenommen, metabolisiert und – ergänzt mit den eigenen neuen Erkenntnissen - in zeit-(geist-) gerechter Weise angepasst wieder- und weitergegeben.

Dies gilt auch für die Integration von Errungenschaften fremder Kulturen in die eigene: man nimmt neugierig von fremden Früchten, ergreift den unverdienten Besitz, beglückt ob des unverhofften Gewinns.

Dabei darf man nicht übersehen, dass dieses Metabolisieren von Errungenschaften - aus der eigenen ebenso wie aus fremden Kulturen - zumindest auf zwei

verschiedenen Ebenen der Gesellschaft abläuft, nämlich auf vielfachen Unter-
ebenen der geistigen wie der kreatürlichen Verdauung. Zwischen den Kulturen
verliert sich der Prozess des Diversifizierens und Partizipierens im geheimnisvollen Niemandsland der geistigen Bruderschaft, wo Raum und Zeit vor den
Sinnen verschwimmen: Neue Erkenntnisse, an einem Ort geboren und sogleich
verhöhnt und verdammt, gleichzeitig andernorts verstanden, aufgegriffen und
gepflegt, kehren später an ihren Ursprungsort zurück, verehrt und gefeiert als
Besitz derer, die diese Erkenntnisse zuerst verlacht und verworfen hatten.

Auf all diesen Wegen, den leicht nachvollziehbaren wie den geheimnisvollen,
entwickeln sich Kulturen, als schier unentwirrbares Gesamtergebnis von Teil-
prozessen mit unregelmäßig verlaufender Front. Stockt dieser Prozess innerhalb einer Kultur, ist die kulturelle Evolution in Gefahr,[2] stockt er zwischen
Kulturen, wächst die Gefahr der aggressiven Auseinandersetzung.

Insofern war das Mittelalter eine Jenseits-Kultur, die den Sinn des Lebens als ein
Streben zu Gott hin aufzuzwingen suchte, soweit für die Masse der kleinen Leute
überhaupt Kultur entstehen konnte. Erst mit der Renaissance und Wieder-
aufnahme des Metabolisierens bisherigen – nämlich des antiken – Wissens,
bereichert um die Wanderung durch die islamische Welt (umfassend diskutiert
in ^A92), begann Europa wieder im Diesseits zu leben.

Bedenken wir die Herkunft des Begriffes „Kultur" vom Standpunkt der Tätigkeit
des „Kultivierens", so verstehen wir darunter die zweckgebundene besondere
Pflege, z.B. von Pflanzen. Mit „zivilisieren" hingegen meinen wir die Notwendigkeit, Individuen dem „Zivilen", der Civitas, der Gemeinschaft ein- und unterzuordnen. „Zivilisation" bezeichnet im deutschen Sprachgebrauch außerdem die
Administration (Verwaltung) und Ordnungsstruktur eines Gemeinwesens auf
der Basis von deren Kultur (Religion, Ideologie). Technik lässt sich weniger leicht
entweder Kultur oder Zivilisation zuordnen, weil beide, Entwicklungsniveau
sowie Sozialordnung und Kunst, von Technik geprägt werden.

Man kann den Begriff „Kultur" jedoch nicht von einem Standpunkt lediglich allgemeinen Verständnisses diskutieren, ohne einen Bezug zu unserem Zeitalter
herzustellen, und auch nicht, ohne dabei Unterschiede in verschiedenen Kulturkreisen, Subkulturen und Sprachregionen zu berücksichtigen: Im Verständnis
des anglo-amerikanischen Raumes hat „A civilized society or *country [ ] a well
developed system of government, culture, and way of life and that treats the people
who live there fairly"* [5] – hier wird also die Tätigkeit des „Zivilisierens" oder
„Zivilisiertseins" nicht Menschen abverlangt sondern einem System. Ergänzend
hierzu wird nun „kultiviert" dem Individuum zugeschrieben, das erfolgreich in
dieses System eingeordnet wurde und dementsprechend „refined and well
educated" ist bzw. „*Someone who is cultivated has had a good education and
knows a lot about and likes art, music painting, etc."* [6] Eine Gemeinschaft von
Kultivierten wird demnach nicht „culture" genannt, sondern „civilization". Eine
civilization ist demnach ein System, das entsteht, indem seine Individuen darein
kultiviert werden ähnlich einer Kultur von Pflanzen, die man auf eine bestimmte
Weise wachsen lässt. Die „culture" ist die Gemeinschaft der Kultivierten; darüber

wacht ein Ordnungssystem, die „civilization", repräsentiert durch kultivierte Individuen. In beiden Begriffsbeschreibungen fehlt das Wort „Religion", jene Entität, auf der jedwede Kultur und Zivilisation der Geschichte bislang basierte, von der sie zusammengehalten wurde; der aus dem Lateinischen entnommene Begriff „Religio" stand dementsprechend für *„frommes Bedenken, Gewissenhaftigkeit, Gottesfurcht, Kult, heilige Verpflichtung, heiliges Versprechen"*, an das man *gebunden* und durch das man *verbunden* ist.[7] Die hier zitierten Definitionen von „Kultur" und „Zivilisation" entnehmen also den alten Bedeutungen lediglich ihre säkularen Anteile, verschweigen deren historisch gewachsene Zuordnung zu einer übergeordneten Instanz, machen sich selbst zu den Göttern ihrer Weltordnung. In der Geschichte der Menschheit, in allen Kulturen und Religionen, war dieses „Gebunden- und Verbundensein" stets mit Macht und Machtmissbrauch verknüpft, hing „der Glaube", „das Glauben", stets mit dem instinktbasierten „Glaubenmüssen in Überzeugtheit" zusammen, in welchem sich Wissen und Glauben umeinander drehen und voneinander abhängig machen. Wütend und verächtlich bekämpften und bekämpfen einander Glaubensgruppen derselben Religionen und Ur-Religionen, splitterten sich in ihren Überzeugtheiten in immer mehr Sekten auf, aus Verbundenen wurden erbitterte Feinde. Die Feinde selbst, die Individuen, sind Anhänger ihres jeweiligen Machthabers, des Gottes, seiner Stellvertreter, oder in einer säkularen Welt der Repräsentanten der aus der jeweiligen Religion titrierten sozialen Werte. Die Machthaber wissen mit der Angst der Mensch zu spielen, auch Jene, die lediglich am daraus zu schöpfenden Gewinn interessiert sind. In diesem Sinn werden wir heute auch zu der Hybris verleitet, uns dank der käuflich erwerbbaren Segnungen unseres Zeitalters wie völlig unabhängige Individuen zu fühlen, frei von jeglichen Verpflichtungen, als hedonistischer „Homo Deus",[8] immer weiter abgekoppelt von unseren Lebensadern: unserer Gemeinschaft und der Umwelt.

Eigentlich bedeutet „Kultur" die Einbettung einer Zivilisation in einen metaphysischen Rahmen, eine Lebensgemeinschaft in einem virtuellen Kosmos ohne Raum und Zeit, mit einem Platz für jedes Mitglied, Sinn und Bestimmung seines Daseins in Ewigkeit, Schutzraum vor der Angst gegenüber der zwanghaften Fähigkeit, die Absurdität und Grausamkeit der Umwelt zu erkennen, der Angst vor dem freien Schweben ohne Sinnbezug zu Raum und Zeit, Umwelt und Ziel, Angst vor dem unlösbaren Konflikt zwischen bewusster Individualität und sozialer Anbindung, ja Abhängigkeit. Diese Angst scheint bis nahe ans Krankhafte heran paranoid zu sein: denn Kulturen schützen ihr metaphysisches System in aller Regel äußerst intolerant und oft mit tödlichen Konsequenzen; viele der im Denken über ihren kulturellen Schutzraum Hinausgewachsenen, Dissidenten also, mussten dafür mit dem Leben bezahlen oder zumindest ihre Heimat verlassen. Das diesbezügliche Schrifttum beginnt spätestens mit Sokrates, füllt seit dem Mittelalter eine lange Liste von Namen – einige davon werden in diesem Band als Zeugen auftreten - und beschäftigt die Tagespresse unserer Ära mit Jagden auf Verdächtige wegen pro- oder anti-kommunistischer, zu liberaler oder anti-liberaler Einstellung, oder mit islamischer fatwā.

Nach seiner Weltreise durch die Kulturen und Religionen kehrt dieser Konflikt nun zurück in ein Europa, das sich durch zweitausend Jahre jeweils in einer Religion verschanzt hatte, wenngleich letztlich auch darin in Sekten zerstritten. Europäer versuchen nun, in einem Kulturkreis die säkularen Werte aus ihrer Religion zu filtrieren und darin eine Identität wiederzufinden. Diese Identität wollen sie gegen die nun einwandernden Anderen verteidigen, sie jedoch gleichzeitig in Selbstverlorenheit und Selbstaufgabe als nichtig erklären. Eine andere Gruppe will diese Anderen zur „Anbindung" drängen, die heute „Integration" heißt. Dabei wollen die Integratoren nicht sehen, dass Viele dieser Anderen anderswo angebunden sind und bleiben wollen, auch mit den säkularen Inhalten ihrer Identität. Der Konflikt wird zum Chaos innerhalb der deutschsprachigen „Kultur" und der „civilization" aller Übrigen, und innerhalb der Individuen aller Kreise.

Dieser Konflikt ist eine der hauptsächlichen Triebkräfte für dieses Buch – er wird uns durch alle drei Bände begleiten.

Je nachdem, wie breit man den Begriff fasst, bzw. ob man für die Entstehung von Kultur die Existenz menschlicher Bewusstheit voraussetzt oder nicht, muss man auch Tieren eine rudimentäre Kultur zusprechen, jedenfalls aber komplexe Zivilisationsformen [9] – was uns im Übrigen gar nicht mehr überrascht, wenn wir an die Thermoregulation in Termitenhügeln denken, daran, dass Insekten in einer Form von Sozietät zusammenleben, in der sich derart komplexe Konzepte verwirklichen können. Wir sehen uns deshalb verunsichert im Umgang mit dem, was wir für uns selbst unter Zivilisation verstehen, die im Rahmen einer Kultur entsteht, oder anders ausgedrückt, was daran eigentlich jener Anteil ist, mit dem wir uns von Tieren noch zu unterscheiden gestatten: unserer Fähigkeit zu Bewusstheit und dem Gewahrsein davon [A2]: ist Menschen-Kultur also „bewusste Leistung an sich", oder „nur" Folge der Einwirkung von Bewusstheit auf Natur, auf Umwelt also, jedoch ohne Gewahrsein der Folgen dieses bewussten Tuns? Transzendieren der Wirklichkeit ohne Kenntnis der Wahrheit, des Ganzen, ohne Orientierung?

Kultur als Sinn- und Wertegemeinschaft wird als Ausdruck tradierter kollektiver Bedeutungen, „Be-Deutungen" in der kulturellen Evolution beschrieben, also des Prozesses von Erkennen und Verstehen von Zusammenhängen, von Wissen, Erfahrung, Kennen und Können. Dazu kann man kulturelle Evolution als Prozess sehen, der sich nicht unähnlich zur genetischen Evolution verhält, der nur um Faktoren schneller Erkenntnisse in allgemein anwendbare Strategien umsetzt.[A3] Evolution steht dabei für die Tatsache, dass Bedeutungen innerhalb von Kulturen einem Wandel unterliegen bzw. einer ständigen Bearbeitung, deren Ergebnis Bestätigung oder Adaptation ist. Demnach könnte man erkenntnistheoretisch zusammenfassen:

Kultur ist der Ausdruck kollektiv tradierter Erkenntnisse.

Kultur drückt sich in Religion und in Politik aus. Politik ist Teil der Kultur, und Ausdruck ihrer Qualität. Religion hingegen ist zugleich Ursprung und Teil der Kultur.

Kultur in und zwischen Individuen

„Kultur" ist ein kompliziertes Phänomen von „Leben". Es erscheint uns kompliziert wegen der unterschiedlichen Raum-Zeit-Achsen zwischen menschlichem Erleben und Änderungen an der Kultur, kompliziert auch, weil Kultur nicht *in* denkenden Individuen entsteht sondern *zwischen* ihnen. Zwischen Menschen aber ist ein geheimnisvolles Etwas an Beziehung, von Geist vielleicht, jedenfalls kein Gedanke, keine Bewusstheit. Kultur ist Bewahren und Erneuern, Erfinden und Umbauen. Ein Prozess, diktiert durch die Umwelt, moduliert durch menschliche Bewusstheit, gelebt in Gruppen, Massen.

Kultur ist also ein Phänomen zwischen Individuen. Zum Beispiel ist der individuelle Mensch selbst Produkt von Kultur: ohne Menschenkultur wird der Mensch kein Mensch. Zum Beispiel die Sprache und das bewusste Denken: ohne sprechende Menschen lernt der Mensch nicht sprechen, also nicht bewusst verbal Denken. Menschenkultur ist ein geheimnisvolles, geistiges Ganzes, für Bewusstheit allein nicht greifbar.

Das daraus resultierende Geheimnis bleibt, dass „Kultur" gleichzeitig die Voraussetzung für, und die Folge von, Menschwerdung ist.

In konkreten Termini ist Kultur, was allen Kulturen gemeinsam ist: Sprache, Musik, Religion, Kunst, Philosophie, Wissenschaft, Technik.[A4]

Kulturen entstehen in gesamterlebter Umwelt, aus dem Geruch der Landschaft, der Sanftheit oder Schärfe des Windes, dem erzählenden Raunen des Waldes, dem echolosen Tritt im Wüstensand. Kultur ist soziale Lebenswelt, als Gebäude, als Musik, als Verhalten gestaltet aus Erlebnis und Gedankenwelt, in die ein neuer Mensch hineingeboren wird, darin geformt, davon geprägt.

Ortega y Gasset meinte, "*... dass man eine irrige Vorstellung davon hat, was ein Volk, was eine Nation ist, denn es zeigt, dass man nicht begreift, dass das kollektive Leben eines Volkes, einer Nation, etwas intimes und in gewisser Weise etwas Geheimes ist, wie wir vom persönlichen Leben sagen, es sei etwas Intimes und Geheimes, in das niemand so leicht eindringen kann, der es von außen betrachtet. ... dass es den abstrakten Menschen nicht gibt, sondern, dass jeder Mensch einem Volk angehört, aus einem Volk ist, aus einem Volk geworden ist, ob er will oder nicht?* "[10] Und weiter: "*.... das, was ich persönliche Lebenserfahrung genannt habe, erweitert sich .... zur kollektiven Lebenserfahrung des Volkes, dem man angehört. Und noch weiter; durch dieses Volk hindurch erweitert es sich zu den Erfahrungen eines ganzen menschlichen Geschichtsprozesses ...*"[10]

Kultur als gelebte Geschichte - wie könnte sie Fremden zugänglich sein? (Schon verschwägerte Familien aus verschiedenen Regionen einer Nation deuten dieses Problem an; Zuzügler in ein kleines Dorf erleiden es).

Kulturkreis

Das beste Beispiel zur Erklärung, was mit Kulturkreis gemeint sein kann, ist wahrscheinlich Europa: eine Ansammlung von Nationen, Staaten, Völkern, die auf verschiedenen Spielarten derselben Kultur basieren, derselben Sprachwurzeln und Religion, die sich aber innerhalb ihrer Nationen und Staatsgrenzen etwas unterschiedlich weiterentwickelt haben, wohl auch wegen gering unterschiedlichen genetischen Mischungsverhältnisses, vor allem aber wegen ihrer gegenseitigen Abgrenzung voneinander. In Europa kommen dazu die wachsenden Unterschiede durch vier Sprachgruppen, die drei indogermanischen (romanische, germanische und slawische, daneben mehrere kleine Gruppen wie ladinisch, walisisch etc.) und die Sprachen aus der uralischen Gruppe (Finnisch, ungarisch und einige weitere kleine Gruppen). In der Zusammenschau wird offenbar, dass die gemeinsame sprachliche und religiöse Basis der Bevölkerungsmehrheit die Bezeichnung „Kulturkreis" für Europa rechtfertigt, auch wenn sich von dieser Basis aus im Laufe der Jahrhunderte zahlreiche Subkulturen ausdifferenziert haben. Einige weitere Gedanken zu „Europa als Kulturkreis" und Kultur im Allgemeinen habe ich in Anmerkung [A5] gesammelt.

Interessant ist, dass ausgerechnet ein US-Amerikaner wie der Politologe Samuel P. Huntington meint: *„Angehörige verschiedener Rassen können durch einen Kulturkreis geeint sein".*[11] Denn in der Regel sind sie eben nicht geeint, sondern leben weitgehend nebeneinander, vielleicht zusammen als Zivilisation, halbwegs als Staat, schon schwerer als Nation, aber nicht als Kultur. Besonders auffällig und in diesem Sinne überzeugend ist dabei, dass ethnische Vermischung äußerst selten bleibt. Auch bei den Religionen beginnt Huntington die Begrifflichkeit von „Kulturkreis" zu verwischen oder zu vereinfachen, wenn er Christentum als möglichen Kulturkreis bezeichnet, auch wenn dies für Europa zutrifft:[11] Die südamerikanischen Indianer und Christen in Südostasien leben weiterhin in einer anderen Kultur, selbst wenn sie Christen sind – abgesehen davon, dass jede Kultur das Christentum auf ihre Weise integrierte, indem sie es teilweise abgewandelt und mit der alten Kultur vermischte (eines der Erfolgsrezepte des Christentums). Nicht einmal die Definition *"Kulturkreis als allgemeinste Ebene kultureller Identität des Menschen"* [11] trifft zu. Vielmehr müsste an dieser Stelle hervorgehoben werden, dass Menschen gleichzeitig verschiedenen "kulturellen Identitätskreisen" angehören können, z.B. dem sinischen und dem christlichen Kreis. Huntingtons These von Kulturkreisen, so wie er sie formuliert, wird – abgesehen von der begrifflichen Verwirrung zwischen den Sprachen und sonstigen Ungenauigkeiten (eine umfassende Diskussion der Sprachverwirrung habe ich in Band 2, Anm. [A5] zusammengestellt) – in unseren Tagen widerlegt durch den Aufruf der Chinesen und Imame (Huntington beschreibt es sogar selbst!) zur weltweiten Zusammengehörigkeit: demnach wäre der Islam als Kulturkreis teilweise eine Gruppe von islamischen Gottesstaaten, islamisch geprägten Staaten, und einem Netzwerk von global verstreuten Muslimen. Dies gilt ebenso für China und seine ausgewanderten Landsleute. So wird der „Kulturkreis" wieder zu einer ideologischen Zugehörigkeit wie zu einem Geheimbund. Ein Chinese kann

Chinese und Amerikaner sein, bleibt aber im Entscheidungsfall Chinese. Es gibt Aufstandsszenarien in der Geschichte, wo treue Diener und Sklaven bei Aufständen zu Mördern ihrer Herren wurden, weil sie primär Angehörige ihres Stammvolkes waren.

Und Multikulturalität?

Wenn man damit meint: „ ... *ein buntes Miteinander verschiedener Sprachen, Kulturen und Religionen"*, so kann ich dies nicht vollkommen teilen. Als multikulturell wird auch beschrieben: „ ... *zwar nicht immer in enger Gemeinschaft, aber meist einvernehmlich Seite an Seite."* So steht es in einem Definitionsversuch in „Ein Gott. Abrahams Erben am Nil".[12] – Eine Frage ist, ob man dabei einen Unterschied macht zwischen einer „multikulturellen Welt" und einer „multikulturellen Stadt": in beiden leben Kulturen nebeneinander, und mitunter kommt es zwischen solchen Nachbarn zu Auseinandersetzungen. Die Frage bleibt: wo ist das „Miteinander", um "Kultur" im Sinne von "Monokultureller Gesellschaft" vergleichen zu können mit "Multikultureller Gesellschaft"? Beispiele und Schlussfolgerungen aus der Geschichte werden einen wesentlichen Teil in diesem Buch ausmachen; deren Bedeutung für die Gegenwart und für Zukunftsperspektiven – für Europa und damit für Welt - sind Diskussionsgegenstand im zweiten und dritten Band.

Alles beginnt mit Migration

Gäa und Europa: Wie der Kontinent entstand

Gäa, die Urgöttin der Griechen und Groß-mutter des Zeus, unsere Mutter Erde, Schöpferin und Beschützerin ihrer Nach-kommen: In der Mythologie ist sie nach verschiedenen Versionen der frühen Mythologie Zeugin grausamer Moritaten: ihr Gatte Uranus frisst die Kinder, Sohn Kronos entmannt den Vater, Titanen und Giganten kämpfen um Macht und Über-leben.

Gäa ließ auch alle Hügel auf Erden ent-stehen, die aus den Meeren ragen, und gab dem letzten Ur-Kontinent unserer Welt seinen Namen: „Pan-Gäa". „Ur-Kon-tinent", weil er alle Landmassen in sich vereinte, jedoch der „letzte", weil es auch davor Super-Kontinente gegeben hatte (z.B. Rodinia), und heute noch nicht end-

Abb. 1: Gäa schützt ihre Kinder. Aus-schnitt von einer Vase aus ca. 410 v. Chr. Antikensammlung Berlin. Quelle:[13]

gültig klar ist, wieviele Ur-Kontinente es schon davor gegeben haben könnte.[A6] Pan-Gäa jedenfalls entstand durch das Zusammenwachsen von Laurussia/ Laurasia im Norden und Gondwana im Süden (Abb. 2 umseitig). Dabei war der südliche Teil der Landmassen für das künftige Europa einschließlich der Alpen im Rahmen dieser Kollision durch die sogenannte Kontinentaldrift von Gondwana aus dem fernen Süden, etwa der heutigen Lage Südafrikas, heran-gereist. Zur Zeit der Entstehung von Pan-Gäa lag das Gebiet der entstehenden Alpen im Bereich des Äquators. Als Pan-Gäa, vor 300 Millionen Jahren geformt, vor etwa 250 Millionen Jahren im Erdzeitalter Jura als Folge der fortgesetzten

Kontinentaldrift auseinanderzubrechen begann, entstanden zunächst Laurasia (Laurussia) und wiederum Gondwana.

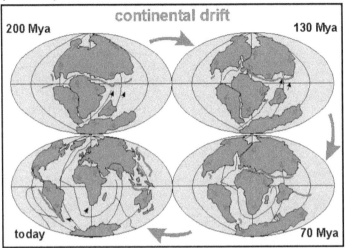

Abb. 2: Entstehung der heutigen Kontinente aus dem Super-Kontinent Pan-Gäa. Mya = Millionen Jahre, today = heutiger Zustand.[14]

Laurasia und Gondwana zerfielen im Zeitalter der Kreide weiter in jene Kontinente, wie wir sie heute kennen. Während die Amerikas weit nach Westen abdrifteten, entstand Europa durch eine erneute Kollision von Gondwana mit nördlichen Landmassen: nämlich im Norden aus Teilen von Laurasia, Baltica genannt, mit seinem Ostrand im Ural; der südliche Teil Europas bildete sich aus dem nördlichen Rand von Gondwana. Dabei schob - und schiebt sich weiterhin - Gondwana, heute Afrika, über die nördliche Platte von Laurussia mit seinem Anteil am „Alten Europa" und begrub Teile vom heutigen Frankreich, Deutschland und Polen unter sich. Damit vereinigte sich durch die nordwärts-Bewegung von Afrika das „Alte Europa" (heutiges Europa ohne Spanien und Italien, aber mit den Britischen Inseln) in einem komplizierten und von der Wissenschaft noch diskutierten und teils umstrittenen Prozess zum heutigen europäischen Kontinent (Abb. 3). Die Grenze zwischen beiden Kontinentalplatten bildet die durch diese Kollision aufgetürmte Gebirgskette, die sich von den Pyrenäen über die Alpen bis zu den Karpaten quer durch Europa zieht. Dabei entstanden Alpen und Mittelmeer im Zeitraum von 90 bis 30 Millionen Jahren vor unserer Zeit.[15] In Wahrheit also sind die Alpen, der südliche Teil Europas und der Boden des Mittelmeeres uraltes Gondwanaland, Teil des heutigen afrikanischen Kontinents.

13

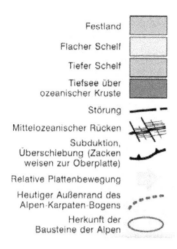

Festland	
Flacher Schelf	
Tiefer Schelf	
Tiefsee über ozeanischer Kruste	
Störung	
Mittelozeanischer Rücken	
Subduktion, Überschiebung (Zacken weisen zur Oberplatte)	
Relative Plattenbewegung	
Heutiger Außenrand des Alpen-Karpaten-Bogens	
Herkunft der Bausteine der Alpen	

Abb. 3: Das „Alte Europa" setzt sich aus Inseln in einem flachen Schelfmeer zusammen. Es wird von der herandrängenden Kontinentalplatte von Gondwana/Afrika überlagert. In dieser Subduktion (Grenzzone) entstehen Pyrenäen, Alpen und Karpaten.[A7] Die anderen Gebirge und Bergmassive Europas, darunter das französische Zentralmassiv, der Odenwald, Erzgebirge, Harz und Spessart in Deutschland, sowie der Böhmerwald, und eine Reihe weiterer Bergmassive, sind Folge von Verschiebungen und Kollisionen früherer Kontinentalmassen vor der Entstehung von Pan-Gäa. Nördlich der Pyrenäen-Alpen-Karpatenlinie erheben sich die Land-

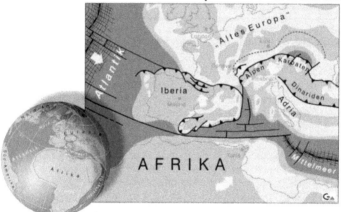

massen des „Alten Europa" aus dem brackigen Flachwasser des Molassemeeres der Paratethys, während der Boden unter dem Atlantik den Kontinent Amerika immer weiter nach Westen schiebt.[15]

Vor etwa 20 Millionen Jahren begann das Molassebecken im Bereich des heutigen Frankreich, Deutschland bis nach Zentralasien hinein zu verlanden, das Paratethys-Meer darin zu verschwinden; vorübergehend hatte es noch zwischen 12 und 9 Millionen Jahren einen Süßwasser-See gebildet, den „Pannonsee".[15]

Die weitere Entstehungsgeschichte ist dramatisch, geprägt von den steil und hoch aufgetürmten Gebirgen und an Biblisches gemahnenden Bewegungen von Meeren, den weit aus dem flachen Meerwasser angehobenen Kalkriffen, Granitmassen und vulkanischem Ergussgestein der Alpen,[A7] und dem Entstehen und Vergehen und Wiedererstehen des Mittelmeeres:

Als sich vor etwa fünfeinhalb Millionen Jahren die damalige Straße von Gibraltar zum aberen Male schloss – der Vorgang hatte sich in den vorangegangenen 500.000 Jahren einige Male wiederholt -, trocknete diesmal das Mittelmeer weitgehend aus, sein Boden wurde zur Savannenlandschaft mit Salzseen, die bis zu 5km unter dem damaligen Meeresspiegel lag (Abb. 4). Während dieser „Salinischen Krise" breitete sich zwischen Afrika und Europa eine riesige Tiefebene aus, mit vereinzelten hohen Bergen: Sardinien, Korsika, Mallorca etc. im Westen, dazwischen Sizilien, Kreta als südliches Ende der ägäischen Ebene mit vielen Bergen.

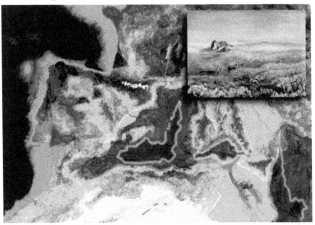

Abb. 4: In der linken Bildhälfte sind Frankreich, Spanien und Nordwestafrika dargestellt. Die nordafrikanische Küstenlinie existiert nicht mehr, weil das großteils ausgetrocknete Mittelmeer nur noch aus einzelnen Salzseen besteht. Im eingeschobenen Bild rechts oben ist die Savannenlandschaft des Mittelmeer-Bodens künstlerisch dargestellt. Quelle:[16]

Die Geologen nennen dieses Ereignis auch die „Messinische Krise" (entsprechend dem Messin, der letzten Phase des Erdzeitalters Miozän). Auch während der Episoden des teilweise gefüllten Mittelmeeres bestanden breite Landverbindungen zwischen Afrika und Europa.[A8]

Vor etwa 5,3 Millionen Jahren öffnete sich die Straße von Gibraltar wieder, und der Mittelmeer-Raum wurde durch ein mehr oder weniger sintflutartiges Ereignis wieder aufgefüllt. Über den genauen Vorgang ist die Wissenschaft noch nicht im Klaren; nach den Erkenntnissen mancher Forscher handelte es sich um einen riesigen Wasserfall, der das Mittelmeer innerhalb von wenigen Monaten bis zu maximal 2 Jahren wieder auffüllte, wobei der Meeresspiegel täglich um 10 Meter

15

gestiegen sein müsste.[17] Andere hingegen sehen Hinweise auf einen wesentlich langsameren Vorgang (Abb. 5).

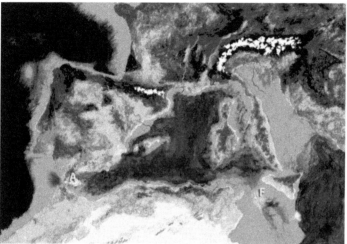

Abb. 5: Überflutung des ausgetrockneten Mittelmeer-Beckens durch Anstieg des Meeresspiegels vor 5,3 Millionen Jahren. A= Einstrom über die Straße von Gibraltar, F= Auffüllen des östlichen Mittelmeer-Beckens durch die Straße von Sizilien. Die Adria ist noch immer ausgetrocknet dargestellt. Mallorca ist eine Halbinsel; Korsika und Sardinien bilden gemeinsam eine Insel. Quelle:[16]

Die vier Eiszeiten (Günz, Mindel, Riss, Würm), beginnend vor etwa zweieinhalb Millionen Jahren, schliffen den Kontinent zu seiner heutigen Form – die letzte zwischen 110.000 und 12.000 Jahre vor unserer Zeit; der Meeresspiegel sank währenddessen wieder um etwa 130 Meter und ließ die nördliche Adria nach ihrem Wiedererstehen erneut verlanden.[15]

Europas Küstenverlauf nimmt nach der letzten großen Kontinentaldrift und den Eiszeiten allmählich – zumindest in groben Umrissen - seine heutige Form an, obwohl er durch klimatische Veränderungen bis in die jüngste erdgeschichtliche Vergangenheit erheblichen Variationen ausgesetzt bleibt: Je nach Warm- oder Kaltzeiten wechseln die Uferlinien zu den umgebenden Meeren.

Der letzte Akt der Bildung des europäischen Kontinents wurde durch das Schmelzen der Eiskappe zu Ende der letzten Eiszeit verursacht: der Meeresspiegel begann vor etwa 12.000 Jahren zu steigen. Dadurch erst änderten sich die Küstenlinien zur heutigen Form. Auch das flache Wattland zwischen Großbritannien und dem Festland wurde damals überflutet (es trägt den Namen Doggerland und umfasste alle Inseln der Region einschließlich Irland (Abb. 6) – manche sehen darin eine weitere Parallele zwischen geologischer Umwelt und Politik und nennen das Ereignis den ersten Brexit.[18]

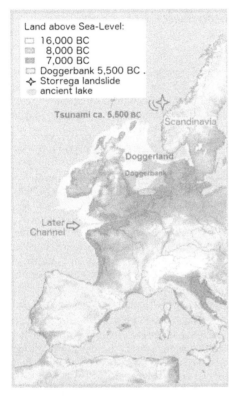

Land above Sea-Level:
- 16,000 BC
- 8,000 BC
- 7,000 BC
- Doggerbank 5,500 BC.
- ✧ Storrega landslide
- ancient lake

Tsunami ca. 5,500 BC

Scandinavia

Doggerland

Doggerbank

Later
Channel

Abb. 6: „Doggerland": Bis gegen Ende der letzten Eiszeit vor ca. 12.000 Jahren bildete der Nordwesten von Europa eine Halbinsel, die auch den Großteil der Nordsee mit einschloss. Das umgebende Wattland (im Bild beige gefärbt) reicht weit in die heutige Nordsee und den Atlantik). Dänemark ist durch breite Landbrücken mit Doggerland und mit Schweden verbunden. Die nördliche Adria ist verlandet. Durch das ansteigende Niveau des Atlantik entsteht schließlich der Kanal zwischen dem Kontinent und England (Pfeil mit Hinweis „Later Channel"). Die Küstenlinien entlang des gesamten Kontinents sind grün dargestellt. Quelle:[19]

Auch seit dem Ende der letzten Eiszeit ändern die Gebirge, vor allem aber die Alpen, weiter ihre Form; sie werden gleichzeitig durch Erosion abgebaut und von unten nachgehoben, andernorts abgesenkt – das Gewoge um Millimeter pro Jahr spielt sich jenseits unserer sinnlichen Erkennbarkeit ab. Zum Vergleich zwischen der Zukunft des Menschengeschlechts und der theoretisch errechneten geologischen Zukunft des europäischen Kontinents [15] kann man beruhigt darauf bauen, dass sich die teilweise Vereinigung Europas mit Afrika und dem Ostteil von Nord- und Südamerika erst in etwa 100 Millionen Jahren ereignen wird, ebenso wie die konfrontative Vereinigung des westlichen Nord- und Südamerika mit dem asiatischen Kontinent jenseits des Pazifik.

Die Frage nach der Abgrenzung Europas vom asiatischen Kontinent behandle ich im zweiten Band, weil sich diese Grenze nicht allein geographisch, somit nicht ohne Berücksichtigung der kulturellen und politischen Verhältnisse sinnvoll setzen lässt. Die Ostgrenze des geographischen Europa wird daher im Zusammenhang mit der Gegenwart und Zukunft der EU und ihren östlichen Nachbarländern besprochen.

Wann und wie der Mensch nach Europa kam

Die Geschichte der Europäer beginnt als eine Geschichte der Migration. Vor dem Beginn jeglicher Wanderung lebte der Mensch im Paradies: es wird in allen frühesten Schriften der Kulturen beschrieben: ein Schlaraffenland ohne Mühe, Not und Mangel, ein Leben in der Nachbarschaft der Götter.[20] Also wozu Migration? Wurden sie tatsächlich verjagt, wie die Bibel erzählt?

Der Beginn von Migration

Die Wissenschaft würde allenfalls die alternative Fragestellung zulassen: war es Mangel oder Neugier - oder Flucht, wovor, vor wem? Aus der Sicht des Biologen stehen Migration und Revierverteidigung Seit an Seit schon am Anfang des Lebens: bei den Pflanzen ging es um Verbreitung der eigenen Art durch Samen, bei den Tieren um Beweglichkeit zur Futtersuche. Gruppen- und Bandenbildung, Zusammenleben in verschiedenen Formen, von Symbiose über Parasitismus bis zur Saprophytie, Zusammenrotten in der Not, selbst Aufopferung Einzelner für das Ganze, führen schon einzellige Lebewesen uns vor. Auch menschliches Sozialverhalten wird in wesentlichen Bereichen von sehr alten Mechanismen bestimmt, die fest in unseren Genen und in unseren ohne bewusstes Zutun agierenden Hirnregionen verankert sind.

Die Begriffe "Sesshaftigkeit" und "Migration" sind bei vielen Spezies unterschiedlich zu deuten. Man denke nur an manche Vogel- und Fischarten, die nur saisonal wandern. Bei uns Menschen ist eine Trennung insoferne eher verwischt, als die Wissenschaft von „Sesshaftigkeit" erst im Zusammenhang mit der Entwicklung von Ackerbau und Viehzucht spricht; dabei könnte man Höhlenbewohner der Steinzeit vor 100.000 Jahren wohl ebenso als sesshaft bezeichnen – noch vor kurzer Zeit lebten Menschen in Höhlen-Wohnungen, die natürlich entstanden oder in den Fels gehauen worden waren: und das Alter dieser Form von festem Wohnsitz ist meines Wissens unbekannt, jedenfalls um Jahrzehntausende älter als der Beginn von Sesshaftigkeit im Fruchtbaren Halbmond.

Warum – und letztlich auch ob - die Ersten jeweils tatsächlich aus Afrika an die Mittelmeerküste kamen, wissen wir nicht sicher. Was den Kontinent angeht, so ist zumindest bekannt, dass es in Amerika keine Menschenaffen gab. Da seit mehreren Millionen Jahren Eiszeiten herrschten, war die Nordhalbkugel unwirtliche Tundra, soweit sie nicht vom Eispanzer vollkommen bedeckt war. Und was die Migration betrifft, so kennen wir unsere Neugier, unsere Abenteuerlust, diesen unstillbaren Erkundungsdrang, zu wissen, was hinter diesem Horizont wohl sein mag. Ganz am Anfang könnte außerdem ganz einfach das Nomadenhafte gestanden sein, das Umherziehen von Sippen auf der Suche nach Nahrung, später nach Weidegründen: dabei geriet man auch nach Norden ans Mittelmeer. Den Rest besorgte die Umwelt mit ihrer Attraktivität oder Vertreibung. Noch pragmatischer besehen geschieht Migration entweder als sehr langsam sich von Generation zu Generation ausbreitende Welle („wave of advance", siehe z.B. [21]), oder in Form von Koloniegründungen an den Küsten, wie dies später die

Phönizier und die Griechen taten, schließlich als plötzlicher Überfall kriegerischer Horden; die europäische Besiedelung von Ländern in Übersee erfolgte vorwiegend als Mischung der letzten beiden Varianten.

Es ist allgemein bekannt, dass die Migrationsgeschichte Europas die Wanderungen von Menschen in beiden Richtungen beinhaltet. Bis heute ist die Wissenschaft zunehmend zur Überzeugung gelangt, dass der Mensch in Afrika entstand, also musste er erst einmal nach Europa wandern, um hier Geschichte machen zu können. Bekannt ist auch, dass diese Einwanderung nicht in einem einzigen Schwung erfolgte – und hier geraten wir in die Nähe von Themen der Gegenwart - denn im Laufe einiger tausend Jahre hat der europäische Kontinent seine Anziehungskraft auf viele Völker aus drei Himmelsrichtungen ausgeübt (aus dem Westen ist mir außer der Einwanderung aus der Karibik in den Nachkriegsjahren keine nennenswerte bekannt). Dass sich die Geschichte von Völkerwanderungen schließlich umkehrte zu Auswanderungen nach dem Westen, ist mit dem Namen Christoph Kolumbus untrennbar verbunden, obwohl der Name des von den Europäern entdeckten Kontinents dem von Amerigo Vespucci entspringt (Abb. 46).[A9]

Aber beginnen wir erst nochmal von vorne und versuchen wir, aus diesen Bewegungen von Horden und Völkern nach und von Europa und deren Folgen mehr über die Entwicklungen von Kultur in Europa zu verstehen: Um über die Anfänge zu berichten - wenn auch nur überblicksweise - muss ich Sie weit zurück in die Geschichte führen, soweit sie Altertumsforscher bisher an Knochenfunden rekonstruieren konnten. Paläoanthropologen befassen sich mit der Entwicklungsgeschichte des Menschen seit seiner Entstehung in Afrika, so jedenfalls die bisher breit anerkannte Ansicht. Mit ihren modernen technischen Methoden, bereichert durch die neue Disziplin der Populationsgenetik, sind sie heute, zu unserem großen Erstaunen, in der Lage, die Migrationsströme des Menschen nach Jahrhunderten, Kontinenten, und sogar Ländern und Volksgruppen nachzuzeichnen: dementsprechend begann bis vor Kurzem [A10] alles mit Lucy. Das ist der Name der ersten entdeckten Australo-pithecus-Frau. Sie wurde 1974 im äthiopischen Awash-Valley gefunden. Ihren Namen erhielt sie angeblich vom Beatlessong „Lucy in the Sky with diamonds", weil ihre Entdecker im ostafrikanischen Ausgrabungs-Camp ihn bei der

Australopithecus

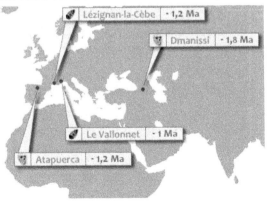

Abb. 7: Fundstätten von Hominiden in Europa. Ma= Millionen Jahre. Quelle: Ausschnitt aus [22]

Arbeit im Radio hörten. Von Hominiden wie Lucy ging der erste Auswanderer hervor: homo erectus. In Georgien soll er vor 1,8 bis 1,5 Mio. Jahren angekommen sein,[23] am Jordan vor 1,4 Mio Jahren.[23] (Abb. 7)

Schon damals sollen diese Vorfahren bis zur heutigen Insel Java gewandert sein [23] (damals wohl über eine Landbrücke [A11]) – in Europa sind solche alten Funde aus Spanien noch umstritten; gesichert scheinen Funde zu sein, deren Alter auf 800.000 Jahre datiert wurde,[23] auf 600.000 Jahre in Heidelberg, Deutschland, und überraschenderweise auch auf der Insel Kreta – davon später. Aber warum aus Ostafrika?

Der Ostafrikanische Graben – Paradies und erste Migrationsroute der Menschheit

Zur Enttäuschung all derer, die gerne glauben mögen, wir Menschen wären auf Erden zuallererst im Paradies gewandelt und könnten nun den Ort auch archäologisch festmachen: das Wort kommt aus dem Persischen, und die haben

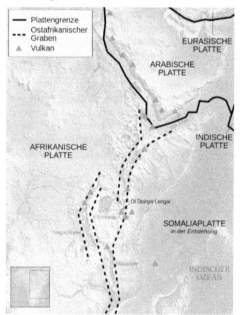

wahrscheinlich die Idee von assyrischen Palastgärten übernommen. Adam und Eva lebten aber nach bisheriger Ansicht, basierend auf neuester genetischer Forschung,[24] in Ostafrika. Lassen wir es erst einmal dabei bewenden; denn der weitere biblische Zusammenhang wird einfach zu kompliziert, wenn man zum Beispiel an den verbotenen Baum der Erkenntnis denkt.[A12]

Nahezu alle Funde urzeitlicher Hominiden, unserer Vorfahren und der ersten Exemplare unserer eigenen Art, wurden in Ostafrika gemacht, entlang des ostafrikanischen Grabenbruchs [25], der etwa vor 2 Mio Jahren begann, sich am Rand zwischen tektonischen Platten aufzutun,

Abb. 8: Der ostafrikanische Grabenbruch, Bereich der Funde ältester Hominiden. Quelle:[26]

durch vulkanische Tätigkeit den Osten des Kontinents wegzudrängen, ein Riss, der von der Mündung des Sambesi in Mozambique entlang der Seenkette zum Afar- Dreieck Äthiopiens und weiter bis nach Syrien reicht, das Rote Meer entlang zieht und den Libanon vom Anti-Libanon trennt (Abb. 8). Eines Tages wird dort, so sagen die Geologen, das Meer einfließen und Ostafrika endgültig abtrennen. Derzeit noch sind entlang dieses Risses die tiefsten Seen und Gräben der Welt zu finden. Es ist unklar, warum Hominiden und erste Menschen vorwiegend im Areal dieses Grabenbruches gefunden wurden, ob es nur Zufall ist, etwa deshalb, weil in der Sahara alle Reste entweder von Sand begraben oder in der Sonne zu Sand zerfallen sind. Möglichkeiten für frühe Sahara-Kulturen gab es reichlich, denn während der Eiszeit der letzten Jahrmillion traten einerseits Trockenperioden mit ausgedehnten Wüsten um den Äquator auf, andererseits dazwischen acht Warmzeiten (Grünzeiten) von bis zu 10.000 Jahren Dauer.[27] Demnach wäre vorstellbar, dass sich die Migration zu Grünzeiten wie vor 120.000 bis 110.00, vor 50.000 bis 45.000 Jahren und zwischen 8000 und 6000 v. Chr.[28, 29] auch über das gesamte Gebiet der Sahara erstreckten - die letzte Grünphase herrschte in der Sahara wohl um ca. 4000 v. Chr.[29, A13] Andererseits könnte man annehmen, dass zu Trockenzeiten nur im Ostafrikanischen Graben ausreichend Vegetation verblieb, die Frühmenschen sich deshalb dort aufhielten und schließlich durch Bevölkerungszuwachs oder langsame Migration nordwärts durch das Niltal an die Mittelmeerküste und über den nördlichen Teil des heutigen Golfs von Suez über die Halbinsel Sinai an die Levante und von dort weiter nach Europa gelangten.

Diese erste Art hominider Einwanderer war offenbar noch nicht ganz nach dem Geschmack des europäischen Kontinents: nach etwa 600.000 Jahren kam daher eine zweite Welle nach, schon etwas ausgereifter und fähig, sich rascher weiter zu entwickeln. Daraus wurden im Laufe der folgenden drei- bis vierhunderttausend Jahre der „homo heidelbergensis" und der Neandertaler, heute als „homo sapiens neandertalensis" bezeichnet, um ihn etwas zu rehabilitieren - immerhin hatte ihn die Wissenschaft, und wir Alle, davor ungerechterweise als gar zu dümmlichen Vorfahren hingestellt. Denn immerhin fand man kürzlich Hinweise auf rudimentäre Baukonstruktionen in einer Höhle bei Bruniquel in Frankreich mit einem Alter von über 170.000 Jahren,[30] und Schmuck aus Adlerkrallen in Krapina, Kroatien.[31] Nach neuesten paläogenetischen Forschungen wanderten Neandertaler vor 130.000 Jahren aus ihrer Heimat Europa Richtung Osten bis zum Altai-Gebirge und nach Südosten; eine zweite Welle wanderte vor etwa 70.000 Jahren und führte vor 54.000 bis 49.000 Jahren zu Vermischungen mit modernen Menschen.[24]

Der wirkliche Erfolg – und damit die direkteste genetische Verbindung zu den heutigen Europäern - stellte sich aber erst mit der dritten Einwanderungswelle ein, als der vermeintlich doppelt so gescheite moderne Mensch, daher unbescheiden „homo sapiens sapiens" genannt, ohne Ausweisdokumente und Angabe von durchwanderten Drittländern kam, um hier die Möglichkeiten für ein besseres Leben zu erkunden. Entstanden ist unsere Spezies vor ihrem Aufbruch aus Ostafrika nordwärts nach bisherigen Erkenntnissen vor 160.000 bis 200.000 Jahren [24] (Abb. 9).[A13]

Die bis heute am weitesten anerkannte Annahme, dass wir modernen Menschen Alle unseren Ursprung in Afrika haben, erhielt den Namen „Out of Africa"- These. Sie basiert auf Untersuchungen unseres heutigen genetischen Codes im Vergleich mit dem von Menschen und menschenähnlichen Wesen (Hominiden und Vorstufen von homo sapiens) zwischen uns und den Menschenaffen.

Damit konnte die „Multiregionale These" widerlegt werden, die besagte, dass die Spezies homo sapiens, mehr oder weniger gleichzeitig an mehreren Stellen der Erde aus menschlichen Vorstufen entstanden sei, aus Hominiden, die vor mehreren Millionen Jahren die Kontinente der Erde bevölkerten. Demnach hätte man schlussfolgern können, dass auch die Ur-Europäer in Europa entstanden sind ebenso wie die Ur-Chinesen in China. Genau dem scheint nun aber nicht so zu sein:

Der Gegenbeweis aus der Paläogenetik funktioniert mit Hilfe von Untersuchungen aus Spuren biologischen Materials, meist aus dem Knochenmark oder der Zahnpulpa: sie bringen in unseren Tagen immer mehr sensationelle Nachweise genetischer Verwandtschaften von Volksgruppen und deren Wanderwegen mit kriminalistischer Präzision ans Tageslicht. Sie fußen auf der Erkenntnis, dass manche Eigenschaften direkt von der Mutter auf die jeweilige Tochter übertragen werden, ohne vorher in die Verschmelzung von Ei- und Samenzellen verwickelt zu werden. Denn sie sind im separaten Erbgut von Zellorganellen festgeschrieben, den Mitochondrien; deshalb nennt man dieses Erbgut „mitochondriale Ribonucleinsäuren", kurz mtRNS (engl. mtRNA). Andere Eigenschaften sind fest an den Y-Chromosomen verankert und werden – ebenfalls unverändert – vom Vater auf den jeweiligen Sohn übertragen. Nur sehr selten treten bei diesen Übertragungen Mutationen auf. Die daraus resultierenden körperlichen Veränderungen verwirklichen sich dann jeweils nur bei diesem *einen* Sohn bzw. dieser *einen* Tochter, werden allerdings von ihnen jeweils auf ihre Nachkommen weitergegeben. „Jeweilig" steht also für die Gegebenheit, dass bei der Geburt der *einen* Tochter von derselben Mutter eine Mutation aufgetreten sein kann, bei der *nächsten* Tochter jedoch nicht, sodass beide Töchter einander darin unterscheiden, etc. Auf diese Weise entsteht in unserem Erbgut ein Ariadne-Faden, eine unbezweifelbare Spur von heute zurück zu den Anfängen, auf einem komplexen aber eindeutigen Stammbaum der Nachkommenschaften, auf dem jeder Mensch dieser bisher 200.000 Jahre unseres Bestehens seinen festen Platz hat. Dieser Ariadne-Faden lässt sich zurückverfolgen bis zu den ersten Menschen, deren Gene sich von den Vorfahren wie den Neandertalern unterscheiden; symbolisch – und etwas irreführend – wurde diese Gruppe erster Generationen von Frauen „Mitochondriale Eva" genannt, bezogen auf die mitochondriale DNS datiert auf etwa 160.000 Jahre vor unserer Zeit. Jedenfalls handelt es sich dabei um jene Gruppe von Frauen, die am wenigsten dieser Mutationen aufweisen, aber genetisch bereits zu unserer Spezies gehören, also vom Stammbaum der Evolution abgezweigt sind.

Veränderungen im eigentlichen Genom lassen sich grundsätzlich ein bis fünf Millionen Jahre weit zurückverfolgen.[24] Die Schwierigkeit besteht jedoch darin, eine ausreichend große Zahl von auswertbaren Knochenfunden zur Verfügung zu bekommen.

Zur Untermauerung dieser auf genetischen Daten basierenden „Out of Africa"-These können zusätzlich die Paläo-Archäologen bestätigen, dass sie bisher noch kein menschliches Skelett außerhalb Afrikas mit einem Alter von mehr als 100.000 Jahren gefunden haben.

Der exakte Zusammenhang zwischen genetischen Eigenheiten von homo sapiens sapiens im Vergleich zum Neandertaler und den Auswirkungen dieser genetischen Veränderungen auf Fähigkeiten und Verhalten ist noch unerforscht. Erste Hinweise meint man mit der Entdeckung einer Veränderung am sogenannten FOXP2-Gen gefunden zu haben: dort könnte sich entscheiden, ob ein Mensch zu grammatikalisch differenzierter Sprache befähigt ist oder nicht. Welche weiteren Änderungen an Verhalten und Fähigkeiten von den bisher etwa einhunderttausend Stellen auf Genen mit Veränderungen gegenüber den Neandertalern abhängen, ist allerdings noch unbekannt.[24] Denn betreffend das Wissen um den Zusammenhang zwischen einem Gen und seiner Funktion steht die Forschung noch an ihrem Anfang. Außerdem ist nicht sicher, ob die Kenntnis genetischer Unterschiede gegenüber den Neandertalern jemals zu einer befriedigenden Antwort führen kann, weil es doch letztlich die unendlich vielfältig verwobene Kommunikation zwischen den Individuen ist, die der kulturellen Evolution ihren beschleunigenden Antrieb verleiht: je dichter die Kommunikation und je weiter fortgeschritten die Entwicklung von Werkzeugen – also der Technik –, desto rascher schreitet die Zahl weiterer Veränderungen fort.

Nun aber wieder zurück zur anfänglichen Migration dieser neuen Menschen, denn deshalb hatten wir das Thema der genetischen Eigenheiten aufgegriffen; für die Rekonstruktion unserer Migrationsgeschichte ist diese Methodik der Genanalyse wie geschaffen: Der Grund dafür, dass auch die modernen Menschen begannen – wo auch immer letztendlich ihr Ursprungsort gewesen sein mag -, Afrika nach Norden und dann den Küsten entlang nach Osten zu verlassen, wird von Forschern unterschiedlich gesehen: teils wird das Klima, teils Intelligenz und Erkundungsdrang verantwortlich gemacht. Allerdings fallen zwei Migrationswellen von homo sapiens sapiens mit den beiden Grün-Zeiten der Sahara vor 120.000 und vor 50.000 Jahren zusammen; die Schlussfolgerung liegt also nahe, dass nomadenhafte Wanderung bzw. Ausbreitung nur in fruchtbare Gebiete und während der Warmzeiten im Rahmen der großen Eiszeit erfolgte. Im Nahen Osten gibt es erste Funde, die auf ein Alter von 110.000 Jahren datiert wurden.[32] Der Weg dorthin war mittlerweile seit vielen Jahrzehntausenden bekannt. Als Überraschung aus der allerneuesten paläogenetischen Forschung seit 2016 erwies sich eine zweite Immigrationswelle - wahrscheinlich aus Nordafrika - zur Zeit dieser Grünphase in der Sahara. Es handelte sich um Menschen, die seit langer Zeit einen eigenen Volksstamm gebildet hatten, der sich von der ersten Auswanderungswelle vor 120.000 Jahren unterschied: sie erhielten den Namen „Basale Eurasianer", weil sie einen Hauptanteil an Vorfahrenschaft für die heutigen Europäer ausmachen. Diese „Basalen Eurasianer" wanderten vor 50.000 Jahren aus Nordafrika – möglicherweise also aus der Sahara zu Ende der dortigen Grünzeit – nach Nahost und von dort weiter entlang der türkischen Mittelmeerküste, über die Landbrücken am Goldenen Horn und am Hellespont auf den Balkan bis nach Zentraleuropa. Eine zweite Gruppe wanderte ostwärts und wurde zu den Vorfahren der heutigen Ostasiaten und Australier. Eine dritte Gruppe wanderte zwischen Schwarzem Meer und Kaspischem Meer an den Südrand des sibirischen Eispanzers und wurde dort zu einer eigenen Volksgruppe, den „Alten Nord-Eurasianern", die später durch ihre Migration westwärts zu einem zweiten Hauptanteil an Vorfahrenschaft für die modernen Europäer werden sollten.[24]

Die „Basalen Eurasianer" breiteten sich ab 40.000 bis 35.000 Jahren vor unserer Zeit weiter westwärts nach Frankreich und Spanien aus – einige der Spanier kamen 15.000 Jahre später zurück nach Frankreich, wohl deshalb, weil sich der Eiszeitgletscher seit mehreren Jahrtausenden zurückzuziehen begonnen hatte.

Etwa 33.000 bis 22.000 Jahre vor unserer Zeit kamen Gruppen von Jägern und Sammlern aus der westasiatischen Steppe nach Mittel- und Westeuropa sowie entlang des Südrandes der Alpengletscher südwärts nach Italien – sie prägten jene Ära der jüngeren Altsteinzeit (mittleres Jungpaläolithikum), die von der Wissenschaft „Gravettien" genannt wird.

Eine vierte Migrationswelle von „Basalen Eurasianern" machte sich etwa 12.000 v. Chr. aus der Nordwest-Türkei auf die Europa-Route wie die Leute der ersten Welle, über den Balkan in alle Regionen Europas bis Spanien und Sizilien (damals noch über die späteiszeitlichen Landbrücken (siehe Abb. 6, Abb. 12).

Diese Migrationswellen aus Afrika führten zu den ältesten uns bisher bekannten Hochkulturen: außer Ägypten und dem Zweistromland zwischen Euphrat und Tigris am nördlichen Ende dieses Ostafrikanischen Grabens reichten sie auch nach Anatolien. Geheimnisvoll mutet die Möglichkeit an, auch im Gebiet des heutigen Persischen Golfes könnte eine inzwischen versunkene Kultur entstanden sein (Abb. 13) – wir werden in einem der folgenden Abschnitte darauf zurückkommen, ebenso wie wir später nochmals auf den Umstand stoßen werden, dass eine Migration entlang des Ostafrikanischen Grabens bedeutete, dass Menschen von Anfang an entlang von Vulkanen wanderten (siehe Abb. 8), also Gelegenheit hatten, dem Donnergott vom ersten Tag an zu begegnen.

Seit dem Weg ihrer Vorfahren durch Raum und Zeit auf diesem Planeten haben viele heutige Menschen die in diesem Abschnitt beschriebene gemeinsame Herkunft vergessen, obwohl ihre Vernunft ihnen schon ermöglicht hätte, diese quasi familiären Bande zu erkennen. Seit etwa einem halben Jahrhundert führt ihnen die genetische Forschung nun als „quod erat demonstrandum" vor, den wissenschaftlichen Nachweis dafür, dass wir Alle, gelb und schwarz und weiß und braun wie wir inzwischen geworden sein mögen, Alle diesen ersten Familien in Afrika entstammen. Ich werde auch darauf in einem Abschnitt weiter unten zurückkommen.

Ihre Ankunft in Europa haben die neuen Menschen mit Hinterlassenschaften in Höhlen verraten (Abb. 9); die ältesten davon fand man zuerst in Frankreich, dann auch in England und am Schwarzen Meer.

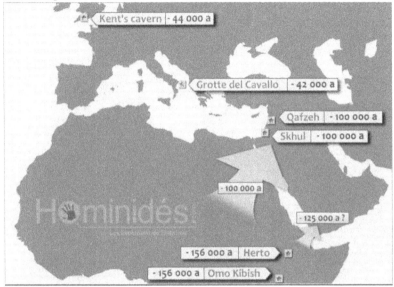

Abb. 9: Älteste Fundstätten von Homo sapiens sapiens in Nahost und Europa. a= Jahre. Quelle:[22]

Schon Reisende im 18. Jh. erkannten die äußerlichen Ähnlichkeiten von Europäern mit Westasiaten und nannten sie „Kaukasier", zum Unterschied von den Mongolen, den Negroiden und den Australoiden. Die aktuellen Gen-Untersuchungen erklären den Grund dafür. Aber noch vor 10-12 tausend Jahren unterschieden sich vier Gruppen in West-Eurasien so stark voneinander, dass wir sie heute als „Rassen" bezeichnen würden, so wie wir umgangssprachlich von Rassen unter uns heutigen Menschen sprechen. So unterschieden sich die Bauern des Fruchtbaren Halbmonds von denen Persiens und von den Jägern und Sammlern Mittel- und Westeuropas sowie von denen Osteuropas. Sie alle haben sich jedoch bereits bis zur Bronze-Zeit so sehr vermischt, dass es diese „Rassen" heute nicht mehr gibt.

Cro-Magnon und der Beginn von Kultur

Dem Umfang ihrer Fähigkeit, und der Möglichkeiten, sich die Welt nutzbar zu machen, waren sich diese neuen Einwanderer offenbar bewusst, in einer neuen Form von Gewahrsein ihrer selbst: damit konnte Kultur beginnen, verstanden als Ausdruck der Transzendenz der erlebten Wirklichkeit, allein und gemeinsam, umgesetzt in Lebensart und Kunst. Mit ihnen begann die Darstellung von Umweltszenen auf Höhlenmalereien, und ihrer selbst als gebrannten Tonfiguren – die ältesten Funde aus Mitteleuropa sollen weit über 30.000 Jahre alt sein, auch wenn die Datierungen nicht vollkommen verlässlich zu sein scheinen (Abb.10 und Abb. 11). Diese figürlichen Darstellungen und die Höhlenbilder von Chauvet (30.000 v. Chr.), Altamira (16.000 v. Chr.) und dutzende andere (siehe z.B. Karte mit Fundorten unter [27]) geben Zeugnis davon.[A14]

Abb. 10 links: Der Löwen-Mensch, eine Elfenbeinfigur aus Hohlenstein-Stadel. Das Alter wurde mit 41.000 bis 35.000 Jahren ermittelt. Museum Ulm. Photo: Thilo Parg.[33]

Abb. 11 rechts: Venus vom Hohle Fels in der Schwäbischen Alb, Miniatur aus Mammut-Elfenbein. Quelle:[34]

Sie waren wohl auch die ersten Musikanten: die Funde von Knochenflöten in Slowenien und Deutschland wurden auf ein Alter von 35.000 bis über 40.000 Jahren datiert [35, 36, 37, 38]. Aus dieser Zeit stammen auch Funde von Tongefäßen und von gewebten, mit Faden vernähten Stoffen. Allen voran aber stehen erste Begräbnisnachweise mit Grabbeigaben – Auseinandersetzung mit Leben und Tod, Diesseits und Jenseits. Auf dieser neuen Stufe von Erkenntnisfähigkeit sollte auch der Schritt von „Nutzung" zu „Ausbeutung" der Umwelt, der Objekte, der anderen Subjekte,[A15] und seiner selbst, nicht allzu lange auf sich warten lassen.

Begonnen hatte dieser Migrationsschub nach Europa vor etwas mehr als 60.000 Jahren. Die Menschen wanderten entlang der Küsten und der damals geologisch offenstehenden Landbrücken. Der Meeresspiegel lag um etwa 120 bis 150 Meter tiefer als heute,[27] die Küsten waren also ganz woanders, und man konnte dementsprechend an manchen Stellen zwischen Ländern und Kontinenten trockenen Fußes marschieren, wo heute Meeresengen oder Flachmeere sind (für ein kartographisches Bild der Küstenlinien und Formen der Kontinente siehe Abb. 12, Abb. 13 und z.B.[27]).

So kamen diese neuen Menschen im Laufe von 20 - bis 30-tausend Jahren über den Hellespont (Dardanellen) und den Bosporus nach Europa, aber auch weiter nach Mittel-, Zentral- und Südostasien,[39] von dort weiter nach Australien und Amerika.

Warum wanderten sie überhaupt von der Levante weg weiter nach Osten und Norden? Eine plausible These wäre, dass während der Eiszeit die Levante teilweise eine Wüste oder zumindest unfruchtbare Steppe war, weil die Wasserpegel wesentlich tiefer standen – aber davon gleich mehr. Diese Dritt-Einwanderer aus Afrika nach Europa bekamen den Namen „Cro-Magnon"- Menschen wegen der damals ersten Knochenfunde in der gleichnamigen Höhle etwa 150 Kilometer östlich von Bordeaux. Weitere bisher in Höhlen gefundene Knochen in Apulien und in Kent sind auf ein Alter von über 40.000 Jahren datiert worden (Abb. 9). Sie kamen während der letzten Phase der großen Eiszeit an, deren Maximum etwa 20.000 Jahre [40] zurückliegt, und die erst vor etwa 12.000 Jahren wieder zu Ende war. Die polare Eiskappe reichte bis auf die Höhe von Hamburg und Berlin, nach Westen quer über Mittelengland; Alpen und Alpenvorland waren ebenfalls von einem kilometerdicken Eispanzer überzogen. Südlich davon Tundra mit Permafrost bis zu einer Linie zwischen Toulouse und Wien, von dort nach Odessa und Rostov am Don (Abb. 12). Einen guten Überblick menschlicher Migration in der Frühzeit gibt auch eine nach genetischen Verwandtschaftsmerkmalen erstellte Karte.[41]

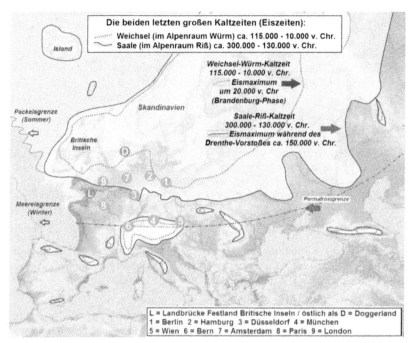

Abb. 12: Küstenverlauf während der letzten Eiszeit. Besonders auffällig ist die Landverbindung zwischen Kontinent und britischen Inseln (D= Doggerland, L= späterer Kanal) sowie der Türkei vom Bosporus bis zu den Dardanellen, sowie die Verlandung der nördlichen Adria. Quelle:[42]

Neandertaler - Cro-Magnon – Beginn der Multikulturalität in Europa?

Eine Koexistenz mit den damaligen „Ur-Einwohnern", den Neandertalern, wird heute auf wenige tausend Jahre geschätzt, bis etwa 39.000 Jahre vor unserer Zeit.[43] Techniken für Anwendungen jenseits des Alltagsgebrauchs, für Kunsthandwerk also, begann erstmals mit den eingewanderten modernen Menschen. Zwar kann man aus vereinzelten Funden kulturelle Leistungen auch Neandertalern zuschreiben, doch sind sie beschränkt auf Steinwerkzeuge, kaum rudimentäre Kunstgegenstände (siehe S. 21). Dies bleibt wahrscheinlich auch dann gültig, wenn sich die Übergänge von menschlichen Vorstufen auf den modernen Menschen als fließender herausstellen als derzeit noch lückenlos beweisbar – Forscher benennen immer mehr mögliche Zwischenstufen. Denn für jegliche Kunst außer Singen und Tanzen bedarf es zuerst einer Technik. Naheliegend ist durchaus, dass man sich voneinander Errungenschaften abguckte. Ob sie tatsächlich in Höhlen miteinander lebten, oder ob schon damals eine Art Parallel-

28

gesellschaft in benachbarten Höhlen oder Tälern bestand, muss angesichts der äußerst vereinzelten Funde und den daraus gezogenen, weit divergierenden Theorien dahingestellt bleiben. Es ist jedoch gut vorstellbar, wie sich die Neuen leicht und schnell jene Tricks und Methoden aneigneten, die sich die Neandertaler im Laufe von tausenden Jahren in Tundra und Grenze zum Eis, während bitter kalter Winter, angeeignet hatten.

Über die Ursache des Aussterbens der Neandertaler, die vor etwa 400.000 Jahren nach Europa gekommen waren, streiten sich die Gelehrten; weitgehend einig scheinen sie sich darin zu sein, dass der Unterschied zwischen uns und dem Neandertaler etwa dem zwischen Schimpansen und Gorillas oder zwischen Gorillas und Orang Utans entspricht – die letztere Unterscheidung ist offenbar dem individuellen Geschmack überlassen. Wie dem auch sei, die Neandertaler haben sich mit ihrer „Leitkultur" des Höhlenlebens als Jäger und Sammler nicht durchsetzen können. Manche Forscher meinen, sie seien Sex-Muffel gewesen und deshalb ausgestorben. Was dies angesichts der neuesten Forschungsergebnisse bedeutet, wonach sich unser Gen-Code um weniger als 0,5% von dem der Neandertaler unterscheidet, wird in der wissenschaftlichen Literatur nicht diskutiert. Neueste Forschungsergebnisse deckten auf, dass sich Doppel-Sapiens-Frauen in Europa und in Nahost mit Neandertalern einließen,[24] aber niemals umgekehrt – auch über diese Hintergründe wurde bisher nicht öffentlich spekuliert. Vermutet wurde jedoch, dass Anteile der Neandertaler-Gene uns modernen Menschen das Überleben im rauheren Norden erleichtert haben könnten. Oder ist das nur der Versuch einer Rechtfertigung zu Ehren der prähistorischen Frauen, die damit ihren Nachkommen das Überleben sicherten? Die Wissenschaft schweigt dazu ansonsten – ob respektvoll oder mit Hintergedanken, sei dahingestellt. Jedenfalls haben im Laufe von Migrationswellen die unterschiedlichen Kulturen einander nicht nur geistig befruchtet, und die Folge davon ist, dass heute Europäer zu etwa 2% Neandertalererbschaft in sich tragen.[24] Der Grund dafür, dass es nur 2% sind, liegt auch darin, dass Nachkommen zwischen den beiden Gruppen weniger fruchtbar waren als die Kinder von Nur-Neandertalern und Nur-Sapiens-Menschen.[A16]

Die am breitesten anerkannte Theorie betrifft die „Wir"-Gemeinschaft: im Gegensatz zum Neandertaler hätten demnach wir überlebt, weil eine Wertegemeinschaft mit dichterer Kommunikation auch zwischen den einzelnen Clans aufgebaut worden sei; es war also wohl das im Vergleich zum Gegeneinander überwiegende Miteinander und Füreinander, das sich als teleonom, als Überlebensvorteil, erwies – doch auch dieses Argument ist leicht anzweifelbar.[A17]

Die neue Zwischenstufe von Sapiens-Vorfahren außer den Neandertalern, die sich aus der modernen Gen-Forschung ergab, die Denisovan-Menschen (auch Altai-Menschen genannt) lasse ich außen vor, da sie bei modernen Europäern keine Spuren hinterlassen haben; es handelt sich also zwar um einen wissenschaftlich interessanten Aspekt, jedoch nicht um Vorfahren der Europäer.[24]

Der größte Unterschied, der je zwischen Menschenarten bestand, wenn sie nach jahrtausende- oder jahrzehntausendelanger Wanderschaft wieder aufeinander trafen, war der zwischen Neandertalern und homo sapiens sapiens. Wenn auch unbekannt ist, wie oft sich Menschen bei solchen Treffen fragten, ob jene Anderen überhaupt Menschen seien, oder Tiere – zuletzt dürfte dies beim Treffen zwischen Europäern und Indianern in Amerika der Fall gewesen sein – stets hatte man einander an einem Grundverhalten und Umweltverständnis erkannt, das beide Seiten an sich selbst erinnert hat; Verhalten verrät die Ähnlichkeit, wenn nicht sogar Gleichheit der Denkweise, also der Spezies.

Am Anfang waren die Nomaden

Zumindest Halbnomaden: denn auch das Leben in einer „reservierten" Wohnhöhle dürfte weite und langdauernde Streifzüge zur Nahrungsbeschaffung erfordert haben, so wie wir das sogar noch an den Buschleuten unseres Zeitalters beobachten konnten – in unserem Jahrzehnt dürfte sich das endgültige Verschwinden solcher Restpopulationen von Steinzeitmenschen nach Monaten errechnen lassen. Wir kennen aus den alten Büchern die Geschichte vor-indoeuropäischer und vor-indo-iranischer Nomadengesellschaften als Vorstufe sesshafter Bauernkulturen.[44] Auch die frühen Hebräer werden von manchen Forschern als ursprünglich arabisches Nomadenvolk gesehen, das Schafzucht betrieb - ich komme im Zusammenhang mit Religion, Vulkan und Donnergott darauf zurück.

Nomaden und Halbnomaden bestanden nach dem Einzug der neuen Menschen außer in den vorderasiatischen Regionen auch in den nördlichen europäischen Randzonen weiter fort, im Norden vorwiegend als Jäger und Sammler, wie sie während der Eiszeit weiter südlich gelebt hatten. Dort hatten sie sich damals nicht unwesentlich vermehrt: nach Schätzungen gab es vor 20.000 Jahren am eisfreien südlichen europäischen Kontinent an die 130.000 von ihnen, vor etwa 13.000 Jahren dann bereits über 400.000.[45] Als sich die Gletscher der Eiszeit immer weiter nordwärts zurückzogen, folgten die Jäger und Sammler den ebenfalls nordwärts wandernden Tierherden mit der nordwärts sich ausbreitenden Tundra, während die Wälder mit anderen, fremden Tieren ebenfalls nordwärts nachrückten. So starben am europäischen Kontinent die letzten Mammuts und Riesenelche gegen 10.000 vor unserer Zeit aus – der Höhlenbär war bereits 18.000 Jahre davor ausgestorben, der europäische Höhlenlöwe vor etwa 14.000 Jahren.[45] Die Jäger und Sammler aber folgten weiter den von ihnen bejagten Tierherden, wie dies noch im 19. Jahrhundert halb-sessile halb-nomadische Indianer taten. Damit gaben sie von sich aus den Kontinent für die nachrückenden Menschen aus Nahost zum größeren Teil frei und traten kaum jemals mit ihnen in Kontakt. Und diese nächste Welle nachrückender Menschen kam: vor etwa 14.000 Jahren – nach genetischen Daten aus der Nordwest-Türkei -, und erreichte bis vor 8000 Jahren die Küsten von Nordsee, Atlantik und spanischem Mittelmeer.[24] Nördlichere Regionen, die während der Eiszeit ganz oder teilweise entvölkert gewesen waren, wurden nun von den nordwärts rückenden Jägern und Sammlern besiedelt. Archäologen fanden erste saisonale Lagerplätze mit Hütten und sogar einige Steinhäuser.[A18] Allerdings mussten sie wegen des Aussterbens des Großwilds ihre Lebensgewohnheiten schon seit geraumer Zeit den neuen Umweltbedingungen anpassen; dazu gehörten Jagdmethoden und – geräte. Eine der nach Europa nachrückenden Spezies war der Löwe, der innerhalb kurzer Zeit bis nach Spanien einwanderte; in der Türkei gab es sie noch bis ins 18. Jahrhundert.[45]

An der Levante war zu jener Zeit durch die Erwärmung eine Art Garten Eden entstanden, und erste Städte:

Neolithische Revolution, Sintflut und Migration

Der nächste Schritt kultureller Evolution hat sich nach bisher breit anerkannten Forschungsergebnissen außerhalb Europas ereignet und wurde von dort importiert. Es geht um die vollständige Sesshaftigkeit und die Voraussetzungen hierfür, es geht aber auch um den Transfer dieser neuen Lebensform durch Migration von Menschen, und die Ursachen dieser Wanderungen:

Die entscheidenden "Erfindungen" der Jungsteinzeit (Neolithikum), Grundlage für unser heutiges bequemes Leben in Sesshaftigkeit – jedenfalls relativer Sesshaftigkeit, wenn man von der regionalen Massenmigration der heutigen Pendler zur Arbeit absieht -, werden auch mit dem Begriff „Neolithische Revolution" bezeichnet. Sie begann zu Ende der Eiszeit, also vor etwa 12.000 Jahren [A19] - vor rund 17.000 Jahren hatten die Eispanzer im Norden zu schmelzen begonnen und damit den Meeres- und Grundwasserspiegel langsam angehoben- im Zweistromland entstand der sogenannte „Fruchtbare Halbmond", heute Syrien, Irak und Libanon, Jordanien und Israel: die Leute, die dort lebten, waren die Erfinder der Landwirtschaft, von Ackerbau und Viehzucht: bis etwa 8000 v. Chr. hatten die neuen Methoden zur Schaffung von Lebensmittelreserven über längere Zeiträume die Sesshaftigkeit und Zusammenleben in Dörfern und Städten ermöglicht, soziale Entwicklung mit Arbeitsteilung. Mögliche Entwicklungsschritte und Gründe für diesen Wechsel von einem Leben als Jäger und Sammler zu sesshaften Bauern lesen Forscher aus Resten erster Kulturen:[45]

Erste Kulturen

Denn noch früher als diese landwirtschaftliche Revolution vermutet man heute eine „soziale Revolution" im Sinne der Entstehung erster Dörfer und sogar Städte sowie von Kultstätten, die bis ins zehnte Jahrtausend v. Chr. zurückreichen. Am längsten bekannt davon sind die frühen Städte im Jordantal, besonders Jericho aus ca. 8.300 v. Chr., wo an die 3.000 Einwohner gelebt haben, eine Siedlung mit Stadtmauer und Turm. Die allerältesten Kulturstätten entstanden jedoch im nördlichen Teil der bogenförmigen Region zwischen Südosttürkei südlich des Taurusgebirges und Zagrosgebirge: Die Funde von Göbekli Tepe an der türkisch-syrischen Grenze, gelegen in jener Region, wo man auch den Beginn geregelten Ackerbaus vermutet, ausgegraben zwischen den Jahren 1994 und 2000 (nicht einmal 2% davon sind freigelegt!) stellen alle bisherigen Vorstellungen von prähistorischen Kulturen nochmal auf den Kopf: Säulen, meterhoch, dutzende Tonnen schwer, verziert mit Tierskulpturen, 12.000 Jahre alt. Manche gehen davon aus, dass diese Bauten den Beginn jener Megalithkulturen darstellen, die danach – allerdings 5.000 Jahre später - zuerst in Spanien und sodann entlang der Atlantikküste in Südengland, Frankreich und Spanien bis Süd-Skandinavien gefunden wurden.[A20] Blickt man in die andere Richtung der Zeitskala, wesentlich weiter als 10.000 Jahre vor unserer Zeit, so sehen manche Forscher dort naheliegenderweise den Beginn solcher Siedlungen noch wesentlich früher, nur nicht mehr nachweisbar, weil sie statt aus Stein aus Holz gebaut worden sein könnten.[45] Wahrscheinlich verstehen sie diese Konstruktionen als Treffpunkt nomadischer Gruppen, die wegen der logistischen Erfordernisse für solche Treffen – z.b. rituell begleitete Totenmahle – schrittweise sesshaft wurden. In der unmittelbaren Umgebung dieser ersten Orte des Zusammenseins in größeren Gruppen finden sich Anzeichen für erste Spuren von Getreideanbau und evtl. sogar Bierbrauerei. Diese allmähliche Gewöhnung an Ernährung aus selbst angebautem Getreide und der Tierhaltung anstatt von der Jagd führte zu rasantem Anstieg der Bevölkerung Europas: von knapp einer halben Million vor 10.000 Jahren auf das Hundertfache bis 200 n. Chr., nämlich auf 50 Millionen, zur Zeit der größten Ausdehnung des Römischen Reiches.[45]

Ansonsten wissen wir, soweit nicht uralte Erinnerungen in den ersten Mythen und religiösen Schriften davon Kunde tun, über diese frühen Kulturen äußerst wenig, eigentlich fast gar nichts. Die ersten Städte kennen wir durch die Ausgrabungen: Jericho (10.000 - 8000 v. Chr.),[46] bekannt durch seine biblische Geschichte. Göbekli Tepe (10.000 – 9000 v. Chr.), von den Archäologen als Kult- und Feststätte bezeichnet, Çatalhöyük (6500 v. Chr.), bekannt für gebrannte und bemalte Töpferei, Verwendung von Metallen und Halbedelsteinen, Açana Höyügü (etwa 6.400 v. Chr.). Dort beginnt die „keramische Jungsteinzeit", z.B. die Hassuna-Kultur und die Samarra-Kultur im heutigen Nord-Syrien.[47]

Der rasante, wenn nicht fast plötzliche, Beginn von Kultur und Zivilisation im „Fruchtbaren Halbmond" hat einzelne Forscher zu der Frage veranlasst, ob er nicht schon die Folge einer früheren Kultur gewesen sein könnte, nämlich Folge einer Überflutung, der Überschwemmung des Persischen Golfs am Ende der letzten Eiszeit. Nach der These des Archäologen J.I. Rose tauchten die bis vor wenigen Jahrzehnten als die ältesten in Nahost bezeichneten Kulturen nicht aus dem Nichts auf, sondern könnten die Weiterentwicklung einer noch älteren Kultur in der Tiefebene des Persischen Golfs sein: Während das Meer im Golf von Akaba steil bis auf 750 bis 1000 Meter absinkt, ist es im Golf von Suez und im Persischen Golf bis hinunter zur Straße von Hormuz weniger als 100 Meter tief, wäre also während der Eiszeit verlandet gewesen. Im nördlichen Drittel des Persischen Golfs ist das Meer sogar nur 25 bis 50 Meter tief; zu Ende der letzten Eiszeit war der gesamte Golf bis an die Straße von Hormuz daher eine flache vom „Urschatt", der Verlängerung des Schott al-Arab, durchflossene Ebene (Abb. 13).[A21]

Kultur und Zivilisation sind Folgen technischer Entwicklung

Göbekli Tepe weist uns auf zwei bedeutende kulturhistorische Faktoren hin: die Entwicklung der Landwirtschaft bedingte als revolutionäre Folge nicht nur die Sesshaftigkeit, sondern die Entstehung einer neuen Ebene von Lebenskultur insgesamt: Wohnen und soziale Aktivitäten in Städten aus Steingebäuden mit künstlerischer Ausgestaltung und die Geburt der Architektur. Der zweite Aspekt

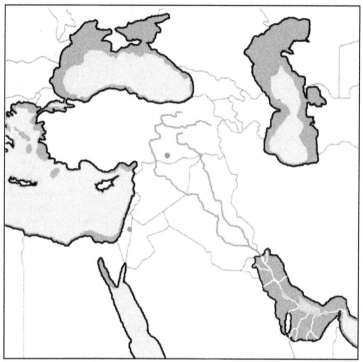

Abb. 13: Küstenverlauf von östlichem Mittelmeer, Schwarzem Meer, Kaspischem
Meer und der Meere in der Umgebung der Arabischen Halbinsel während der letzten Eiszeit – etwa 20.000 v. Chr. Da der Meeresspiegel etwa 150 m
unter dem gegenwärtigen Niveau lag, der des Schwarzen Meers eher um 200 bis
250 Meter, waren weite Küstenregionen, ja ganze neue Landschaften entstanden, die heute im Meer versunken sind; sie sind im Bild grün eingezeichnet: die
Flachwassergebiete des nördlichen und westlichen Schwarzen Meeres, weite
Bereiche des Kaspischen Meeres, ein Großteil des Marmara-Meeres, des Bosporus und der Dardanellen. Im Bereich der Ägäis sind einige Inseln nicht berücksichtigt. Am auffälligsten ist, dass der gesamte Persische Golf verlandet ist. Die
flache Tiefebene wird durchflossen vom Schott al-Arab (im Bild weiß gefärbt),
der Verlängerung jenes Stromes, der heute nach dem Zusammenfluss von
Euphrat und Tigris entlang der Grenze zwischen Iran und Irak ins Meer fließt;
damals nahm er mehrere Flüsse aus der Arabischen Halbinsel und aus Persien
auf und floss schließlich im Bereich der Straße von Hormuz in den Golf von
Oman. Zu Ende der Eiszeit wurde diese große Tiefebene schrittweise überflutet.
Zur Orientierung sind auch die Ausgrabungsstätten von Jericho und Göbekli
Tepe mit roten Punkten eingezeichnet, da beide Siedlungen den bisher bekann-
ten Beginn von Kultur und Zivilisation darstellen. Quelle:[48]

ist die Verbindung zu „Technik": Technik, zusammen mit Wirtschaft der Nährboden für Kunst und Wissenschaft. Nicht nur das Werkzeugdenken für praktische Alltagstätigkeiten ändert Lebensumstände und Lebenswelt, auch Kunst
bedient sich der Technik, und hängt in ihrer Entwicklung und Ausdruckstiefe
davon ab, der Fähigkeit, Werkzeuge für das Kunstschaffen zu erdenken. Die
Verwirklichung menschlicher Fähigkeiten, von Phantasie, Kunst und Wissenschaft, hängt vollkommen vom Entwicklungsstand seiner Techniken ab. „Nur"
Religion und Philosophie machen hier eine Ausnahme. Wie kann es also anders
sein, als dass der Mensch alle seine Fähigkeiten von Anfang an in vollem Umfang
besaß, dass die Denkkraft als Draufgabe und „booster" zur genetischen Evolution
vielfach einsetzbare Werkzeuge hervorbrachte, die in einem Schneeballeffekt die
kulturelle Evolution exponentiell zu beschleunigen begann. Das Rad passte an
den Ochsenkarren wie an den Streitwagen; heute revolutioniert die Digitalisie-
rung schrittweise all unsere Lebensbereiche (im städtischen China rascher als
im Westen) – mittlerweile hat die Technik also auch die Philosophie und die
Ideologie (Religion) erreicht, nicht deren Fundamente, aber die Verbreitung
ihrer Inhalte.

Im Umfeld der ersten strukturierten Siedlungen und Städte entstanden Techniken zur weiteren Verbesserung der Nahrungsbeschaffung, Kunst, und zuletzt
der weitere große kulturelle Schritt, die Entwicklung der Schrift – aber bis dahin
vergingen wahrscheinlich noch mehrere Jahrtausende (auf die Donau-Kultur als
mögliche Ausnahme komme ich weiter unten zu sprechen). Jedoch: die Änderungen der Umweltbedingungen wiesen die Menschen darauf hin, wer auf Erden
letztendlich die Regeln macht. - Zunächst aber begann sich aus diesem „Fruchtbaren Halbmond" die fundamentale Erneuerung des menschlichen Alltags,
Ackerbau und Viehzucht, als die „Neolithische Revolution" unaufhaltsam auf den
eurasischen Kontinent auszubreiten, ein Vorgang, der einige Jahrtausende lang
dauerte und wahrscheinlich Folge mehrerer Migrationswellen ist – ich komme
darauf noch im Detail zu sprechen. Zwar blieb die Frage, ob sich dieser kulturelle
Wandel in Europa sozusagen durch Mundpropaganda vollzog, oder ob Völker
einwanderten und die neue Lebensart mitbrachten, lange Zeit eine Herausforderung für die Forschung, denn die Namen der aus- bzw. eingewanderten
Volksgruppen stehen nun einmal nicht auf prähistorischen Grabsteinen. Um
herauszufinden, wer wann woher kam, setzte man in den letzten hundert Jahren
immer raffiniertere Methoden ein: Archäologen fanden erste – und weiterhin
entscheidende - Wegweiser in den ausgegrabenen Überresten dieser Kulturen:
Scherben von charakteristisch geformten Gefäßen aus gebranntem Ton, manche
mit eingeritzten Mustern verziert, wurden auf ein Alter von bis über 15.000
Jahren datiert. Farbig bemalte Keramik, von jeder Kultur unterschiedlich und
charakteristisch gestaltet und unterschiedlich verziert, begann wohl im 7. Jahrtausend v. Chr. in Syrien. Diese Bruchstücke der Keramikgefäße wurden zu
Markern der Volkszugehörigkeit und erlaubten es den Forschern festzustellen,
wohin solche Gefäße ausgewandert oder eingehandelt worden waren. Mit dem

Ausklang der Steinzeit und dem Beginn der Herstellung und Bearbeitung von Metallen, Kupfer, Bronze, Gold, dann auch Eisen, wurden typische Muster auch an solchen Gebrauchs- und Schmuckgegenständen angebracht – weitere Hinweisschilder für die Archäologen. Grabbeigaben und andere Funde verraten einiges über unterschiedliche Lebensgewohnheiten und beginnende metaphysische Weltsichten. Eine Änderung der in einer Schicht gefundenen Muster auf Keramik oder anderen Werkstoffen weist auf Beeinflussung der ortsansässigen Kultur durch eine hinzugekommene hin. Moderne wissenschaftlich-technische Methoden revolutionierten schließlich Paläontologie und Archäologie und begannen, die Migrationsgeschichte der Menschheit neu zu schreiben, allen voran die zuvor beschriebenen gentechnischen Methoden.

Neolithische Migration: Tatsächliche Auslöser und Mythen

Europa mit seiner modernen Bevölkerung beginnt als das, was es aus geographischer Sicht ist: eine periphere Halbinsel am riesigen eurasischen Kontinent, besiedelt von Leuten, die allesamt auf dem Weg über Nahost kamen, entweder direkt über den Balkan oder am Umweg über verschiedene Nord-Ost-Routen, schließlich westwärts nach Europa. Auf diesem jahrtausendelangen Wander- und Entwicklungsweg hatten sie sich in unterschiedliche Kulturen differenziert, als die sie schließlich auf europäischem Boden wieder zusammentrafen. Kurz zusammengefasst konnten drei Wege identifiziert werden:
1. Die kurze Route über Bosporus und Ägäis nach Griechenland, zum Balkan und nach Mitteleuropa (diese Route entspricht zum Großteil jener der heutigen Migration aus den Kriegsgebieten im Nahen und Mittleren Osten), von dort weiter bis nach Spanien. Diese direkte Ausbreitungs-Route von Sesshaftigkeit und Landwirtschaft könnte bereits als Folge der Trockenheit im Zweistromland bis in die Thessalische Ebene geführt haben, weil dort die weit entwickelte Sesklo-Kultur schon vor Ende dieser Zwischen-Eiszeit entstanden war.[A22]
2. Die mittlere Route, der kürzere Bogen entlang der Schwarzmeer-Küsten und weiter entlang der großen Flüsse nordwärts, entlang der Donau nach Pannonien, oder durch die westliche Steppe nördlich des Schwarzen Meeres nach Polen und Russland, von dort westwärts Richtung Osteuropa. Sie wurde offenbar im Laufe von Jahrtausenden mehrmals begangen: die Höhlenmenschen der Cro-Magnon-Zeit, dann die vor-sintflutlichen Einwanderer, die später zu „Ur-Einwohnern" der Küstenregionen des Schwarzen Meeres wurden, aber auch zu den „Indo-Europäern", in der westlichen Steppe, die sich um 5500 v. Chr. nach West und Ost auszubreiten begannen (Abb. 106). Beide Routen wurden von jenen begangen, die in West-Anatolien die Kulturstätten von Göbekli Tepe und Çatalhöyük gründeten, dort also vor weit mehr als 10.000 Jahren angekommen sein mussten.
3. Die lange Route, der weite Bogen über die zentralasiatische Steppe und Sibirien zurück nach Westen. Diese dritte Route, die Fernroute über die östlichen Steppen und schließlich westwärts nach Europa, wurde vor allem, angeschoben von den Hunnen, von einer Vielzahl von Volksgruppen begangen. Damit begann

die „Völkerwanderung" als Überleitung vom Ende des Endes des Römischen Reiches zum Frühmittelalter.

Bei dieser Besprechung der jungsteinzeitlichen, neolithischen, Migrationsgeschichte fallen zwei besonders interessante Aspekte auf:
Zum einen bildet sie sich in späteren ersten schriftlichen Dokumenten ab; damit taucht für Religionsanhänger und Forscher immer häufiger die Frage auf, inwieweit Texte wie das Alte Testament tatsächliche historische Ereignisse schildern: Forscherteams tauchen im Schwarzen Meer nach prähistorischen Kulturen, andere graben am Berg Ararat nach den Planken der Arche Noah's. Beide Fragestellungen weisen auf sintflutartige Geschehnisse hin, die heute angesichts des Wissens um massive Variationen des Meeresspiegels zwischen Warmzeiten und Eiszeiten der Erdgeschichte immer plausibler werden.
Der zweite besonders interessante Aspekt ist der Umgang der Gesellschaft mit Erfahrung und Entdeckung: im 20. Jahrhundert bis in unsere Tage wurden aus wissenschaftlichen Daten und Thesen immer wieder nationalistisch oder ideologisch und politisch getönte Interpretationen der Migrationsgeschichte konstruiert, die beweisen sollten, dass ein Volk oder eine vermeintliche Rasse alle anderen durch ihre kulturelle Überlegenheit von Anfang an übertroffen habe. Dementsprechend mussten Volksscharen entweder in Russland, China oder Persien entstanden, „autochthon" sein, oder als Ur-Germanen aus Steppen eingewandert und dem Rest der Welt gezeigt haben, was Kultur sei. So mussten auch die Waräger, aus Skandinavien eingewanderte Germanen, als Gründer des Rus-Staates von Kiew zu Slawen gemacht werden, um dem Geschichtsverständnis Stalins gerecht zu werden;[49] einer ähnlichen Geschichtskorrektur in China werden wir später begegnen.[A23] Im Gegensatz zu manchen dieser Glaubens-Thesen liefern Daten über klimatische und geologische Veränderungen der Erdoberfläche, und die zuvor angesprochenen genetischen Spuren, untrügliche Mosaiksteine des tatsächlichen Ablaufes der Entwicklungs- und Migrationsgeschichte. Aber davon später. Zunächst zurück zum Ende der Eiszeit, den resultierenden Änderungen des Meeresspiegels und der Sintflut:

Migration war schon immer eine der möglichen Methoden, sich klimatischen Veränderungen anzupassen: vor den biblischen Sintflutereignissen war Migration durch eine kurze Zwischeneiszeit begünstigt, die das Abflauen der großen Eiszeit zwischen 12.900 und 11.700 v. Chr. unterbrach, die „Jüngere Dryas"-Zeit oder das „Dryas-Ereignis" genannt. Dadurch blieb der Meeresspiegel noch immer und weiterhin um etwa 120 Meter unter dem heutigen (siehe Abb. 12): dies ermöglichte die Migration über den Hellespont (die heutigen Dardanellen am Übergang vom Marmara-Meer zum Mittelmeer), der heute nur 50 Meter tief ist, und auch über den Bosporus nach Europa, denn dort ist das Meer heute auch nur maximal 124 Meter tief (könnte aber früher seichter gewesen sein, wie wir gleich sehen werden) – im Gegensatz zur Meerenge bei Gibraltar: dort reicht heute das Meer mindestens 300 Meter unter die Oberfläche,[50] eine direkte Migration von Nordafrika nach Spanien kann dort also nur per Schiff erfolgt sein.

Während die Einen auf der ersten der drei zuvor genannten Routen Europa zuwanderten, waren andere Menschen, die vom Nahen Osten immer weiter ostwärts gekommen waren, an der asiatischen Nordostküste angelangt und konnten über eine vollständige Landbrücke nach Amerika einwandern.[A24] Auch im Bereich des Ärmelkanals und der Irischen See bestanden breite Landbrücken: die britischen Inseln waren also durch „Doggerland" noch immer Teil des europäischen Kontinents (Abb. 6 und Abb. 12).

Die Sintflut

Erst nach diesem Intermezzo einer kurzen Zwischen-Eiszeit konnte der Eispanzer weiter abschmelzen, der Meeresspiegel dementsprechend weiter ansteigen und nicht nur die allmähliche Überschwemmung dieser Landbrücken verursachen, sondern auch weiter Küstengebiete, wie auch auf Abb. 12 und Abb. 13 verdeutlicht. Ganze weite Landschaften verschwanden, die Menschen flüchteten oder wanderten zumindest landeinwärts. Betroffen waren Atlantik - und Nordseeküste, das Mittelmeer, besonders die nördliche Hälfte der Adria, die Schwarzmeer-Region, das Kaspische Meer und der Persische Golf. Mit neuen paläo-geologischen Entdeckungen wurden einerseits Migrationsbewegungen besser verständlich, aber auch mündliche Überlieferungen sowie biblische und andere Beschreibungen von Sintfluten werden geradezu naheliegend. Ob mit der biblischen Sintflut die Überschwemmung der südlichen Schwarzmeerküste gemeint ist, die Levante oder der Persische Golf, bleibt bisher unklar. Über die Sintflut selbst gibt es allerdings die dramatischsten Thesen und Vorstellungen, von denen nach bisherigen Forschungsergebnissen die wildesten wohl falsch sein dürften: Demnach sind Thesen von einer Sintflut durch die Straße von Gibraltar in ein vollkommen ausgetrocknetes Mittelmeerbecken – so wie damals vor 5,3 Millionen Jahren (Abb. 5) - unwahrscheinlich, wie wir an den Meerestiefen soeben feststellen konnten.[A25] Etwas anders sieht es am Bosporus und am Schwarzen Meer aus: wenn auch dort der Meeresspiegel während der letzten Phase der Eiszeit um 120 bis 150 Meter tiefer gelegen war, dann lebten die Menschen dort in einer ganz anderen Welt. Manche Forscher nehmen an, dass tatsächlich an der früheren, tiefer gelegenen Schwarzmeerküste - und sogar am teilweise vollkommen ausgetrockneten Meeresgrund - eine nun versunkene Kultur existierte.[A26] Stellt man sich nun einen Anstieg des Meeresspiegels um 120 bis 150 Meter konkret vor, so passt die Geschichte von der Arche Noah und seinem sumerischen Pendant Atrahasis aus der Stadt Šuruppak ziemlich gut ins Bild – wenngleich unklar bleibt, ob beide zeitlich und geographisch in das gleiche Ereignis involviert waren, ob diese beiden Geschichten von den Folgen der gleichen Klimakatastrophe berichten, nur eben in zwei unterschiedlichen Regionen wie der Schwarzmeerküste und dem Persischen Golf. Allerdings erscheint die Annahme plausibel, dass der Pegel des Süßwasser-Meeres im Raum des heutigen Schwarzen Meeres, soweit es während der Eiszeit überhaupt existierte und nicht schon zu einem Salzsee geworden war, zunächst nur allmählich, über Jahrhunderte, anstieg, weil große Mengen Schmelzwasser von den Gletscherregionen im Norden über die großen Flüsse Donau, Don, Dnepr, der mit dem südlichen Bug den Liman bildet, und den Dnister in das Schwarze Meer flossen. Um eine plötzliche Sintflut zu verursachen, müsste Meerwasser über den Bosporus eingeflossen sein, und zwar nicht allmählich wie über die Flüsse, sondern innerhalb kurzer Zeit. Und in der Tat deuten archäologische Forschungsarbeiten darauf hin, dass ein sintflutartiges Ereignis im 7. Jahrtausend v. Chr. stattgefunden haben muss, vor dem die Menschen der Schwarzmeer-Region flohen.[A27]

Dass es in der Jungsteinzeit tatsächlich mehrere größere Migrationswellen gab, ließ sich durch die vorher genannten genetischen Untersuchungen nachweisen. Zu den Gründen hierfür kann man allerdings nur Vermutungen anstellen, obwohl klimatologische Hinweise sehr überzeugend klingen: demnach hätten relativ kurzfristige klimatische Veränderungen Migrationsschübe in alle Richtungen ausgelöst, denn der Warmzeit zu Ende der großen Eiszeit war die zuvor erwähnte kurze Zwischeneiszeit gefolgt, dieser dann eine neue Warmzeit. Solche Kälteperioden hätten also im Fruchtbaren Halbmond wegen der erneuten Bindung von Wassermassen in Gletscherregionen Trockenheit verursacht, während eine überdurchschnittliche Warmzeit dort für die Bildung von Wüstenlandschaften verantwortlich sein kann. Nachgewiesen sind jedenfalls mehrere Migrationswellen aus den fruchtbaren Gebieten des Südostens; zuvor blühende Städte wie Çatalhöyük wurden aufgegeben und verlassen. Damit konnte auch die Frage nach der Methode der Verbreitung der „Neolithischen Revolution" beantwortet werden: nicht allmähliche Weitergabe des Wissens zwischen benachbarten Völkern führte zur Verbreitung von Sesshaftigkeit, Ackerbau und Viehzucht, sondern Migration: dazu konnten im Laufe des vergangenen Jahrzehnts viele archäologische Befunde durch genetische Untersuchungen bestätigt werden. Wären also Leute im 7. und 6. Jahrtausend v. Chr. aus Anatolien und aus dem Zweistromland Richtung Schwarzes Meer gewandert, könnten sie dort die letzten Nachzügler jener angetroffen haben, die wegen der Überschwemmungen eben abwanderten. Nach erster regionaler Verbreitung zur südlichen Hälfte der Türkei breitete sich eine Migrationswelle im 7. und 6. Jahrtausend v. Chr. nordwestwärts bis nach Mitteleuropa, und nach dem 6. Jahrtausend auch weiter nach Nord- und Westeuropa (Abb. 14). Entsprechend den genetischen Daten wanderte jedoch ein Teil dieser Völker schon im 7. Jahrtausend auch ostwärts von Persien bis nach Indien und von dort nordwärts bis zum Hindukusch.[24] Gleichzeitig bewegten sich andere Gruppen entlang der nordafrikanischen Küste und von Insel zu Insel sowie über die Straße von Gibraltar bis Spanien (Abb. 18).

Erste Funde von Getreide in Mitteleuropa wurden auf ca. 6300 v. Chr. datiert,[51] - zuletzt auch in England und Irland. Heute bevorzugen die Archäologen für diese Einwanderung der Bauernkultur die Bezeichnung "Evolution" anstelle von "Revolution", weil sie sich über einen erheblichen Zeitraum erstreckte.

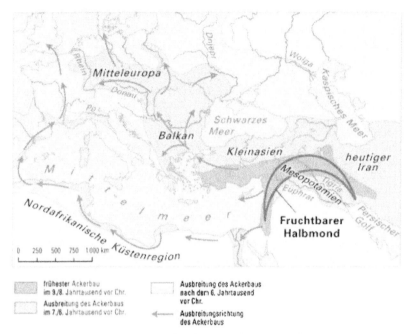

Abb. 14: Die Migration der „Neolithischen Revolution": Ausbreitung von Landwirtschaft und Sesshaftigkeit in mehreren Schüben. Quelle:[52]

Sehr früh schon tauschten sich diese verschiedenen, neu entstandenen Kulturen
untereinander aus, durch Migration und Handelskontakte.[A28] Mit zunehmender
Bevölkerungsdichte begannen aber Manche, Andere zu beherrschen und zu
versklaven. Der Großteil der Schlussfolgerungen über diese prähistorischen
Volksgruppen muss jedoch ohne direkt nachweisbare Überlieferung von Gebräuchen und Geschehnissen erfolgen. Genau genommen wussten wir also bis
vor Kurzem fast gar nichts. Erst die moderne Forschung stellt immer wieder
durch neue Funde lange gehegte Theorien in Frage.

Zu Beginn des 6. Jahrtausends kam es erneut zu komplizierten regionalen und
großräumigen Wanderbewegungen, die in ihrer Komplexität noch nicht im
Detail erforscht sind. Ursache könnte eine nächste Kältewelle gewesen sein,
jedoch gibt es mehrere Thesen, die einander aber nicht notwendigerweise
widersprechen.[A29] Jedenfalls finden sich Doppelaxt und Hakenkreuz als Ver-
zierung auf Tongefäßen in der Vinča-Kultur ebenso wie in Samarra und der
Halaf-Kultur Mesopotamiens, was die Möglichkeit einer Bewegung in beide
Richtungen offenlässt.[53] Als gemeinsame Ursprungsregion beider kultureller
Entwicklungen – jener in der Balkanregion und der im Zweistromland – vermuten die Forscher allerdings fast einhellig Anatolien und die südliche Schwarz-

meerküste,[53] eine Vorstellung, die wohl am besten mit den verlassenen Siedlungen von Göbekli Tepe und Çatalhöyük untermauert ist.

Die genetischen Analysen weisen zunächst ganz allgemein darauf hin, dass mit dem Rückgang der Gletscher eine neue Immigrationswelle - aus Nahost - nach Europa stattfand und die landwirtschaftliche Kultur der „Neolithischen Revolution" von einwandernden Gruppen nach Zentral-Europa importiert wurde, nicht nur durch gelegentliche Kontakte zwischen benachbarten Völkern.[54, 24] Aus dem Zeitverlauf dieser Migration von der Levante über Anatolien und Kaukasus-Region zur Küste des Schwarzen Meeres und weiter über Donautal und Balkan (Abb. 14 und Abb. 18) geht auch hervor, dass Völker aus Nahost an der Schwarzmeerküste zu Bauern und Fischern geworden sein können, bevor sie durch den ansteigenden Meeresspiegel von dort vertrieben wurden und deshalb weiter Richtung Europa wanderten, bis sie um 5500 v. Chr. in Mitteleuropa in Erscheinung traten.

Die auf dem Landweg über den Balkan importierte Kultur wird als „Linienband-Kultur" bezeichnet, während jene entlang der Mittelmeerküste wegen der speziellen Muster auf der Keramik der Einwanderer Impressio-Kultur genannt wird (Abb. 18): Untersuchungen an heutigen Mitteleuropäern ergaben, dass dort etwa 20% des Genmaterials mit den Menschen aus Nahost übereinstimmen;[55] diese Einwanderer machten bald etwa 80% der Bevölkerung aus, während gleichzeitig die Präsenz der steinzeitlichen Jäger und Sammler dramatisch abnahm und nur noch 3% ausmachte; die Bauernkultur aus Nahost war also mit den Einwanderern aus Nahost in Europa angekommen.[51]

Diese Immigrationswelle von 5500 v. Chr. erreichte Skandinaviens südliche Regionen ca. 4100 v. Chr. Gleichzeitig war ein Teil der Jäger und Sammler aus Skandinavien in die entgegengesetzte Richtung gewandert und machten nun etwa ein Drittel der Bevölkerung Mitteleuropas aus.[51] Diese Angaben stimmen sehr gut mit den bis dahin erreichten Datierungen überein, wonach dauerhafte Sesshaftigkeit als bäuerliche Kulturen mit Ackerbau und Viehzucht in Mitteleuropa zwischen 5800 und 5500 v. Chr. begann, in Nordeuropa etwa 1000 Jahre später, im Norden Russlands um 2000 v. Chr.[27] Die Immigranten nach Europa aus Südost zur Zeit der Neolithischen Revolution hatten kaum Kontakt mit den Jägern und Sammlern, die dort ihrerseits vor vielen Jahrtausenden eingewandert waren.[24] Diese (funnel beaker-) Trichterbecher-Leute waren jene Jäger und Sammler im Baltikum, die wohl schrittweise der Eisgrenze nach Norden gefolgt waren und deutlich von den einwandernden Bauern abgegrenzt blieben. Man kann sich einerseits vorstellen, dass die Bevölkerungsdichte derart gering war, dass Landnahme durch Einwanderer die Ansässigen nicht zu verdrängen brauchte, insbesondere da Letztere Jäger waren, während die Neuen Ackerbau betrieben. Andererseits zeigen die neuen Tonscherben aus Ausgrabungen aber auch, dass die Einwanderer ihre heimatliche Kultur mitbrachten (Linienband-Keramik,[56] die mitimportiert wurde), dass man also allenfalls nebeneinander her lebte, die neue Kultur letztlich zu dominieren begann, die Jäger allmählich fast vollkommen aus Mitteleuropa verschwanden – zunächst also auch kein Hinweis auf „jungsteinzeitliche Multikulturalität", auch nicht auf Konflikte.

Volksgruppen, die wegen des ansteigenden Wasserstandes die Schwarzmeer-küste verließen und nun das Donautal hinauf und westlich davon in den zentralen Balkan zwischen Schwarzem Meer und Mittelmeer zogen, haben dort schon im 6. Jahrtausend v. Chr. äußerst erstaunliche Kulturen entwickelt. Ob in der Folge tatsächlich eine „Donaukultur" als eigenständige Kultur existierte, ist Gegenstand von Debatten unter den Forschern. Besonders die These des Sprach-wissenschaftlers Haarmann, wonach die am Balkan entlang der Donau hochgewanderten Gruppen bereits im 6. Jahrtausend eine Hoch-kultur entwickelt hätten und hunderte von Schriftzeichen kannten (Abb. 15).[57] Umstritten ist vor allem, ob man dabei von einer eigenen Schrift sprechen kann, „Donauschrift" oder „alt-europäische Schrift" genannt, da diese Zeichen bis heute nicht entziffert sind.

Abb. 15: Schriftzeichen auf einem Amulett, auf auf ein Alter von 7500 bis 7300 Jahren datiert. Das Amulett ist Teil der Tontafeln aus Tărtăria in Rumänien, aufbewahrt im Nationalmuseum der Geschichte Sieben-bürgens in Klausenburg. Quelle:[58]

Haarmann stellt den Nachweis von Schriftzeichen als Kulturgut in den Vorder-grund, und, dass diese Entwicklung in „Alteuropa" über zweitausend Jahre früher nachweisbar ist als in Mesopotamien.[53] Besonders hebt er auch die Ähn-lichkeit von Schriftzeichen auf den Tafeln von Tărtăria und altsumerischen Texten aus Uruk hervor.[53, A30]

Ähnliche Funde wie im Donautal entdeckten Archäologen in Rumä-nien, Serbien und im Kosovo (älteste Funde reichen zurück bis 6100 v. Chr.[59 60]), die zusammen mit anderen Funden auf ein noch weitgehend unbekanntes Gemisch von Kulturen am Balkan der Stein-zeit weisen: so wird südwestlich von dieser „Donaukultur" die Vinča-Kultur im zentralen Balkan-bereich angesiedelt (Abb. 16).

Abb. 16, links: Verbreitungsgebiet der Vinča-Kultur ab dem 7. Jahrtausend v. Chr. Quelle:[61]

Daneben gibt es eine Reihe weiterer Kulturen, benannt nach Fundorten in der Region. Eine davon war die „Kultur von Varna": Fundstätten nahe der heutigen bulgarischen Stadt Varna am Westufer des Schwarzen Meeres zeugen von einer hochentwickelten Kultur mit der besonderen Fähigkeit zur Herstellung von

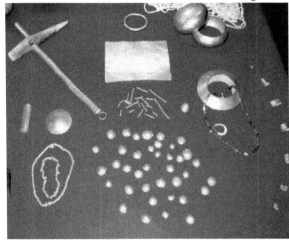

Schmuck- und Gebrauchsgegenständen aus Kupfer, besonders aber auch aus Gold. Die Gegenstände von Varna stellen den wahrscheinlich weltweit ersten Goldschmuck dar (Abb. 17).

Abb. 17: Etwa 6600 Jahre alter Goldschmuck aus Varna, Bulgarien. Quelle:[62]

Die älteste Metallgewinnung und -bearbeitung (Kupfer, Gold) wird aber Leuten der Kaukasusregion zugeschrieben, von denen sie wohl übernommen oder eingeführt worden war.[53]

Mit der Annahme einer frühen Balkan-Kultur ist auch die Frage verbunden, welcher Zusammenhang mit den geheimnisvollen „Pelasgern" besteht, die nach Herodot's Beschreibung auch Griechenland besiedelt haben sollen, als sogenannte Proto-Griechen. Demnach wären vor-indoeuropäische Gruppen aus dem Norden der Donaukultur als Pelasger nach Griechenland gekommen. Wenn man die unbekannte Herkunft und teilweise auch der Sprache der Griechen im Lichte von Haarmann's Forschungsergebnissen bedenkt, wonach über dreißig Prozent der griechischen Sprache aus vor- indoeuropäischen Elementen besteht,[53] dann füllt diese Annahme jedenfalls theoretisch die Wissenslücke um die Herkunft der Griechen und lässt die Annahme zu, dass die Pelasger jene Volksgruppe aus der Donaukultur waren.

In diesem „Alteuropa", wie es auch von der Archäologin Marija Gimbutas [63] beschrieben wurde, sollen die Menschen auch in städtischen Gemeinschaften ohne zentralisierte politische Kontrolle und bei gleichberechtigter Stellung von Frauen und Männern gelebt haben.[53] Diese Volksgruppen werden nun zusammen auch als „Ur-Europäer" oder Bewohner von „Alt-Europa" bezeichnet. Sie sind Einwanderer aus Nahost wie alle Anderen, jedoch ohne Umweg über die östlichen Steppen direkt über Kleinasien westlich oder östlich am Schwarzen Meer vorbei nach Europa gekommen.

Dieses „Modell" der Donaukultur habe sich, so meint Haarmann, vom Balkan nicht nur auf die Inseln der Ägäis und nach Griechenland ausgebreitet, sondern auch zwischen 5200 und 4000 v. Chr. auf den Norden Syriens, wo zwischen Aleppo und Mosul die „Halaf-Kultur" entstand.[53, A31] In jedem Fall ist daraus zu entnehmen, dass Mesopotamien selbst wohl nicht die lange Zeit vermutete – alleinige - Wiege der menschlichen Kultur ist. Vielmehr sind erste Anzeichen von Schrift und Entwicklung von Techniken wie Metallverarbeitung, Rad und Wagen in Südosteuropa mindestens ebenso alt wie in Nahost. Die Tatsache, dass man in Mesopotamien zu Beginn einer Trockenperiode Bewässerungsmethoden entwickelte, spricht also eher dafür, dass kulturelle Entwicklung überall stattfand, wenn auch zeitlich und inhaltlich verschoben, meist abhängig von Umweltfaktoren. Außerdem kann man aus all diesen neueren Ausgrabungsergebnissen den Schluss ziehen, dass schon sehr frühe Kulturen im Rahmen ihrer Handelsgeschäfte regen Austausch technischer und kultureller Errungenschaften pflegten. Damit differenzierten sie sich einerseits kulturell auseinander, grenzten sich voneinander ab, übernahmen und nutzten aber dennoch die Erfindungen der - wenn auch feindlichen – Nachbarn. Der Pferdewagen, insbesondere der Streitwagen, ist dafür ein typisches Beispiel, aber davon mehr ab S. 52. Zuerst beschäftigt uns noch eine andere Fortbewegungsart, die noch mehr Menschen der Steinzeit nach Europa brachte, diesmal an die Küsten des Kontinents:

Migration per Schiff

Anders als in Mittel- und Nordeuropa verlief nämlich die Immigration in die mediterranen Regionen, denn es gibt auch Hinweise darauf, dass die neue bäuerliche Lebensweise gleichzeitig auch zu den Inseln der Ägäis, des gesamten Mittelmeeres und der mediterranen Küstenregionen Europas transportiert wurde. Die paläogenetischen Ergebnisse weisen darauf hin, dass die Migration der Landwirtschaft und Sesshaftigkeit von Nahost nach Europa und seine Inseln auch per Schiff erfolgt sein muss, da die Leute auf Sardinien vor 8000 Jahren sehr ähnlich den in Mitteleuropa Angekommenen waren.[24] Wie wir den Landkarten aus der Zeit zuende der Eiszeit entnehmen konnten (Abb. 6, Abb. 13), gab es zur überwiegenden Mehrzahl der Inseln, insbesondere Zypern, Kreta, Sardinien und Korsika, zu keiner Zeit eine Landverbindung (außer zur Zeit der Messinischen Krise vor 5,9 Millionen Jahren). Nach mehreren Forschungsergebnissen wanderten außerdem Volksgruppen mit eigenständigen, zu den Linienband-Keramikern unterschiedlichen Charakteristika direkt über die Mittelmeerküsten nach Europa ein (Abb. 18). Man nennt sie die „Kardial-" oder „Impressio-" Gruppe, eine Volksgruppe, deren Tongefäße mit dem Abdruck von Herzmuscheln verziert sind. Demnach muss also die Hochsee-Schifffahrt zu dieser Zeit längst existiert haben, eine doch überraschende Entdeckung, die dazu veranlasst, einen Blick in die Geschichte der Seefahrt zu machen, soweit wir sie zurückverfolgen können:

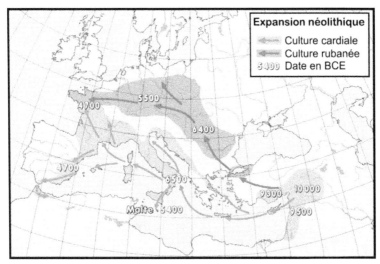

Abb. 18: Rot: Migration der Linienbandkeramiker, orange: „Kardial-" oder „Impressio-" Gruppe, siehe Text. Quelle.[64]

Das Alter der Schifffahrt muss insgesamt wohl ein Rätsel bleiben; selbst Zufallsfunde aus der prähistorischen Zeit könnten lediglich einen Hinweis am Weg zur Antwort geben. Als Vermutung liegt jedoch nahe, dass Boote wie der Einbaum eine sehr lange Geschichte haben. Flannery berichtet, dass Sardinien und Korsika schon vor 1 Million Jahren von einer Spezies von Homo erectus besiedelt gewesen seien,[45] die dort vor mindestens 6 Millionen Jahren angekommen sein mussten,[65] also zur Zeit der Messinischen Krise (Abb. 4) trockenen Fußes eingewandert, Verwandte von „danuvius guggenmosi".

Auf Schifffahrt am Mittelmeer seit mindestens 130.000 Jahren weisen Funde von Gegenständen auf Inseln mit tiefem Meer rundum wie z.B. Kreta.[66] Auch archäologische Belege für eine Besiedlung von Zypern reichen immerhin auch zehn- bis elftausend Jahre vor unsere Zeit,[67] weisen sogar auf dorthin mitgebrachte Nutztiere; dies gilt auch für andere Inseln im Mittelmeer wie Rhodos, Korsika und Sardinien.[45] Auf manchen der Inseln lebte bei Ankunft der Menschen noch so manche Spezies miniaturisierter Tiere, die im Zuge des immer kleiner werdenden Lebensraums durch das Wiederauffüllen des Mittelmeers nach der Messinischen Krise dort immer kleinwüchsiger geworden waren.

Die ältesten *direkten* archäologischen Funde zur Schifffahrt insgesamt stammen aus dem Duvenseer Moor in Schleswig-Holstein: ein gut erhaltenes hölzernes Paddel wurde auf 6500 v. Chr. datiert (Gegenstände aus der Siedlung wurden sogar auf etwa 7400 v. Chr. datiert). Bisher älteste Funde von Einbäumen und Schilfbooten wurden auf ein Alter von eta 7000 Jahren vor unserer Zeit datiert.

45

Thor Heyerdahl und seine Mannschaft zeigten in den 1970er Jahren mit der „Tigris", dass die Segelschiffe der Sumerer aus Schilfbündeln 4000 v. Chr. hochseetüchtig gewesen sein müssten und damit der Handel mit Indien und Afrika möglich war.[68] Funde von Ausgrabungsstätten aus dem sumerischen Reich des 3. Jahrtausends v. Chr. zeigen ähnlich wie altägyptische Darstellungen Schilfboote. (Abb. 19)

Abb. 19: Schiff aus Schilfbündeln, darauf Menschen, Tiere und Geräte, dargestellt im Zusammenhang mit einer Flut. Quelle:[69]

Die ältesten im Sand vergrabenen Schiffe fand man in Abydos an den Grabstätten der ersten Könige des Alten Ägyptischen Reiches, nahe an 3000 v. Chr. (Abb. 20)

Abb. 20: Ausschnitt aus einem Fragment einer Wandmalerei aus Hierakonpolis [A32] (Grab 100) mit der Darstellung von Schilfbooten mit Heckruder und Aufbauten in der Mitte. Aus der Zeit um 4000 bis 3000 v. Chr. Ägyptisches Museum Kairo, Quelle:[70]

Ein weiteres Beispiel aus der frühgeschichtlichen Zeit Ägyptens sind die beiden hölzernen Sonnenschiffe des Pharao Cheops im Saharasand, ausgestellt zu Füßen seiner Pyramide; sie sind ca. 4500 Jahre alt und zeugen von ausgefeilter Technik, deren Anfänge weit in die Vorzeit reichen dürften. Um 1600 v. Chr. begann mit den Phöniziern die nächste Ära von Seevölkern, die mit Flotten im Mittelmeer kreuzten und Handel trieben. Nach dem Ende des dunklen Zeitalters wurden sie schrittweise von den griechischen Kolonisten abgelöst. Nur das Reich der Karthager behauptete sich weiter gegen die Griechen im westlichen Mittelmeer, bis es am Römischen Reich scheiterte. Flüchtlinge aus dem Reich Karthago's (zur Zeit des dritten Punischen Krieges (149-146 v. Chr.) scheinen über den Südatlantik nach Brasilien geflüchtet zu sein und dort Reste einer neuen Kultur hinterlassen zu haben.[A33]

Nach den Kretern und Phöniziern, Griechen und Karthagern war das Mittelmeer mit seinen Inseln vollkommen kolonisiert, die Römer machten es zu „ihrem Meer", dem „mare nostrum". Danach wurden die Normannen als Wikinger zu den nächsten Seefahrern, die diese Tradition des Kolonisierens fortsetzten, von der Ostsee durch die Flüsse bis zum Schwarzen Meer, entlang der Atlantikküste bis ins östliche Mittelmeer- und bis nach Amerika. Diese Tradition setzten ab dem 15. Jahrhundert die Portugiesen und die Spanier, die Holländer und die Briten fort und eroberten die ganze Welt.

Welche Völker nun, als Nächste nach den Importeuren der bäuerlichen Kultur, in der darauffolgenden Zeit auf unterschiedlichen Routen auf europäischen Boden vorrückten, wollen wir im nächsten Abschnitt genauer verfolgen:

Die nächsten Wellen der Migration nach und in Europa:

Indo-Europäer treffen auf Alt-Europäer

Im frühen 4. Jahrtausend stand in der Westukraine eine der größten Städte der damaligen Zeit: Tallyanky, mit einer Einwohnerzahl von mindestens 10.000, und eine weitere, Maidanetske, mit über 7000 Einwohnern.[71] Sie müssten im westlichen Kerngebiet des Stammlandes jener Volksgruppe gestanden sein, die zur neuen Bevölkerung Europas werden sollten: ihren Namen haben sie nicht von ihrer Herkunft sondern von ihren Wanderzielen: die Indo-Europäer aus den Steppen nordöstlich des Schwarzen Meeres. Sie waren die östlichen Nachbarn jener Bauernvölker, die Europa bewohnten, seit sie etwa 2000 Jahre zuvor eingewandert waren und ihre Bauernkultur aus Nahost mitgebracht hatten. Es war also etwa so viel Zeit vergangen wie zwischen der Schlacht im Teutoburger Wald neun Jahre nach Christi Geburt und heute, als diese Indo-Europäer begannen, sich westwärts zu bewegen und diese europäische Bauernkultur zu invadieren.

Die Theorie einer Einwanderung nach Europa aus den Steppen Zentral- und Westasiens, ausgehend von den Tälern von Don und Wolga, wird auch von manchen Linguistik-Forschern unterstützt, aus deren Sprachforschung vom 19. Jh. bis heute Thesen über Urvölker hervorgehen:[A34] "Ur-Indo-Europäer" müssten von dort eingewandert sein, und die Bevölkerung Alt-Europas habe schrittweise

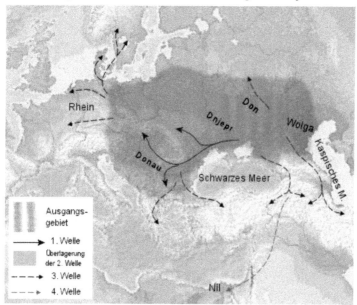

Abb. 21: Einwanderung über die zweite im Text beschriebene Immi-
            grationsroute der indo-europäischen Völker, auch „Kurgan-
Völker" genannt, nach Europa im 4. Jahrtausend v. Chr. Die Zahl der
Immigrationswellen ist nach paläogenetischen Daten nicht verifizier-
bar. Quelle:[72]

ihre Sprache angenommen: das Indo-Europäisch, von dem sich alle heutigen Sprachen in Mittel-, West- und Südeuropa ableiten lassen (Ausnahmen sind das Ungarische und Finnische). Aus den gemeinsamen Sprachwurzeln der indo-europäischen Sprachen schloss man auf eine indo-europäische Menschen-gruppe, ohne deren Ausbreitung genau beschreiben zu können, auch, ohne zu wissen, ob es sich dabei tatsächlich um ein Volk im Sinne einer einheitlichen Kultur handelte. Aber außer der Herkunft war auch eine zeitliche Zuordnung unsicher und strittig.[A35] Die paläogenetischen Untersuchungen des letzten Jahr-zehnts bestätigen jedoch nun, dass diese Invasoren, die Indo-Europäer, tatsäch-lich aus diesen Steppen nordöstlich des Schwarzen Meeres gekommen sein müssen, und zwar ab etwa 3000 v. Chr.[51, 24] Damit bestätigten sie die auch von manchen Archäologen seit Jahrzehnten postulierte "Kurgan-Theorie" (entsprechend dem russischen Wort "kurgan" für Grabhügel), mit der diese Steppen-Kultur und letztlich Migration nach Europa beschrieben wurde. Ein Kommentar über die um diese Kurgan-Theorie, die „Steppen-Theorie" und autochthone Bevölkerungstheorien für Diktatoren sich rankenden politisch-wissenschaftlichen Grabenkämpfe in Europa, Russland und China steht in Anmerkung.[A36]

Die ursprüngliche Herkunft dieser Volksgruppen ist natürlich keineswegs rätselhaft: denn es kann sich nur entweder um Rückkehrer jener Scharen handeln, die einst von den Ufern des Schwarzen Meeres vor der Sintflut nach Nordosten geflohen waren, oder um Menschen, die bereits direkt nach ihrer Ankunft aus Afrika über die Levante und Persien in das südliche Steppengebiet gezogen waren, - soweit es durch die ausgehende Eiszeit schon Grünland geworden war, nicht nur Tundra (siehe hierzu nochmal Abb. 12). Nun wanderten ihre Nachkommen zurück nach Westen, von den einen als „Schnurkeramiker" bezeichnet wegen des charakteristischen Musters auf ihren Töpfen, von anderen als „Kurgan-Völker" wegen ihrer Grabhügel in der Steppe. Manche verwenden auch den Begriff „Jamnaja-Kultur".

Diese Indo-Europäer sind die Vorfahren aller germanischen, baltischen und slawischen Stämme und damit auch der Kelten. Man nennt sie auch die „Nordgruppe der Indo-Europäer". Diese Immigrationswellen verursachten nun, nach dem soziokulturellen Wandel durch die „Neolithische Revolution" im 7. bis 6. Jahrtausend v. Chr., erneut einschneidende soziale Veränderungen. Die neuesten paläogenetischen Ergebnisse weisen überdies darauf hin, dass die bis dahin in Europa lebende Bauernkultur bis zu deren fast völligen Verschwinden reduziert worden sei – als Erklärung dafür habe man Spuren von Pestbakterien gefunden, gegen welche die Steppenleute immun waren, an denen die Europäer aber ausstarben [73] – eine tödliche Massenepidemie wie sie im 16. Jh. den Indianern von den eindringenden Europäern übertragen wurde.

Kurgan-Theorie: neuer sozio kultureller Wandel

Die Kurgan-Theorie schließt auch die Beschreibung einer kulturellen Umwälzung in Europa ein: ihr zufolge sollen die indo-europäischen Immigranten, die „Schnurkeramiker", mit Pferd und Wagen gekommen sein und die friedliche Bauernkultur der ansässigen europäischen „Linienbandkeramiker" zu einer hierarchischen Gesellschaft umstrukturiert haben.[53] Ihr Einfluss auf die bestehende Bauernkultur Europas wird außer dem Schnurmuster auf ihrer Keramik durch zwei auffällige Attribute verdeutlicht: die Bronze-Streitaxt und eben das Pferd- nicht nur im Zusammenhang mit Wagen, sondern als Reittier. Als sichtbares Zeichen wurden von den Archäologen Streitäxte quer über den europäischen Kontinent bis Westeuropa gefunden. Ob sie nur mit dem Pferd oder tatsächlich auch bereits mit Wagen kamen, geht aus den bisherigen Funden nicht eindeutig hervor, weil das Wildpferd dort heimisch war (jedenfalls sind keine Funde aus der Zeit um 2500 v. Chr. bekannt. Als Nutztier ist das Pferd in Europa nicht vor 1500 v. Chr. belegt). Lediglich in Gräbern ihrer Herkunftsregion in der Steppe wurde eine Vielzahl von Wagen als Beigabe gefunden. Erst an die tausend

Einmarsch mit Streitaxt und Pferd

Jahre später kamen andere Völker weiter südlich nachweislich mit Wagen an, allerdings mit Streitwagen, aber davon im nächsten Abschnitt.

Zunächst reichte diese indo-europäische Invasion den genetischen Forschungen zufolge nur bis zu einer Nord-Süd-Linie vom heutigen Ost-Deutschland bis Ost-Österreich, nicht bis Westeuropa.[74] Sie könnte sich jedoch von Osteuropa aus auch nach Süden gewandt haben, denn dort gibt es, z.B. in Griechenland, Anzeichen einer – diesmal kriegerischen - Invasion: sie fällt zusammen mit dem Einfall einer indo-europäischen Volksgruppe aus dem Balkan, von manchen als identisch mit den „Achäern" oder auch „Achaiern" bezeichnet,[A37] die sich zuerst in Thessalien niederließen und sich wohl mit den Nachkommen der Sesklo-Leute und der Trichterbecherleute vermischten. Auch mit den sogenannten „Proto-Griechen" wird diese Migration in Zusammenhang gebracht, die bis zum Peloponnes und Kreta vorgedrungen und auch im frühen Mykene nachweisbar sein sollen.[75] Auch eine Brandkatastrophe in Troja und der Einbruch der Hethiter in der heutigen Türkei werden von Manchen mit dieser Migration in Verbindung gebracht. Bestätigte sich diese Annahme, dann wäre eine kreisförmige Migration erwiesen, von Nahost beginnend, über die westasiatischen Steppen und Südsibirien nach Osteuropa reichend, von dort über den Balkan zurückführend nach Kleinasien und sogar zu den Inseln des östlichen Mittelmeeres: wer auch immer die Schiffe gebaut und gesteuert haben mag – sie müssen auch nach Kreta gekommen sein, denn auch dort wurde die „Doppelaxt" als wichtiges Symbol der minoischen Herrschaft gefunden.[53]

inner-europä-sche Migration

Ab etwa 2500 v. Chr., wanderten Gruppen von Leuten aus Südwest-Europa entlang der Küsten nordostwärts und in einzelne Regionen von Mitteleuropa ein; sie fallen durch ihre handwerklichen Fähigkeiten, besonders aber durch die Verarbeitung von Kupfer auf. Auch durch die Form ihrer Keramik unterscheiden sie sich von den aus Ost eingewanderten „Schnurkeramikern": es sind die „Glockenbecherleute", Menschen, die mit einer der vorangegangenen Immigrationswellen nach Europa gekommen waren und in Spanien und Portugal eine Kultur entwickelt hatten, die sich nun unter den Menschen in ganz Europa einschließlich der Britischen Inseln ausbreitete. Dazu betonen die Paläogenetiker, dass es hauptsächlich die *Kultur* war, die sich ausbreitete; die Menschen aus Spanien und Portugal selbst wanderten nicht in Massen über den europäischen Kontinent.[24] In der Folge trat jedoch eine verstärkte Wanderbewegung in beide Richtungen ein und damit eine Durchmischung der Populationen zwischen den Glockenbecherleuten im Südwesten und den Schnurkeramikern aus dem Osten mit den in Mitteleuropa angesiedelten Linienbandkeramikern, also bereits zu dieser Zeit eine erhebliche Durchmischung der verschiedenen Volksgruppen.[51] Diese Dynamik spricht vor allem für verstärkten kulturellen Austausch und Handel zwischen benachbarten Völkern, einem Austausch, der wohl auch schon seit vielen Jahrhunderten davor gepflegt worden war; ein medial berühmt gewordenes Beispiel ist der auf 3300 v. Chr. datierte Fund einer im Alpengletscher erhaltenen Leiche, des „Iceman" oder „Ötzi".[51]

Eine Wanderbewegung auf allen drei zuvor benannten Wegen, einerseits direkt aus Kleinasien nach Europa, andererseits am Umweg über die westasiatischen Steppen oder über Zentralasien, wird nun schrittweise auch aus weiteren genetischen Untersuchungen abgelesen; dabei soll auch das Bakterium „helicobacter pylori" eine Rolle spielen, jener erst vor wenigen Jahrzehnten entdeckte Erreger des Magengeschwürs: dieses Bakterium scheint mit den Menschen aus Afrika mit ausgewandert zu sein und sie überall hin begleitet zu haben. Dabei machte es genetische Veränderungen durch, an denen man die Wanderung von Mensch und Bakterium nachzeichnen könne.[76, 77]

Mit den Letzten in dieser Reihe von Immigranten bekommen erstmals die Völker selbst Namen: gab man ihnen zunächst noch die Namen der Fundorte wie Sesklo- und Dimini-Leute in Griechenland, so bekamen sie schließlich Volksnamen wie Proto-Griechen (Vor-Griechen), Dorer, Kelten – wir werden ihnen in den folgenden Abschnitten wieder begegnen.

Mit den Kelten in Mittel- und Westeuropa und den Völkern in Osteuropa bis zu den Steppen rund um das Schwarze Meer finden wir den Anschluss an die Geschichtsschreibung: der Grieche Herodot berichtet im 5. Jh. v. Chr., teils aus eigener Anschauung, teils aus den Erzählungen und Mythen seiner Zeit: die Skythen und später die Sarmaten, persische (indo-iranische) Völker, die in die Steppe nördlich des Schwarzen Meeres einwanderten und dort ab dem 7. Jh. v. Chr. mit den griechischen Kolonisten in Kontakt kamen. Herodot berichtet von den Amazonen an der Südküste des Schwarzen Meeres, die nach dem Tod ihrer Königin Penthesilea in die Region nördlich und östlich der Mündung des Don in das Asow'sche Meer zogen und sich dort mit den Skythen zum neuen Volk der Sauromaten verbunden hätten.[49] Aber auch die Frauen der im 4. Jh. nachrückenden Sarmaten müssen Kriegerinnen gewesen sein: *"Der jungen sarmatischen Prinzessin, die mit ihrem Schatz an kultischem Goldschmuck – einem ganzen iranischen Pantheon von Tier- und Menschenfiguren – in Kobjakow am Don beerdigt wurde, hatte man Streitaxt und das Zaumzeug ihrer Pferde ins Grab gelegt."*[49]

Zusammenfassend zur bisherigen Migration in Eurasien können wir sagen: was genau und wie auch immer geschah, die „Neolithische Revolution" wanderte ab dem 6. Jahrtausend v. Chr. zunächst mit den Menschen von Kleinasien in einer ersten Immigrationswelle nach Europa. Ob diese Leute nun wegen der Dürre in Mesopotamien ausgewandert waren, oder vor der Flutung der Schwarzmeerküste, ob über die Ägäis oder die Steppe, wahrscheinlich werden alle diese Ereignisse eines Tages von Archäologen als tatsächlich ermittelt und zeitlich zugeordnet werden, wird sich das Puzzle zu einem kompletten Bild fügen. Der nächste Migrationsschub um 3000 v. Chr. aus den Steppen erreichte Osteuropa bis auf die Höhe von Ost-Österreich, und im Süd-Osten bis Griechenland und Kreta – es waren die Indo-Europäer. Erst eine dritte Invasionswelle weist deutlich auf ein Merkmal bei diesen Invasoren hin, das die Geschichte der Alten Welt wesentlich mitbestimmen wird: das Pferd an einem Wagen mit Rädern – und damit die kriegerische Invasion, heraus aus der Vorgeschichte, hinein in die Geschichte:

51

Mit Pferd und Wagen in die Geschichte

Die nächsten Wellen der Invasion nach jener um 2500 v. Chr., jedoch vor der Zeitenwende, sind alle weiter südwärts gewandt (im Norden kommen sie später als „Völkerwanderung" wieder), mit Pferd und Wagen: die erste Invasion in Südosteuropa ereignete sich um 1800 v. Chr., eine weitere um 700 v. Chr. (späteren Wellen von Überfällen und Eroberungen durch die Steppenvölker begegnen wir wieder im Kapitel „Migration nach der Zeitenwende"). Schon die Sumerer nutzten Streitwagen im 3. Jahrtausend v. Chr. (Abb. 22), gaben sie aber

Abb. 22: Sumerische, vierrädrige Streitwagen auf der Standarte von Ur aus einem frühdynastischen Königsgrab (2850 bis 2350 v. Chr.) Quelle:[78]

zwischenzeitig wieder auf, weil sie zu wenig wendig waren; erst um 1800 v. Chr. kamen mit den Hethitern mobilere zweirädrige Streitwagen auf, die dann auch die Ägypter unmittelbar kopierten. Als um 1800 v. Chr. neue Völker einwanderten, war jedenfalls der von ihnen verwendete Wagen mit Pferdegespann keine Neuigkeit mehr, sondern an der Levante seit mindestens 1000 Jahren gebräuchlich.

Abb. 23: Hethitischer Streitwagen, Museum Anatolischer Kulturen, Ankara. Quelle:[79]

Der Historiker Toynbee meint, es müssten die Indo-Europäer aus der eurasischen Steppe gewesen sein, denen Zähmung und Zucht des Pferdes gelungen ist (früheste Nachweise domestizierter Pferde in der pontischen Steppe wurden auf 4500 v. Chr. datiert [51]). Denn Reiter und Wagen oder sogar Streitwagen waren die Voraussetzung für die überfallsartige Migration, wie sie für die Zeit um 1800 v. Chr. erstmals in der Geschichte verzeichnet worden sein soll.[A38] Auch die

52

Analyse von Herodot's Geschichtswerk scheint auf diesen Kausalzusammenhang zwischen Pferd mit Streitwagen und diesen Invasionswellen aus der eurasischen Steppe hinzuweisen: *„Der wichtigste Impetus zur indoiranischen Expansion war ohne Zweifel der Streitwagen, der wahrscheinlich im Uralgebiet am Ende des 3. Jahrtausends erfunden wurde und im Laufe von wenigen Jahrhunderten zum Emblem der herrschenden Klassen im Nahen Osten, Ägypten, Kleinasien und Griechenland wurde".* [44]

Der Anthropologe David Anthony wies darauf hin, dass Ausdrücke für Rad, Wagen, Achse etc. sämtlich aus der Region nördlich und zwischen Schwarzem Meer und Kaspischem Meer stammten, einer Region, in der Rad und Wagen erfunden worden seien, dass dort also auch der Ursprung der indo-europäischen Sprachen liegen müsse.[80] Zusammen mit den paläogenetischen Daten führten demnach die sprachwissenschaftlichen Erkenntnisse zur Überzeugung, dass die indo-europäische Bevölkerung, Träger dieser Sprachengruppe, aus diesen Steppengebieten gekommen sein mussten und identisch mit den Trägern der Jamnaja- bzw. Kurgan-Kultur waren, dass also die Hypothese von Renfrew betr. einen Ursprung in Anatolien nicht stimmen konnte – es war umgekehrt: die anatolischen Sprachen stammten ebenfalls aus den Steppengebieten nordöstlich davon.[24]

Die Invasion um 1200 v. Chr. und das „Dunkle Zeitalter" der Antike

Nach dem Pferd beginnt nun auch das Schiff eine wesentliche Rolle als Beschleuniger der Migration zu spielen: Fast gleichzeitig in Mykene, im Hethiterreich Kleinasiens (Anatolien), auf Zypern und in der Levante tritt ein Niedergang der Kulturen mit Zerstörung der wichtigen Gebäude auf; am griechischen Festland ist der kulturelle Niedergang von Mykene derart radikal, dass den dort Weiterlebenden die Schrift (Linear B) abhanden kommt; dasselbe geschieht mit der minoischen Kultur auf Kreta (Linear A Schrift) – mit dem Beginn der sogenannten Dunklen Jahrhunderte Griechenlands fällt der Vorhang des historischen Zeitalters nochmal für eine Weile und hüllt die Kultur Mykene's und Minos' in mythische Düsternis. Nach ägyptischen Quellen ist die Katastrophe auf Seevölker zurückzuführen, die abzuwehren nur Ägypten als einzigem Land in der Umgebung des östlichen Mittelmeeres gelang:[81] Ramses III. verlor zwar die Kontrolle über die Besitzungen an der Levante – das Ende des „ägyptischen Jochs" für die Hebräer – aber er konnte die Aggressoren um 1178 v. Chr. in der Schlacht von Djahy abwehren und wenigstens das eigene Reich retten. Man kann das Ereignis nicht direkt als Migration im Sinne von Einwanderung bezeichnen, denn es gibt kaum Spuren der Invasoren selbst (auf einen Verdacht komme ich im Abschnitt über Jerusalem zurück). Manche Thesen betreffend den Untergang der mykenischen Kultur berufen sich zwar auf die sogenannte dorische Wanderung, d.h. den Einfall oder die Einwanderung der Dorer; andere meinen jedoch, Mykene sei als Folge der Überfälle auf die Nachbarstaaten in Vorderasien untergegangen. Das auslösende Ereignis für das Dunkle Zeitalter haben jedoch die Paläo-Geologen aufgedeckt: akute Klimaveränderung mit Kälte, Trockenheit und Ernteausfällen waren mit höchster Wahrscheinlichkeit plötzlich verursacht worden durch Erdbeben, den sogenannten minoischen Vulkanausbruch auf Santorin (Abb. 24) und die durch das Versinken der Insel Thera ausgelöste Flutwelle. Die genaue zeitliche Zuordnung ist zwar trotz moderner Forschung auch heute noch zwischen etwa 1620 und 1530 v. Chr. strittig. Dennoch ist weitgehend klar, dass die „Deukalionische Flut" der griechischen Mythologie Folge eines Ereignisses war, das dem Vulkanausbruch der „Minoischen Eruption" entspricht.[A39] Diese Ereignisse könnten die Menschen, soweit sie die Katastro-

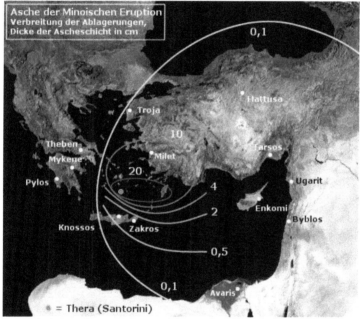

Abb. 24.: Atmosphärische Auswirkungen des Vulkanausbruchs auf Santorin. Quelle:[82]

überlebten, zur Auswanderung aus den betroffenen Gebieten gezwungen haben und damit außer Migration auch Invasionen und Überfälle erklären, weil die von den Inseln Geflohenen oder Ausgewanderten sich auf das umgebende Festland flüchteten und dort auf überlebensnotwendige Beutezüge angewiesen waren.[53] Es liegt insgesamt nahe, dass das „Dunkle Zeitalter" mit Niedergang von Kultur und Zivilisation in den Ländern um das östliche Mittelmeer auf einen Zusammenbruch des damals von Kreta dominierten Seehandels zurückzuführen ist.

Als weltbewegende Folge der Invasion Anatoliens begann ab etwa 1050 v. Chr. die Herstellung von gehärtetem Eisen verbreitet zu werden, also von Stahl. Die Hethiter hatten den Herstellungsprozess bis zur Zerstörung ihres Reiches als Geheimnis gehütet. Insgesamt ist früheste Eisenherstellung ab etwa 1800 v. Chr. belegt.[83]

In Griechenland dauert das Dunkle Zeitalter jedoch einige weitere Jahrhunderte an, bis eine weitere Migrationswelle den Beginn einer neuen Zeit ankündigt, das Zeitalter von Hellas, jener Ära, die uns aus der Geschichte als das klassische antike Griechenland bekannt ist:

Die Invasion um 700 v. Chr.

Herodot, der Vater der Geschichtsschreibung, berichtet von einer Völkerwanderung im Zusammenhang mit seiner Version der Einwanderung der Skythen und Hellenen: die Herkunft der Hellenen, eines der indo-europäischen Völker, ließ sich bis heute zwar über das erste vorchristliche Jahrtausend zurückverfolgen, dort jedoch verliert sich seine Spur (weitere Erörterungen möglicher Ursprünge der griechischen Bevölkerung finden sich in A40). Nach vorne hingegen explodierte die Kultur der Hellenen nachgerade in die Geschichte: zweihundert Jahre nach ihrer Ankunft steht Athen in seiner Blüte als attische Seemacht und Demokratie unter Perikles.[1]

Die Spur der Skythen hingegen scheint in mehr Detail nach hinten verfolgbar zu sein, und sie kreuzt sich mit jener der Hellenen auch später nochmal, allerdings am Schwarzen Meer: A41

Insgesamt scheint immer klarer zu werden, dass nördlich und östlich des Schwarzen Meeres jene Völker wie die Skythen, Sarmaten und später die Sauromaten lebten, die offenbar einen mittleren Migrations-Bogen aus Mesopotamien über das heutige Persien genommen hatten, um letztlich zurück nach Westen zu kommen und in Ost- und Süd-Ost-Europa wieder in Erscheinung zu treten.

Interessant ist die heutige Sicht, dass Reitervölker wie die Skythen an der nördlichen Schwarzmeerküste nur vorübergehend sesshaft wurden und für die griechischen Händler Weizen anbauten, bevor sie wieder zu einem Nomadenvolk mit teildomestizierten Tierherden wurden. Am Nordufer des Schwarzen Meeres waren die griechischen Kolonisten auf sie getroffen: die Reste der Stadt Olbia geben davon Zeugnis.[49] Der Altertumsforscher und Linguist George Hinge meint, dass es sich bei den Kontakten zwischen Griechen und Skythen um einen Ausnahmefall handelte, während im nördlicheren Europa eine Art Symbiose zwischen den herrischen Reiter-Immigranten und den ortsansässigen Bauern wurde: *„Der Reiteradel konnte auf keinen Fall ihre Existenz alleine aufrechterhalten, ohne sich auf die Wirtschaft der Bauern zu stützen. In Skythien hielt man allerdings an der alten Ideologie bis zum bitteren Ende fest. In Griechenland*

verschmolz sie aber mit derjenigen der Ackerbauern, welcher Synthese schließlich die europäische Zivilisation und Demokratie entsprangen". [44]
Das Reitervolk der Sarmaten lebte letztlich in der Nachbarschaft der Goten, dann der Hunnen, in den Steppen nördlich des Schwarzen Meeres, und wurde von ihnen westwärts gedrängt. Einer ihrer Stämme, die Alanen, soll sich an verschiedenen Stellen Europas angesiedelt haben, zum Beispiel als Kroaten oder Serben, beides Gruppen der Ost-Alanen. Sarmatenreiter sollen in der mittelalterlichen Gesellschaft Europas zu den Rittern geworden sein, die über sesshafte Bauernkulturen herrschten. Eine besondere Bedeutung und Ausprägung erlangte dieses Sarmatentum in Polen im 17. und 18. Jh. Dort wurde daraus eine dominante erzkonservative Aristokratie, die sich auf ihre angebliche Herkunft aus den Steppen am Schwarzen Meer berief und jegliche soziale Veränderung als schädlichen fremden Einfluss abwehrte, bis das politisch geschwächte Land schließlich von den Russen vereinnahmt wurde. [49]

Die ersten Hochkulturen – und Europa

Kulturen begannen weder in Europa noch an nur an *einer* Stelle der Erde, dem „Fruchtbaren Halbmond" mit Göbekli Tepe: denn wir wissen heute, dass sich diese Fähigkeiten ortsunabhängig in Ballungsgebieten sesshafter Menschen an mehreren Stellen gleichzeitig verwirklichen konnten, in denen Arbeitsteilung die Beschäftigung mit anderen als nur groben manuellen Tätigkeiten erlaubte. Prähistorische Kulturen entstanden in China um 10.000 v. Chr. um den ersten Reisanbau in der Hemudu-Kultur, in Indien um 7000 v. Chr. mit der Dwaraka-Kultur im Golf von Cambay und in Amerika ab frühestens 3000 v. Chr. bis 2500 v. Chr. (allerdings alle ohne Schrift, Zeitangaben umstritten).

Desgleichen ist die kulturelle Evolution insgesamt nirgendwo gleichmäßig verlaufen an der breiten Front all ihrer Möglichkeiten, heute nicht, und damals nicht: Papier wurde in China zwischen 100 v. Chr. und 100 n. Chr. entwickelt, Papyrus in Ägypten im 3. Jahrtausend v. Chr. Nach bisher allgemein anerkanntem Wissen entstand die Schrift ab ca. 3200 v. Chr. in Sumer im südlichen Zweistromland, und gleichzeitig oder sogar davor im prädynastischen Ägypten,[84] unabhängig davon ca. 1500 v. Chr. in China. Wie zuvor erwähnt, bekommt dieses Wissen jedoch mit der „Donauschrift" aus dem 6. Jahrtausend – wenn auch umstrittene - Konkurrenz aus Europa. Auch die bislang erste Dokumentation der Erfindung des Rades fanden Archäologen in Sumer, datiert auf etwa 3500 v. Chr.[85] und etwa gleichen Alters an mehreren Stellen in Europa, in der Trichterbecherkultur und in der Donaukultur, also aus der östlichen Steppe importiert.[53]

Die ersten vier bisher allgemein anerkannten Hochkulturen der Welt entstanden ab etwa 3500 v. Chr. fast gleichzeitig, sämtlich abseits Europas, im Bereich der Niederungen der Ströme Nil, Yangtse, Indus und im Land zwischen Euphrat und Tigris – auch die Donaukultur begann, wenn auch früher, an einem großen

Strom. Mit diesen ersten größeren Kulturen tritt der Mensch aus der Paläoanthropologie und der Jungsteinzeit in die Geschichte, sesshafte Volksmassen bekommen Namen: die ersten Völker am Rande Europas, die sich uns über Geschichtenerzähler bis ins erste Schrifttum überliefert haben, sind z.b. die Sumerer, mit Schriftdokumenten aus Uruk,[A42] auf Tontafeln ab etwa 3200 v. Chr., vor allem mit dem Gilgamesch-Epos, das in verschiedenen Texten seit etwa 2700 v. Chr. beschrieben steht. Später niedergeschrieben wurden Bibeltexte ab 1200 v. Chr., jedoch mit Darstellungen aus Zeiten bis vor 10.000 Jahren (z.b. Jericho). In Ägypten begann die prädynastische Naqada-Kultur um 4000 v. Chr.

Reger Austausch von Gütern führte auch zum Austausch von Ideen, Entdeckungen und Erfindungen zwischen diesen frühen Hochkulturen, die in Nahost selbst ihre Fortsetzung fanden.[A43]

Und in Europa?

Invasion - und der Beginn von Kultur in Europa

Vorab noch einige Worte über die Wirkung von Migration auf kulturelle Veränderungen vorort: denn für unser Thema ist nicht nur Migration an sich von Interesse, sondern auch deren Auswirkung auf vorbestehende Kulturen, nicht der kulturelle Wandel auf der Basis von Kommunikation zwischen Nachbarn, sesshaft gewordenen Völkern, durch Handel und anderen Kulturaustausch. Nein, was uns hier vielmehr interessiert, sind Auswirkungen der Wanderung ganzer Völker, also „Migration" im Sinne von „Invasion", friedlich oder kriegerisch, und „Import" der Kultur der Invasoren, oder umgekehrt:

Wann genau der Ernst unserer modernen Geschichte beginnt, ist (noch) nicht bekannt: anfänglich waren Kains und Abels und Menschenopfer wohl noch nur gelegentliche Einzelereignisse. Die Elegie von gegenseitigen Abschlachtungen in Kriegen, Raubzügen und Invasionen bis zum heutigen Tag begann nicht gleich zu Beginn; zunächst blieb es wohl bei Stammesfehden an den Territorialgrenzen, ähnlich wie wir dies von den neueren Beobachtungen an Schimpansen-Horden kennen. Allerdings müssen wir uns zunächst eingestehen, dass wir über die ersten 25.000 Jahre nach dem Aussterben der Neandertaler über das Schicksal unserer direkten Vorfahren in Europa nicht *mehr* wissen als die paar Funde zu vermuten erlauben - meist Grabbeigaben und Auffälligkeiten an Skeletten. Was wir aus den modernen genetischen Studien wissen, ist der geringe Anteil, zu dem die modernen Europäer noch Teil dieser Ersten, der „Ur-Einwohner" sind. Aus diesen Untersuchungen haben wir auch erfahren, dass als erste Wirkung massenhafter Migration nach Europa die Leute aus Nahost im 6. Jahrtausend v. Chr. ihre Methoden für Ackerbau und Viehzucht von dort mitbrachten und damit die Menschenwelt radikal veränderten; unklar ist, ob die ansässigen Jäger ihnen auswichen, oder ob sie einfach nur ihrem gewohnten Jagdwild hinterherwanderten, das mit zunehmender Warmzeit seinerseits der nach Norden sich ausbreitenden Tundra folgte.

Um 2800 v. Chr. brachen in Ost- und Mitteleuropa die Indo-Europäer ein und etablierten eine erste hierarchische und patriarchalische Sozialstruktur. Wie G. Hinge vermutet, arrangierten sie sich letztlich mit der bäuerlichen Kultur vorort zu einer neuen Form des Zusammenlebens, weil sie die bäuerliche Infrastruktur für ihr eigenes Überleben gerne in Anspruch nahmen.

Die neuen genetischen Daten können über kulturelle Veränderungen nichts aussagen; sie müssen auf Übereinstimmung mit archäologischen Funden überprüft werden. Erst die Funde einige Zeit *nach* einer Invasion geben Auskunft darüber, welche Kultur die andere in welchem Umfang beeinflusst hat. Nach einem solchen Umbruch bilden eben die nachweisbaren Genotypen eine neue kulturelle Einheit. Vor allem darf man bei all dieser genetischen Typisierung nicht aus den Augen verlieren, dass sie uns nur zum Nachweis interessiert, *dass* überhaupt eine Migration stattgefunden hat und woher die Invasoren kamen. Das letztendliche Ziel ist dann, zu untersuchen, welche Folgen eine solche Migration ggf. hatte, ob sie die invadierte Kultur beeinflusste, ob sich also die landesübliche Keramik und die Bestattungskultur änderten– denn wesentlich mehr haben wir zur Beurteilung einer Zeit um 2800 v. Chr. nicht zur Verfügung. Wir sprechen bis hierher lediglich von Migration, denn von kriegerischer Invasion ist aus dieser Zeit so gut wie nichts bekannt, wäre auch nicht verständlich, da die Besiedelungsdichte derart gering war, dass ausreichend Platz für Immigranten blieb.

Danach beschränkt sich die Entwicklung weitgehend auf bodenständige prähistorische Kulturen: Bauern-, Fischer- (z.B. La Tène-Kultur) und Bergarbeiterdörfer (z.B. Salzstollen in der Hallstatt-Kultur) bis hinein in die Keltenzeit. Interessant sind allerdings neueste Erkenntnisse über die Rolle der Frau in der Kultur des dritten und zweiten vorchristlichen Jahrtausends:

Zur Migration der Frauen in der Bronzezeit

Der Strontiumgehalt in den Backenzähnen verrät die Herkunft der Person: Forscher können heute aus dem Vergleich der Konzentration von Isotopen des Elements Strontium im Boden und in den Molaren von menschlichen Skeletten deren ursprüngliche Herkunft auskundschaften. So gelang die überraschende Feststellung, dass die Ehefrauen der herrschenden Bauern in Süddeutschland in der Regel nicht aus der Gegend kamen: Aus einem Gräberfeld im Lechtal nahe Augsburg erforschten Archäo- Genetiker die Zusammensetzung von Bauernfamilien am Nordrand der Alpen vor 4000 Jahren: die Hausfrauen waren jeweils aus Distanzen bis 600 km aus dem Norden zugereist;[436] die Grabbeigaben weisen darauf hin, dass sie dem Hausherrn durchaus ebenbürtig waren, eine Stellung, die jener der Ehefrau in Norddeutschland und Dänemark entsprach, wie bereits Funde im 19. Jh. auf Jütland und Bornholm zeigten.[437] Die süddeutschen Töchter mussten jedoch ebenso auswandern und anderswo einen Ehemann finden, während die Söhne zu Hause blieben und das Familienerbe weitertrugen.[438] Wohin diese jungen Frauen auf ihrer Wanderschaft gingen, hat man noch nicht herausgefunden. Jedenfalls verhinderte diese jahrhundertelange Tradition eine Inzucht unter den Besitzenden der Bronzezeit.

Weitgehend geheimnisvoll ist die europäische Megalith-Kultur geblieben – das berühmteste Monument aus tonnenschweren Blöcken, Stonehenge, datiert auf etwa 3000 v. Chr.,[51] ist nur eine von vielen Fundstätten, die über die britischen Inseln, Irland, Spanien und Portugal verstreut liegen. Diskussionen über einen möglichen Zusammenhang mit den viel früheren Funden aus dem 10. Jahrtausend in Göbekli Tepe an der türkisch-syrischen Grenze hatte ich schon zuvor erwähnt – in jedem Fall aber liegen die Fundstätten derart weit auseinander, erstrecken sich vom östlichen Mittelmeer bis zu den Inseln im Atlantik, dass wir von einer mindestens 5000 Jahre alten Kultur ausgehen können, die sich über mehrere tausend Kilometer erstreckte und auch Meere überwand.

Insgesamt beschleunigte offenbar die Schifffahrt die Entwicklung an den Küsten Europas den Prozess von Landnahme, Handel und geistigem Austausch, aber auch von Verwüstung und Zerstörung: die Überfälle um 1200 v. Chr. in Griechenland, Nahost und Nordafrika hatten offenbar auch deutliche kulturelle Auswirkungen auf den Rest Europas: zumindest war der Handel dorthin eingebrochen.

Industrie, Handel und Kultur

Sicher hat der Handel schon sehr früh kulturellen Austausch bewirkt. Daher kann man nicht verlässlich unterscheiden, ob man mit „Ausbreitung" die Wanderung von Menschen oder den Informationstransfer an sich meinen soll – die Ausbreitung der Glockenbecher - Kultur aus Portugal und Spanien über Europa war längere Zeit ein Beispiel hierfür, bis die genetischen Daten klarstellten, dass nur die Kultur gewandert war, nicht die Menschen.

Industrie wird vielfach als dominierender Faktor früher Kulturen angesehen, weil mit Produktion und Handel Reichtum und soziale Unterschiede auftreten. Die Verarbeitung von Kupfer und Bronze wurde wohl im 5. Jahrtausend aus Anatolien nach Osteuropa übertragen und war von dort im Laufe der nächsten 2000 Jahre nach Mitteleuropa, Oberitalien, in das mediterrane Südfrankreich und Südspanien gekommen, von dort ab etwa 2500 v. Chr. auch nach Wales, Schottland und Irland.[27]

Die Eisenfabriken der Hethiter und den Beginn der europaweiten Eisenzeit durch den Überfall auf das Hethiter-Reich hatte ich schon erwähnt. Am Balkan und weiter östlich, an der europäischen Schwarzmeerküste, verarbeitete man ebenfalls schon im 5. Jahrtausend v. Chr. Kupfer und Gold. Die Funde von Varna sind dafür ein Beispiel. Damit wurden schon sehr früh, eben am Schwarzen Meer und Donau-aufwärts sowie am Balkan westlich davon, aber auch in Südengland, an der spanischen Mittelmeerküste, auf Inseln wie Kreta, und auf dem griechischen Festland, Voraussetzungen für eine europäische Hochkultur geschaffen – wo aber begann dieses Europa dann tatsächlich?

Wie und wo begann Europa?

Minos, Mykene und Hellas

Kreta?

Folgt man den Mythen – was sich seit historischen Nachweisen verschiedener biblischer und homerischer Darstellungen als gar nicht unklug erweisen könnte – so war wohl eine Insel die Geburtsstätte von Hochkultur in Europa, jedenfalls schon einmal von Göttervater Zeus: nicht etwa, weil man vor 5000 Jahren auf einer Insel noch sicher gewesen wäre, weil die Schifffahrt noch selten genug war um zu verhindern, dass ständige Ein- und Überfälle eine ruhige Entwicklung hätten stören können: keineswegs, und sogar ganz im Gegenteil. Der historische Hintergrund scheint leider in zweifacher Weise in die Gegenrichtung zu weisen: denn es soll ein Überfall der damaligen Kreter mit ihrem König „Tauros" auf die phönizische Stadt Tyros an der Küste des heutigen Libanon stattgefunden haben: während König Agenor von Tyros und seine fünf Söhne im Mittelmeer unterwegs waren, um Plätze für neue Kolonien zu ergründen, raubten die Kreter die Stadt leer und nahmen Sklaven, unter anderen auch die Tochter von König Agenor: ihr Name war: Europa. Noch zur Zeit Kaiser Justinians soll in Tyros der Jahrestag dieses Ereignisses als „Abend der Übels" begangen worden sein.

Die Minoische Kultur auf Kreta ab 2800 v. Chr.

Die „Urbevölkerung", deren Großteil als Eteokreter benannt wird, kommt nach genetischen Untersuchungen aus Anatolien. Sie waren keine Indo-Europäer, müssen also den ganz kurzen Bogen vom Fruchtbaren Halbmond über die heutige Türkei zu den Inseln genommen haben – per Schiff, denn eine eiszeitliche Landbrücke kann es zu keiner Zeit gegeben haben, dazu ist das Meer rundum zu tief.[50] Ihre Sprache ließ sich bis heute nicht eindeutig zuordnen. Wann sie dort ankamen, ist unbekannt. Die Entdecker der minoischen Kultur stellten fest, dass sich unter den ausgegrabenen Stätten weitere Reste von 7000 Jahren ungestörter Entwicklung menschlicher Kultur befänden. Dies könnte bedeuten, dass Ur-Kreter zur Zeit der ersten Auswanderungswelle aus Nahost vor etwa 12.000 Jahren eingewandert sein müssten. Auch diese Nachricht ist heute schon keine Sensation mehr, denn an dieser Stelle tut sich ein paläontologischer Schlund auf, der das gesamte bisherige Wissen über die Menschheitsgeschichte ein weiteres Mal in Frage stellt.[A44] Funde von Gegenständen in Troja, die aus der Anfangszeit der minoischen Kultur um 3000 v. Chr. stammen, zeugen von Schifffahrt und Handel.

Eintausend Jahre vor den Phöniziern waren die Kreter die Herrscher der Meere im östlichen Mittelmeer. Handel und Kolonisierung in großem Stil begannen möglicherweise mit den minoischen Kretern. Mit ihrer Handelsflotte unterhielten sie Kolonien auf anderen Inseln von Ägäis / Kykladen und Kontakte mit Ägypten, Zypern und Völkern der Levante wie den Hyksos. Zeitgleich bestanden am Weg über die Kolonie in Troja Kontakte zur alteuropäischen Kultur.[53] Die Katastrophe von Santorin mit dem Ausbruch des Vulkans Thera bereitete dieser Herrschaft ein jähes Ende.

Abb. 25: Ausschnitt aus dem Schiffsfresko von Akrotiri, Santorin. Es handelt sich um Funde einer Stelle auf Santorin, die zufällig nach dem Vulkanausbruch unter einer Ascheschicht erhalten geblieben waren. Quelle:[86]

Die minoische Kultur ist in den Jahrhunderten des Dunklen Zeitalters in der Vermischung mit einwandernden Gruppen wie den dorischen Griechen großteils assimiliert oder überlagert worden. Spuren der Beeinflussung späterer europäischer Kultur durch das minoische Kreta sind äußerst spärlich.

Mykene?

Auch Mykene, Erbe der Kreter, hinterließ kaum Spuren. Sie war die erste allgemein anerkannte Hochkultur auf dem europäischen Festland (die „Alteuropäische" bzw. Donau-Kultur ist ja noch umstritten), ausgebreitet über den östlichen Peloponnes, besiedelt von den Achäern.[A40] Die minoische Eruption von Santorin als Auslöser habe ich zuvor erwähnt; sie war aber nicht die alleinige Ursache des plötzlichen Niedergangs.

Abb. 26: Goldene Maske „des Agamemnon", Quelle:[87]

Überfälle fremder Völker dürften diesen ersten prächtigen Reichen auf europäischem Boden den Rest gegeben haben. Auch die Mykener waren, wie die Minoer, als Handelsleute auf dem Mittelmeer unterwegs und kamen sogar bis Spanien.[53] Teile der Linear-B-Schrift Mykenes sollen dort auch die Entwicklung der Schrift beeinflusst haben.[53]

Abb. 27: Das Löwentor von Mykene. Die Mauern aus eng gefügten Steinquadern erinnern an die anderen Megalith-Kulturen um das Mittelmeer. Quelle:[88]

Nach der nicht unwidersprochenen Meinung mancher Sprachforscher sollen die alteuropäischen Kulturen einen Einfluss auf die Kulturentwicklung der Ägäis ausgeübt haben.[53] Die kretische Linear-A-Schrift weise Parallelen zu den alteuropäischen Schriftzeichen auf. Auch die mykenische Linear-B-Schrift sei eine Folge dieses Einflusses. Nach der Vulkankatastrophe von Thera habe sich die weitere Entwicklung nach Zypern verlagert, wohin viele Ägäisbewohner geflohen seien.[53, A45]

Griechenland?

Der Beginn der Griechen ist so geheimnisvoll wie das Ende der Minoer und Mykener: man weiß noch nicht verlässlich, woher sie kamen und wann.[A40] Aber die Welt wird ohnehin selbst in den entlegensten Winkeln der Geschichte immer kleiner, es bleiben immer weniger dunkle, geheimnisumwehte Tiefen: so bleibt auch den Griechen für ihre Herkunft mittlerweile ganz einfach nur noch eine der bekannten Regionen in der westasiatischen Steppe.

Erkennbar ist ihr Erscheinen nach dem Dunklen Zeitalter rund um das östliche Mittelmeer an einer nach Harmonie strebenden Kunst.[81] Bereichert wurde diese Entwicklung durch die Übernahme der alphabetischen Schrift und der Handelsschifffahrt von den Phöniziern. Die Ergänzung um Vokale machte die moderne Schrift zur Basis neuer Literatur, epischer, lyrischer, dramatischer.[81] Ilias und Odyssee als erste Werke sind gleichzeitig die bekanntesten geblieben. In Europa differenzierte sich die Schrift schließlich außer in die Griechische auch in die Schreibformen des Lateinischen und Kyrillischen. Manche schreiben es überhaupt der Aktivität der umtriebigen Phönizier zu, dass im 8. Jh. v. Chr. in Griechenland fast plötzlich die Lichter wieder angingen. Schon 50 Jahre später begannen auch die Griechen, so wie die Phönizier, die Küsten des Mittelmeeres und des Schwarzen Meeres zu kolonisieren, teils aus Platznot, teils als Handelsniederlassungen. Die aus der Phase prosperierender Entwicklung im 7. Jh resultierende Bevölkerungsexplosion dürfte den Anstoß für die Schaffung der griechischen Kolonien an den Küsten von Mittelmeer und Schwarzem Meer gewesen sein; allerdings hatten sie im westlichen Mittelmeer die Konkurrenz der Phönizier und der Etrusker. Interessant ist die Feststellung, dass der überwiegende Teil philosophischer und wissenschaftlicher Leistungen zunächst aus den Kolonien an der kleinasiatischen Küste wie Milet kam. Die überraschendste Entdeckung für unsere heutige Pauschalansicht vom antiken Hellas ist jedoch die Feststellung, dass die Demokratie von den Spartanern um 670 v. Chr. entwickelt wurde, weil sie ausreichende Volksmassen rund um sich versklavt hatten und dadurch der eigenen dominierenden Minderheit eben Freiheit in demokratischer Gleichheit gewähren konnten; Athen hatte sich mit seiner Demokratie erst an diesem erfolgreichen Modell von Sparta trotz seines zweifelhaften Ansatzes ein Beispiel genommen. Athen selbst habe sich bis 550 v. Chr. vor allem durch die Herstellung besonderer Töpferwaren einen Namen gemacht und einen internationalen Markt geschaffen.[81] Die Kolonien, besonders am Schwarzen Meer, hatten das Mutterland mit Getreide versorgt und mit getrocknetem Fisch gehandelt. Übervölkerung in der Zeit der Prosperität und ruhigen Entwicklung bedingte die Auswanderung, zuerst in die Ägäis und kleinasiatische Küste, dann auch in Kolonien auf Sizilien, an den Küsten der Adria und des Tyrrhenischen Meeres, schließlich an die Küsten des Schwarzen Meeres. Damit breitete sich die Hellenische Kultur im Mittelmeerraum immer weiter aus – auch wenn die griechischen Kolonisten nicht immer willkommen waren.[A46]

Im 5. Jh. v. Chr. schließlich erstrahlt Hellas im weißen Glanz jenes Rufes, den ihm das heutige Europa seit dem späteren 18. Jh. zuspricht. Damit beginnt jenes Griechenland, das mit seinen kulturellen Errungenschaften die Gemeinsamkeiten des heutigen Europa und damit der gesamten westlichen Welt mit prägt, Griechenland, das durch die militärische Weltreise von Alexander dem Großen auch die Kulturen des Ostens bis nach Indien und Afghanistan beeinflusste.

Jedermann weiß von der Kultur, Kunst, Philosophie und Wissenschaft, vom heliozentrischen Weltbild, vom Beginn der Geographie (Abb. 28, Abb. 29), der Naturwissenschaft und Medizin – und Demokratie. Weniger breit ist im Bewusstsein des heutigen Menschen verankert, dass diese Errungenschaften spätestens mit dem Ende des Römischen Reiches für eine geraume Zeit von eintausend Jahren zu einem großen Teil verschollen waren, bevor die Europäer dieser ihrer Geschichte wieder in vollem Umfang gewahr werden konnten – diesem weiten und langen Umweg des Wissens habe ich einen eigenen Abschnitt gewidmet. Noch weniger breit ist im Bewusstsein des modernen Europäers verankert, wieviel von den Vorstellungen über dieses „klassische Zeitalter" mehrfach romantisierend und idealisierend übermalt wurde.

Für unsere Suche nach den Wurzeln europäischer Kultur erscheint mir Griechenland als besonders schwieriger Kandidat, vor allem, weil seine tatsäch-

Abb. 28: Raphael's Fresko „Schule von Athen" im Vatikan. Photo:[89]

liche Rolle ob all der romantisierten Bedeutung für Europa kaum noch erkennbar ist, als Erbe von Volk zu Volk, nicht von Privilegierten zu Privilegierten, Philosophen zu Philosophen.

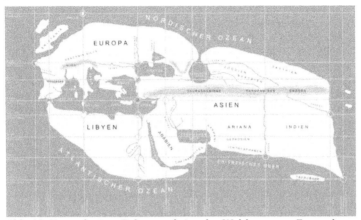

Abb. 29: Versuch einer Rekonstruktion der Weltkarte von Eratosthenes um 300 v. Chr. Das Original ist verloren. Quelle:[90]

Egon Friedell spricht schon über das Zeitalter der Renaissance von „Griechentum dritten Grades"[2] und macht sich über diese weitere Geschichtskorrektur mit Worten wie dem „Gipsgriechen" und den leuchtend-weißen klassizistischen Bauten in westlichen Städten lustig.[A47] Dabei *bestand die griechische Kultur auch zur Zeit des Perikles im Gehirn eines Durchschnittsatheners aus demagogischem Geschwätz, strategischen Kannegießereien, sportlicher Fachsimpelei und Zwiebelpreisen"*.[2] Zur „griechischen Amoralität" meint er: *„Im ganzen Altertum .. war ihre Streitsucht und Schmähsucht, Habgier und Bestechlichkeit, Eitelkeit und Ruhmredigkeit, Faulheit und Leichtfertigkeit, Rachsucht und Perfidie, Scheelsucht und Schadenfreude berüchtigt und sprichwörtlich. ... Eine griechische Humanität hat es nie gegeben"*, denn *„es herrschten in Griechenland Sitten von so teuflischer Unmenschlichkeit, daß sie sogar nicht selten den Abscheu der Barbarenvölker erregten"*.[2] Sie hatten sehr deutlich das Gefühl, dass sie ihre Götter selbst erfunden hatten,[2] eigentlich ein Unglaube, am besten ausgedrückt in den Worten von Euripides: *„Wenn die Götter Sünde tun, so sind die Götter nicht"*.[2]

Manche Briten sehen in diesem Drama gerne sich selbst in der Rolle der Griechen und die Deutschen als die Spartaner.[91] Jedoch, was von dieser tatsächlichen griechischen Kultur, vor allem ihrer in die Wiege der europäischen Kultur gelegten Demokratie, ist auch wirklich Teil dessen, was der europäische Kulturkreis sich heute überhaupt an Gemeinsamkeiten zugesteht? Was hatte das gewöhnliche Volk der Griechen von seiner Demokratie, worin bestand sie verglichen mit heutigen Erwartungen von diesem politischen System?

Demokratie und Sklaverei

Denn in der Tat war nicht alles an Athen oder Griechenland Demokratie und Weisheit. Die Griechen waren in der Masse relativ arm und lebten karg, meist von einer kleinen Schicht von Aristokraten dominiert; sie und ihr Lebensstil sind es, die wir heute nostalgisch bewundern, ohne die Fakten zu berücksichtigen. Sie erschöpften sich politisch – abgesehen von ihren Erfolgen im Kampf gegen die vordringenden Perser - vor allem in kriegerischen Auseinandersetzungen der Stadtstaaten gegeneinander. Sie bekämpften einander mit einer Brutalität, die mit heutigen Vorstellungen von Menschenwürde und –rechten auf der Basis einer Demokratie im Sinne von Gleichberechtigung nicht einmal im Ansatz vereinbar wäre. Demokratie muss es gewesen sein, die die Schaffung einer größeren und mächtigeren Staatengemeinschaft verhinderte, weil lokal erworbene Rechte maximal auf einer regionalen Ebene gewahrt bleiben konnten und eifersüchtig gehütet wurden, selbst um den Preis, alles wegen eines Feinden von außen wie der Perser zu verlieren. Die hellenische Demokratie entbehrte also eines fundamentalen Konzepts von Menschenwürde, weswegen besiegte Gegner skrupellos versklavt, andere Sklaven ebenso ausgenutzt und Frauen ohne demokratische Rechte zurückblieben.

Auch Aristoteles war kein Demokrat und Menschenrechtler; nach heutigem Verständnis war er Rassist, für den nur Athener als Herrenmenschen galten, Nicht-Athener als Sklaven. Alexander, sein Schüler, stimmte darin mit ihm nicht überein, war liberaler eingestellt, bemühte sich um Verquickung zwischen den besiegten Völkern, z.B. indem er Prämien für Heirat zwischen den Kulturen anbot.

Die kurze, herausragende Episode eines goldenen Zeitalters von Athen, im 19. Jh. romantisch hochstilisiert, war gerade mal die Regierungszeit von Perikles lang, also etwa 460-430 v. Chr. Mit Ausnahme der Akademie Platons spielte sich der Großteil des bis heute bewunderten „Klassischen Griechenland" in dieser kurzen Zeit ab. Der englische Philosoph Bertrand Russell schreibt: *„Platon gehörte einer athenischen Aristokratenfamilie an und wuchs in der Tradition jener Zeit auf, da Wohlstand und Sicherheit der oberen Klassen noch nicht durch Krieg und Demokratie vernichtet waren"*.[91] Die Philosophen-Akademie in Athen hingegen überdauerte tausend Jahre, bis Kaiser Justinian sie im Jahr 529 schließen ließ, *„in seiner religiösen Bigotterie"*, wie es Bertrand Russell ausdrückte. Auch Naturwissenschaften und Mathematik seien nicht in Athen zu Hause gewesen, sondern vorwiegend von Alexandria dominiert worden.[91] Überhaupt steht auch Russell dem Sozialwesen und damit der Demokratie Athens ziemlich kritisch gegenüber: worüber man wirklich abstimmen durfte, wäre genauer zu hinterfragen. Jedenfalls handelte es sich um eine aus heutiger Sicht feudale Gesellschaft, in der wenige Prozent der Bevölkerung den Hauptanteil des Besitzes innehatten, so wie man das heute wieder an den westlichen Gesellschaften sieht. Und das Gerichtswesen – eben demokratisch - glich eher öffentlicher, „legalisierter" Lynchjustiz als dem Versuch objektiver Analyse von Fakten. Dieser „Oistrakismus", das „Scherbengericht" der griechischen Demokraten, *„war ausdrücklich nicht nur*

66

gegen Staatsverbrecher und Gottesleugner ... sondern ganz allgemein gegen „Hervorragende" gerichtet",[2] entsprechend Goethe's Zitat: „Wir brauchen dich, Genie, aber du bist uns lästig".[2] Nicht nur Sokrates zahlte für diese Form von Demokratie mit dem Leben; auch Platon, Aristoteles und Diogenes, Protagoras und Anaxagoras wurden in „Asebie-Prozessen" wegen Gottlosigkeit geächtet und verbannt. Der Einfluss des Sokrates auf seine Zeit, der „Sokratismus", bedeute „die Selbsterkenntnis der antiken Kultur. In ihm blickt diese sich ins Auge. Doch sie erschauert. Und es ist nur zu begreiflich, daß die Griechen diesen Spiegel zerbrachen, weil sie ihn nicht ertrugen".[2] Dieses Phänomen der Mediokratie in der Demokratie beschreibt Sokrates in seiner Verteidigungsrede mehr als deutlich: die Anklage besteht im Grunde aus nichts als diffusem schlechtem Ruf; er hatte sich Feinde gemacht, indem er Allen klar zu machen wagte, dass sie so wie auch er im Grunde nichts wüssten, weil man als Mensch eben nichts verlässlich wissen könne. Einzig insofern sei er allen Anderen an Wissen überlegen, als er selbst im Gegensatz zu den Anderen dessen gewahr sei, dass er nichts wisse, dass man nichts wissen könne. Sicher, in manchen seiner Worte, mit denen er sich über ihm an Macht Überlegene lustig macht, sie entlarvt und widerlegt, erinnert er an den Freigeist Giordano Bruno: noch nie hat es eine Menschengesellschaft gegeben, die sich nicht solcher Mitglieder zu entledigen gewusst und dies auch zügig getan hätte – Toleranz und Manipulation gehen eben schlecht zusammen. Sokrates überführt manche Zeitgenossen der postfaktischen Attitüde und sagt, er habe sich nur zweimal in seinem Leben politisch betätigt, nämlich, sooft die Machthaber ungesetzlich handelten, das eine Mal, als er sich gegen die Regierung der dreißig Tyrannen wandte, das andere Mal gegen die Demokratie.[91] Albertus Magnus bezieht sich sinngemäß – wenn auch mit weniger fein gewählten Worten - mit seiner Kritik auf die Haltung von Sokrates gegenüber seinen Machthabern: „ ... da sie in ihrer Faulheit solche Idioten sind, suchen sie, um nicht als Idioten zu gelten, denen, die wissenschaftlich über ihnen stehen, etwas anzuhängen. Solche Leute haben Sokrates getötet, haben Platon aus Athen in die Akademie gejagt, haben gegen Aristoteles gearbeitet und ihn zur Auswanderung gezwungen ...."[92]

Die griechische Demokratie „kennt keinen Parlamentarismus, kein noch so gleiches und noch so allgemeines Wahlrecht, sondern nur lärmende Massenabstimmungen der ganzen Bevölkerung".[2] „Das Leben im griechischen Staat muß für moderne Begriffe schlechtweg unerträglich gewesen sein".[2] Diese altgriechische Form der direkten Demokratie wurde ohnehin – mit umschriebenen Ausnahmen von regionalem Umfang - keinem modernen europäischen Land zum Modell; und schließlich sind auch Entwicklung, Verlauf und Werte moderner repräsentativer Demokratie massiver Kritik und starken selbstzerstörerischen Kräften augesetzt:[A48] was bedeutet für unser heutiges Verständnis von Frieden und Toleranz eine Demokratie, die ununterbrochen Krieg führt? Irrtümlich spricht man heute von Humanismus als Bestandteil von Demokratie, oder umgekehrt, von Demokratie als Voraussetzung für Humanismus und weist dabei wider alle Berechtigung auf Hellas. Die Gesetze Lykurg's, des legendären Gründers von Sparta's Ordnung, haben auch etwas von steinzeitlichen Riten von

Griechenland und die Demokratie

Buschmännern. Betrachtet man also das klassische Griechenland nüchtern, so haben sich unsere politischen Vorstellungen davon sehr sehr weit entfernt.

Mit Demokratie dieser Prägung wird nicht erklärt, worin der Unterschied zwischen einem Tyrannen und einer missgünstigen und manipulierbaren Meute besteht, aus der sich die Richter rekrutieren. Erwähnenswert wäre mir da eher die vor-chinesische Justiz in Tibet, die für ein 3-Millionen-Volk gänzlich ohne professionelle Richter auskam und keine Todesstrafe kannte; dort brachten die einzelnen Menschen etwas als Selbstverständlichkeit in die Gemeinschaft mit, das heute in den westlichen Gesellschaften als verloren beklagt oder als hoffnungslos dumm mit Häme angesehen wird: Anstand, Respekt und Gesetzestreue, die kaum Streit und Vergehen kannte – freilich gab es auch dort vereinzelt Verbrecher und auch bereits die Fußfessel.[93]

Den Athenern selbst dürfte nicht klar gewesen sein, dass sie mit ihrer Heimat ganz Europa gegen die Perser verteidigten, militärische Taten, die an Bedeutung für Europa den Kriegen gegen das Osmanische Reich gleichkommen. Für Dareius I., Sohn des großen Kyros, und seinen Sohn Xerxes, Großkönig von Persien und ägyptischer Pharao, den Herrscher über Helden, wie sein Name sagt, war es um ganz Europa gegangen: die türkische Westküste und zahlreiche Ägäische Inseln waren bereits persisch; eher zufällig war Dareius I. schon während eines Feldzuges gegen eurasische Steppenvölker östlich des Schwarzen Meeres ein Teil des heutigen Bulgarien bis zum Südufer der Donau und Mazedonien in die Hände

Abb. 30: Schlacht Alexanders gegen die Perser bei Issos, Alexander links im Bild, Dareius ergreift die Flucht.[94]

68

gefallen, nachdem sie die Dardanellen überquert hatten.[81] Weiter nördlich gab es kein Reich, keinen erwartbaren Widerstand von erwähnenswertem Umfang. Den dort lebenden Keltenstämmen waren Begriffe wie Reichsstruktur und Verwaltung fremd. Das Reich der Perser zur Zeit Alexanders war wahrscheinlich das größte Weltreich der Antike, größer als das Römische Reich jemals wurde;[95] später übertraf nur das Mongolenreich dieses persische Imperium an Umfang.

Dies ist auch einer der Gründe, warum Alexander nach dem Sieg in der Schlacht bei Gaugamela (Abb. 30) praktisch freie Bahn bis Indien und an die chinesische Grenze hatte, und letztlich, warum er überhaupt so weit reiste: er wollte das Reich kennen, das ihm so unverhofft leicht zugeeignet geworden war.

Alexander der Große

Den größeren Einfluss als Alexander selbst übte in Indien und China die Etablierung des Griechisch-Baktrischen und des Griechisch-Indischen Königreiches aus, vom 3. Jh. v. Chr. bis zum 1. Jh. v. Chr. (256 v. Chr. bis 30 v. Chr.). Die ersten Buddha-Statuen der Geschichte entstammen griechischer Bildhauerkunst, eine Anregung, die sich fortsetzte in den gesamten buddhistischen Raum (Abb. 31). Auch der direkte Kontakt mit dem benachbarten indischen Maurya-Reich unter

Ashoka liegt nahe, im Rahmen dessen sogar eine Übersetzung buddhistischer Texte ins Griechische erfolgt und bis nach Griechenland bzw. Alexandria gelangt sein soll.

In diesem „Alexandrinismus", der heute eher als „Hellenismus" bekannt ist, wird die griechische Kultur zur Weltkultur, die Politik zum Kosmopolitismus, der Handel zur Weltwirtschaft. *„Zahlreiche Banken, an der Spitze die allmächtige Zentralbank von Alexandria, ausgedehnte Kartelle von Großkaufleuten, Schiffsreedern, Spediteuren wurden gegründet".*[2]

Abb. 31: Buddha und Vajrapani (Gandhara, 1. Jh. n. Chr., Museum für Asiatische Kunst, Berlin-Dahlem. Quelle:[96]

Kulturelle Errungenschaften blieben kein isoliertes Phänomen: Brennpunkte wie Alexandria und später Cordoba wirkten als globale Verteilerzentren von verfügbarem Wissen, aus denen Kulturen zuerst rundum schöpften, sich daran weiter differenzierten und schließlich voneinander entfernten. Demnach wäre es missverstanden, von einem Zusammenfließen zu sprechen;[97] die kulturelle Evolution imitiert hier die genetische: man übernimmt gerne von Anderen, was nützt, aber man differenziert sich dennoch voneinander weg.

Mit dem Ende des Alexander'schen Wirbelwindes und seiner unmittelbaren Nutznießer, der Diadochen, geht das Erbe Griechenlands über an Rom, den Verwalter des Schatzes aus menschlicher Denkkraft, Kreativität und politischem Willen.

Was, zusammen genommen, heute - ungeachtet all dieser Kritik an der Bedeutung der Demokratie und der romantischen Verzerrung der Kultur - den Ruhm Griechenlands für Europa ausmacht, ist seine Kunst, Literatur, seine Architektur und seine Philosophie - und das Gerücht, berühmt zu sein. Der Hellenismus hatte durch die Diadochenreiche nach Alexander, durch deren Beeinflussung des Buddhismus und durch die vielen Kolonien im Mittelmeerraum alle vier Großreiche um die Zeitenwende beeinflusst.[81] Damit übte die hellenische Kultur, wie schon davor die sumerisch-akkadische, einen tief prägenden Einfluss auf die kulturelle Entwicklung in Europa aus, wenn auch auf Umwegen über Rom, Byzanz und islamische Reiche, und zum Teil nach einer Stille von 1000 bis über 2000 Jahren.

Die Völkerwanderung bewirkte einen ähnlich tiefen Einschnitt in die kulturelle Entwicklung in Europa, wie es jene um 1200 v. Chr. in Griechenland getan hatte, allerdings nur, wenn man davon absieht, dass Kultur im alternden Westrom schon verflacht und das Christentum mit fundamentalistischem Unverstand um möglichst umfangreiche Zerstörung bemüht war, bevor die Barbaren kamen. Die Griechen selbst verbreiteten Elemente ihrer Kultur vor allem an den Küsten des Schwarzen Meeres und des Mittelmeers, die sie mit ihren Koloniegründungen besiedelt hatten – und zur Zeit Alexanders in den Mittleren und ferneren Osten. Das kontinentale Europa erfuhr davon durch die Kolonisierung Europas durch die Römer.

Das Ende von Hellas kam ab 195 v. Chr. fast unmerklich mit der schrittweisen Eroberung Griechenlands durch die Römer.[81]

Die Kelten: erste europäische Kultur der Mitte

Was den Europäischen Kontinent abseits des mediterranen Raumes betrifft, so hatte sich dort seit der letzten Einwanderungswelle ein Kulturraum entwickelt, der einerseits als relativ homogen, darunter jedoch als vielseitig erweist – vielleicht also schon damals Ausdruck von dem, was Europa auch heute ausmacht: Die Ära der Hügelgräber-Kultur der um 2800 v. Chr. eingewanderten Kurgan-Leute – auch Kultur der Linienband-Keramiker genannt - ging etwa um 1000 v. Chr. zu Ende, machte in Europa der keltischen „Urnenfelderkultur" Platz: sie hatte sich am Beginn des 1. Jahrtausends v. Chr. aus dem Gebiet des heutigen Ungarn über Mitteleuropa bis nach Westeuropa und bis auf die britischen Inseln ausgebreitet. Es handelt sich also um ein indo-europäisches Volk, das im Rahmen der Migrationswelle im 3. Jahrtausend nach Europa gekommen war. Von Ungarn aus dürfte es sich in weitere Volksgruppen aufgegliedert haben, nämlich in die Dacier, Thraker, Illyrer, Veneter, Italiker und Etrusker. Zwischen 800 und ca. 500 v. Chr. breitet sich diese keltische Kultur als Hallstatt-Kultur über Mitteleuropa aus, danach als La Tène-Kultur bis in die Mitte Frankreichs:[27, A49] die keltische Kultur, schwer zu typisieren und eben doch irgendwie einheitlich, ausgebreitet vom Kernland Pannonien, Nachkommen der Einwanderer aus den östlichen Steppen: die Griechen waren ihnen in ihren Kolonien in der Gegend von Marseille und am Schwarzen Meer bereits begegnet.

Die Frage nach ihrer Herkunft führt demnach zurück zum Thema der Einwanderung aus den östlichen Steppen: schon frühe Untersuchungen von Sprachforschern im 19. Jh. untermauerten diese Annahme einer Wanderung von der Levante über die Steppen zurück nach Westen, bis diese Völker schließlich z.B. als Kelten wiederkehrten und sich über Europa ausbreiteten: als Hinweis auf ihre Zwischenheimat, die westasiatische Steppe, gibt es viele sprachliche Ähnlichkeiten zwischen mongolisch und keltisch.[98, 99, 100] Formen des Schamanismus, in Sibirien als praktizierte Kultur entdeckt, existierten bei den Mongolen wie bei den Kelten. Interessant ist hierzu, dass auch religiöse Praktiken der alten Tibeter damit vergleichbar sind.[93] Eine weitere Ähnlichkeit besteht darin, dass Mongolen und Kelten in einer Vielzahl einzelner Stämme nebeneinander lebten. Immer wieder begegnen wir gemeinsamen Wurzeln von Völkern und Kulturen, die sich im Laufe ihrer Geschichte dann, abgegrenzt in ihren Gebieten, auseinander entwickelten und differenzierten.

Was in Asien unter Dschingis Khan um 1200 AD gelang – das Mongolenreich wurde das größte Weltreich der Geschichte – hat in Europa unter den Kelten nicht stattgefunden: Nie eine Nation, war dieser Vielzahl von Volksstämmen, verteilt über ganz Ost-, Mittel- und Westeuropa (Abb. 32), dennoch Entscheidendes gemeinsam: indogermanische Sprachengruppe, Religion und andere kulturelle Eigenheiten. Noch heute gehören sie als jenes typische Merkmal zu Europa:

Abb. 32: Ausbreitungsgebiet der keltischen Kultur; gelb: Hallstatt-Kultur, hell-
grün: La Tène-Periode, pastellgrün: fraglich keltisch, grün: keltische
Nationen bis in das Mittelalter, dunkelgrün: keltisch-sprechende Gruppen bis
heute. Das hellgrüne Areal in der Türkei repräsentiert das Gebiet der Treverer/
Galater, siehe S. 89. Quelle:[101]

Leute, die anders sind als die anderen, aber doch irgendwie dazugehören, mit
derselben Religion, mit den Druiden als einer Art Priester und Medizinmann, mit
gemeinsamem Rechtsverständnis. Meist in viele Stämme ohne zentrale Macht
gegliedert, bekriegten sie einander häufig. Der einzige bekannte Stammes-
verbund war das Königreich Noricum im Gebiet des heutigen Österreich, Süd-
bayerns, Sloweniens und Westungarns, in dem sich 13 Stämme zusammentaten.
Im 3. Jh. v. Chr. herrschte zwischen Rom und Noricum ein weitgehend freund-
schaftliches Verhältnis. Sogar Caesar soll für seinen Kampf gegen Pompeius vom
Noriker-König Voccio eine Kriegerabordnung als Hilfestellung erhalten haben.

Die Kelten, einerseits Träger einer hochdifferenzierten Kultur, hatten schon in
verschiedenen Regionen und Phasen epochemachende Leistungen erbracht: die
Römer schätzten besonders das norische Eisen; die Bergwerksstadt Hallstatt
hatte Handelsverbindungen über ganz Europa zum Tausch von Salz gegen Güter
aus fernen Landen. Andererseits sind Teile ihres religiösen Glaubens aus heutiger Sicht – und schon aus der Sicht der Griechen und Römer – grausam und
brutal, eben „barbarisch" - die Griechen hatten darunter noch etwas anderes
verstanden, nämlich eher „unverständliches Geplapper", jedenfalls aber „nicht-

72

griechisch". Archäologen vermuten Menschenopfer anlässlich religiöser Riten; im Kampf getöteten Feinden wurde – wie dies auch die japanischen Krieger taten - der Kopf abgetrennt, als Trophäe mitgenommen und öffentlich ausgestellt.

Rom wurde schließlich das Ende dieses Vielvölker-Europa der Kelten: der Noriker Pannoniens, der Gallier in Frankreich und zuletzt der Stämme in England. Sie werden uns bei der Besprechung von Rom's Bedeutung für Europa wieder begegnen.

Sparta hatte soeben Athen besiegt und beherrschte Griechenland als Hege- Was blieb von den Kelten? monialmacht, Sokrates lehrte in Athen, Aristoteles war noch nicht geboren, der erste plebejische Konsulartribun hatte in Rom eben sein Amt angetreten, da brachen die Kelten in Oberitalien ein, verbreiteten Angst und Schrecken; einige Stämme ließen sich dort sogar nieder, andere zogen weiter bis Rom und brannten im Jahr 387 v. Chr. die Stadt nieder mit Ausnahme des Kapitols – seine heiligen Gänse des Tempels der Juno sollen es gerettet haben - die Kelten waren an langen Belagerungen nicht interessiert und konnten mit Geld zum Abzug bewogen werden; sie sollten Rom noch einigen Ärger bereiten, aber auch Caesar zu Ruhm verhelfen. Sie kehrten aber im Osten wieder und beschäftigten Militär und Politik bis zum Ende Roms. Ihre Kultur hat trotz der Vertreibung durch die Römer tiefe Spuren in Europa hinterlassen: viele Namen von Flüssen und Bergen in Mitteleuropa sind keltischen Ursprungs, viele heutige Gebräuche im Bergland und im Alpenvorland gehen auf sie zurück, blieben während und nach der Römerzeit Teil der Kultur der Einheimischen, wurden später von nachrückenden Stämmen während der Völkerwanderung übernommen. Besonders Flussnamen wie Donau, Traisen, Kamp, werden keltische Wurzeln zugeschrieben. Andere Hinweise auf Namen sind nur sehr indirekt für Experten ablesbar.[102, 103]

Eine Hauptstadt außerhalb des Königreichs Noricum im Alpenvorland war wohl Manching bei Ingolstadt, das um 100 v. Chr. ca. 10.000 Einwohner hatte. Darüber hinaus ist uns außer der Erinnerung an ihre Geschichte eigentlich nichts geblieben. Ein gemeinsames kulturelles Fundament mag, wenn überhaupt, verwoben tief unten in manchem kollektiven Unterbewusstsein schlummernd wirken, glost an einigen westlichen Rändern noch immer fort.

Rom – die erste fast Europa-weite Kultur

„Dieser ehrwürdige Staat, das Römische Reich, war in Wirklich-
keit die als Normalität anerkannte Anomalität, die als gesunder
Zustand akzeptierte Pathologie des Staates." [10]

Kultur? - Deshalb wurde wohl der Begriff des „Klassischen Zeitalters" geprägt,
um nicht direkt hervorheben zu müssen, dass es die Hellenen und die Etrusker
waren, die wesentlich zur Kultur des Reiches beigetragen haben, die Römer
selbst jedoch „lediglich" die Zivilisation und den Sinn für Macht. Denn diese
nächste europäische Kultur war ursprünglich noch weniger homogen als die
erste, vor allem war sie nicht „original- römisch": sie war bereits ein Gemisch von
vorbestehenden Kulturen im europäischen Raum, Leihgaben der Villanova-
Kultur der Etrusker Italiens und später der Griechen. Die Herkunft der Etrusker,
lange Zeit mysteriös, wird durch genetische Untersuchungen erhellt: sie
scheinen samt ihren Rindern aus Anatolien eingewandert zu sein, wie die
Kreter,[104] oder von etwas weiter westlich, der kleinasiatischen Küste.[53] Die
Theorie von einer direkten Einwanderung ohne östlichen Umweg durch die
Steppen wird auch gestützt durch die Tatsache, dass ihre Sprache nicht indo-
germanisch war. Die Villanova-Kultur war danach bereits ein buntes Gemisch
aus Einflüssen durch die Seefahrer von rund ums Mittelmeer, teilweise aber auch
der indo-europäischen Italiker.

Die Etrusker, die Herren Italiens im 8. Jh. v. Chr., waren eine Ansammlung von
untereinander zerstrittenen Stadtstaaten wie die Hellenen am griechischen
Festland östlich und wie die Keltenstämme im Norden. So wie auch die Griechen
waren die etruskischen Stadtstaaten nicht in der Lage, sich zu einem Staaten-
gefüge zu vereinen, sich, wie Toynbee es bezeichnet, *„einem gemeinsamen*
Kommando zu unterstellen".[81] Die Römer legten es darauf an und schafften es
schließlich, sich von den Etruskern und deren Königen zu befreien und schließlich ihrerseits einen nach dem anderen von sich abhängig zu machen.[10]
Griechenland wurde, noch deutlicher als Etrurien, zu einem jener Modellfälle der
Geschichte, wo Machtübernahme dazu führte, dass die Kultur der Besiegten jene
der Sieger besiegte. Griechenland spielte zur Römerzeit eine Rolle wie „good old
Europe" heute für die US-Amerikaner: Wiege und Quelle der eigenen kulturellen
Identität.

Aus der Sicht der Geschichtsschreibung erscheint plausibel, dass auch die Römer
als Volk ihren Ursprung in Kleinasien sahen und zur Zeit der Punischen Kriege
sogar ihre „Magna Mater", die große Göttermutter „Mater Idaea" vom Berg Ida
aus Pessinous in der heutigen Türkei nach Italien gebracht hätten. Dabei habe es
sich um einen Meteoriten gehandelt, der dort als Repräsentationsobjekt eines
Göttinnenkults verehrt wurde.[53] Ihrem Ursprungs-*Mythos* zufolge allerdings
wanderten sie nicht aus der Region von Pessinous ein sondern aus Troja, und

begannen mit einer Kain-und-Abel Geschichte, wonach Romulus seinen Bruder Remus tötete und erster König wurde. Nach historischen Daten schließlich begann die Stadt Rom in Wahrheit als etruskische Stadt.[81] Den nächsten Entwicklungsschritt bewirkten – wieder in der Legende - die Frauen der Gegend: denn die nächste Tat der jungen Römer - von erheblichem Aufsehen und Interesse bis heute - war der Raub der Sabinerinnen: als die Sabinier kamen, ihre Frauen zurückzuholen, sollen sich die Frauen zwischen die Kämpfer geworfen, Frieden erzwungen und damit eine Vereinigung der beiden Stadtstaaten bewirkt haben: wäre die Geschichte doch nur öfter in dieser Weise verlaufen! Jedenfalls begann Rom auf diese oder eine ähnliche Weise, zunächst Staat auf einem der sieben Hügel der heutigen Stadt, um einen weiteren Hügel zu wachsen. Der Name „Rom" stammt angeblich von einem etruskischen Adelsgeschlecht der „gens Ruma". Nach einigen ersten römischen Königen herrschte in Rom wieder das etruskische Adelsgeschlecht der Tarquinier. Angesichts all der historischen Hinweise auf eine anfängliche Dominanz der Etrusker nimmt es nicht wunder, wenn Haarmann schrieb: die Römer *„gaben sich alle Mühe, das etruskische Patronat ihrer Kultur zu verschleiern".*[53] Selbsternannte Erben Trojas und damit altehrwürdiges Völkchen mit besonderer Mission, übernahmen sie den Baustil und die überlegene Zivilisation der Etrusker, wuchsen daran und schließlich darüber hinaus. Jupiter, wie Zeus der indo-europäische Gott des Himmels, der sich durch Blitz und Donner kundtat, war ihr höchster Gott, der zusammen mit Juno und Minerva ein Triumvirat bildete. Rom wurde aber weder Teil der etruskischen noch der hellenischen Kultur; es nahm sich jeweils, was für praktische Zwecke brauchbar war, z.B. für Erziehung, Bildung, Architektur – jene auch von den Chinesen praktizierte Weisheit, derer sich auch Mao Tse Tung für seine Kulturrevolution bediente („das „Westliche für China nutzbar machen"). Der Unterschied der kulturellen Niveaus bis zum 3. Jahrhundert v. Chr. wird durch einen Hinweis auf die etwa 13.000 Schriftdokumente der Etrusker im Vergleich zu den 9 Dokumenten in lateinischer Schrift verdeutlicht.[53]

Dank eines Abkommens zwischen Plebejern und Aristokraten blieb das wachsende Rom lange Zeit innenpolitisch stabiler als z.B. Athen. Die Aristokraten der annektierten Stadtstaaten band man durch Förderung von Mischehen an sich, verbot solche Mischehen jedoch den eigenen Plebejern, um die Massierung von Widerstand von vornherein zu verhindern. Ein anderes Erfolgsrezept der Macht, das die Römer früh verstanden hatten und Nachbarn als quasi Leistung in Partnerschaften anboten, war die Gewährleistung größerer Sicherheit durch staatlichen Zusammenschluss, der in Wahrheit Abhängigkeit von Rom bedeutete – Toynbee schreibt dazu: *„man hat sie ausgebeutet aber nicht gedemütigt".*[81]

Rom repräsentierte einerseits eine überlegene Zivilisation und Kultur, wurde andererseits aber zum ersten großen Schmelztiegel unterschiedlichster Einflüsse aus all seinen Provinzen. Was davon ist Teil seines Erbes an Europa geworden?

Rom, das ist zunächst ein nahezu unablässiger Kampf der Kulturen, ein Niederringen und in Schach Halten umgebender Völker: zuerst entledigte sich Rom der von den Phöniziern abstammenden Karthager als früherer Hegemonialmacht des Mittelmeerraumes: es wurde ausradiert und dem Erdboden gleichgemacht. Schließlich war nur noch das letzte Diadochenreich aus der Zeit Alexanders übrig geblieben: Ägypten. Danach folgte die Expansion nach Norden, Westen und Osten: die Perser blieben eine ständige Bedrohung, die Kelten wurden an den nordwestlichen Rand Europas verdrängt mit dem Ziel der Vernichtung ihrer kulturellen Wurzeln. Die Germanenstämme östlich des Rheins und nördlich der Donau blieben während der gesamten Zeit ein Unruheherd und letztlich eine der Todesursachen für das Römische Reich – wenngleich auch als Folge der eigenen Schwäche.

Aber zurück zu den Anfängen: zunächst wuchs der Einflussbereich Roms mehr durch Diplomatie und die Kraft der Überzeugung, dass man unter dem Schutz Roms sicherer war als allein – einem solchen Bespiel waren wir zuvor mit dem keltischen Königreich Noricum begegnet, das schrittweise und auf friedlichem Wege unter römische Kontrolle geriet. Erst mit Karthago begannen die großen Kriege, als deren Ziel es nur noch Besiegen und Unterwerfen gab: nach dem Ende Karthagos zog Caesar los im Auftrag des Senats von Rom: die restlichen Kelten im Nordwesten, dem heutigen Frankreich, mussten erledigt werden: 52 v. Chr. war es so weit, in der Schlacht von Alesia - der genaue Ort ist bis heute nicht wieder gefunden worden, liegt aber irgendwo zwischen Troyes und Dijon. Der Heerhaufen der Kelten, dort Gallier genannt, wird aufgerieben, Vercingetorix, Anführer der Kelten, wird gefangen genommen und wie ein wildes Tier den Römern beim Triumphmarsch vorgeführt. Die gallische Bevölkerung flüchtet an die Ränder Europas, wird unterworfen oder versklavt: jeder römische Soldat bekommt einen gallischen Gefangenen als Sklaven geschenkt. Andere Gefangene werden als Sklaven verkauft,[81] eine weithin übliche Praxis, wie schon bei den Griechen vermerkt.

Jedoch, der „Kampf der Kulturen" geht weiter: auch wenn die Römer Gallien zur Gänze, und Germanien zum Großteil, unterwerfen können, so bleiben sie doch dauernd mit dem Versuch der Unterwerfung der besiegten *Kultur* beschäftigt: nach der Eroberung Galliens wird das heutige Frankreich Teil der gallo-römischen Kultur. Als nächstes Ziel kommen die britischen Inseln dran: Caesar erlebt hier den heftigsten Widerstand und lässt es zunächst bei einem militärischen Brückenkopf bewenden. Später wird Britannien erobert, bis an die heutige Grenze Schottlands unterworfen und, so wie Gallien, für Jahrhunderte romanisiert. Römische Kleidung und Lebensart werden Mode, obwohl die Besatzungsmacht lediglich durch Garnisonen und einige Beamte repräsentiert ist. Aber römische Bauten in der Provinz lassen die Barbaren einen Hauch des großen Lebens in der Weltstadt Rom genießen. Die Hauptstadt Rom hat für seine Provinzen die Attraktivität wie heute New York und San Francisco, insgesamt so wie der Westen für die Entwicklungsländer. Wie heute gibt es dort draußen in den unterworfenen Provinzen aber auch damals den unbeugsamen Überlebenswillen der bodenständigen Kultur: Um in Britannien die aus der Druidenkultur immer wieder aufflammenden Widerstände zu brechen, marschierte der Statthalter Paulinus im Jahr 61 n. Chr. zur Druideninsel Mona (heute Insel Anglesey) vor der Küste von Wales zum dortigen Druidenzentrum und ließ die Druiden ermorden. Das keltische Kulturgut konnte danach nur in Schottland jenseits des Hadrianswalls und in Irland, teilweise auch in der Bretagne, überleben. In England scheitert der Aufstand der Boudicca, Frau des Keltenkönigs Prasutagus. Im Jahr 409/10 endet die Römerherrschaft und beginnt auch auf der Insel die dunkle Zeit des Mittelalters, alte und neue Kultur verflachen und verblassen.

Die Grenzregionen des Römischen Reiches kommen zu keiner Zeit vollständig zur Ruhe: die Armee ist ständig unterwegs: am 09. 09. des Jahres 09 n. Chr. kommt es im Teutoburger Wald zu einer Katastrophe: dabei hatte man versucht, die Kulturen durch Assimilation – heute würde man es Integration nennen – von Barbaren, Erziehung in Rom von Jugend oder Kindesbeinen an – zu unterwandern. Einer von diesen romanisierten Zöglingen war Arminius: Germane, in Rom zum Soldaten ausgebildet, Römer durch und durch, von „Hermann" zu „Arminius" geworden. Daher spricht man bei der Schlacht im Teutoburger Wald auch von „Herrmannsschlacht". Der oberste Feldherr des Kaisers, Varus, vertraute ihm vollkommen. Arminius aber wurde insgeheim wieder Germane und half den Seinen, der römischen Armee eine Falle zu stellen, in der sie vollständig abgeschlachtet werden konnte. Nach der Annahme mancher Archäologen bestand die List des Arminius vor allem in der Auswahl des Schlachtfeldes zu einem besonderen Zeitpunkt: in der Waldregion soll sich ein germanisches Heiligtum befunden haben, in dem gerade in jener Zeit ein Fest stattfand, zu dem alle Stämme – ausnahmsweise in friedlicher Einigkeit – zusammenkamen. Das Eindringen von Fremdlingen just zu dieser Zeit, und noch dazu von Soldaten, soll die vielfach zerstrittenen Stämme wie von selbst vereint haben zum gemeinsamen Kampf – am anderen Ende des Reiches, im südöstlichen Judäa, hilft ein Junge namens Jesus gerade seinem Vater bei der Arbeit in der Tischlerwerkstätte zu in Nazareth.

Das alles geschah bereits sehr früh im Reich, nämlich zur Zeit der Regierung von Caesar's Adoptivsohn Octavian, den der Senat von Rom zum „Erhabenen" ernannt hatte: daher trägt er in der Geschichte den Namen „Kaiser Augustus". Trotz mehrerer erneuter Versuche zur Zeit seines Nachfolgers Kaiser Tiberius, unter dem Feldherrn Germanicus, blieb seither Germanien östlich des Rheins und nördlich der Donau von den Römern unabhängig, auch wenn vorübergehend der Limes zwischen Koblenz und Regensburg ein Stück weit ostwärts verschoben werden konnte (sogenanntes Dekumatsland, eine Art Besatzungszone mit germanischer und gallischer Besiedelung).

Durch den hartnäckigen und letztlich erfolgreichen Widerstand der Germanenstämme östlich des Rheins und nördlich der Donau blieb dieser Teil Europas seit ihrer Einwanderung einige tausend Jahre davor – nun ja, wie sollen wir diese Kultur nennen? Germanisch, indo-germanisch? Sächsisch sicher bis heute, denn dieses Volk konnte auch später Karl der Große bei keinem seiner saisonalen Kriegszüge nach Osten überzeugend unterwerfen.

Der Einfluss der römischen Zivilisation wurde durch die gegen Ende des Reiches einsetzende Völkerwanderung, das Nachschieben zahlreicher Stämme aus den östlichen Steppen, auf weite Bereiche Mitteleuropas großteils verwischt, obwohl in den Städten die Kirche bereits etabliert war und über die Völkerwanderung hinaus blieb. Erst an die 300 Jahre später sollten durch die Taten und Ideen Karls des Großen mit römischem Recht und der römisch-katholischen Kirche wieder Inhalte des alten klassischen Europa zurückkommen.

Die keltische Kultur in Süddeutschland und Österreich änderte sich unter dem Einfluss der römischen Besatzung, beginnend mit der Eroberung durch Kaiser Augustus, vorübergehend zur norisch-pannonischen Kultur, bis auch diese Mischkultur nach über 300 Jahren der Pax Romana unter dem Einfluss der Germanen von Norden her, und schließlich der Hunnen von Osten, weitgehend aufgerieben wurde und in den Wirren der Völkerwanderung in einem neuen Urwald verscholl.

Pax Romana – Bellum Romanum

Die Römer schaffen eine Wüste und nennen es Frieden – sagt Tacitus

Wenn der römische Senat eine Art Oligarchen-Club war, der sich das Image von Demokratie verlieh, dann war Rom den Großteil seiner Zeit ab Caesar eine monarchistische Militärdiktatur. Wo und wann also hat es diesen „Römischen Frieden" tatsächlich gegeben? - Der allseits bekannte Wahlspruch aller Non-Pazifisten, „si vis pacem, para bellum" (wenn du Frieden gewährleisten willst, bereite dich zum Krieg) hat bei dessen Erfindern fast nie Anwendung finden dürfen.[A50] Denn die Armee kam selten zur Ruhe – wir hatten schon zuvor angedeutet, dass dieser Druck der Völker aus dem Osten stets präsent war. Der kontinuierliche Gegendruck, der meist erfolgreiche Krieg an den Grenzen und jenseits davon war also die Erklärung für den Frieden innen. Jedoch im Jahr 100 v. Chr., als Marius die Kimbern und Teutonen in Südfrankreich und Oberitalien endgültig geschlagen hatte, war es dafür noch zu früh, denn danach begann ein Jahrhundert der Bürgerkriege. Rom war eben eine brutale Oligarchie, in der die Armen immer ärmer wurden, in der Sklaven oft menschenunwürdig gehalten wurden.[81] Im Jahr 73 v. Chr. beginnt der zweite Sklavenaufstand unter Spartakus – ein erinnerungswürdiges Ereignis und eine ernste Warnung an Alle, die sich wachsende fremde Minoritäten im Land halten wie Sklavenhalter, auch solche, die sie als - eben Fremdlinge - zu ignorieren suchen.

Nach den Gallischen Kriegen, der Ermordung Caesars und der Auseinandersetzung zwischen Octavian und Marcus Antonius wird er im Jahre 29 vor Christi Geburt offiziell ausgerufen: der Römische Frieden – Pax Romana, unter Octavian als „Augustus".[A51] Um dieser Sehnsucht Aller im Reich nach Frieden Ausdruck zu verleihen, stiftete der Senat ein Wahrzeichen des Friedens, die „Ara pacis augustae" in Rom (Abb. 33) – sie wurde im Januar des Jahres 9 v. Chr. aus Anlass

der Rückkehr Augustus' von den siegreichen Schlachten in Spanien feierlich eingeweiht.

Abb. 33: Ara pacis augustae, Rom. Die Bemalung der Reliefs auf diesem Bild, das den ursprünglichen Zustand nachempfinden soll, entspricht dem für Griechenland typischen Stil. Quelle:[105]

Um des Friedens willen verzichtete Kaiser Augustus auch auf einen Krieg gegen die Parther (die Perser) im Osten. Aber schon 7 Jahre danach und zwei Jahre nach dem Tod Augustus' fielen Germanen in Oberitalien ein und lösten damit militärische Aktivität sogar im Inneren des Reichsgebietes aus. Als Antwort folgte die Unterwerfung der Alpenländer und Westdeutschlands bis zum Rhein.

Während die Stiefsöhne des Augustus [A52] in Deutschland gegen die Germanen kämpfen, wird in Bethlehem das Kind geboren, das die Welt und ihre Zeitrechnung ändern sollte. Aber die Zeit dafür ist noch lange nicht gekommen: die Pax Romana muss zu einem hohen Preis mit konstanter militärischer Präsenz und Besetzung der Randgebiete und Kriegsführung gegen potenzielle und tatsächliche Eindringlinge erkauft werden. Der „Römische Friede" ist also kein Friede im Sinn unseres heutigen Verständnisses, mit nutzlos verrottendem Militärgerät zu Hause und gelegentlichen Manövern: er bedeutet konstante Besetzung der Provinzen mit Militär, häufig Krieg oder Besetzung von Grenzgebieten.

Die Germanen östlich des Rheins wurden und blieben ein weiteres Beispiel für die erfolgreiche Widersetzung gegen eine Unterwerfung und Aufzwingen einer fremden Kultur: nach der Schlacht im Teutoburger Wald im Jahr 9 n. Chr. beorderte Augustus das Heer zurück an das Westufer des Rheins und riet am Sterbebett seinem Nachfolger Tiberius, das Reich nicht weiter zu vergrößern.

Während Paulus ab dem Jahr des Herrn 45 – an die sieben Jahre nach der Himmelfahrt Christi - seine Friedensbotschaft zu den Weltstädten des Reiches an der Küste Kleinasiens trug, nach Ephesos und Milet, zu den Galatern, dann weiter nach Thessalonike und Philippi, nach Athen und Korinth, nach Zypern und schließlich im Jahr 60 nach Rom, während also Paulus im Namen des Friedens im Reich missionierte, führten die Kaiser Krieg. Es war in jenen Jahren, da sich die Ahnung von einer höchsten Macht im Kosmos neu konkretisierte und an Christus kristallisierte. Dafür war Griechenland der fruchtbarste Boden, hatten sich doch seine Dichter und Philosophen der klassischen Zeit längst von der Vorstellung einer Vielzahl persönlicher Gottheiten abgewandt gehabt, auch von einem persönlichen Zeus. Wie Peter Bamm anmerkt, lässt schon Aischylos in seinem „Agamemnon" Zweifel an der Existenz der Götter mit den Worten in die

Amphitheater tragen: *„Zeus, wer immer er auch sein möge"*. Und Euripides war der Ansicht: *„Wenn Götter Sünde tun, so sind die Götter nicht."*[A53]

Im Christentum entsteht eine neue Gemeinschaftlichkeit, nicht ein Vertrag zwischen Gott und den Menschen wie im Alten Testament, sondern eine Familie, in der wir Menschen als Kinder des Gottes dazugehören, eine neue Wertegemeinschaft. Während Paulus in Auseinandersetzung mit den Griechen die Grundgedanken für eine römisch-katholische Kirche formte und in seinen Briefen darlegte, sicherten die Kaiser die Grenzen dieser römischen – und bald christlichen – Welt. Ihnen war die weltliche Aufgabe zugefallen, die „des Kaisers".

Kaiser als Soldaten

Außer Caligula und Nero waren die Kaiser in der Regel ein Leben lang Soldaten im Dienste der Reichsvergrößerung oder -sicherung: Tiberius, bis er mit 55 Kaiser wurde, Claudius, der sich selbst nach Britannien und Nordafrika begab, Vespasian, der Feldherr in Nahost, der zuerst die Juden zu brechen versuchte, unter dessen Herrschaft in Deutschland und Britannien weiter gefochten wurde, Titus, der im Jahre 70 Jerusalem zerstörte, sein Bruder Domitian, der selbst in die Kriege in Rumänien und Deutschland eingriff, der Soldatenkaiser Trajan, der zur Zeit seiner Ernennung in Köln weilte, dort weitere zwei Jahre für Ordnung sorgte, dann den Rest seines Lebens in Kriegen gegen Dakien, Armenien, Syrien, Arabien und Mesopotamien verbrachte, bis er am Weg nach Rom in Kilikien starb. Rom hatte nun, im Jahr 117 n. Chr., seine größte Ausdehnung erreicht, ein Territorium von über 8 Millionen Quadratkilometern und etwa 62 Millionen Einwohnern, davon etwa 20 Millionen auf europäischem Boden.[106, 107] Die Zahl der Einwohner der Stadt Rom selbst reichte an 1 Million.

Die vier Großmächte der Welt

Zur Zeit von Kaiser Augustus hatte das Reich an Umfang und Einwohnerzahl mit dem China der Han-Dynastie gleichgezogen, nun hatte es diese andere Großmacht für kurze Zeit überflügelt. Die beiden anderen Großmächte zur Zeit Roms waren Persien und Kushan. Über diese beiden Länder in der Mitte bestanden Handelsverbindungen zwischen Rom und China über vier Handelsrouten, nicht nur über die Seidenstraße.[81]

Hadrian der Kaiser des Friedens – und die großen Mauern

Auf Trajan folgte sein Neffe Hadrian, der Liebhaber der alten Kultur Griechenlands. Er war davor Konsul und Statthalter von Dakien und Syrien. Als Kaiser verzichtet auch er, wie zuvor Augustus, um des Friedens und der Ruhe willen, auf das Land der Parther, das schon einen unbotmäßigen Zoll an Blut und Finanzen gekostet hat. Hadrian ist der erste Kaiser, der sein ganzes Reich in friedlicher Mission bereist, sich persönlich vom Brauchtum in seinen Provinzen einen Eindruck verschafft und Genuss an seiner Menschlichkeit findet, wie er es selbst ausdrückt. Mehr noch als Augustus ist Hadrian der Römische Kaiser des inneren Friedens, der an allen möglichen Grenzen Steinmauern mit Wachtürmen und Kastellen errichten lässt: an der Grenze zu Schottland, in Deutschland entlang der Rhein-Donau Grenze, in Syrien über weitere 1500 Kilometer (limes arabicus) zwischen der heutigen türkisch-syrischen Grenze und dem Golf von Akkaba (Abb. 34, Abb. 35). Damit folgt er – wohl ohne davon zu wissen - der

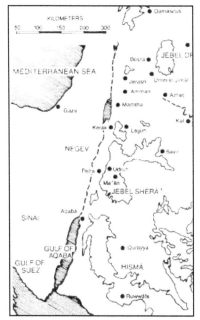

Strategie des ersten Chinesischen Kaisers Qin Shihuangdi, der 300 Jahre zuvor mit dem Bau der ersten großen Mauer gegen die Steppenvölker im Norden begonnen hatte (allererste Mauerbauten waren schon davor um 700 v. Chr. erfolgt). Wer heute von Mauerbau spricht,[1] erinnert allenfalls an die Mauer zwischen Ost - und Westdeutschland bzw. zwischen den Großmächten des Kalten Krieges und bekommt Rückwärtsgewandtheit und Menschenverachtung vorgehalten - keine Kultur der Geschichte hat bisher überlebt, am wenigsten jedoch jene, die sich gegen die umliegenden Kulturen nicht zu behaupten suchten. Ob wir jetzt unterwegs sind zu einer gemeinsamen globalen Kultur, zu einem globalen Kulturabbau oder zu

Abb. 34: Der limes arabicus zwischen Damaskus und dem Golf von Akkaba zur Zeit von Kaiser Hadrian.[108]

einer neuen, globalen, tatsächlichen Hegemonialmacht, wird einst die Geschichte weisen, vor allem, auf welchem Weg sich der Wandel vollzogen haben wird.

Hadrian jedenfalls brachte die römische Armee auf den schlagkräftigsten Stand ihrer Geschichte, allerdings, um sie von einer Aggressions- zu einer Defensivarmee zu machen, zum Schutz der Grenzen. Hadrian war auch eine Art Tourist und Kultur-Missionar im eigenen Reich – dafür war er 13 Jahre lang unterwegs: Voll schrulliger Neugier und Bewunderung, wie man dies den englischen Touristen des 19. Jh. nachsagt, besuchte er die Sehenswürdigkeiten seiner Provinzen. Gleichzeitig aber versuchte er – welch ein Widerspruch - von der Überlegenheit der Römischen Welt zu überzeugen und hinterließ überall Prachtbauten als Fingerzeig, von Nordengland bis Memphis und Theben am Nil. An einer Stelle scheint es ihm gelungen zu sein, die „Eingeborenen" einer Provinz von den Vorzügen der Römischen Lebenskultur zu überzeugen: das war das nordwestliche Afrika. Ob dies deshalb gelungen ist, weil zuvor, ähnlich wie in Jerusalem, die phönizische Kultur der Karthager radikal militärisch ausgerottet worden war und dort seither eine Kampfzone der Kulturen existierte, bleibt vorerst eine offene Frage. Bei Palästina jedenfalls ist ihm dieses Bemühen gründlich misslungen: als er in der Mitte der von Kaiser Titus zerstörten Stadt Jerusalem, auf dem Tempelberg der Juden, an die Stelle des einstigen Jehova-

Hadrian der Kulturtourist im eigenen Land

Abb. 35: Grenzen des Römischen Reiches in der Mitte des zweiten
Jahrhunderts n. Chr. Quelle:[109]

Tempels, einen Jupitertempel zu errichten begann, löste er einen neuen Aufstand
aus (Bar-Kochba-Aufstand 135-136 n. Chr.) und musste deshalb wider Willen
dennoch Krieg führen: es folgte die endgültige Vernichtung Palästinas und die
Diaspora der Juden.

Manche sehen in Hadrian den gebildetsten Römischen Kaiser, bemüht um eine
kulturelle Vereinheitlichung auf der Basis der griechischen Kultur – der erste
Europäer vielleicht? Aber auch der erste Neuzeit-Amerikaner: denn er ließ in der
Umgebung seiner Villa Nachbauten von Gebäuden errichten, die ihn auf seinen
Reisen durch die Provinzen am meisten beeindruckt hatten, ähnlich einer
Londoner Themse-Brücke, die ein Amerikaner gekauft und in der Wüste von
Nevada wieder aufgebaut haben soll.

Dass Hadrian's Nachfolger Antoninus diese Friedensregentschaft für weitere 23
Jahre weiterführte, sollte sich schon für den Übernächsten, Marc Aurel, bitter
rächen: praktisch gleichzeitig brachen militärische Auseinandersetzungen an
mehreren Fronten aus, im Osten, im Norden und im Nord-Westen; Marc Aurel
führte die Truppen jahrelang persönlich im heutigen Österreich und Bayern

gegen die Germanen. Jedoch: mit der Zuteilung von Land innerhalb des Reichsgebietes südlich der Donau an Germanen im Gegenzug für zu leistende Kriegs-
dienste begann diese Region germanisch zu werden, nicht römisch. Die Nebel um
die Frage nach den Gründen für den Niedergang des Reiches beginnen sich
allmählich zu lichten.

Mit der nun folgenden Zeit der Soldatenkaiser ab 193 n. Chr. festigt sich nicht nur
erneut das Bild Roms als Kampfmaschine nach außen, sondern kündigt sich der
Untergang an, die kulturelle Zersetzung. Eigentlich genügt schon allein ein Blick
auf die Landkarte, wo die vorangegangenen Kaiser geboren, wo sie ausgerufen
wurden und wo sie starben: der erste Soldatenkaiser, Septimius Severus,
geboren in Afrika, zum Kaiser ausgerufen in Carnuntum, wenige Kilometer von
Vindobona (Wien), wo Marc Aurel 13 Jahre davor gestorben war. Mit wenigen
Ausnahmen regierten römische Kaiser seit 250 Jahren vom Schlachtross aus.
Septimius Severus war fast 50, als er Kaiser wurde; er verbrachte seine Regentschaft vorwiegend mit Kriegen gegen die Perser (Reich der Parther, heute Iran,
Irak, Syrien, dazu Armenien) und mit Bekämpfung der Schotten, bis er im Jahr
211 im nordenglischen York starb. Caracalla verbrachte seine 6, Alexander
Severus die 13 Regierungsjahre in Kriegen zwischen Süddeutschland und Syrien,
bis sie jeweils von den eigenen Leuten ermordet wurden. Kaum waren die
Truppen für den Krieg in einer Ecke des Reiches zusammengezogen, kam es an
einer anderen, in der Regel im Norden, zu Unruhen und Überfällen. Kaiser
Aurelian hatte zwar das Reich der Zenobia in Syrien besiegt. Aber als sein
eigentliches Vermächtnis hinterließ er Rom eine fast 20 Kilometer lange Mauer
um die Ewige Stadt – Vorausahnung eines Endes und eines Anfangs. Sein Nachfolger Probus hatte soeben im Norden Ruhe geschaffen, als er, Probus, von seinen
Soldaten in seiner serbischen Heimatstadt Sirmium ermordet wurde, weil er
während einer kurzen Friedenszeit das Heer „Zivildienst" leisten ließ: sie
mussten in den bis heute bekannten Gebieten Europas (Frankreich, Rheinland,
Mosel, Donauland, Ungarn, Spanien) Weingärten anlegen.

Mit seinem Nachfolger, Diokletian, begann 284 n. Chr. als pragmatische Lösung
der Administrations- und Kriegsaufgaben, was hundert Jahre später als endgültige Teilung des Reiches enden sollte: er ernannte seinen Jugendfreund
Maximianus zum Mitregenten für den Westen des Reiches und führte eine
Tetrarchen-Regierung ein. Er teilte das Reich in 4 Verwaltungsregionen, die er
„Diözesen" nannte. Die Hauptstadt der Diözese für Gallien, Spanien und
Britannien war Trier. Rom musste seinen Rang als Reichshauptstadt an Mailand
abtreten. Diokletian selbst nahm die Diözese Ost mit Nikomedia als Hauptstadt
– nahe dem asiatischen Teil von Byzantion, dem heutigen Istanbul: zweiter
Hinweis auf die bevorstehende Teilung und Orientierung nach Osten, denn am
11. Mai 330 wurde Byzantion, umbenannt in Konstantinopel, offiziell als neue
Hauptstadt des Römischen Reiches eingeweiht. Im Jahr 340 wird nach dem Tod
Kaiser Konstantins das Reich erstmals in Ost und West geteilt.

Es stimmt schon, dass das neuzeitliche Europa eine „Pax Romana", eine
Zeitspanne von 400 Jahren des inneren Friedens, bis zum heutigen Tage nicht

(Randnotiz: Noch mehr Soldaten-kaiser)

zuwege gebracht hat. Ich möchte aber nicht ausrechnen, um welchen Preis an Menschenleben an den Grenzen proportional zum Bürgervolk dieser innere Friede im Römischen Reich erfochten wurde. Man mag zu dieser Art von Politik stehen wie man will: sie hat erstmals den indo-europäischen Okzident mit Ausnahme des Ostens Deutschlands und Skandinaviens zu einer kulturellen Einheit geschmiedet – zugegeben mit Einschränkungen, und auch mit begrenzter Relevanz bezogen auf die Bevölkerung des heutigen Europa: die Spaltung in den romanisch- und den germanisch-sprachigen Raum und der unterschiedliche Durchmischungsgrad mit neuen Volksgruppen weisen darauf hin.

Das zerfallende Römische Reich

Im Jahr 325 fand das erste Konzil der Christengeschichte in Nicäa statt, einem Ort 50 Kilometer Luftlinie von Nikomedia, der zukünftigen Hauptstadt von Diokletian's Diözese Ost, einberufen von Kaiser Konstantin. Grund war ein Streit, der die Christenheit schon damals zu spalten drohte: es galt, die Frage zu klären, ob Jesus selbst Gott sei.[A54] – Darauf, was eine derartige Frage im Zusammenhang mit dem Römischen Reich bedeutet, werde ich im Kapitel „Das Christentum in Europa" ab S. 186 zurückkommen.

Als Kaiser Konstantin – nunmehr „der Große" - 25 Jahre nach Beginn seiner Alleinherrschaft starb, übernahm sein Sohn Constantius nach kurzem Triumvirat aller drei Söhne die Alleinherrschaft. Seine Zeit war wieder ausgefüllt mit Krieg an allen Fronten: Gallier, Germanen und Perser waren gleichzeitig zu bekämpfen. Julianus wurde mit den Kämpfen in Gallien beauftragt; als er nach erfolgreichem Krieg zurückkehrte, wurde er wegen Constantius' Tod neuer Kaiser. Hatte Constantius noch die Arianer bevorzugt und zugelassen, dass der gesamte Osten arianisch wurde, so verbot Julian wieder das Christentum insgesamt. Das Reich begann nun endgültig, sich seinem Ende zuzuneigen. Nicht nur, dass die Kultur ihre Bodenhaftung verlor; es war auch der zunehmende Druck von außen. Kaiser Theodosius ruderte wieder zurück, das Christentum wurde

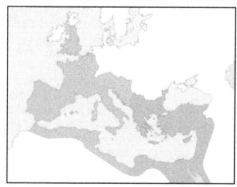

erneut Staatsreligion, die West goten, eine Vorhut der Völkerwanderung, integrierte er in das Römische Ost-Reich. Bei Aquileia kämpfte er noch einmal um die Einheit des Reiches, indem er ein west-römisches Heer besiegte, doch im Jahr darauf, 395, starb er. Damit war das Römische Reich endgültig geteilt und zu Ende (Abb. 36).

Abb. 36: Teilung des Römischen Reiches im Jahr 395 n. Chr. in Ost-Rom (Byzanz) mit Konstantinopel als Hauptstadt und das Weströmische Reich, zunächst weiterhin mit Rom. Quelle:[110]

Der Westen ging in einem langen Sterben in der Völkerwanderung unter. Nur der Osten konnte sich als neues Reich behaupten: Byzanz, das Europa tausend Jahre lang als Bollwerk gegen die immer wieder anstürmenden Völker aus dem Osten und Süden schützen und damit die Entstehung und Konsolidierung eines christlichen Europa ermöglichen sollte; Byzanz, das zum Verwalter und Bewahrer des hellenischen Erbes wurde, begann auch hegemonialen Anspruch auf das Erbe der Kirchenväter zu erheben, so sehr und so lange, bis es zum Bruch mit Rom und damit zum Religions-Schisma kam: die orthodoxe und die römische Kirche gingen fortan getrennte Wege.

Mit dem Fall von Konstantinopel 1453 begann für den Osten Europas, was im Westen – in Spanien und Südfrankreich schon um 700 begonnen hatte und dort bereits wieder abgeschlossen war: die Auseinandersetzung mit den islamischen Ländern und Machthabern auf dem eigenen Territorium.

Schon wesentlich früher aber, lange vor dem Einbruch der Araber in Persien und der Levante, nämlich ab etwa 210 n.Chr., hatte sich im Norden Europas das Gewitter der Völkerwanderung zusammengebraut, als sich die Alemannen, Sachsen und Franken, aus dem Osten angekommen, zusammenschlossen und ihre Bewegung südwärts begannen. Gleich darauf, um 220, rannten die Vandalen und Langobarden gegen die Grenzen des Reiches an. Ab 233 drangen im Norden die Alemannen und im Osten die Goten in das Reichsgebiet vor. Die Goten bildeten eine Ausnahme unter den wandernden Völkern, denn sie waren nicht aus dem Osten gekommen, sondern aus dem Norden Europas, aus Skandinavien, und hatten die Nordküste des Schwarzen Meeres besetzt, bis sie von den Hunnen westwärts getrieben wurden. Schon seit 250 waren von den Römern schrittweise Provinzen im Osten aufgegeben worden. Die Alemannen waren 261 in Oberitalien bis in die Gegend des heutigen Mailand vorgedrungen, zehn Jahre darauf gelangte ihr Stamm der Juthungen bis über Pavia hinunter nach Fano, zwischen Rimini und Ancona, also auf halbem Weg nach Rom, bis sie von Kaiser Aurelian aufgehalten und besiegt wurden. Schon 270 war Dakien, das heutige Rumänien, endgültig verloren gegangen.

Im Römischen Reich selbst war es obendrein im Jahr 238 durch den Kampf zwischen Soldatenkaiser und Gegenkaisern zum Bürgerkrieg gekommen; schon lange also war kein innerer Friede mehr. Schon damals hatte auch eine Belagerung Aquileias stattgefunden - die Gegend von Aquileia war dann 394 nochmal Kriegsgebiet, als Kaiser Theodosius - wie zuvor erwähnt- das Reich durch Schlacht und Sieg gegen Westrom ein letztes Mal für ein weiteres Jahr vereinte.

Das Römische Reich war ein Weltreich seiner Zeit, so groß wie marschierende Soldaten es auf Dauer halten konnten, die Grenzen von Rom aus so weit weg wie ein Caesar, auf der Erde stehend, politisch planend denken konnte. Wieviele zigtausend Meilen mag ein römischer Soldat in seinem Berufsleben marschiert sein,[A55] wie wenige Tage mancher ihrer Kaiser in der Hauptstadt geweilt haben? Je später im Reich, desto seltener sah sein Kaiser Rom, besonders zur Endzeit, als die Soldaten ihre Kaiser, selbst in der Provinz geboren und als Soldaten aufgewachsen, irgendwo in den Provinzen abseits eines Kampfgetümmels ausriefen, Kaiser, die ganz zuletzt sogar Migranten waren, emporgekommene Söldner aus Stämmen der Germanenvölker, die Rom kaum noch kannten.

Multikulturalität im Römischen Reich: von der käuflichen Toleranz

Über Jahrhunderte waren die Römer im Vergleich zu anderen Mächten äußerst tolerant, unter einer Bedingung: man hatte sich ihrer Macht zu unterwerfen und ihre vorwiegend finanziellen, oder anderen besonders ausgehandelten Bedingungen, einzuhalten. Wer sich unterwarf, durfte seine Kultur und Religion behalten, andernfalls begann ein Prozess radikaler Vernichtung. All dies betraf die eroberten oder zumindest unterworfenen Provinzen weitab von Rom. Langsame, über Generationen sich entwickelnde „Romanisierung" von Kulturen in diesen Provinzen, war nicht Folge von Zwang, sondern von einer Anziehungskraft, wie man sie in der Neuzeit an der „Verwestlichung" wieder beobachten kann. Freilich bemühte man sich, in den Provinzen von der Überlegenheit Roms zu überzeugen, vor allem durch eindrucksvolle Bauten – Kaiser Hadrian war, wie erwähnt, der Protagonist dieser Methode: nicht nur Grenzwälle und Forts, sondern auch Tempel der mächtigen Götter Roms, Theater zur Unterhaltung, Wasserleitungen und luxuriöse Wohnungen.

Das Studium der kulturellen Entwicklung im Römischen Reich gibt aber auch Gelegenheit, das Prozesshafte von Kultur an sich mitzuverfolgen: allmählich, über viele Generationen, und durch den Kontakt zwischen den Menschen der

verschiedenen Kulturen innerhalb des Reichsgebietes, werden Moden und Gebräuche ausgetauscht und voneinander übernommen, weder kurzfristig, noch unter Zwang. Ein Beispiel für Fusion kultureller Gewohnheiten ist die Bestattung in Ägypten: man mumifizierte auch zur Römerzeit weiter, übernahm jedoch die Sitte der Römer, ein Bild des Toten anstelle der ägyptischen Maske auf der Mumie oder an der Grabstätte anzubringen.[12] Die Ägypter taten dies anfangs noch auf der Oberfläche des Sarkophages oder auf der Maske; mit der Zeit fusionierten die Bestattungsbräuche, indem man nicht mehr mumifizierte, sondern balsamierte, bandagierte und den Sarkophag durch Platten auf Gesicht und Oberkörper ersetzte.[12] Manche davon werden heute in Museen ausgestellt (Abb. 37).

Abb. 37: Mumienmaske, Louvre, Paris. Quelle:[111]

86

Außer Unterwerfung gestattete man – an einigen Stellen des Reiches – Eigenverwaltung, also autonome Gebiete, die als abhängige Exklaven Steuern entrichteten und Aufgaben übernahmen, dafür jedoch Vorteile genossen, beispielsweise Schutz durch die Großmacht Rom. In erster Linie aber galten Erbeuten, Erobern, Herrschaft und Überlegenheit spüren lassen, als Kampf der Kulturen, in welchem für lange Jahre Alle unterlagen; niemand konnte sie besiegen, allenfalls konnten sie lästig werden, so lästig, dass man Kompromisse für opportun hielt – wir werden es gleich am Beispiel der Galater sehen (S. 89). Zuwiderhandeln gegen Vereinbarungen verfolgten die Machthaber hingegen mit brutaler Härte.

Damit ist jedoch – und diesen Aspekt sollte man bei jeglicher Diskussion sogenannter religiös motivierter Gewalt bedenken – keineswegs gesagt, dass religiöser Fundamentalismus oder Eifer die motivierende Kraft war: wie wir an anderer Stelle etwas genauer beleuchten werden, ist es meist einfach nur Macht, die sich der Religion - sei es der eigenen oder jener der Gegner- als Signal bedient, um Massen zu mobilisieren, oder Neid und Missgunst der Massen selbst, die dann in wilder Selbstjustiz Pogrome verüben.

Ein solches Beispiel gegen Toleranz und Multikulturalität in Rom sind die allgemein bekannten Christenverfolgungen. Bekämpft wurde am Christentum jedoch nicht die Religion, sondern der missionarische Anspruch auf Universalität, weil er die Reichsidee bedrohte – letztlich obsiegte ja das Römische Christentum mit seinem Reich Gottes dann doch über das Römische Reich. Nach der Episode unter Kaiser Nero in den 60er Jahren verbat erst Kaiser Septimius Severus etwa 130 Jahre später das Christentum nochmals explizit und verursachte dadurch neue Pogrome [A56] in mehreren Provinzen. Nochmal 50 bis 60 Jahre später waren es die Kaiser Decius und Valerian, und schließlich im ersten Jahrzehnt des 4. Jh. bis 311 Diokletian und besonders Galerius – obwohl ausgerechnet der Letztere als besonders wütender Christenverfolger auf seinem Totenbett jenes Edikt zur Gleichstellung des Christentums erließ, das Konstantin dann im Jahr 313 nur noch zu bestätigen brauchte.[81]

Christenverfolgung

Juden in Rom hätten grundsätzlich den Status einer „rechtlich" anerkannten Religion genossen, wären sie nicht durch missverstandene Zusammenhänge in Sippenhaftung geraten: Jedenfalls berichtet der römische Schriftsteller Sueton aus der Zeit der Regierung von Kaiser Claudius, dem Vorgänger und Adoptivvater von Nero: *„Zu jener Zeit erregten die Juden auf Anstiften eines gewissen Chrestus in Rom Streitereien und Verdruß und mußten deshalb ausgewiesen werden".*[2] Jedoch bekamen sie im Umfeld der Aufstände in Judäa unter Titus im Jahr 70, und 115 unter Hadrian, Probleme, die mit der Diaspora kulminierten. Auch in Ägypten ging ihre Zeit zu Ende: dort hatte davor eine große und von den Römern durchaus geschätzte jüdische Gemeinde gelebt und besonders zum kulturellen Leben beigetragen. Von der lokalen, ptolemäischen, Aristokratie wurden sie allerdings nur unwillig toleriert. In der Zeit der jüdischen Aufstände brach diese Feindseligkeit offen hervor und hatte zur Folge, dass die jüdische Bevölkerung Ägyptens fast vollständig verschwand. Dazu trugen die Christen

Juden und Judenchristen in Rom

Christliche Toleranz im Römischen Reich

ihren Teil bei: man versteht nur schwer, mit welchem Hass schon damals Juden von Christen geächtet und verfolgt wurden.[12]

Auch das späte Römische Reich selbst übte radikale Intoleranz erst, als es zum christlichen Gottesstaat geworden war, nachdem Kaiser Konstantins Mailänder Toleranzedikt nicht mehr galt: vor der Religion als Mittel der Macht fällt eben die Toleranz selbst gegenüber wohl separierten Andersgläubigen, wie sich im oströmischen Reich der Spätantike ab 390 n. Chr. zeigen sollte, bedingt durch das zunehmend radikale Christentum. Bemerkenswert ist dazu die Vorgeschichte in Alexandria: Die Metropole wurde Anziehungspunkt für die Landbevölkerung, die bessere Lebensbedingungen in der Stadt erhoffte. Sowohl das Kaiserhaus wie auch die ptolemäische Aristokratie fühlten sich davon belästigt. In wiederholten Edikten forderte man daher diese einheimische Bevölkerung auf, die Stadt zu verlassen und in ihre Heimatdörfer zurückzukehren – die resultierende Volkswut sollte sich für Aufstände noch als nützlich erweisen. Die zunehmend dominierenden Christen in Ägypten gingen mittlerweile mit den „Nichtchristen" nicht freundlicher um, als zuvor die Römer die Christen behandelt hatten; teilweise ging es sogar noch radikaler her in einer Mischung aus aufkommender Lust des Klerus auf irdische Macht einerseits und aus aufgestacheltem völkischen Aberglauben andererseits. Gerade das weltoffene, für kurze Zeit fast schon multikulturelle Alexandria wurde Bühne für ein tragisches Vorspiel auf das kommende Hauptwerk christlicher dumpfer Intoleranz, Demonstration der Sinnumkehr christlicher Kernbotschaft: Als immer noch herausragendes Zentrum der Wissenschaft seit hellenischer Zeit war das „Museion" mit seiner Bibliothek wiederholt Angriffspunkt für Gegner dieser verhassten unchristlichen Zauberei und verbotenen Literatur. Im Jahr 391 ließ Kaiser Theodosius verlauten, dass sämtliche nicht-christlichen Heiligtümer im Römischen Reich zu schließen und die Ausübung aller Religionen außer dem Christentum von nun an verboten sei [A57] – man stelle sich dieses Unvorstellbare konkret vor: alle diese von uns nun als touristische Sehenswürdigkeiten mit Ehrfurcht bewunderten antiken Tempel des Alten Rom und Griechenlands sollten noch vor dem Ende des Römischen Reiches auf Befehl seines eigenen Kaisers geschlossen werden.[A58] Damit war der willkommene Anlass für eine Attacke gegeben, denn man konnte unter diesem Befehl auch Museen als Musentempel verstehen und die Schließung der Akademie und Bibliothek von Alexandria fordern: die „Betreiber" des Museums sollen sich gegen die Schließung des Museums mit seiner immer noch berühmten Bibliothek gewehrt haben, weswegen es von aufgebrachten Christen gestürmt und in Brand gesetzt worden sei. Jedenfalls gäbe es seit dem Jahr 400 keine Nachweise mehr für die Existenz der einst weltgrößten Bibliothek von Alexandria. Darüber hinaus gibt es Hinweise auf massenhafte Bücherverbrennungen in diesen 390er Jahren wegen deren -aus christlicher Sicht- verbotenen Inhalts. In diesen Tagen des Revolutionsgeschreis in den Gassen der brennenden Stadt wird das Schicksal der schönen Hypatia und ihre Ermordung zum Sinnbild für die Geschichte des spätantiken Alexandria, seiner Wissenschaft und seiner antiken Schriften.[A59,] Es liegt nahe, dass dieses Ereignis zeitlich zusammenfiel mit weiteren religiös motivierten Unruhen ab dem Jahr 391 und dem Ende der Bibliothek. Tätliche Auseinandersetzungen zwischen fundamentalistischen Christen und Juden waren an der Tagesordnung, angefeuert von dem als erklärtem Antisemitisten bekannten Patriarchen, ja es kam zu bürgerkriegsähnlichen Ausschreitungen mit vielen Toten auf beiden Seiten, letztlich Enteignungen und Vertreibungen der Juden durch die Christen im Jahr 415.[12] Im Persien des 4. und 5. Jh. war die Situation umgekehrt: dort waren die christlichen Byzantiner als Staatsfeinde die Verfolgten.[81]

Aber auch andere Brandkatastrophen und einfach nur Kriege haben ihren Teil dazu beigetragen, dass nach aktuellen Schätzungen etwa 0,1% der antiken Literatur erhalten geblieben sind.[112] Die letzte antike Bibliothek mit 120.000 Bänden soll im Jahr 475 einem Brand in Konstantinopel zum Opfer gefallen sein; hundert Jahre später fing Cassiodor mit 100 Bänden wieder an zu sammeln – ich komme später auf ihn zurück.[112] Im ausgehenden Mittelalter begann man den fatalen Fehler und die unverzeihliche Blendung zu erkennen, und hatte sehr große Mühe, einige der bedeutendsten Werke antiker Philosophie, Literatur und Wissenschaft wieder aufzustöbern.

Von Migration - und gegen Multikulturalität - erzählt auch die überlieferte Geschichte der Galater – viele von den Lesern werden ihren Namen aus dem Neuen Testament kennen, dem Brief des Paulus an die Galater: eine Horde von gut 20.000 Menschen, drei keltische Stämme, kamen auf Raubzügen aus Mitteleuropa über den Balkan bis in die heutige Zentral-Türkei; dort gestalteten sie eine bemerkenswert komplizierte Geschichte mit den umgebenden Machthabern und dem Römischen Reich, in der sie ihre Identität mit kaum übertroffener Hartnäckigkeit verteidigten. Der Seleukidenkönig Antiochos I. konnte sie zwar 268 v. Chr. in der „Elefantenschlacht" besiegen, aber nicht befrieden; also führte er, ähnlich wie dies tausend Jahre später die Umayyadenherrscher von Cordoba mit den Christen und Juden taten: er führte eine „Keltensteuer" ein. Jedoch: was für ein Unterschied! Nicht die Kelten zahlten diese Steuer, sondern König Antiochos II., in der Hoffnung, sie damit zu befrieden (was ihm nicht gelang). Auch den Römern blieb letztlich nichts anderes übrig als ihnen Autonomie in der römischen Provinz „Galatien" zuzusprechen, einer länglichen Region, die vom Mittelmeer im Süden fast bis an das Schwarze Meer im Norden reichte (Abb. 35), mit der Hauptstadt Ankyra, dem heutigen Ankara. Selbst wenn man damals überall in Kleinasien auch griechisch sprach, so berichtet dennoch der Hl. Hieronymus [A60] im Jahr des Herrn 400, also 700 Jahre nach der Ankunft dieser Keltenstämme in der Türkei, dass die Galater einen Dialekt sprächen - nämlich keltisch – der ähnlich klinge wie die Sprache der Treverer. Die Hauptstadt der Treverer war Augusta Treverorum, das heutige Trier in Deutschland. Solche Hartnäckigkeit bei der Erhaltung der eigenen Kultur erinnert an das jüdische Volk, erinnert auch daran, dass Kultur wie Leben ist, dessen Ziel und Zweck *leben* ist, schwer ausrottbarer Teil menschlichen Lebens, das aus Zusammenleben besteht. Wen will angesichts solcher Geschichte noch die –

Die Galater

zumindest bis kürzlich enge - Affinität zwischen Deutschen und Türken wunder nehmen? [A61]

Der endgültige Niedergang des Alten Rom

Pauschal könnte man zusammenfassen, dass der Druck der Steppenvölker dem geschwächten Reich zu hoch wurde. Der tiefere Blick in die Hintergründe deckt aber einige weitere, lehrreiche Aspekte auf:

Einer davon als Beispiel sei der Fehler in West-Rom gewesen, wichtige Regierungsposten an die Großgrundbesitzer zu vergeben, denn diese hätten lieber zum Schutz ihres Besitzes das Land an die Germanen verraten, indem sie Privatabkommen abschlossen,[81] oder anders gesagt, der Staat hatte seine Befehlsgewalt an Private und Militär abgegeben.[81]

Einen anderen Aspekt wirft das Christentum auf mit seinem bedingungslosen Herrschaftsanspruch des Reiches Gottes, das auf Erden nur *einen* Stellvertreter duldet: den Papst, der den Kaiser krönt. Toynbee weist an dieser Stelle auf Edward Gibbon und sein Werk „History of the Decline and Fall of the Roman Empire", worin er in der Tat das Christentum als verantwortlich „beschuldigt".[81]

Jesus von Nazareth repräsentiert einen neuen Brennpunkt von Erahnen, wenn nicht Verständnis, der Zusammenhänge um den Kampf zwischen ich und du und dessen Projektion aus dem Individuum in die Schichtungen der Menschenwelt: Er weist auf eine Lösung des Konflikts zwischen aufkommendem Gewahrsein des Geistes seiner selbst, und seiner Abhängigkeit von der Kreatürlichkeit, predigt Vergebung angesichts der unvermeidlichen Fehlbarkeit, und das Gewähren eines täglichen Neubeginns in gutem Willen. Die moderne Neurowissenschaft erklärt es damit, dass die unbewusste Kreatur stets einen Schritt vor der Bewusstheit handelt.[1] Nur allzu bald würde sich dieser Konflikt an der neu entstehenden Religion selbst erweisen: Aus Jesu Empathie um der Liebe in Ewigkeit willen würde das selbstsüchtige Anhäufen von Kapital im Jenseits um des Kapitals der Kirche im Diesseits willen werden. Die frühen Christen sehen in ihm vorwiegend den Erlöser aus dem Jammertal des mühsamen Lebens und erleiden geduldig die zynische Macht Roms, Statisten in den reality-shows mit „Echt-Tod-Szenen" der Amphitheater. Das Schicksal, die Zusammenhänge der Wirklichkeit hinter dem von Menschen gedanklich Erfassbaren, macht dann die Stellvertreter Gottes auf Erden zu den neuen Herrschern dieser Christen, an die Stelle jener Macht, die sie davor zu erleiden gehabt hatten. Und sie nutzen diese Macht mit Verweis auf die selbstgeschaffenen Fundamente ihres weit über Jesu Mission hinausgehenden Glaubens. In Europa wird nun diesem Glauben so viel Wissen geopfert, wie das Feuer dieser fundamentalen Wut erreichen kann; viele Menschen müssen den Büchern in die Flammen folgen. Was bleibt, ist scheinbar wieder nur Macht. Doch die Samen sind aufgegangen zwischen den Mächtigen, unausrottbar.[A62]

Eine weitere, und die eigentliche außenpolitische Ursache für den Niedergang des Reiches, war die Expansion der Völker in den östlichen Steppen, die wiederum andere wie die Goten vor sich hertrieben und schließlich selbst als Hunnen Italien und ganz Europa heimsuchten. Oder war es nochmal anders, umgekehrt, wie manche meinen, dass ein Reich von der Größe Roms immer mehr Anziehungskraft ausübt, immer gefräßiger wird, bis es vom Zentrum her nekrotisiert und schließlich daran implodiert? In jedem Fall waren die letzten mindestens einhundert Jahre von zunehmender Einwanderung von Fremdarbeitern geprägt, vorwiegend Soldaten, deren Familien nachzogen. Auf diese Weise wurde die römische Gesellschaft schon im Vorfeld langsam zunehmend infiltriert, ihre Machtstruktur aufgeweicht, weil Führer der Einwanderer jede Möglichkeit nützten, einflussreiche Römer mit Versprechungen auf ihre Seite zu ziehen.

Wende, nicht Ende: vom spätantiken Rom zum Frühmittelalter

Jeder Übergriff auf das Reichsterritorium durch eine plündernde Horde musste die Glaubwürdigkeit Roms als schützende Macht mindern und letztlich zerstören. Dass deshalb die Menschen eine neue schützende Macht im Christengott als einender Kraft suchten, könnte dann dem Christentum nicht angelastet, sondern müsste ihm gutgeschrieben werden, eben als Kraft, die nicht ein Ende bewirkte, sondern eine Wende. Mit dem Zusammenbruch von West-Rom versinkt der Europäische Kontinent jedoch vorerst für Jahrhunderte in der Völkerwanderung. Man könnte allenfalls sagen: was die einen, die Germanen, als ihre Wanderung in das Römische Reich erlebten, nannten die Weströmer Invasion der Barbaren; insoferne war also die Völkerwanderung aus der Sicht der meisten heutigen europäischen Völker etwas anderes als die Völkerwanderung aus der Sicht des geographischen Europa. Denn es hatten nicht Fremde Europa invadiert, sondern die Germanen, die Franken und wie sie alle hießen: sie waren nach Europa gekommen, sie, die heute von *ihrem* Europa sprechen. Nur die ansässigen Römer und Griechen und Spanier und Gallier sind von den invadierenden Völkern überfallen worden. Sie beide zusammen sind die heutigen Europäer.

So hat sich im geographischen Raum Europa, im Bereich des ehemaligen Römischen Reiches, eine Gruppe unterschiedlich proportionierter Mischkulturen entwickelt, fast alle davon auf der Basis des einstigen Alten Rom. Der Nordosten und Osten hingegen wuchs erst ganz allmählich hinzu, im Laufe von gut 500 Jahren: seine Mischkultur beinhaltet einen slawischen Anteil, der sich vom gallo-römisch-germanischen bis heute abhebt und an zwei Trennlinien erkennbar bleibt: der Grenze zu den Visegrád-Staaten und der Grenze zwischen römisch-christlichen und orthodoxen Ländern.

Für die römischen Christen waren die Germanen zunächst einfach Wilde gewesen, von denen sogar Augustinus nichts Besseres zu sagen wusste, als dass sie sich am besten gegenseitig bekriegen und beseitigen mögen. Sidonius Apollinaris, Bischof von Clermont (ca. 430/33-ca. 479/86) soll betreffend die germanischen Föderaten Galliens gesagt haben, was ihnen fehle, sei nicht die Bibel, sondern Philosophie und Poesie, also Bildung. Der Bildungsstand dieser eingewanderten Menschen also war es, der diese Verdunkelung brachte. Denn die Völkerwanderung war kein Sturm, der wieder abflaute, sondern ein Volk, das in ein anderes, gebildetes, erzogenes, alphabetisiertes Volk eindrang, sich dazwischen mengte, damit also zunächst diese alte Kultur durcheinanderwirbelte und in manchen Gegenden zerbrach – wenn auch keineswegs überall, sonst hätte es keinen Sidonius Apollinaris in Clermont Ferrand geben können, und all seine Zeitgenossen in den damaligen Klöstern und Städten, die während der gesamten Völkerwanderung bestehen blieben. Aber das war eben die christliche Welt, eine selbstbeschränkte Welt. Die alten Europäer hatten etwas zu verlieren, bzw. verloren etwas, nämlich ihre angestammte Geisteskultur, die neuen Europäer hatten etwas zu lernen, zu gewinnen. Abstufungen mag es gegeben haben zwischen den italienischen Stammlanden mit der längsten Tradition und den romanisierten nördlichen Provinzen Europas. Das Christentum als eben erst selbst entstehende Kraft konnte man zumindest als eine Art Domestikation ansehen. Daneben, und zunächst vor allem, floss technisches, administratives und militärisches know-how, Zivilisation also. Beim Transfer von Geisteskultur, der durch die christliche Missionierung erwirkt wurde,[113] unterschlug man allerdings einen Großteil des antiken Wissensschatzes.

Man kann die Entwicklung natürlich auch etwas anders sehen und sagen, dass in der Völkerwanderung zwei Ereignisse zusammentrafen: nämlich der fundamentale Umbruch der antiken Kultur in die spätantike christlich-römische Kultur, der mit dem Jahr 400 gerade Mal so im Begriff war, gelungen zu sein – obwohl weiterhin die Verwirrung zwischen verschiedenen Sekten, den Arianern, den Nestorianern[A63] und den römischen Katholiken herrschte. Das zweite Ereignis war eben die Destabilisierung dieses noch nicht wirklich gefestigten Umbruchs, weil die Christen selbst die altgewachsene Geisteskultur und Bildungssystematik des Römischen Reiches als verdammenswert ablehnten, aber noch kein gefestigtes neues System zur Verfügung hatten. Papst Gregor soll in einem Brief festgestellt haben: "*In einem Munde verträgt sich nicht gleichzeitig - das Lob Jupiters und das Lob Christi.*"

Man könnte nachgerade als neuen Slogan der römisch-christlichen Welt formulieren: nicht die Welt erkennen und verstehen sollst du, sondern zum Lobe Gottes leben. Deshalb solle man alle Wissenschaft und unnütze Geistesbildung über Bord werfen und sich lediglich den Lehren und Anregungen der Kirche hingeben. Damit wurde der Entwicklung zum Mittelalter hin der Boden bereitet, einer universalen Menschenwelt, leicht über dem Boden schwebend auf Gott zugehend.

Manche sprechen in diesem Zusammenhang von Reduktionismus, einem Bruch mit dem eigentlichen Geist der Antike, und verweisen damit beispielsweise auf die Schriften von Isidor, dem Bischof von Sevilla um das Jahr 600, der aus den damals verfügbaren Resten antiker Schriften Kompendien über dieses angebliche – weil nur teilweise verfügbare – antike Wissen zusammenstellte. Gerade dieser rudimentäre Charakter der Beschreibung von dem, was einmal antikes Wissen war, regte danach erst recht die Neugier im Spätmittelalter darüber an, was tatsächlich und genau dahinter gesteckt haben mag, hinter dieser Bildung der Antike.

Jedenfalls entstand durch die Missionierung – mitten in der Zeit der Völkerwanderung -, was ich an anderer Stelle als Kriterium für die Geburt einer europäischen Kultur nannte: das Christentum - ein Netzwerk von Kirchen und Klöstern über ganz Europa (und als zweites nannte ich die lateinische Sprache). Im Gegensatz dazu kann man meinen, dass die Übersetzung der Bibel in die verschiedenen Sprachen der zusammengekommenen Völker, dass die Missionierung in den einzelnen Sprachen einen einigenden Effekt erzielt habe, sozusagen ein und dieselbe Information quer durch alle Sprachen Europas: *„Aus der Glaubenseinheit des lateinischen Westens wie des griechischen Ostens entstand also erst im Medium der Kirchensprache der faszinierende Reichtum der europäischen Nationalkulturen."* [114]

Das Hauptproblem scheint gewesen zu sein, dass die fundamentalistischen Früh-Christen ihrer neuen christlich-römischen Kultur selbst den Hauptast absägten, auf dem sie saßen, indem sie das alte Bildungssystem mit seinen Bibliotheken vernichteten und untersagten, bevor etwas Neues ausreichend stabilisiert war, weil die Kirchenväter, z.B. Hieronymus, das römisch-antike Bildungs- und Kulturwesen als mit dem Christentum unvereinbar erachteten. Diese klassische Tradition wurde in Ostrom nicht derart radikal abgebaut. Dort entstand das Schlupfloch für antike Schriften zu den verschlungenen Pfaden in die arabische Welt, aus der sie in der Neuzeit teilweise modifiziert und bereichert nach Europa zurückkamen.

Der Historiker und Germanist Friedrich Prinz ist zusätzlich noch der Meinung, dass das Ideal einer klassisch-antiken Geistesbildung schon durch Rom selbst verwässert worden war, indem man sich das griechische Erbe lediglich in Form von Kompendien für praktische Zwecke aneignete, ohne Wesentliches an Eigenem beizutragen.[A64]

Ortega y Gasset hält dieser Untergangsstimmung entgegen, dass das Römische Reich nie aufgehört habe zu existieren [10] und zum heutigen Europa in einer Mutter-Tochter-Beziehung stehe:[10] nicht nur, weil wir alle ein „Gewesen-Sein" leben, ein Leben aus dem, was wir aus der Geschichte des Lebens übernommen haben; sondern vor allem, weil das Römische Reich ganz konkret immer wieder - als Vorbild und Modell – zur Nachahmung anregte. Blicken wir nach vorne, so wird sich diese weise Sicht bald bewahrheiten: kaum war die unruhige Zeit des Kommens und Gehens vorbei, die wir „Völkerwanderung" nennen, wird Karl der Große versuchen, eine kontinentale Version dieses Römischen Reiches nachzubilden. Es wird einen Römischen Kaiser geben bis zum Jahre 1806, wenn auch später mit dem Beinamen „Deutscher Nation", aber auch mit dem Beinamen „von Gottes Gnaden", entsprechend dem Anspruch des Königs im frühen Rom.[10]

Europa: Schmelztiegel der Völkerwanderung

Wer sich vorstellen möchte, wie Völkerwanderung funktionierte, der kann mit einem Western-Film wie „Go-West" beginnen: schlagartig wechselt man darin die Rolle vom bedrohten Europäer, der mit heranrückenden Massen fremder Menschen konfrontiert, oder gar von einem wilden Reitervolk aus dem Osten angegriffen wird, zu einer Frau, die, ihren Säugling im Arm, am Wagen mit der spärlichen Habe sitzt und ängstlich sagt: wenn nur das Rad nicht wieder bricht so wie gestern, und, ach, wären wir doch besser zu Hause geblieben. Dann aber kehren ihre Gedanken zurück an die Hungersnot in Irland nach dem Einbruch dieses sonderbaren kalten Wetters, den Missernten, und die Zeit, da ihr erstes Kind verhungert ist. Währenddessen hält ihr Mann sorgenvoll über den Horizont nach angreifenden Indianern Ausschau. - Migration war schon immer Hoffnung auf besseres Leben an anderen Ufern, oder Flucht vor den Schergen der Anderen - oder vor der Polizei.

Ein Vergleich mit der Kolonisierung Amerikas durch die Europäer erscheint insgesamt erhellend: beide Kolonisierungen entwickelten sich über einen Zeitraum von etwa 200 Jahren. In Nordamerika begann nach diesem Zeitintervall der Besiedelung bereits der Ablösungsprozess vom britischen Reich, der 1775 in den Unabhängigkeitskrieg mündete. Am Ende des 200-jährigen Immigrations-prozesses in Europa waren erste Reiche etabliert: im heutigen Frankreich hatte der Merowinger-König Chlothar, Sohn Chlodwigs I., die Regierung schon an seine Söhne abgegeben, die Langobarden sich zusammen mit anderen Volksgruppen 568 in der nördlichen Hälfte Italiens festgesetzt (Abb. 108A [A67A]). Die Zeit der Wanderungen und Landnahmen, des Gerangels um Reviere, geht zu Ende.

Ob „die Völkerwanderung" in Europa tatsächlich deshalb begann, weil Völker zu wandern begonnen hatten, ist fraglich, wenn man durch die Geschichte sieht – man ist geneigt, eher die Stärke Roms als regulierende Kraft anzusehen: Schon im 4. Jh. v. Chr. waren die Kelten bis hinunter nach Rom gekommen; 250 Jahre später waren es die Kimbern und Teutonen, die wegen einer kleinen Zwischen-eiszeit den Norden verließen und Oberitalien unsicher machten – zweimal gelang es ihnen, die Römer zu besiegen, einmal bei der legendären Stadt „Noreia", wahrscheinlich in Kärnten, das zweite Mal bei Orange in Südfrankreich. Bedenkt man die weitere römische Geschichte an der Nord- und Ostflanke des Reiches, so findet man kaum eine Ära, in der nicht militärische Maßnahmen gegen Germanen notwendig gewesen wären – zuletzt massive Grenzbauwerke. Der Druck der Völker von jenseits dieses „limes" hat nie nachgelassen, wohl aber der Widerstand Roms. Damit begann die Einwanderung dieser Steppenvölker nach Europa. Schon längere Zeit war die Grenze besonders im Südosten bereits durch alle möglichen Abkommen aufgeweicht worden. Gegen die anrennenden Reiterscharen mit ihrer ungeheuren Bogenkraft gab es dann nur noch Diplo-matie:

Byzantium, nun Konstantinopel genannt nach seinem Kaiser Konstantin, war schon seit 330 n. Chr. Hauptstadt des Römischen Reiches. Konstantin hatte sich schon eine Weile davor in der Gegend niedergelassen. Das erste Konzil fand ebenfalls in der Nähe statt, wie zuvor erwähnt, in Nicäa, als hätte er die Bedeutung der Präsenz des Kaisers vorort erkannt, verstanden, dass die Macht Gottes, vertreten durch den Papst, der Macht des Kaisers Konkurrenz zu machen im Begriffe sein musste. Dort stand er aber auch in Erwartung der nahenden Flutwelle von Volksscharen, die aus dem Osten in Richtung Bosporus unterwegs waren. Er musste sie nicht mehr selbst erleben, starb 337 im nahen Nikomedia.

Die „klassische" Völkerwanderung begann, als im Jahr 376 die Hunnen das Germanenland der Westgoten im heutigen Rumänien überfielen und die Goten in das Gebiet von Bulgarien verdrängten; bald darauf schickten die Hunnen die Goten voraus gegen Byzanz. Schon zwei Jahre später spielte die Region am Bosporus eine entscheidende Rolle für Europa, als die römische Armee bei Adrianopel, dem heutigen Edirne, von den Westgoten vernichtend geschlagen wurde. Kaiser Theodosius I. schloss daher mit ihnen einen jener typisch römischen Verträge ab: sie durften auf römischem Staatsgebiet in Thrakien siedeln unter der Bedingung – und darin ähnelt er den heutigen Bemühungen europäischer Staaten mit Türkei, Libyen, Tunesien und Marokko – dass sie dafür den Grenzschutz gegen die Hunnen übernahmen. So entstand das westgotische Königreich Alarichs auf römischem Boden. Doch auch diese Maßnahme konnte die Geschichte nicht aufhalten: Alarich beginnt neue und erweiterte Invasionszüge, durch Griechenland, den Balkan und schließlich nach Italien, bis seine Horden im Jahr 410 Rom erobern und plündern – die herabgekommene, aber immer noch legendäre Stadt ist schon seit einiger Zeit nicht mehr Hauptstadt; das nächste Mal wird sie 455 von den Vandalen geplündert werden.[81]
Aber auch damit kehrte noch keine Ruhe ein: erst mussten die Westgoten ihrem Namen vor unserem heutigen Geschichtsverständnis gerecht werden, weiter nach Westen ziehen und 418 im heutigen Südwestfrankreich mit ihrem König Theoderich I. ein neues Reich mit Hauptstadt Tolosa (Toulouse) gründen, erneut mit „Erlaubnis" der Römer. Die Goten erweiterten jedoch ihr Reich über ganz Spanien und nach Norden bis an die Loire, ohne die Römer zu fragen. Der weströmische Kaiser hatte nach dem Tod von Kaiser Theodosius und der endgültigen Abtrennung von Ost-Rom die Hauptstadt Mediolanum (Mailand) in den Wirren dieser Hordeninvasionen im Jahr 402 verlassen und seine Residenz in Ravenna aufgeschlagen.

Nördlich der Alpen hatten die Ostgoten schon vor der Jahrhundertwende Pannonien besiedelt, das heutige Ost-Österreich bis in die Ungarische Tiefebene. Gleichzeitig drängten aber die Hunnen westwärts nach, wurden im Lauf der nächsten 50 Jahre zur Bedrohung für ganz Europa, besonders unter ihrem lange als unbesiegbar geltenden König Attila, dem König Etzel des Nibelungenliedes. Wer aber waren diese „Hunnen"?

Die Geschichtsforschung bezeichnet damit Stämme und Horden von Nomaden aus der westlichen eurasischen Steppe zwischen Don und Wolga, etwa dort also, wo mehr als dreitausend Jahre zuvor die Indo-Europäer nach Westen aufgebrochen waren. Um 370 n. Chr. beginnen sie, als nächste Welle heranstürmender Steppenvölker in der Geschichte [A65] Europa zu überfallen, durch die ost-europäischen Steppen, wo um diese Zeit die Skythen, Sarmaten und Goten beheimatet sind. Nach dem Fall von Adrianopel 378 besetzen die Goten den Bereich nördlich und östlich der Donau.

Rom, vor allem West-Rom, mitunter auch Ost-Rom, zahlen Tribut an die Hunnen um des Friedens willen. Unter dem Anführer Attila erreicht ihre Macht ab 448 einen Höhepunkt. Sie dringen 451 quer durch Mitteleuropa bis nach Gallien vor, im Jahr darauf nach Oberitalien.[81] Erst als alle Ansässigen zusammen ein Heer aufstellen, Weströmer, Westgoten und Franken, gelingt es am 20. Juni 451, Attila in der historischen Schlacht auf den Katalaunischen Feldern im heutigen Frankreich nahe Troyes, etwa auf halbem Wege zwischen Paris und Dijon, zu besiegen. Warum diese Schlacht ausgerechnet in der Nähe einer Stadt stattgefunden haben soll, die dem Namen von Troja so sehr ähnelt, wundert *dann* nicht mehr, wenn man bedenkt, dass es der Legende nach unter anderem wieder einmal um eine Frau ging – so wie damals in Troja.[A66]

Nach der verlorenen Schlacht und nach Attila's Tod zerfiel die lockere Allianz mit Gepiden und Ostgoten und damit die Macht der Hunnen insgesamt. Sie zogen sich in das Gebiet des heutigen Ungarn zurück und wanderten im Laufe der folgenden Jahre noch weiter ostwärts oder gingen in der Bevölkerung des Balkans im heutigen Rumänien und Bulgarien auf; gelegentlich werden sie noch als Söldner von Ost-Rom erwähnt. Einige Volksgruppen siedelten weiter zwischen Donau und Wolga, z.B. als „Hunno-Bulgaren". Fast zur selben Zeit, 455, vernichteten „Hunnen" das indische Gupta-Reich.

Das offizielle Ende des Weströmischen Reiches war 476 mit der Absetzung von Romulus Augustulus besiegelt. Der ostgotische Germane Odoaker, wahrscheinlich am Hofe des Hunnenkönigs Attila aufgewachsen und tatsächlicher Beherrscher Italiens, wurde römischer König.

Vor, während und nach diesem langsamen Sterben West-Roms sind zahllose neue Reiche mit längst vergessenen Namen in Europa entstanden und wieder verschwunden; manche sind bis heute mit ihren Namen in den Völkern und Regionen Europas verankert: Westgoten, Sueben, Kantabrer und Basken im Westen, Burgunden, Alemannen, Langobarden, Bawaren, Rugier, Kelten (Bretonen) und Friesen in Mitte und Norden, Gepiden, Bulgaren, Hunnen und Slawen im Osten,[A67] Thüringer, Sachsen, Ostgoten und Vandalen im Süden. Ihr Einfluss auf die heutige Kultur ist eine komplizierte Frage, manch stolzer Verweis auf eigenständige Tradition erwächst daraus bis heute, aber auch manch scherzhafter Hinweis auf etwas fragwürdiges Anderssein der Nachbarn aus der

Sicht des eigenen Stammes, zwischen Nord und Süd, Ost und West – Erwähnung von Bayern, Friesen oder Sachsen ist hier selbstverständlich freie Erfindung in den Köpfen mancher meiner Leser.

Erste neue Ordnung lässt sich erkennen mit dem Eintritt der Franken in die Geschichte: der merowingische Franke, König Chlodwig I., 482 gekrönt, drängt im Jahr 507 die Westgoten aus Südwestfrankreich. In den 530er Jahren fallen Thüringen und Burgund von den Ostgoten an die Franken. Damit ist der Aufstieg des Frankenreiches trotz mancher Wirren nicht mehr aufzuhalten. Der Weg ist bereitet für einen entscheidenden Schritt zum heutigen Europa, auch wenn sich gleichzeitig ein weiterer Prozess ankündigt, der Europa immer wieder und bis heute herausfordert: im Jahr 537 wird auf die in Konstantinopel unter Kaiser Justinian eben fertiggestellte Sophienkirche, die Hagia Sophia (Abb. 38), vorerst noch das Kreuz befestigt. Doch ein halbes Menschenalter darauf, im Jahr 571, wird Mohammed geboren.

Der Beginn des Frankenreiches

Frankenreich und Byzanz werden bald mehr von ihm erfahren. Das eben in Christianisierung befindliche Europa muss schon jetzt zur Verteidigung dieses Glaubens rüsten. Weitere 200 Jahre später werden die Westgoten aus der Geschichte verschwunden sein und die Mauren - 711 in Spanien eingefallen – in Cordoba ihr Kalifat errichten.

Abb. 38: Konstantinopel zur Zeit Kaiser Justinians mit der neuen Sophienkirche, der Hagia Sophia. Quelle:[115]

Am Ende dieser Episode der Geschichte Europas sind nur ganz wenige Regionen noch weitgehend mit den Menschen aus der Römerzeit besiedelt. Von Inverness bis Istanbul, von Syrakus bis Bremen und nördlich der Ostsee sind neue Völker über den Kontinent gefegt, sind durch- und weitergezogen oder haben sich da niedergelassen, haben mit den ansässigen Stämmen und Völkern allmählich zu verschmelzen begonnen. Der Grad der kulturellen Fusion ist regional äußerst unterschiedlich, zunächst also alles andere als „europäisch" im Sinne einer einheitlichen Kultur. Was eint, ist die neue Religion, und die weiterhin gebräuchliche lateinische Sprache. Aus dem Gemisch dieser Erbschaften entsteht das Mittelalter Europas.

Tausend Jahre Mittelalter in Europa

Im Jahr 568 fallen die Langobarden in Oberitalien ein; mit diesem Jahr bezeichnet unsere heutige Geschichtsschreibung das Ende der Völkerwanderung - 924 Jahre später, 1492, legt die Flotte von Christoph Kolumbus in der Neuen Welt an und signalisiert ein neues Zeitalter. Von der kulturellen und politischen Entwicklung Europas in der Zeit dazwischen handelt dieser nächste Abschnitt.

Versucht man sich das Weltbild eines gebildeten Menschen dieser Zeit vor Augen zu führen, muss man berücksichtigen, dass schon allein die geographische Vorstellung von diesem westlichen Rand des eurasischen Kontinents – und der Welt insgesamt – durch den Wissensverlust im Dunkel der Völkerwanderung wieder beschränkter war als tausend Jahre davor, wie eine Landkarte aus dem frühen 12. Jahrhundert zeigt (Abb. 39)

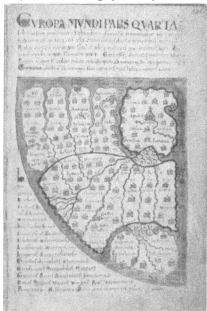

Abb. 39: Geographische Karte aus dem Jahr 1120 aus dem Liber Floridus des Kanonikus Lambert von Saint- Omer, Quelle:[116]

Vergleicht man diesen Versuch einer Landkarte mit jenen von Strabo, Eratosthenes und Ptolemäus, so wird klar, dass zumindest dieser Kleriker entweder keinen Zugang oder keine Kenntnis von den Weltkarten hatte, die bereits mehr als tausend Jahre davor gezeichnet worden waren (siehe Abb. 29 zum Vergleich). Italien ist im Bild rechts oben als Halbinsel zu erkennen, Spanien unten, links davon Gallien. In Bildmitte links, noch im rot umrandeten Bereich: Sachsen. Links neben Italien und dem als Adria bezeichneten blauen Streifen Griechenland, Dalmatien erst links daneben.

Vor allen anderen leistet *ein* Mann den wesentlichen Beitrag zur Belebung dieses Zeitalters, zur Schaffung einer kulturellen Identität nördlich des Mittelmeerraumes, einer geographischen Region, die sich von nun an zum modernen Europa zu entwickeln beginnt. Seine Rolle wird noch tausend Jahre später - und auch zum Zweck der Errichtung eines gerade einmal zehn Jahre dauernden tausendjährigen Reiches - begehrlich imitiert werden (Napoleon und Hitler – aber davon später):

Karl der Große, Vater Europas

Die Völkerwanderer nehmen die Idee von Römischem Reich und Römischer Kirche für ein neues Reich auf, das Europa werden soll

Vision und kulturelle sowie machtpolitische Herausforderung

Für Viele beginnt die Geschichte Europas eigentlich erst hier: mit Karl dem Großen (Abb. 40). Die sozialpolitische Herausforderung am Anfang dieses Europa nach der Völkerwanderung ähnelt heutigen Bemühungen um Multikulturalität und Integration: dem Versuch, einer Vielfalt verschiedener Völker eine gemeinsame kulturelle Identität zu verleihen. Für Karl war dieses verbindende Element aus mehreren Gründen das Erbe des Römischen Reiches und das in ihm gewachsene Christentum. Durch die von seinem Vater geknüpfte Verbindung zum Papst in Rom war auch der machtpolitische Aspekt gleich mit eingeschlossen – wenn auch darin gleichzeitig schon der Keim für den jahrhundertelangen Kampf um das Primat der irdischen Macht stak. Eine einzige Religion für das gesamte Reich, mit ihren moralischen und ethischen Ansprüchen, bot die Möglichkeit, eine neue soziale Grundordnung für Alle zu schaffen. Die seit dem zweiten Jahrhundert im Reichsgebiet Roms gewachsene, organisierte Priesterschaft war die intellektuelle Schicht, die trotz

Abb. 40: Karl der Große, von Albrecht Dürer zwischen 1511 und 1513 als zeitgenössischer Fürst mit Reichsschwert und Reichsapfel (lat. globus cruciger [A68]) dargestellt. Germanisches Nationalmuseum Nürnberg, Quelle:[117]

der Wirren der letzten 350 Jahre nach wie vor existierte und nun angehalten wurde, außer der missionarischen Tätigkeit eine zusätzliche Bildungsaufgabe zu übernehmen. Das Ergebnis dieser Bemühung wird „Karolingische Renaissance" genannt. Dazu kam sein Glaube an den göttlichen Führungsauftrag [118] – Karl soll täglich mindestens zweimal in die Kirche gegangen sein und dort eifrig mitgesungen haben; im Aachener Dom ließ er sogar eine Orgel einbauen [118] (erste Orgeln soll es nördlich der Alpen schon ab der Mitte des 3. Jh. gegeben haben [119]). Karl verfolgte damit Visionen, die schon zuvor Ursache erheblicher Machtkämpfe gewesen waren: sein Plan mit dem Christentum als „Staatsreligion" kam im Grunde einem Gottesstaat gleich. Die zweite Vision, gleichzeitig das Römische Reich unter seiner Führung wieder auferstehen zu lassen, birgt jedoch die komplexe Problematik, dass das Christentum einer der zerstörerischen Faktoren für Rom gewesen war und damit für dessen Machtstruktur, seine heidnische Kultur und damit auch seinen antiken Wissensschatz.

Karl, als junger Prinz im April 774 erstmals „auf Besuch" in Rom,[118] war offenbar von dem Fluidum der einstigen Pracht ergriffen, obwohl die Einwohnerzahl von 250.000 zur Zeit des späten Römischen Reiches auf nunmehr 20.000 geschrumpft war.[118] Er war auch überzeugt, dass sein Erfolg als Regent davon abhängen würde, etwas von diesem weltüberstrahlenden Glanz auf seine Regentschaft, und möglichst viel von der erstorbenen Kultur auf sein Volk übertragen zu können. Unverzüglich, schon damals in Rom, begann er alle erreichbaren Kontakte zu knüpfen bis hin zu Alkuin, dem englischen Gelehrten, der ebenfalls zur gleichen Zeit in Italien weilte und später wesentlichen Anteil an der „Karolingischen Renaissance" einbringen sollte.

Die Herausforderungen waren übergroß, in einem Regentenleben eigentlich nicht zu meistern: zur Zeit seiner größten Ausdehnung zwischen der französischen Atlantikküste und der Oder, dem Friesenland und Rom wurden im Reich mehr als sechs Sprachen gesprochen,[A69] die Tradition der lateinischen Sprache als „Landessprache" ging auch bei den Gebildeten im früheren römischen Staatsgebiet zu Ende: Priester verstanden kaum noch Latein, und immer weniger Aristokraten lernten es noch.[118] Es begann also damit, dass die Völker einander nicht verstanden. Man stelle sich die Herausforderung vor, ein Heer von Soldaten aus diesen verschiedenen Ländern in eine Schlacht zu leiten! [120] Die Volksgruppen waren an mindestens zehn verschiedene Rechts-Systeme gewöhnt - Richter wurden angehalten, sich in all den verschiedenen Formen der Rechtsprechung auszukennen und vor Beginn einer Verhandlung zu fragen, nach welchem Recht Gericht gehalten werden sollte. Man war einander also fremd, und alles andere als einander grün: Die Franken äugten misstrauisch auf die Romanen, die Sachsen blieben verstockt in ihrer Welt, dazwischen kamen Aquitanier, Basken und Westgoten sowie Einwanderer und Flüchtlinge aus Spanien. Den Slawen an der östlichen Grenze traute man zunächst keine bessere Rolle zu als Sklaven - aus „slavus" wurde „slave" in Englisch und „Sklave" auf Deutsch. Ähnlich gering schätzte man die Bretonen im Nordwesten - der Name sei abgeleitet vom lateinischen „brutti", jedenfalls wild wie die Tiere des Waldes.[118] Zu den Awaren, Hunnen und Magyaren im Osten sandte man Missionare in der Hoffnung, sie durch Bekehrung zu zivilisieren.

Angesichts solcher Vielfältigkeit leuchtet die Vision ein, all dies unter eine allumfassende göttliche Übermacht zu stellen: „Christus ist Alles und in Allen".[118]

Diese Anweisung zur Gottergebenheit hatte also auch einen sehr praktischen Zweck:

Die Pracht der Kirchen und Kathedralen diente nicht nur der Ehre Gottes; sie war vor allem auch Machtdemonstration der Kirchenfürsten. Der Grund für den Investiturstreit (Kampf zwischen Kaiser und Papst um das Recht zur Ernennung von Bischöfen) war auch nicht nur der einfache Machtkampf um Abhängigkeit und Dominanz zwischen den beiden Instanzen, sondern erforderliches Mittel im weltlichen Machtkampf: die Kontrolle von Kaiser und König über ihre Vasallen hing mit davon ab, wieviele kirchenfürstliche Posten als Rückendeckung durch Familienangehörige und eng Vertraute besetzt werden konnten. Geschwister, Kinder und Geschwisterkinder wurden dafür zu Priestern und Nonnen gemacht. Dieses Investitur-Recht bestand in Frankreich seit Chlodwig I. um 500.[A70, 118]Es wurde von Karl konsequent genutzt und zur Stabilisierung der Macht wohl auch dringend benötigt. Bischofssitze waren einerseits sehr begehrte Positionen für Aristokraten, die auch standesgemäß fürstlich geführt wurden; dass es dort mitunter auch äußerst weltlich zuging, wurde von den Beratern des Königs oft heftig beklagt.[118] Missbrauch ging auch so weit, dass Bischöfe hin und wieder die Einnahmen aus dem „Zehent" der kleinen Ortskirchen plünderten und die Pfarrer der kleinen Ortsgemeinden mittellos zurückließen.[118]

Letztlich aber hielt sich königliche Macht in einem Balanceakt zwischen persönlichen Zuwendungen an Aristokraten und unpersönlichen Ermahnungen zur Ordnung, zwischen der Befriedigung regionaler Machtinteressen einerseits, und andererseits der imperialen Vision eines neuen Reiches nach dem Muster Roms und Byzanz's.

Aristokratenkinder, oft in solche kirchlichen Ämter gezwungen, führten Klöster mitunter als unfähige Laien-Äbte. Der Missbrauch dort nahm schließlich Formen an, die zur Gründung eines „Muster-Klosters" einer neuen Art führten und damit in ein neues Zeitalter: Cluny.[118] Besonders im Frühmittelalter waren viele Klöster und Bischofssitze eigenständige Städte mit aller dazugehörigen Infrastruktur, Zentren von Wissen und Macht. Religion als Machtinstrument für die königliche Forderung nach moralischem Verhalten, aber schon auch Ausdruck manch tiefen Gottesglaubens. Enge Vertraute führten Karls wichtigste Klöster, und zwar mehrere gleichzeitig: Alkuin zum Beispiel war Abt von fünf Klöstern, Einhard leitete gar sechs davon.[118]

Ein Zweck dieser Machtstruktur im werdenden Gottesstaat war also der Durchgriff auf die soziale Ordnung und das Bildungswesen mit Hilfe der Kirchenfürsten und Äbte und deren Einrichtungen: Städte waren um den Bischofssitz angeordnet, der Bischof war Arbeitgeber für Viele und der eigentliche regionale Machthaber. Besonders Klöster waren häufig autarke Kleinstädte mit Handwerkern, anderen Bediensteten[118] und mitunter mehreren hundert Mönchen. Zu Karls Regierungszeit wurden über 230 Klöster und 7 Kathedralen errichtet (zum Beispiel die Kathedralen von Köln und Reims in ihrer „Urform", meist aus Holz.[118]) Als Beispiel zur Machtverteilung sei erwähnt, dass Karl den Bischöfen anordnete, zu besonderen Anlässen jeweils drei Messen zu singen, drei Psalmen

Macht-
struktur
Zur Macht-
sicherung

Der
christliche
Gottesstaat

für den König, für die Armee und das Volk vorzutragen.[118] Als eine Diszipli-nierungsmaßnahme ordneten König und Bischöfe dem Volk den sonntäglichen Kirchgang als Bürgerpflicht an.[118] Zu den königlichen Bemühungen zählte auch der Versuch einer einheitlichen Mess-Liturgie für das gesamte Reich, und die Ausbildung der Priester im Lateinischen wenigsten so weit, dass sie selbst verstanden, was sie während der Messe und anderen Zeremonien sprachen oder lasen.[118]

Über das Reich verteilt gab es über 250 Königs-Residenzen, die so wie die Klöster den Kern von Siedlungen und Städten bildeten.[118] Im Vergleich zu Rom mit seiner Einwohnerzahl von 20.000 [118] hatte Paris 4000, Metz 6000 (im Bereich des heutigen Frankreich schätzt man 18 bis 20 Millionen Einwohner.[118]

Die moralische Selbstregulierung im Gottesstaat sollte nach der Vorstellung von dessen Architekten, Alkuin (Abb. 41), so weit gehen, dass alle Menschen im Volk einander täglich die kleinen Sünden des Alltags beichten; nur schwere Sünden sollten dem Priester anvertraut werden.[118] Diese Vorstellung würde im späteren Mittelalter noch drastischere Formen an-nehmen, wenn Sünder für schwere Ver-gehen öffentlich bestraft wurden (z.B. Pranger). Diese gesamte Ideologie eines Gottesstaates, konstruiert zwischen König und Klerus, wurde jedoch gleichzeitig von

Abb. 41: Alkuin von York als Dachfigur am Kunsthistorischen Museum Wien. [121]

den Aristokraten brutal konterkariert durch die Ausbeutung der besitzlosen Masse [118] – diese zynische Differenzierung zwischen arm und reich vor den Augen eines Gottes der Nächstenliebe war wohl stets die schwierigste Hürde bei der Missionierung.

So schwer es zunächst vorstellbar ist: die Menschen spielen in diesem Gottes-staat eine – wenn auch wegen der Arbeit und Versorgung der Reichen entschei-dende, so doch – aus der Sicht christlicher Vorstellung erschütternd untergeord-nete Rolle. Damit wird man einmal mehr an die Regelhaftigkeit von Missbrauch jeglicher Ideologie aus Machtgier erinnert; Armut, Krankheit und Hunger reichen nicht, es muss auch noch Unterdrückung sein: im christlichen Gottes-staat des Frühmittelalters nahm der Klerus gegenüber dem Volk jene Rolle ein, die das Militär in den Monarchien des späten 19. Jh. innehatte: sie sind die eigentlichen Menschen, das Volk ein unvermeidliches Übel. Dagegen ermahnte z.B. Paulinus von Aquileia mit folgenden Worten: „*Christus hat sein Blut nicht nur für Priester vergossen, sondern für die gesamte Menschheit ...*" [118] Aufruhr war so gut wie nichtexistent.[118] Schon Bewaffnung zum Selbstschutz der Bevölkerung gegen Überfälle streunender Banden wurde verboten. Das sollte sich dann bei den Überfällen durch die Normannen bitter rächen.[118]

Es gab diese „schweigende Mehrheit" des Volkes, viele Rechtlose, die auch jederzeit als Sklaven verkauft werden durften, vor allem auch Kinder. Eben diese Einstellung zum Sklaventum ist es, die aus heutiger christlicher Perspektive besonders schwer verständlich ist: jedermann, der es brauchen und sich leisten konnte, kaufte Sklaven für alle möglichen Arbeiten. Auch Klöster und Bischofssitze hielten Sklaven,[118] nicht nur die braven sonntäglichen Kirchgänger. Christen verkauften Christen als Sklaven an jedermann im In- und Ausland, z.B. auch an die Araber. Eine Gelegenheit dazu bildeten neu eroberte Gebiete im Osten: Könige und Bischöfe versuchten zwar gleichzeitig, den regen Sklavenhandel zu verbieten oder wenigstens zu regulieren. Sie blieben jedoch trotz der Bemühungen der Könige oft der Eigenjustiz und Willkür ihrer Besitzer ausgesetzt.[118]

Man bezichtigte Juden nicht nur des Sklavenhandels, sondern warf ihnen auch vor, Kinder zu stehlen, um sie zu verkaufen, und Sklaven zu kastrieren, um sie den Arabern als Eunuchen verkaufen zu können. [118]

Um des Aberglaubens und heidnischer Riten Herr zu werden, der in den verschiedenen Völkern tief verwurzelt war, gab es viele christliche Versuche, Bemühungen, Drohungen und Strafen. Die Chronisten berichten von drastischen Maßnahmen wie die Geschichte von Bischof Bonifatius.[A138] Dazu kamen Verbote wie das der Traumdeuterei.[118] Dabei: wie so viele Herrscher, Diktatoren und andere Politiker, so war auch Karl der Große selbst abergläubisch geblieben und ließ sich vor wichtigen Entscheidungen astrologisch beraten.[118] Heiligenverehrung verkörperte sich sozusagen außer in der Reliquienmanie auch in der Anbetung von Heiligenbildern; Alkuin versuchte eindringlich, sie zu unterbinden – ebenso erfolglos wie alles andere religiöse Verhalten urzeitlicher Herkunft.[118] Der Marienkult hingegen war offenbar noch nicht bekannt, hatte sich noch nicht vom Osten her bis ins karolingische Land ausgebreitet.[118] Heiligenverehrung war insgesamt aber akzeptiert; die Heiligen waren eine Art Mittler zwischen dem Menschen und seinem fernen, theoretischen Gott.[118] Von ihnen wird seither Vermittlung der Bitte um Schutz vor Krankheit und Gefahr erfleht.[118] Damit geriet der Klerus zurück in die Situation des Kampfes gegen Aberglauben und heidnische Praktiken.

So wie auch heute in Europa und der Welt ist Multikulturalität auch im Frühmittelalter kaum feststellbar: man lebte in seiner eigenen Provinz und redete schlecht über die anderen.[118] Das einzige – wenn auch nicht verbindende, so wenigstens gemeinsame - Element war eben das Christentum mit seinem Weltbild, das alles und Alle einschloss. Was das Christentum so breit anwendbar machte, war auch seine an anderer Stelle in mehr Detail besprochene Toleranz,

Multikulturalität im christlichen Gottes-staat?

heidnische Elemente zu integrieren. Regenten und Fürsten versuchten jahrhundertelang erfolglos, mancher heidnischen Religions- und Rechtsvorstellungen Herr zu werden: alte germanische Strafen wurden wiederholt von Königen verboten, jedoch mit dem Segen der Kirche noch Jahrhunderte weiter praktiziert.[118] Vor allem auf dem Lande gab es keine Multikulturalität, schon gar nicht verordnet: *„Kein Fremder, der in ein Dorf kam, konnte sich dort ohne Zustimmung aller Einwohner niederlassen".*[118]

Karl jedoch hatte sich der Herausforderung gestellt, diese Menschenmassen aus unterschiedlichen Kulturen zu einem Staat zusammenzuführen und die nach Europa nachgerückten Völker anzubinden an die alte Kultur vorort, auch, an das alte Wissen heranzukommen und diese Bildung im Volk zu verbreiten - und aus diesem Gemisch von Alteingesessenen und Immigranten eine Einheit zu machen. Der Nachteil am Vehikel dazu, dem Christentum, war dessen eigener Machtanspruch, nicht nur über die Könige, sondern auch über das Wissen des Gottesvolkes. Wieviel davon ist gelungen? Vorerst fast ausschließlich die teilweise mit Flamme und Schwert durchgesetzte Christianisierung. Geblieben ist aber auch die Lehre, dass es unmöglich ist, Kulturfremde kurzfristig zu „integrieren". Karl der Kahle, Enkel von Karl dem Großen und Nachfolger auf dem Kaiserthron, musste 853 seine Beamten auffordern, die Versorgung von Mitbürgern zu gewährleisten, die vor den Überfällen der Normannen von den Küstenregionen ins Landesinnere geflohen waren, ihnen Willkommen zu bereiten, bis sie in ihre Heimat zurückkehren konnten [118] - Erinnerung an die „Zivilgesellschaft" und „Willkommenskultur" unserer Tage. Oft aber wurden diese Flüchtlinge als Arbeitskräfte missbraucht und versklavt, weil man – ich erwähnte es schon zuvor – weil man einander fremd fand und nicht mochte – Informationen wie Nachrichten über zentralafrikanische Flüchtlinge im Nordafrika unserer Tage.

Was halbwegs gelang, war ein einheitliches Steuerwesen,[118] die Einführung des Denar als Währung [118] und so manche technische Neuerung wie zum Beispiel die Wassermühle.[118] Auch Landbesitz war einheitlich geregelt, vor allem nach dem Lehensprinzip, zum Beispiel als Pächter mit entsprechender Verpflichtung zu Abgaben, oder als Bauer und freier Arbeiter auf einem Gut.[118] Die Kleidung war für jede soziale Schicht einheitlich vorgeschrieben, für geistliche wie für weltliche - mit Ausnahme der Aristokraten.[118] Das wöchentliche Bad war schon zu Karls Zeiten reichsweite Gewohnheit; sie war sogar derart verwurzelt, dass „Badeverbot" zur gerichtlichen Strafe gemacht werden konnte.[118] Königliche Verordnungen regelten schon damals die Preise für Waren und die Pflicht zur Markierung der Herkunft von Schlachtvieh, ebenso die Maßnahmen gegen Spekulation und Wucher.[118] Allerdings war überall mit Problemen und Widerständen zu rechnen: schon an den vielen verschiedenen Maßeinheiten begannen schier unüberwindliche Schwierigkeiten. Unabhängig davon existierte reger Handel innerhalb des Reiches und nach außen mit den Normannen,[A71] den Arabern und nach Osten über Russland und die Steppen bis China; jüdische Händler waren besonders mit den Kontakten nach Nahost, Ägypten und Nordafrika erfolgreich und daher gerne gesehen.[118] Äußerst modern mutet der

Waffenhandel an: Karolinger verkauften Schwerter an Normannen, mit denen sie dann selbst wieder angegriffen wurden. Karl der Kahle verhängte schließlich für solch verbotene Waffenexporte die Todesstrafe.[118] Strafen waren aus heutiger Sicht in allen Rechtssystemen drastisch: in Italien wurde Diebstahl beim ersten Mal mit Verlust eines Auges bestraft, beim zweiten mit dem Aufschlitzen der Nasenflügel, beim dritten Mal mit dem Tod.[118] Nach lombardischem Gesetz wurde die Todesstrafe verhängt, wenn jemand einer Frau beim Baden die Kleider stahl, so dass sie nackt nach Hause gehen musste.[118]

Im Gesundheitswesen dominierte noch so mancher kuriose Unsinn wie regelmäßiger Aderlass anstelle vernünftiger Ernährung; Alkoholismus war in allen Schichten weit verbreitet.[118] Es gab zwar altüberlieferte Heilkräuter, aber auch Praktiken bis hin zu Zaubereien, weit entfernt von der vergleichsweise hochentwickelten Medizin der Byzantiner und Araber; daher rührte denn auch Karls Bemühen, das Studium der Medizin als Allgemeinwissen zur achten freien Kunst im altüberlieferten römischen Bildungssystem zu machen.[118] Klöster und eigens errichtete „Hospitale" sollten für Reisende, Alte und Kranke sorgen, die jeweils ein Recht auf Unterkunft und Verpflegung hatten. Manche traten ihr Eigentum an das Kloster ab, um sich für ihre Pflege beim Kloster einzukaufen. Aus dieser Einrichtung wurde sowohl das heutige „Hotel" als auch das „Hospital". Auf den Pilgerrouten nach Rom und nach Jerusalem entstanden zusätzlich Gästehäuser.[118] Schon seit dem 4. Jh. war der Hang zu Pilgerfahrten entstanden; daraus entwickelte sich ein regelrechter Tourismus mit Führungen, so wie wir dies heute kennen. Dank eines Abkommens zwischen Karolingern und Abbasiden hatten Pilger freien Zutritt zu den heiligen Stätten von Jerusalem, Bethlehem und Nazareth sowie auch anderen Orten, und genossen dort Schutz. Die Stätten selbst wurden zur Zeit Karls von 50 Priestern betreut. Besonders das Grab Jesu war seit dessen Wiederentdeckung durch die Mutter von Kaiser Konstantin um das Jahr 320 ein wichtiger Pilgerort für Christen. Pilgerreisen konnten auch als Buße für Untaten verhängt werden.[118]

Der kleinen Eiszeit ab dem Spätmittelalter gingen immer wieder extrem strenge Winter voraus: in der „Außerferner Chronik" [122] wird berichtet, dass im Jahr 821 Rhein und Donau zugefroren waren. Im Jahr 860 soll das Mittelmeer in der Gegend von Venedig zugefroren sein, so dass die Schiffe nicht auslaufen konnten; daher mussten alle Güter aus Nahost auf dem Landweg herangeschafft werden.[118] Das 9. Jh. war insgesamt durchsetzt von Katastrophen, Dürren und harten Wintern mit Missernten.[118] Dies führte allgemein zu ständiger Sorge um Reserven, in jedem Bauernhaus, jedem Kloster und sogar bei Hofe.[118]

Karls Regierungszeit und Außenpolitik

Im Jahr 768 übernimmt Karl die Regierung, er wird sie 814 mit seinem Tode an seine Söhne abgeben, als „der Große", „mythischer Herr des christlichen Abendlandes",[123] Herrscher von legendärem Rang in der Weltgeschichte. Einen entscheidenden Beitrag zur Schaffung und Erhaltung eines christlichen Europa hatte 732 bereits sein Großvater, Karl Martell, geleistet: der überragende Militärstratege hatte es mit seinem fränkischen Reitergeschwader geschafft, den Vorstoß des islamischen Heeres bis Mittelfrankreich bei Tours aufzuhalten. Noch im Jahr von Karl's Regierungsantritts hatte sein Vater Pippin „der Kurze" Aquitanien zum Reich geholt. Im Jahr 754 hatte Papst Stephan II. Pippin um Schutz gebeten und war dafür sogar über die Alpen ins Frankenreich gereist, auf der Flucht vor den Langobarden. Damit war die Rolle der Karolinger als Schutzmacht für und über das Papsttum in Rom schon vorbereitet. „Weltpolitisch" gesehen fand sich Karl bei seinem Regierungsantritt einerseits bedroht von einer islamischen Großmacht, weiter im Osten von den Awaren, nach Südosten jedoch geschützt durch das Oströmische Reich von Byzanz. Jegliche Gebietsexpansion war also zunächst auf Mittel- und Nordeuropa beschränkt.

Abb. 42: Karl der Große mit Schwert und Globus, Galerie Monte Cassino.[124]

Im vierten Jahr seiner Regierung zieht Karl also erstmals ostwärts, gegen die Sachsen, 5 Jahre später nach Italien, um das Königreich der Langobarden und deren „Eiserne Krone" (Abb. 108A) zu erobern und sich selbst zu deren König und die Königstochter zu seiner vierten Ehefrau zu machen, gleichzeitig den Papst in Rom von ihnen zu befreien und damit offiziell zur Schutzmacht des Heiligen Stuhles und zum Römischen Patrizier aufzusteigen.

Mit der Übernahme Bayerns, Teilen von Sachsen und Frieslands, sowie der Kontrolle über die Regionen des heutigen Österreich, Ungarns und Teilen des Balkans schaffte er ein Reich, das in weitem Umfang dem Bereich der heutigen Europäischen Union entspricht. Mit entscheidend für die erfolgreiche Expansion nach Osten war der Sieg über die Awaren. Diese Stämme der Mongolen und Hunnen aus Zentralasien waren schon in der Mitte des 5. Jh. an der Grenze von

Byzanz aufgetaucht und hatten sich letztlich in der ungarischen Tiefebene festgesetzt. In der Zwischenzeit hatten sie die südlichen und westlichen Nachbarn immer wieder militärisch beschäftigt, Byzanz, die Langobarden in Oberitalien, die Bayern, mitunter auch Völker weiter im Norden, einmal sogar bis durch hinüber ins Frankenreich. Häufig traten sie gar nicht selbst auf, sondern schickten die ihnen tributpflichtigen Slawen vor. Ab 788 und in den 90er Jahren drängte Karl die Awaren schrittweise und wiederholt aus Bayern, Österreich, Kärnten und Friaul zurück und richtete eine Ostmark als Sicherungsposten ein, deren südöstlicher Bereich in der heutigen Steiermark liegt und damals dem Bistum Salzburg und der Grafschaft Unterpannonien unterstand.

Die Awaren, über 250 Jahre lang Herrscher über ein großes Reich, gingen schließlich in der östlichen Bevölkerung des Reiches auf und wurden zwangschristianisiert, soweit sie nicht freiwillig weiter nach Osten auswanderten.

Mit seinem Königssitz in Aachen richtet Karl ein Zentrum überregionaler Verwaltung und Regierung im nach-römischen Europa ein: als König Karl I. von Frankreich, Kaiser Karl I. des Heiligen Römischen Reiches, gründete er mit Aachen den Sitz für die künftigen Kaiser des Heiligen Römischen Reiches über

Königssitz Aachen

Abb. 43: Innenansicht der Pfalzkapelle zu Aachen. Photo:[125]

700 Jahre. Manche Bauten Karls des Großen sollten gleichermaßen an Rom und Byzanz erinnern (Abb. 43). Aachen blieb später auch der Krönungssitz für den Deutschen König.[A72]

107

Dass zehn Jahre nach Regierungsantritt der Marsch gegen die Mauren in Spanien fehlschlägt (dort spielte sich die Tragödie der Rolandsage ab, als die Nachhut des Frankenheeres von den Sarazenen niedergemetzelt wurde) - er scheitert mit seinen Versuchen, Spanien für das christliche Europa von den Umayyaden-Herrschern zurückzuerobern – wird zum weiteren Erbe seiner Regentschaft: Hinweis und Warnung, dass für Europa hier mit einer andauernden Herausforderung und Auseinandersetzung zu rechnen ist. Der über tausendjährige Streit zwischen der europäischen christlichen und der arabisch-türkischen muslimischen Welt ist – wenn auch derzeit vorwiegend um Gemeinschaftswerte - bis zum heutigen Tag nicht beendet. Karl war es zumindest gelungen, südlich der Pyrenäen eine Pufferzone freizukämpfen, einen Vorposten des Christentums, der auch den im Kalifat von Cordoba lebenden Christen Zuversicht geben konnte.

Auf der anderen Seite nutzte Karl der Große Möglichkeiten, mit dem Islam günstige Abkommen zu treffen, so wie später im 16. Jh. König Franz I. in seinem Kampf gegen die Habsburger. Denn der Abbasiden-Kalif von Bagdad Harun-al-Rashid war mit dem Emir von Cordoba in Spanien verfeindet,[A73] dem Feind Karls.

Das Schicksal hatte Karl den Papst in die Arme getrieben: Leo III. flüchtete vor den Langobarden aus Rom und sandte schon vorab den Schlüssel vom Grab Petri und das Banner der Stadt Rom an Karl, der ihm nach seiner Eroberung Italiens und Vertreibung der Langobarden seinen Schutz anbot und seine de facto Herrschaft über Rom als Schutzherrschaft für die Heilige Stadt bezeichnete. Mit seiner Krönung zum ersten nach-römischen Kaiser am Weihnachtstag des Jahres 800 durch Papst Leo III.[A74] schuf er das Bindeglied zwischen dem antiken und dem neuen Europa. Allerdings sollte gleich zu Beginn ein Missgeschick im Augenblick des Krönungsaktes einen jahrhundertelangen Machtkampf zwischen Kaiser und Papst ankündigen, der zu allerlei Gedanken über Religion und Macht anregt [A75] und in der Realpolitik manchen Gegenpapst hervorbrachte. Karl selbst wurde von so einem Gegenpapst heilig gesprochen, obwohl – oder weil? – er angeblich, als „Blutbad von Verden an der Aller" 4500 Sachsen erschlagen ließ, weil sie sich geweigert hatten, das Christentum anzunehmen. So manche katholische Majestät der Neuzeit als Zweitstellvertreter ist wohl diesem Beispiel gefolgt, z.B. in den Kolonien.[A76]

Das „Ökumenische Heiligenlexikon",[126] eine unabhängige protestantische Informationsquelle, begründet denn auch das Ereignis vom Plan der Heiligsprechung Karls mit den Worten: *„Karls Bedeutung liegt weniger in seinem frommen Leben, als in seiner politischen und geschichtlichen Wirksamkeit.*[A77] Und der Historiker Valentin schreibt ohnehin: *„Will man Karl den Großen verstehen, dann muss man jene erhabene thronende Figur, ... das Sinnbild weltgeschichtlicher Ruhe und Würde, vollkommen vergessen. Er war derb von Gestalt, kurznackig, der wuchtige Rundkopf trug den fränkischen Schnurrbart; ... Menschlich führte er mit seinen vielen Frauen und Nebenfrauen ein saftiges Dasein, unbeschwert von zu viel Frömmigkeit und Weisheit..."* [123]

Der wahre Hintergrund macht die Geschichte zwar aus Sicht der Kirche nicht wesentlich besser, soll hier aber dennoch ergänzt werden: der Initiator war nicht *ein* oder *der* Papst: Kaiser Friedrich Barbarossa wollte 1165 die Heiligsprechung Karls mithilfe des Erzbischofs von Köln erwirken. Papst Alexander III. sprach sich dagegen aus, doch Gegenpapst Paschalis III. befürwortete den Plan. Als Kompromiss darf Karl der Große seit 1176 als Seliger verehrt werden, wird von der Kirche jedoch nicht als solcher offiziell anerkannt.

Wie auch immer man dazu steht – die Konflikte um die Verleihung des Karlspreises in Aachen [127] mögen hier als eines der Anzeichen für unterschied-liche Sichtweisen stehen.[A78]

Karl hat Europa seinen politischen Rahmen gegeben; wieviel davon Weisheit und staatsmännischer Weitblick war, wieviel „einfach nur" Vitalität und skrupellose Durchsetzung einer Idee wie bei Alexander dem Großen, die bis an die Grenzen des Erreichbaren wirkend rennt, das muss hier weitgehend dahingestellt bleiben; von allem, was Menschen anstreben, verwirklicht sich ohnehin nur, was jeweils die Umstände des Augenblicks zulassen. Wollte er einen möglichst großen Gottesstaat, dem Rat des Heiligen Augustinus aus dessen „Civitas Dei" folgend? Jedenfalls muss man annehmen, dass er von „Europa" keine konkrete geographische Vorstellung haben konnte, außer dass die eroberten Gebiete mit Ausnahme des Ostens sämtlich von Meer umspült waren - eine grobe geographische Vorstellung machte man sich mit Hilfe geretteter römischer Straßenkarten [A79] und aktueller Reiseberichte. Was er sehr wohl wusste, war um die Existenz der „Anderen", der Muslime und der anderen Heiden. Karl selbst war wohl klar, dass dieses bunt zusammengeratene Reich in dieser Form nicht weiter führbar sein würde. Schon zu seiner Regierungszeit war es ja, wie erwähnt, ein Reich mit verschiedenen Sprachen.

Durch Karls religiösen und vor allem politischen Willen – eine Unterscheidung ist nach dem bisher Gesagten verständlicherweise schwierig - entstand ein weitgehend christliches Europa mit einem Gemisch von römischen und germanischen religiösen und säkularen Regeln. Keltisches und germanisches Kulturgut, gallo-romanische Welt, römisches und griechisches Erbe: in Karls Aachen und Reichsgebiet begann es sich zusammenzufinden als Basis für eine neue, europäische Kultur.

Eine treibende Kraft war zweifellos der unbändige Wissensdrang Karls: er holte die besten Köpfe in seine Pfalz nach Aachen, derer er habhaft werden konnte. Sein offenbar tiefes Verständnis der Bedeutung von Bildung für Macht und Ordnung führte auch zur Einsicht der Bedeutung von Schulbildung, und Bildung für das Volk im Allgemeinen. Seiner Initiative ist die Entstehung eines neuen Bildungs - und Wissenssystems zu verdanken, das Elemente aller seiner Länder vereinte und mit der griechisch-römischen Tradition verband, auch „lateinische Geisteswelt" genannt,[128] vor allem aber „Karolingische Renaissance":

Basis für einen neuen, den europäischen Kulturkreis

Die Karolingische Renaissance: Schule, Bildung, Wissenschaft

Nach dem Ende des weströmischen Reiches sorgte zunächst der christliche Klerus für die Fortführung der Pflege von Bildung, Wissen und Weisheit: Noch während der letzten Jahre der Römerzeit begannen sich erste Klöster nördlich der Alpen und im heutigen Frankreich zu etablieren. Allerdings hatte dies wieder nichts mit unserer Vorstellung von allgemeiner Schulbildung zu tun – was wusste man überhaupt, was konnte man weitervermitteln? Zunächst waren die Inhalte der Grundschule keine triviale Herausforderung: noch im Jahr 800 war sogar der Kaiser Analphabet. Karl, der später viel las, jedoch nicht mehr richtig schreiben gelernt hatte, übte heimlich nachts.[118]

Die Mönche waren über ihren Bildungsauftrag hinaus naturgemäß vor allem an ihrer Religion interessiert; sie waren jedoch oft auch die Experten in Geschichte, weil sie in ihren Bibliotheken die Schriften von Vorgängerkollegen oder römischen Historikern stehen hatten. Die übrigen Lehrfächer orientierten sich an der römisch-griechischen Tradition: man lehrte weiterhin die „septem artes liberales", denen als höchste Stufe am Schluss die Philosophie folgte – im Frühmittelalter muss aber diese Ausbildung aus relativ ärmlichen Restbeständen rekrutiert worden sein, ein altertumsloses religionsphilosophisches Gemisch,[118] denn zu den letzten Taten des christlichen Rom zählte die möglichst lückenlose Vernichtung der klassischen Literatur; die Schriften der „paganen" Griechen und Römer wurden erst viel später im Laufe der Jahrhunderte wieder entdeckt. Arithmetik, Geometrie, Astronomie und Musik waren zusammengefasst als das römische „Quadrivium", Rhetorik, Philosophie und Grammatik im „Trivium". Zusammen genommen bildeten diese Gegenstände die „Freien Künste". All dies lernten aber nur wenige Kinder von Aristokraten, wie zuvor in Rom und Griechenland, diesmal allerdings vorwiegend jene, die für den geistlichen Stand vorbereitet werden sollten. Unterrichtssprache war Latein. Schon tausend Jahre zuvor in Rom hatte es ein geregeltes Schulsystem gegeben, das galt es wieder zu schaffen oder neu einzurichten, einheitlich für Karls Reich, große Bereiche Europas.

Die Verteilung christlicher Zentren hatte sich während der späten Römerzeit und der Völkerwanderung unterschiedlich entwickelt und erhalten: im heutigen Frankreich und Deutschland gab es schon ab dem 3. Jh., bis zum Ende des 5. Jh. mehrere dutzend davon (siehe Christentum in Europa ab S. 186). Erste „poströmische" Versuche um das Jahr 600 im westgotischen Spanien, Schulen nach römischem Muster an Bischofssitzen neu zu etablieren,[118] waren bald durch den Einfall der Mauren durchkreuzt worden (589 war in Toledo noch Rekkared I., König der Westgoten vom Arianismus bekehrt und kanonisch christianisiert worden [129]). Erste solche Klosterschulen entstanden gleichzeitig in England, z.B. Canterbury im Jahr 597, in York 627.

Im Frankenreich der Merowinger hatte sich aus dem klassischen Latein ein Vulgärlatein als Mischung mit der Sprache zuerst der verbliebenen gallischen Kelten, dann der neuen Einwanderer, entwickelt. Das ist die Welt, in die Karl 742 hinein geboren wurde, in der er aufwuchs und dann als junger Regent zu wirken und über seine Aufgaben und Möglichkeiten nachzudenken begann. Nachdenken über Kultur beginnt mit der Erkenntnis der einfachen Weisheit, dass der Mensch ohne andere Menschen kein Mensch wird, sondern ein intelligenteres Tier bleibt. Dieser Gedanke führt wie von selbst zu den Nachkommen und wie wir sie erziehen. Sein Ehrgeiz angesichts der noch sichtbaren Reste der römischen Zivilisation war es, die großen Zeiten von Griechenland und Rom wieder aufleben zu lassen, zunächst in seiner unmittelbaren Umgebung, der Pfalz in Aachen. Auch Byzanz schwebte ihm als wenig konkrete Vision vor – er hatte es nie gesehen. Seine Vorfahren waren im Grunde geschichtslose, analphabetische, heidnische Haudegen zu Pferde. Erst Karl führte eine reguläre Geschichtsschreibung ein, die als „annales regni francorum"[130] bekannt wurden.[A80]

Die „Karolingische Renaissance" geht zwar nicht nur auf Karl zurück, sie war „an der Zeit",[118] aber es bedurfte eines Karl, um Bedarf und Möglichkeiten gezielt zusammenzuführen: Gelehrte aus Spanien, die vor den Arabern flohen; sie brachten Manuskripte mit, die in den Kopierstuben von Lyon kopiert wurden. Italiener, die Karl von seiner Reise 774 mitbrachte, aus Monte Cassino, Pisa und Aquileia – schon der Odem des Alten Rom und das Wissen um das klassische Bildungswesen von Hellas und Rom [A81] musste dem Vorhaben in Karls Vorstellung Flügel verleihen. Und natürlich Alkuin aus York, den er seine Vision umsetzen ließ, wenn auch Alkuin letztlich viel zu weit in Richtung eines Gottesstaates mit Gedankenkontrolle drängte.

Für dieses große Vorhaben, Wissen, Bildung zur Schaffung einer neuen gemeinsamen Kultur für weite Teile Europas auf breitere Basis zu stellen und in die Wirklichkeit umsetzen zu können, baute Karl auf den Klerus: im Jahr 789 leitete er eine erste Wende im Bildungswesen mit der „admonitio generalis" ein, einer Art Rundschreiben an alle Bischöfe und weltlichen Würdenträger. Darin ordnete er an, dass nicht nur in allen Klöstern, sondern auch an allen Bischofssitzen Schulen zu errichten seien.[131] Damit nahm er den Klerus offiziell in die Pflicht, seine Initiative auch für die weltliche Seite der Bevölkerung umzusetzen. Schrittweise bekamen damit auch die Kinder „normaler" Leute Zutritt zur Schulbildung. Manche Klöster boten daraufhin die Grundschule für Lesen, Schreiben und Rechnen für die gesamte Bevölkerung der Region an, zunächst als freiwillige Zusatzleistung neben der Ausbildung jener Kinder und Jugendlichen, die für die Ausbildung zum Priester ins Kloster kamen, später obligatorisch als „externe" Schule für alle Kinder. Zusätzlich sollte jeder Priester in seiner Gemeinde „nach Möglichkeit" eine Schule einrichten. Als Schreibmaterial erhielten die Kinder Wachstafel und Stift wie in der Antike. Ein Haupthindernis dürften für längere Zeit die Eltern gewesen sein, denn Kinderarbeit war eine Selbstverständlichkeit. Immerhin aber war mit dieser Initiative Karls der Grundstein für ein Bildungsbewusstsein und ein daraus resultierendes Bildungssystem gelegt: Jedes Kloster, das auf sich hielt, musste eine Kopierstube betreiben, um in der Lage zu sein, Texte für die eigenen Mönche, die Schüler, für Gelehrte, Priester und Aristokraten verfügbar zu haben.[118] Schließlich wurde für die Kopierer auch ein neuer

Schrifttyp entwickelt, die „karolingischen Minuskeln", die leichter zu schreiben waren als die römische Kursivschrift. Neben den Kopierstuben entstanden auch Bibliotheken; die größten davon begannen zunächst mit wenigen hundert Exemplaren: Kirchenschriften, Bücher über Grammatik, Rechtsprechung, Poesie, Medizin und selten auch ein Buch über die antike heidnische Literatur, eigentlich verboten, aber von allen Gebildeten geschätzt. Dazu schreibt Riché: *„Jeder christliche Humanist kannte diesen Konflikt oder lernte ihn kennen".*[118]

Auch wenn Karls Bemühungen zunächst nicht durchwegs von Dauer blieben,[A82] so entstanden dennoch nach dem Muster der Kloster- und Stiftsschulen im Laufe des späteren Mittelalters und der frühen Neuzeit auch städtische Schulen als Lateinschulen und als sog. Klipp- oder Winkelschulen. Universitäten wird es noch längere Zeit nicht geben.[A83]

Der erste Euro und der erste Europäer - Ein Nachruf

Karl führte auch ein Münzsystem ein, den „Denar" wie im Alten Rom, gültig in ganz Europa, sogar in Britannien – also doch ein Beginn von Europa. Insoferne bleibt er Vater, auch wenn er selbst und sein Land sich dieser Vaterschaft nicht bewusst war, Leuchtturm also allemal, auf dem Weg zu Europa, auch wenn man diesen Leuchtturm nicht als Denkmal bewundern oder gar verehren mag. Manche Wissenschaft belehrt uns heute: Europa ist eine Idee des 19. Jahrhunderts. Andere fragen: ist es heute mehr als eine Idee? Welcher Platz steht also Karl aus dieser Gesamtsicht in der Reihe herausragender Menschen zu?

Man stelle sich Wagner im rosa Négligé in seiner geheimen Ankleide vor, während man die Ouvertüre zu Parsifal hört; oder Anton Bruckner, der seiner Putzfrau einen Heiratsantrag macht, während der Anfang seiner Siebten Symphonie erklingt, Mozart, der kichernd einen fäkalen Witz erzählt, während man eine Arie von Sarastro aus der Zauberflöte hört. Bei allen Dreien mag man sich in der jeweiligen Situation die Frage stellen, wie sich diese Persönlichkeit mit unserem eigenen Erleben ihres Werkes zusammenfügen kann. Sehr treffend ist die Darstellung der möglichen Diskrepanz zwischen dem Menschen und seinem Werk Peter Shaffer mit seinem Theaterstück über den Konflikt zwischen Mozart und Salieri gelungen: der mittelmäßige Salieri beklagt sich in seinem Selbstgespräch mit Gott mit den Worten: *„Dieser lächerliche Zwerg ..."* [132] Dies möge bedenken, wer die Bedeutung eines Lebenswerkes nach dem Charakter des Menschen beurteilen zu können meint.

In seiner Zusammenschau der Kulturgeschichte der Menschheit würdigt Toynbee die kulturelle Leistung Karls als dauerhaft, sein politisches Bemühen hingegen bezeichnet er als „verfrüht ehrgeizig".[81] Mit dem Vertrag von Verdun im Jahr 843 verwirklichte sich jedenfalls Karls Ahnung: nach jahrelangen brutalen Wirren zwischen Kaiser und Vasallen, und zwischen Söhnen und Enkeln von Karl dem Großen, entstand das Bild des heutigen Europa: Frankreich unter Karl dem Kahlen, Deutschland unter Ludwig dem Deutschen, und Lothringen, Burgund und Oberitalien unter Lothar (ab 870 Ludwig II.). Was daran verfrüht gewesen sein könnte, bleibt Diskussionsstoff auf der Ebene des

„was wäre, wenn … " angesichts einer europäischen Wirklichkeit, für die wir Karl den Großen nicht verantwortlich machen können. Er schuf zumindest den Grundstein für eine gemeinsame Zivilisation, teilweise auch Kultur, jedenfalls aber Kulturkreis, in all den für ihn erreichbaren Ländern jener Halbinsel am westlichen Ende des riesigen Kontinents Eurasien, die sich später einmal als „Europa" erkennen und nennen würde. Nachfahren der Kelten, Awaren, Germanenstämme, Slawen, Gallo-Römer und Römer lebten in einem Staatengebilde, das man heute vielleicht multikulturell nennen würde. Dabei waren auch innerhalb des Rahmens von Karls Reichsgebilde die einzelnen Volksgruppen voneinander relativ großräumig getrennt und hatten zweifellos auch schon damals ein Bewusstsein von eigener Subkultur – schon allein der unterschiedlichen Sprachen wegen.

Es mag eines der größten kulturellen Verdienste und die bedeutendste integrative Leistung Karls gewesen sein, Bildung vom Klerus für die säkulare Welt zu beanspruchen, zu verlangen, dass nicht nur Priester, sondern auch - zunächst wenigstens - führende Köpfe für das zivile Leben herangebildet werden sollten, nach dem Muster Roms, sozusagen als geistiger Wiederaufbau nach den Wirren der Völkerwanderung, einer Epoche von immerhin 200 Jahren Dauer. Dieses Heilige Bündnis gelang und führte in ein Mittelalter der universalen Weltanschauung. Dieser Universalismus konnte durch zwei Voraussetzungen entstehen: das Christentum und die lateinische Sprache.

Die Welt nach Karl dem Großen

Mit dem Tod Karls des Großen ging dieser kraftvolle Auftakt in Richtung einer politischen Einheit Europas gleich wieder zu Ende. Der Beginn des jahrhundertelangen eifersüchtigen Gezänks um Vormacht und Nationalstolz der Regionen kündigte sich schnell an; die Zeiten änderten sich: Der Chronist Nithard schloss seine Beschreibung der Söhne von Ludwig dem Frommen mit dem Hinweis auf die Ordnung und Harmonie, die unter Karl dem Großen herrschte, im Gegensatz zu den Problemen, die seine Zeit nun unter dessen Enkeln sah.[118] Diese neue Verwilderung im Staat zwang die Menschen zur Selbsthilfe: die germanische Methode zur kollektiven Selbsthilfe in Zeiten, da der Herrscher Sicherheit und Ordnung nicht gewährleisten konnte, hieß „geldonia" und wurde im Lauf der Jahrhunderte zur „Gilde".[A84] Auf individueller Ebene wurden gegenseitige Abkommen für die Leistung von Diensten zum „Vassal" des Jüngeren gegenüber dem Älteren, dem Senior; letzterer wurde zum „Seigneur", Ersterer zum „Vasallen".[118]

Ein gesellschaftspolitisch äußerst bedeutsames Rechtsproblem war das Lehen als Dank für Treue gegenüber dem Regenten. Damit sich der König weiterhin bei Getreuen damit bedanken konnte, musste der vorherige Lehensnehmer mit seinem Tod das Lehen zurückgeben. Dagegen lehnten sich zunehmend Menschen auf, deren Familienexistenz mit dem Tod des Hausherrn plötzlich vollkommen zerstört zu werden drohte. Demnach wurde aus dem Lehen mit der Zeit ein Erbrecht. Dadurch aber wurde der Regent zunehmend entmachtet. Die Burgherren mit ihren Erbgütern gewannen an Macht – der Beginn des Feudalsystems.[118]

Zunächst aber wird die eben erst universal werdende Welt des frühen Mittelalters ständig in Frage gestellt, erschüttert durch Umweltbedingungen, Krankheit – und wieder einmal Migration:

Wikinger, Normannen, Magyaren und Araber

Noch einmal wird der Kontinent einen Sturm an all seinen Küsten, und noch ein weiteres Mal aus dem Osten ertragen müssen, der mit wilder, unbarmherziger Faust seine Bewohner heimsuchen wird, noch einmal werden sich Völker durchmischen, bevor eine neue Zeit, unsere Zeit, anbrechen kann; aber die Grundfesten für ein kulturelles Haus Europa sind errichtet und werden bis in unsere Tage Bestand haben.

Innere Stabilität hatte in Europa wieder ersten Wohlstand erstehen lassen; das reizte die nördlichen Nachbarn: noch während Karls Zeit hatten sie England überfallen und sich einmal sogar bis nach Bordeaux gewagt. Sobald die feste Hand fehlte, hielt sie nichts und niemand mehr auf: von Hamburg bis Pisa machten die skandinavischen Überfallskommandos, bekannt als Normannen oder Wikinger, die Küstenregionen unsicher, raubten Siedlungen und Städte brutal aus und verschwanden blitzartig wieder. Die bittere Wirklichkeit über fehlende politische Führung und mangelnden sozialen Zusammenhalt zeigte sich vor allem an der gemeinsamen Gefahr: die Überfälle der Normannen wurden fast Alltag; im Jahr 885 belagerten sie sogar Paris. Das übliche Verfahren der Bürger war zunächst die Flucht mit Hab und Gut in eine Gegend, die nicht oder noch nicht von den Normannen gebrandschatzt war.[118] Als erste flüchteten jeweils die Aristokraten und der Klerus. Manche Priester bezeichneten die Überfälle als Strafe Gottes für schlechte Lebensführung. Manche Aristokraten zahlten Lösegeld, um in Ruhe gelassen zu werden, andere nutzten Überfälle, um sich bei dieser Gelegenheit unliebsamer Gegner zu entledigen. Erst allmählich wurde unter Karl dem Kahlen mit dem Bau von Festungsanlagen begonnen und Abwehr organisiert.[118]

An mehreren Stellen jedoch setzten sich die Normannen mit Stützpunkten fest, wie in der Normandie und in der Gegend nördlich des heutigen Rouen. In mehreren Regionen Europas, nicht nur auf den Britischen Inseln, sind sie seither in die regionale Bevölkerung integriert oder bilden sie. Wo sich die Normannen in Europa niederließen, nahmen sie rasch die christliche Religion und die von Karl dem Großen neu belebte Kultur an.

Im Zuge ihrer Erkundungsfahrten kamen sie, wie wir heute sicher wissen, um das Jahr 1000 bis nach Amerika. Der schwedische Stamm der Waräger, auch Rus genannt, war im heutigen Russland eingefallen und bis nach Kiew gelangt; sogar Konstantinopel wurde angegriffen. Schließlich aber blieben sie die Begründer des heutigen Russland, dessen slawische Tradition und orthodox-christlichen Glauben sie annahmen; auch hier also wurden die Skandinavier in die vorbestehende Kultur der Besiegten integriert.[81] Kaum waren die Awaren zurückge-drängt oder eingegliedert, als schon die nächste Welle von Invasoren aus den öst-lichen Steppen bis Paris durchzog, ganz Mitteleuropa und Oberitalien mit Sturmattacken durchschüttelte und sogar über Rom bis nach Süditalien reichte. Der innere Friede und Wohlstand in der Zeit Karls des Großen lag in der Erinnerung der Menschen so weit zurück wie der Erste Weltkrieg für uns aus den Erzählungen unserer Großväter. Das Reich war führungsschwach zersplittert geworden in inneren Machtkämpfen; daher dauerte es bis 955, als sich die einzelnen Epigonen Karls gemeinsam aufrafften und unter Otto dem Großen die Magyaren in der legendären Schlacht auf dem Lechfeld vernichtend schlugen [81] - und vertrieben. Als danach auch noch die Reiche von Kiew und Byzanz aus ihren Richtungen gegen die Magyaren nachdrängten, wurden sie in der Ungarischen Tiefebene unter ihrem ersten König, Stephan I., sesshaft. Dazu halfen auch Maßnahmen, die wir später als ein Herrschaftsprinzip bei den Habsburgern wiederfinden werden: Stephan, christlich erzogen und in Prag getauft, wurde mit der Schwester des späteren Kaisers Heinrich II. verheiratet und damit sozusagen in die europäische Familie aufgenommen. Wie Karl der Große führte auch Stephan das Christentum mit eiserner Faust ein, wie Karl wurde er zum Weihnachtsfest gekrönt, im Jahr 1000, und zwar mit der vom Papst übersandten Krone, der Stephanskrone. König Stephan wurde schließlich, im Gegensatz zu Karl dem Großen, tatsächlich heiliggesprochen.[133] Mit gemeinsamen Kräften zwischen weltlicher und kirchlicher Macht war dadurch eine entscheidende Stabilisierung der Grenzen Europas nach Osten geschaffen. Interessant ist auch die multikulturelle Einstellung Stephans I., vorgetragen im Ratschlag an seinen Sohn: *„So wie die Ansiedler aus verschiedenen Ländern und Provinzen kommen, ebenso bringen sie auch verschiedene Sprachen und Sitten, verschieden lehrreiche Dinge und Waffen mit sich, welche den königlichen Hof zieren und verherrlichen, die auswärtigen Mächte aber erschrecken. Ein Land, das nur einerlei Sprache und einerlei Sitten hat, ist schwach und gebrechlich. Darum, mein Sohn, trage ich Dir auf, begegne ihnen und behandle sie anständig, damit sie bei Dir lieber weilen als anderswo.“* [134]

Die dritte, gleichzeitig von Süden her anbrandende Welle traf Europa von den Arabern: wie einst die Karthager, kamen sie aus der Gegend des heutigen Tunis über das Meer und besetzten die südliche Hälfte Italiens, Sizilien, die anderen westlichen Inseln und die französische Mittelmeerküste – nicht nur Missionare des Islam, auch Seeräuber; Byzanz konnte sie schließlich wieder vertreiben.

Die Magyaren

König Stephan I., der Heilige

Die Araber

Otto der Große
und die Umkehr der Völkerwanderung im Norden

Otto der Große war der erste, der das Werk Karls des Großen teilweise zu re-

vitalisieren vermochte, besonders nach dem Sieg gegen die Magyaren auf dem Lechfeld 955, nun, unter Führung der früher geknechteten sächsischen Seite, zusätzlich mit Burgund und Italien, aber ohne Frankreich. Otto wird – in der Nachfolge Karls des Großen, im Jahr 962 in Rom zum Kaiser des Heiligen Römischen Reiches gekrönt.[81]

Zunächst war die Grenzregion im Nordosten Schauplatz wiederholter Raubüberfälle und Kämpfe bis ins 11. Jh. Es waren vorwiegend Auseinandersetzungen zwischen drei Gruppen, dem Römischen Reich (mit Hamburg in Sachsen), den Normannen (mit ihrem Handelsplatz Haithabu) und den Slawen in der Region Hamburg und Holstein (mit dem

Abb. 44: König Otto nach dem Sieg in der Schlacht auf dem Lechfeld gegen Berengar II. Illustration einer Handschrift der Weltchronik Ottos von Freising. Mailand, Biblioteca Ambrosiana, Cod. S. P. 48, olim F 129 Sup., um 1200, Quelle:[135]

damals slawischen Oldenburg); Auseinandersetzungen nicht nur zwischen Normannen und Slawen,[A85] sondern auch zwischen den im 7. Jh. eingewanderten Slawen und den germanischen Nachbarn ließen nicht lange auf sich warten; Otto machte sie tributpflichtig und richtete erste Bistümer ein; seine Nachfolger, die Ottonen, begannen mit der Eroberung und Christianisierung von Regionen östlich von Elbe und Sale:

Was zur Zeit Karls des Großen die Sachsen erfuhren, gaben nun die sächsischen Markgrafen ihrerseits nach Osten weiter: es wurde unterworfen und massenhaft zwangschristianisiert. Weiter östlich, im heutigen Polen, glichen sich umgekehrt die deutschen Einwanderer den slawischen an. Dazwischen konnten einige Volksstämme wie die Kaschuben und Sorben ihre eigene Sprache und Kultur bewahren. Mit Ausnahme der Elbslawen wurden jedoch Alle christianisiert. Die elb-slawische Bevölkerung hingegen erhob sich 983 gegen diese unfreiwillige Assimilierung: die Aufständischen vertrieben Graf und Bischof für eine Weile. Polen und Sachsen versuchten zuerst gemeinsam erfolglos, die heidnischen Slawen endgültig zu unterwerfen; schließlich kämpften ohnehin Deutsche und

Polen gegeneinander. Die heidnischen Slawen konnten daher ihr Gebiet bis ins 12. Jh. hinein halten; dann setzten Kreuzzüge zur Christianisierung und Besiedelung dieser Ostgebiete ein, die „Germania slavica" genannt wurden. Im 13. Jh. schließlich kamen die Deutschordenritter: heimgekehrt aus dem Heiligen Land, durften sie dort einen Ordensstaat errichten.[A86] Als sogenannte Neusiedler kamen vor allem Holländer und Rheinländer, teilweise auch Bauern aus Schwaben und Franken. Die Bereitschaft zur Auswanderung blieb vielen Nachgeborenen als Ausweg offen, denn im Reich galt das Gesetz, dass Bauernland nicht geteilt werden durfte. Außerdem war die Bevölkerung in der Zwischenwarmzeit des 11. Jh. gewachsen. Das Reich begann übervölkert zu werden; der Osten und Südosten (Siebenbürgen) lockte als zusätzliches Ackerland für die jüngeren Söhne. Die Besiedelungsstrategie würde man heute als nachgerade preußisch bezeichnen: Land, Geräte und Saatgut wurden zukünftigen Dörfern nach einem exakten Plan zugeteilt; ein „Lokator", eine Art Bürgermeister, verwaltete und verteilte die Fläche an die zugeteilten Siedler. Ob daraus tatsächlich eine schrittweise weitere Ausdehnung ostwärts von Generation zu Generation wurde, geht aus Quellen nicht eindeutig hervor, jedoch liegt nahe, dass eine „selbst antreibende Kraft" das auch im Osten geltende Gesetz der Unteilbarkeit des Erbes und die große Kinderzahl der Einwanderer eine „wave of advance" nach Osten bedingten.[21]

Insgesamt soll der Osten mit etwa 500.000 deutschen Siedlern besetzt worden sein,[136, 137] eine nicht geringe Zahl, wenn man die deutsche Gesamtbevölkerung damals von etwa 6 Millionen bedenkt; Bacci weist in diesem Zusammenhang auch auf einen beeindruckenden Effekt hin, wenn er daran erinnert, dass bis zum Ende des 19. Jh. daraus eine deutsch-stämmige Bevölkerung von fast 30 Millionen wurde,[21] bedingt auch durch das Phänomen, dass freiwillige Auswanderer nicht einfach einen Teil der Durchschnittsbevölkerung repräsentieren, sondern eine positive Auswahl an Widerstandskraft und Erkundungswillen – Bacci nennt es „Gründereffekt".[A87]

Zusammengefasst handelt es sich aus kulturgeschichtlicher Sicht um sehr unterschiedliche Entwicklungen, bei denen einerseits die technische Überlegenheit der Deutschen [138] gegenüber den Slawen, andererseits die proportionalen Bevölkerungszahlen für die Dominanz des einen oder anderen Kulturbereichs ausschlaggebend waren.

117

Das Mittelalter – eine universale Welt?

Universale Glaubenswelt und irdischer Machtkampf

In seiner ersten Hälfte entwickelte sich das Mittelalter zu einer in sich geschlossenen Welt des universalen Christen-Glaubens; darin konnte sich eine irdische Welt des universalistischen Anspruchs etablieren, behütet von Papst und Kaiser. Das Gefühl, behütet zu sein, wird stets verbreitet in einer klar geordneten Welt (unabhängig davon, dass man sich darin auch unterdrückt fühlen kann): der dreifaltige Gott im Jenseits, die dreiteilige Gesellschaftsordnung im Diesseits: oratores (Klerus), bellatores (Ritter) und laboratores (Bauern und Handwerker)".[139] Man konnte sogar eine Dreiteilung des Raumes im Jenseits erwarten: denn das Fegefeuer zwischen Himmel und Hölle ist eine Erfindung im Mittelalter um 1200.[140]

Als „Christliches Abendland" verstand man die Gesamtheit der Bereiche christlichen Glaubens, die sowohl das Erbe Karls des Großen und die römisch-katholische Kirche wie auch das Byzantinische Reich umfasste, wenn auch die Grenzen davon sich im Laufe der Jahrhunderte verschoben. Außer dieser geographischen Abgrenzung Europas wird auch das gemeinsame Feindbild „Islam" und „Mongolen" als „programmatische Identität" des mittelalterlichen christlichen Europa verstanden: das christliche Abendland als Gottesstaat sah sich verpflichtet zur Verteidigung von Staaten, heiligen Stätten und der als christlich benannten restlichen Welt.[140] Diese Identität wurde bis zum Ende des Mittelalters und darüber hinaus immer wieder bemüht, so auch vom späteren Papst Pius II., der nach dem Fall von Konstantinopel in seiner „Türkenrede" von 1454 diese Einheit der christlichen Welt als Vaterland und Heimat beschwor; sie wurde im übrigen neuerdings auch als Vorwegnahme von Gorbatschow's „Gemeinsamem Haus Europa" bezeichnet.[140] Mit dem Hinweis auf diese „programmatische Identität" darf jedoch nicht über die immer wieder aufflammende innere Zerrissenheit durch den eifersüchtigen Machtkampf zwischen den Erben West-Roms hinweggetäuscht werden: die Erben Karls des Großen (Franken gegen Germanen) im Zwist um die Schutzherrschaft des Papsttums und des Papsttums gegen beide. Daher wird diese „programmatische Idee Europa" in Humanistenkreisen auch als „Überbrückungsversuch des politischen Staatenpluralismus" verstanden.

Dante, das erste Opfer der Idee von einem vereinten Europa?

Der Proponent der Europa-Idee ist wahrscheinlich Dante Alighieri gewesen - er wurde deswegen aus Florenz verbannt: er hatte vielleicht die erste Schrift über ein christliches Weltreich mit einem Kaiser verfasst: „ de monarchia", in der er den kaiserlichen Anspruch gegenüber dem Papsttum unterstützt.[141] Dante, der aus seiner Heimatstadt Florenz ins Exil flüchten und dort bleiben musste, weist mit seiner politischen Aktivität auf diese tiefe Zerrissenheit und Zerstrittenheit zwischen Ideen und Mächten in Europa bis hinein in die italienischen Stadt-staaten: im Florenz der Mitte des 13. Jh. war er im Machtkampf auf die falsche Seite geraten, zwischen Guelfen und Ghibellinen, und der in zwei Parteien gespaltenen Guelfen, der „Schwarzen" Papstunterstützer und der „Weißen", die Dante mit seiner Schrift unterstützte, in der er ein „vereinigtes Europa unter der Herrschaft eines vernünftigen Kaisers" vorschlug.[140]

Abb. 45: Dante bittend vor Kaiser Heinrich VII. Allegorische Darstellung aus dem 19. Jh zur Verdeutlichung von Dante's Wunsch,
Heinrich als „Weltenkaiser" zu sehen. Quelle:[142]

Das Mittelalter – ein Zeitalter oder zwei?

Das traditionell-historische Mittelalter kann man aus einander widersprech-enden und gegensätzlichen Perspektiven sehen: das dunkle Zeitalter, „dieses tausendjährige Reich der Glaubensherrschaft", oder das Mittelalter als die Welt des universalen Glaubens, dessentwegen es seither diese den einzelnen Herr-schaftsbereichen übergeordnete internationale Kultur in Europa gab. „Die mittel-alterliche Menschheit", so meint Friedell sogar, „bildet ein Universalvolk, in dem die ... nationalen, lokalen Differenzen nur als sehr sekundäre Merkmale zur Geltung kommen".[2] Es ist eine Welt, in der Wissen aus dem Glauben geschöpft wird, nicht umgekehrt. „*Der Mensch muss schweigen, damit Gott sprechen kann, der Mensch muss leiden, damit Gott wirken kann*".[143] Sehr prägnant beschreibt Friedell auch die Zerteiltheit und die Widersprüchlichkeit dieses Zeitalters, das einerseits erfüllt ist von „*einer majestätischen Mittagsstille*", in der die Welt „*ein gottgewolltes Mysterium*" ist, eine schützende Welt, erlebt in der Mystik und geordnet und erklärt in der Scholastik.[A88] Diese Welt wird im Diesseits wie im Jenseits von einem Gott der Nächstenliebe regiert. Andererseits wird eben dieses Mittelalter mittendrin zerrissen, wird binnen kurzer Zeit zu einer rationalen, bürgerlichen Welt, die dem Teufel und seinen Helfern mehr Aufmerksamkeit schenkt als Gott. In dieser neuen Welt herrscht plötzlich düstere, machtsüchtige Unterdrückung durch die Vertreter dieses Gottes auf Erden, eines Gottes, der beginnt, eine Katastrophe nach der anderen über die Menschen zu schütten, Menschen, die nun heimlich beginnen, sich von diesem Gott verlassen zu fühlen und ihre eigenen Wahrnehmungen über die Dogmen der Religionsherrscher zu stellen. Denn mitten hinein in eine wohlgeordnete, universale Welt hatten sich Katastrophen von derart tiefreichender Auswirkung ereignet, dass die Zeit danach nur mit Mühe noch als das gleiche Zeitalter erkennbar bleibt:

Katastrophen beeinflussen die kulturelle Entwicklung Europas

Heute ordnet man diesen tiefgreifenden Umbruch drei Ereignissen zu, der Pest, dem Hunger und den Mongolen: Es begann mit Überfällen der „Goldenen Horde", der Nachfolger des legendären Dschingis Khan, unter dessen Führung im 13. Jh. für kurze Zeit das größte Reich der Geschichte entstanden war.[A89] Die Reiterhorden überfielen die weitgehend wehrlose Bevölkerung Osteuropas, den europäischen Teil von Russland, Polen, Preußen, die Ukraine, Bulgarien, Ungarn, Tschechien und Slowakei sowie Ost-Österreich. Diese Attacken hatten weder aus ethnischer noch kultureller Sicht bleibenden Einfluss auf Europa; sie hatten aber der jeweils betroffenen Menschengeneration Leid und Schrecken gebracht; denn sie waren von unbeschreiblichen Massakern an der Bevölkerung begleitet, die in der Geschichtsschreibung und Literatur aller betroffenen Länder ihren Niederschlag fanden. Darunter ist die Rede von tausenden aufgetürmten abgeschlagenen Schädeln, mit Erdöl übergossen und als Drohung abgebrannt. Ein Beispiel dieser bleibenden Erinnerung ist Legnickie Pole.[A90]

Dass diese Überfälle schließlich für längere Zeit verebbten, lag an der zweiten Plage dieses Zeitalters: noch vor den Europäern hatte nämlich die Pest auch die Menschen im Orient dezimiert.

Zur Pestepidemie in Europa kommen wir im Kapitel „Migration und Krankheit" zurück.

Hunger, die dritte Geißel, war die Folge einer jener schlimmen atmosphärischen Störungen der Geschichte, Kälteperioden in der Folge von Vulkanausbrüchen oder als kurze Zwischeneiszeiten mit ihren Missernten und dem resultierenden Nahrungsmangel. Im Jahr 1278 fror der Bodensee vollkommen zu;[121] während der sieben Hungerjahre zwischen 1315 und 1322 sollen in manchen Regionen an die zehn Prozent,[144] nach anderen Autoren bis zu einem Drittel [145] der Bevölkerung verhungert sein. Diese Kälteperiode in der ersten Hälfte des 14. Jh. folgt der mittelalterlichen Warmzeit. Danach kamen erneut eiszeitähnliche Winter, wie 1431/32: Rhein und Donau, Bodensee und nördliche Adria waren zugefroren wie schon damals im 9. Jh. – die Hungernot 1432 war die Folge. Zwischen etwa 1550 und 1720 ereignete sich dann eine weitere „Kleine Eiszeit".[A91] Hunger war bis zum 19. Jh. überhaupt eine dauernde Sorge und Plage; zwischen den Jahren 1000 und 1850 soll es etwa 450 Hungersnöte gegeben haben.[146]

Das nächste Thema betrifft ein ausschließlich internes Problem des christlichen Kulturkreises, Ausdruck der Tendenz zu absolutistischer Machtausübung und Terror einer geschlossenen Gesellschaft gegen sich selbst, besonders dann, wenn es sich um einen Gottesstaat handelt; es sollte weit über das Mittelalter hinausreichen:

Die mittelalterliche Inquisition

Diese Eigenheit des Zeitalters stelle ich hier gesondert, und außerhalb der Katastrophen, obwohl sie alles andere als Ausdruck einer harmonischen Welt im Gottesstaat war – wir sprechen hier eher von einer Mischung aus Terror-Regime und Volkshysterie, verwoben mit Folgen einiger der negativen menschlichen Eigenschaften in einer Zeit, die zu Denunziation einlädt. Es geht um Ketzerei und Häresie, zentrales Anliegen der römisch-katholischen Kirche seit ihren Anfängen, damals, als es um die Göttlichkeit Jesu und seiner Mutter Maria ging.[A63] Inquisition, das war das Recht der Kirche, in einer parallel zur staatlichen Gerichtsbarkeit agierenden Art von Staatsanwaltschaft des Vatikans die Linientreue des Glaubens der Menschen zu hinterfragen und bis zur Todesstrafe zu verfolgen: ein Phänomen und Erbe des gesamten römisch-christlichen Europa, das seine moralische Doppelbödigkeit schon damals auf mörderische Weise demonstrierte, Erbe deshalb, weil Andersgläubige die christliche Welt daran noch heute, vielleicht heute mehr denn je, auf der Streitbühne universalistischer Ansprüche mit Häme vorführen.

Glauben müssen und nicht wissen dürfen

Seit Jahrtausenden war Einigen bekannt, und konnte es daher Allen sein, dass die Welt eine Kugel ist und dass der Organismus aller Säugetiere weitgehend der gleiche ist. Jedoch ging man im Mittelalter durch die Welt mit einer geistigen Brille des Glaubens auf der Nase, deren Filter nur Kanonisches zu sehen erlaubte. Was fehlte, war das öffentlich zulässige, vorbehaltlos kritisch-analytische Zusammenhangsdenken, das später dazu führen konnte, denkend im wahrsten Sinne wahrzunehmen, zur Kenntnis zu nehmen, was man ohnehin direkt vor der Nase hatte: nicht entdeckt zu werden brauchte es, lediglich für wahr genommen. In Philosophen- und Dichterkreisen war dieses kritische Denken – und daher die Zurückhaltung gegenüber Religion – spätestens seit dem antiken Griechenland verbreitet und setzte sich auf dem „Weg des Wissens" (hier ab S. 256) auf die arabische Welt fort, bis sie als „Renaissance" nach Europa zurückkam.[A92]

Papst Innozenz III. setzte um 1210 den ersten Inquisitor ein; er war mit gerichtlichen Vollmachten ausgestattet. Der Inquisitor konnte bereits bei schlechtem Ruf tätig werden, wenn also etwas „ruchbar", „anrüchig" wurde - eine ethymologisch sehr direkte Sachlage. Man wird an die Ausgrenzung von Ratten aus fremdem Nest erinnert:[1] wer fremd riecht, wird ausgegrenzt und riskiert sein Leben. Was daraus aber vor allem stinkt, ist Lynchjustiz, ist Mobbing von Gemeinden und Rotten, die aus der Inquisition eine Möglichkeit machten, unbeliebte oder im Wege stehende Mitglieder der Gemeinde zu beseitigen. Diese Initiative aus dem Volk heraus, nicht aus der Kirche, galt zunächst vor allem für die Hexenverfolgung. Dass Hexerei existiere und daher von der Inquisition verfolgt werden solle, wurde erst 1484 von Papst Innozenz VIII. mit der sogenannten Hexenbulle bestätigt. Zwei Jahre darauf veröffentlichte der Dominikaner Heinrich Kramer die Schrift „Der Hexenhammer", sozusagen eine Gebrauchsanleitung zur Enttarnung und Verfolgung von Hexen, auch eine Rechtfertigung für die Tötung von Hexen und für die Verfolgung all Jener als Häretiker, die öffentlich zu sagen wagten, sie glaubten nicht an Hexerei. Von da an nahm die Inquisition neue Fahrt auf und hielt weit über das Mittelalter hinaus an: Kramers Schrift wurde nach Einführung der Buchdruckerei in über 20 Auflagen publiziert und führte bis ins 17. Jh. zu einer regelrechten Hexenhysterie, die obendrein durch Äußerungen von Martin Luther weiter angeheizt wurde. Als Gipfel dieser Hysterie verbrannte man in Bamberg jeden zehnten Bürger und den gesamten Stadtrat.[A93]

Die kirchliche Inquisition führte selbst keine Todesurteile aus, sondern verhängte Bußen wie Prügel,- Gefängnis- oder Galeerenstrafe. Nur wer der schweren Häresie überführt war und sich weigerte abzuschwören, wurde der weltlichen Gerichtsbarkeit übergeben, der dann die Aufgabe zufiel, das Todesurteil zu vollstrecken. Die Verquickung zwischen kirchlicher und weltlicher Macht weist abermals auf die gegenseitige Abhängigkeit hin: hier erlaubte sich die Kirche den perfiden Ausweg aus ihrem Widerspruch zwischen Religion von Frieden und Nächstenliebe einerseits und der rächenden Verfolgung und Tötung von Häretikern entgegen den eigenen Geboten andererseits.

Ein Sonderfall war dabei die spanische Inquisition [A94] ab 1478, die vor allem den Zweck der Ausrottung des Judentums bis hinein in die Gedanken verfolgte. Das gesamte Vorgehen war insgesamt deutlich geändert, denn man lehnte die Hexenprozesse nach der Art des „Hexenhammers" ab: man verfolgte stattdessen vor allem konvertierte Juden und Muslime, denen man heimliche Fortführung ihres ursprünglichen Glaubens vorhielt. Soweit aus verfügbaren Quellen bekannt, scheint die Quote der Hinrichtungen für konvertierte Juden bis 1530 bei nahezu 50% gelegen haben, danach bis 1630 bei etwa 10%, und insgesamt für die gesamte spanische Inquisition bei ca. 1%.[147] In den Häresieprozessen wie auch in den Hexenprozessen wurden etwa 10% der Angeklagten auch wirklich verurteilt, manche Urteile wurden auch revidiert, wie man dem Urteil von Logroño aus 1610 entnehmen kann: 5 der 53 Angeklagten wurden verurteilt, das

Urteil später als falsch erkannt und die Verurteilten rehabilitiert; in einem Prozess in Navarra vier Jahre später erkannte man die Vorwürfe gegen alle „Hexen" als unbegründet und sprach die Angeklagten sämtlich frei. Jedenfalls gab es keine Verurteilungen auf Verdacht oder Denunziation mehr, und eine bedeutsame Verlockung wurde beseitigt: das Vermögen Angeklagter und auch Verurteilter durfte nicht mehr eingezogen werden [148] - diese Regel wurde in der Geschichte Europas sehr oft nicht respektiert und sogar ohne jede Inquisition in Pogromen übertreten. Im Rahmen der Inquisition wurden aus Spanien ab Ende des 15. Jh. an die 90.000 Juden und über 300.000 Spanier muslimischen Glaubens ausgewiesen.[21]

Das letzte Todesurteil der Inquisition in Spanien wurde 1826 vollstreckt. Am 4. April 1775 fand in Kempten der letzte deutsche Hexenprozess mit Todesurteil statt – es wurde aber nicht mehr vollstreckt; wohl aber das Urteil im letzten Schweizer Prozess im Jahr 1782 - die Hinrichtung wurde später als Justizmord eingestanden.

Die Geschichte der Menschheit zwischen der Krönung Karls des Großen zum Kaiser des Römischen Reiches am Weihnachtstag des Jahres 800, und heute, umfasst in Toynbee's 500-seitigem Buch der menschlichen Kulturgeschichte nur an die 100 Seiten.[81] Dieser Umstand verwundert zunächst nur den Nicht-Historiker wie mich, der nicht im angemessenen Umfang all des Wissens über die Menschheitsentwicklung in den letzten Jahrtausenden vor der Zeitenwende gewahr war. Wenn nun aber mein Blick ohne den selbstverständlichen Fortschrittsglauben der Jugend über diese Zeitalter streicht, kommen mir Egon Friedell's Worte dazu ungefragt in den Sinn, dass "*... ein feineres Ohr als das unsrige ... vielleicht sogar zu erkennen [vermöchte], daß ... die ganze europäische Geschichte der Neuzeit von einem leisen Gelächter des Orients begleitet ist, das wie eine feine spöttische Unterstimme neben allen unseren "Fortschritten" einhergeht".*[2]

Bei der Betrachtung der Neuzeit stellt sich vor allem auch die Frage, ob "Fortschritt" auch bedeutet, dass die Menschen sich nicht nur vermehrt, und ihre Neugier, Tatendrang und sonstige Formen von Gier ausgelebt, sondern auch gelernt haben, besser miteinander auszukommen:

Die Neuzeit: Europa erobert die Welt

Entdeckungen, Kolonisierung und Missionierung

Die Anfänge

Was war es, das Europa, diesen kleinsten Kontinent, zur ersten Weltmacht wurde und damit die Welt in das erste Zeitalter der Globalisierung katapultierte? Zu Ende des 19. Jahrhunderts kontrollierten die Briten in ihrem Weltreich über 70% der bevölkerten Landmasse der Welt. Es kann nicht der Schiffsbau gewesen sein, weil die Chinesen den Europäern darin in nichts nachstanden, wie ihre sensationellen Expeditionen bis an den Rand von Europa in der ersten Hälfte des 15. Jh. beweisen.[149] Ein Nebenprodukt der Suche nach einem einfacheren Seeweg nach Indien allein wird daher als Erklärung nicht genügen. Auch der Buchdruck war keine europäische Erfindung des 15. Jh., denn er existierte in China bereits um 800 v. Chr., und der Austausch nicht nur von Handelsgütern sondern auch von Kulturgütern und zivilisatorischen Errungenschaften war deutlich früher und intensiver als gemeinhin angenommen. Sicher waren es zunächst zwei Attribute: der Zufall und das Schießgewehr, später all die nachfolgende technische Entwicklung, die der europäischen Zivilisation eine bis etwa 1750 zunehmende Vormachtstellung ermöglichte.[81] Der Politologe Huntington – er wird uns im nächsten Band wieder begegnen - führt diese Vormachtstellung noch unverhohlener auf *„Anwendung von organisierter Gewalt"* [11]zurück und auf das Aufzwingen des westlichen Wertesystems als Maßstab für den Rest der Welt – letztlich wurde das westliche Rechtsverständnis auch zum „Internationalen Recht". Mit seinem Kolonialismus wird nun dem Westen mit Recht nicht selten ein Umgang *„im Stil von Herr und Knecht"* [11] vorgeworfen.

Der Beginn der Neuzeit wird meist mit dem Jahr 1492 der Entdeckung Amerikas durch Christoph Kolumbus in Verbindung gebracht. Mit ihm, Vespucci, Magellan und

Abb. 46: Detail aus der Weltkarte von Martin Waldseemüller aus 1507: hier wird noch Amerigo Vespucci als Entdecker von Amerika dargestellt, Nordamerika als schmaler Streifen in Bildmitte, darunter Südamerika.[150]

124

Seit Kopernikus begann *„der Mensch seine Welt zugleich als größer und kleiner"* [81]
zu empfinden. Zwar hatten bereits lange davor Eratosthenes und Aristarch die
Kugelgestalt der Erde und das Sonnensystem richtig erkannt, das war aber
Wissenschaft, die in christlichen Händen mancherorts zu Teufelswerk in Zauber-
büchern erklärt worden war, das man tunlichst zu verbrennen und zu vergessen
hatte. Dennoch änderte sich damals das Bild von der Welt in Europa diesmal für
alle Völker der Erde:
Immigration und Invasion kehren sich um, nicht *nach* Europa, sondern aus
Europa weg. Ob es sich bei dieser Kolonisierung um ein Ruhmesblatt europäisch-
christlicher Menschlichkeit handelt, muss an dieser Stelle wohl jeder von uns
vom Standpunkt seines eigenen Weltbildes erörtern. Jedenfalls unterscheidet
sich das Verhalten der Europäer im Zeitalter der Entdeckungen deutlich von
dem, was die chinesische Entdeckungsflotte der Jahre 1405-1433 vollbrachte:
damals waren unter dem Admiral Zheng He in sieben Expeditionen jeweils bis
zu 100 Schiffe mit bis zu 30.000 Mann Besatzung aufgebrochen, die Welt der
Handelspartner jenseits des Meeres in friedlicher Absicht zu besuchen; sie
kamen außer zu den Küsten im Fernen Osten westwärts nach Ostafrika, Arabien,
in das Rote Meer und den Golf von Aden – ohne kriegerische Absichten.
  Militärische Auseinandersetzungen soll es nur im feindlich gesinnten Sri Lanka
und gegen Seeräuber gegeben haben. Das war mit den Entdeckungsreisenden
aus Europa in den Amerikas, in Fernost und in Afrika dann wohl doch eine
merklich andere Geschichte:
Einige Aspekte der Kolonisation sind untrennbar mit der innereuropäischen
Geschichte verbunden, auch wenn sie sich weitab davon ereignete – nicht zuletzt
auch wegen der daraus in unsere Zeit hinein resultierenden Nachwirkungen,
oder sollte man es besser Folgewirkungen in den Heimatländern der Kolonial-
herren nennen?
Die Spanier suchten raschen Gewinn, die Franzosen Handelsmöglichkeiten, die
Briten neues Land, um zu überleben. Zuerst kommen die spanischen Einwanderer nach Mittelamerika, gründen 1519 mit Panama [81] die erste europäische Stadt in Amerika. Von dort bewegen sie sich nordwärts. Nach dem Sieg
der Engländer über die spanische Armada 1588 beginnen nun auch die anderen
europäischen Länder an der Westküste des Atlantik mit der Eroberung der
Neuen Welt: 1607 gründen die Briten Jamestown in Virginia, die Franzosen 1608
Quebec und 1612 die Holländer Neu-Amsterdam, das heutige New York. Die
katholischen Spanier und Portugiesen waren an der Missionierung und dem
Export der europäischen Kultur gleichermaßen interessiert wie am Handel, deshalb erfuhren sie oft erheblichen Widerstand. Die protestantischen Engländer
und Holländer hingegen exportierten allenfalls ihren zivilisatorisch-technischen
Vorsprung, waren ansonsten vorwiegend am Handel interessiert.[81]
Warum waren die Portugiesen und Spanier Vorreiter dieser Entdeckungsfahrten? Die moderne europäische Kulturgeschichte sieht den Hauptgrund dafür
in einer Mischung aus Abenteuerlust, letztem Rittertum und Habgier, aber auch
in *„überzeugtem Katholizismus"* der Reconquista Spaniens: *„Zum Zweiten spielten
die oberitalienischen Kaufleute eine entscheidende Rolle. Auch bei ihnen ist das*

Moment des Christentums als ausgeprägte Bekehrungsreligion nicht zu unterschätzen, jedoch ist bei ihnen darüber hinaus von Bedeutung, dass durch den Aufstieg des Osmanischen Reiches ... der Handel mit asiatischen Waren deutlich erschwert worden war."[140]

Interessant aus unserer heutigen Perspektive ist der Hinweis auf die Macht des Papstes: denn Alexander VI. war es, der im Jahr 1494 im Vertrag von Tordesillas die Monopole für die Neue Welt aufteilte. Die Folgen waren nicht im Sinne des Jesus von Nazareth.[A95] Mit am tiefsten macht nachdenklich, wie gering der Einfluss der Religion bald nach endgültiger Etablierung des Christentums auf die so viel beschworene Menschlichkeit war. Selbst bei überdurchschnittlichem Misstrauen gegenüber der heutigen Selbsteinschätzung des westlichen Durchschnittsmenschen bleibt aus gegenwärtiger Sicht schwer vorstellbar, wie man die tiefe Kluft zwischen der christlichen Kernbotschaft und dem Verhalten der Menschen allein mit Hinweis auf damalige Überzeugtheit zu entschuldigen schaffen kann: Selbstkritik war, so meint Landwehr „ ... in Bezug auf das frühneuzeitliche Europa nur schwer vorstellbar, schließlich war es von seiner Unfehlbarkeit und seiner erhabenen Stellung im göttlichen Weltgefüge zutiefst überzeugt. ... Der Schock des Fremden und der Wille, die eigene Identität zu wahren und nicht durch einen anderen Wirklichkeitsentwurf in Frage stellen zu lassen, führte dazu, dass die Europäer auf das Vertraute zurückgriffen und Amerika in Kategorien beschrieben, die sie selbst für normal hielten. So findet sich die Neue Welt mit Begriffen beschrieben, die vor allem dem Christentum und der Antike entstammten".[140]

Ob diese Interpretation damaliger Selbsteinschätzung als Entschuldigung ausreicht, überlasse ich meinen Lesern, nicht ohne daran zu erinnern, dass der heutige reife europäische Demokrat eine derartige Einstellung bei Mitgliedern anderer Religionen keineswegs als Entschuldigung für Taten in unseren Tagen akzeptiert, die nicht minder grausam sind. Es steht außer Frage, dass Europa mit diesem Stil der Kolonisierung, der selbstverständlichen Besitzergreifung, zumindest eine zukunftsentscheidende Erb-Verantwortung auf sich geladen hat,[1] wenn man den Begriff „Schuld" nicht auf spätere Generationen übertragen will – der Unterschied ist ohnehin de facto nichtexistent. Damit werden wir uns mit Hinblick auf Zukunftsperspektiven Europas auseinanderzusetzen haben.

Invasion, Zivilisation und Kultur

Diese Einwanderungsgeschichte ist unrühmlich, wird aber weltweit nicht weiter sanktioniert. Begonnen hatte sie für die Briten etwa so, wie man sich die ersten Kontakte zwischen Neandertalern und Cro-Magnon Menschen vorstellt: die Neuen lernten von den Eingesessenen Tricks, wie man in dieser langen, ungewohnten Winterkälte halbwegs überleben könne – am Beginn der Neuzeit nützte diese Strategie offenbar nur teilweise, denn die Hälfte der ersten Einwanderer in den Kolonien der Neuen Welt starb dennoch. Von Anfang an aber glichen sich die westeuropäischen Nationen darin, „dass sie ihre Opfer in Übersee ausbeu-

teten und sogar ausrotteten". „Habsucht und Grausamkeit" dominierten dieses Zeitalter der Entdeckungen für die Entdeckten.[81]

Zunächst aber interessiert uns an den Folgen der Invasion von Europäern deren „Ein-Wirkung" auf die eingeborene Bevölkerung. Die größte Wirkung auf die Indianer hatten die Eroberer aus Spanien, Portugal, England und Frankreich zunächst wohl mit etwas, das sie selbst für lange Zeit nicht verstanden: allein schon der Kontakt ohne Waffen tötete etwa die Hälfte der eingeborenen Bevölkerung; nach manchen Quellen lebte nach einer Generation sogar gerade mal noch ein Zehntel davon. Heute weiß man, dass es die eingeschleppten Krankheiten waren, gegen welche die Indianer keine körpereigene Abwehr hatten – immer noch wundersam bleibt, warum dies nicht auch umgekehrt in größerem Ausmaß der Fall war. Nach dieser Dezimierung der angestammten Einwohner musste der Mangel an Arbeitskräften durch Importe von Sklaven aus Afrika ausgeglichen werden. Darin taten sich bekanntlich vor allem die Briten hervor.
Danach waren es dann aber wohl doch auch Gier, Machtanspruch und Gemetzel, sobald Eingeborene ihr Land zu verteidigen suchten, Willkür, Versklavung (z.B. Zwangsrekrutierung in die Silberbergwerke von Bolivien,[151] später in Kalifornien, und sonstige Ausbeutung, und nicht zuletzt auch Missionierung – Zwangschristianisierung kannten die Spanier aus ihrer Heimat seit dem 12. Jh., die unheilbar zwanghafte Überzeugtheit davon, dem Heiden sein Seelenheil nach eigenem Glauben aufzwingen zu sollen.
Bei aller Kritik aus der heutigen liberalen Sicht hat dennoch die Missionstätigkeit wohl den tiefgreifendsten kulturellen Wandel in den kolonisierten Völkern bewirkt, hat also die europäische Kultur dort „eingewirkt". Den Rest besorgte die europäische Zivilisation: außer einigen Namen und Souvenirläden ist am nordamerikanischen Kontinent von der indianischen Kultur kaum Erkennbares zurückgeblieben. Dabei hatte der Austausch von zivilisatorischen Errungenschaften für beide Seiten tiefgreifende Folgen: die Kartoffel der Südamerikaner wurde zum neuen Hauptnahrungsmittel vieler Europäer, der Tabak zum neuen Genussmittel. Die Immigration des Pferdes nach Amerika änderte das Leben der Indianer erheblich. Völker wie die Cherokees lernten schnell von den Europäern und wären zu einem weiteren intensiven kulturellen Austausch bereit gewesen; doch die Europäer ließen keine multikulturelle Entwicklung zu, blieben als Beherrschende unter sich und drängten die Indianer in Reservate zusammen, nahmen ihnen Lebensgrundlage und Würde.
Jedoch: So wie die Entdecker die Welt nach Kräften europäisierten,[140] indem sie allem Entdeckten Namen aus ihrer eigenen Welt gaben und es wie selbstverständlich als ihr Eigen ansahen, so hat auch die Amerikanisierung Europas nicht erst mit der Französischen Revolution eingesetzt: wie es den Kurgan-Streitaxt-Leuten mit den Alt-Europäern und den Römern mit den Etruskern und Griechen ergangen war: auch die eroberten Kolonien in Übersee beeinflussten die Heimatländer der Eroberer durch die Importe all der vielen Dinge und Wesen, die es in Europa nicht gab; das Weltbild des europäischen Menschen änderte sich, wie schon im frühen 17. Jh. bemerkt wurde. So zitiert Landwehr

einen Satz von *„Justus Lipsius, den dieser bereits im Jahr 1603 in Bezug auf Spanien und seine amerikanischen Kolonien formuliert hat: „Novus orbis victus vos vicit"– die Neue Welt, die Ihr erobert habt, nun hat sie Euch erobert."* [140]

Betrachtet man die Vertreter der christlichen Religion, vor allem der katholischen Kirche, nun nicht primär als grausame Inquisitoren, Häretikervernichter und Hexenverbrenner, sondern als Vertreter der Religion von Nächstenliebe, Vergebung nach Reue und Buße, dann dürfte man an dieser Missionstätigkeit trotz aller Grausamkeiten der Europäer einen positiven Aspekt der europäischen Immigration in andere Kontinente sehen: So leben heute in Kontinenten, die kaum von Europäern bewohnt werden, in Afrika und in Asien, mehr Christen als in Europa (die Analyse der Amerikas ist wesentlich schwieriger wegen der Durchmischung der Ethnien), und das Christentum ist mit 2,3 Milliarden Mitgliedern die global am weitesten verbreitete Religion. Die Frage, ob sich der Mensch daran zu seinem Besseren gewandelt hat, ist auf solch grobe Fragestellung sicher nicht beantwortbar. Sie stellt sich, wie die Bibel sagt, täglich „siebzigmal siebenmal" (Matth. 18:229) in uns Allen, ein Kampf in uns, den Manche als den Sinn unseres Lebens bezeichnen.

Ob sich der Erfolg von Missionierung proportional zum Umfang an Waffengewalt verhält, darüber geraten Atheisten und Fundamentalisten gerne in Streit, der erneut die Gefahr birgt, einander am liebsten auszurotten. Ob der Islam mit seinen derzeit 1,6 Milliarden Anhängern mehr militärisch expansiv und weniger missionarisch tätig war, ob die Christen beides mit gleicher Inbrunst taten: das gegenseitige Aufrechnen von Untaten als Rechtfertigung für neuen Hass garantiert nur die nächste gegenseitige Vernichtungsaktion, jede grauenvoller und grausamer als die vorangegangene, jede näher am Rande der gemeinsamen totalen Selbstvernichtung.[1] Erinnert man sich an dieser Stelle an das Gewahrsein unserer biologischen Wurzeln, z.B. jene der gegenseitigen Abgrenzung mit Abstecken von Revieren zur Gewährleistung des eigenen Überlebens, des Territorialisierens also, so sieht man, wie diese biologischen Funktionen in sinnlosen Selbstzweck zu Machtansprüchen und Glauben als Folge von Überzeugtheit auskristallisierten. Retten kann uns jedoch, unsere Fähigkeit zu erkennen, darüber zu reflektieren und die entstandenen Selbstzweckfallen meiden zu lernen.

So wie jeder sture Fundamentalismus irgendwann in Absurdität abgleitet, trifft auch jegliche Verallgemeinerung daneben: als Missionar nach Japan kam Franz Xaver im Jahr 1547 ganz alleine, ohne jede militärische Begleitung.[152] Die Vertreter dieser hochentwickelten Kultur wussten angesichts solcher Machtverteilung das Prinzip der Ausbeutung ihrerseits anzuwenden und ließen sich die technischen Errungenschaften der Europäer importieren, bevor sie einige Missionierung zuließen. Der portugiesische Außenhandelsposten Macao war deshalb erfolgreich, weil die Japaner chinesische Seide liebten, die Chinesen hingegen das japanische Silber. Die Japaner verfügten nicht über die Hochseeschiffe für diesen Handelsaustausch. Weshalb die Chinesen ostwärts nur ihre Küste entlang fuhren, nicht jedoch nach Japan, ist mir nicht bekannt geworden.

Bis zur zweiten Hälfte des 19. Jh. gab es kaum eine nachhaltige Beeinflussung der Kultur Chinas und Japans durch den Westen. Über die aus den Handelskontakten resultierenden Kolonialisierungs- bzw. Europäisierungsbemühungen im Japan des 16. Jh. schreiben englische Historiker: *„Die iberischen Völker vermochten weder das ökonomische noch das religiöse Leben des Landes umzuformen, in das sie kamen".*[* 153] Im Gegenteil: Als die Japaner vom Informationsaustausch gegen das Jahr 1600 genug hatten, nabelten sie sich auf sehr pragmatische Weise vom Westen wieder ab.[A96]

In China hatten die Jesuiten seit den 1550er Jahren versucht, Fuß zu fassen, als 1582 die Patres Ricci und Ruggerius beschlossen, sich durch die Hintertür einzuschleichen, indem sie die Oberschicht mit wissenschaftlichem Wissen beeindruckten, ohne ein Wort von Religion zu verlieren. Damit befanden sie sich auf einem Kurs, der dem der konkurrierenden Dominikaner und Franziskaner auf den Philippinen genau entgegengesetzt war: denn dort war man vom Gebot der „tabula rasa" überzeugt, davon also, dass man die Menschen direkt, massiv und ohne Umwege mit der Lehre Christi konfrontieren müsse. Pater Ricci ließ z.B. 1601 ein Clavicord importieren als Geschenk an Kaiser Wanli,[154] die erste Berührung Chinas mit westlicher klassischer Musik. Ricci demonstrierte erfolgreich sein Bemühen, die chinesische Kultur zu studieren, und wurde von den Chinesen als hervorragender Mathematiker und Astronom respektiert. Letztlich begann er seine Missionierung mit der Argumentation, dass die christliche Lehre nichts anderes sei als eine Bekräftigung der moralischen Prinzipien des Konfuzianismus, im Wissen darum, dass der Buddhismus von der regierenden Schicht abgelehnt wurde. Ricci's listiger Plan ging trotzdem nicht auf: die hochentwickelte chinesische Kultur hebelte seine Strategie mit einer Reihe von fundamentalen Fragen aus, die 1645 an Papst Innozenz X. weitergegeben wurden; sie lösten unter den katholischen Experten einen jahrzehntelangen Streit aus, der schließlich 1742 damit endete, dass der Heilige Stuhl die Missionsbemühungen durch die Jesuiten in China beenden ließ.

Soviel zu diesem leisen Teil im Kampf der Kulturen. Leise blieb auch die politische Reaktion der Chinesen auf die Handelsbemühungen der Europäer: Kaiser Ch'ien Lung ließ König Georg III. von England wissen, dass China alles selbst im Überfluss besitze und daher an keinen Gütern aus Europa interessiert sei [155] - das stimmte nicht für Silber, das Spanier und Portugiesen im Tausch gegen Seide und Porzellan aus Japan und Mexiko importieren durften.

Anders in Südostasien: Die Missionsgeschichte in Indonesien ist in doppelter Hinsicht komplex: einmal konkurrierten portugiesische katholische mit holländischen protestantischen Bemühungen, zum anderen mussten sich die Missionare vor der moslemischen Dominanz in Acht nehmen. Heute sind etwa 10% der Bevölkerung Indonesiens christlich, zwei Drittel davon protestantisch; mit 200 Millionen ist Indonesien der Staat mit der größten islamischen Population weltweit, an der Schwelle, ein Gottesstaat zu werden.

Trade first

Insgesamt ging es seit dem Beginn des Zeitalters der Entdeckungen und des Kolonialismus nicht um Missionierung – Religion und jede andere Ideologie wurden stets als politisches Vehikel zur Macht missbraucht -, sondern sogar in erster Linie um Handel und Handelsrouten, und damit um Macht und Reichtum. Vor allem im Verkehr mit China und Japan erreichten die einander konkurrierenden Seefahrernationen Spanien, Portugal, Holland und England allenfalls die Erlaubnis, an den Küsten Handelsstützpunkte zm Be- und Entladen der Schiffe zu errichten. Mit ihren hochseetüchtigen Schiffen waren die Europäer deshalb konkurrenzlos, weil die Japaner schlichtweg keine besaßen,[A97] und weil der Kaiser seinen Chinesen ab 1433 verboten hatte, das Land zu Wasser oder zu Land zu verlassen bzw. mit Fremden überhaupt in Kontakt zu treten. Einziger Handelspartner in Übersee war während dieser Zeit das Luzon-Reich auf den Philippinen. Noch kurz davor, ab 1405, hatten die Chinesen ihre riesigen Erkundungsflotten in alle Richtungen gesandt, wie gesagt ohne jegliche gezielte kriegerische oder kommerzielle Absichten – eine wundersame Geschichte. Als Gründe für diese Abschottung des chinesischen Reiches, vor allem in der Ming-Dynastie, aber auch noch danach unter den Mandschus, kann die Geschichtsschreibung eigentlich nur das Bemühen anführen, die eigene Kultur nicht durch fremde Einflüsse zu stören. Auch wenn man anderer Meinung ist, so steht diese Weisheit dennoch als Diskussionsstoff und Werk in der Bibliothek der Menschheitsgeschichte – mit den bekannten biologischen Wurzeln, auf die wir später zu sprechen kommen werden. Man genügte sich selbst. Damit blieben die Chinesen für die Europäer ein Rätsel: was sie als Handelsrecht verstanden, gewährten die Chinesen als großzügiges Zugeständnis, keineswegs als Recht. Damals sah sich China als unantastbarer Beherrscher der Welt. Europäische Händler durften China nur an zwei, zuletzt nur noch an dem *einen* Handelshafen Kanton betreten und mussten in einer Ghetto-artigen Enklave bleiben. Erste tiefgreifende Kontakte waren schmerzlich: Ursache war das Desinteresse der Chinesen an westlichen Gütern und das resultierende Handelsdefizit. Die Europäer mussten mit barer Münze zahlen, also mit Silber. Die negativen volkswirtschaftlichen Folgen erzwangen Ideen: nach dem zweiten Sieg der Briten über die spanische Armada und die mit ihnen verbündeten Franzosen unter Napoleon, diesmal bei Trafalgar unter Admiral Nelson im Jahr 1805, waren vorwiegend nur noch die Briten mit solchen Kolonialproblemen in Fernost beschäftigt; sie besserten ihr Handelsdefizit also damit auf, dass sie den Chinesen immer größere Mengen von bengalischem [A98] Opium verkauften, ein Handel, den sie als aufkommende Hegemonialmacht nach den britisch-holländischen Kriegen den Holländern abgenommen hatten (die niederländische Ostindienkompanie hatte das Opium vor allem nach Java verschifft, wo chinesische Händler es an die Bevölkerung verkauften).[156] Als der Opiumimport in den 1830er Jahren auf das Fünffache angestiegen war – die Briten waren damals die größten Drogenhändler der Welt - versuchte es Kaiser Daoguang mit Verboten: die Folgen davon sind dem heutigen Konsumenten von TV-Nachrichten nicht ungeläufig: im Gebiet um die Hafenstadt Kanton sollen bis

1839 an die 73 Tonnen Opium und 70-tausend Pfeifen beschlagnahmt worden sein. Als diese Maßnahme zu keinem endgültigen Erfolg führte, verbot der Kaiser den Import insgesamt und erzwang vom britischen Handelsvertreter Charles Elliot die Herausgabe der nächsten 1400 Tonnen Opium, die sodann verbrannt wurden. Daraufhin wurde Cousin George Elliot aus England mit einem Flottenverband gen Indien gesandt. Es kam zum Opiumkrieg, in dessen Folge China weitgehend wehrlos blieb und zwischen 1839 und 1842 von den Briten endgültig niedergeknebelt wurde;[81] das Britische Empire konnte nun seinen Anspruch auf HongKong, „Nachbarstadt" zu Kanton im Perlflussdelta, als Kronkolonie bis 1997 behaupten.

Auf die chinesische Kultur hatte also die europäische am Ende dann doch eine zersetzende Wirkung, vor allem wegen des mit militärischen Mitteln erzwungenen Opium-Imports – die Kaiser müssen geahnt haben, warum sie ihr Land abschotten wollten. Getrieben wurde all dies Bestreben der Briten angeblich vom unstillbaren Verlangen der Frauen nach den federleichten hauchdünnen Stoffen aus China, die eben mit Silber bezahlt werden mussten, Ausgaben, die das Handelsdefizit der europäischen Weltmacht bedrohlich werden ließ, so bedrohlich, dass die Idee mit dem Opiumhandel als gerechtfertigt umgesetzt wurde. Ähnlich war es schon dem Finanzwesen im Alten Rom und vor allem in Byzanz ergangen gewesen,[157] wo ebenfalls die Begehrlichkeit nach der chinesischen Kostbarkeit die Handelsbilanz zum Abkippen gebracht haben soll – schon damals gab es eine Seidenstraße.[A99] In der britischen Kolonialzeit soll ein Viertel der Silberproduktion Amerikas, das den Großteil der Weltproduktion stellte, für diese Zahlungszwecke nach China verschifft worden sein.[21]

Die letztendliche Vormachtstellung der Briten und ihr Imperium kam nicht von ungefähr: Interessenskonflikte wurden meist unmittelbar ausgetragen, indem man die Gewehre anstatt auf die Eingeborenen aufeinander richtete, zur See eben die Schiffskanonen; es grenzt schon an ein Wunder, dass angesichts dieser Kriege in Übersee die Religion der Nächstenliebe von den Begleitern der Handelskompanien überhaupt noch verkäuflich war. Aus diesen mörderischen Streitereien ragt das Gezänk der Ostindienkompanien der Holländer und der Briten heraus. Viermal ging man aufeinander los. Zu Beginn um 1650 hatten noch die Holländer die größte Handelsflotte der Welt. Sie waren am Zenith ihres Goldenen Zeitalters. Der Krieg begann nun um Monopole. Dabei waren die beiden Länder zuvor Verbündete gewesen – wie üblich nicht als Freunde, sondern nur als Interessensgemeinschaft gegen die Macht der Habsburger am Kontinent, in Spanien, und daher auch in den Kolonien. Über dieser Befreiung aus dem Habsburger Imperium wurden aber die Niederlande mit ihrem Seehandel zur Weltmacht, und damit zur behindernden Konkurrenz für England.

Die nördlichen „Sieben Vereinigten Provinzen" der Niederländer waren es, die durch ihr hartnäckiges und letztlich erfolgreiches Abstreifen jeglicher Zentralmacht, der österreichischen Habsburger, dann der spanischen, und letztlich der des englischen Protektorates, eine eigene, den Schweizern ähnliche Republik zu gründen vermochten und damit ihr koloniales Weltreich. Seit dem Westfälischen

Frieden am Ende des 30-jährigen Krieges (1648) war es offiziell als souveräner Staat anerkannt, am Ende eines 80-jährigen Krieges mit Spanien. Überquellender Reichtum der Republik kam der Kultur zugute: in keinem Zeitalter der Menschheitsgeschichte wurde von hunderten Kunstmalern eines so kleinen Volkes ein derart umfassender Kunstschatz von Millionen Gemälden geschaffen; in der Musik hatte die Führungsrolle als franko-flämische Schule bereits einhundert Jahre zuvor mit Orlando di Lasso und Palestrina europaweit zu ihrem Höhepunkt geführt. Im überregionalen, ja internationalen Kulturraum glänzten die Provinzen mit klingenden Namen wie Brabant, Flandern, Burgund, und den herausragenden Städten wie Ghent, Brügge, Antwerpen, Cambrai, Mons und anderen.

Der Ton der britischen Regierung gegenüber den Niederländern vor Beginn des vierten Krieges gegeneinander erinnert an China und das Südchinesische Meer in unseren Tagen, oder so, als würde Präsident Trump die mexikanische Regierung auffordern, ihre Polizei solle gefälligst dafür sorgen, dass sich keine Mexikaner der amerikanischen Grenze auf 100 km nähern; ansonsten würde das US-Militär sich selbst darum kümmern. Damals gab es eben noch Kriege wegen Kriegen: weil die Niederländer den Amerikanern Waffen für ihren Unabhängigkeitskrieg gegen die Briten verkauft hatten, erklärten die Briten den Holländern zum vierten Mal den Krieg.

1805, nach Trafalgar, begann dann die hundertjährige Alleinherrschaft zur See und globale Hegemonie der Briten. Warum Admiral Nelson laut seinem letzten Eintrag im Logbuch vor Beginn der Schlacht der Meinung war, ein Sieg der Briten wäre zum Wohle Europas, erschließt sich mir noch eher – obwohl auch dies schwierig ist - als sein Wunsch, Menschlichkeit möge das „überlegene" Merkmal der Briten sein.[158] Er konnte doch nicht ernsthaft gemeint haben, Menschlichkeit sei ein Prädikat nur der Engländer, und daher ihre Rechtfertigung für eine Weltherrschaft? Wurde nicht Herrschaftsanspruch unter Berufung auf ethnische Qualitäten von diesem Volk später mit vollem Recht als verwerflich, ja lächerlich, verdammt?

Damals war es nicht zum Nachteil der Engländer, zum Wohle Europas gegen den Weltbeherrscher Napoleon anzutreten.

Die Kolonien der Araber

Auch Andere betrieben Kolonisierung und Missionierung – vor den Europäern! So waren im 14. Jh. arabische Eroberer und Missionare über Indien, das bereits weitreichend islamisiert war, nach Malaysia und von dort auf die Philippinen gekommen, wo sie Sultanate gründeten. Auch dort waren sie offenbar weniger aggressiv auf Missionierung aus als die Christen, und ließen die örtlichen Kulturen weitgehend ungestört; darum blieben auch deren eigene Religionsanhänger in der Mehrheit. Als jedoch Magellan im Frühjahr 1521 ankam, wurde sofort äußerst aggressiv missioniert: Orte, die sich widersetzten, wurden niedergebrannt. So konvertierten sogar Sultane - dort Rajahs genannt – und deren Gefolgsleute zum Christentum. Als Rache wurde Magellan mit vielen seiner Leute von Einheimischen getötet. Doch weitere Spanier rückten nach; die Inseln bekamen den Namen des nächsten spanischen Königs: Philipp II. Im Jahr 1571 wurde Manila erobert und samt den politischen Führern zwangschristianisiert. Die weitere Christianisierung gelang jedoch weitgehend zwanglos – musste es auch, weil Philipp II. Zwangs-Christianisierungen inzwischen verboten hatte.[A100] Die Holländer versuchten wiederholt, die Philippinen zu erobern, wurden jedoch zuletzt im Oktober 1646 in der Schlacht von Manila endgültig daran gehindert – die Philippiner feiern das Ereignis bis heute in einem Fest der Heiligen Maria.

Ein Phänomen kulturellen Einflusses auf den Philippinen bleibt: weder Hinduismus noch Buddhismus oder Islam konnten während der bewegten Geschichte wesentlich Fuß fassen, wohingegen der Katholizismus die Natur-Religionen der Eingeborenen fast vollständig verdrängte (noch heute sind an die 90% der Bevölkerung Christen, davon 81% Katholiken) – ganz im Gegensatz zum benachbarten Indonesien, wo die Proportion zwischen Islam und Christentum fast genau umgekehrt ist – Hinweis auf eine wenig sinnstiftende Beziehung zwischen Gewalt und Religionszugehörigkeit.

Außer der Christianisierung wurden auf den Philippinen als „kultureller Transfer" auch die Wissenschaften eingeführt: so erhielt Manila die erste – allerdings private katholische - Universität Asiens, jedenfalls das, was Europäer als Universität anerkannten, 1645 von Papst Innozenz X. ernannt; sie war schon seit 1611 als Priesterseminar der Dominikaner betrieben und nach Thomas von Aquin benannt worden. Seit 1871 kann man dort auch Medizin studieren. Das ist die eine Seite. Die andere ist, dass die von der Kolonialmacht nicht privilegierte normale einheimische Bevölkerung so gut wie versklavt war oder besteuert wurde. Die Philippinen sind lange Zeit eine der Kuriositäten des Kolonialzeitalters geblieben: sie waren nicht der spanischen Krone direkt unterstellt, sondern eine Kolonie des Vizekönigs von Mexiko, dem damaligen „Neuspanien", und dienten als Handels-Zwischenstation zwischen China und Mexiko: Seide gegen Silber, immer wieder ein gefundenes Fressen für englische und holländische Seeräuber.

Die weitere Geschichte der Philippinen ist ereignisreich und in ihrer Komplexität Sizilien nicht unähnlich: vor den Augen der einheimischen Bevölkerung und über ihre Köpfe hinweg lieferten sich die Kolonialmächte ihre Kriege. Abwechselnd ging in ihren Reichen die Sonne nicht unter; der erste unter ihnen war der Kaiser des Heiligen Römischen Reiches, Karl V.:

Karl V.: Die erste Globalisierung und gleichzeitig Fragmentierung

Die Spaltung der Christen an der Schwelle zur Neuzeit

Die verlorene Schlacht der Kirche?

Kreatur oder Idee, Individuum oder Gottesstaat

Der nächste Karl I. unter den Kaisern des Heiligen Römischen Reiches war der Habsburger Kaiser Karl V., gleichzeitig Karl I. als König von Spanien. Er war der letzte der deutschen Kaiser, den der Papst zum Kaiser des Heiligen Römischen Reiches Deutscher Nation krönte.

Karl V. war der Mann, der mit dem Wahlspruch in die Geschichtsbücher einging: „In meinem Reich geht die Sonne nicht unter". Das Habsburgerreich umfing in der ersten Hälfte des 16. Jh. die Stammlande Österreichs, die den größeren Teil des europäischen Kontinents ohne Skandinavien ausmachten, Spanien, große Teile Mittel- und Südamerikas, Mexiko und dessen zugehörige Länder, darunter die Philippinen am anderen Ende der Welt – ein Vorgeschmack von Globalisierung. Gleichzeitig der nächste Versuch einer politischen Vereinigung am europäischen Kontinent, wäre da nicht Frankreich als standhafter Alternativkandidat (Napoleon wird die Idee wieder aufgreifen) - aber gleichzeitig auch der Beginn des endgültigen Endes eines römisch-katholischen Europa. Sehr viel auf den Schultern eines einzelnen Mannes.

Obendrein ging Karl V. aber auch noch als unermüdlicher Friedensstifter in die Geschichte ein, bis ihn letztlich doch die Kraft verließ und er ein weiteres einmaliges Zeichen setzte: er dankte ab. Davor jedoch initiierte er eine Konferenz, die aus der Sicht der Zielsetzung mit diesem Buch herausragend ist: denn diese Initiative war von europäischer Dimension ebenso wie von jener Art, wie sie Platon beschrieben, Dante von Heinrich VII. erhofft, und wie sie Egon Friedell später dem Preußenkönig Friedrich dem Großen zusprach: Noch als junger Herzog von Burgund gab der spätere Karl V. durch seinen Kanzler, Jean Le Sauvage, eine Schrift in Auftrag: der Auftragnehmer war Erasmus von Rotterdam. Die Schrift sollte zur Vorbereitung einer großen Friedenskonferenz zwischen den europäischen Mächten dienen, der sogenannten Liga von Cambrai, die für den Februar 1517 anberaumt wurde. Das heutige politische Äquivalent zu diesem Plan wäre wohl ein Gipfeltreffen der europäischen Staatspräsidenten. Erasmus' „Querela Pacis" (Abb. 47) wurde zwar gedruckt und in alle europäischen Sprachen übersetzt, aber die Konferenz mit seinen europäischen Regenten-Kollegen, François I., Henry VIII., und ihm selbst fand nie statt. Erasmus ließ darin Pax, die Göttin des Friedens, sich über die Situation andauernder Kriege beklagen und eine „grundlegende Sinneswandlung" fordern.[140] Karl V. sah sich als friedenswahrender Beschützer des Abendlandes und der römisch-katholischen Kirche.

134

QVERELA
PACIS VNDIQVE
gentium eiectæ pro=
fligatæq̃;.
AVTORE DES. ERA=
SMO ROT.

SEB. GRYPHIVS GERM.
EXCVD. LVGD.
ANN.1529.

Abb. 47: Titelseite des Werkes von Erasmus von Rotterdam im Auftrag von Kaiser Karl V. „Querela pacis undique gentium eiectae profligataeque", verfasst zur Vorbereitung der europäischen Friedenskonferenz, der „Liga von Cambrai", veröffentlicht 1529. Quelle: [159]

In dieser Absicht wurde er aber von religiösen wie politischen Gegnern bekämpft; Europa, das römisch-katholische zerfiel ihm vor den Augen und zerrann ihm zwischen den Fingern: Um die faktische Macht zu betonen, hatte er sich vorsorglich bereits kurz nach seiner Krönung zum römisch-deutschen König selbst zum „erwählten" Kaiser des Heiligen Römischen Reiches ernannt – er mag aus der Überraschung gelernt haben, die Papst Leo III. seinen Beschützer, Karl den Großen, hatte erleiden lassen, als er ihm am Weihnachtstag des Jahres 800 flugs die Kaiserkrone aufsetzte, bevor der seine Absicht ausführen und sie sich selbst aufsetzen konnte. Er kannte aber auch die unstillbare Begehrlichkeit des Franzosenkönigs Franz I. und war auch gewarnt durch die Erfahrung seines Großvaters, den legendären Kaiser Maximilian I., den letzten Ritter, der die Reise nach Rom zu seiner Krönung nicht hatte schaffen können.[A101]

Abb. 48: Silbermünze anlässlich der Krönung von Maximilian I. zum Römischen Kaiser im Jahr 1508 mit der Erwähnung von „Europa" (für die Übersetzung der Aufschrift siehe Anmerkung [A101]) Quelle:[160]

Karls ständige Auseinandersetzung mit Franz I. weist aber auch auf gegenseitige Begehrlichkeiten rein dynastischen Ursprungs hin, wie Karl V. selbst mit den Worten verdeutlicht haben soll: *„Mein Vetter Franz und ich sind über Mailand vollkommen einer Meinung: jeder will es für sich".*[161]
Die Notwendigkeit von Widersprüchen in dieser Welt läuft der Logik unseres Denkens so sehr zuwider, so sehr, dass alles Bemühen in Ethik und Politik zu Verbesserung, Wachstum, Ausrottung des Bösen strebt, jedoch gleichzeitig hin zu einem irdischen Leben ohne Risiko und Leid gedrängt wird. Wir nennen

dieses Bestreben auch Lebenswillen. Auch hierin zeigen wir unseren Unwillen, aus der Geschichte zu lernen:[A185] denn es ist der Feind außen, der eint, die Verkörperung dessen, was wir dann auch gemeinsam „die Anderen", „die Bösen" oder „das Böse" schlechthin nennen. Manchmal nützt aber nicht einmal dies, überwiegt weiterhin die Gier, ungeachtet der Gefahr. Hier das Beispiel aus den ersten Jahrzehnten des 16. Jh.:

Nach dem Fall von Konstantinopel 1453 wäre eine politische Einheit gegen die ständig vorrückenden Osmanen aus der Sicht eines christlichen Europa mehr als gerechtfertigt gewesen. Dieses Christentum war aber in seiner weltlichen wie geistigen Führung wurmstichig, uneins und unglaubwürdig: der „zölibatäre" Papst verheiratete seine Nichte mit dem französischen König. Dieser stritt sich mit dem Kaiser des Habsburgerreiches unentwegt um irgendwelche Ländereien, und paktierte deshalb selbstmörderisch mit den Osmanen gegen Papst und Heiliges Römisches Reich. Nach mehreren Kriegen und sogar einer britisch-deutschen Allianz – auch so etwas gab es in der Geschichte Europas - erklärte sich Franz I. bereit, zu dem gemeinsamen Kampf der europäischen Länder gegen die im Osten immer weiter vorrückenden Osmanen beizusteuern. Dieser Beitrag nannte sich „Reichstürkenhilfe" und war für heutiges Verständnis so etwas wie die gemeinsame Organisation und Finanzierung der NATO.[A102]

ie Reichstürkenhilfe

Zerfall und Chaos reichten aber noch tiefer: der Papst verfolgte in erster Linie die Machtpolitik seiner Medici-Familie, verheiratete seinen Sohn mit einer Tochter Karls V., paktierte zwischendurch mit den Franzosen gegen den Kaiser, seinen von ihm ernannten Beschützer der Kirche. Karl V. musste in Oberitalien gegen die „Heilige Liga von Cognac" – Franzosen, Papst, Mailand und Venedig – kämpfen; dabei geriet seine Armee außer Kontrolle und marschierte im Mai 1527 auf eigene Faust nach Rom: der Papst verschanzte sich in der Engelsburg, wurde aber gefangen genommen. Die Stadt Rom wurde geplündert, viele tausende Römer ermordet – der Vorfall wurde bekannt als der „Sacco di Roma". Papst und Frankreich mussten nachgeben – mit Franz I. wurde der „Damenfrieden von Cambrai" geschlossen: die Herrscher konnten einander nicht mehr sehen, daher wurden sie von ihren Frauen vertreten. Gleichzeitig aber zerfiel die katholische Kirche selbst dem Bewahrer Karl V. in den eigenen Händen mit dem Beginn der Reformation. Franz I. hinterging auch hier seine eigene Überzeugung und paktierte mit den deutschen Protestanten gegen den Kaiser,[A103] obwohl er erklärter Gegner der Protestanten war. Martin Luther hatte seinen Protest gegen den Machtmissbrauch durch den Stellvertreter Gottes, damals Papst Clemens VII. - man gestatte mir den historisch nicht belegten Akt hier als symbolischen dennoch anzuführen - an das Tor der Kirche zu Wittenberg gehämmert. Der Papst hatte Luther dafür exkommuniziert. Karl V. erließ mit seinem Edikt am Wormser Reichstag das Verbot seiner Schriften, Luther wurde verbannt und fand Zuflucht auf der Wartburg des protestantischen Kurfürsten Friedrich von Sachsen. Die Trennung der Kirchen, und damit die Zerstückelung Deutschlands im 30-jährigen Krieg des nachfolgenden Jahrhunderts konnte er indes nicht mehr aufhalten. Mit solchem eigensüchtigen Verhalten des Papstes, dem seine Familienpolitik wichtiger war als die Kirche, kam nun aber auch endgültig die

ie Heilige" Liga von Cognac und der Sacco di Roma"

er Damenfrieden" von Cambrai

Wende der Macht zwischen Papst und Regenten: der Kaiser nahm selbst, direkt von Gott, seinen Auftrag als katholische Majestät und Schutzherr seiner Völker. Im Kampf zwischen der ständischen und der monarchischen Macht – man könnte es heute vergleichen mit Demokratie gegen Diktatur – unterlag Karl V. letztlich. In der Rolle des Monarchen sah er sich als Vertreter der göttlichen Ordnung auf Erden, in einer Rolle also, die sich zuvor eigentlich die Päpste zugeschrieben hatten. Der Widerspruch bestand hier darin, dass geistliche und weltliche Macht wieder an einer Stelle zusammenkommen sollten, wie damals im Alten Rom, allerdings wieder auf der weltlichen Seite, wie damals in Rom. Dieser Machtkampf zwischen Papst und Kaiser, unterschwellig beginnend am Krönungstag des Jahres 800, kulminierend in der gegenseitigen Exkommunikation und Entthronung von Päpsten und Kaisern, hatte weiter angehalten bis zu Karl V.

Besonders aus heutiger Sicht war die Regierung Karls V. ein Meilenstein in der Geschichte Europas: er war ein Globalisierer, der den vielen kleinen Fürsten Deutschlands den weiteren Blick über die Weltpolitik vermitteln wollte. Besonders am Reichstag zu Worms im April 1521 wurde klar, dass die Vertreter der Stände dort ausschließlich ihre regionalen Interessen zu vertreten gewillt waren (in der heutigen EU spricht man wieder über Regionalismus und Nationalismus aus Angst vor Globalisierung) – der Blick über das Ganze war ihnen nicht gegeben.

Ein „Was-wäre-wenn" - Europa

Fast wäre auch das England nach Heinrich VIII. Teil des Habsburger Herrschaftsprinzips geworden, das da hieß: „Tu felix Austria nube – Du glückliches Österreich heirate". Denn Karl V. war jahrelang mit dessen Tochter, Maria Tudor, verlobt, bevor er sich entschloss, Isabella, die portugiesische Prinzessin zu heiraten. Man kann sich schwer vorstellen, wie die Geschichte Europas wohl weiter verlaufen wäre, hätte Karl in England die römisch-katholische Seite durchgesetzt: die Auseinandersetzung mit Spanien wäre ausgeblieben, die Armada – vorerst - zu Hause geblieben, englische Seeräuber arbeitslos geblieben. Wer hätte die Sklaven aus Afrika nach Amerika verschifft? Hätte schon damals Europa die Welt entdeckt, erkundet und ausgebeutet, nicht Spanien, und England, und Portugal, und Niederlande - Britannien würde sich vielleicht bis heute eher als dazugehörig erachten, als Europäer, nicht als dominierender, korrigierender Faktor von außen, neuerdings gleichzeitig Neo-Nationalist und Global Player im mehr als zögerlich gewagten Alleingang.
Dabei hatte diese Angelegenheit noch ein weiteres Nachspiel: denn der Sohn von Karl V., Philipp II., heiratete danach tatsächlich die englische Thronerbin, wurde durch seine Heirat mit Maria Tudor sogar – wenn auch nur am Papier - König von England. Jedoch, auch dieser Versuch scheiterte kurzfristig, da Maria, nicht wie angenommen, Philipp's Erben im Unterleib entwickelte sondern einen Tumor, an dem sie binnen Jahresfrist starb. Daraufhin versuchte es Philipp mit

ihrer Halbschwester, Elisabeth I.: diese aber antwortete angeblich nur kurz und trocken: *„Meine Schwester hat durch die Heirat mit Euch die Gunst ihres Volkes verspielt, glaubt ihr ich werde denselben Fehler machen?"*

Europa, das Römische Reich, die Deutsche Nation - und die Sklaven

Dem Römischen Kaiser Deutscher Nation ging es durch die Jahrhunderte nicht wesentlich anders als heute den Nationen mit EU, NATO und UNO: saß damals der Kaiser stets zwischen den beiden Stühlen "Staatsverwaltung" und „Privilegien der Stände", geriet darüber immer wieder in finanzielle Krisen, weil die Fürsten nicht einsahen, für den Zusammenhalt des Ganzen beitragen zu sollen, so ist es heute Mode, über Brüssel, seine Macht und seinen Geldhunger zu schimpfen. Wie heute die einzelnen Staaten, so musste sich schon damals der Kaiser immer wieder Geld von der Bank leihen. In den deutschen Landen waren darin die Fugger und Welser zu Augsburg die mächtigsten Geldverleiher und mitunter Dirigenten der Politik: Schon Kaiser Maximilian musste bei Fugger ständig Kredit nehmen und dafür Privilegien abgeben. Für seine Krönung zum Kaiser des Heiligen Römischen Reiches konnte er nicht nach Rom reisen, sondern musste den Titel im Dom zu Trient in Südtirol annehmen, weil Venedig so mächtig geworden war, dass es ihm den Weg versperren konnte.[162]
Auch Karl V. brauchte Geld von den Welsern; der Preis für den Geldverleih ist interessant: Die Welser erhielten vom Kaiser Venezuela als Lehen, sozusagen als Protektorat auf Zeit, und, auch dies ist nicht weithin bekannt: die Lizenz zum Export und Verkauf von 4000 afrikanischen Sklaven – das sind zwar auch bei höchster Schätzung nicht mehr als 0,1 Promille der von Afrika versklavten Menschen, aber immerhin ein Hinweis darauf, dass nicht nur die Engländer diesen Handel betrieben, die den größten Anteil daran hatten und keine konkreten Zahlen darüber publizieren;[A104] auch aus Holland sind keine Zahlen bekannt, wohl aber sonstige Daten über Millionen verschleppte Afrikaner – wahrscheinlich die größte Migration der Menschheitsgeschichte zwischen dem 16. und 19. Jh.[A105]

Mit der Niederlage der Spanischen Armada entwickelte sich England schrittweise zur neuen Macht in Europa, und nach dem Niedergang der holländischen Seemacht allmählich zur dominierenden Seemacht und globalen Hegemonialmacht. Napoleon war nach den Niederländern der Erste, der versuchte, dem entschieden entgegenzuhalten und eine europäische Welt unter seinem französischen Regiment zu schaffen – es misslang mit der Hilfe der restlichen europäischen Gemeinschaft der Monarchen. Auf die Folgen von Machtmissbrauch, in der Geschichte immer wieder ignoriert, wies schon während der ersten Entdeckungsfahrten der Europäer ein Mann hin, der dafür büßen musste wie Dante:

Machiavelli's Erbe –

eine erste Warnung vor der vorauseilenden Kapitulation

Möge die Selbsterfüllung davon uns und unseren Nachkommen erspart bleiben. Man kann nicht umhin, den Vergleich mit den meistgelesenen Büchern unserer Zeit – über Sex und bestenfalls Crime – zu ziehen, dem schnellen Nachgeben alles Kreatürlichen und dem Verlachen des Verzichts, erst recht des Bemühens darum.

Wovon ich hier rede?

Der Titel kann in der Tat ambivalent gesehen werden:

Geht es um „Machiavellismus" oder um „Machiavelli's Traum", seinen Herzenswunsch, seine eigentliche Mission? Es geht um den Kampf zwischen Macht und Selbstverwaltung der Menschen in und mit ihrer Gemeinschaft, auch gegen sie. Machiavelli erscheint in der Tat bestenfalls ambivalent, bevor man sein ganzes Werk und Leben überblickt, bleibt noch vom Gesamteindruck ambivalent wie Galileo Galilei, weil er seinem Volk vorwirft, was er selbst nicht wagte (im Gegensatz zum Beispiel zu seinen Zeitgenossen Savonarola, Giordano Bruno oder Luther, die nie abschworen). In Machiavelli's Werk über die Geschichte von Florenz, den „Istorie Fiorentine" scheitert nach seiner Darstellung der Aufstand der Wollarbeiter 1378 am fehlenden Mut, den Kampf durchzustehen.

So wie Dante war auch Machiavelli Opfer des gefährlichen politischen Ränkespiels im Florenz der Renaissance geworden. Wie Dante schrieb er sein bekanntestes Werk im Exil: „Il Principe" entstand mit halb gebrochenen Fingern nach der Folter durch die Schergen der wiedergekehrten Medici-Regenten. Als Analyst und Chronist des psychologischen Armamentariums für erfolgreiche Machtpolitik blieb er mit seiner eigentlichen Überzeugung missverstanden, weil er seine Kritik mitunter derart verbarg, mitunter sogar verleugnete, um zu überleben. Letztlich aber doch immer wieder als der Eigentliche der er war von Machthabern enttarnt, verlor er seine beruflichen Positionen wiederholt und starb verarmt – wie Dante (vor allem aber auch wie Konfuzius, der, aus seiner hohen politischen Position entlassen, als armer fahrender Gelehrter endete). „Seine" Republik wurde in Florenz einen Monat vor seinem Tod, und unmittelbar nach dem „Sacco di Roma", und dem Fall der Mediceer in Florenz ausgerufen, aber ohne dass er selbst nochmal zu Ehren gekommen wäre.

Als eine erste Warnung dient der Hinweis darauf, dass Machiavelli nicht für seinen Kampf um Republik, und damit um eine Art Demokratie, bekannt und – man kann es nur berüchtigt nennen – geblieben ist, sondern für seine Beschreibung der von ihm so sehr gehassten machtpolitischen Auswüchse der Gier: er war vielleicht der Erste überhaupt, der mit diesem psychologischen Feinsinn erspürte und auch beschrieb, dass Gier eigentlich erst dann gefährlich wird, wenn das ursprüngliche Ziel erreicht ist, weil sie dann als Selbstzweck in Willkür wütet, wenn nicht gar in paranoidem Wahn, wie dies von Canetti in akribischer Kleinarbeit aus der menschlichen Psyche herausseziert wurde.[1, 163]

Man zitiert Machiavelli mit bitterer Genugtuung über die verwerfliche menschliche Natur, auch als Rechtfertigung oder selbsterfüllte Prophezeiung wird darauf verwiesen, dass der Zweck die Mittel heilige.[A106] Machiavelli's Mission war jedoch nicht der Hinweis, dass der Zweck die Mittel heilige; vor dieser plumpen Feststellung wird über seine Hauptanliegen hinweggelesen, zum Beispiel, gar nicht so sehr versteckt hinter dem Satz, dass nur der Erfolg zähle, daran erkennbar, dass man an der Macht bleibt, die drei Kardinal-Ratschläge an den Fürsten: *„Du sollst dich nicht an den Gütern deiner Untertanen gütlich tun; du sollst dich nicht an ihren Frauen vergreifen; du sollst nicht einfach aus Spaß töten."* Damit zeichnet er einen Herrscher, dessen Hauptqualifikation und -motivation die Fürsorge für sein Volk ist. Aber sogleich verbirgt er sich wieder weitgehend hinter der nächsten Kritik: *„Die Menschen urteilen im Allgemeinen nach dem Augenschein, nicht mit den Händen. Sehen nämlich kann jeder, verstehen können wenige. Jeder sieht, wie du dich gibst, wenige wissen, wie du bist. Und diese wenigen wagen es nicht, sich der Meinung der vielen entgegen zu stellen. Denn diese haben die Majestät des Staates zur Verteidigung ihres Standpunkts."*

Doch dazwischen kommen jene Textstellen des Buches, gewidmet Lorenzo di Medici, an denen er sich den Mediceern gegenüber kompromittiert, also sich zu denen zählt, die nicht wagen, sich entgegen zu stellen: der Fürst dürfe im Interesse der Staatsräson nicht vor Gewalt und Terror zurückschrecken. Darein allerdings mischt sich auch ein anderes Motiv, eines, das ihn selbst als Kind eines Volkes ausweist, als Menschen, der als Teil einer Masse den Anspruch auf territoriale Verteidigung mitträgt. Drückt Machiavelli hierbei deutlich aus, dass es nur um Verteidigung geht, nicht um Macht und Anspruch? Ich meine *ja*, weil er an anderer Stelle unmissverständlich klarstellt: *„Alle Macht ist Raub und all ihre Rechtfertigung pure Ideologie."* Wenn aber die Rechtfertigung, die sich in den Gesetzen wiederfindet, ohnehin „pure Ideologie" ist, die

Abb. 49: Niccolò Machiavelli, Uffizien, Florenz. Photo:[164]

auch ersetzbar ist, dann kann es auch nicht unmoralisch sein zu behaupten: *„wo viele die Gesetze übertreten, wird niemand belangt."* Ein Aufruf zur Revolution eigentlich, gegen einen Fürsten, der nur die eigenen und familiären Interessen im Sinn hat: *„Täuschung und Gewalt auf der Seite der Mächtigen, Angst und Aberglaube bei den Unterdrückten."* [165]

Machiavelli aber träumt von einer Art Schweizer direkter Demokratie, wenn er nach dem Tod von Papst Leo X. im Dezember 1521 vorschlägt *„eine Republik zu schaffen, die sich auf den gemeinsamen Nutzen aller Bürger gründete:"* *„Kein Gesetz ist vor Gott und den Menschen lobenswerter als die Ordnung, die eine wahre, einige und heilige Republik begründet, in der man frei beratschlagt, klug diskutiert und das Beschlossene getreulich ausführt."*

Machiavelli ist zum festen Bestandteil der Identität des europäischen Kulturkreises geworden; nur wenige Philosophen und Historiker haben sich nicht auf die eine oder andere Weise mit ihm auseinandergesetzt. Zur Auseinandersetzung gereizt hat oft, *weil* er missverstanden geblieben war; nicht verwunderlich, wenn man bedenkt, dass er einer von denen war, die ihr Gegenüber nicht instinktiv erfassten, sondern wissenschaftlich studierten, und dann die resultierende Erkenntnis möglichst gut verborgen mitteilte, wie er selbst es ja formulierte: *„Ich sage nie mehr, was ich glaube, und glaube nie mehr, was ich sage, und wenn mir doch einmal ein wahres Wort entschlüpft, verstecke ich es gleich hinter soviel Lügen, dass es nicht wieder zu finden ist."*

So ist Machiavelli mit Dante, wenn auch nicht seiner Dichtung wegen, so doch um seiner politischen Ideale willen vergleichbar. Er hatte immerhin persönlich mit Kaiser, König und Papst verhandelt.

Die Liste Derer ist lang, Derer mit gebrochenen Fingern und Flügeln und Herzen um der Gerechtigkeit willen, und darauf stehen aus ihrem Zeitgeist Herausragende aller Kulturen. Europa, das stolze, der ganze Westen, müsste sich besinnen auf sie, und handeln, im Namen all Derer aus *allen* Kulturen, wollte es seinem selbsterhobenem Anspruch auf universale Gültigkeit seiner Ethik und Moral gerecht werden.

Renaissance und Aufklärung

Mit dem Zeitalter der Aufklärung und dem der Renaissance, ihrem Vorboten, entsteht Europa ein weiteres Mal: denn es ist eine pan-europäische, geistesgeschichtliche wie politische Bewegung, die in einigen Köpfen beginnt und schließlich den ganzen Kontinent erfasst und verändert, und schließlich die ganze Welt erfasst: Die Frage nach Anfang und Ursprung führt sehr nahe heran und zurück zum Kommentar Goethe's über die Unsinnigkeit der Suche nach Ursprüngen (S. 5); aber einen Anstoß zum Wechsel in eine neue Zeit gaben Geister wie Dante, Petrarca, *„der erste große Propagandist der Antike"*,[2] und Boccaccio bereits bis zur Mitte des 14. Jahrhunderts. Mit Dante's Tod mag man das Tor zum Mittelalter sich schließen, mit Cola di Rienzo's (Nicola di Lorenzo, Rienzi) machtpolitischem Antrieb und wahnhafter Vision eines Wiedererstehens des Antiken Rom das Tor zur Renaissance sich öffnen sehen – zumindest in Italien, dem übrigen Europa um ein Jahrhundert voraus.

Ein Aufleuchten beginnt, ein Erhellen, Lichtdurchfluten des Lebensraumes, der im Gottesstaat zur düsteren, muffigen Stube geworden war, wenn auch träger und zögerlicher im Norden. Aber auch ein Durchleuchten, ein respekt- und schonungsloses Durchblicken bei Tageslicht, nicht mehr nur Durchdenken; ein Aufdecken all dessen, was daran, darin, darunter und dahinter ist an den erkennbaren Dingen der Welt. Langsam, über zwei Jahrhunderte, lässt sich das Sonnenlicht der kritischen Denkfähigkeit durch das Gewölk der mittelalterlichen Universalwelt christlicher Dogmen und Denkkontrolle erblicken, beginnt es den Menschen, seine Umwelt und sein eigenes Sinnen darüber nüchtern beobachtend und analysierend zu zergliedern: „Wissen statt Glauben", „Individuum" statt „weltumspannende Ideologie". Der Mensch wird wieder seiner Fähigkeit gewahr, seiner selbst gewahr zu sein. Daraus folgen künstlerische und sozialpolitische Konsequenzen – schließlich Aufklärung, in Italien „illuminismo", in Spanien „siglo de las luces", in Frankreich „siècle des lumieres", „enlightenment" in England, *„просвещéние*– Aufklärung" in Russland.

Erste Funken von Licht waren bereits aufgesprüht, als der Mensch sich erholt hatte von Pest und Hungersnot, wiedergeboren nach dem Mittelalter in der Renaissance. Wissen aus Büchern wurde zu Macht, die sich im Volk verbreiten konnte. Erste Flammen loderten mit der Reformation. Der Sinn von Dogmen für den Menschen, die Erklärung der Welt mit offenen Sinnen hinterfragt und durchleuchtet: so begannen Wissenschaft und Forschung, infrage stellend auch die Erkenntnisse der Antike und des Morgenlandes. Gleichzeitig litten die hellsten Köpfe gleich wieder an der Erkenntnis unserer begrenzten Erkenntnisfähigkeit, stahlen sich heimlich zurück in Mystizismus und Alchimie, sogar bis hin zu

Newton (1643-1727): er führte noch Anfang des 18. Jh. nächtens heimlich verbotene alchimistische Experimente durch, forschend nach einem Signal aus dem Unerforschlichen hinter dem Vorhang des Erkennbaren. - Doch es begann mit dem Ende des Mittelalters in Europa, nicht nur in Italien: Erasmus von Rotterdam (1469-1536), Zeitgenosse von Luther, Calvin und Zwingli, Patient von Paracelsus, war wohl der Initiator und Kristallisationspunkt am Ende des 15. Jh. für ein neues Verständnis von „Gelehrt-sein". Erkenntnisse aus eigener Anschauung, durch kritisches Denken, Beobachten und Untersuchen, verdrängen allmählich manches blinde Glauben an eine gottgewollte Weltordnung auch in einer breiteren Bevölkerung.

Die Flamme der Reformation brannte sich von der Religion hinein in die Gesellschaft, entzündete den Lebensmut der Unterdrückten und gloste in den Köpfen Jener, die mit dem Zeitgeist zu diskutieren wagten: in Holland und besonders in England begann die Philosophie die Religion dort zu ersetzen, wo neue gesellschaftspolitische Probleme zu lösen waren. England hatte mit der Hinrichtung von König Karl I. diesen Aspekt der Französischen Revolution vorweggenommen und war auf dem Umweg einer Militärdiktatur zur konstitutionellen Monarchie gelangt. Thomas Hobbes und John Locke beeinflussten diesen Prozess wesentlich, und damit den Verlauf der Aufklärung und die Entwicklung zur Demokratie im restlichen Europa und in Amerika.[1]

Die Beachtung und Beobachtung seiner selbst – nicht mehr nur als Werkzeug Gottes im Gottesstaat, mit einem Schicksal nach göttlicher Fügung - ändert das Gewahrsein des Einzelnen bezüglich seiner Stellung in der sozialen Hierarchie. Es mag auch seinen Anfang genommen haben mit der Entfremdung des Einzelnen von seinem Gott, in der mittelalterlichen Zeit der Katastrophen, als massenhafter sinnloser Tod einfach nicht mehr als stimmige göttliche Fügung durchgehen konnte und die Menschen einmal mehr damit beginnen mussten, sich das Leben eigenverantwortlich einzurichten, abseits von dieser göttlichen Weltordnung, die nur noch Chaos war. Viele fühlten sich von Gott, seinem Stellvertreter und dessen Helfern betrogen, ohne vorerst dieses Gefühl auch tatsächlich bewusst werden zu lassen - dies besorgten zuerst die Führer der Reformation. Die Aufstände und Bauernkriege in jener Zeit diskutierte ich bereits an anderer Stelle.[1] Es musste noch einige Zeit vergehen, und ein ganzes Zeitalter von Krieg darüber durchlitten werden, ehe sich aus den Gefühlen Gedanken keck hervorwagen konnten.[A107]

Renaissance: individuelle Freiheit, Gesellschaft und Ausbeutung

Mit der Abwendung der Orientierung vom Jenseits, und der Zuwendung zur Wirklichkeit der Welt und ihren eigentlichen Möglichkeiten, erwachten aber auch die Begehrlichkeiten des Einzelnen, begann die Kreatürlichkeit ihre Befreiung zu feiern und zu nutzen. Damit geriet das Machtgefüge in Bewegung: Bürger konnten durch Ausbeutung ihrer Möglichkeiten durch Reichtum Macht und Einfluss erwerben. In Italien begann schon im 14. Jahrhundert eine erste Welle des Frühkapitalismus mit einem über Europa ausgebreiteten Bankenwesen.

Befreiung des Individuums aus dem mittelalterlichen Machtgefüge hat rasch den Abbau der Selbstkontrolle zur Folge: Gelderwerb, Reichtum, kann Selbstzweck werden. Gleichzeitig wird der Flaschengeist einer Hybris befreit, in der sich der Mensch in seinem Schöpfungsdrang gottähnlich, wenn nicht gottgleich, wähnt – eine paranoide Hybris, die sich ansonsten nur autokratische Herrscher erlauben konnten. Zusätzlich beginnt die europäische Menschenseele mehr als jemals davor in zwei Welten gleichzeitig zu leben: der religiös-ethischen Welt des Sollens, und der Alltagswirklichkeit der wieder entfesselten Instinktkreatur, zu intelligent für unschuldige Brutalität, zu schwach im Fleische für konsequentes Handeln aus langfristiger Planung mit dem Ziel des gemeinsamen längerfristigen Überlebens.

Friedell formuliert das Gefälle der Entwicklung zwischen Italien und den Ländern nördlich der Alpen treffend: Der Charakterbau ist in der nordischen Stadt nach wie vor der Dom, in der italienischen Stadt, dort, wo bereits bedeutend geringere Standesvorurteile herrschen, der Palazzo.[2] Komfort, zunehmend rauschhaftes Sinnen nach Erlesenem und Ausdruck von Lebens- und Gestaltungskraft und -lust entwickeln sich – eben wie eine dem Kerker entronnene Kreatur mit ihrem animalischen Erbe. Das goldene Zeitalter in den Niederlanden, als Vergleich des Nordens zum Süden, konnte sich erst dank der Reichtümer aus dem Kolonialhandel im 16. Jh. entwickeln und schließlich 1637 in den Bankenkrach über die Finanzblase mit der Tulpenzwiebelmanie münden.

Wissenschaft

Naturwissenschaftliche Erkenntnisse wurden zunächst nur in privater Initiative gewonnen und blieben Neugier an der wundersamen Weltwirklichkeit ohne Interesse an praktischer Anwendung im Alltag der Arbeitswelt. Dementsprechend sind die Naturwissenschaften zunächst noch im Schoß der Philosophie beheimatet, nichts anderes als eben Philosophie, nämlich Erkenntnistheorie, mit wenigen Ausnahmen ohne praktischen Nutzen, nicht einmal für die Medizin. Dass van Leeuwenhoek durch sein Mikroskop schon um 1670 kleine Wesen sah, die sich bewegten und vermehrten, blieb bis zur zweiten Hälfte des 19. Jh. ohne Folgen. Erst in den 70er Jahren des 19. Jh. begann Schlag auf Schlag die Serie der Entdeckungen der Krankheitserreger, der Bakterien. *„Seit der Entdeckung der Bakterien hat der Mensch nur noch sich selbst zum Feind",*[81] hatte Toynbee in gutem Glauben vor weniger als 50 Jahren gemeint – in gewisser Weise stimmt es ja auch weiterhin, wenn auch in einem anderen Sinn: je mehr der Mensch vom Baum der Erkenntnis nimmt, ohne der Folgen gewahr sein zu können, desto mehr sägt er am Ast seiner eigenen Existenz, öffnet neuen Gefahren aus der Umwelt Tür und Tor.

Zur Sammlung und Diskussion dieser Kuriositäten des Wissens wurden im 17. Jh. Akademien geschaffen: zuerst 1652 die Academia Naturae Curiosum in Deutschland (Schweinfurt), 1660 die Royal Academy in London, sechs Jahre darauf die Académie des Sciences der Académie Française, 1700 die Preußische und 1724 die Russische Akademie der Wissenschaften.

Mit den „Philosophical Transactions" der Royal Society begann 1665 das Zeitalter der wissenschaftlichen Zeitschriften. Im Jahr 1700 soll man in London etwas mehr als 500 Buchtitel zu kaufen bekommen haben, zwar immer noch die Hälfte davon über Religion, aber 31 über Geschichte und Politik, 30 über Wissenschaft und Recht, 22 über Musik, 50 über Literatur(englisch, latein, französisch). Zwischen 1550 und 1650 war die Zahl der gedruckten Bücher fast verzehnfacht worden, zwischen 1750 und 1800 nochmal vervierfacht.[166]

Im Laufe des 18. Jh. beginnen Publikationen über wissenschaftliche Erkenntnisse schrittweise die religiösen Texte zu verdrängen. Noch am Ende dieses Jahrhunderts lässt Goethe seinen Faust die vier akademischen Disziplinen aufzählen: Philosophie, Recht, Medizin und Theologie; sie sind jedoch eben im Begriff, geändert zu werden in Technik, Naturwissenschaften und Geisteswissenschaften, mit der Medizin dazwischen; Theologie wird zunehmend zur akademischen Berufsausbildung, Lehr- und Forschungseinrichtung für Fundamentaltheologie, Kanonisches Recht und Geschichte.

Langsam, sehr langsam, geraten Information, Wissen, Bildung auf eine breitere Basis: 1605 beginnt die erste europäische Wochenzeitung, die „Relation", in Strassburg, 1660 in Leipzig die erste Tageszeitung, die „Einkommende Zeitung", die erste von etwa 200 Zeitungen im 17. Jh. [140]   *Erste Tageszeitungen*

Die Latinisierungswut des Spätmittelalters und der Renaissance kam zu einem Ende; man musste sich nicht mehr „Philippus Theophrastus Aureolus Bombastus von Hohenheim" nennen, um als Akademiker Aufmerksamkeit auf sich zu ziehen wie Paracelsus; nun sollte es auch „Wilhelm Bombast von Hohenheim" wieder tun. Zwischen 1650 und 1700 stellte man die Vorlesungssprache an den Universitäten von Latein auf die Landessprachen um, damit Wissen einer breiteren Bevölkerung verständlich und damit zugänglich werden konnte. Allgemeine Schulpflicht war die nächste Aufgabe, allerdings für das 18. Jh. Die Aufklärer hatten sich also auch ganz praktische Aufgaben gestellt, welche, die tatsächlich erfüllt wurden. Aufklärung im Sinne von Licht in Grundschulbildung und Grundwissen hat also tatsächlich stattgefunden, und zwar im Zeitalter der Aufklärung, abgesegnet und eingeführt von aufgeklärten und – nicht zu vergessen – absolutistisch regierenden Majestäten (deren einige obendrein Freimaurer waren), nicht Demokraten;[1] ich komme gleich nochmal darauf zurück.

Dem Individuum geht wieder ein Licht auf: der Mensch besinnt und beruft sich auf seine eigene Denkfähigkeit und Urteilskraft. Damit empfindet er Glaubensdogmen und -inhalte zunehmend als Bevormundung, deckt Inkohärenzen auf und löst sich schrittweise von Religion. Hatte der Prozess bereits im 16. Jh. mit dem Konflikt innerhalb der Religion selbst und Vordenkern wie Erasmus begonnen, so wird er nun als Erkenntnistheorie formalisiert. Wenn auch heute nicht mehr allen damals formulierten Gedanken und Thesen gefolgt werden kann, so ist dennoch die Analyse menschlicher Erkenntnisfähigkeit damit auf eine

wissenschaftliche Basis gehoben worden, wo sie noch heute mit modernen Hilfsmethoden der Neurowissenschaften weiter bearbeitet wird: Als Descartes ' Geist erwachte, war Erasmus' seit über 80 Jahren erloschen. Mit
Philosophie seiner Erkenntnistheorie in der ersten Hälfte des 17. Jh., auf den Punkt gebracht mit dem Spruch „cogito, ergo sum" – ich denke, also bin ich – präsentiert Descartes eine grundlegend neue Erkenntnistheorie, die den Geist vom Körper unabhängig und ihm überlegen sieht. Nicht erst die moderne Neurowissenschaft wird dagegen gute Argumente vorbringen, denn schon die Beobachtung und Überlegung ergibt, dass – zumindest in der irdischen Wirklichkeit – der Geist ohne seinen kreatürlichen Unterbau, den Körper, in Sekundenschnelle nicht mehr existiert. Es ist also umgekehrt: sum, ergo cogito. Der Fairness halber muss man erwähnen, dass Descartes Dualist war, also an eine Existenz der Seele unabhängig vom Körper glaubte. Gottfried Wilhelm Leibniz [A108] weist mit seiner Monadentheorie auf eine Innenseite von Allem hin. Mit John Locke („nihil est in intellectu quod non antea fuerit in sensu") und David Hume [A109] setzt die philosophische Debatte über Ich-Identität und Freien Willen ein.

Als der deutsche Philosoph Immanuel Kant die Texte von David Hume las, war er derart tief beeindruckt, dass er darüber selbst tiefreichend nachdenken wollte: schließlich ging er noch einen Schritt weiter und formulierte in Übereinstimmung damit, dass es sich bei diesem und weiteren Erkenntnisprozessen um ein „a priori" handle („Kritik der reinen Vernunft"); was auch er damit meint, ist nichts anderes, als dass unsere Erkenntnisfähigkeit von vornherein dadurch begrenzt ist, dass wir in unserem Denken aus automatischen Schlussfolgerungen bestehen, auf die wir zunächst, und letztlich überhaupt, keinen Einfluss haben.

Von dort spannt sich ein Bogen in die Neuzeit: Kant war Professor für Philosophie an der Universität zu Königsberg. Zweihundert Jahre später, im Jahr 1940, wurde dort der Wiener Mediziner Konrad Lorenz Professor, und zwar für vergleichende Psychologie; denn sein Forschungsgebiet war die vergleichende Verhaltensforschung geworden. Ein Jahr später schrieb er am Wirkungsort von Kant den wissenschaftlichen Artikel „Kants Lehre vom Apriorischen im Lichte gegenwärtiger Biologie".[167] Damit leitete er seine naturwissenschaftliche Begründung für die Erkenntnis von David Hume und Immanuel Kant ein, die er sodann als weltweit anerkannter Forscher auf dem Gebiet der evolutionären Erkenntnistheorie in seinem Buch „Die Rückseite des Spiegels" zusammenfasste mit dem Kernsatz: „Leben ist hypothetischer Realist"[A110] - ein Beispiel für die Auswirkung des Strebens im Zeitalter der Aufklärung nach Evidenz, Suche nach Erkenntnis durch Beobachtung der Natur und seiner selbst als Teil davon, Ursprung der modernen Wissenschaft; aber auch einer „Gelehrtenrepublik" als Ersatz für die Macht der Papstkirche.[81] Religion verliert insgesamt ihre zentrale Bedeutung, wird eine kulturelle Gegebenheit wie Sprache, die man wechseln kann: Regenten wechseln die Religion, um für Kronen in Frage zu kommen; davor hatte man Untertanen zu Religionen gezwungen, nun zwang Religion nur noch als Zugehörigkeitsmerkmal zu einer Volksgruppe.

Der Kampf um Wissen und Macht zwischen Kirche, Wissenschaft und Staat

Mit der Selbstbewusstheit in der beginnenden Neuzeit wurde Schritt für Schritt alles hinterfragt, was bisher als Wissen gegolten hatte. Dieses neue Wissen wurde nun in Enzyklopädien als Demonstration der neuen, säkularen Macht zusammengetragen: während bei Francis Bacon noch Gott die Hand im Spiel hatte und die Menschenwelt regulierte, schlossen die aufgeklärten Geister die Theologie aus dem Bereich „Wissen" aus.[140] Als berühmtestes Beispiel für dieses neue enzyklopädische Wissen gilt jene von Denis Diderot und Jean-Baptiste d'Alembert aus den Jahren 1751 bis 1772. Die umfangreichste mit 68 Bänden war das „Universal Lexicon" von Johann Heinrich Zedler aus den Jahren 1732-1754. Das Wissen der Zeit wurde an einen bildlich dargestellten Baum geheftet, der entsprechend der Vorstellung von Francis Bacon (1561-1626) trug, was der Mensch entsprechend seiner Erkenntnisfähigkeit wissen konnte.[140]

Gott als Schöpfer der Naturgesetze konnte nun eigentlich weggelassen werden, da man mit den Naturgesetzen allein die Welt erklären konnte. Die Naturwissenschaften lösten die Theologie als Quelle von Erkenntnis ab: Materialismus, Positivismus, Rationalismus, Reduktionismus waren schrittweise die Folge – bis zum heutigen Tag. Dieses Wegrücken Gottes in eine weite, theoretische Ferne ermöglichte auch einen anderen Schritt: den der Trennung der weltlichen Macht vom Einfluss der Kirche. Die Aufklärung ist auch das Zeitalter der absolutistischen Herrscher, die nun den Mut fassen können, ihre Herrschergewalt nicht mehr als vom Stellvertreter Gottes auf Erden übertragen zu sehen, sondern sich selbst und direkt als von Gottes Gnaden auf den Thron berufen zu bezeichnen. Aus dieser Trennung von der kirchlichen Macht und absoluten irdischen Macht folgert die Säkularisierung; im Habsburgerreich unter Joseph II. geht sie so weit, dass Klöster geschlossen und die Mönche zur nutzbringenden Betätigung aufgefordert werden. In Spanien werden 1767 die Jesuiten ausgewiesen; die Ambivalenz dabei ersieht man an der Inquisition: sie wird erst 1834 endgültig abgeschafft.[A94] In Italien hatten es die Aufklärer besonders schwer, weil der mächtige Kirchenstaat das Mittel der Inquisition sehr direkt einsetzte (schon Savonarola und Giordano Bruno hatten erkennen müssen, dass man umso gefährlicher lebte, je näher am Papst). In Frankreich erfolgt die offizielle Trennung von Kirche und Staat erst 1905 nach der Dreyfus-Affäre.

Kultur und Technik

In diesem imperialen Absolutismus bricht mit dem Zeitalter der Aufklärung auch eine Hochblüte der Künste in Musik und Literatur an, geprägt durch Namen, die den Inbegriff von „Europäischer Kultur" ausmachen. William Shakespeare war Allen schon lange vorangegangen und hatte in Alltagsszenen sämtlicher sozialen Schichten vorweggenommen, wo der Mensch mit seinen Fähigkeiten seinen Platz hat in der Welt: in sich selbst, dort, wo aller Kampf stattfindet zwischen den Leidenschaften und der Vernunft, der Kreatur und seinem göttlichen Anteil, dem Geist, eine dauernde Konfrontation, in der Shakespeare beiden Seiten etwas abzugewinnen weiß; sein Umgang mit dieser Widersprüchlichkeit hat seine Werke bis heute zeitlos bleiben lassen.

Im deutschsprachigen Raum entfalten Goethe und Schiller ihr Genie: Schillers „Räuber", „Kabale und Liebe" und „Don Carlos" werden uraufgeführt. Goethe's „Leiden des jungen Werther" erschüttern die junge Generation seiner Zeit, Goetz von Berlichingen, Egmont und Clavigo entstehen, ein neuer Faust. In der Musik beginnt nach dem Füllhorn barocken Schaffens die Wiener Klassik mit Joseph Haydn, Wolfgang Amadeus Mozart und Ludwig van Beethoven: 1782 wird die Entführung aus dem Serail uraufgeführt, 1787 Don Giovanni, 1790 Cosi Fan Tutte, 1791, kurz vor seinem Tod 1795 „Die Zauberflöte" mit ihrer versteckten Botschaft aufklärerischer Freimaurer, die auch „die Hochzeit des Figaro" schon 1786 angedeutet hatte. Gleichzeitig wird nach einer Welle italienischer und französischer Dominanz die deutschsprachige Oper hoffähig.

Als „Fridericianum" wird 1779 in Kassel das erste öffentliche Museum am europäischen Kontinent eröffnet. Knigge schreibt 1788 über den „Umgang mit Menschen".

Auch Wissenschaft und Technik hatten schon im 17. Jh. begonnen, eigene Wege zu gehen und damit die griechisch-römische Tradition zu überwinden;[81] nun machen sie entscheidende Fortschritte in Astronomie (Messier, Herschel), Physik (Euler, Volta, Watt), Chemie (Lavoisier). Montgolfier startet zu seinem ersten Flug im Heißluftballon. Auf die Revolution in der Weberei komme ich im Abschnitt über die Industrielle Revolution zu sprechen.

Als „getürkter" erster Schachcomputer der Welt stellt sich später der „Schachtürke" von Baron von Kempelen heraus – in dem unbesiegbaren Schach-Automaten saß in Wahrheit ein Mensch verborgen.

In diese Jahre fallen auch Entdeckungsreisen und Weltumsegelungen, 1770 die Entdeckung Australiens durch James Cook. Die Franzosen besteigen 1786 erstmals den Mont Blanc.

Aber zwischen dem zunehmend von Religion ungetrübten, aufgeklärten Blick von Forschern einerseits, und der breiten Bevölkerung andererseits, entsteht ein zunehmend tiefer Graben des Glaubens:

Hutton's
Arthur's
Seat und
das Alter
der Erde

Die Menschen des Jahres 1786 leben in ihren Köpfen immer noch im Jahr „7294 annus mundi", des Glaubens, nach der biblischen Zeitrechnung der Septuaginta müsse die Welt im Jahr 5508 vor Christus erschaffen worden sein. Doch in jenen Tagen stellte ein Mann namens James Hutton fest, dass die Menschen da ein Buch des religiösen Glaubens verwechselt hatten mit einem wissenschaftlichen Lehrbuch: die Welt musste viel viel älter sein – Millionen Jahre! Bei einem Spaziergang zum Arthur's Seat, einem der Hügel, die die Stadt Edinburgh überragen (ein erloschener Vulkan), war er an einem von Lava-Gestein umflossenen Felsstück zu dieser Erkenntnis gekommen und im Laufe seiner weiteren Forschungen zum Vater der modernen Geologie geworden. Seine Schriften blieben lange Zeit unbeachtet.

Politik im Zeitalter der Aufklärung

Aufklärung in der Politik: welch erstaunlich widersprüchliche Erscheinung. Obwohl den Köpfen von Freigeistern entsprungen, erfasst sie beide Lager der Gesellschaft: die Herrscher wie die Beherrschten. Man erkennt das Phänomen nicht zuletzt auch an den Mitgliedschaften bei den Freimaurern.[A111] Die Einen wollen Befreiung – sagen Freiheit im Denken, meinen aber Freiheit im Handeln. Die Anderen sehen sich aufgefordert zur Fürsorge, zur Pflicht, die Verantwortung für ihre Untertanen in vollem Umfang zu tragen, sehen dabei aber auch die absolute Handlungsfreiheit, also uneingeschränkte Macht. Beide streben nach der Befreiung von den Hütern des Glaubens.

Vor allem aber wird deutlich, wie sehr „Aufklärung" auch bei der Betrachtung der politischen Entwicklung zum pan-europäischen Phänomen wurde, mit dem sich Europa wie selbstverständlich als geistesgeschichtlich einheitlich geprägter Raum darstellt, getragen von Gedanken und Ideen, die zwischen Schottland und Russland, Spanien und Preußen, Frankreich und Österreich ohne Grenzen den politischen Prozess anleiten.

Kant verstand seinen König Friedrich II. als Großen, einen aufgeklärten Herrscher. In der Tat setzt mit der Aufklärung einerseits eine Welle von innenpolitischen Innovationen ein, die Ausdruck einer Fürsorge für das Volk sind, andererseits aber gehen die dynastischen und hegemonialen Machtspiele unvermindert weiter: 1784 unterstellen die Briten Indien und ihre Ostindienkompanie der britischen Regierung, bevor sie 1858 aufgelöst und Indien endgültig Kronkolonie im quasi privaten Besitz von Königin Victoria wird, so wie Hongkong – fürsorgliche Herrscher von Völkern, die andere Völker besitzen, Völker, die selbst von ihren Herrschern besessen werden.

Der deutsche Historiker und Ökonom Wilhelm Roscher verstand diese Form des Regierens, die er „aufgeklärten Absolutismus" nannte, als die absoluteste von allen, da am unabhängigsten von Kirche und Vasallen, die bei der Machtverteilung noch etwas mitzureden hatten, wie dies beim „höfischen Absolutismus" Ludwigs XIV. und dem „konfessionellen Absolutismus" Philipps II. von Spanien noch der Fall gewesen war.[168] Dieser „aufgeklärte Absolutismus" fand im Habsburgerreich seinen Ausdruck im Wahlspruch Joseph's II.: „Alles *für* das Volk, nichts *durch das* Volk".

Toleranz wird von den aufgeklärten Herrschern im antiquierten, wenn auch noch nicht überholten Sinn verstanden: der Einführung weitgehender Religionsfreiheit (Toleranzpatent) durch Joseph II. Im Jahr 1787 folgt Ludwig XVI. mit einem Toleranzpatent für die Hugenotten. Auch die zweiten Erfinder der Demokratie, die Briten, wollten nicht nachstehen, vielmehr vorangehen: unter Georg III. wird der „Roman Catholic Relief Act" verabschiedet, ein Toleranzpatent, das Katholiken - nicht Juden oder Muslimen, sondern Katholiken – künftig gegenüber den braven, politisch korrekten Anglikanern fast gleichberechtigt machen sollte. Am 2. Juni 1780 gehen über 50.000 protestierende Protestanten auf die Straßen Londons. Der Bürgermeister wird später zu einer Strafe von 1.000 Pfund verurteilt, weil er das Militär erst am fünften Tag der Unruhen ausrücken ließ:

Aufgeklärter Absolutismus

149

nach über zwei Wochen bürgerkriegsähnlicher Zustände kehrt wieder Ruhe ein; an die 500 sind verletzt, davon fast 300 tödlich. Und weil im Zusammenhang mit Aufklärung von der Abschaffung der Todesstrafe die Rede sein soll: 25 der Anführer des Aufstandes wurden zum Tod verurteilt. Ein halbes Jahrhundert später erzählt Charles Dickens davon in „Barnaby Rudge".

Soviel zur Wirkung von Toleranz und Aufklärung auf Volksmassen. Indes: wer regiert auf lange Sicht am absolutesten, wenn nicht das Volk? An einer Reihe von Beispielen in der Geschichte mussten wir schon zur Kenntnis nehmen, dass das Bemühen um Toleranz nicht mit der Überwindung von Beherrschtwerden einhergehen muss, dass vielmehr immer wieder Herrscher mit ihrem Bemühen um Toleranz scheiterten, weil das Volk es hinterging oder umging (siehe Beispiele auf S. 235).

Und dennoch: das Zeitalter der Aufklärung bringt den Herrschern des 18. Jh. ihre Fürsorgepflicht nahe, und die Würde und Rechte ihrer Untertanen; der Prozess

wird sich als unaufhaltsam erweisen - schon einhundert Jahre zuvor war diese Verantwortung als quasi biologische Selbstverständlichkeit im Titelbild von Thomas Hobbes' „Leviathan" aus 1651 dargestellt: der Körper des Herrschers besteht aus lauter winzigen Körpern, den Körpern seiner Untertanen (Abb. 50).

Abb. 50: Titelbild von Thomas Hobbes' Werk „Leviathan" aus 1685. Quelle:[169]

Die Herrscher erkannten den Nutzen von Bildung, nicht nur ihren kulturellen Wert, im Habsburgerland Joseph II. und seine Mutter Maria Theresia, in Preußen Friedrich II., in Russland Katharina die Große; sie fürchteten nicht wie die Kirche um ihren Machtverlust über einem gebildeten Volk, denn sie konnten nun Macht auf empirischem Wissen aufbauen, nicht auf Offenbarung und Glauben, wie es die Religion geboten hatte. Dass sowohl Friedrich der Große wie auch Herzog Albert von Sachsen-Teschen Mitglieder der aufklärerischen Freimaurer waren, aus deren Reihen letztlich die Entwicklung zur Demokratie in Europa mit hervorging, zählt zu den merkwürdigsten Tatsachen der Geschichte.[A111]

Auf dem Grabstein Friedrichs des Großen liegen meist einige Kartoffel – nicht wegen seines Kartoffelkriegs mit Maria Theresia, sondern wegen seiner Sorge um die Ernährung des Volkes: nach einer Hungersnot wegen Missernte im Jahr 1746 begann er mit seinen Kartoffelbefehlen; 15 an der Zahl ließ er im Land verteilen. Die Pfarrer mussten es von der Kanzel predigen, Beamte und Soldaten es den Bauern erklären, wie man die Kartoffel anpflanzt – Ernte und Ertrag schienen sicherer als für Getreide.

Aber auch Gesundheit, Bildung und Recht sollten bessere Beachtung finden: seit 1774 besteht in Österreich unter Kaiserin Maria Theresia die allgemeine Schulpflicht; auch der Preuße bemüht sich darum, es scheitert aber an der Lehrerausbildung; oft müssen ersatzweise Offiziere als Lehrer einspringen. Im Rechtswesen wird die Folter als Rechtshilfemittel eingestellt. Im Habsburger Herzogtum Toskana wird 1786 als erstem Staat der Welt die Todesstrafe abgeschafft, 1787 in allen Erblanden des Habsburgerreiches (in Frankreich wird es noch eine Weile länger dauern; dort ist man erst einmal mit der Einführung der „Louisiette" (nach ihrem Entwickler Antoine Louis) befasst – später wird sie „Guillotine" genannt werden, weil der Pariser Chirurg Dr. Guillotin ihren Einsatz als die schmerzloseste Tötungsmethode empfohlen hatte.[A112] Im Jahr 1781 schafft man in Habsburgerland die „Leibeigenschaft" (anderes Wort für Sklaverei) ab; in Preußen stemmt sich der Adel nach Kräften dagegen: Friedrich findet ähnlichen Widerstand wie Ludwig XVI. mit seiner Steuerreform: er scheitert mit dem Versuch zu erwirken, dass die Aristokratie ihre Steuerfreiheit aufgibt – bald werden sie Alle dafür bitter büßen müssen.

Auch auf die Verantwortung betreffend die Volksgesundheit wird man konkreter aufmerksam: die Kindersterblichkeit bis 1700 lag bei etwa 50%; von den Überlebenden erreichte etwa die Hälfte ein Alter von knapp 70 Jahren. Folgerichtig ließ Maria Theresia in Wien das damals größte Bürgerspital der Welt errichten und beauftragte ihren Leibarzt Dr. Gerard van Swieten mit der Planung und Organisation sowie mit der Reform des gesamten Gesundheitswesens.

In Dänemark, zu dem damals auch Norwegen gehörte, führte der Leibarzt von König Christian VII., Struensee, umfassende Reformen durch, wurde jedoch kurz darauf Opfer der pan-europäischen Restorationsbewegung ab 1815.

Die neue Perspektive erfasst auch Handel und Gewerbe: 1785 schließt Friedrich der Große den ersten Handelsvertrag zwischen Preußen und den neu gegründeten USA ab. 1783: der Genfer Jacob Schweppe entwickelt sein Getränk, das er als „Schweppes" nach England verkauft. 1784 führt die Erlaubnis zum freien privaten Handel mit Getränken zur Geburt des „Heurigen" in Wien.

Die Initiatoren des Zeitalters der Aufklärung appellieren an die Vernunft, an die selbstregulierende soziale Ordnung auf der Basis dieser Vernunft auch in Massen. Man vergaß dabei zu bedenken, dass „Vernunft" als Denkergebnis bestenfalls auch nur eine These ist, meist jedoch „Hausverstand", also Folge automatischen Denkens aus Erfahrungsinhalten. Dementsprechend merkten Aufklärer selbst bald, dass darin keine sozialpolitische Lösung stecken konnte: Kant drückte im unmittelbaren Anschluss an seinen Appell an Vernunft und eigenständiges kritisches Denken die Sorge aus, dass rasch wieder Berater zur Stelle sein würden, die den Menschen überzeugend nahezubringen wüssten, was es denn sei, das sie eigentlich wollten.[170] Auch Gleichheit und Brüderlichkeit wurden schon vor ihrer Verwendung als Slogans der Französischen Revolution kritisch diskutiert, unter anderen vom irischen Politiker Edmund Burke und von Moses Mendelsson, Freund Gotthold Ephraim Lessings und als der „deutsche Sokrates" bezeichnet.

Tatsächlich brachte die Revolution den Franzosen nicht sofort ein modernes demokratisches System; es bedurfte seither fünf Anläufe zur heutigen Staatsform, und man spielte inzwischen noch dreimal mit der guten alten Monarchie als der besseren Variante.

Schon allein die Tatsache, dass am Zenith des Aufklärungszeitalters politisch die Ära des Absolutismus herrschte, als Kant, Voltaire und Diderot mit den Großen, Friedrich von Preußen und Katharina von Russland, korrespondierten, zeigt, dass die Aufklärung in der bestehenden menschlichen Gesellschaft zunächst nicht in dem erwarteten Umfang stattgefunden hat, dass sie letztlich missbraucht wurde im Versuch, die Menschen in der dynastisch eingeteilten Welt weiter unmündig zu halten in einem Gemisch aus Herrschaftsanspruch und Fürsorge.

Die Aufklärung *hat* stattgefunden: aber ihre Wirkung beschränkte sich zunächst auf erste Grundbildung der Bevölkerung, und auf die Vertreibung Gottes aus dem Alltag für das Bildungsbürgertum. Sie resultierte in der Erlösung der Menschen von der Gewaltherrschaft und dem Psychoterror der Religion; Trennung von Staat und Kirche war ihr politischer Erfolg – der Rest ist Trugbild: denn weder hat die Französische Revolution Gleichheit für das Volk gebracht,[1] noch wurde die Monarchie beseitigt, und zuguterletzt misslang auch die Restauration der alten Ordnung: schrittweise kamen dennoch wieder Elemente der Aufklärung durch. Kaum reisen nach dem Wiener Kongress die Monarchen zurück in ihre Heimat, beginnen die Revolutionen zu köcheln.

edanken-
reiheit

Indes: es darf gewarnt werden, ob man mit „Gedankenfreiheit" nicht gedankenverloren die Befreiung vom Glaubenszwang meinte, von Begeisterung beflügelt missachtend, dass wir glauben *müssen*, nicht anders können. Und in der Tat: die nächsten Ideologen standen schon bereit: das Paradies auf Erden wurde die nächste Religion, der Tausende, Hunderttausende, dann viele Millionen geopfert wurden, zuerst in Frankreich, dann in Russland und schließlich in China.[A113]

Von vornherein weist dieses europäische Konzept auf eine Schwäche hin, das aus der Aufklärung entstanden ist: es ist fast ausschließlich mit dem Individuum befasst. Im Absolutismus, der sich dem biologisch gewachsenen Sozialen gegenüber teilweise verständnislos zeigt, sieht der Herrscher noch alle Ordnungsmacht in seiner Hand. Revolution war die selbstverständliche Folge. Ihr aber folgte Chaos, weil „Freiheit, Gleichheit und Brüderlichkeit" noch keine Sozialordnung beinhalten. In Großbritannien war dieser Prozess schon einhundert Jahre davor mit der „Declaration of Rights" abgeschlossen, dem Absolutismus ein Ende bereitet und mit dem „Common Law" eine pragmatische Sozialordnung eingerichtet worden.

Die Aufklärung provozierte die Kreatur, ihre Gegenstimme: es war nicht nur der Schrecken der Französischen Revolution und der napoleonischen Kriege; es war das Aufbegehren gegen den Versuch einer Hegemonie des Geistes, Widerspruch gegen Descartes' Feststellung: cogito, ergo sum – nicht ich *denke* - ich *fühle*, daher bin ich! Die Kreatur, Ernährer des Geistes, erträgt die Kälte nicht mehr. Gefühl ist alles, Gefühl, das Da-Sein in wortloser Überzeugtheit, überhaupt Sein. Dem rein Rationalen der Aufklärung folgt der Überschwang der Gefühle: die Romantik, und damit die Moderne.

Doch vorerst muss Europa noch durch seine weitere Geschichte:

Europas Wirklichkeit in der Neuzeit

Stadt und Land, Mensch und Tier

Flannery verglich die Relation der Bevölkerungszahlen zwischen Stadt und Land zur Zeit des Römischen Reiches und der Zeit Ludwigs XIV. um 1700: während die Landbevölkerung auch in Absolutzahlen unverändert geblieben war, lebten nun soviel mehr Menschen in Städten, dass die Gesamtbevölkerung Europas von damals 50 auf nunmehr 100 Millionen angestiegen war.[45] Mit der zunehmenden Zahl von Menschen und der Kultivierung der Ländereien wurden manche Wildtiere zunehmend in einzelne schlecht nutzbare Regionen zurückgedrängt und starben schließlich eine Art nach der anderen aus. Der Auerochs, zur Römerzeit noch weit verbreitet, war um 1000 bereits in einige osteuropäische Regionen wie das polnische Masuren zurückgedrängt und starb um 1600 endgültig aus. Zuletzt starb das Wisent in Polen und im Kaukasus in den 1920er Jahren aus, wurde aber durch Aufzucht einiger letzter Tiere vor dem endgültigen Aussterben bewahrt. Andere Arten wie der Wolf wurden seit dem frühesten Mittelalter systematisch gejagt und zumindest aus Europa verjagt. Wieder andere, insbesondere das Rotwild, wurden durch die mittelalterliche Jagdkultur und das Jagdprivileg der Aristokratie geschützt und überleben bis in unsere Zeit. In Skandinavien ist der Elch nach wie vor heimisch. Eine der schrulligsten Tiergeschichten im Zusammenhang der Migration nach Europa lieferten die Berberaffen von Gibraltar: seit die Briten den Felsen 1713 okkupierten und der Legende nach bleiben wollten, solange auch die Berberaffen bleiben, mussten sie wiederholt für Nachschub sorgen und Ordnung machen, weil sich Sodomie, Vergewaltigung und vor allem lesbische Homosexualität unter den letzten verbliebenen Exemplaren breitmachten.[45] Der Paläontologe Flannery befasste sich eingehend mit Migration und Schicksal einer Vielzahl weiterer tierischer Spezies.[45]

Bruderzwist ohne Ende im Europa der Dynastien?

Vor der Dimension des eurasischen Kontinents erscheint Europa wie eine kleine, periphere Halbinsel, die Politik in dem Vielstaatengebilde darin wie eifersüchtiges Gezänk der Menschen in einer kleinen, mittelalterlichen Stadt. Beherrscht wird das Haus Europa von einer Gruppe von Familien, die einander argwöhnisch und neidisch bekriegen, gleichzeitig aber auch die Liebe für ihre Gier durch strategische Heiraten instrumentalisieren. Die Frauen sehen sich gebraucht und missbraucht als Werkzeuge am Weg zur Macht – in manchen Epochen resultiert daraus in den privilegierten Kreisen eine nachgerade ritualisierte Promiskuität – so schreibt Egon Friedell über das Rokoko-Zeitalter: *„Eine Frau, die keinen Liebhaber hat, gilt nicht für tugendhaft, sondern für reizlos, und ein Ehemann, der* *keine Mätressen hält, für impotent oder für ruiniert".*[2] Um ein Beispiel zu geben, erzählt er aus dem Leben von Voltaire.[A114]

Nach Karl dem Großen hatte der Streit zwischen den Nachkommen begonnen; sie entwickelten sich zu Repräsentanten der völkischen Unterschiede zwischen den gallo-römisch-germanischen und den germanisch-slawischen Gruppen. Ein fast tausendzweihundert-jähriges Ringen um die Vormacht begann mit Ludwig dem Deutschen im Ostfrankenreich; aus „Karl" wurde „Charles" im Westfränkischen. Dynastien kämpften um die Vormacht in Europa und der Welt. Zwischen den aufsteigenden Großmächten behaupteten sich Stadtstaaten wie in Flandern, und in Italien Venedig, Florenz und andere.[81]

Krieg, nichts als Krieg

Von den vielen Seitenhieben im Rahmen strittiger Kolonialinteressen, gegengegenseitigen Erniedrigungen und eigenen Entwürdigungen, haben wir in einem vorangegangenen Abschnitt schon genug in Erinnerung gerufen. Daneben war Europa jahrhundertelang geprägt von der in Kriege ausartenden Eifersüchtelei zwischen Frankreich und den Deutschen bzw. Habsburgern um die Krone des Römischen Reiches aus der Hand des Papstes. Nach Karl V. hatte Maria Theresia zweihundert Jahre später wieder eine Annäherung und Versöhnung mit Frankreich angestrebt, zwar in erster Linie, um das Mächtegleichgewicht zu erhalten, da Preußen's Friedrich der Große mit England paktierte. So schlitterte man ungewollt in diesem umgekehrten Paktsystem mit Russland auf seiten Österreichs und Frankreichs in diesen größten aller bisherigen Kriege: Der Siebenjährige Krieg 1756-1763 war wegen seiner Ausbreitung in und um die Kolonien eigentlich ein vielfach verschwiegener erster Weltkrieg. Die napoleonischen Kriege wurden zu einem 20-jährigen pan-europäischen Krieg. Die größte Anzahl kriegerischer Auseinandersetzungen pro Jahrzehnt gab es in der Umgebung des 30-jährigen Krieges mit einem Gipfel in den 1650er Jahren mit 12 Kriegen trotz der offiziellen Beendigung des 30-jährigen Krieges im Jahr 1648. Europa hat für die Geschichte Kriege aller Längen und Inhalte geführt, vom „Kartoffelkrieg" ohne Schlacht bis zum 100-jährigen Krieg und Weltkrieg für ein tausendjähriges Reich, 7-jährig, 9-jährig, 30- und 80-jährig, insgesamt über 120 inner-europäische Kriege im Laufe der Neuzeit, Kriege gegen die Osmanen und Kolonialkriege außerhalb Europas nicht mitgezählt. 13 der 15 Schlachten zwischen Marathon und Waterloo, die E.S. Creasy [171] im Jahr 1851 als die entscheidenden Schlachten der Welt erachtete, fanden auf europäischem Boden statt.

Krieg und Frieden folgen keiner rationalen Logik, geschehen selten aus den verlautbarten Gründen: wegen der dreitausend Toten im World Trade Center wurde ein neuer Krieg ausgerufen; nur allein der Rückzug der Armee von Ludwig XIV. durch den Schwarzwald nach dem verlorenen Krieg in Bayern im Jahr 1704 kostete 8.000 Soldaten das Leben.

Nicht alle Kriege waren vermeidbar. Einige waren entscheidend, jedenfalls für die Idee, die wir heute als „Europa" diskutieren:

Zu den großen Stunden von Europa zählten in der Antike und im Früh-Mittelalter die Kriege der Griechen gegen die Perser mit Alexander dem Großen als Gallionsfigur, die Vertreibung der Mongolen (Hunnen im 5. Jh. und Awaren im späten 8. Jh. durch Karl den Großen) und der Widerstand gegen die von Ost (Byzanz) und West (Karl der Große in Nordspanien) anrennenden Araber.

Europas große Stunden in der Neuzeit

Die Türkenkriege

Zweifellos gehen die Türkenkriege im 16. und 17. Jahrhundert allen anderen voran, auf die ich auch im Zusammenhang mit dem Islam zurückkommen werde. Sie kulminierten aber nach dem Entsatz von Wien im September 1683 und der Gegenoffensive bis hinunter nach Belgrad (dazwischen die Schlachten bei Ofen, dann Mohacz 1687 und Zenta 1697) letztendlich im Frieden von Karlowitz: Wendepunkt in der europäischen Geschichte und Beginn des Niedergangs der Hohen Pforte - des Osmanischen Reiches: den eigens für die Friedensverhandlungen errichteten Rundbau betraten die vier Kriegsparteien gleichzeitig durch vier separate Tore: Österreich, Polen, Venedig und die Osmanen. Alle anderen europäischen Parteien waren sich der großen Gefahr nicht bewusst gewesen oder hatten andere Sorgen, so zum Beispiel Frankreich:

Blenheim und das Ende der Raubkriege Ludwigs XIV.

Jeder der Erben Karls des Großen wollte Kaiser des Heiligen Römischen Reiches sein; außer Burgund wurden aus seinem Erbe Frankreich und Deutschland. Da die Krone stets auf die deutsche Seite kam, war sie Anlass für jahrhundertelangen, eifersüchtigen Streit um die Gunst des Papstes, um Macht, Anerkennung – und Italien. Zwischendurch versuchte man das Problem zu lösen, indem man sich einen eigenen Papst nach Avignon in Frankreich setzte. Das mit der Religion wurde letztlich aber zu mühsam, und Ludwig XIV. war ein Mensch der klaren Worte ohne Umschweife: alles mir. Nicht nur Napoleon also wollte das Erbe Karls des Großen antreten; auch Ludwig XIV. hatte mit seinen Raubkriegen dieses Ziel. Allerdings wollte er Europa nicht vereinigen, sondern es für sich haben – ganz Europa. Denn wenn schon nicht die Krone, dann wenigstens das Land (Napoleon wollte ja beides, und verlor beides). So wie hundert Jahre später wegen Napoleon, so fand das übrige Europa auch über Ludwig XIV. zueinander: das bedrohte Österreich, England, Schottland, Irland, Schweden, Preußen und die Mehrzahl der deutschen Fürsten, Holland, Spanien, Portugal schlossen sich in der „Großen Allianz" zusammen: die entscheidende Schlacht fand 1704 in der Nähe von Blindheim statt, einem kleinen Nest in der Nähe von Höchstätt in Schwaben.

Abb. 51: R.A. Hillingford, der Duke of Marlborough in der Schlacht von Blindheim. Quelle:[172]

"A scarlet caterpillar, upon which all eyes were at once fixed, began to crawl steadfastly day by day across the map of Europe, dragging the whole war with it" – „Eine scharlachrote Raupe begann Tag für Tag unbeirrbar weiter quer über die Landkarte Europas zu kriechen und schleppte den totalen Krieg mit sich heran." So beschreibt Winston Churchill, Nobelpreisträger für Literatur und Ur-Urenkel des Duke of Marlborough, die Bedrohung in seinem Buch "Blenheim: Battle for Europe". Als Oberkommandierender des britischen Heeres war Marlborough in einem unbeschreiblichen Gewaltmarsch von Calais über Köln mit seiner Armee das Ostufer des Rheins entlang gekommen – die französische Armee unter Tallard war nebenher das Westufer entlang marschiert - bis Marlborough schließlich Mundelsheim nördlich von Stuttgart erreichte. Dort traf er den obersten Befehlshaber der habsburgisch-kaiserlichen Armee, Prinz Eugen von Savoyen, am 10. Juni 1704. Am 13. August kam es zur Entscheidungsschlacht, die zu einem Desaster für Frankreich wurde. Europa war gerettet.

Abb. 52: Prinz Eugen, von Jacob van Schuppen 1718, Quelle:[173]

Zum Sieg der Allianz und der Zurechtweisung Frankreichs schreibt der Historiker ES Creasy 1851: „Had it not been for Blenheim, all Europe might at this day suffer under the effect of French conquests resembling those of Alexander in extent and those of the Romans in durability." - "Hätte es Blindheim nicht gegeben, ganz Europa könnte bis zum heutigen Tage unter den Folgen der französischen Eroberungen leiden, ähnlich denen Alexanders des Großen, was die Ausdehnung davon anlangt, und ähnlich dem Römischen Reich, was ihre Dauer betrifft".* [171] Die beiden Feldherrn sollen lebenslang enge Freunde geblieben sein. Die bemer-

158

kenswerten Zusammenhänge zwischen Blenheim Palace bei Oxford und dem Schloss Belvedere in Wien habe ich in Anmerkung [A115] zusammengefasst.

Waterloos für Europa

Wer ein Europa der Regionen und Nationen schätzt, wird zweifellos die beiden nächsten Ereignisse zu den großen Stunden Europas zählen: zuerst war es wieder Frankreich, und wieder eine europäische Allianz gegen den Invasor: in Waterloo hatten sich, wie danach zum Wiener Kongress, wieder mehr als nur drei Länder gegen einen Dominator vereint: Napoleons Ende setzte den Beginn einer Neuordnung Europas, die doch wieder nur eine Rückkehr war – im Jahr 2017 konnte man nicht umhin, den Vergleich des großen gesellschaftlichen und politischen Ereignisses in Wien mit dem G-20 Gipfel in Hamburg zu vergleichen: die Monarchen sind verschwunden - es leben die verbliebenen Autokraten. Geben heute die Vernünftigen den Ton an? Damals war das sicher nicht der Fall. Denn die Restitution aller dynastischen Bestrebungen führte geradewegs in eine Zeit der Revolutionen, Befreiungskämpfe, des hysterischen Nationalismus und letztlich, zusammen mit dem endgültigen Zusammenbruch der großen Monarchien, in eine Zeit der Diktaturen in Spanien, Portugal, Italien, Österreich, Deutschland und Griechenland, parallel dazu auch zu den größten Kriegen und humanitären Verbrechen und Verirrungen aller Zeiten.

Letztlich mündeten sie aber in die Befreiung aus dem nationalsozialistischen Wahn durch die Alliierten Großmächte der Welt, der Welt geschenkt unter großen Opfern, gefolgt von der größten humanitären Hilfsaktion der Welt für Europa bis dahin, dem Marshall-Plan, vielleicht die größte Stunde für Europa, Chance für einen Neubeginn, vor allem für Europa, wenn auch geboren aus der Not der US-amerikanischen Wirtschaft selbst.[1]

Vom Krieg zum Frieden

Von Jahrhundert zu Jahrhundert beobachtet man, nach dem Anstieg im späteren 17. Jh. auf fast 7 Kriege pro Jahrzehnt, einen kontinuierlichen Rückgang der Zahl militärischer Konflikte in Europa auf *einen* Krieg pro Jahrzehnt im 20. Jh., die beiden Weltkriege als Sonderphänomen ausgenommen.[A116]

Vor allem aber gab es drei Phasen friedlicher Koexistenz:
Die erste (1763 bis 1788) steht zeitlich im Kern des Zeitalters der Aufklärung (1750-1780) und begann am Ende des Sieben-Jährigen Krieges. Insgesamt verlagern sich ab der Mitte des 16. Jh. immer mehr militärische Auseinandersetzungen in die Kolonien oder auf See. Als besonderes Ereignis sticht der Amerikanische Unabhängigkeitskrieg hervor. Außerdem zieht das Osmanische Reich seine Nachbarn Russland und Österreich immer wieder in militärische Konflikte. Dennoch: Innerhalb Europas selbst herrscht Frieden.[A117]
Friedensbemühungen in diesem Zeitalter gehen auf (rechts-)philosophische Initiativen von Aufklärern zurück, deren Stimmen letztlich die Meinungen der

Machthaber zunehmend dominieren sollten: nachdem der niederländische Jurist Hugo Grotius 1625 – also mitten im Dreißig-jährigen Krieg - mit seinem Buch „De iure belli ac pacis" – [über das Recht in Krieg und Frieden] – erstmals über „Völkerrecht" geschrieben hatte, kam 150 Jahre später Immanuel Kant 1795 mit seiner Veröffentlichung „Zum ewigen Frieden" wieder darauf zurück und löste damit eine allmählich an Akzeptanz zunehmende Friedensbewegung aus, als deren Ergebnis zwischen 1899 und 1907 die ersten Haager Friedenskonferenzen stattfanden.[A118]

Doch zurück zur Friedenszeit im 18. Jh.: Das Jahr 1769 wirft seinen Schatten voraus auf das Ende der Friedensphase: Napoleon wird auf Korsika geboren. Der Bayerische Erbfolgekrieg von Juli 1778 bis Mai 1779 war sowohl der letzte der sogenannten Kabinettskriege um eine Erbfolge, als auch kein wirklicher Krieg, weil es auf Ersuchen von Maria Theresia an Friedrich II. keine Schlacht gab: der Krieg bekam den Namen „Kartoffelkrieg", weil es hauptsächlich um die Beschlagnahmung von Lebensmitteln für die Soldaten ging. 1779 beginnt Russland auf der Krim zu intervenieren, 1783 verkündet Katharina die Große die Annexion, ein ähnlicher Vorgang schon damals also, wie er auch heutzutage unter Putin wieder geschehen ist. Vier Jahre später entstehen dort die „Potemkinschen Dörfer". 1780 gibt es eine Seeschlacht bei Gibraltar und 1781 eine zweite in der Nordsee im 4. Englisch-Holländischen Krieg; Europa selbst bleibt weiterhin verschont. Nur die Franzosen versuchen, den Engländern die Insel Jersey wieder abzujagen.

Im Juni 1788 gingen diese friedlichen Jahre in Europa mit dem Beginn des Russisch-Schwedischen Krieges zu Ende – es war ohnehin bereits wieder eine weiter um sich greifende Auseinandersetzung und Parteienspielerei im Gange: man wollte das ob dem immer mehr schwächelnden Osmanenreich begehrlich werdenden Russland nicht zu stark werden lassen. Österreich war seit einem Jahr in den Russisch-Türkischen Krieg mitverstrickt, stellte jedoch nur Defensivtruppen an den östlichen Grenzen auf. Außerdem stiegen über Frankreich schon die drohenden Wolken der Revolution herauf: der Herbst 1788 bringt eine katastrophale Missernte, der Winter wird ungewöhnlich hart. 1789 ist es soweit: die Französische Revolution bricht aus; drei Jahre später erkämpfen die französischen Revolutionstruppen erste Siege außerhalb Frankreichs. Napoleons europäischer Krieg beginnt, und damit 20 Jahre Krieg für Europa.

Die nächsten beiden Friedensphasen ohne große innereuropäische Kriege bis zum Beginn der Weltkriege im 20. Jh. waren 1820 bis 1830 und 1890 bis 1910 (mit Ausnahme des Griechisch-Türkischen Krieges um Kreta im Jahr 1897); Toynbee nennt die letzteren Jahre sogar ein goldenes Zeitalter:[81] „kein Land außer Rumänien und der Türkei verlangte von einem Reisenden einen Pass."[81] - viktorianische Zeit in England, Biedermeier im deutschsprachigen Raum.[A119] Politische Grenzen waren noch keine Zollgrenzen. Mit den 1820er Jahren gerät Europa jedoch in einer Gegenbewegung zur Französischen Revolution in eine völlig neue Ära:

Eine Heilige Allianz der neuen Art: Herrscher gegen Völker

Kein herkömmlicher Krieg, das bleibt richtig: erstmals kein Schachspiel-Krieg der Monarchen mehr; stattdessen aber ein Krieg der vereinten Monarchen Preußens, Österreichs, Russlands und halbherzig Englands – ab 1818 auch Frankreichs - gegen alle ihre Völker: wer es wagt, von Liberalismus und Volkssouveränität zu raunen, wird von den Spitzeln Metternichs gestellt und beseitigt. In den jährlichen Monarchentreffen, 1818 in Aachen, 1819 in Teplitz, 1820 in Troppau, 1821 in Laibach (heute Ljubljana), wird jeweils der Plan durch Beschluss umgesetzt, gegen jegliche Aufständischen gemeinsam militärisch vorzugehen. Schon 1820-21 beginnen Forderungen und Revolutionen, in Spanien und Portugal, Sizilien und Neapel. Den Aufstand in Spanien schlägt die französische Armee im Auftrag der übrigen europäischen Monarchen der Heiligen Allianz 1823 nieder und verhilft dem Monarchen zurück in seine absolutistische Machtposition. Noch umfassender ist der Aufstand Griechenlands gegen die osmanischen Beherrscher; erst nach schweren Kämpfen und Massakern endet er mit der Unabhängigkeit Griechenlands.

Das Selbstbewusstsein der Menschen aller europäischen Völker, einmal erwacht, lässt sich mit keiner militärischen Gewalt mehr niederhalten – im Gegenteil: sie reizt den Widerstand, fordert ihn heraus:

Revolution in Europa

Demokratie und Liberalismus, vorbereitet im "Neu-Europa" der Vereinigten Staaten von Amerika, letztlich erfolglos geprobt in der Französischen Revolution von 1789, weil ihr siegreicher Usurpator, Napoleon, sich selbst zum Kaiser und damit zum ersten Anführer der Restauration machte. Doch das Volk hatte seine Macht erfahren, gab sie nicht wieder aus den Händen: aus allen Fugen der Restauration lugten die liberalen Kräfte in Erwartung ihres nächsten Tages: er kam mit dem 27. Juli 1830 und den zwei weiteren Glorreichen.[A120] Die Menschen, das Volk in allen Ländern begann nun seiner Macht endgültig gewahr zu werden. Nacheinander erheben sich Menschenmassen wie in einem Wetterleuchten. Eine Art europäischer Vormärz:

Nach der Juli-Revolution von 1830 stehen im November des Jahres auch die Polen gegen Russland auf, so wie im Jahrzehnt davor die Griechen gegen die Osmanen. Nach mehreren Schlachten verliert Polen im November 1831 seine Autonomie an Russland – das nächste Mal sollten sie sich im Jahr 1863 gegen Russland erheben. Revolution in Belgien führt zum Krieg mit Holland. In Frankreich wird ein Aufstand der Weber blutig niedergeschlagen; im darauffolgenden Juni gibt es den nächsten Aufstand in Paris, 1834 erheben sich die Weber erneut. 1836-1837 Revolution in Portugal, 1839 Züri-Putsch in der Schweiz; 1842 Aufstand in Barcelona; 1844 Weberaufstand in Schlesien.

Nach mehreren Jahren der Ruhe wird schon im November 1847 der europäische Landfrieden wieder für einige Tage gebrochen: in der Schweiz bricht ein Bürgerkrieg aus, ein Stellvertreter- und Modellkrieg für Europa: vier Großmächte unterstützen die konservative Seite, England die liberale. Die Auseinandersetzungen enden mit dem Sieg der liberaleren Seite und der heute noch gültigen Verfassung, angelehnt an die amerikanische. Schon im darauffolgenden Monat bricht in Frankreich die nächste Revolution aus, im März in Deutschland.

Das Jahr 1848 wird zum Anfang vom Ende der monarchistischen Macht in Europa: in Prag, in Wien, in Sizilien, in Oberitalien, in Ungarn und in Rumänien setzt sich der Flächenbrand der Revolution fort. Im Italien und Ungarn des Habsburger-Reiches wird er noch einmal brutal niedergeschlagen. Gleichzeitig aber beginnt das monarchistische Europa damit, sich endgültig selbst zu vernichten: die Monarchen werden dessen in der Kettenreaktion der Ereignisse offenbar gar nicht gewahr: Metternich ist alt und schwach geworden, aber starrköpfig geblieben in seiner Überzeugung, er könne sich nicht irren. So war er, schon 1848 zum Rücktritt gezwungen, nach seinem Exil in England als der absolut falsche Berater des jungen und unerfahrenen Kaiser Franz Joseph nach Wien zurückgekehrt. Friedrich Graf Vitzthum charakterisiert die beiden 1848 nach einem Treffen „ ... *neulich auf dem Hofball. Der Zauberklang des Namens Metternich ist verklungen. Wenn man ihn so sieht, den schwachen, stocktauben ... in längst verbrauchte Redensarten eingepuppt .... Und der Kaiser, mein Gott! ... So schlimm dachte ich ihn mir nicht ... Der Bankrott steht vor der Tür. ... Alle Welt scheint in Schlaf versunken und mit Blindheit geschlagen. ... Klar ist mir nur, dass der allgemeine Hass wider uns entbrannt ist ...* "[174] - Vitzthum hatte in der Tat in die Zukunft geschaut: Im Jahr 1859 beginnen die Freiheitskämpfer in Lombardei und Venetien aktiv zu werden. Österreich marschiert in Piemont ein. Sardinien kommt den Aufständischen zu Hilfe, und Frankreich's Napoleon III. hilft Sardinien, fällt damit Österreich in den Rücken. Die Schlacht von Solferino wird zu einem Debakel auf mehreren Ebenen: zehntausende Soldaten werden verwundet oder erkrankt einfach auf dem Schlachtfeld liegen gelassen. Die Monarchen haben ein weiteres Mal entscheidend an Glaubwürdigkeit verloren. Das zweite französische Kaiserreich ist 1870 nach dem nächsten Wahnsinnskrieg der Eitelkeiten mit Deutschland zu Ende. Die Doppel-Monarchie Österreich-Ungarn hinkt noch weiter bis in den Ersten Weltkrieg; dort zerfällt sie mit dem ganzen Land ins Nichts. Deutschland taumelt, wankt der nächsten Retour-Revanche in der deutsch-französischen Familienfeindschaft entgegen.

Ausklang zum Frieden

Solferino hatte aber auch positive Folgen, mit drei Büchern zum Thema von globaler Tragweite, und zwei Friedensnobelpreisen: Einer war bei der Schlacht knapp entkommen: der Kaiser Franz-Joseph selbst – Joseph Roth hat aus dem Ereignis und dem Weg der Monarchie bis zum Ende mit seinem Roman „Radetzkymarsch" ein unvergessliches Denkmal dieser versunkenen Zeit geschaffen.

Für den zufällig in der Gegend anwesenden Geschäftsmann Henri Dunant wird dieses Bild des Grauens Anlass für seine Bemühungen, einen Sanitäts- und Rettungsdienst ins Leben zu rufen: das Internationale Rote Kreuz (bzw. der Rote Halbmond) ist das Ergebnis. Am Beginn stand sein Buch „Eine Erinnerung an Solferino". 1901 wurde Dunant der erste Friedensnobelpreisträger der Geschichte – Alfred Nobel hätte lieber eine Frau als Empfängerin gesehen; das Komitee ließ sie aber noch vier Jahre darauf warten:

Für Bertha von Suttner wurde dieser Rückfall in barbarische Kriegsführung Szenario für ihren pazifistischen Roman „Die Waffen nieder!" Ihr bewegtes Leben, beginnend als Gräfin Kinsky, Sekretärin von Alfred Nobel, Journalistin, dann als zunehmend prominente und schließlich weltbekannte Pazifistin, Teilnehmerin an den Haager Friedenskonferenzen, wird 1905 mit dem Friedensnobelpreis gekrönt. In ihrer Rede schlägt sie als Programm auf dem Weg zum Weltfrieden Schiedsgerichtsabkommen zwischen streitenden Staaten vor, außerdem eine Friedensunion aller Staaten und einen Internationalen Gerichtshof für Menschen- und Völkerrecht.

Seither hat sich der Kampf um die Verteilung der Resourcen um eine Ebene verlagert: die Ausbeuter sind vielfach diskreter geworden, agieren im Hinter- und Untergrund, sorgen für neuen „social divide". Die Lage hat sich aus der Sicht der Resourcenverteilung nicht geändert. Doch das Volk war sogar schon lange vor der Französischen Revolution aufgewacht. „Wissen" hatte sich mit der Erfindung des Buchdrucks schneller verbreitet als die Fähigkeit des Lesens und Schreibens.[140]

Europäische Identität in der Neuzeit

Europa als kulturelle Einheit

Die im Abschnitt „Mittelalter" erwähnte programmatische Idee einer europäischen Identität wurde auch im 16. bis 18. Jh. vorwiegend von einer intellektuellen Klerus- und Oberschicht getragen, ist dort als idealisierte Vorstellung fest verankert, zum Beispiel im 16. Jh. als „Europa Regina", einer bildlichen Darstellung der Landkarte von „Europa" (Abb. 53), dessen Umrisse denen einer idealisierter Königinnengestalt entsprechen.[140]

Abb. 53: Europa als Reichskönigin in: Heinrich Bünting, Itinerarium
Sacrae Scripturae (1588), Quelle:[175]

Von der geistesgeschichtlichen Einheit im Zeitalter der Aufklärung hatten wir eben gesprochen; Europa als Kulturkreis wird z.b. in Zedler's zuvor erwähntem „Universal-Lexicon" aus 1734 beschrieben: *„Die Europäer haben auch durch ihre Schicklichkeit und Tapfferkeit die vortrefflichsten Theile der Welt unter sich gebracht. Ihr Witz erhellet aus ihren Wercken: ihre Klugheit aus ihrer Regierung; ihre Stärcke und Macht aus ihren Armeen: ihre gute Conduite aus ihrem Handel und Wandel; und endlich ihre Pracht und Herrlichkeit aus ihren Städten und Gebäuden".*[176]
Zu Ende des 18. Jh., 1799, versuchte der deutsche Dichter der Romantik, Novalis (Friedrich von Hardenberg) mit seiner Schrift „Die Christenheit oder Europa" diesen Geist eines vereinten christlichen Europa angesichts der Bedrohung durch Napoleon nochmals zu beschwören – doch Goethe verhinderte die Publi-

kation bis 1826, in einer Zeit, da dieser Geist der Liberalisierung und Volkssouveränität – zumindest vorübergehend - erfolgreich wieder in die Flasche des
Geistes Europa-weiter monarchischer Regentschaft verbannt war: Fürst Metternich hatte am Wiener Kongress und danach nach Kräften dafür gesorgt.[140]
Wieder ist die Tatsache bemerkenswert, dass ein Europa-weites Phänomen von
europäischen Machthabern des Zeitalters gemeinsam bearbeitet wird, auch
wenn sich die Briten davon distanzierten, Liberalismus zu bekämpfen. Nicht in
einem Land begannen Menschen ihre Volkssouveränität zu fordern, sondern in
allen Ländern Europas: viele Völker, aber *ein* allen gemeinsames soziokulturelles
Phänomen. Zurückblickend war dieser Machtkampf jedoch selbstzerstörerisch,
verhinderte eine Befriedung des Kontinents unter einer Schirmherrschaft, war
lediglich Wandlungen unterworfen: Zuerst beanspruchte der Papst die Herrschaft über die gesamte christliche Welt für sich, und über die Kaiser und Könige.
Nach diesem Tauziehen um die irdische Macht befreiten sich zuerst die Briten
unter Heinrich VIII. und die anderen Reformierten, danach die aufgeklärten
katholischen Majestäten, von der römischen Kirche und herrschten unbe-
schränkt, absolut. Während Aufklärer und Mahner seit dem 16. Jh. über die Sehnsucht der Völker nach Frieden und über das Ziel einer friedlichen politischen
Einigung Europas schrieben, stabilisierte die „Heilige Allianz" Metternichs zwar
den Frieden innerhalb Europas, konnte aber die Revolutionäre nicht befriedigen,
also nicht befrieden: z.B. die Jungdeutschen, die für bürgerliche Emanzipation
einstanden wie Heinrich Heine, der in seinen Reisebildern von einem übernatio-
nalen, demokratisch organisierten Europa schreibt: *„Der Haupthebel, den ehr-*
geizige und habsüchtige Fürsten zu ihren Privatzwecken sonst so wirksam in
Bewegung zu setzen wussten, nämlich die Nationalität mit ihrer Eitelkeit und
ihrem Haß, ist jetzt morsch und abgenutzt; täglich verschwinden mehr und mehr
die törigten Nationalvorurteile, alle schroffen Besonderheiten gehen unter in der
Allgemeinheit der europäischen Zivilisation, es gibt jetzt in Europa keine Nationen
mehr, sondern nur Parteien, ... Zwar kann man die Vorgeschichte einer euro-
päischen Einheit weit zurückverfolgen, aber im Prinzip kam die Idee davon immer
nur im Zusammenhang mit inneren oder äußeren Bedrohungen auf, sodass man
Europa letztlich nicht nur als Entwurf, sondern vor allem auch als Gegenentwurf
verstehen muss.
Festzuhalten bleibt deswegen jedenfalls, dass es ein kulturelles Konzept ist, das mit
historisch durchaus unterschiedlichen Ideen gefüllt wurde. Daher ist Europa nicht
gegenständlich greifbar, sondern lässt sich nur dort erfassen, wo es zum Gegen-
stand von Diskursen wird, ... wenn auch die Köpfe irren, so fühlen die Gemüter
nichtsdesto weniger, was sie wollen, und die Zeit drängt mit ihrer großen Aufgabe.
Was aber ist die große Aufgabe unserer Zeit? Es ist die Emanzipation." [177]
Zweifellos kam aber ab Mitte des 19. Jh. der Nationalismus dazwischen, der die
Völker gegeneinander hetzte, oder zumindestens voneinander zu distanzieren
suchte.

Unabhängig von der Entwicklung des politischen Nationalismus bleibt und
wächst Europa als ein Kulturraum. Es erstaunt nicht, dass sich schon allein

165

aufgrund der räumlichen Nachbarschaft ein komplexes Geflecht von Kultur-transferprozessen bildete, das auch als „Europäisierung Europas" untersucht und beschrieben wurde.[140] Besonders in den deutschsprachigen Ländern war es immer wieder einmal Mode, das andere Land zu imitieren: so war Frankreich im späten 18. Jh. Vorbild für den deutschsprachigen Raum, vor allem für Österreich wegen der heirats-politischen Annäherung: immerhin war eine österreichische Prinzessin Königin von Frankreich geworden – Marie-Antoinette. Viele bis in die Umgangssprache durchgedrungene französische Wörter sind heute noch im Sprachgebrauch: Bonbon, Trottoir, Plafond, Paravent, Bonmot, Plaisir, Dessert … . Französisch ist *in*, Ausdruck von Bildung und Aristokratie.

In ähnlicher Weise hatte sich in der zweiten Hälfte des 18. Jh. auch ein Dialog zwischen der preußischen und englischen Kultur entwickelt; der König, Friedrich II., hatte allerdings eine Vorliebe für Frankreich – manch scharf wirkende Attacke im Briefwechsel mit Voltaire ist mehr als intellektuelles Spiel und sogar Versuch zu werten, Voltaire als Dauergast an den Berliner Hof zu locken.[2]

Auch die Liberalisierung der europäischen Völker könnte als „Europäisierung" gesehen werden, obwohl der Zündfunke zur Französischen Revolution aus der Amerikanischen Befreiungsbewegung gekommen war – die Idee war europäisch. Über Europa zog diese Welle dann nicht nur als Befreiungsschlag von Autokratie und als Forderung nach mehr Sozialstaat, sondern auch als Initiator eines romantisierten Nationalismus in Deutschland, Italien und Ungarn, der seit Mitte des 19. Jh. besonders an der Habsburger Monarchie von Österreich-Ungarn rüttelte und sie schließlich am Ende des 1. Weltkrieges zusammenbrechen ließ. So löste die Französische Revolution zwar in ganz Europa eine tiefgreifende, wenn auch unterschiedliche und durchaus zwiespältige Wirkung aus. Demnach wurde zum Beispiel in Italien „ *… zwar durchaus Sympathie für die Revolution und ihre Grundsätze gehegt, jedoch wurden Jakobinerdiktatur, Verwaltungszentralis-mus und antikirchliche Tendenzen ebenso eindeutig abgelehnt".*[140] Gerade die Wirkung der Französischen Revolution zeigt, dass die kulturelle Viel-falt in Europa auch durch gegenseitige Abgrenzung aus Konkurrenzdenken entstand, weil eine Entwicklung in dem einen Land die Besinnung auf die eigenen Werte im Nachbarland bewirkte.

Die Industrielle Revolution

Sie ist eine unmittelbare Folge der Entwicklung im England des späten 18. Jh., wo eine bürgerliche Schicht mit der Nutzung, nein, der Ausbeutung der neuen technischen Möglichkeiten als Ergebnis wissenschaftlichen Forschens und Experimentierens nicht lange zögerte: als Industrialisierung wurde sie zum Aus-löser des neuen Kapitalismus; neu daran war die Beschleunigung der Produk-tionsprozesse, nicht die Konzentration des Kapitals in wenigen Händen, nicht die

Ausbeutung der Arbeiter in den Fabriken, – sie war zunächst nur eine neue Form der Versklavung, vor allem von Kindern und Frauen.
Zögernd, beginnend in der zweiten Hälfte des 18. Jh., explodiert daraus erst im Laufe des 19. Jh. die industrielle Revolution in den anderen europäischen Ländern. Die Nutzung der Dampfkraft erlaubt den Bau von Maschinen, die in eine neue Welt der Mobilität führen und die Produktivität in Fabriken vervielfältigen. Die Erfindung der Webemaschine „power loom" im Jahr 1784 durch Edmund

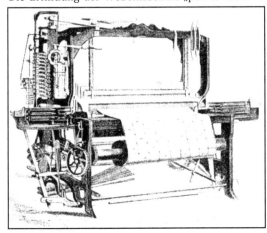

Cartwright markiert den Beginn der Industriellen Revolution, ihre weitere Entwicklung mit dem Lochkartensystem sogar den Beginn der Computer-Rechentechnik. Der Einsatz der Dampfmaschine in der Industrie unterstreicht das Ziel des Manchester-Kapitalismus, Produktivität und Gewinn zu steigern, nach Möglich-

Abb. 54: Webstuhl aus 1855. Quelle:[178]

keit auch durch Ersatz manueller Arbeitskraft durch Maschinen:1785 folgt die mit Dampfkraft betriebene Webemaschine von Cartwright. Als Zentrum der Stoffindustrie wurde Manchester damit auch der Ausgangspunkt von Aufständen der Weber, die durch diese erste Automatisierung ihre Arbeit verloren hatten.
1807 überholt das erste Dampfschiff die Segelschiffe, die erste Dampflokomotive fährt 1825 bzw. 1829 in England.[81] Die Telekommunikation revolutioniert viele Aspekte des menschlichen Alltags: 1844 nimmt die erste Telegraphenverbindung zwischen Baltimore und Washington den Dienst auf.[81]
Sie ist es, die Technik, zusammen mit der Bevölkerungszunahme, die ein Arbeiterproletariat und daraus den gesellschaftlichen Umsturz bedingt, sie ist es, die Revolutionen endgültig auslöst, die Gesellschaftsstrukturen umformt, derart radikal, dass man der Industriellen Revolution die gleiche Bedeutung zumisst wie der neolithischen vor 10.000 Jahren. An Mikroelektronik, Robotik, Mobilität und Kommunikation, Atomphysik und Raumfahrt mit Satellitentechnik und Erkundung ferner Welten werden wir, nach 150 Jahren der rasanten Entwicklung, erst langsam ihres wahren Umfanges gewahr. Zunächst aber war:

Die Folge der Industriellen Revolution:

Revolution!

Mit der Motivation jener Menschen, die in der ersten Hälfte des 19. Jh. aus England nach Amerika auswanderten, weil ihr Leben „zu Hause" unerträglich elend war, kommen in unseren Tagen Menschen aus Drittweltländern nach Europa und USA. Der Unterschied heute ist, dass sie in den zivilisierten Ländern zwar grundversorgt werden, aber wenig Chancen auf das erhoffte bessere Leben bekommen. In England gab es damals Rebellionen gegen die Regierung, z.B. jene der von Nottingham ausgehenden Maschinenstürmer.[A121] Sie hatten mit drakonischen Strafen bis hin zur Todesstrafe oder Deportation nach Australien zu rechnen. Nicht besser erging es den Webern mit ihren zuvor erwähnten Aufständen. Über diesen Zuständen trafen sich Engels und Marx in London,[1] und es entstanden die Gewerkschaften gegen die Tyrannei der Fabrikbesitzer. Diese Entwicklung war auf dem europäischen Kontinent um fast ein halbes Jahrhundert verzögert; dort setzte man sich noch mit sozialen Rechten im feudalen Herrschaftssystem auseinander. Aus Deutschland hinausgedrängelt, schloss sich Marx 1847, so wie auch der ebenfalls aus Deutschland emigrierte Engels, in England dem „Bund der Kommunisten" an. Im Jahr 1848 beschrieben die beiden im „Kommunistischen Manifest" einen „social divide" in Bourgeoisie und Proletariat. Der Lebensstandard der Menschen hatte sich durch diese Industrielle Revolution in England vorübergehend verschlechtert; erst in der zweiten Hälfte des 19. Jh. begann sich die Situation zu verbessern.

Nationalismus und die Anbetung von „Staat" –

blinder Marsch in die Selbstvernichtung

Es ist wahrscheinlich nichts anderes als ein letzter Versuch dynastischer Imperien, die Macht an sich zu halten durch Instrumentalisierung des neuen Volksgefühls: jenes Gefühls, das eigene Land zu besitzen, nun, da man es den Herrschern abzufordern begonnen hat: dieser neue Besitz wird romantisierend überhöht, den Völkern jeweils als „ihr Vaterland" nachgerade wie ein Himmelreich auf Erden vorgegaukelt – mit der Zielsetzung, das Volk als „Menschenmaterial" diesen Besitzanspruch verteidigen zu lassen, nur eben nicht für das Volk, sondern für den Herrscher. Russland hingegen befand sich nach dem ersten niedergeschlagenen Aufstand von 1905 eben im Umbruch.

Ein „Land" ist, für sich genommen, zunächst nichts als die Beschreibung eines geographischen Bereiches: so zum Beispiel gibt es so etwas wie „ein menschenleeres Land". Erwidert nun jemand, dass es kein Land auf Erden gäbe, das einfach so daläge, dann weist er darauf hin, was mit „Land" oder „Staat" gemeint ist: Besitz-, Herrschafts- oder Kontrollanspruch (man kann diesen Vorgang in unserer Zeit an den Polen beobachten, auch im Chinesischen Meer). Solchen Anspruch erhebt entweder ein Herrscher, eine Herrscherdynastie, eine andere Machtinstanz wie eine Gruppe von Oligarchen, eine andere Untergruppe einer Volksgemeinschaft wie das Militär, die Religionsvertreter oder eine Volksgemeinschaft. Wenn nun der Historiker meint: *„Der Staat ist … nicht nur ein soziales Konstrukt, sondern darüber hinaus auch noch ein typisch europäisches Produkt, das in den vergangenen Jahrhunderten sehr erfolgreich in alle Teile der Welt exportiert wurde, in den jeweiligen Regionen aber sehr zweifelhafte Ergebnisse zeitigte"*,[140] so wird dieses Argument von Gebietsanspruch nur noch mehr untermauert, insbesondere, wenn man die weitere Argumentation verfolgt, die der Tatsache von „Gebietsanspruch" ein Eigenleben einzuhauchen versucht, indem man den Staat als politische Notwendigkeit bezeichnet – dabei ist es nur ein Begriff für Gebietsanspruch; er könnte auch „Land" heißen, was er in der Umgangssprache ja auch tut. „Staat" sagt nichts aus über die Regierungsform in diesem Land, nichts über die Zusammensetzung von Volk oder Völkern darin. „Staat" ist also in der Tat nichts anderes als ein Begriff, der, auf einen riesigen Luftballon geschrieben, in die Höhe steigt, in Gestalt eines Löwen, oder Adlers, Drachens oder Bärs.[A122]

Nicht „der Staat" als notwendiges Ergebnis einer historischen Entwicklung wurde weltweit exportiert, sondern Machtansprüche, verkörpert in Gebietsansprüchen, die europäische Mächte erhoben, gleich ob „Monarchie", „Konstitutionelle Monarchie" oder „Demokratie", Anspruch auf Kolonialgebiete als Besitz – mit „Staat" als Bezeichnung für eine organisierte Volksgemeinschaft anstelle von „Land" oder „Nation" – allesamt Begriffe ohne präzise Definition (die USA bezeichnen sich z.B. als multiethnische Nation) - hat dies nichts zu tun. Die im 19. Jh. nachgerade religiöse Erhöhung der Vorstellung von einem beanspruchten geographischen Areal, eines Landes, als eigenständiger Identität wird richtig beschrieben, wenn er, so argumentiert Landwehr weiter, als *„–aufbauend auf der Geschichtsphilosophie Hegels –in einer Art, Staatsfetischismus' … als Höhe- und Endpunkt jeglicher historischen Entwicklung angesehen wurde."*

Insbesondere, wenn man dazu Hegel in seinen eigenen Worten feststellen lässt: *„Den Staat gibt es nicht. … außer dem Willen und der Vorstellung, dass eben ein solcher Staat existiert."* [140] Der „Staat" existiert eben gerade *nicht* für sich selbst, als eigenständige Identität.[A123] Schon an Kriterien wie Sprache, Religion und Ethnizität zeigt sich, wie sehr jeder dieser Begriffe für völkischen „Gebietsanspruch" steht, sei es Staat, Land oder Nation (dort, wo jemand geboren wurde, oder dort, wo alle eines Glaubens, einer Sprache, einer „Rasse" sind), schlecht oder gar nicht definiert beansprucht und verwendet. Wie viel oder wie wenig dies jeweils mit tatsächlichem und friedlichem Zusammenleben zu tun hat, habe ich an anderer Stelle erörtert: im Grunde geht es um nichts als das biologische Erbe aus der Evolution: Territorialisierung, also Gebietsanspruch, der abgesteckt wird, wie wir dies als Revierverteidigung von vielen Säugetierarten kennen.[1]

Im Sinne der römischen Definition war „Nation" als Menschengruppe zu verstehen, die durch Geburt, „natio", und Ahnenreihe zusammengehörte. Wie sehr sich solches Verständnis im Laufe der Jahrhunderte durch die Vermischung zwingend verändern muss, weist auf die komplizierten Zusammenhänge, wenn man bedenkt, dass „Nation" auch heute noch ein geschätzter Begriff ist, der Gefühle auslöst, so wie auch Staat, und Heimat – hier treffen sich eben unbewusste, gefühlte, und rationale Inhalte in „Gesamterleben", einem bisher wissenschaftlich nicht analysierten Phänomen, das historische Ereignisse und Prozesse erklärt, ohne selbst erklärt zu sein. Man spricht quasi wissend von „Wir"-Gefühl – dessen biologische Wurzeln habe ich, wie erwähnt, gesondert besprochen.[1]

„Nationale" Identität, Staatliche Identität – Europäische Identität

Entdeckung und Beschreibung der eigenen Identität am Anderssein von Fremden wird dem griechischen Geschichtsschreiber Herodot [179] zugeschrieben; auch das eigene Überlegenheitsgefühl angesichts der Barbaren, ein Ausdruck, der einerseits als griechisches Wort für unverständliches Geplapper stehen soll, andererseits aber auch für so etwas wie „minderwertiges Anderssein": Herodot befasste sich damit anlässlich seiner Begegnung mit den skythischen Nomaden in der griechischen Kolonie Olbia am Nordufer des Schwarzen Meeres.

Diese kaum zu definierende, weil gefühlte „Identität", etwas, mit dem sich das Individuum verbunden fühlt, verwurzelt in der Kreatur, kann sich in allem verwirklichen – weshalb wir uns ja, als jeweils Einzelne, in einer Unzahl von Identitäten wiederfinden: als Fans eines Fußball-Clubs, Mitglieder eines Berufsverbandes, Umweltschützer, Angehörige einer Religionsgemeinschaft, oder einer politischen Partei.

Die Armenier in der Türkei waren eine Nation im Staat, ein Volk ohne souveränes Staatsgebiet, so wie heute noch die Armenier, die auf fünf Staaten zwischen Armenien, Syrien, Türkei, Irak und Iran aufgeteilt sind. Ursprünglich ist „nationale Identität" zunächst regionale Identität, gebunden an Spracheigenheit, denn sie ist das kommunikative Element, durch das Kultur erst entstehen kann. Allerdings entstanden Dialekte aus einer gemeinsamen Ursprache durch räumliche Abgrenzung voneinander – die Wahrheit liegt also bei beiden Seiten: räumliche Trennung führt zur Separation von ursprünglich zusammengehörigen Kulturen.[140]

An der Tatsache, dass es sich um ein irrationales, also gefühltes Phänomen handelt, können noch so differenzierte Erklärungsversuche nichts ändern, wie auch der Nationenbegriff nach Mill.[A124] In Europa ist die Geschichte dieser separaten Entwicklungen bereits derart lange, dass auch die sprachlichen Verwandtschaften nicht mehr zählen: Länder germanischer Sprachen (England, Holland, Deutschland, Österreich, Teile von Schweiz, Belgien und Skandinavien) sind einander nicht weniger fremd als die Länder mit romanischen Sprachen (Frankreich, Spanien, Portugal, Italien, Rumänien, teilw. Belgien) oder solche mit slawischen (alle Länder Ex-Jugoslawiens, Tschechien, Slowakei) und die Finnisch-Ugrischen (Ungarn, Finnland). Ausnahmen bilden hier nur Deutschland und Österreich als ausgesprochen deutschsprachige Nationen (Österreich mit slawisch-sprechenden Minderheiten); daneben bestehen bereits wieder Überschneidungen wie die französisch-sprachigen Belgier, Schweizer und Kanadier.

Trier, Gott und der Kommunismus

Der Kommunismus ist eine in Europa entstandene Ideologie, Protest gegen die in der industriellen Revolution erneut gesteigerte Ausbeutung der Menschen durch die Anspruchsinhaber des Kapitals. In Berlin war Karl Marx „Links-hegelianer" geworden und verbaute sich damit eine akademische Karriere, getaufter Sohn zum Protestantismus konvertierter jüdischer Eltern aus Trier, der Stadt Kaiser Konstantins. Konstantin hatte den Christen-Gott im damaligen Europa eingeführt, war mit ihm von Trier aus nach Rom zur Milvischen Brücke marschiert. Marx hat bewirkt, dass Gott in einem Teil der Welt radikal wieder abgeschafft wurde. Der Kampf wurde weltweit ausgetragen. Die Grenzmauer zwischen den Ideologen lief quer durch Berlin. Dort brach diese Mauer auch wieder ein.

Historische Modelle für ein Gesamt-Europa nach Karl dem Großen

Bis zum Beginn des 18. Jh. sollte es solche Versuche nicht mehr geben. Die Raubkriege Ludwigs XIV. wollte ich nicht noch einmal erwähnen, weil sie ja nicht als Versuch europäischer Integration zählen. Aber auch die nächsten beiden Gesamt-Europäer kamen nicht ohne Krieg weiter - beide schafften es, die stets gegeneinander raufenden Herrscherhäuser Europas gegen sich zu einen; dementsprechend entfernte sie die Geschichte noch zu ihrer aktiven Zeit aus dem Ring europäischer Machtpolitik:

Zwei Napoleons und ein Regime –
Europäer unter national-hegemonialen Flaggen

Mir ist bewusst, dass ein Nebeneinanderstellen von weithin anerkannten Machthabern, und Hitler, spontan als Affront wirkt – als der dieser Vergleich selbstredend nicht beabsichtigt ist. Dies gilt gleichermaßen für jegliche Erörterung menschlicher Grausamkeit und die Diskussion von Singularität, an der ich mich nicht beteiligen will. Indes, die nüchterne historische Betrachtung wirft Licht auf lehrreiche Parallelen und unverständliche Wiederholungen, auch darauf, dass Grausamkeit kein negatives Privileg ist, sondern breiter Auswuchs von Instinktivem im Menschen, Schattenseite so gut wie jeder Kultur, und darum umso mehr Herausforderung zur Beleuchtung, da ja nicht Verbergen und Ignorieren davor schützt, sondern Wissen und Verstehen als Beginn aktiver Vermeidung und Verhinderung – auch Vergebung wäre dafür hilfreich.

Bonaparte und Hitler wurden als „no-names" in Regierungskreisen ihrer Zeit angesehen, als sie auftraten. Napoleon machte sich als „Schlächter von Paris" einen ersten Namen während der Revolution, Hitler als Putschist im München des Jahres 1923. Beide versuchten, Europa unter der Führung ihrer Nation zu vereinen, Napoleon unter der Herrschaft Frankreichs,[81] Hitler im Rahmen seines tausendjährigen Reiches, zu Kriegsbeginn wohl bereits als Charlie Chaplins „Hinkel".

Man mag es gar nicht gerne in einem Atemzug zur Kenntnis nehmen müssen, aber sowohl Napoleon Bonaparte als auch Hitler sahen sich als Erben Karls des Großen im Auftrag, Europa zu erneuern: Napoleon besuchte Karls Aachener Dom und sinnierte ehrfürchtig ergriffen vor dem steinernen Thron Karls.[A125, 180] Hitler ließ Porzellan mit dem Wappen Karls herstellen und an seine Offiziere als Weihnachtsgeschenk verteilen.[181] Beide wollten gleich zu Beginn nach England, beide nach Russland, beide waren in Ägypten, beide sind durch ganz Europa gefegt und im russischen Winter gescheitert.

Bonaparte hat die Welt vergeben. Hitler wird ob seiner alle anderen Taten überschattenden Veranlassung von, und Zustimmung zu einer mit nichts vergleichbaren industriellen Organisation von Massenmorden, *das* Monster nicht nur des zweiten, sondern mindestens auch des dritten Jahrtausends bleiben.

Napoleon war zu misstrauisch gewesen, die Briten und die Russen schlauer: denn er hatte eigentlich eine Invasion Englands vorbereitet gehabt, diesen Plan aber sogar seinen engsten Vertrauten verheimlicht. Ohne Direktverbindung via Satellitentelephon zwischen ihm und seinem Admiral Villeneuve misslang das Ablenkungsmanöver über die Karibik, und Napoleon war nun gezwungen, seinen Dauerlauf quer durch Europa zu den Russen zu starten, um zu verhindern, dass sie sich gemeinsam mit ihren Verbündeten gegen ihn stellen könnten; er scheiterte nur teilweise wegen des ständigen Mangels an Schuhen für seine Soldaten (die Söhne Frankreichs waren vielfach noch barfuß über ihre Felder gelaufen, die Schuster Frankreichs konnten mit der Ungeduld Bonapartes nicht mithalten); in der Hauptsache war es der russische Winter.

Napoleon ersuchte 1804 siegessicher, also pro forma, den Römischen Kaiser Deutscher Nation, und den Deutschen Reichstag, um Zustimmung dazu, sich zum erblichen Kaiser Frankreichs zu ernennen – mit Hinblick auf seine Absicht, selbst Römischer Kaiser zu werden. Er ließ sich deshalb auch von Papst Pius VII. salben und nach der Eroberung Italiens in Anlehnung an Karl mit der „Eisernen Krone" der Langobarden (Abb. 108A) zum König von Italien krönen. Der Reichserzkanzler Carl Theodor von Dalberg habe ihm daraufhin die Krone des Heiligen Römischen Reiches angeboten (die noch vom Habsburger Franz II. getragen wurde). Nachdem Bonaparte Franz II. zum Rücktritt aufforderte, und die Staaten des Rheinbundes aus dem Reich austraten, blockierte Franz II. Napoleon's Gier, indem er das Heilige Römische Reich in einem Akt der Selbstaufopferung mit einem Federstrich beendete – weg war die römische Kaiserkrone.[182]

War Napoleon noch lediglich gejagt gewesen von seinem Missgeschick mit England, so konnte Hitler schon nur noch verbohrt in blindem, krankhaftem Drang gewesen sein angesichts solcher Chance, aus der noch relativ rezenten Geschichte zu lernen.[A126] Allerdings hatte er seine militärstrategische Ignoranz aus zwanghaftem Dominanzverhalten gegenüber seiner Generalität schon vor dem Russland-Feldzug demonstriert, als er 1940 am Weg nach Paris die französische und britische Armee durch seinen „Haltebefehl"[A127] über den Ärmelkanal flüchten ließ – sie kam 1944 als „D-Day" zurück.

Hitler wollte zunächst Rache, Rechtfertigung für Versailles und Rache für die Rache für 1871 (in Einem auch gleich mit für das österreichische Saint Germain); er wollte eine letzten Endes auf Weltgröße aufgeblähte Nation, eine für ihn überschaubare, sauber gemachte Welt, in der er den Faktor Amerika ignorierte ebenso wie die räumliche Ausdehnung Russlands. Er verglich sich mit Karl dem Großen als Begründer eines germanisch dominierten Europa; der Zweite Weltkrieg sollte in seiner Vorstellung positiv zu sehen sein als der letzte Krieg zwischen den europäischen Staaten, zu deren Vereinigung unter germanischer Führung. Verstörend wirkt auf uns, dass heute wir Europäer klamm-heimlich eben dieser Idee von einem befriedeten Europa folgen ebenso wie dem im Dritten Reich stilisierten und idealisierten „Vater Europas", Karl dem Großen.

Den Usurpator der Idee, Hitler, verdammen wir gleichzeitig wegen seiner – damals übrigens in mehreren Völkern nicht ungeläufigen - genealogischen Vorstellungen von Herrenvölkern – dem Schicksal der Menschen jüdischer Abstammung habe ich einen gesonderten Abschnitt gewidmet.

So wie später Hitler, verhängte auch Napoleon eine Kontinentalsperre gegen Britannien, der alle bis dahin besiegten europäischen Staaten beitreten mussten, und rannte mit der bis dahin größten Armee der europäischen Geschichte von 400.000 bis 500.000 Mann auf Russland los. Das Ende dieser Tragödie ist bekannt. Bonaparte wollte vereinen und vereinheitlichen, vor allem aber vereinnahmen; aber wie auch Hitler, so begrenzte Napoleon letztlich seine Feldzüge keineswegs auf Europa, sondern überzog damit die für ihn damals technisch erreichbare Welt. Mit seinem Völkermord an drei bis vier Millionen Soldaten hat Napoleon für wenige Jahrzehnte eine Einigung Europas erreicht – nämlich die Heilige Allianz gegen ihn und Frankreich. Sie sollte gerade mal für die Dauer eines halben Menschenlebens halten. So wie unter Hitler entstand auch unter Napoleon ein halbes Europa der Kollaborateure: so wie im Dritten Reich Franzosen mit den Deutschen Invasoren kollaborierten, so kollaborierte unter Napoleon der Rheinbund, also Deutschland ohne Preußen, das unter die administrativen, finanztechnischen und juristischen Neuerungen Napoleons – seinen Code Civil - fiel. Schließlich wurde sogar das habsburgische Rest-Österreich zum Kollaborateur, gab Napoleon eine Tochter zur nächsten Frau. Doch um die Krone des Heiligen Römischen Reiches brachte er sich dann selbst; offenbar war auch er der kritischen Analyse der realen Weltpolitik verlustig gegangen: Franz II. warf sie, wie zuvor erwähnt, vor seinen Augen in den Brunnen der Zeit.

Doch nicht einmal Karl der Große reichte aus zum Vergleich; die eigene Größe musste über ihn hinaus in die Geschichte reichen, die Linie der Größten weiterführen, zu Caesar und Alexander; so schrieb Thomas Mann: „ *Alexander ging in den Spuren des Miltiades. Und von Caesar waren seine Biographen mit Recht oder Unrecht überzeugt, er wolle den Alexander nachahmen ... Das antike Gepräge der Gestalt Napoleons ist oft betont worden. Er bedauerte es, daß die moderne Bewußtseinslage ihm nicht gestatte, sich für den Sohn Jupiter-Amons auszugeben, wie Alexander. .... erklärte er: ,ich bin Karl der Große' ".*[183]

Post-Wiener Kongress: ein Agreement gegen die Völker Europas

Mit der Französischen Revolution wollte sich ein Weg anbahnen zu einem gemeinsamen, friedlichen Europa in Freiheit, Gleichheit und Brüderlichkeit. Es kam auf allen Ebenen vollkommen konträr: zuerst zerfleischten sich die Revolutionäre gegenseitig, dann bekriegten sie die Nachbarnationen Europas, und Napoleon Bonaparte bildete seine eigene, neue Monarchie. Abschließend übernahmen allenthalben die alten Kräfte wieder das Ruder. Seit Karl dem Großen hatte kein Regent mehr versucht, ganz Europa zu einem Kulturkreis zu machen, zu einem Superstaat der Nationen ohne nationalistische Hegemonie. Mit der Völkerschlacht von Leipzig gegen Napoleon hatten die Herrscherdynastien zu Europa-weiter Kooperation gefunden: dieser Bonaparte, der sie alle überflüssig machen und ganz Europa unter seine Herrschaft bringen wollte, musste beseitigt, die Machtverhältnisse von vor der Französischen Revolution wiederhergestellt werden. Man war sich einig, dass man eines nicht wollte: ein vereintes Europa unter der Bedingung, Macht abzugeben: nun rücken die Regenten enger zusammen in der zuvor besprochenen „Heiligen Allianz" der Monarchien. Ein regelmäßiges Treffen der Herrscher, „Kongress" genannt, wird geplant, der erste findet 1818 in Aachen statt, nun als „Pentarchie":

Nach diesem ersten Monarchen-Kongress der „Pentarchie", Vereinigung der 5 europäischen Großmächte England, Preußen, Österreich, Russland und des wieder in den Bund aufgenommene Frankreich – man erinnert es kaum noch, nicht wahr, oder ungern, dass auch Frankreich einmal das schwarze Schaf der europäischen Geschichte war. Man könnte das „Kongress"-Ereignis im Geiste Die Pentarchie der „Heiligen Allianz" als eine Art ersten Versuch einer UNO verstehen, wäre es nicht nur um die Wiederherstellung der Monarchen-Macht gegen demokratische Bestrebungen gegangen, sondern um die Menschen in diesen Monarchien. Jedenfalls war es eine erste Europäische Union. Aachen war also die richtige Ortswahl. Den Monarchen ging es - am Papier - um Ruhe, Glauben und Sittlichkeit. Der Versuch hielt nicht lange.

Bald schon folgte der nächste Kaiser der Franzosen: Napoleon III. trat – wenn auch nur taktisch – in die Fußstapfen seines großen Namensvorgängers und Neue Hegemonievisionen erstrebte erneut ein vereinigtes Europa unter der Hegemonie Frankreichs. Für die Umsetzung hatte er einen begabten Ideengeber: den französischen Staatsrat Félix Esquirou de Parieu, der nach der Einführung des „Franc" im Jahr 1793 eine weitere Reform des Münzsystems vorschlug, als ersten Schritt zu einer „Europäischen Union". Napoleon III. setzte die Idee 1865 mit der „Lateinischen Münzunion" politisch um, mit dem Hintergedanken, daraus ein Vereintes Europa unter Führung Frankreichs zu schaffen. Dieser Währungsunion waren mehr als 10 europäische Länder beigetreten (damals ohne Briten und Deutsche); 1914 zerbrach sie, nicht aber Frankreichs hegemoniale Begehrlichkeit:

Charles de Gaulle setzte sich nämlich als nächster Staatsmann für seine Vorstellung eines lockeren, freiwilligen Staatenbundes der souveränen europäischen Länder mit Frankreich in einer führenden Rolle ein; dabei hatte auch er, so wie Napoleon Bonaparte und Hitler, Karl den Großen und seinen karolingischen Reichsgedanken als Vorbild. Die mittlerweile mit der Einführung des „Euro" revitalisierte Währungsunion wird von Finanzexperten als riskant kritisiert, weil instabil;[184] [185] wir erleben in unseren Tagen, was der Ökonom Friederichs als „langlebiges Siechtum" bezeichnete.[185]

Der Beginn einer Europäischen Union

Otto, der vorerst letzte Habsburger für Europa, Sohn des letzten Kaisers, trat in der Zwischenkriegszeit für ein vereintes Europa ein, allerdings in der Paneuropa-Union mit monarchistischen Vorzeichen. Gegen Ende des 20. Jh. war er Mandatar der Christlich-Sozialen-Union (CSU) Deutschlands im Europa-Parlament.

Robert Schuman, der französische Politiker, trat seit 1949 für eine Vereinigung der europäischen Staaten ein, einem „United Europe", organisiert nach der Art, wie Regionen in Staaten organisiert sind. Der Begriff „United States of Europe" wird Churchill nachgesagt, hat jedoch eine längere Geschichte. Schuman spricht auch von einem „European Spirit",[186] den er in seiner Rede von 1949 als *„Gewahrsein der Zugehörigkeit zu einer kulturellen Familie"* und *„Willen, einer Gemeinschaft im Geiste totaler Gegenseitigkeit"* erklärt. Besonders den folgenden Nebensatz sollten sich manche Repräsentanten der heutigen Mitgliedsländer beschämt zu Herzen nehmen: „ *... ohne verborgene Motive der Hegemonie oder egoistischen Ausbeutung Anderer."* Schuman fand auch klare Worte betreffend die Integration Deutschlands in eine gemeinsame europäische Anstrengung: hätten doch solche Worte schon 1920 gewirkt! Seine abschließenden Worte: *„Save our continent and preserve the world from suicide."* – "Retten wir unseren Kontinent und bewahren wir die Welt vor der Selbstauslöschung".

Der mit der EU, der Europäischen Union, verwirklichte Europa-Traum, nach Napoleon zuletzt vom NS-Regime verfolgt, steht in einigem Widerspruch zur Wortschöpfung „Europäische Union" selbst: denn es war eine antifaschistische Widerstandsgruppe gegen den Nationalsozialismus, die sich im Jahr 1939 diesen Namen gab, eine Gruppe, die „ein geeintes sozialistisches Europa" unter „Ausschaltung privater Interessen aus Politik und Wirtschaft" zum Ziel hatte, also einen Kommunismus ohne blutige Diktatur dogmatischer Marxisten.[187]

Der vom Österreicher Richard Nikolaus Graf von Coudenhove-Kalergi 1923 initiierten Paneuropa-Bewegung, von ihm alternativ auch „Vereinigte Staaten von Europa" genannt, schlossen sich bald viele Prominente an.[A128] Nach dem Verbot der Bewegung während der NS-Zeit gründete Coudenhove-Kalergi 1947 die „Europäische Parlamentarier-Union" (EPU) und initiierte ein Treffen mit James William Fulbright, Präsident Hoover und anderen: am 23. April 1948 wurde im Fakultäts-Club der New York Universität das „American Committee on United Europe" gegründet mit dem Ziel, die Schaffung eines freien und vereinigten Europa ideell und finanziell zu unterstützen. Dass sich dabei drei Gruppen mit unterschiedlichen Interessen trafen, erklärt eventuell die verwirrend gleichzeitig laufenden Initiativen und Gründungen: die Amerikaner wollten ein gestärktes, vereintes Europa ausdrücklich einschließlich Großbritanniens als Bastion gegen Sowjet-Russland. Churchill war an einem friedlich aufgesammelten europäischen Bund von Staaten ohne Beteiligung Großbritanniens interessiert, und die europäischen Initiatoren eines Vereinten Europa bemühten sich um möglichst geringen politischen Einfluss aus USA – was sich als unmöglich erwies. Stattdessen wurde auf die Schaffung eines „Europa-Parlaments" gedrängt und auf das forcierte Bemühen um eine aktive Teilnahme der Briten. Bei dem New Yorker Treffen wurde die unverzügliche Schaffung einer entsprechenden europäischen Einrichtung angeregt: Zwei Wochen später diskutierte in Den Haag die „European Conference on Federation" der Gruppe der 16 Empfängerländer der Unterstützungen aus dem Marshall-Plan unter Vorsitz von Winston Churchill den Entwurf einer Verfassung für die „Vereinigten Staaten von Europa" und beschloss die Gründung des Europa-Rates. Ein Jahr darauf, am 5. Mai 1949, wurde der Europa-Rat als erste offizielle Einrichtung auf dem Weg zu einem Vereinten Europa gegründet.

Auch die Arbeit von Robert Schuman, Paul-Henri Spaak und Józef Retinger hatte begonnen. Verhofstadt meint, den ersten Entwurf einer Europäischen Konstitution habe Heinrich von Brentano 1953 verfasst, der damalige deutsche Außenminister, zusammen mit Paul-Henri Spaak, NATO Generalsekretär und Karlspreisträger - ein Vorschlag, der dann von Frankreich nicht ratifiziert worden sei.[188] Im Jahr 1952 ging die EPU in der „Europäischen Union" mit Coudenhove-Kalergi als Ehrenpräsident auf.[A129]

Schon früh im Jahr 1946 hatte auch Konrad Adenauer [189], so wie später auch Winston Churchill,[190] wieder begonnen, die Schaffung der Vereinigten Staaten von Europa zu beschwören. Adenauer sah Deutschland als Mitglied davon, Churchill ebenso, jedoch sein Großbritannien nur als Befürworter von außen: seine Worte gehen auf eine Rede im September 1946 in Zürich zurück. Sein Schwiegersohn, Duncan Sandys, war sodann mit dem „British United Europe Movement" und der Organisation der Haager Konferenz im Mai 1948 beauftragt. Sein Ziel war das „Establishment of a United Federal Europe". Nach Gründung der Montanunion im Jahr 1951 dauerte es bis zu den legendären, wenn auch vom Ergebnis enttäuschend dürftigen „Römischen Verträgen" noch bis 1957.

Die weitere Zeitgeschichte der Europäischen Union fasse ich im zweiten Band zusammen.

Kampf der Kulturen: Kampf der Religionen?

Nachdem ich bisher bemüht war, eine annähernd chronologische Abfolge der Geschichte kultureller Entwicklungen und ihrer Gegenseitigkeiten zu beschreiben, sehe ich mich angesichts der Bedeutung der Fragestellung gezwungen, nochmal von vorne zu beginnen und die Bedeutung der Religionen gesondert zu beleuchten, um die Übersichtlichkeit in der Komplexität der Verquickungen zwischen Politik, Kultur und Religion halbwegs zu wahren.

Die oben gestellte Frage rechtfertigt sich aus der Gegebenheit, dass außer der Religion auch zwei andere Möglichkeiten zur Wahl stehen, die beide aus unserer unbeherrschten Natur, dem animalischen Unterbau unseres Seelenlebens als Individuen und als Mitglieder von Gruppen resultieren: menschliche Fremdenscheu (Xenophobie) und Revierinstinkt (Territorialität) einerseits,[1] und Machtstreben in der Hierarchie andererseits. Ist es also tatsächlich die Religion selbst, ist es der Gottesglauben im Rahmen einer bestimmten Religion, der den Kampf auslöst? Oder ist es die Kultur bzw. Subkultur, die aus den Verhaltensregeln einer Religion heraus mit bestimmten Lebensgewohnheiten verbunden ist, in denen sich eine Volksgruppe vereint fühlt und die Gewohnheiten der Anderen jenseits der Grenze bis zum aggressiven Hass verachtet? Oder ist es einfach nur Machtstreben derer an den Spitzen der hierarchisch geordneten Völker, das mit diesen Gefühlen manipulierend spielt?

Wenn Huntington [A130] zur Verteidigung seiner These des Kampfes zwischen verschiedenen Kulturen schreibt: *„Die Menschheitsgeschichte zeigt seit Jahrtausenden, dass Religion kein „kleiner Unterschied" ist, sondern vielmehr der wahrscheinlich tiefgreifendste Unterschied, den es zwischen Menschen geben kann",*[11] so fragt man sich unweigerlich: warum stellt er nun die Religion voran, nicht die aus ihr hervorgegangene Kultur? Warum nannte er seine These nicht „Kampf der Religionen"?

Im Westen sind immer weniger Menschen religiös, immer mehr treten aus Religionsgemeinschaften aus oder bekennen sich als „Atheisten"; trotzdem gehören sie zum Kulturkreis des „Christlichen Abendlandes", leben darin und verteidigen ihn als den ihren.

Warum Religion?

Es ist zwar nicht meine Absicht, hier die Thematisierung von Kulturgeschichte derart breit anzulegen, dass ich auch zu Begründungen für die Entstehung von Religiosität Stellung nehme, aber einige Worte seien mir dennoch gestattet: Religion *ist* Kultur, ist zugleich Ursprung und Teil der Kultur.

Existentialisten würden antworten, Religion sei die Antwort der Kreatur auf den Geist, der seiner Endlichkeit und damit der Absurdität von Leben gewahr wird: Religion, als Fata Morgana, werfe den Anker der Sinnhaftigkeit ins Jenseits.

Was Menschen mit ihrer Religion machen, kann man am Beispiel des Christentums schwerlich als logisch nachvollziehbar bezeichnen: das Phänomen Jesus von Nazareth bedingte eine weit um sich greifende Bewegung. Einige Jahrzehnte später wurde das Erinnerte aufgeschrieben. Der Großteil davon wurde weiterhin mündlich überliefert. Jedoch begann eine Diskussion über die unterschiedlichen Interpretationen der Bedeutung des Erlebten bzw. Überlieferten. Man einigte sich auf eine „Wahrheit", verwarf den Rest als – eben verwerflich. Die ersten Konzile geben davon ein deutliches Beispiel (siehe A63). Die „Wahrheit" wird zur Bibel. Mit Mohammed und dem Koran verhielt es sich nicht anders. Bei der Tora sind die Zeitabstände zwischen Ereignissen und Niederschrift noch um Faktoren größer. Diese Wahrheiten werden auch zu Dogmen, Lehren, die von Lehrern, die zu Mächtigen geworden, selbst mit Füßen getreten wurden, derart himmelschreiend, dass sich über diesem Skandal ein Teil des gläubigen Volkes erhob, sozusagen als verbliebene moralische Instanz: die Protestierenden verweisen auf jene Texte, den diese Lehrer, die Mächtigen, die Väter, mit brutaler Strenge zur Wahrheit erkoren hatten. Was also hat das Glauben des bekehrten Volkes bewirkt? Ist es ein „Heimatgefühl der Seele", ein gerne freiwillig sich einer höheren Macht Unterordnen als Orientierung in Raum und Zeit und jenseits davon? Stellvertretend ordnet sich die Volksmasse ja stets einer Führerinstanz unter, in der Hoffnung, dort diese Sicherheit auf Erden zu finden, die im Glauben für die Ewigkeit versprochen wurde.

Der Mensch, sein Gottesglauben und die Macht

Das Christentum missionierte in seinen ersten drei- bis vierhundert Jahren durchaus betont friedlich, ja märtyrerhaft. Dieses Verhalten änderte sich mit dem Aufstieg zur Staatsreligion des Römischen Reiches radikal. Bürgerkriegsähnliche Randale mit Bücherverbrennungen sind das deutlichste äußere Signal; die Ereignisse in Alexandria ab dem Jahr 391 eines der eindrucksvollsten Beispiele (siehe S. 88 und A59).

Danach war es eigentlich Karl der Große, der mit Feuer und Schwert gewaltsam die Schaffung eines „Heiligen Reiches" betrieb – im Gegensatz dazu hat der Islam von Anbeginn gewaltsam erobert, stand 1000 Jahre nach seiner Entstehung als Bedrohung vor Wien und ist erst heute bemüht, sich als Religion des Friedens darzustellen. Hier wie dort fällt ebenfalls auf, dass es nicht Gott war, der die Heere angeführt hat, und auch nicht seine Religionsführer, sondern eben Heerführer, die sich auf ihn beriefen. Woran diese Militärs dann letztlich glaubten, bleibt in vielen Fällen ein Geheimnis bis zum Jüngsten Tag; meist ist jedoch eine gar nicht religiöse Opportunität als Alternative erkennbar, oder klar gesagt, war Macht im Spiel:

Wie jeder Mensch, so hat auch Karl der Große mit einem Plan, einer Vorstellung, einem Wunschtraum begonnen: im Geiste nicht allzu weit entfernt von Kaiser Konstantin hatte er wohl ebenfalls erkannt, welche Schwingen ein gläubiges Volk seinem Führer zu verleihen vermag, welche Macht vom Glauben ausgehen kann. In erster Linie besteht diese Macht wohl aus einem selig beruhigenden Gefühl des Geordnetwerdens, das der Seele die Angst vor den Abgründen hinter und vor ihr nimmt, auch über und natürlich unter ihr, wo die Naturgewalten toben können. Von oben sieht Gott auf deine Taten, ordnet deinen Willen, gibt deinen Tagen einen Sinn. Vergangenheit gehört Gott als Teil seiner Schöpfung. Und die Zukunft ist geregelt bis über den Jüngsten Tag hinaus – mit der Ausnahme deines freien Willens. Die Heiligen stehen als Vorbildstatuen auf deinem rechten Weg; ihre Wunder versichern dir, dass nur die Wunder wirklich, der Alltag nur nebelhaft vorübergehende moralische Pflicht ist. Dies alles nimmt dem Menschen die Last der Gravitation hienieden, macht die Seele schweben. In der Zwischenzeit nimmt der Kaiser die Macht über dich und deine Habe, bis dich der Hunger an deine wirkliche Lage erinnert.

Der Tag kam, da auch der Papst dieses Potential erkannte – zu oft vergessen wir, dass wir alle Menschen sind: Straßenkehrer, Präsidenten von Amerika, Mafiabosse - und eben Päpste. Aber darüber wollen wir an anderer, jeweils passender Stelle sprechen. Hier nur so viel, dass dieses Verlangen des Stellvertreters Gottes auf Erden nach der Macht über alles – eben das, zu dem der Teufel den Mann aus Nazareth in der Wüste verführen wollte [191] – dass dieses Verlangen also schließlich darin kulminierte, dass er sich selbst eine Armee anschaffte, um selbst die Welt zu erobern, wenn auch nur eine kleine, und nur in Italien, aber immerhin. Und das mit diesen Ablassgeldern, die Luther so sehr ärgerten: welche Kreise sich da schlossen, mag dahingestellt bleiben; ob der Papst den Fürsten beneidete und es ihm nachtat, oder ob der Fürst seinen Sohn anhielt, den Papst zu spielen, um in dieser Rolle von der Macht des Glaubens zu profitieren, einerlei. Ich möchte hier auch nicht als Zyniker missverstanden werden; wie gesagt: wir sind alle Menschen (göttliche Menschen gab es zuletzt unter den römischen Kaisern, und die wurden oft durch Meuchelmord eines Besseren belehrt), Menschen, also Seelen in einem tierischen Körper. Das hat nichts damit zu tun, welche Absicht ein Gott mit seiner Schöpfung wirklich verfolgt, ob nicht zum Beispiel das so genannte Böse als Gegenspieler zum Guten ein notwendiger Teil dieser Schöpfung ist, und damit kann es Jeden treffen, wie man sieht. Mit dem Gottesglauben ist es dann eben doch wie mit der Kathedrale und dem Hund, der sie anpinkelt.

Im Islam ging das alles viel schneller – nicht umsonst spricht man dem Levantiner, dem Maghrebinier und dem Araber einen besonders ausgeprägten Geschäftssinn nach. Weil das auch eine Macht birgt – nicht umsonst sagt der Mann von der Straße, Geld mache frei, und Freiheit ist Freiheit, weil sie die Macht zum äußerlich unbeschränkten Handeln birgt. Kurzum: schon nach wenigen Jahren gab es mehrere islamische Vertreter des Propheten auf Erden, weil man sich eben darum stritt. Letztlich saß dann einer in Damaskus, in Bagdad, in Kairo, in Cordoba, dann in Istanbul – Jener in Isfahan/Teheran steht am Anfang dieses Streits, die Erst-Protestanten sozusagen. Man stritt sich saftig, blutig.

Von den Juden ist Aggression weitestgehend unbekannt; wir wissen nur von ihren Aufständen, also der Verteidigung ihrer religiösen Autonomie, solange sie noch, und seit sie wieder, ein Land dazu zu verteidigen haben.

Warum überhaupt Kampf?

Bewusstheit und Angst: vorausschauendes Leiden

Die erwachende Bewusstheit im Lebewesen schuf die Angst, weil Gefahr Erinnerungen an Leiden weckt, die zu meiden man beschlossen hat, an deren Unvermeidbarkeit aber das Leiden schon Wirklichkeit ist – alles Leid ist zu diesem Teil nichts als Angst. Zu deren und dessen Vermeidung suchen wir Geborgenheit in Gruppen, Massen. Geborgenheit und Sicherheit in der Masse ist zwar schon eine tierisch-instinktive Strategie, gewinnt jedoch in der Bewusstheit eine neue Wertigkeit, nämlich einen Sinn.

Bewusstheit bemächtigt zu Fragen und drängt oder zwingt zu Entscheidungen. Auch Antworten auf die existentiellen Fragen, auf dieses Aufwachen in „woher", „wohin", „warum", „wozu" schaffen Geborgenheit, besonders kollektive Antworten. Daher entstammen Schöpfungsmythen und Glauben an ewiges Leben, Bilder von einer erklärten, begehbaren Welt. Religion, Glauben, Vertrauen, virtuell schützende Umhüllende für Einzelne und für Massen. So entsteht Kultur. Deshalb auch grenzt sie sich von Anderem, Fremdem ab. Wer dieses schützende Weltbild machtvoll in Frage stellt, schafft Angst und Aggression, Abwehr oder Einkehr, Märtyrertum, Mord oder Tod im Kampf.

Warum also Religion als Auslöser?

Alle großen Kulturen entstanden jeweils um große Religionen. Geraten Kulturen miteinander in Konflikt, so liegt daher die Frage nahe, welche Rolle die Religionen in diesem Konflikt spielen, ob sie nicht Ursprung und Auslöser der Auseinandersetzung seien. Betrachtet man den Lauf der Geschichte mit dieser Frage, so kommt man zumeist zu dem Schluss, dass „nein" die Antwort ist, blickt man erst tief genug in die Seelen. Weder war Alexander ausgezogen, um die Perser und die Inder von ihren Religionen zu bekehren, noch wollten die Römer allem voran den unterworfenen Völkern ihre Götter aufzwingen, sondern ihre Macht. Richtig ist hingegen, dass stets die Sieger ihre Religion mitbrachten, sofern sie sesshaft wurden. Der Kampf zwischen den Vertretern der Religionen war meist eine Folgeerscheinung, nicht Auslöser – mit Ausnahme mancher Aufrufe zu den heiligen Kriegen um heilige Stätten, denn Orte wie Jerusalem sind Teil des gefühlten eigenen Territoriums, das es zu verteidigen gilt. Jedoch – sowohl bei Christen wie auch Muslimen war die Motivation zum Handeln rein. Missionierung hingegen ist von Anbeginn ein anderes Thema: Zwang zum Glauben „mit Feuer und Schwert" ist sowohl beim Christentum wie beim Islam schwer zu trennen von Kampf um Machtbereiche per se. Zwangskonvertierungen wurden meist als Machtmittel eingesetzt, um Integration im Sinne von Zwangs-Akkulturierung zu erzielen. Sie waren allerdings im Christentum häufiger und meist brutaler als im Islam.

Kriegerische Auseinandersetzungen zwischen Menschen fernöstlicher Religionen und mosaischer Religionen einerseits, und mosaischer untereinander andererseits, kennt man vom Islam wie vom Christentum – Ausnahme ist das Judentum. Dabei kommen sie alle aus einer gemeinsamen Quelle:

Die Reise des Donnergottes

Zur Migration der Ur-Religion

Wotan und Donnergott

Bei dem wandernden Hirtenvolk am Rande der arabischen Wüste soll es einen Gott gegeben haben, Jahwe, der seinen Gläubigen am Berg in Wolken, mit Donner und Getöse, die zehn Gebote mit einem Feuerstrahl in Stein schrieb.
Jahrtausende später kamen Leute aus dem Osten nach Griechenland und brachten einen Gott mit, Zeus, der am Berg Olymp in Wolken lebt und sich mit Blitz und Donner kundtut. Bei den Hethitern hieß dieser Gott Tarhunna oder Wettergott Hadad, abgebildet mit Blitzbündel und Axt.[192] (Abb. 55) Weiter nördlich kamen Menschenmassen im Rahmen der Völkerwanderung westwärts

nach Europa geschoben; ihr Gott war Donar; jene, die noch weiter nördlich ankamen, in Skandinavien, nannten ihn Thor - es wundert nicht, dass dies bei der indo-europäischen Sprachverwandtschaft jeweils das Wort für „Donner" war. Und damit nicht genug: schon als viele Jahrhunderte davor die Kelten nach Europa gekommen waren, hatten sie Gott „Taranis" mitgebracht, was „Donnerkeil" bedeutet. Der vedische Gott Indra des frühen Hinduismus war zwar im Osten geblieben, jedoch: wie zur Betonung der westlichen Herkunft der Indo-Europäer in Indien wird der Gott mit Donnerkeil dargestellt (Abb. 56) - erst in späterer Zeit verdrängten ihn die Götter Shiva und Vishnu. Erste Darstellungen von Indra sollen aus hellenistischer Zeit stammen. Interessant war die Entdeckung, dass auch bei den Mongolen bzw. Tibetern der Donnergott im Zusammenhang mit dem Dalai Lama vorkommt: Altan Khan soll 1578 Soenam Gyatso

Abb. 55: Relief des Wettergottes Hadad mit
Blitzbündel und Streitaxt; gefunden
an der Ausgrabungsstätte des spät-hethitisch- aramäischen Stadtstaates Sam'al, dem heutigen Dorf Zincirli in der Südost-Türkei nahe der Grenze zu Syrien. Quelle: [193]

182

Abb. 56. links: Steinerner Donnerkeil, „Vajra" aus Patan, nahe Kathmandu in Nepal. Quelle:[194] - Rechts: Münze mit Kopf des Gottes Zeus, an der Rückseite sein Symbol, der Donnerkeil. Epirus (Epeiros) aus der Zeit des Koinon (eine Art republikanisches Verteidigungsbündnis) in den Jahren 234-168 v. Chr. Quelle:[195]

den Titel „Dalai Lama Wadschradhara" verliehen haben, was bedeuten soll: „der allumfassende Lama, der Träger des Donnerkeiles".[93] Der „Donnerstag" in der deutschen Sprache geht darauf zurück, dass dieser Tag dem Gott geweiht war; dem entsprechen die Namen in anderen europäischen Sprachen.[A131] Zusammen genommen sind sie alle eines Ursprungs: indo-europäisch. Damit ist die Frage nach dem Ursprung aber nicht beantwortet, sondern erst gestellt: denn woher kamen all diese Indo-Europäer? Nun gehen wir also den ganzen Weg wieder zurück, den uns die Genforscher unter den Paläo-Anthropologen gewiesen hatten, zurück in die Steppen des Ostens, zurück hinunter in Richtung zum Schwarzen Meer, zurück in die Gegend des Fruchtbaren Halbmonds, der Levante des Nahen Ostens, dorthin, wo Jene, die nicht nach Osten weitergewandert, sondern in Nordafrika, auf der Arabischen Halbinsel und an der Levante

inzwischen im Kreis wandern geblieben waren, bis sie im Lande Kanaan sesshaft wurden. Der Donnergott zeigt den Weg, indem er im Alten Testament als rauchende Feuersäule vor ihnen herzieht. „Er führte sie ... bei Tag mit einer Wolke und die ganze Nacht mit Feuerschein"(Ps.78, 14).

Abb. 57: Jehova führt sein Volk mit einer Feuersäule und einer Rauchwolke. Quelle:[196]

Die Hebräer sollen nach mancher Forschermeinung ursprünglich als Nomadenvolk im Nordwesten der Arabischen Halbinsel umhergezogen sein: einerseits meint man, aus dem Nachfolgen hinter der, bzw. dem Wandern in Richtung zur, Feuersäule eine monotheistische Religion von Vulkananbetern zu erkennen, den Athtar der West-Semiten, die also einen Gott anbeten, der dann eben anderswo zum Zeus der Griechen, zum Thor der Germanen etc. wurde. Die These vom Donnergott der Hebräer, die Midianiter-These, wird außer auf das Alte Testament (Ex3,1) auch auf Hinweise in ägyptischen Texten zurückgeführt, wonach Rauch, Feuer, Beben, auf einen Vulkan deuteten. Demnach müsste der Berg Mosis nicht auf der Halbinsel Sinai, sondern in Nordwest-Arabien gelegen sein, weil sich dort auf der Linie der Verlängerung des ostafrikanischen Grabens ein vulkanisches Gebiet befindet.[197] Dass aus dem vulkanischen Donnergott im Laufe der Jahrtausende in der Steppe ein Gewittergott wurde, nimmt dabei nicht wunder. Toynbee hingegen sieht in Jahwe eher den ägyptischen Sonnengott Aton, den Moses von dort exportiert haben könnte.[81] Unklar bliebe bei dieser These, wie die verschiedenen Arten „Jahwe" aus dem Alten Testament auf einen Nenner zu bringen wären. Wir wissen noch nicht genau, auf welche Weise, aber dennoch waren sie ursprünglich eins, haben einen gemeinsamen Ursprung:

„Die Heiligen Bücher"

Die Katholiken sehen sich als „die alleinig seligmachende Kirche". Die Muslime wertschätzen theoretisch „die Menschen der Bücher", behandeln „Die Anderen" aber dennoch meist als Menschen zweiter Klasse. Von den Juden kenne ich keine vergleichbare Einstufung der eigenen Religion.

So wenig wie Jesus von Nazareth das Neue Testament, so wenig hat Mohammed den Koran geschrieben; vom Alten Testament und der Tora kennen wir die Entstehungszeit (670 - 620 v. Chr.), nicht aber die Autoren. Alle berufen sie sich auf Abraham, den Vater des Glaubens, Stammvater der Juden und Christen – und der Araber: Ibrahim, oder Ibraham, der Verkünder des monotheistischen Glaubens, der erste Muslim.[A132]

Und Alle berufen sich auf Moses:

Abrahams Nachfolger in Europa

Alle drei kranken sie daran, den Sinn, die wahre Bedeutung der Offenbarungen Gottes durch Interpretation ergründen zu müssen. Da jegliche Kommunikation auf dieser Ebene nur durch Sprache möglich ist, muss jegliche Interpretation und sprachliche Bedeutung von vornherein Kompromiss bleiben und Quelle für Missverständnisse, also für Streit. Die Folge davon ist häufig, wenn nicht zumeist, Trennung. Demnach entstanden, vor allem im Christentum und im Islam, unzählige Sekten auf der Basis unterschiedlicher Auslegung dessen, was man als Offenbarung verfügbar hatte: bei Allen waren es Worte, die sogar zwei Schritten der Bearbeitung zu unterziehen waren: zuerst der Erinnerung, wie die Worte damals wohl gelautet haben mögen, und danach die Erörterung dieses Inhalts, d.h., welcher Sinn mit diesen Worten vermittelt werden sollte. Dementsprechend dauerte es bei beiden Nachfolgern der jüdischen Religion ein bis zwei Jahrhunderte, bis sich eine dauerhafte Dogmatik entwickelt hatte und Abweichler segregiert waren.

Christentum

Seit über 1500 Jahren ist Europa in seiner kulturellen Entwicklung und seinem Rechtsverständnis vom Christentum geprägt. Allerdings ist das Christentum keine europäische Religion. Wie auch die beiden anderen „mosaischen" Religionen entstammt es dem Nahen Osten, dem ersten nachweisbaren Raum mit fortgeschrittenen Kulturen in der Menschheitsgeschichte. Das Christentum als praktizierte Religion entstand an den Küsten Kleinasiens und im Nordafrika des heutigen Ägypten und Tunesien. Die ersten Christen waren konvertierte Juden in der Umgebung Jerusalems, dann auch Juden in den griechischen Kolonien; bis Paulus in seinem Streit mit Petrus durchsetzte, dass auch Nicht-Juden Christen werden durften.

Hing es vom Instinkt einzelner Menschen ab, von deren Mut, oder vom Zufall, dass Europa der Ursprung der Neuen Welt wurde und blieb, wenn ein Kaiser Konstantin den Schwerpunkt des Römischen Reiches und seine Hauptstadt nach Byzantium verlagerte und dadurch die vollständige Islamisierung verhinderte? Ein Karl der Große, der nicht Byzanz anhing, sondern Rom? Welche Kraft war es, die Europa letztlich zusammenhielt trotz der eigensüchtigen Torheiten Einzelner, wie des Dogen Dandalo von Venedig (siehe S. 217)?

Hinterfragt man an dieser Stelle die vereinenden Kulturquellen des neuen Europa, die lateinische Sprachtradition und Zivilisation, und die neue Religion, das Christentum, so tritt das Problem zutage, ob das heutige Europa aus diesem Vermächtnis überhaupt noch einen Anspruch abzuleiten vermag. Wenn ich nun mit „Vermächtnis" den Umgang mit der Kernbotschaft der christlichen Lehre meine, dann habe ich Europa eine herausfordernde Frage gestellt. Am liebsten möchte man sich hinter einer Kernbotschaft der Aufklärung verstecken, um der Frage zu entkommen – wie wäre es also mit Gotthold Ephraim Lessing und seiner Ringparabel im Theaterstück „Nathan der Weise"? Lessing lässt die Geschichte im Jerusalem des Jahres 1192 spielen: als Sultan Saladin den weisen Juden fragt, welche der drei mosaischen Religionen die wahre sei, antwortet Nathan mit dieser Parabel von einem Ring, der seinem Träger besondere Gaben verleiht und in einer Familie stets vom Vater zum meistgeliebten Sohn weitervererbt werden soll. Nun tritt aber die Situation ein, dass ein Vater alle seine drei Söhne in gleichem Maße liebt und keinen bevorzugen will:

Der Vater lässt zwei Kopien anfertigen und gibt jedem Sohn einen Ring mit der Versicherung, es sei dieses wundersame Erbstück, vorausgesetzt er glaubt an diese Wunderwirkung. Als die drei Söhne nach dem Tod des Vaters feststellen, was geschehen ist, gehen sie zu Gericht, damit der Richter ermittle, wer den wunderspendenden Ring besitzt. Der Richter aber sagt, dies lasse sich derzeit nicht ergründen, eine Probezeit aber werde weisen, wer von den Dreien sich zu der aus der Wunderwirkung zu erwartenden besonderen Persönlichkeit entwikkeln würde, jedoch nicht ohne auf das Vermächtnis des Vaters zu verweisen: die Bedingung war, dass der Träger an diese Wirkung glaube.

Mögen die drei einander beäugen, sich dabei selbst um die Wirkung bemühen, meinetwegen eifersüchtig einander bespitzelnd, wenn sie es denn nicht besser zu ergründen verstehen - eigentlich wäre die besondere Gabe des modernen Menschen im Vergleich zu seinen steinzeitlichen Vorfahren ja das soziale Zusammenwirken gewesen – wie dem auch sei: sie könnten auf jeglichem Wege friedlich nebeneinander leben. Bestiehlt oder beraubt oder gar tötet Einer den Anderen, hat er mit seiner Tat jegliche Wirkung des Ringes vertan.

Nicht nur im Jahr 1192, zu Sultan Saladins Zeiten, auch davor und danach, bis zum heutigen Tag, ist die Realität eine andere geblieben: in unseren Tagen ist diese Art des Problemlösens auf Nathan's Weise vor allem deshalb nachgerade langweilig geworden, allenfalls ersetzt durch eine rein politische Frage, weil sich Religionslosigkeit breit macht: Gott wurde vor über 100 Jahren für tot erklärt – im Westen.

Hier jedoch stellt sich uns zunächst die Frage: Wie wurde Europa zum christlichen Abendland?

Das Christentum in Europa

Jesus der Protestant des Judentums

Gerne vergisst man, dass nicht nur Jesus von Nazareth, sondern auch seine Apostel, und Paulus, jüdischer Abstammung und Erziehung waren. Wie Martin Luther gegen das Papsttum der Renaissance, so ging Jesus gegen Unwesen im Judentum vor. Er ging aber auch über das Judentum hinaus, zum Kern des Lebenssinns, und schuf die Basis für ein neues Weltbild, in dem sich die Menschheit geborgen fühlen kann. Seine Erhöhung bis zur Vergöttlichung muss daher nicht in höherem Maße erstaunen als bei anderen Religionsgründern.[A133] Seine Erhebung zum Gott, basierend auf seiner Wirkung auf die unmittelbare Umgebung und auf Interpretationen seiner überlieferten Aussagen, bildet den Ursprung einer neuen Religion. Nach der Meinung von Nichtchristen – und sogar von abtrünnigen Christen - ist diese Vergöttlichung jedoch nicht zu rechtfertigen, sie entspringt evtl. dem Geist der Spätantike, wo der Kaiser zum Gott-Kaiser wurde. Die Vergöttlichung wäre dementsprechend als damalige Gegenkraft verständlich. Damit jedoch begann die Verführung der jungen Kirche, im Machtkampf um Rom einem Selbstzweck der Machtausübung zu verfallen, wie er dann im Zeitalter der Renaissancepäpste kulminierte.

Das Christentum hat seine Bedeutung für seine Anhänger im Laufe der Geschichte gewechselt: war es anfangs „nur" eine Gruppe von Juden, die einen „neuen Bund" mit ihrem Gott bestätigt sahen, indem sich die Verheißung von einem Erlöser erfüllte, so ließ gerade die Bekämpfung dieser Neuerung durch die Juden selbst, sowie die missionarische Gestaltungskraft Paulus', daraus eine eigene Religion entstehen, deren zentrale Eigenheit die Dreifaltigkeit Gottes sein sollte. Die mühsame und bis ins kleinste Detail philosophisch-akribische Entwicklung der Dogmatik über mehr als 300 Jahre weist diese allmähliche Formung einer Religion aus – das Konzil von Nicäa im Jahr 325 legt davon beredtes Zeugnis ab, auch die während dieser Konsolidierungsphase abgespaltterten sogenannten Häretiker, deren bedeutendsten die Arianer und die Nestorianer waren.[A63, 198] Zunächst wirksam wie eine pazifistische Untergrundorganisation, in und gegen Rom tätig, wird das Frühchristentum als Verbündetennetzwerk anfänglich in den östlichen Provinzen, aber auch schon um das Jahr 60 in Rom wirksam – die allseits bekannten Verfolgungen durch Kaiser Nero zeugen davon: noch keine 30 Jahre waren vergangen, seit man in Jerusalem den Mann aus Nazareth gekreuzigt hatte, da gab es in Rom bereits genug Christen, um aus ihnen anlässlich des Brandes von Rom eine Staatsaffäre zu machen. Zwei bis fünf Jahre nach der Kreuzigung war „Saulus" zu „Paulus" geworden, der daraufhin seine Reisen zu den jüdischen Gemeinden in Kleinasien und Griechenland begann und sich mit Petrus in Jerusalem traf.[A134, 199] Nach diesem Apostelkonzil im Jahre 48 oder 49 – Jesus war also vor an die 10 Jahren von ihnen gegangen - reist Paulus unermüdlich weiter, verfasst inzwischen seine Briefe an die Gemeinden wie Epheser, Korinther, Römer, Thessaloniker, Antiochier und Galater – den letzteren waren wir ja kürzlich begegnet S. 89). Im Rahmen der Christenverfolgungen nach dem Brand von Rom im Jahr 64 kommen Petrus und Paulus ums Leben.[199] Zwischen den Jahren 70 und 90 entstehen die Evangelien nach Markus und Lukas; die Urgemeinde in Jerusalem ist seit der Zerstörung der Stadt durch Kaiser Titus zerstreut. Um 100 n. Chr. ist die Zeit der judenchristlichen Urgemeinde endgültig zuende, überwiegen die hellenischen und römischen „Heidenchristen", also Christen, die davor nicht Juden waren. Gemeinden von Heidenchristen entstehen außer in den bekannten Orten Kleinasiens und Rom auch in Pompeji, in Athen, Korinth, Philippi (nahe dem heutigen Saloniki).

Urkirche und erste Christenverfolgung unter Claudius und Nero

Die Urkirche begann sich nun zu wandeln, denn die Generation der direkten Zeugen der Ereignisse, der Apostel und Jünger, war verstorben; die zeitnah erwartete „Parusie", die Wiederkehr Jesu, war nicht eingetreten. Zunächst einmal bewirkten wohl weiterhin einzelne Persönlichkeiten einen ansteigenden Zulauf, die erste Generation der Nachfolger der Apostel und Jünger, jener, die solche direkten Begleiter Jesu noch persönlich gekannt hatten. Zwischen 150 und 220 übersetzte Tertullian Schriften aus dem Griechischen ins Lateinische und verfasste Texte, in denen er die Vereinbarkeit von römischem Kaisertum und Christentum propagierte.[200] Damit verstärkte er die Akzeptanz der neuen Religion im Reich. Die Kirche begann, sich allmählich zu verbeamten: aus den Presbytern, den Gemeindeältesten als Messdiener, waren die ersten Priester und Bischöfe geworden. In der Phase der „Parusieverzögerung" trat die praktizierte Nächstenliebe als Christenpflicht in den Vordergrund.

In Rom gab es nach Claudius und Nero systematische, staatlich angeordnete Verfolgungen zunächst nicht mehr, lediglich lokale Pogrome. Erst wesentlich später veranlassten die Kaiser Decius und Valerian reichsweite brutale Verfolgungen per Dekret. Der Grund dafür war, dass gegen Ende des 2. Jh. der Kanon des neuen Testaments festgelegt war und zusehends auch ein verbeamtetes Priestertum entstand, das durch seine Forderungen an die öffentliche Hand zum Ärgernis der Macht wurde. Um 250 ist die Kirche in der Stadt Rom immerhin bereits ein Betrieb von an die 200 „Angestellten".[199] Einhundert Jahre später durchsetzt das Christentum Gesellschaft und Beamtentum derart dicht, dass Verfolgungen ein weiteres Mal beginnen, diesmal auf Befehl von Kaiser Diokletian und seinem Tetrarchen Galerius: sie holen nochmals zu einem Befreiungsschlag aus und zielen mit dem Edikt vom 23. Februar 303 [201] auf die Ausrottung der Christen im Reich.

Die
Pentarchie
der
Diözesen

Doch mit Konstantin kam der erneute Umschwung. Am Konzil von Nicäa wurde beschlossen, dass die Verwaltungsbereiche, in Anlehnung an die Einteilung des Reiches in fünf „Diözesen", ebenfalls Diözesen genannt werden sollten, verwaltet zuerst von Bischöfen, dann von den fünf Patriarchen. dieses „Pentarchie" genannte Fünfgespann wurde offiziell von Kaiser Justinian eingerichtet. Die Patriarchen von Rom (Patriarchat des Abendlandes, gegründet von Petrus und Paulus), Konstantinopel (Apostel Andreas), Alexandria (Evangelist Markus), Antiochia (Petrus) und Jerusalem (alle Apostel) waren ranggleich, Rom als Grabstätte von Petrus und Paulus „Primus inter pares".

Einer der Apostel, Thomas, soll ab dem Jahre 40 nach Osten gezogen und im Jahr 52 bis nach Indien gelangt sein. Dort entstand eine eigenständige Kirche von „Thomaschristen", die heute, wenn auch in mehrere Sekten zersplittert, an die 7 Millionen Mitglieder zählt.[202] Damit ist diese „Thomaskirche" wesentlich älter als die meisten Christengemeinden in Kontinentaleuropa. - Wie aber kam die Kunde nach Norden?

Europa wird weiter christianisiert

Einer der Ersten, die jenseits der Alpen missionierten, muss Irenäus von Lyon gewesen sein, der erste Bischof dort zwischen 178 und etwa 200.[203] Er stammte aus Smyrna, dem heutigen Izmir in der Türkei, wahrscheinlich Schüler von Polykarp, Bischof von Smyrna, geboren um 70.[204] Polykarp hatte also Apostel und Jünger noch persönlich gekannt - der Apostel Johannes soll ihn kurz vor seinem Tod zum Bischof von Smyrna ernannt haben. Polykarp hat Irenäus wohl davon entsprechend erzählt: was für ein Erlebnis es doch für einen gläubigen Menschen jener Zeit gewesen sein muss, mit jemand zu sprechen, der selbst noch direkt bei Jesus gewesen war und mit ihm gesprochen hatte, was für ein Unterschied zu uns heute, die wir nachlesen, ob es überhaupt einen „historischen Jesus" gab.

Der nächste bekannte Missionar nach Norden soll jener Mann gewesen sein, der später als Saint Denis, zunächst Dionysius, zum französischen Nationalheiligen wurde.[205] Um 250 soll Fabianus, Bischof von Rom, Dionysius mit sechs Weiteren als Missionar nach Gallien gesandt haben, so der Bericht von Gregor von Tours. Dort wurde er erster Bischof von Paris, dem damaligen römischen „Lutetia Parisiorum". Der Legende nach soll er nach seiner Hinrichtung als Märtyrer mit dem Kopf unterm Arm fünfeinhalb Meilen weit auf den Montmartre gegangen sein, wo er begraben werden wollte. Die Abtei und Kathedrale St. Denis wurde danach Grabstätte der Merowinger und Karolinger. Man darf hier den Zusammenhang nicht verlieren, nicht vergessen, dass das Christentum erst über 100 Jahre nach Saint Denis offizielle Staatsreligion des Römischen Reiches wurde. Dennoch gab es um das Jahr 300 bereits weitere christliche Zentren nördlich der Alpen, z.B. Köln, Trier – Hauptstadt der Präfektur Gallien. Die weiteren Zentren lagen von der Region Marseille das Rhone-Tal aufwärts in Lyon und Vienne sowie nördlich davon in Autun: dort wirkten jeweils einflussreiche Bischöfe, die in ihrer Umgebung Übertritte zum Christentum bewirkten, wie eben auch Dionysius mit seinen Gefährten in der Region um Paris.

Den weiteren Verlauf der Verbreitung des Christentums im späten Römischen Reich nördlich der Alpen zeichnet uns der Hl. Martin mit seinem Lebenslauf;[A135] er wird als missionarischer Diplomat zwischen dem frühen Frankenreich und Rom beschrieben.[206] Sein Bistum Tours soll einhundert Jahre nach seinem Tod, um das Jahr 500 etwa 20 Pfarreien gezählt haben: zu seinen Lebzeiten waren es sechs – also musste sich in Westeuropa das Christentum auch während der Stürme der Völkerwanderung erheblich weiter entwickelt haben. Die Christen hatten auch nördlich der Alpen trotz der Raubüberfälle und Invasoren überlebt, hatten sogar weiter an Zahl zugenommen.

Das Christentum wird Roms Staatsreligion

Im Jahr 325 fand das erste Konzil der Christenheit in Nicäa statt; zu Beginn des Jahrhunderts, bis 311, hatte noch Kaiser Diocletian Christenverfolgungen veranlasst. Nun, unter Kaiser des Römischen Reiches Konstantin, unterzeichneten über 300 Bischöfe das Ergebnis des Konzils – sie waren in der Mehrzahl aus dem

Nahen Osten. Als dann 380 das Christentum Staatsreligion des Römischen Reiches wird, sind schon etwa 10 bis 15 Prozent der Bevölkerung Christen. Das bedeutet natürlich nicht, dass nun schlagartig alle Menschen des Reiches Christen werden *mussten*; vielmehr galt die Mailänder Vereinbarung des Jahres 313 zwischen den Kaisern Licinius und Konstantin, wonach freie Religionsausübung gewährt sein sollte.[A136] Um das Jahr 400 war mehr als die halbe Bevölkerung des Römischen Reiches christianisiert, im Jahr 600 die überwiegende Mehrheit, ausschließlich Nord-Ost-Europa, einschließlich der Britischen Inseln.

Christentum und Völkerwanderung

Das Weströmische Reich war offiziell um 470 zu Ende, jedoch seit über hundert Jahren bereits von Invasoren überschwemmt und durchsetzt, also bereits mitten in der Völkerwanderung: seit etwa 360 hatte die Flut neuer, heidnischer Völker über den Kontinent hereinzubrechen begonnen; welche von den Ersten waren die Salfranken, die sich in Brabant niederließen. Fast gleichzeitig brachen die Goten bei Adrianopel ein und stehen nun, im Jahr 410, mit ihrem König Alarich vor Rom. Westgoten, Vandalen und Hunnen fegen und wüten durch Europa, viele andere Stämme folgen und bleiben. In Italien kommen nach den Hunnen und Ostgoten die Langobarden. West-Rom ist konkret zu Ende, als der weströmische Offizier germanischer Abstammung, Odoaker, den entmachteten Kaiser Romulus Augustulus 476 absetzt und sich selbst zum König von Italien ernennt; 482 folgt Chlodwig im Machtvakuum als König der Franken. Auch er hat zeitweise noch in der weströmischen Armee gedient und ist somit der nächste Regent, der einen Teil der Macht vom sterbenden weströmischen Reich übernimmt. Das Gebiet des heutigen Frankreich, der Schweiz und Deutschlands westlich des Rheins ist zu diesem Zeitpunkt noch aufgeteilt zwischen Franken im Norden, Alamannen im Nordosten, Burgundern im Südosten und Westgoten im Südwesten, wird jedoch schrittweise von den Franken kontrolliert (Abb. 108A).

Der Sturm begann abzuebben. Was aber war mit den ersten christlichen Vorposten während dieser Zeit geschehen? In diesem gesamten Gebiet gab es im Jahr 482 trotz der Wirren des vergangenen Jahrhunderts bereits deutlich über 50 Bischofssitze, etwa 20 davon allein im heutigen Frankreich.[118] Das war die Zeit, als sich der Merowinger Chlodwig, den man sich zunächst als eine Art Warlord der Salfranken vorstellen kann, zum König Chlodwig I. machte, seinen Machtbereich nach Süden bis auf die Höhe von Tours erweiterte, die Alamannen besiegte und Paris zu seinem Regierungssitz machte.

Remigius ist ein Beispiel für die weitere Entwicklung des Christentums in Gallien nach der Völkerwanderung: er stammte aus einem gallo-römischen Adelsgeschlecht, wurde im Jahr 458 im Alter von 22 Jahren Bischof von Reims [207] und war mit der königlichen Familie befreundet, Chlodwig I. dem Merowinger und seiner Frau Chlothilde aus Burgund. Remigius hatte es zu seiner Mission gemacht, die Franken, die zwar bereits zum Christentum bekehrt waren, jedoch zum Arianismus, nunmehr zum Katholizismus zu bewegen. Chlothilde war bereits Katholikin von Kindheit. Es dürfte den abwechselnden Auseinandersetzungen und Kooperationen der Burgunden mit den Römern im Bereich der Rhein-Main-Gegend vor deren Umsiedlung in die West-Schweiz und das Rhone-Tal zuzuschreiben sein, dass die Burgunden zur Zeit der Geburt Chlothilde's bereits weitreichend katholisiert waren. Sie wuchs in Genf auf und heiratete Chlodwig unter der Bedingung, dass sie ihre Religion weiter ausüben dürfe.[208] Chlodwig war nämlich ursprünglich ebenfalls Arianer wie viele andere Angehörige der von Rom in militärische Dienste genommenen Germanenstämme auch. Im Römischen Reich nach Kaiser Konstantin und seinem Konzil von Nicäa war zwischen 325 und 361 der Arianismus trotz seiner Verbannung erst recht verbreitet worden – der arianische Gote Bischof Wulfila und seine in gotischer Sprache verfasste Bibel war wohl für diese Entwicklung von entscheidendem Einfluss. Für die Umkehr zur katholischen Christianisierung von Europa war die Taufe von König Chlodwig I. ein Meilenstein.[A70]

Abb. 58.: Der heilige Remigius tauft König Chlodwig I. Links im Bild wahrscheinlich die heilige Chlothilde. Ausschnitt aus einem Buchdeckel, Reliefbild in Elfenbein aus dem 9. Jh. Museum der Picardie, Amiens, Frankreich. Quelle:[209]

Iro-schottische Christianisierung

Die Christianisierung Britanniens soll im Jahr 397 n. Chr. mit Ninian in Whithorn an der schottischen Westküste begonnen haben.[27, 210] Ninian, der nach einer Reise nach Rom in Tours dem Hl. Martin begegnet sei, kehrte nach Schottland zurück, um dort missionarisch zu wirken. Zwischen 430 und 460 wirkte Patrick, angeblich Patricius, Sohn eines römischen Offiziers, in Britannien. Nach Jahren in Gallien soll ihn Papst Cölestin I. als Bischof nach Irland gesandt haben. Seine Tätigkeit dort machte ihn zum Nationalheiligen von Irland. Im 6. Jh. wurden Columban und Aidan, aus Irland kommend, zu weiteren Missionaren für Schottland und Nordengland. Der Ire Columban verließ Irland im Jahr 591 und nahm die südlichere Route über Paris und Burgund in die Schweiz, gründete unterwegs Klöster. Unter seinen Gefährten befand sich auch Gallus. Gallus blieb unterwegs am Bodensee zurück und gründete das Kloster St. Gallen. Columban jedoch zog weiter nach Oberitalien, wo er bis zu seinem Tod blieb. Von St. Gallen aus wurde über das Alpenvorland und das Donautal die Alpenregion weiter christianisiert oder re-christianisiert. Schon zweihundert Jahre vor der Zeit Karls des Großen begannen Klöster Zentren der Bildung zu werden; Adelige sandten ihre Söhne dorthin zur Erziehung.

In der ersten Hälfte des 8. Jh. reisten erneut Missionare aus Britannien, unterstützt vom Papst und auf Ersuchen der Franken, nach Frankreich und von dort weiter nach Mitteleuropa, gründeten dort Klöster und blieben selbst als Bischöfe in Mainz, Utrecht, Fulda und Erfurt. Einer von ihnen war Rupert, der zum Patron von Salzburg wurde,[A137] ein anderer war Bonifatius, der, zum päpstlichen Missionserzbischof und Legat für Germanien bestellt, dort zum „Apostel der Deutschen" wurde – angeblich soll er auch Pippin, den Vater Karls des Großen, gesalbt haben.[A138]

Bis zum Jahr 600 konnte man Süd- und Westeuropa bis zum Rhein, das Gebiet südlich und westlich der Donau, den Balkan, Griechenland und die britischen Inseln als weitgehend christianisiert bezeichnen, also den Bereich des früheren europäischen Rom. Um 700 war dieser Bereich, allerdings ohne Balkan und Griechenland, römisch-katholisch – auch ohne Spanien, denn es war im Begriff, insgesamt an den Islam verloren zu gehen. In Deutschland rechts des Rheins begann die Christianisierung erst jetzt, auch in den Alpenländern, ab dem 9. Jh in Osteuropa, im 10. Jh in Skandinavien. Die Anziehungskraft der westlich-christlichen Kultur um das Jahr 1000, die auch Ukraine und Ungarn zum Christentum brachte,[81] war wohl ähnlich machtpolitisch als Stabilisierungsfaktor motiviert: jedenfalls wurde die Macht von Großfürst Wladimir I. im Jahr 988 durch seine Taufe zum Griechisch-Orthodoxen Bekenntnis deutlich konsolidiert. Was Ungarn angeht, so kann man die Heiligsprechung Stephans I. nicht weniger kritisch sehen als die entsprechenden Versuche für Karl den Großen, erinnert man an die Brutalität seiner Zwangs-Christianisierung. 1386 erfolgte mit der Taufe von König Jagiello die Christianisierung Polens.[81] Auch Preußen und Litauen kamen erst im 14. Jh. dazu.[27] Die Orthodoxe Kirche entwickelte sich aus dem Patriarchat von Konstantinopel. Das „Morgenländische Schisma" hat kein eindeutiges Datum:

Von der Römischen Staatskirche zur Pentarchie und dem Schisma

Der Effekt des Christentums im Machtgefüge Roms bestand letztlich darin, dass Gott an die Stelle des früheren Gott-Kaisers rückte. Damit war der Papst der Stellvertreter der Macht auf Erden, der seinerseits dem Kaiser die weltliche Macht im Namen Gottes verlieh. Rom war jetzt das irdische Reich Gottes, nicht der Römer und nicht des Kaisers. So mancher Aspirant auf die Macht, und Machthaber, verstand schnell, dass die Übertragung der irdischen Macht von Gott auf den Regenten durch den Papst auf diese Machtposition äußerst stabilisierende Wirkung hatte, für abergläubisches Volk sogar magische Kraft. Diese Wirkung zumindest muss Kaiser Konstantin klar gewesen sein. Das

Christentum ist damit gleichzeitig zum Retter und Vernichter des Römischen Reiches und seiner Vorstellung von Dominanz und Macht geworden – auch Vernichter von deren Missbrauch? Gleich zu Beginn und für längere Zeit wohl eher nicht: Macht lockt und verführt auch Päpste, hat als diese besondere Form der Gier auch für sie keine Grenze nach oben, kennt keine bremsend wirkende Sättigung. Politik, Machtpolitik, war aber vor allem nicht nur seit den Anfängen, seit Kaiser Konstantin, entscheidend mit im Spiel bei der Entwicklung des Christentums, in Europa und in der Welt. Eines der unverhohlensten Beispiele – außer der Christianisierung der Sachsen durch Karl – soll die Christianisierung von Island gewesen sein.[81] Mit dieser Feststellung beginnt sich das Argument des Kampfes von Kulturen der Religionen wegen selbst zu verwirren und in Widersprüche zu verstricken:

Wenn auch Offenbarung zu Wissen führt, und dieses Wissen die Basis des Glaubens sein soll,[211] welche Rechtfertigung nehmen Gläubige noch für den Streit um die Wahrheit, darum, wer nun das Rechte wisse, wer also Recht hat?

Dieser Frage sehen sich vor allem die Pentarchen im Streit ausgesetzt, die eifersüchtigen und mitunter äußerst machtbewussten Patriarchen, und lassen es dabei jedes Mal zu Bruch und Trennung kommen:

Kaum ist Europa „christianisiert" - womit gemeint ist, dass Europa römisch-katholisch gemacht wurde, teils friedlich, teils mit Feuer und Schwert, unter Verdrängung und Verbannung der Abtrünnigen Arianer und vieler anderer Sekten – da tut sich ein tiefer Graben innerhalb der „Kirche" selbst auf: er verläuft an der Trennlinie des Römischen Reiches in Ost und West. Schon Kaiser Konstantin hatte den Schwerpunkt nach Byzanz verlegt, in sein Konstantinopel, und das erste Konzil in seiner Nähe, in Nicäa anberaumt. Konzile waren für den Fall des Auftretens von Konflikten geschaffen. Jedoch: aus Diskussion wurde bald Streit, aus Streit wurden Bruch und Trennung, „Schisma": alle fünf Patriarchate wurden zu eigenständigen Kirchen. Die Rivalität entwickelte sich also nicht nur zwischen Rom und Konstantinopel, sondern zwischen allen fünf Städten der Patriarchen - nicht schwer zu verstehen, wenn man bedenkt, dass sie alle ihre Geschichte, ihre Tradition, ihren Ruf, ihren daraus gewachsenen Machtbereich hatten. Sicher: das Patriarchat in Rom war der neue Samen im Zentrum der alten Macht, Petrus und Paulus hatten dort den Märtyrertod gefunden. Aber diese „Römische Reichskirche" reizte eben durch ihren Machtanspruch die anderen heraus. Man kann von dieser Art Spannung und Widerspruch im heutigen Europa verspüren, wenn man an die kleineren Länder der EU gegenüber einem dominierenden Deutschland denkt. Keine sah sich letztlich der anderen nach-geordnet, nicht nur aus Gründen der Glaubensdogmen, sondern auch aus diesen „politischen" Gründen. Schon 431, am Konzil von Ephesos, hatte es zu bröckeln begonnen. Der erste Bruch kam dann in der „Stadt der Blinden": der griechische Geschichtsschreiber Polybios hatte diese Siedlung auf der asiatischen Seite des Bosporus gleich gegenüber vom Goldenen Horn mit der Stadt Byzantion so genannt: Chalzedon, die Benachteiligte, weil die Strömungsverhältnisse im Marmarameer die Schiffe in Richtung Byzantion, Byzanz, trieben, und weg vom asiatischen Ufer, weswegen sie lieber und leichter gegenüber anlegten: Byzanz wurde eine reiche Hafenstadt, Chalzedon blieb Vorort, das heutige Kadiköy von Istanbul. Im Jahr 451 versammelte man sich dort zum vierten Konzil, um endgültig und für alle Zeiten die Dreifaltigkeit und die „Zweinaturenlehre" im Glaubensbekenntnis als rechtgläubig festzuhalten. Ebenso endgültig fielen die Nestorianer und Monophysiten damit als „altorientalische Kirche", auch „orientalisch-orthodoxe Kirche" genannt, von der römischen Reichskirche ab. Vor allem aber nahmen die Spannungen zwischen Rom und Konstantinopel immer weiter zu: der Patriarch im Sitz des Byzantinischen Reiches war nicht gewillt, dem Papst im geschundenen, herabgekommenen Rom zu gehorchen. Im Jahr 1054 war es soweit, dass sich der Papst in Rom und der Patriarch in Konstantinopel gegenseitig exkommunizierten. Dieses Jahr ist in der Geschichte verankert als „Morgenländisches Schisma", mit dem die fünf Patriarchate der „Altkirche" endgültig auseinanderfielen.[A139]

Aus dem Patriarchat von Konstantinopel gingen die Orthodoxen Kirchen hervor, neben der Griechisch-Orthodoxen die Russisch-Orthodoxe, die als „Ableger", „Exarchat" in Kiew begann.

Der katholische Papst war also ursprünglich Patriarch der Kirche des Abendlandes – und blieb es bis 2006, als Papst Benedikt XVI. den Titel abschaffte. Der erste „Papst" genannte Patriarch und Bischof von Rom soll Siricius ab 384 gewesen sein; „offiziell" gilt Gregor I. als erster Papst ab 590. Anfang, Zählung und Anzahl sind wegen der vielen Machtkämpfe und Streitigkeiten unklar, denn es gab im Laufe der Geschichte an die 40 Gegenpäpste.

Das Schisma zwischen Rom und Konstantinopel hat, wie zuvor erwähnt, kein Datum, sondern eine jahrhundertelange Geschichte. Erst 1729 bzw. 1755 erklärten die Kirchen jeweils die andere offiziell als Irrlehre.

Papst und Herrscher: Religion und Macht – und zweimal Spaltung

Der Papst beanspruchte noch lange Zeit für sich die Rolle des Machthabers über die gesamte Christenwelt quer durch sämtliche Staaten. Die weltlichen Machthaber sahen es seit Karl dem Großen umgekehrt, versuchten es zunächst mit wechselndem Erfolg: Im Gottesstaat des Mittelalters übte der Papst mit Hilfe der Möglichkeit der Exkommunikation absolute Macht über die weltlichen Herrscher aus, also auch über den Kaiser. Die erklärte Absicht des Papstes, von dieser Macht tatsächlich Gebrauch zu machen, offenbarte sich im Investiturstreit: 1076 exkommunizierte Papst Gregor VII. den deutschen König Heinrich IV. Dessen Macht schwand in der Folge, weil sich Fürsten nicht mehr an ihren Treueeid gebunden sehen mussten. Mit seinem „Canossagang" zwischen Weihnachten 1076 und Januar 1077 erwirkte er die Aufhebung der Exkommunikation. Der Streit um die Macht, Bischöfe ernennen zu können, ging 45 Jahre lang weiter, bis man 1122 mit dem „Wormser Konkordat" einen Kompromiss fand - der jedoch wieder nicht lange hielt.[A140]

Auch der englische Protestantismus hat nichts mit Religion zu tun: Heinrich VIII. benutzte lediglich den aufkommenden Trend, um den Machtkampf zwischen Papst und Regenten auf diese Weise zu lösen und damit den Weg für seine nächste Ehe zu ebnen.

Die Franzosen versuchten, die Achse zwischen Rom und dem deutschen Raum zu brechen. Im Jahr 1303 ignorierte König Philipp IV. von Frankreich den erneuten päpstlichen Machtanspruch und nahm Papst Bonifatius VIII. kurzerhand gefangen.[81] Das Kardinalskollegium wurde mit einer Überzahl von Franzosen besetzt. Plangemäß wurde ein Franzose nächster Papst: Clemens V., der erst gar nicht mehr nach Rom ging, sondern zuerst in Lyon blieb und später Avignon zum neuen Papstsitz machte.[A141]

Die Römische Kirche zerfällt selbst endgültig

Einhundert Jahre später, am 31. Oktober 1517, schlug Martin Luther – symbolisch gesprochen - seine Thesen an die Kirchentür von Wittenberg. *Seine* Motive waren religiös und wider päpstlichen Machtmissbrauch. Was er damit auslöste, war eine der schrecklichsten Walzen von Gewalt und Unglück, welche die Menschen in Europa bisher ertragen mussten: beginnend mit dem Bauernkrieg 1525, fortgesetzt mit den Hugenottenkriegen in Frankreich, dauerte sie an bis zum Ende des Dreißig-jährigen Krieges im Jahr 1648 und darüber hinaus: Ein religiöser Riss ging nun quer durch Deutschland, das in eine Vielzahl kleiner Fürstentümer zerfallen war.

Zusehends vermischten sich Religion, Philosophie und Sozialethik. Dieses Wirrwarr trugen ihre jeweiligen Vertreter nun in die Kolonien rund um die Welt. Der Franzose Calvin, ein gnadenloser Hexenjäger, gewann mit seiner Lehre großen Einfluss auf die Baptisten, Methodisten, Presbyterianer und Quäker, auch auf die anglikanische Kirche und letztlich auf die amerikanische Verfassung.

Die „Christlichen Werte" - Teil des westlichen Universalismus

Letztlich aber resultierten aus den Auseinandersetzungen Toleranzgedanke und Formulierung der Menschenrechte: eine Leistung Europas und seines Westens. Die Geistesgeschichte Europas wird zum Leitbild für die westliche Welt, zum Leitbild, das unter der Hegemonie des anglo-amerikanischen Machtbereichs zum Leitbild für die gesamte Welt gestylt wird: das liberal-demokratische Sozialsystem mit Trennung von Staat und Religion wird zum Wertmaßstab für alle anderen Länder gemacht, die freie Marktwirtschaft läuft dabei unbemerkt und unkontrolliert mit und leitet das Zeitalter der Globalisierung ein. Der Rest der Welt übernimmt wie selbstverständlich alle zivilisatorischen Errungenschaften, verbittet sich jedoch jegliche Einmischung in ihre eigenen kulturellen und politischen Belange.

Europa hat begonnen, seine Berufung auf „christliche Werte" als Basis von Kultur und Gesellschaftssystem zu reduzieren auf „gemeinsame Werte" oder „europäische Werte". Sie berufen sich nicht mehr auf ihre Kultur, sie berufen sich, vermeintlich diplomatisch, auf ihre gemeinsamen Werte, nicht mehr auf ihre christliche Tradition, jene, die vor 1200 Jahren Karl der Große für Europa erkämpfte und mit seinem Gestaltungswillen einführte. Ist Europa heute zu feige, zu fade, zu sich selbst zu stehen, auch zur Verteidigung seiner Herkunft? Denn Europa steht auch heute noch auf seinem christlichen Fundament: Legislatur,

Architektur weisen darauf hin; die Mehrheit der Europäer sind Christen (siehe statistische Daten in Band 2).

Gott und die Macht: Die weltliche Macht der geistlichen Macht

Widersprüchlich und darum verwirrend kreisen Machtansprüche zwischen Göttern und Menschen durch die Geschichte: In Rom nahm der Kaiser eine Doppelposition ein, denn er war gleichzeitig Pontifex Maximus, Oberpriester für Schutz und Verherrlichung der Götter Roms. Schon Caesar aber rückte damit in die Nähe der Götter, aus dem priesterlichen Kaiser wurde der göttliche Kaiser, letztlich der kaiserliche Gott. Mit der Einführung des Christentums legte zwar noch nicht Kaiser Konstantin den Titel eines „Pontifex Maximus" ab, des Obersten Hohepriesters von Rom – das tat erst Kaiser Gratian im Jahr 382 -; dieser Titel ging dann vom Römischen Kaiser auf den Papst in Rom über: Leo der Große verwendete ihn als Erster ab dem Jahr 440.[212] Dieser Machtanspruch des Papstes barg zwei Seiten: einmal jene stabilisierende Funktion, die einem irdischen Herrscher überirdische Macht übertrug. Die Kehrseite davon war, dass der weltliche Herrscher sich diesem Mittler zwischen Jenseits und seiner eigenen Macht unterwerfen musste: dem Papst.[A142]

Was aber brachte das Christentum in diese führende Position, was gab ihm die Kraft, das Sozialsystem des Römischen Reiches mit seiner Götterwelt, den Steingebirgen riesiger Tempel, so sehr zu zersetzen, dass es letztlich kraftlos zu versinken begann? Es war etwas Neues, das Menschengruppen in neue Seilschaften band, wie eine stille, friedliche Revolution – und dennoch, was genau kann es gewesen sein, das derart machtvoll wirkte, dass der Kaiser sich dessen als Machtmittel bediente? Einfach nur Macht an sich? So wie heute ein konservativer Politiker, der sich vernünftige Argumente rechter Gruppierungen auf die eigenen Fahnen heftet, um ihnen den Wind aus den Segeln zu nehmen? Oder war es Ekel vor der verlotterten Lebensführung der eigenen Leute, der diese neue Religion zum Trend werden ließ? Fast ist man geneigt, es zu glauben, wenn man Texte wie diesen aus der Feder eines christlichen Schriftstellers um 430 liest, der die alte Kultur als „hellenistische Krankheit" bezeichnet: *„ ... statt der Feste des ... Dionysios und eurer anderen Feste werden die öffentlichen Veranstaltungen nun zu Ehren des Petrus, Paulus und Thomas zelebriert! Statt unzüchtige Bräuche zu pflegen, singen wir nun keusche Lobeshymnen".*[213]

Konstantin hatte seinen Regierungssitz in Augusta Treverorum, dem heutigen Trier, bevor er nach Rom aufbrach. Was tatsächlich dazu führte, dass seine Soldaten auf den Schilden das Staurogramm führten, das Christus-Monogramm (X und P, steht für Christus und Omega als Anfang und Ende) [A184] – vielleicht aus Aberglauben, man weiß es nicht. Was man weiß, ist, dass daraus Macht wurde, Macht unter einem neuen Zeichen, ein neues Symbol für Macht. Wenn man davon ausgeht, dass nach damaligem Glauben die Religion dem Kaiser göttliche Macht verlieh, dann liegt die Annahme nahe, dass Konstantin sich und seiner Armee in einer Zeit der Mehrfachkaiser und der Vielgötterei ein neues Ziel vorsetzte, einen einheitlichen Überbau für ein neues Rom, das nur von ihm und nur von *einem* neuen Gott regiert werden würde.

Unmittelbar nach Konstantins Regierungszeit war Christentum vorwiegend ein politischer Ball im Spiel um Macht und Reichtum und Wohlstand: Mahner wie Kirchenvater Chrysostomus [A143] wurden aus den Augen von Eudoxia verbannt, der Kaisersgattin.[214]

Zwei weitere Faktoren könnten dem frühen Christentum Macht verliehen haben: die Hoffnung der armen Volksmassen, die sich dem Christentum anschlossen, um dem Elend zu entgehen, und der Aberglaube, die leichte Verführbarkeit der einfachen Leute mit sogenannten Wundern. Eine dieser magisch wirkenden Persönlichkeiten der frühen Tage war Paulus, nach dessen Auftritten die Zuhörer scharenweise zum Christentum übergetreten sein sollen: schon Paulus soll es gelungen sein, ganze Zuhörerscharen zur Taufe zu bewegen, indem er erfolgreicher Dämonen austrieb als andere Zauberer seiner Zeit; damit soll er gleichzeitig schon damals massenhaft Bücherverbrennungen bewirkt haben (Abb. 82) Das Spiel um die Macht hatten die Römischen Katholiken dem Römischen Reich abgeschaut und von ihm übernommen. Nach den Wirren der Völkerwanderung setzte es sich unter umgekehrten Vorzeichen fort zwischen dem Papst und dem Kaiser des nunmehr *Heiligen* Römischen Reiches.

Dem Ende der kirchlichen Macht in Europa - der Neuzeit - entgegen

Zunehmend wurde es kompliziert durch die eifersüchtige Interferenz von Frankreich: nach dem abendländischen Schisma hielt man sich auch im 16. Jh. gegenseitig in Schach wie zuvor die italienischen Stadtstaaten im 14. und 15. Jh. Letztlich gewann die weltliche Macht diesen Kampf: das Papsttum wurde vom Regenten des globalen Gottesstaates zu einer weltlich-fürstlichen Regionalmacht Mit Führung der Kirche als Nebentätigkeit.[81] Die Auflehnung gegen dieses Papsttum durch Luther, Calvin, Zwingli und Andere bezeichnet Toynbee als „autoritär und unduldsam";[81] jedenfalls machten sie durch die Forderung, den Text der Bibel über die Autorität des Papstes zu stellen, die Situation nur schlimmer, weil man durch diese Befreiung vom Obrigkeitsglauben [81] mit neuen politischen Interessen umso gehässiger und grausamer aufeinander loszugehen begann, grausamer sogar als es im Mittelalter die alleinherrschende Kirche gewesen war.[81] Der Dreißig-jährige Krieg war danach nur noch ein politischer Kampf unter dem Deckmantel der Religiosität.[81]

Als „Heilige Liga" wurde eine Allianz bezeichnet, die Papst Alexander VI. im Jahr 1495 gegen Frankreich schmiedete, um für seine Kinder den Erhalt privater Ländereien in Italien zu sichern. Sechs weitere Male schaltete sich ein Papst mit einer derartigen Liga direkt in die damalige Weltpolitik ein, entweder, um die Gebietsansprüche Frankreichs in Italien abzuwehren oder um die Osmanen von Mittelmeerinseln und vom Balkan abzudrängen. Was „heilig" danach noch bedeutete, geht unter anderem aus der „Heiligen Allianz" der europäischen Monarchen im Jahr 1815 hervor: da waren nur noch die christlichen Monarchen in Heiligkeit gegen den gemeinsam beseitigten Emporkömmling Napoleon

Heilige
Kirche,
Heiliges
Reich,
Heilige
Liga

197

verbunden, und gegen ihre eigenen Völker: Kaiser Franz I. von Österreich, der Katholische, König Friedrich Wilhelm II. von Preußen, der Evangelische, und Zar Alexander I., der Orthodoxe (später auch der neue französische König) – nicht jedoch der Papst (und nicht die Briten, deren Politik ja zumeist darin bestand, die übrigen Mächte gegeneinander auszuspielen oder auszugleichen, um die eigene Weltmacht nicht in Gefahr zu bringen). Alle diese Herrscher beriefen sich nun auf Gott direkt, d.h. auf ihre Herrschergewalt „auf Gottes Gnaden" – nicht mehr auf den Papst. Aber diese Geschichte der Loslösung des Machtanspruchs vom Heiligen Stuhl hatte schon im Kopf von Karl dem Großen begonnen, als er damals am Weihnachtstag des Jahres 800 von Papst Leo III. die Krone aufgesetzt bekam.

„Heiligkeit" bestand ab 1815 für Fürst Metternich von Österreich nur noch darin, bürgerliche und nationale Freiheitsbestrebungen samt und sonders durch übernationale monarchistische Gewalt unterbinden zu können, und damit so etwas wie die Französische Revolution von 1789 nicht noch einmal geschehen könne. Dass dieser Begriff von „Heiligkeit" derart unverblümt in der politisch korrekten Sprache jener Tage für „politische Macht" eingesetzt werden konnte, daran ist wohl die gesamte Kirchengeschichte nicht ganz unschuldig.

Die Juden in Europa

Im Gegensatz zu Christentum und Islam war das Judentum seit dem Jahr 136 n. Chr. während der gesamten Dauer der Diaspora – und ist es dort noch immer - friedlich. Religion und Kultur haben in Familien, Ghettos, anderen Enklaven und communities in den verschiedenen inzwischen entwickelten Formen überdauert. Die Frage der Integration und friedlichen Koexistenz mit den beiden anderen Religionen ist einesteils kompliziert geblieben, um es summarisch neutral zusammenzufassen, anderenteils durch mehr oder weniger perfekte, selbständige Integration jüdischer Mitbürger in ihrem jeweiligen Land gelöst worden.

Die Geschichte des jüdischen Volkes ist so eng mit der Geschichte Europas verwoben wie die Geschichte jedweden europäischen Volkes, das vor den Juden da angekommen war: Nach der Vertreibung aus Jerusalem und der Ansiedelung anderswo im Römischen Reich, besonders jedoch in Italien, sind erste Gemeinden nördlich der Alpen im 4. Jh. in Köln nachgewiesen, in Paris und Orléans am Beginn des 6. Jh., begann jedoch richtig im 10. Jh. in Worms, Speyer und Mainz. Die Ansiedelung in Spanien war eine Folge der Migration über Nordafrika.

Diese Geschichte hebt sich sehr deutlich vom Bild des Kampfes der Kulturen um der Religion willen ab: der militärische Kampf - zwischen Christentum und Islam mehr als tausend Jahre lang – hat im Judentum mit dem Jahr 136 n. Chr. ein vorläufiges Ende gefunden. Zwei Jahrtausende sollte er ruhen, bis er im Mai 1948 mit der Schaffung des Staates Israel vehement wieder aufflammte: kaum hatten die Briten die letzten Truppen aus Palästina abgezogen, kaum hatte Ben Gurion die Unabhängigkeitserklärung verlesen, als die umgebenden islamischen Nationen dem neugeborenen Staat den Krieg erklärten: Ägypten, Saudi-Arabien, Syrien, Libanon, Jordanien und Irak. Der alte Reigen der gegenseitigen Vertreibungen ist wieder im Gang. Auch die Perser sind wieder mit dabei.

Der jüdische Glaube, und damit das jüdische Volk, nimmt in der Kulturgeschichte Europas eine Sonderstellung ein, eine Stellung, die aus der Sicht der Juden selbst nur eine sehr periphere, eigentlich eine passive, Rolle sein kann, wenn es in einer Diskussion um einen Kampf der Kulturen aus religiöser Sicht gehen soll. Daher stelle ich es hier zwischen die beiden Kapitel, jenes, das ich hiermit nicht abschließe, und das nächste, das ich hiermit eigentlich noch nicht so recht beginnen will:

Das Jüdische Volk – ein Exempel

Migration, Kampf der Kulturen und Multikulturalität in Einem

Neuerdings ist auch das jüdische Volk gesegnet mit den Benefizien der Herausforderung, der sich ein Staatsvolk gegenüber sieht, wenn es sich mit der Frage der Multikulturalität auseinandersetzen muss: allerdings tut dies das jüdische Volk gleich auf mehrfache Weise, in einer neuen Dimension – wem als dem jüdischen Volk könnte denn auch hienieden eine derartige Goliath-Herausforderung zugeteilt werden: nicht nur, dass die Menschen, die aus verschiedenen Kulturen zusammenkommen im alten, neuen Heimatland, einander kulturfremd geworden und auch sprachlich nicht mehr verstehen, nein, ihre Heimat wird nun seit vielen Jahrhunderten von einem anderen Volk als dessen Heimat beansprucht: eine multikulturelle Herausforderung, der sich wohl tatsächlich nur ein Volk stellen kann, das sich jahrtausendelang mit dem Thema der Multikulturalität konfrontiert sah – hilft ihm die Welt dabei? Seit ich der Kindheit entwachsen bin, sehe ich nur umgebende Völker sich verhalten wie fremdenfeindliche Einzelmenschen; Israel umschlichen von einer Horde Löwen.

Diese besondere Gabe des Judentums zeigt sich in unseren Tagen auf nochmal neue Weise, wenn Menschen in Israel gegen ihre eigene Regierung demonstrieren, man solle doch endlich zur Vernunft kommen und den Palästinensern geben, was man sich doch auch selbst genommen: einen eigenen Staat! Ist das ein Signal aus den unbewussten Tiefen einer instinktiven Vernunft, von dort heraufrufend, wo sich schon einmal, vor tausenden Jahren, als niederzuschreibende Weisheit entwickelt hatte: tu nicht, was du nicht willst dass andere dir täten – die goldene Regel der Reziprozität, ethische Kernaussage aller großen Religionen? [1]

Lange vor und nach der Völkerwanderung hat ein Volk vorgelebt, was Migration bedeutet, und all die damit verbundenen Wortschöpfungen: Migrationshintergrund, Segregation, Ausgrenzung, Assimilation, Integration, Parallelgesellschaft,

Staat im Staat, Vertreibung, Pogrom: sie alle sind, soweit sie nicht ohnehin zur Beschreibung von Auseinandersetzungen zwischen immigrierten Juden mit den „angestammten" Volksgemeinschaften entwickelt wurden, zumindest auch in diesem Zusammenhang verwendet worden. Wer diese Geschichte studiert hat, findet in den heutigen Medien kein neues Thema, keine neue Story, nur ausgetauschte Namen.

Zwar hat es Pogrome nicht nur an den Juden gegeben: spätestens seit der Zusammenhangsgeschichte zwischen dem Brand von Rom und den Christenverfolgungen unter Kaiser Nero kennt die Geschichte dieses menschliche Verhalten: für eine Naturkatastrophe muss ein Schuldiger gefunden werden, ein Sündenbock – und dies nicht nur in der Alten Welt.[A144] Aber kein anderes Volk war derart häufig in dieser Rolle wie die Juden in Europa. Kein anderes Volk wurde derart hartnäckig mit bösartigen Vorurteilen stigmatisiert, wie der „Blutlüge", dem Gerücht der rituellen Ermordung nichtjüdischer Kinder für das Pessach-Fest, dem Vorwurf, zur Zeit der Pest die Brunnen vergiftet zu haben, etc. Elias Canetti war durch einen gehässigen Mitschüler schon zur Kinderzeit mit ihnen allen konfrontiert worden.[215]

Diaspora
und
Kultur-
Das
jüdische
Europa
Begonnen hatte die außerordentliche Geschichte der Judäer mit dem Hause David um 1000 v. Chr. Die Hartnäckigkeit der Verteidigung kultureller Eigenheit zeigte sich erstmals an den Deportationen im 8. bzw. 6. Jh. v.Chr., hat jedoch inzwischen eine jahrtausendelange Tradition: Assyrer und Babylonier hatten die Hebräer schon in tiefer Vorzeit aus dem gelobten Land vertrieben, bevor die Römer die Herrschaft über sie und ihre Kultur versuchten. Mit der Niederschlagung des Aufstandes und der erneuten Zerstörung des Tempels im Jahr 70 auf Geheiß von Kaiser Titus, gefolgt vom erneuten Aufstand unter Kaiser Hadrian (siehe S. 81, S. 87) aber begann eine Diaspora von fast 2000 Jahren, und es scheint, dass sie bis heute nicht zu Ende ist. Jedenfalls steht außer Frage, dass das Judentum auf seinem zweitausend-jährigen Weg durch die Kulturen dieser Welt eine einmalige Entwicklung vorgelebt hat: denn weder ist das Judentum jeweils in den anderen Kulturen aufgegangen, noch hat es sich dort vollkommen abgekapselt. Zwar gibt es in aller Welt relativ isolierte jüdische Gemeinden. Es gibt aber auch den einzigartigen Fall eines Volkes, dessen Mitglieder sich derart tief in fremde Kulturen einzufühlen vermochten – und hier handelt es sich in erster Linie um Europa - , dass sie deren Kultur einen entscheidenden Einfluss aufprägten, dies, ohne ihre eigene Religion und unaufdringliche eigene Kultur aufzugeben. In Kunst und Wissenschaft spiegelt sich dieser Beitrag zum Beispiel in 65 Nobelpreisen von jüdischen Bürgern in Belgien, Dänemark, Deutschland, Frankreich, Großbritannien, Holland, Italien, Österreich, Polen, Schweden und Ungarn (ohne Russland, das auch einmal zur europäischen Kultur zählte), in Namen wie (Namen mit * bedeutet Nobelpreisträger) Baruch Spinoza, Benjamin Disraeli als englischer Premierminister zur Zeit von Königin Victoria,[A145] Ludwig Wittgenstein, Heinrich Heine, Bertold Brecht, Thomas Mann, Kurt Tucholsky, Christian Morgenstern, Paul Heyse*, Felix Mendelsson-Bartholdy, Franz Kafka, Carl Zuckmayer, Elias Canetti*, Fritz Hochwälder, Ödön von Horvath, Robert Musil,

Joseph Roth, Friedrich Torberg, Franz Werfel, Stefan Zweig, Arthur Schnitzler, Karl Kraus, Elfriede Jelinek*, Max Reinhardt, Familie Thimig, Fritz Kortner, Fritz Lang, Paul Hindemith, Ernst Křenek, Gustav Mahler, Arnold Schönberg, die Dirigenten Erich Kleiber und Otto Klemperer, Georg Kreisler, Ayn Rand (Alissa Rosenbaum), Oskar Kokoschka, Max Liebermann, Willy Brandt, Otto Bauer, Bruno Kreisky, Kurt Gödel, Albert Einstein*, Edward Teller, John von Neumann, Leopold Inffeld, Lise Meitner, Otto Loewi*, Karl Landsteiner*, Niels Bohr*, Wolfgang Pauli*, Dennis Gabor*, Paul Ehrlich*, Sigmund Freud, Erich Fromm, Jacob Wolfowitz, Herbert Marcuse, Theodor Adorno, Ernst Bloch, Martin Buber, Sir Karl Popper, Claude Lévi-Strauß, Henri Bergson*, Boris Pasternak*, Nelly Sachs*, Amedeo Modigliani, Marc Chagall, um nur einige Beispiele zu nennen. Eine größtenteils wild durcheinandergewürfelte Liste von Namen, deren Träger vielfach in ihrem Leben wild umhergeworfen worden waren. Da ein Gutteil der Leistungen dieser Menschen tief in die kulturelle Entwicklung Europas eingreift und sie mitgestaltet, muss der Weg dorthin zumindest im Zusammenhang mit Europa kurz skizziert werden – die Diaspora:

Wir gehen also nochmal zurück in die Jahre 130 bis 136 nach Christi Geburt, die Zeit des Bar-Kochba-Aufstandes, seine brutale Niederschlagung und die Vertreibung der Bevölkerung, soweit sie überlebt hatte: Jene Gruppe Vertriebener oder Flüchtlinge, die über die nordafrikanische Route nach Europa kam, wurde zunächst Mitglied in einer Gemeinde in Spanien oder Portugal. Schon dort, während der Mauren-Herrschaft besonders des Umayyaden-Kalifats ab 929, übten Juden erheblichen Einfluss auf die kulturelle Entwicklung aus und wurden Mitgestalter von Cordoba als kulturellem Zentrum: Werke der griechischen Philosophen wurden dort ins Arabische übersetzt und damit für Europa gerettet, soweit sie nicht bereits von Christen in Alexandria und andernorts, so auch in Byzanz, verbrannt worden waren – allerdings nur soweit sie weiter ins Hebräische und Lateinische weiterübersetzt worden waren, denn arabische Texte wurden wiederum von den Christen während der Reconquista und Inquisition zum Großteil verbrannt. Die Toleranz und Pflege von Weisheit und Wissenschaft mancher islamischer Herrscher ermöglichte im Laufe der Zeit zwar eine weitreichende Integration der jüdischen Immigranten, jedoch nur von Eliten in den oberen politischen und intellektuellen Schichten. Andererseits kam es aber auch immer wieder zu Übergriffen und Pogromen, abhängig von regionalen Regierungen, sogar unter Herrschern, die sich besonders um Toleranz und Gleichberechtigung bemühten. Denn nicht immer konnten Herrscher sich gegen Fremdenhass und Abscheu ihrer eigenen Bevölkerung durchsetzen (siehe S. 235). Multikulturalität per Verordnung erwies sich eben in der Geschichte stets als ebenso fruchtlos wie die Zwangstaufe.

Eine genauere Analyse der Gründe für das Schicksal jüdischer Immigranten im Frühmittelalter unter Karl dem Großen wäre hier von besonderem Interesse, denn über Pogrome an Juden zur Zeit seiner Regierung ist nichts bekannt. Sie erfreuten sich im Gegenteil besonderer Rechte als Händler, waren mitunter wohlhabender als der christliche Durchschnittsbürger, durften Landwirtschaft und Weinbau betreiben und waren auch als Diplomaten mit Byzanz und den weiteren Nahost-Nachbarn beliebt. Einer von ihnen, „Isaac der Jude", war umgekehrt der Botschafter von Kalif Harun al Raschid am Hofe Karls in Aachen. Viele scheinen auch gut „integriert" gewesen zu sein, da sie weder durch Kleidung noch Sprache als „fremd" auffielen. Zum Schutz der jüdischen Bevölkerung gab es sogar einen „Magister Judaeorum", eine Art Ombudsmann. Sie durften im Reich auch Synagogen bauen und wurden nicht gezwungen, ihre Sklaven taufen zu lassen.[118]

Dreihundert Jahre nach Karl dem Großen, mit dem Beginn der Reconquista in Spanien und den dauernden Kriegen zwischen Christen und Mohammedanern, flüchteten viele Juden in die christlichen Länder des Nordens. Jedoch begann mit der Re-Christianisierung in Spanien dort die noch härtere Behandlung, so wie im übrigen mittelalterlichen Europa: dort hatte schon mit dem Beginn der Kreuzzüge und in deren Vorfeld die Verfolgung der Juden begonnen. Sie hatte aber

Abb. 59: Ferdinand III. von Kastilien und Leon, erobert 1248 Sevilla.[216]

schon in Granada mit Pogromen ab 1066 eingesetzt, wo man die jüdische Bevölkerung von etwa 4.000 Menschen praktisch ausrottete. Zahllose Verfolgungen und Pogrome in allen Ländern Europas sollten folgen, teilweise in einzelnen Ländern, teils quer durch den gesamten Kontinent; Massenpogrome erreichten zur Zeit der Pestepidemien ab 1348 einen ersten Höhepunkt mit einer Million Opfern – nicht der Pest, sondern des Fremdenhasses.

Wo immer und solange jüdische Siedler nach ihrer Vertreibung aus Spanien im Europa des Jahres 1492 verstreut lebten, sammelten sie sich zunächst in eigenen Wohnvierteln, sofern man ihnen nicht einen gesonderten Bereich zuwies – der Begriff „Ghetto" stammt angeblich von einem der ersten solcher Wohnbezirke, nämlich dem im Venedig des Jahres 1516.[217,218] – Das erste urkundlich erwähnte Ghetto der Geschichte entstand jedoch, wenn auch ohne Verwendung dieses Namens, bereits um das Jahr 1084 in Speyer, als der Bischof eine Gruppe jüdischer Einwanderer aus Mainz in seine Stadt umzuziehen einlud: um die

Neuankömmlinge vor Übergriffen der umgebenden Bevölkerung zu schützen, ließ er eine Mauer um diese neue Siedlung errichten.[219] -

Abb. 60: Modell des Judenhofs in Speyer aus dem 11. Jh. Quelle:[220]

Während Juden in Venedig unbehelligt leben konnten, hatte in Deutschland Martin Luther mit seinen Schriften eine Welle des Judenhasses ausgelöst; eine Beschwerde jüdischer Bürger bei Kaiser Karl V. am Reichstag zu Worms im Jahr 1544 veranlasste daher den Kaiser zum „Großen Speyrer Judenprivileg". Erneut wird darin auch bei Strafe davor gewarnt, Juden der rituellen Verwendung von Christenblut zu bezichtigen – solche Verleumdungen und daraus resultierende Lynchjustiz war in allen Ländern Europas und rund um das Mittelmeer im Umlauf, Gerüchte, die sich hartnäckig bis in unsere Tage halten.

Um 1600 lebten etwa 10.000, bis 1750 an die 60.000 Juden im Kaiserreich. Ihr Leben in Deutschland blieb, so wie in allen Ländern Europas, unsicher, abhängig von Herrscherlaunen und regionalen Gepflogenheiten. Ein bis in unsere Tage bekanntes Beispiel ist das Schicksal des Joseph Süß Oppenheimer: im Jahr 1698 in eine wohlhabende Heidelberger Kaufmannsfamilie hineingeboren, wurde er Bankier und Finanzmakler – außer Handel und Geldverleih blieb den Juden nicht viel an Möglichkeiten zum Lebensunterhalt, da ihnen Landbesitz und der Zugang zu den meisten Berufen versagt war. Herzog Eberhard Ludwig von Württemberg ernannte ihn zu seinem Finanzberater. Neid und Hass am Hof entluden sich, als der Herrscher 1737 verstarb: Oppenheimer wurde noch am Todestag des Herzogs verhaftet, eingekerkert und enteignet. In einer volksfestartigen Massenveranstaltung – einem Autodafé - wurde er am 14. Februar 1738 auf einem zwölf Meter hohen Galgenturm am Galgenberg von Stuttgart erdrosselt. Die Verteidigungsschrift blieb unberücksichtigt, da das Urteil schon davor festgestanden war – ein Vorgehen von Justiz, das auch in unseren Tagen noch vorkommt, nicht nur gegen Juden, und auch als sogenannte Rechtsstaatlichkeit – letztlich entscheidet eben, so wie auch in der Politik, stets der sogenannte Volkswille, eine dumpf schwebende öffentliche Meinung. Mit verurteilt in diesem Verfahren staatlicher

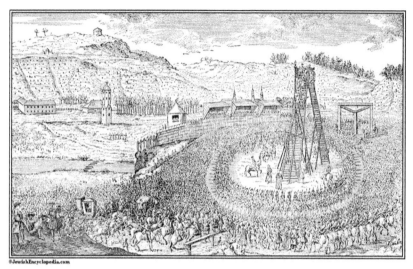

Abb. 61: Hinrichtung von Joseph Oppenheimer, Quelle:[221]

Lynchjustiz wurde auch sein mitschuldiger neugeborener Sohn, den man einige Monate nach der Geburt im Gefängnis hilflos verkommen ließ. Die Geschichte des Joseph Süß Oppenheimer wurde auch nach der Novelle von Wilhelm Hauff [222] mehrmals publiziert, so auch von Lion Feuchtwanger [223] und nicht zuletzt in dem Nazi-Propagandafilm „Jud-Süß".

Im Zeitalter der Aufklärung war das Thema Toleranz zur intellektuellen Mode geworden: Friedrich II. von Preußen ließ den „Schutzjuden" Toleranz angedeihen; Kaiser Joseph II. von Österreich erließ 1782 sein „Toleranzpatent", mit dem allerdings mehr Ernst gemacht wurde als in anderen Ländern Europas: die Juden erhielten weitgehende Gewerbefreiheit; mit letzterem war allerdings eine Absicht zur Erziehung zu den kulturellen Werten des absolutistischen Reiches und der wirtschaftlichen Nützlichkeit verbunden.

Mit der Französischen Revolution wurden zumindest die Juden in Frankreich schrittweise als gleichberechtigt anerkannt – als Napoleon in Venedig einmarschierte, ließ er das Ghetto schließen und den Juden das Bürgerrecht zuerkennen.

In Deutschland blieb die Situation noch bis 1847 uneinheitlich und undurchsichtig gehalten – der Dichter Heinrich Heine emigrierte deshalb nach Frankreich. Obwohl es noch 1848 zu Ausschreitungen kam, begannen die Juden selbst, sich zu assimilieren, änderten ihre äußere Erscheinung und integrierten sich damit besser in die Gesellschaft; Synagogen wurden dem Aspekt der ortsüblichen Architektur angeglichen. Seitens der deutschen Bevölkerung wurde dennoch weitere Anpassung an die sozialen Gepflogenheiten des Landes gefordert.

Der Mathematiker Moritz Stern soll der erste jüdische Akademiker gewesen sein, als ihn 1859 die Universität Göttingen zum Ordinarius ernannte. Die volle Gleichstellung wurde erst 1871 mit der Gründung des Deutschen Reiches erzielt. Zwanzig Jahre später waren Fremdenangst und –hass, Konkurrenzneid und Rassismus wieder voll erblüht:[224] *„Feindschaft gegen Juden war bis ins 19. Jahrhundert religiös begründet worden. Der "Rassen- Antisemitismus" oder "Moderne Antisemitismus" bezeichnet seit dem letzten Drittel des 19. Jahrhunderts eine neue Form von Judenhass, die "wissenschaftlich" argumentierte (unter Berufung auf Gobineau) und Erkenntnisse der Naturwissenschaft (Darwin) in den Dienst der Judenfeindschaft stellte."*[225]

In Österreich erfuhren die Juden 1867 weitestgehende Gleichstellung in der gesamten Habsburger Monarchie – durch die Regenten. Sie war begleitet – wir sehen es nun schon einige Male in verschiedenen Ländern und Zeitaltern mitvollzogen - von der synchronen Zunahme des Antisemitismus im Volk. Der erste jüdische Ordinarius an einer österreichischen Universität war Wolfgang Wessely, der 1861 Professor an der Juridischen Fakultät wurde; mehrere andere waren ab 1855 berufen worden, allerdings als Konvertiten zum Christentum.[226] Eine eindrucksvolle Geschichte zum weiteren Verlauf hat Franz Werfel in „Eine blassblaue Frauenhandschrift" verewigt; auch die Schilderungen von Carl Zuckmayer über die Nacht des Umbruchs in Wien in „Als wär's ein Stück von mir" ist ein unvergessliches Zeugnis.

Im sogenannten Ansiedlungsrayon im Westen Russlands und im Osten des heutigen Polen lebten im 18. und 19. Jh. etwa 5 Millionen Juden, wo ab 1881 wiederholt Pogrome geschahen. Unter Zar Nikolaus I. unterschied man zwischen dem „nützlichen" und dem „nutzlosen" Juden: dementsprechend unterschiedlich verlief der Umgang. Zur Regierungszeit Alexanders II. gründete man eine „Gesellschaft für handwerkliche und landwirtschaftliche Arbeit zur Förderung der Berufsausbildung" - in diesem Fall eben für Juden in Russland. Gleichzeitig entstand – wieder das gleiche Phänomen der Gegenreaktion in der Bevölkerung - eine slawophile Bewegung, die den Juden Segregation vorwarf, sie wollten einen Staat im Staat bilden; Künstler und Akademiker hetzten gegen erfolgreiche Juden, darunter auch Dostojewski. Hassprediger traten auf und wetterten wegen Entfremdung im eigenen Vaterland durch die fremden Eindringlinge – man denkt unweigerlich an die Reden der Rechtsparteien heute. In der Folge emigrierten zwei Millionen Juden aus Russland. Lenin sah als einzige Lösung ihre Assimilation. Doch die wirtschaftliche Entwicklung führte erst recht zur Verarmung der kleinen Leute, erneut emigrierten Hunderttausende. Im Jahr 1948 demonstrierte das Sowjet-Imperium seine Sichtweise von Multikulturalität im Lichte seines globalen Führungsanspruchs unter dem Banner des propagierten Weltkommunismus, indem man die Juden als „wurzellose Kosmopoliten" bezeichnete.

In Polen nahm der katholische und später der nationalistische Antisemitismus besonders in der zweiten Hälfte des 19. Jh. konkrete Formen an.[49]

Die Vorgeschichte der Judenverfolgung durch die angestammte Bevölkerung in der Ukraine während des Zweiten Weltkriegs schildert Peter Bamm auf subtile Weise.[227]

In ganz Europa wurden die Juden Ziel der katholischen Inquisition. Sündenbock für Kriege und Pestilenzen, schob man sie hin und her und im Kreis, verfolgte und mordete sie. Dennoch waren sie in der Lage, diesen einzigartigen Umfang an Assimilation und Integration zu schaffen – von ihnen zu lernen kann man als erfolgversprechenden Versuch werten: sie sind das Volk mit zweitausendjähriger Übung darin, sich in eine fremde Kultur zu integrieren und trotzdem ihre eigene Religion und kulturelle Eigenheiten unauffällig zu bewahren.
In all diesen Jahren, und trotz - oder wegen- dieser Vertreibungen und Umsiedelungen, Erniedrigungen und Verfolgungen, bewahrte das Judentum seine Kultur, und mit ihr seine Religion; eine nennenswerte multikulturelle Gesellschaft im Sinne des heutigen Verständnisses von „Multi-Kulti" entstand weder unter römischer noch persischer oder islamischer Herrschaft – und schließlich auch nicht in europäischen Ländern, von Spanien über Frankreich nach Deutschland, Polen und Russland. Und doch sind die Juden beispielgebend für die Entwicklung einer Form von Zusammenleben, die man als Multikulturalität bezeichnen könnte: eine Kulturform, die sich von Religion über weite Strecken unabhängig gemacht hat, jedenfalls von deren fundamentalistischer Ausprägung; eine Kultur, in der Kulturfremde als Vertreter der Gastkultur auftreten, tief in ihr verwoben, mit ihr identifiziert – und doch daneben noch Teil ihrer eigenen Religion und Kultur.

Islam

Muslime in Europa – Europäer im Morgenland

Die Auseinandersetzungen Europas mit den Jüngern Mohammeds sind fast so alt wie der Islam. Vielfache Versuche, auch den gesamten europäischen Kontinent dauerhaft zu einem Teil der islamischen Weltherrschaft zu machen, sind bisher fehlgeschlagen; die Kalifate und Königreiche in Spanien und die Besitzungen am Balkan bilden die vorübergehende Ausnahme – wenn auch über mehrere Jahrhunderte. Während von diesem Teil der europäischen Geschichte heute nur noch Bauten von märchenhafter Schönheit den Tourismus Spaniens beleben, sind der Balkan – und der Bosporus - über die Jahrhunderte teils Symbol friedlicher Koexistenz geworden, teils Ausgangspunkt für Auseinandersetzungen bis zu den Weltkriegen:
Das Osmanische Reich, im 14. Jh. entstanden aus dem Herrschaftsbereich der Seldschuken in der heutigen Türkei, machte nach 700 Jahren der Anstürme dem Byzantinischen Reich, und damit Ost-Rom, mit der Eroberung von Konstan-

tinopel im Jahr 1453 ein Ende. Nach der Eroberung von Griechenland, Syrien, Irak, Ägypten, Nordafrika rückten die Türken, wie man sie schon damals nannte, gegen Bulgarien und den Balkan vor, nahmen Rumänien und das Land um das Nordufer des Schwarzen Meeres in Besitz. 1475 verlor der Stadtstaat Genua die Halbinsel Krim an die Osmanen - hundert Jahre später schnitten ihnen allerdings die Russen unter Iwan dem Schrecklichen den Zugang zur Krim ab.[81] Schon im Herbst 1529 standen sie erstmals vor Wien, dann wieder 1683. Das Heilige Römische Reich Deutscher Nation hatte alle Mühe, sie dort aufzuhalten und die Donau hinunter zurückzudrängen. Dennoch begann der Anspruch der Osmanen, als europäische Großmacht anerkannt zu werden, ein Anspruch, der bis heute heftig diskutiert und wiederholt am vehementesten von Österreich bekämpft wird: nach der Verteidigung Wiens im Jahr 1683 jüngst auch im Europarat der Jahre 2016 und 2017.

Schon im 18. Jh. begann der heute noch sichtbare Dauerkonflikt der Osmanen mit Russland, der letztlich im Krim-Krieg 1853 kulminierte. 1783 hatte Russland unter Katharina die Krim annektiert, Katharina die Große, die Österreich unter Joseph II. bedrängte, ihre Interessen zu teilen; Joseph II. blieb vorsichtig und halbherzig.[A146] Schon damals also stand das Habsburger-Reich auf einer quasi neutralen Position in der Mitte, so wie nach dem Zweiten Weltkrieg der Klein-staat Österreich im beginnenden Kalten Krieg. Desgleichen standen England und Frankreich auf der Seite der Türkei, so wie heute EU und NATO.

In diesem Interessenskonflikt wurde die Türkei zum Bündnispartner gegen Russland und zum Bollwerk Europas gegen den arabischen Islam (umso mehr überrascht ja heute die erste – wenn auch nur angetäuschte, und im Übrigen konfliktbeladene - Allianz in der Geschichte der beiden Länder, Russland und Türkei, die noch nie zuvor eine gemeinsame Politik verfolgten). Von Dauer kann das Ränkespiel ohnehin nicht sein, da wohl beide gleichzeitig gegnerische Groß-machtpläne verfolgen. Schrittweise machte die Beendigung von Atatürks Plänen durch die Re-Islamisierung aus der säkularen Türkei wieder die Osmanen der Geschichte.

Dieser Abschnitt hat nun bisher in äußerst auffälliger Weise nichts mit Religion zu tun. Die Frage ist jedoch, welche Religionsfragen im Gespräch zwischen Europa und dem Islam bisher zu besprechen gewesen wären: gewiss, wir haben seit über eintausend Jahren ein Thema: es geht um Toleranz, um die friedliche Koexistenz der drei abrahamitischen Religionen auf einem gemeinsamen Terri-torium. War sie jemals ohne gegenseitige Abhängigkeiten möglich, gar verwirk-licht, und vor allem: hatte der Streit jemals vordergründig mit Religion zu tun, nicht nur mit expansiver Machtpolitik? Damals im spätantiken Ägypten, oder in Cordoba, im maurischen Spanien? Im Jerusalem des Kreuzzug-Jahres 1190? Ist hier der „Kampf der Religionen" als „Kampf der Kulturen" im Gang, nur darf es im Westen niemand sagen, ohne als rechtsradikal verpönt zu werden?

„Kampf" ist ein vordergründiges Merkmal der Gründungsgeschichte des Islam: er begann mit der Auseinandersetzung zwischen Mekka und Medina und der Kontrolle über die arabische Halbinsel zu Lebzeiten Mohammeds. Kaum war der

Prophet verstorben, entbrannte der Machtkampf um die Nachfolge wie in einem jener Königshäuser, wo der nächste Regent jeweils seine umgebende Familie ausrottete. Es folgten Expansionskrieg und fortgesetzter innerer Krieg um die Macht, bis sich die Umayyaden als Dynastie für eine Weile durchsetzen konnten.

Dschihad – der erste Kreuzzug

Auch wenn heute der Begriff gerne zunehmend nichtmilitärisch interpretiert wird, so sind dennoch die ersten Jahrhunderte des Islam – im Gegensatz zu allen anderen Religionen der Welt – durch massive militärische Expansion geprägt, oder anders ausgedrückt, durch Eroberungskriege im Namen Gottes. Der internationale Widerstand gegen diese aus Arabien an die Levante kommenden Krieger war schwach: die beiden dominierenden Mächte bis dahin, Ostrom, das Byzantinische Reich im Norden, und Persien im Osten, das Reich der Sassaniden, hatten einander gegenseitig durch Kriege geschwächt. Die ersten in der Geschichtsschreibung auftauchenden arabischen Truppen sind Verbände, die in byzantinischen Diensten gegen die Perser kämpfen; als Gegenleistung dürfen sie sich an der Levante – nach alter römischer Tradition – als „confederati", als Verbündete, niederlassen. Von Religion ist da noch keine Rede. Die Geschichtsschreiber von Byzanz berichteten jedenfalls nichts von einer eigenen, neuen Religion, als sie im 7. Jh. auf die Araber aufmerksam wurden.

Als 641 das persische Reich zusammenbricht, nutzen die Araber unverzüglich die Gelegenheit und erobern es.

Kultur
und
Religion

Die Geschichtsschreiber von Byzanz berichten auch nichts von einer eigenen islamischen Kultur. Sie entstand erst allmählich als Amalgam von spätantiker, byzantinischer Kultur und dem Erbe der Perser aus der Sassaniden-Dynastie. Gegen Ende des ersten Jahrhunderts islamischer Herrschaft entwickelte nach dem Wechsel von der arabischen Aristokraten-Dynastie der Umayyaden zur Herrschaft der Abbasiden um 750 auch die Religion eine breitere Basis, der nun auch die zum Islam konvertierten Bevölkerungsgruppen Syriens und Persiens angehören sollten – gleichzeitig ist in diesem Dynastie-Wechsel schon die Auseinandersetzung zwischen Arabien und Persien erkennbar; sie dauert bis zum heutigen Tag als Machtkampf zwischen persischen Schiiten und den Sunniten an, ist nach dem Irak-Iran-Krieg des späten 20. Jh. in unseren Tagen in Stellvertreterkriegen in Oman und Syrien wieder entflammt.

Doch nun zur Religion, von der die Byzantiner keine erkennbaren Anzeichen berichteten: nach neuesten Forschungen soll es sich um die Weiterentwicklung einer frühen syrischen Christensekte handeln, aus der letztlich *das* wurde, was man später als die Religion des Islam bezeichnete. Der arabische Eroberer Persiens hatte auf seinen Münzen aus dem Jahr 641 noch das Kreuzzeichen als Wappen (Abb. 62).[228] Fünfzig Jahre später ließ der Araberführer Abd-al Malik den Felsendom zu Jerusalem erbauen; eine Inschrift dort sagt: *"Zu loben ist (muhammad[un]) der Knecht Gottes ('abd-allah) und sein Gesandter (...) Denn der Messias Jesus, Sohn der Maria, ist der Gesandte Gottes und sein Wort".*[228] Deutliche

Anzeichen weisen also darauf hin, dass sich der Islam aus einer jener christlichen, von den ersten Konzilen verdammten, Sekten entwickelte, die eine

Dreifaltigkeit Gottes und damit auch die Gottheit Jesu ableugneten, und nur den Einen einzigen als Gott anerkannten. Ab 691 wird auf den arabischen Münzen als Symbol des Islam nicht mehr das Kreuz, sondern der Felsen am Tempelberg zu Jerusalem abgebildet. Dieser Felsen habe aber damals als Symbol für Jesus Christus gegolten, nur so

Abb. 62: Kupfermünze aus der Zeit des arabischen Herrschers Mu'awiya um 640; er hält in der rechten Hand einen Stab mit Kreuz darauf. Links von ihm ein weiteres Kreuz, rechts ein Reichsapfel mit Kreuz als Symbol der christlichen Weltherrschaft.[A68] Quelle:[229]

habe es von den damaligen Menschen verstanden werden können.[228] Erst gegen Ende des 8. Jh. sei der Name Muhammad erstmals dokumentiert im Zusammenhang mit dem „Volk des Islam".[12] Damit habe sich der Islam als eigenständige Religion etabliert und entstand die erste schriftliche Fassung des Koran, zunächst zumindest in Teilen,[12] um 870 erstmals als komplettes Werk.[230] Sein Ursprung wird einer syrisch-aramäischen Schrift zugeordnet.[230] Diese Schrift wird nach der Meinung mancher Forscher nachträglich einer neuen Personifikation zugesprochen: Mohammed sei nicht mehr „muhammad, Jesus, der Gesandte Gottes", sondern eine andere, neue Person, Mohammed, der nicht Jesus sei. Die neue Religion bezwecke, die besten Anteile aus Judentum und Christentum in sich zu vereinen, nämlich die Gesetzestreue und die Liebe;[228] der Autor behauptet, „Islam" bedeute „Übereinstimmung"; die Wörterbücher sagen jedoch: „Unterwerfung, Hingabe".

Der Leichnam Mohammeds war noch nicht erkaltet – sei es im direkten oder im übertragenen Sinn -, da begann der Kampf um die Nachfolge („Kalif" bedeutet „Nachfolger") auch mit den Argumenten des rechten, des reinen Glaubens. Mit der Machtübernahme durch die Umayyaden kam dazu die Missgunst der Perser, des Volkes einer Hochkultur, gegenüber diesen arabischen Herrschern;[81] sie bildete den Keim der seither herrschenden Auseinandersetzung zwischen zuerst arabischen Sunniten und persischen Schiiten. Mit den schiitischen Fatimiden in Ägypten erreichte diese Auseinandersetzung einen Höhepunkt, bis die sunnitisch-türkischen Seldschuken die Macht übernahmen. In der Zwischenzeit entstanden viele weitere Sekten, die an Zahl jene des Christentums übersteigen. Nach drei Jahrhunderten war die Zeit des zentralen Kalifats vorbei, drei Kalifate mit verschiedenen Herrscherdynastien repräsentierten nun gleichzeitig die Welt des Islam: in Bagdad die Abbasiden, in Kairo die Fatimiden, in Cordoba und Toledo die Umayyaden, die ursprünglich aus Damaskus gekommen waren;

209

zuletzt die Nasriden von Granada. Dann kamen Seldschuken und Osmanen als Dominierende, aus der Levante und aus Anatolien. Daneben gab es eine Vielzahl weiterer Herrscherdynastien in Afrika und Asien.

Innerhalb von 6 Jahren nach dem Tod des Propheten im Jahr 632 hatte die Armee der Kalifen die arabische Halbinsel unterworfen, Damaskus und Jerusalem erobert und erstmals Byzanz besiegt. Im Jahr 639 begann der Einmarsch in Ägypten. Das Perserreich unter der Dynastie der Sassaniden fiel ihnen 651 wehrlos in die Hände. Die damalige Weltstadt Ktesiphon mit ihren etwa 500.000 Einwohnern wurde erobert; das etwa 30 km weiter nördlich am Tigris gelegene Bagdad wurde neue Hauptstadt des aufkommenden islamischen Reiches.[A147]
In den darauffolgenden zehn Jahren waren von Ägypten aus auch Libyen und Tripolis im Westen eingenommen, im Osten Mesopotamien bis Mosul und Persien bis Persepolis; 670 siedelten sie sich in der Gegend von Buchara an, 711 fielen sie im Indus-Tal ein und vierzig Jahre danach an der Grenze Chinas: dort besiegten sie die Armee der T'ang Dynastie am Fluss Talas im Südosten Kasachstans, nordöstlich von Taschkent.
Im Jahr 711 war auch Europa an der Reihe: als das Reich der Westgoten in Spanien überrannt und vernichtet war, rückte das Heer der Umayyaden weiter nordwärts vor, bis die „Mauren" – so genannt wegen ihrer dunkleren Hautfarbe, somit also eigentlich als „Mohren" bezeichnet - 732 bei Tours und Poitiers zurückgeschlagen und aus Frankreich zurückgedrängt wurden. Im Osten konnte sich das Byzantinische Reich als Bollwerk für Europa dann doch behaupten – vorerst, aber immerhin für über sieben Jahrhunderte, bis 1453 Byzanz endgültig fiel und das Osmanische Reich dort Einzug hielt. Als Istanbul möchte es dort heute wieder entstehen, möchte man meinen.
Die Rückeroberung der iberischen Halbinsel – die Reconquista - von den muslimischen Herrschern dauerte an die 350 Jahre – von 1150 bis 1492, war aber schon 1275 mit Ausnahme des muslimischen Königreiches Granada abgeschlossen: 1236 wurde Cordoba für Europa zurückerobert, Sevilla 1248, so dass letztlich nur noch Granada blieb.[27, 81]

Macht, Stolz, Erniedrigung und Rache

Alle muslimischen Herrscher hatten von Anbeginn durch ihr Handeln bestätigt, dass ihr vorrangiges Interesse die Macht war, nicht der friedliche Islam des Gottesstaates: kaum war der Prophet von ihnen gegangen, jagte und mordete man einander bis in unsere Zeit. Der Kalif von Bagdad, weltliches und geistiges Oberhaupt des Gottesstaates, erhielt bald Konkurrenz von einer Reihe weiterer Anwärter, bis es die drei zuvor erwähnten Kalifate gleichzeitig gab.[A148]
Eines der letzten historischen Beispiele für inner-islamische Machtkämpfe war die Ermordung der Mameluken in Ägypten im Jahr 1811 und der darauffolgende Krieg der Osmanen gegen die Wahhabiter Arabiens. Gleich darauf beteiligte sich der ägyptische Muhammad Ali am beginnenden Wettlauf um Teile des geschwächten osmanischen Reiches, stieß bis Syrien vor und wollte gegen Istanbul

ziehen, wäre er damit nicht den „Westmächten" auf die Füße ihrer Interessen getreten.

Als schließlich Ägypten während des Baues des Suez-Kanals in den Staats-Bankrott geriet, übernahmen die europäischen Großmächte zunehmend die Kontrolle; am erniedrigendsten empfanden die ägyptischen Muslime eine Art internationale Gerichtsbarkeit, die auch über die Einheimischen Gericht hielt. Dagegen bildete sich eine Vorstufe der Muslim-Brüderschaft: die Urabi- (auch Arabi-) Bewegung. Militärs, Grundbesitzer und islamische Aktivisten schürten damit Unruhen, eine Gelegenheit für die Briten zur militärischen Intervention und endgültigen Besetzung des Landes und faktischen Einverleibung in das Britische Weltreich bis 1922.

Diese Erniedrigung löste nahtlos die nächste, nunmehr schon islamistische – Gegenbewegung aus: den Mahdi-Aufstand, angeführt vom islamischen Erlöser, gesandt von Allah als letzter Führer der Gläubigen. Muhammad Ahmad, al Mahdi, erklärte die Schaffung eines neuen Gottesstaates nach dem Vorbild aus dem siebten Jahrhundert, dies unter Einbeziehung des gesamten osmanischen Reiches, und rief den Dschihad aus. Beginnend im Sudan, entstand daraus ein Kalifat (Kalifat von Omdurman) ähnlich jenem, das in unseren Tagen der sogenannte IS betreibt. 1898 wurde diese Bewegung von den Briten endgültig niedergeschlagen. Bei den letzten Schlachten spielte auch ein weiteres Opfer später islamistischer Versklavung eine Rolle, ein Österreicher aus Ober-St. Veith bei Wien, Slatin Pascha, Bey und Gouverneur der Provinz Darfur, gefangen genommen und Sklave des Mahdisten-Kalifen, geflohen, von Kaiser Franz Joseph und von Königin Victoria geadelt, Rot-Kreuz-Helfer im Ersten Weltkrieg und zuletzt Privatier als Sir Rudolf Carl Freiherr von Slatin Pascha GCVO, KCMG, CB.[231]

Abb. 63: Slatin Pascha auf seinem Pferd „Plum Pudding" in Wadi Halfa, Aquarell, Friedrich Perlberg. Quelle:[232]

Eine nicht minder kuriose und wissenswerte Geschichte im Vergleich zu der vom Mediziner Pfeiffer:

Herr und Knecht im Morgenland?

Was für viele Regionen der Welt fast oder ganz bis zum heutigen Tag gelten mag, für das Morgenland des Abendlandes, die Levante, den Maghreb und das Nordafrika der Europäer, galt keine Niederlage als Unterwerfung. Bestenfalls wurde die laute Verachtung der Christen stumm.

Noch in der ersten Hälfte des 19.Jh. hat man nicht den Eindruck, dass man einander zwischen Abendland und Morgenland nicht auf Augenhöhe begegnet wäre; Europa ging es wohl eher nicht um die Demonstration kultureller Überlegenheit, sondern um hegemoniale Machtinteressen zwischen den rivalisierenden europäischen Staaten, begleitet von wirtschaftlichen Interessen.

Nicht nur der Krim-Krieg, sondern schon davor die Besetzung Algeriens, eingeleitet durch den Schlag mit dem Fliegenwedel, den der Dey von Algerien dem französischen Botschafter versetzte (Abb. 64), sprechen dafür.[233]

Abb. 64: Le Coup d'éventail – der Schlag mit dem Fliegenwedel: Hussein, der Bay von Algier, schlägt Pierre Deval, dem französischen Generalkonsul für Algerien, ins Gesicht, weil dieser ablehnt, auf die Forderungen um Begleichung horrender Schulden einzugehen, die der französische Staat seit dem Ägyptenfeldzug Napoleons hinterlassen hatte. Als Antwort darauf besetzte Frankreich im Jahr 1827 Algerien.[234]

Noch keine zwanzig Jahre war es her, dass die Briten Napoleons Flotte an der Küste Ägyptens vernichteten und ihm damit den Heimweg versperrten. Die von Istanbul, vom schwächelnden Osmanenreich, weitgehend im Stich gelas-senen Ägypter ließen sich von den Franzosen zwar Benefizien der europäischen Zivilisation zukommen, revoltierten jedoch regelmäßig hinter dem Rücken der umherirrenden französischen Armee. Letztlich endete diese „Expedition" Napoleons mit einer unsäglichen Schmach der Franzosen, die man aus heutiger Sicht dennoch als Kriegsspiele unter Gentlemen bezeichnen würde (bald darauf,

1830, unternahmen Briten und Franzosen sogar eine gemeinsame Flotten-Aktion gegen die Osmanen zur Befreiung Griechenlands): denn die Briten brachten die geschlagenen Franzosen samt deren Ausrüstung auf britischen Schiffen nach Hause. Mich fasziniert immer wieder dieser Pardon der Geschichte gegenüber Napoleon: niemand spricht mehr vom Massaker von Jaffa, keiner davon, dass zwei Drittel der französischen Armee für den Beginn der Ägyptologie und die Entzifferung der Hieroglyphen ihr Leben lassen mussten.

Noch um 1820 gingen muslimische Piraten am und im Mittelmeer auf Jagd nach Europäern: Im 18.Jh. war die Piraterie um Lösegeld ein Geschäft wie die Fischerei: Goethe wagte deshalb die Schiffsreise von Italien nach Griechenland nicht und fürchtete sich schon auf der Fahrt von Sizilien zurück nach Neapel vor seiner möglichen Geiselnahme. Zehntausende Europäer harrten gefangen im Morgenland auf ihre Befreiung.[235] Dafür steht auch das Beispiel des Simon Friedrich Pfeiffer aus Rheinhessen: in Smyrna war er zusammen mit einigen anderen entführt und auf einem Sklavenschiff nach Algier verschleppt worden. Dort lebte er als Sklave (im Haushalt des Finanzministers wurde er als Küchen-hilfe eingesetzt – es hat sich für Manche nichts Wesentliches geändert, nur eben Herkunft und Wanderrichtung), bis er durch die Besetzung Algeriens von den Franzosen befreit wurde und nach Hause zurückkehren konnte. Aus seiner Zeit als Sklave, als „Christenhund" wie ihn einheimische Muslime nannten, berichtete er in seinen Buch aus 1834:[233] Der Minister teilte Pfeiffer mit, dass die arabische Heilkunst in seinem Land inzwischen gänzlich verloren sei.[233] Kein Wunder also, dass selbst der Feldscher und Medizinstudent Pfeiffer eines Tages die Chance bekam, Leibarzt des Ministers zu werden und im Schloss vom Küchenjungen zum Medicus aufstieg.

Betreffend Wortwahl, Umgang mit Nicht-Moslems und Strafmaß für gefangene Christen handelte es sich bei den muslimischen Türken, Arabern und Ägyptern eher um eine Grundhaltung denn um eine Reaktion auf Kolonialismus oder westlichen Universalismus. Schon während des allmählichen Niedergangs der osmanischen Macht hatten sich Länder wie Algerien und Ägypten begonnen zu befreien und sich selbst zu verwalten. Und besonders nach der endgültigen Niederlage der Osmanen am Ende des Ersten Weltkrieges wurde der sozial-politische Teil des Islamismus in der Muslimbrüderschaft Ägyptens aktiv, er repräsentiert den unbeugsamen Stolz und Anspruch auf Weltherrschaft bis zum heutigen Tag, in all seinen Facetten, von Sayyid Qutb über Bin Laden bis zu Ayman al-Zawahiri.

Der Europäer, der Westler, war und bleibt geschätzt für das, was er kann, verachtet für das, was er ist: ein Christenhund; nicht 1990, nicht erst 2017, sondern 1837.

Pfeiffer schreibt:" *Sie* [die Algerier] *bekamen eine höhere Meinung von den Christen, welche sie zuvor stets zu verachten gewohnt waren, und zwar deßwegen, weil die europäischen Mächte sie ihr Raubwesen ziemlich ungestört hatten treiben lassen und alle Versuche, das Piratennest zu vernichten, gescheitert waren. Denn die Algierer wussten freilich nicht, dass nur die Eifersucht zwischen England und*

*Frankreich die Hauptursache war, sondern glaubten die Christen fürchteten sich
vor ihnen, und nun, da sie vom Gegentheile sich überzeugten ...“*

Westliche Methoden wurden (außer Waffen) keineswegs spontan angenommen;
drohende Verwestlichung wurde nicht erst im 20. Jh. kritisiert: *„Der Dei* [gemeint
Bey] *... sagte, er ehre das Gesetz und die Gebräuche seiner Väter zu sehr, als dass er
die Neuerungen der Ungläubigen nachahmen sollte. ... Der Dei* [Bey] *als auch die
Janitscharen waren sehr aufgebracht gegen den Großherrn* [gemeint der Sultan
der osmanischen Regierung in Istanbul, deren Provinz Algerien zu dieser Zeit
war], *sie sagten, man müße denselben selbst für einen Ungläubigen halten, weil er
den Dihn-islam nicht gehörig achte und beschütze, sondern vielmehr den ihnen
verhassten Gebräuchen der Christen anhänge, und sie in seinen Staaten zu
verbreiten suche“.*[233] – Kemal Atatürk hatte also offensichtlich schon lange
Vorgänger seiner pro-westlichen Politik gehabt, und die Araber kritisierten die
osmanischen Türken für ihre pro-westliche Haltung schon vor der Mitte des 19.
Jahrhunderts.

Selbst nachdem das Kalifat des Mahdi im Sudan zerschlagen war, blieb der Islam
im Sudan beherrschend und wurde nach der Unabhängigkeit des Landes 1956
Staatsreligion.[A149] Dieser erste islamische Dschihad der Neuzeit regt an, die
Motivation zu Kriegen im Namen der Religion nochmal mehr zu hinterfragen:

Kriege um die Religion

Religionen und Religionskriege werden von Atheisten und Gott-Tötern oder - Totsagern gerne als Argument angeführt, wenn Streit um die Verantwortung für menschliche Grausamkeit ausbricht: niemand habe so grausam gegen andere Menschen gehandelt wie religiöse Eiferer, niemand so grausam Kriege geführt wie unter dem Banner von Religionen.

Die erste solche Schlacht hat, wie erwähnt, Kaiser Konstantin auf der Milvischen Brücke vor der Engelsburg zu Rom gewonnen und damit gemerkt, wie hervorragend sich Religion zum Machtgewinn nutzen lässt, wahrscheinlich besser als jegliche andere blinde Überzeugtheit, weil sich darin eben religiöser Glaube am „Glauben an sich" in Richtung Jenseits erhebt.

Abb. 65 oben: Ausschnitt aus Rafael's Kreuzesvision von Konstantin, Vatikan. Museum Rom, Quelle:[236]

Abb. 66 rechts: Ausschnitt aus der Schlacht auf der Milvischen Brücke mit dem Sieg Konstantins über Maxentius. Bernini geht in seiner Darstellung sogar so weit, die „klassischen" Standarten der römischen Armee, den Adler und „SPQR" (Senatus Populusque Romanus), durch neue zu ersetzen: die Taube und das Kreuz. Quelle:[237]

Daher lohnt es, sich hier einige solcher Beispiele in Erinnerung zu rufen. In den folgenden Abschnitten werde ich also folgende vier Ereignisse kurz kommentieren: die christlichen Kreuzzüge, die Verteidigung des christlichen Abendlandes gegen die osmanische Aggression, den Dreißig-jährigen Krieg und den „deutschen Dschihad" im Ersten Weltkrieg.

Die christlichen Kreuzzüge

„Ziehet aus, und der Herr wird mit Euch sein! Erkauft Euch mit wohlgefälligem Gehorsam die Gnade Gottes, dass er Euch Eure Sünden ... um solch frommer Werke .... willen schnell vergebe! Wir erlassen ... allen gläubigen Christen .. alle die Strafen, welche die Kirche ... über sie verhängt hat. Und wenn einer dort in wahrer Buße fällt, so darf er fest glauben, dass ihm Vergebung seiner Sünden und das ewige Leben zuteil wird!".[238]

Byzanz hatte 1071 bei Manzikert gegen die heranrückenden Seldschuken verloren und rief um Hilfe. Als die Seldschuken dann auch Jerusalem eroberten, rief Papst Urban II. 1095 die Regenten der christlichen Welt mit der hier oben zitierten Brandrede zum Kreuzzug auf. Daran geknüpft war das nicht ganz lautere Versprechen, dass Teilnehmer von ihren Sünden gereinigt würden - und wohl auch die unchristliche Erwartung von Beute. Unabhängig davon hatte es schon immer Wallfahrer zu den Wirkstätten Jesu gegeben, besonders seit Kaiser Konstantins Zeiten und der Entdeckung des Erlösergrabes durch seine Mutter Helena. Schon im Vorfeld des eigentlichen Kreuzzugs herrschte nun eine nie dagewesene Aufbruchstimmung und Wanderung verschiedenster Gruppen aus unterschiedlichen Motiven: Bauern flohen aus der Knechtschaft, Gesetzlose aus der Verfolgung; Aristokraten erhofften neue Besitzungen im Heiligen Land. Wer zu Fuß marschierte, wanderte über weite Strecken den Flüchtlingspfad von 2015 in umgekehrter Richtung, durch Ungarn, Serbien und Mazedonien nach Istanbul, damals Konstantinopel, von dort durch die Türkei und die kilikische Pforte weiter nach Antiochia, nicht weit von Aleppo. Vier Jahre nach dem päpstlichen Aufruf war Jerusalem erobert. Es sollten sechs weitere Kreuzzüge folgen, und eine Unzahl anderer in verschiedene Himmelsrichtungen bis zum letzten Vorstoß nach Varna am Schwarzen Meer im Jahr 1444; doch Akkon, der letzte Brückenkopf im Heiligen Land, war schon 1291 gefallen.[27] Seither hat der Begriff „Kreuzzug" die allgemeine Bedeutung eines fundamentalistischen Feldzugs und schließlich überhaupt eines Feldzugs im übertragenen Sinn gegen ein Unbill jeglicher Art angenommen, bis hin zur Bekämpfung von Krankheiten – nicht ganz zu Unrecht, wenn man bedenkt, dass schon die ursprünglichen Kreuzzüge von den verschiedensten politischen und wirtschaftlichen Motiven durchflochten waren; zumindest also unter teilweisem, wenn nicht vorwiegen-dem Missbrauch eines religiösen Motives: die Kreuzfahrer gingen zwar gemein-sam, mitunter aber auch gegeneinander los, teils offen, teils hinterrücks. So lagen die Erwartungen von Macht und Beute auf christlicher und islamischer Seite gleichauf, aber auf Kosten der Juden und Jerusalems. Und Jerusalem war nicht erst im Jahr 1099 umkämpft; ich komme in einem weiteren Abschnitt darauf zurück. Auch Byzanz wurde Opfer selbstzerstörerischer Kräfte: im Jahr 1204 ließ

der Doge Dandalo von Venedig seine Flotte im Rahmen des 4. Kreuzzuges ausrücken und beteiligte sich beim Überfall der Kreuzritter auf Byzanz, eine Plünde-
rungsaktion, die Ost-Rom auf Dauer schwächte, bis die Osmanen es überwältigen
und Europa erneut bedrohen konnten. Der Existenzkampf zwischen Morgenland
und Abendland, Islam und christlichem Europa, begann nach der spanischen
Reconquista auf europäischem Boden erneut mit dem Fall von Konstantinopel
im Jahr 1453 – Existenzkampf mit religiösem Banner auf islamischer Seite.
Als Bollwerk dazwischen – auch gegen Reiterscharen aus dem nördlicheren
Osten – diente seit der Zeit Karls des Großen die Ostmark, das spätere Österreich.
Besonders der Süden des heutigen Österreich war seit dem Fall von Konstantinopel, vor allem mit Beginn des 16. Jh., immer häufiger Angriffen und Einfällen
osmanischer Verbände ausgesetzt. Das Zeughaus in Graz (Abb. 93) ist nicht nur
einer der prächtigsten Renaissancebauten nördlich der Alpen, sondern auch das
weltweit größte vollständig erhaltene Depot von Rüstungen und Waffen, mit
denen damals ein Heer von über 15.000 Mann ausgerüstet werden konnte. Die
Existenzbedrohung wurde von manchen Europäern immer wieder unterschätzt:

Gut 300 Jahre ist es her, dass zuletzt muslimische Streitkräfte in großen Scharen Muslime
nach Mitteleuropa kamen, nach Ungarn, Slowenien, und schließlich nach Wien: vor Wien:
Kara Mustafa, der Großwesir von Sultan Mehmet IV., griff nach dem goldenen Verteidi-
gung des
Apfel – so nannten die Muslime damals Wien. Die Muslime kamen nicht, um Asyl Abend-
zu erbitten, auch nicht in friedlicher Absicht, es war, um Europa islamisch zu landes
machen, oder zumindest zu beherrschen. Der Großteil von Europa aber sah darin
keine Gefahr: England war mit der Verwirklichung seiner Ostindien-Kompanie
beschäftigt, Frankreich mit dem Erwerb von Luxemburg.
Kaiser Leopold I. verließ Wien, um ein Entsatzheer zu organisieren; viele Wiener
begleiteten ihn – allerdings als Flüchtlinge aus der Stadt, donauaufwärts nach
Westen in Richtung Linz. Am 12. September 1683 kam in letzter Minute der
polnische König Ian Sobieski mit seinen Reitern der Streitmacht des Heiligen
Römischen Reiches Deutscher Nation zuhilfe und entsetzte damit nicht nur
Wien, sondern Europa. Das einzig religiöse an diesem Türkenkrieg auf euro-
päischer Seite war die Tatsache, dass außer Venedig auch der Kirchenstaat Partei
dieser Allianz war. Der Krieg dauerte für diese Allianz noch bis zum Frieden von
Karlowitz im Januar 1699.

Der Dreißig-jährige Krieg

Versucht man, tatsächlich die religiösen Motive an diesem Krieg (1618-1648) in
den Vordergrund zu stellen, und ihn als europäischen Krieg anzusehen, nicht nur
als Krieg der deutschen Lande, so stellt man fest, dass diese Auseinandersetzungen wesentlich früher begannen und auch länger andauerten. Sie kosteten
die Stammlande Karls des Großen, Frankreich und Deutschland, jeweils 30-
jährige Kriege, begannen jedoch bereits fast einhundert Jahre davor. Die
Auflehnung der Reformatoren war gegen die Mächtigen an sich gerichtet, nicht
nur gegen den Papst: sie entrüstete sich gegen Machtmissbrauch und löste damit
unverzüglich diese „Revolution des gemeinen Mannes" aus. Damit war mit den

religiösen Motiven schon die von ihnen abgekoppelte Forderung nach einer ersten Idee von Menschenrechten vorangegangen, unterstützt durch ein erstarktes Bürgertum in den Städten. Den religiösen Untergrund bildete die Aktivität von Zwingli, Luther und Calvin. Sie hatten lediglich die religiöse Legitimation erteilt, die darauf zielte, den Menschen klarzumachen, dass man auch ohne die dazwischengeschaltete Autorität der Kirche zu Gott finden kann: damit untergruben sie den absolutistischen Herrschaftsanspruch der Kirche über die Seelen. Die Macht von Papst und Regenten war gefährdet. Ideen für neue Gesellschaftsordnungen bis hin zur Gütergemeinschaft wurden abgehandelt. Vor diesem Hintergrund entfachte der Professor für Moraltheologie an der Universität zu Wittenberg mit seiner Abhandlung über den päpstlichen Ablass in deutscher Sprache aus 1518 den rasenden Sturm der Bauernkriege. Was Luther als Anstoß für eine Diskussion unter Theologen gedacht hatte, entglitt ihm rasch und wurde zur politischen Affäre, die 1523 die Bauernkriege auslöste. „Religion" war nur noch die Rechtfertigung für Kampf um Macht, Befreiung von der Obrigkeit: des Volkes von den Fürsten, der Fürsten vom Kaiser. Karl V. gewann zunächst den Kampf mit seinen Fürsten und hoffte ihn insgesamt mit dem Frieden von Augsburg zu beenden durch das Edikt: „Cuius regio eius religio" - "wes der Fürst, des der Glaub': der Herrscher bestimmt die Religion; damit blieb es den jeweiligen Landesherren überlassen, welche Konfession sie für ihr Gebiet erlaubten. Gleichzeitig stellte man Andersgläubigen anheim auszuwandern, ähnlich wie dies im 20. Jh. zwischen Hindus und Moslems mit Indien und Pakistan gedacht war. Aber das alte Machtgefüge war brüchig geworden, die große politische Auseinandersetzung nur noch eine Frage der Zeit.

Auch die Hugenottenkriege in Frankreich zwischen 1562 und 1598 waren offiziell als Religionskriege gegen Protestanten, die Calvinisten, bezeichnet; in Wahrheit kämpften Adel und Königtum um Macht und Einfluss; es ging also um Gier und Rache innen wie außen: Existenzangst und Machtansprüche waren die wahren Hintergründe, zwischen Elisabeth I. von England, Heinrich IV. von Frankreich und Karl V. bzw. Philipp II. von Habsburg - acht Hugenottenkriege zählt die Geschichte.

Sieben Jahre zuvor hatte Johannes Kepler sein astronomisches Fernrohr fertig und wenige Tage vor Beginn des Jahres 1618 sein drittes „Kepler'sches Gesetz" über den Lauf der Planeten endgültig abgeschlossen, da warfen am 23. Mai Vertreter böhmischer Aufständischer die königlichen Statthalter in Prag und den Sekretär als bewusste Provokation aus dem Fenster: der Vorfall ging als Prager Fenstersturz und Kriegsbeginn in die Geschichte ein. Während die Engländer und Holländer ihre ersten Siedlungen in Nordamerika festigen, Jamestown und Neu-Amsterdam (später New York genannt), beginnt in Mitteleuropa der 30-jährige Krieg. In manchen Regionen überlebte ihn gerade mal ein Drittel der Bevölkerung. In seinem Geleit ereigneten sich der schwedische und schwedischfranzösische Krieg, der böhmisch-pfälzische und der dänisch-niedersächsische. Es dauerte für viele Landstriche ein Jahrhundert, bis sie sich von den Verwüstungen und Entvölkerungen erholten.

Religionskrieg? Grausamkeit im Namen Gottes? – Machtkampf und Barbarei! Zum Dreißig-jährigen Krieg zitiert Toynbee Gibbon mit dessen Ansicht, die Kriege seien nach dieser Entartung in die Barbarei – man denke nur an die Beschreibungen des Kriegsalltags in Hans Jakob Christoffel von Grimmelshausens „Simplicius Simplicissimus" - weniger grausam geworden und eher nur noch „maßvolle Kontroversen" [81] mit einem „im großen und ganzen … verhältnismäßig niedrigen Grad an Barbarei" – wenigstens bis zum Jahr 1792, so meint Toynbee;[81] was sich seither in Europa abgespielt hat, verdient dieses Prädikat nur selten.

Der deutsche Dschihad

Der unverhohlenste Missbrauch von Religion für politische Machtzwecke ereignete sich im Ersten Weltkrieg: Zu Beginn des Krieges mutierte der deutsche Hobby-Archäologe Max von Oppenheim (Abb. 67) zum Geheimagenten und

überzeugte seine Regierung von der Möglichkeit, alle Muslime der Welt zum Aufstand gegen das Britische Weltreich zu bewegen, indem der Sultan des mit Deutschland befreundeten Osmanischen Reiches den Dschihad ausriefe. Mehmed V. ließ sich überzeugen und rief den Dschihad aus; organisiert wurde er aber aus Berlin: Die Aktionen gingen als „Deutscher

Abb. 67: Max von Oppenheim.[239]

Dschihad" in die Geschichte dieses Krieges ein. An seinem Ende sind alle Muslime und ihr Dschihad verraten: Die Araber hatten doppelt gespielt, sich zuerst von den Deutschen mit Kriegsgerät ausstatten lassen, dann aber ihren Dschihad gegen Geld an die Briten verraten. Diese Araber waren nämlich dieselben, die gleichzeitig Oppenheim's Gegenspieler, Lieutenant Colonel Thomas Edward Lawrence, den britischen Archäologen und Hobby-Geheimagenten seiner Majestät, den legendären „Lawrence of Arabia", und damit den Briten vertraut hatten: man versprach Lawrence und den Arabern die Autonomie für ein Arabisches

Abb. 68: Thomas Edward Lawrence, „Lawrence of Arabia", Lieutenant Colonel der britischen Armee, Quelle:[240]

Reich mit Hauptstadt Damaskus, wenn sie für die Engländer gegen die Türken kämpften. Die Araber verrieten damit ihre islamischen Brüder, die osmanischen Muslime, die an die Ernsthaftigkeit des Dschihad geglaubt hatten, den ihr Sultan ausgerufen hatte. Das Ergebnis war Betrug auf allen Seiten: Palästina ging an die Briten, Damaskus an die Franzosen. König Faisal I., der Betrogene, der König nun aller Araber, wurde von den Franzosen aus seiner Hauptstadt Damaskus geworfen: ohne Wissen von Lawrence hat Sykes mit seinem französischen Amtskollegen bereits Ende 1915 mit der heimlichen Aufteilung der Nahostregion begonnen, eben dem „Sykes-Picard-Abkommen". Damaskus, Aleppo, Beirut, Mosul und Adana standen nun unter französischer Kontrolle, Bagdad, Basra und Kuweit unter britischer, Jerusalem und Gaza unter gemeinsamer.

So wie alle religiösen Ideologien dienten auch säkulare, politische Ideologien den Usurpatoren der Philosophen zur Übernahme der Macht. Die so genannte 4. judäische Religion,[81] der Kommunismus von Marx und Engels, diesmal in Europa geboren, von zwei Deutschen ersonnen angesichts der Lebensbedingun-gen der Arbeiter im England der Industriellen Revolution, ist das letzte Beispiel. Ich werde es uns jedoch ersparen, es an dieser Stelle zu kommentieren.

Toleranz in Religion und Kultur

Kein einfaches Thema, wie die Diskussionen und Streitigkeiten bis zum heutigen Tag bezeugen. Meist hat die Religion als Schöpferin und Teil der Kultur das Sagen, und wenn nicht, dient sie als Vorwand. In jedem Fall sind wohl in Wahrheit stets die „unbelehrbaren Lehrmeister",[241] unsere Verhaltensautomatismen, am Dirigieren, bevor wir dessen gewahr werden; ich habe sie an anderer Stelle als die Hindernisse einer dauerhaften Demokratie gegenwärtiger Prägung beschrieben:[1] Toleranz ist aber Sache des Gewahrseins; Identität, Heimat, Zusammengehörigkeit indes schöpfen aus dem unergründlichen Brunnen der Gefühle.

Der spätantike Gelehrte Porphyrios stammte aus Tyros im heutigen Libanon – wir sind der Stadt schon beim Raub der Europa, Tochter des phönizischen Königs begegnet. Porphyrios wäre heute als Rassist und Fremdenfeind in den Medien, denn er beklagte offen, dass die Christen gar große Gebäude für ihre Zeremonien errichteten, obwohl sie ihre Gebete ebenso gut zu Hause verrichten könnten.[242] Kaiser Diokletian, bekannt als Christenverfolger, ärgerte sich beim Anblick der

Kirche von Nikomedia, Hauptstadt seiner Verwaltungsregion Ost, nahe seinem Palast derart, dass er sie abreißen ließ.[243] Wie verhält es sich nun aber bei diesen anfangs verfolgten Christen mit der Toleranz?

Von der Toleranz in der römisch-katholischen Kirche

Sie war es wahrscheinlich, die die christliche Religion so erfolgreich machte: die Toleranz. Nur: was Toleranz ist, das hat sie lange Zeit selbst sehr streng und intolerant vorgeschrieben, apodiktisch, mörderisch, wenn auch letzteres geschickt indirekt: Toleranz, das war von Anbeginn der Inhalt von Verhalten innerhalb der hohen Mauern der Dogmen. In Wahrheit handelte es sich bei dieser Liberalität um die Taktik des Absorbierens der konkurrierenden Sekten und Religionen, die alle relevanten Vergleiche bzw. Gleichsetzungen zuließ:[81] Vielgötterei durfte problemlos zu Heiligenverehrung umfunktioniert werden, heidnische Bräuche aus der jeweiligen Region in den Rahmen des Kirchenjahres eingewoben. Das geht so weit, dass Manche meinen, seit dem Konzil von Nicäa im Jahr 325 sei das Christentum nur noch dem Namen nach eine monotheistische Religion.[81] Aus dem göttlichen Kaiser wurde der Herrscher des Himmels und der Erde, der Herr der – zunächst himmlischen – Heerscharen; später durften auch die Waffen und Heerscharen im Namen des Gottes einer europäischen Nation vor dem Marsch zum Kampf gegen die Heerscharen des gleichen Gottes der anderen europäischen Nation gesegnet werden.

Aus der im ganzen Römischen Reich verehrten Göttin Isis, meist dargestellt mit dem Horus-Kind, dem sie ihre Brust darbietet, wird – besonders früh in Ägypten – problemlos die Mutter Gottes mit dem Jesus-Kind.[12] Desgleichen tauschte man auf den römischen Holztafeln mit Abbildungen von Göttern die heidnischen gegen Christus, Engel und Heilige aus. Toynbee bezeichnete die Entwicklung einerseits lediglich als „erstaunlich",[81] vermutete dann aber doch ziemlich konkret, dass die Kirche es verstand, vom Römischen Reich die Methodik der Zentralverwaltung zu übernehmen; als ein späteres Beispiel führt er hierfür Ambrosius an, den Bischof von Mailand, der die Kirche mit Hilfe der Staatsgewalt gestützt habe – wobei hier offen ist, ob die säkulare Macht gemeint ist oder die von der Kirche angewandte Methode.[81] Dazu bedrängte und zwang Ambrosius alle Kaiser seiner Amtszeit, vor allem Theodosius, der ein Judenpogrom in Syrien nicht ahnden durfte, damit die Macht der katholischen Kirche nicht relativiert werde.[A57, 244]

Außerdem meint Toynbee, dass es dieses als großmütig tolerant erscheinende Entwicklungsphänomen war, im Rahmen dessen die Inhalte von Bildern und Begriffen ausgetauscht wurden: der Mensch Jesus wurde zu Gott, so wie der römische Kaiser und der ägyptische Pharao Gottkaiser, göttlicher Kaiser wurde, so wie aus Isis mit dem Horuskind im Arm Maria mit dem Jesuskind und die Mutter Gottes wurde. Letztlich zählt hier auch die Verehrung vieler Heiliger, die in weitem Umfang einer Vielgötterei gleichgesetzt werden kann. Viele Suchende mögen auch an Augustinus' Worten Schutz durch Unterwerfung gefunden haben, wonach der Mensch für sich allein unfähig zum Guten sei, nur durch die Gnade Gottes dahin kommen könne.[81]

Toleranz galt also vorwiegend im Sinn von Integration und Bildertausch, nach-gerade als Offenheit zu alternativer Wahrheit, allerdings im Rahmen dessen, was die Dogmen zu umfassen erlaubten. Darüber wachten die Kirchenväter mit äußerster Strenge und beginnender Macht über die Kaiser mit dem Instrument der angedrohten Exkommunikation. Mit diesem Instrument konnte in relativ kurzer Zeit nicht nur der Papst über den Kaiser, sondern dadurch auch Kirchen-recht über Staatsrecht zu stehen kommen.[A57] Es bestanden auch keinerlei Hem-mungen, nach dem Verbot nicht-christlicher Religionen nicht nur in Alexandria sondern auch an Orten tief im Süden wie Luxor sowohl Tempel als auch Nekro-polen zu Kirchen umzubauen oder als Mönchsklausen zu verwenden, wie dies ja auch im Islam Praxis war.

Wahre Toleranz war der alleinseligmachenden Kirche der Katholiken in der Geschichte kaum jemals anzusehen: eher findet man Beispiele für das Gegenteil: die Bücherverbrennungen hatte ich bereits erwähnt; ein weiteres Beispiel ist der ungeschickte Verlauf der Missionierung von China [81] (siehe S.129), ein anderes die Ausweisung der Protestanten aus dem Erzbistum Salzburg im Jahr 1731;[81] nicht zu sprechen von der Reconquista in Spanien mit Inquisition, Ausweisung und Zwangs-Christianisierung.

Toleranz und Multikulturalität im Islam?

Es gab Wertschätzung und Verfolgung, Verachtung und Gewährenlassen. Insge-samt ging man mit Andersgläubigen in eroberten Gebieten meist pragmatisch um: man ließ sie als Freie weiterleben, erhob jedoch eine Steuer und zog auf diese Weise aus ihnen Nutzen, ohne sie direkt zu versklaven. Grundbedingung für die Eingliederung als „Schutzbefohlene", auf Arabisch „dhimmi", in einem islamischen Gottesstaat war die Entrichtung der „dschizya", einer Fremden-steuer. Voraussetzung für diesen „Schutz" war, sich der Gewalt der islamischen Macht zu unterwerfen.[81] Und die Macht war in der Tat groß: Neben Bagdad und Byzanz war Cordoba zur Zeit des Kalifats ab 929 eine der Kulturmetropolen der Welt mit mindestens 500.000 Einwohnern, Region des engsten Kontaktes zwischen den Kulturen.

Eine ziemlich bunte Mischung von Variationen des Verständnisses von Toleranz also, die jedoch zusammengefasst für die islamischen Reiche ein höheres Maß an Toleranz ergibt, als dies im mittelalterlichen Europa mit dem Christentum der Fall war, wie zuvor beschrieben. Allerdings gab es Judenverfolgungen auch im Islam, und zwar schon zu Mohammed's Zeiten in Medina.[81] Insgesamt waren jedoch die Christen und Juden in Palästina, Syrien und Arabien zunächst relativ tolerant behandelt worden, bevor man sie ab 771 an den Händen mit Zeichen versah – für die Juden ein früher Judenstern. Sie waren, wie im 19. Jh. im Habs-burger Reich, von öffentlichen Ämtern ausgeschlossen und wurden teilweise enteignet. Den Christen wurden ihre Klöster und Kirchen, den Juden ihre Syna-gogen zerstört – mit Ausnahmen, wie die Geschichte Jerusalems und die Hagia Sophia in Istanbul bezeugt.

Was mit den Ortsansässigen in den eroberten Gebieten Spaniens geschah, wurde in der Wissenschaft unterschiedlich beurteilt, so unterschiedlich, wie die

Geschichte der Christen und Juden abhängig von Zeit und Ort auch verlief: ihre tatsächliche Lebenssituation, einerseits oft als beispielhaft für Toleranz und Multikulturalität im islamischen Herrschaftsbereich hervorgehoben, wird von anderen auch als „multikultureller Mythos von al-Andalus" angesehen.[245] Den jüdischen und christlichen Gemeinden in ihren Enklaven wurde zwar zeitweise in begrenztem Umfang sogar das Zusammenleben nach eigenen Regeln und Gesetzen gestattet, solange sie damit den beherbergenden Staat nicht störten, waren jedoch insgesamt dem islamischen Gesetz der Sharia unterworfen. Außerdem war es ihnen untersagt, eigene Gotteshäuser zu errichten und ihren Glauben öffentlich lautstark zu betreiben.

Des öfteren wurde jedoch anders mit Gotteshäusern verfahren, die zur Zeit der Eroberung bereits standen: In Trapezunt am Schwarzen Meer stehen mehrere byzantinische Kirchen, die zu Moscheen umfunktioniert wurden; die dortige Hagia Sophia ist jetzt ein Museum.[49] Das berühmteste Beispiel ist die Hagia

Sophia in Istanbul, die nach der Eroberung 1453 in eine Moschee umgewandelt und mit Minaretten versehen wurde: schließlich kam statt des Kreuzes der Halbmond an die Spitze der Kuppel. Der Halbmond war das alte Symbol der Stadt Byzantion im 4. Jh. v. Chr., eines der Zeichen der Göttin Hekate.[246, 247] Byzantion, Istanbuls ursprünglicher Name, war eine dorisch-griechische Kolonie [238] - am Bosporus gegenüber der zuvor erwähnten „Blinden-Stadt" Chalzedon.

Abb. 69: Mondsichel und Stern, Wahrzeichen der antiken griechischen Stadt Byzantion; Münze, datiert auf 1. Jh. v. Chr. Quelle:[248]

Der Halbmond blieb das Wahrzeichen der Stadt Konstantinopel und wurde anlässlich der Eroberung der Stadt im Jahr 1453 durch die Osmanen zum Symbol für den Islam. - Auch hier herrschte zunächst Toleranz vor: der siegreiche Eroberer von Byzanz, Sultan Medmed II., setzte einen kanonisch gewählten orthodoxen Patriarchen ein und garantierte freie Religionsausübung für Nicht-Moslems. Allerdings musste dazu die Stadt nach Plünderung und Abschlachtung oder Versklavung der Bevölkerung erst wieder neu besiedelt werden. Trotz des Verbots wurde in vielen Städten des islamischen Reiches letztlich doch der Neubau vieler Kirchen und Synagogen geduldet, allein in Istanbul an die 40 orthodoxe Kirchen.

Auch im Spanien des Kalifats von Cordoba hatten die Muslime kein Interesse an einer „Zwangs-Islamisierung". Besonders im Umayyaden-Kalifat bis 750 galt die Lehre aus dem Koran, Mitglieder der anderen Religionen „der Bücher" mit Respekt zu behandeln. Danach, unter den Abbasiden aber, gab es häufiger Konversionen, da sich die Andersgläubigen „Schutzbefohlenen" die teure Sondersteuer sparen und sich nicht mehr den Einschränkungen der Freiheiten für Andersgläubige unterziehen wollten. Wenn also nicht in Spanien, wo sonst in der islamischen Welt findet man nicht nur Toleranz im Sinne von Tolerieren, sondern auch Multikulturalität? Vielleicht im christlichen Ägypten des 7. Jahrhunderts? [A150]

Zwischen den Zeilen von Büchern zur Kulturgeschichte und deren Quellen tritt immer wieder der Eindruck hervor, dass sich die drei Glaubensrichtungen zur Zeit der Anfänge des Islam noch näher an ihrem gemeinsamen Ursprung fühlten und wussten als heute – vielleicht war es eben gerade das relativ enge Zusammenleben, das die Gemeinsamkeiten deutlicher sehen ließ, von Abraham über den Erzengel Gabriel zu dessen Verkündung des Gotteswortes bis zur Himmelfahrt Mariens, die von Christen und Moslems gleichermaßen und gleichzeitig gefeiert wurden.[12]

Als ein seltenes Phänomen traten die Nubier nach 800-jähriger Kultur als christliches Volk offenbar freiwillig zum Islam über.[81]

Alexandria die Prächtige – erste Multi-Kultur?

Alexandria liegt gewiss nicht in Europa. Die Sorge liegt also nahe, dass wir uns allzu weit vom Thema wegbewegen – jedoch: direkt wie auch indirekt spielte diese Stadt für die Entwicklung von Kultur in Europa eine zu bedeutende Rolle, als dass wir sie unerwähnt lassen könnten. Mit der Gründung der Hafenstadt durch Alexander den Großen im Jahr 331 v. Chr. wurde Ägypten Teil der hellenistischen Welt, und die Stadt Alexandria dadurch für fast eintausend Jahre Teil des europäischen bzw. mediterranen Kulturkreises,[A151] bis das Land nach der islamischen Expansion allmählich eben islamisch geprägt wurde. Caesar, Marcus Antonius, Napoleon, hatten Alexandria besucht, die Briten und Franzosen waren im 19. Jh. dort aus und ein gegangen, danach lieferten sich Monti und der Wüstenfuchs [1] in ihrer Umgebung Gefechte.

Alexandria, Hauptstadt des Diadochenreiches der Ptolemäer,[81] beherbergte schon im 3. Jahrhundert v. Chr. eine bedeutende Bibliothek und das Museion, eine Stätte der Wissenschaft. Ab etwa 245 v. Chr. war Eratosthenes aus Kyrene Leiter der Bibliothek gewesen, anerkannt als der erste Gelehrte der Geschichte im Sinne von umfassendem Allgemeinwissen seiner Zeit. Er war unter anderen Disziplinen auch anerkannter Mathematiker, Geograph und Astronom, Verfasser der ersten Weltkarte der Menschheit. [A152]

Nachdem die Akademie Platons in Athen im Jahr 86 v. Chr. geschlossen worden war, nahm Alexandria endgültig ihren Platz als bedeutendste Kulturstätte der Antike ein.

Alexandria war und blieb spätestens seit Caesars Tagen das geistige Zentrum des Römischen Reiches. Alexandria war zur Römerzeit auch eine bedeutende

---

[1] die Generalfeldmarschälle Montgomery und Rommel

Handelsstadt für jene Waren, die auf dem Seeweg aus Indien und über das Rote Meer kamen und weiter im Reich verteilt wurden.[12]
Ob Brände an der Bibliothek durch die Römer selbst verursacht wurden ist nicht konkret bekannt – Caesar löste jedenfalls durch seine Anwesenheit bei Cleopatra in Alexandria in den Jahren 48-47 v. Chr. einen Aufstand und Sturm auf die Stadt aus. Später setzten die Truppen Kaiser Aurelians jenes Stadtviertel von Alexandria in Brand, in dem auch die Bibliothek – oder deren Überreste - stand, als sie Ägypten im Jahr 273 n. Chr. von der syrischen Königin Zenobia aus Palmyra zurückeroberten.

Multi-Religiosität im spätantiken Ägypten

Einladend stand bis vor wenigen Jahrzehnten für alle Ankömmlinge die Freiheitsstatue an der Hafeneinfahrt nach New York. Immigranten aus allen Teilen der Erde machten die Stadt zu einem kulturellen Sammelplatz – ähnlich einladend wirkte wohl auch der Leuchtturm von Alexandria - eines der sieben Weltwunder der Antike.

Eine Reihe von Religionen existierte weitgehend spannungsfrei nebeneinander; die Kulte von Isis und Osiris, Serapis, Kybele, Mithras und der Gnosis, der New-age Bewegung der Antike,[12] wobei letztere zunehmend Abwehr erregte. Es könnte also sein, dass kurze Episoden in der Großstadtbevölkerung des spätantiken Ägypten zeigen, wie eine friedliche Gesellschaft existieren kann – jedenfalls bevor das Christentum zu dominieren begann: eine Übergangszeit, in der sich altägyptische mit einer Anzahl neuerer Religionen aus Nahost mischten, als man seinen kleinen Hausaltar zu Hause hatte und kopfverhüllt morgens und abends seinen Göttern die sehnlichsten Wünsche übermittelte – ohne jegliche Missionierungsidee, volksweit ohne fundamentalistische Religion mit Herrschaftsanspruch. Eine der Möglichkeiten für die Entwicklung einer friedlichen Koexistenz scheint also das enge Zusammenleben verschiedener Gruppen zu sein, von denen keine dominiert, also auch nicht jene einer bodenständigen Kultur. In solchem Milieu ist das allmähliche Zusammenfließen kultureller Inhalte im Laufe von Generationen des Zusammenlebens von Menschen unterschiedlicher kultureller Herkunft offenbar möglich. Ein typisches Symbol für diese damalige Gesellschaft ist das koptische Kreuz: es heißt auch ägyptisches „Henkelkreuz, und trägt statt des Kopfbalkens eine Schleife, vergleichbar mit dem „Anch", dem altägyptischen Symbol für ewiges Leben.[12] Dieses Symbol wurde im Ägypten der frühchristlichen Zeit auch als Symbol für Christentum verwendet, heute bekannt als „koptisches Kreuz"; die älteste Form der Darstellung des Kreuzes als christliches Symbol,[A68] ähnlich dem Staurogramm.[A184]

Es ist zu vermuten, dass es das ist, was sich Trojanow und Hoskote unter einem „Zusammenfließen der Kulturen" [97]anstatt ihres Kampfes vorstellen. Man darf dabei aber nicht übersehen, dass es sich um eine Ausnahmesituation handelte, in der eben keine der Gruppen dominierte, jede Teil des Ganzen, jede Gast. Diese friedliche Situation ändert sich unverzüglich, wenn Herrscher intervenieren,

Abb. 70: Göttin Isis gibt Königin Nefertari das ewige Leben mit dem „Anch", dem alt-ägyptischen Symbol für „Leben".[249]

Indem sie die Meinung hervorrufen oder zulassen, dass eine der Glaubensgruppen bevorzugt wird: Meuchelmorde, Mobbing und Pogrome sind die verlässliche Folge. Die Volksmeinung fixiert sich dann in blinder Überzeugtheit, wie sie bei Missionierung wirkt, gleich ob religiös oder politisch. An dieser Stelle kommt dann der Herrscher nochmal ins Spiel, oder einer, der das Zeug hat, einer zu werden: der Usurpator von Überzeugung, einer, der die Gabe hat, Massen von einer Idee zu beseelen, die er selbst aber aus der Masse erspürt hat und nun als Mittel zum Zweck für seine Macht missbraucht. Im Alexandria der Spät-Antike wurde die Ruhe letztlich durch die beginnende Dominanz des Christentums im Byzantinischen Reich gestört, zu dem Ägypten seit der Reichsteilung im Jahr 395 gehörte.

Aleppo und die Toleranz

Eines der bezeichnendsten Bauwerke nicht nur für die ursprüngliche Zusammengehörigkeit der drei mosaischen Religionen, sondern vor allem auch für die zeitweilige Offenheit der Muslime gegenüber den beiden anderen, ist die Moschee auf der Zitadelle von Aleppo – die jüngsten Ereignisse um radikale Islamisten haben sie der Welt immer wieder auf die Bildschirme gebracht-, neben jenem Brunnen, da der Abraham des Alten Testaments [A153] seine Kuh getränkt haben soll,[238] jener Stammvater Abraham, auf den sich alle drei Religionen beziehen, der also auch der Stammvater der Araber ist.

Zunächst war auf der Zitadelle von Aleppo ein hellenistischer Tempel gestanden. An ihre Stelle trat die Basilika von St. Helena, der Mutter Kaiser Konstantins. Zur Zeit der Kreuzzüge wurde die Basilika in eine Moschee umfunktioniert (jetzt steht dort die Madrasa al-Halawiya), gegenüber der Dschami al Kabir, der großen Moschee, auch Umayyaden-Moschee genannt.[250] Anders die Christen: die Byzantiner eroberten Aleppo im Jahr 962 und ließen wenig von den islamischen Bauwerken stehen.[251] Die Kreuzfahrer allerdings schafften es nie, die Stadt zu erobern. Unter den Hethitern hatte sie mehrmals den Besitzer gewechselt, war dann Teil des assyrischen und des persischen Reiches, bis es Alexander der Große - auch 333 v. Chr., Issos ist nur etwa 120 km Luftlinie entfernt [A154] - in Besitz nahm und restaurieren ließ. Es folgten Armenier, Römer, Byzanz, abwechselnd Sassaniden, wieder Byzanz und Seldschuken, Araber, Kreuzritter, Mongolen, Mameluken und Osmanen.

Aleppo wurde und blieb eine der großen Handelsmetropolen der osmanischen Reiches, bis die europäische Kolonialpolitik die Stadt nicht nur aus ihrer handelsdominierenden Rolle verdrängte, sondern auch Spannungen zwischen den Konfessionen hervorrief: die Europäer bevorzugten die Christen und Juden als Handelspartner; Folge war ein blutiger Aufstand der Muslime im Jahr 1850 mit Pogromen an Christen und Juden;[252] wieder einmal war das Edikt eines Herrschers wirkungslos geblieben, hier des Sultans Abdülmecid I., als er sich um Gleichberechtigung aller Bürger der Stadt bemühte, gleich welchen Glaubens. Aber der Aufstand wurde auf noch merkwürdigere Weise ausgerechnet von einem Europäer niedergeschlagen: durch Amurat Pascha, den zum Islam konvertierten polnischen Offizier Jozef Bem aus der türkischen Armee.

Im Jahr 1915 wurde die Umgebung von Aleppo Endpunkt des Todesmarsches der deportierten 1,7 Millionen Armenier. Das nächste Pogrom war 1947 gegen die Juden gerichtet, knapp bevor Viele von ihnen im Jahr darauf in das neu gegründete Land Israel auswanderten.

Indes war Aleppo auch wieder eine der typischen sogenannten „multikulturellen" Städte der Welt ihrer jeweiligen Zeit: gemeinsam als „typische Aleppiner" stolz auf „ihre" Stadt, lebten aramäische Christen, geflohene Armenier, Muslime verschiedener Sekten in wohl voneinander separierten Vierteln, wahrten allesamt ihre Religionen und kulturellen Gepflogenheiten – jeweils eine Episode lang. Dieser „Multikulturalität" wegen war es bis ins 21. Jh. zunehmend typisch für Aleppo, dass die islamische Kultur der Heiligenverehrung möglichst unauffällig zu halten war, um keine Gegenreaktionen Andersgläubiger zu provozieren – denn die Verehrung ihrer Heiligen wurde besonders auch von den Muslimen in Aleppo gepflegt:[A155] Markantes Beispiel war „der fliegende Šaiḫ" am 24. Februar des Jahres 1991, dem Tag, als die amerikanische Bodenoffensive im Irak-Krieg begann: der Heilige entstieg seinem Grab; das Ereignis wurde gleichgesetzt mit dem Aufsteigen einer Rakete zum Schutz der Glaubensbrüder und erregte breite Aufmerksamkeit in der sunnitischen Bevölkerung der Stadt.

Abb. 71: Aleppo, „Die Graue"[251] genannt wegen der grauen Steinquader ihrer Häuser.

227

Das von Unbekannten geöffnete Grab des Heiligen wurde unverzüglich von Militär umstellt und kurz darauf zubetoniert. - Es gibt jedoch über 100 andere muslimische heilige Stätten in Aleppo, wie das Grab des Propheten Zacharias, die Stätte von Stammvater Abraham, Fuß- und Handabdrücke des Propheten Mohammed.[251]

Und wieder wendet sich das Blatt: Syrien zerstört sich selbst. Aleppo, die Stadt Abrahams, ist wieder einmal ein Trümmerfeld. Die Geschichte wiederholt sich. Diesmal wüten Radikale zusammen mit weniger Radikalen gegen radikale Konservative – auch im Dreißig-Jährigen Krieg Europas gab es Zeiten, da kaum noch jemand wusste, worum eigentlich gekämpft wird. Wieviele Opfer die Wut aus der Überzeugtheit von Machtanspruch diesmal kosten wird, ist noch nicht bekannt.

Aleppo ist ein Zeichen - Brennpunkt der Mächte und Kulturen, nicht Beispiel für multikulturelles Zusammenleben der Menschen unterschiedlicher Religionen, sondern Beispiel für den anstrengenden und gefährlichen Versuch, Menschen unterschiedlicher Kulturen auf relativ engem Raum wohl getrennt voneinander in Schach und in Frieden zu halten. Und dennoch bestätigt die Geschichte auch dieser Stadt das Phänomen: friedliches Zusammenleben verschiedener Kulturen auf dem engen Raum einer Großstadt *ist* möglich, so lange keine der Gruppen dominiert. Jede Intervention der Macht mit Bevorzugung einer Gruppe endet in Ausschreitungen, Mord und Totschlag. Das ist eine der Kernerkenntnisse aus dem weit gespannten Bogen unserer Reise durch die Geschichte.

Eine Ausnahme von allen Argumenten bildet jene Stadt, die von allen drei abrahamitischen Religionen voll Eifersucht als Zentrum beansprucht wird: Jerusalem.

Toleranz – und der Kampf um Jerusalem

Der Kampf religiös motivierter Machtbereiche in Europa begann außerhalb Europas. Nicht Rom, die ewige Stadt, war im Mittelpunkt, sondern Jerusalem, die ältere Stadt:
Zur Zeit von König Salomon war Jerusalem schon mindestens so alt wie die ewige Stadt Rom heute.[A156] Für biblische Pracht und Größe haben die Archäologen bis heute jedoch keine Zeugen gefunden: bis etwa 1200 v. Chr. war Jerusalem ein Stadt-Staat unter der Herrschaft Ägyptens. Als im Dunklen Zeitalter die Invasion der Seevölker über das östliche Mittelmeer hereinbrach, wurden die Kanaaniter zwar vom „ägyptischen Joch" befreit, verarmten jedoch und wurden in ihrer kulturellen Entwicklung zurückgeworfen. Das „Dunkle Zeitalter" von Hellas war also auch hier angebrochen, dunkel nicht nur wegen des kulturellen Verfalls, sondern auch für die Archäologie, die nach wie vor rätselt, wer diese „Seevölker"

gewesen sein mögen, die Ägypten gleichzeitig mit einer Landstreitmacht angriffen, modern ähnlich der ihrigen. Ein Teil dieser Seevölker soll sich in Küstennähe als „Philister" angesiedelt haben, aus denen die „Palästinenser" geworden seien.

Jerusalem wird zur Stadt Davids; es folgt die Zeit Salomons, Zeit der vereinigten Königreiche Juda und Israel – archäologisch ähnlich düster und zunehmend diskrepant von den biblischen Erzählungen. Als Spielball zwischen Assyrern, Ägyptern und schließlich Babyloniern kehrt Jerusalem zurück in die Geschichte, zuletzt mit den Belagerungen und Eroberungen durch Nebukadnezar II. und der Zerstörung des Jahwe-Tempels im Jahr 587 v. Chr. Genaueres erfährt die neubegierige Wissenschaft nicht, denn Ausgrabungen am Tempelberg sind nicht gestattet. Der zweite Tempel, insbesondere seine Erweiterung zum Tempel des Herodes, steht wieder im vollen Licht der Geschichte, nicht zuletzt wegen seiner Zerstörung durch Kaiser Titus im Jahr 70 n. Chr.

Jedoch, es geht hier nicht um Alter, nicht um Geschichtswissenschaft, sondern um Anspruch:

Es begann mit dem Versuch der Beseitigung oder wenigstens Verhinderung der Christen in Jerusalem: der erste verfolgte Christ war Jesus von Nazareth selbst. Sobald man ihn erfolgreich dem Mob und damit dem Tod am Kreuz ausgeliefert hatte, kamen als nächste seine Apostel und Jünger an die Reihe: Petrus wurde vorübergehend ins Gefängnis gesteckt, Johannes floh wahrscheinlich mit der Hl. Maria nach Ephesos, um sie dort in Sicherheit zu bringen – sie soll bis zu ihrem Tod in Ephesos gelebt haben.[238] Die Juden hatten sich jedoch unabhängig von ihrem verständlichen Freiheitsdrang wiederholt wegen interner Machtkämpfe die Intervention des Römischen Reiches zugezogen, in dessen Abhängigkeit sie teilautonom lebten. Schließlich traf es die Juden selbst – und im Jahre 70 endgültig: Kaiser Titus hob den Sonderstatus für Palästina auf, ließ Jerusalem stürmen und die Juden aus der Stadt verbannen. Der Tempel war zum zweiten Mal zerstört.[A157] Neue Provinzhauptstadt wurde Caesarea.

Der nächste Aufstand der Juden brach aus, als Kaiser Hadrian seiner Überzeugung der fraglosen Überlegenheit der römischen Kultur damit Ausdruck verlieh - und damit seiner Verständnislosigkeit gegenüber der Bedeutung von „Kultur" für die Menschen darin - dass er auf der Ruinenlandschaft des Tempelberges einen Jupiter-Tempel errichten lassen wollte. Soweit mir aus der rezenten Forschung bekannt ist, hat erst Kalif Abd Al Malik tatsächlich dort wieder ein Gebäude um das Zentrum der Welt errichtet. Das war um 700 n. Chr.

Sobald Kaiser Theodosius im Jahr 391 [A57] das Christentum endgültig zur Staatsreligion erhoben und das ersterbende Römische Reich zu einem katholischen Gottesstaat dekretiert hatte, lehnten sich jüdische Gruppen erneut und wiederholt auf: den verzweifelten Kampf um ihren Kulturraum hatten die Juden Palästinas auch nach der Zerstörung Jerusalems und des Tempelbezirkes im Jahre niemals aufgegeben: bis zur Geburt Mohammeds zähle ich mindestens sechs Aufstände, zwei weitere der Samaritaner. Zu Beginn der Diaspora waren sie den in den Kolonien lebenden römischen Großgrundbesitzern als eine Art

Leibeigene unterstellt und durften ihre Gegend nicht verlassen. Vor allem war ihnen der Zutritt zu ihrem Jerusalem untersagt, sie lebten nun in Tiberias, Galiläa und auf den Golanhöhen. Auch gab es schon damals Judenverfolgungen.

Im Jahr 325, während der Regierungszeit von Kaiser Konstantin, begann die verdrängende Wirkung des Christentums, als Jerusalem zum Patriarchat erhoben wurde. Mit der Teilung des Römischen Reiches im Jahr 395 wurde Palästina und die gesamte Levante ein Teil des Oströmischen Reiches. Kaiser Justinian setzte einen Meilenstein im Kampf der Kulturen, indem er im früheren Tempelbezirk – wenn auch nicht direkt im Bereich des jüdischen Gründungsfelsen (auf Hebräisch Even ha-Shetiyya) eine Kirche zu Ehren von Maria, der Mutter Jesu, errichten ließ. Als Byzanz im frühen 7. Jh. die Kontrolle über die Levante zusehends verlor – es musste sich gleichzeitig gegen die Sassaniden-Herrscher Persiens im Osten und die arabischen Kämpfer Mohammed's im Süden verteidigen -, erhoben sich 613 die Juden und erleichterten den Persern 614 den Einmarsch in Jerusalem; die Marien-Kirche wurde dabei zerstört. Der Sassaniden-Herrscher Chosrau II. ließ aber die Grabeskirche schützen, auch wenn Unbekannte die Kreuzes-Reliquie der Christen an einen unbekannten Ort verschleppten. Nun, unter den Persern, konnten sich die Juden sicher fühlen, durften Jerusalem wieder betreten, waren jedoch weiterhin nur tolerierte Untergebene im eigenen Land.

Jetzt aber beginnen Juden und Christen sich gegenseitig zu bekämpfen: der jüdische Regent von Jerusalem wird 617 von Christen ermordet, der Führer der Sassaniden setzt daraufhin einen Christen als Regenten ein. Der schwindelerregende Wirbelwind der Geschichte fegt weiter über den Mittelpunkt der Welt: 627 besiegt Kaiser Heraclius in der Schlacht von Ninive die Sassanidenherrscher Persiens und nimmt zwei Jahre später die Stadt Jerusalem wieder für Byzanz in Besitz. Nun haben wieder die Christen die Oberhand, Juden werden verfolgt. Aber nicht für lange: denn zehn Jahre darauf und fünf Jahre nach dem Tode des Propheten schlägt Kalif Umar der Große das Byzantinische Reich entscheidend, Jerusalem wird 637 Teil des Kalifates. Die Araber geben nun den Ton an: eine einheitliche Linie des Verhaltens gegenüber den anderen Religionen gibt es nicht, jedoch herrscht episodenweise Toleranz gegenüber Juden und Christen. Mohammed selbst soll noch den Juden einiger Städte im Süden, z.B. Eilat, Schutz und freie Religionsausübung verbrieft haben, gegen eine Steuer - die erste Erwähnung in der Geschichte der zuvor erwähnten dschizya.[253]

Schon seit 622, nach Mohammed's nächtlicher Reise und Himmelfahrt über dem heiligen Felsen am Tempelberg von Jerusalem, wird dieser Ort die „Qibla" der Moslems: jener Mittelpunkt, zu dem sie sich zum Gebet wenden müssen. Zwei Jahre später verliert er diese Rolle jedoch an Mekka: die Kaaba wird zur Qibla.

Sechs Jahre nach Mohammeds Tod, 638, wurde am Tempelberg die erste, hölzerne, Al Aqsa Moschee erbaut. Um 690 folgte der nächste Schlag gegen die jüdische Seele mit dem Bau des Felsendoms, errichtet um jenen Gründungsfelsen, auf dem nach jüdischem Glauben die Welt gründet, jener Felsen, auf dem Abraham Gott seinen Sohn geopfert hätte, der dann das Zentrum des jüdischen

Tempels war und der Standort der Bundeslade. Mohammed trat dorthin und von dort seine himmlische Reise zu den Propheten der beiden anderen Religionen an, zuletzt zu Jesus, den er damals ebenfalls als Propheten erkannte. Dieser Felsen in der Mitte des Tempelbergs in Jerusalem ist also ein sehr geheimnisvolles Symbol für die mosaischen Religionen (Abb. 72): eigentlich einigend für alle drei, und doch eifersüchtig umkämpft wie das Vorrecht, die einzig seligmachende der drei Religionen zu sein.[254]

Abb. 72: links: Grabeskirche der Christen, rechts: Tempelberg 1-Felsendom mit Gründungsfelsen der Juden und Muslime, der Platz, an dem einst der Tempel der Juden stand, 2-Al-Aqsa Moschee, 3- Klagemauer, Rest des zerstörten jüdischen Tempels. Quellen:[255]

Eben deshalb nahmen die Kreuzritter im Jahr 1099 den Felsendom in Besitz und wandelten ihn um in ihre Kirche; auf den Felsen in deren Mitte kam ein Altar – 1141 wurde die Kirche im Beisein des Patriarchen von Antiochia eingeweiht. So hatten innerhalb dieses ersten Jahrtausends der christlichen Zeitrechnung alle drei Religionen den Felsen einmal besessen – und er sollte den Besetzer nicht zum letzten Mal gewechselt haben. Denn schon 1187 zog wieder Sultan Saladin siegreich in Jerusalem ein und entfernte das Kreuz am Kuppeldach; nun war wieder den Christen der Zugang zum Tempelberg verwehrt.

Ein anderer Streitpunkt – und Auslöser der Kreuzzüge - ist die Grabeskirche in Jerusalem (Abb. 72 links) – erbaut um den Golgata-Felsen, die Stelle der Kreuzigung, und um die vermutete Gruft Jesu. An dieser Stelle hatte Kaiser Hadrian im Rahmen der Errichtung von Aelia Capitolina, dem neuen Jerusalem, um 135 n. Chr. einen Venus-Tempel errichten lassen und damit den Bar-Kochba-Aufstand der Juden ausgelöst. Während des Tempel-Baues sei – so der Bericht von Kirchenvater Eusebius von Caesarea aus ca. 320 n. Chr. - die Grabkammer Jesu entdeckt, jedoch mit dem Venus- Tempel überbaut worden.[256] Als an dieser Stelle im Auftrag Helenas, der Mutter Kaiser Konstantins, erste „archäologische"

Grabungen durchgeführt wurden, entdeckte man unter den Resten des Venus-Tempels jene der Grabkammer Jesu. Kaiser Konstantin ließ darüber die Grabes-kirche errichten und im Jahr 326 einweihen. Die Kirche wurde zwar 614 anläss-lich der Eroberung Jerusalems durch die Sassaniden beschädigt, danach jedoch geschützt und erhalten.

Die Christen hatten immer wieder mächtige und tolerante Gesprächspartner auf der Gegenseite; schon drei Jahrhunderte vor Sultan Saladins Zusage an Richard Löwenherz hatte Kaiser Karl der Große im Jahr 797 mit Kalif Harun al-Rashid eine Vereinbarung getroffen, wonach ihm, Karl, die Obhut der christlichen Weihestätten übertragen wurde; danach konnten die Christen ihre Grabeskirche restaurieren und weitere Gebäude erneuern, wie das lateinische Hospital der Benediktiner. Erst im Herbst des Jahres 1009 ließ al-Hakim, Kalif der Fatimiden von Kairo, die Grabeskirche anlässlich seiner Eroberung Jerusalems aus den Händen von Byzanz zerstören und die Grabkammer abbrechen. Der Sturm der Entrüstung in der Christenwelt bildete den Beginn des Entschlusses zum Kreuzzug. Zusätzlich beendete al-Hakim die bis dahin tolerante Haltung der Fatimiden gegenüber anderen Religionen, verschärfte das dhimmi-System, unterdrückte Juden und Christen und erschwerte den Zugang der Pilger zu den heiligen Stätten.

Jerusalem kam also nicht zur Ruhe, jenes Jerusalem, das den Juden, nein den Christen, und wieder nein, den Moslems gehört – bis zum heutigen Tag. Stets scheint es der – nach heutiger Diktion – fundamentalistische Übergriff einer der Drei gewesen zu sein, der eine nächste Katastrophe für das Heilige Land und für Jerusalem auslöste.

Der nächste Angreifer in unserer kurzen Geschichte von Jerusalem war Papst Urban II., mit seinem Aufruf zum ersten Kreuzzug: Außer dem Hilferuf von Byzanz gab es nämlich noch ein weiteres Problem: Byzanz selbst. Schon 1054 war es zum endgültigen Schisma in der Kirche gekommen, als sich auch der Patriarch von Jerusalem der Ostkirche anschloss und damit die Christen im Heiligen Land der Ostkirche Konstantinopels unterstellte, also der Orthodoxie. Als dann auch noch die Seldschuken 1071 eingefallen waren und sich Schlachten mit den Fatimiden lieferten, das Land in Chaos und Anarchie zersplitterte, war den christlichen Pilgern der Zugang zu den heiligen Stätten endgültig ver-schlossen. Der Kreuzzug sollte Jerusalem befreien und die katholische Kirche dort wieder etablieren. Und so geschah es – wenn auch nicht für sehr lange.
Fundamentalismus auf dem Banner von Machtinteressen macht blind und taub; Sultan Saladin soll noch gesagt haben: „Ich glaube, dass Jerusalem das Haus Gottes ist, wie ihr auch glaubt." [238] Das war 88 Jahre nach der Eroberung durch die ersten Kreuzfahrer 1099. Erfolgreich in seiner Absicht, das islamische Großreich wiedererstehen zu lassen, stand Saladin mit seinem Heer vor den Toren der Stadt. Die Kreuzfahrer haben darauf nicht reagiert und zwangen damit Saladin, Jerusalem zurückzuerobern. Jerusalem wurde wieder weitgehend

umgekrempelt: Kirchen wurden zu Moscheen, die Kirche St. Anna zur Madrasa – nur die wieder errichtete Grabeskirche blieb verschont. Saladin wahrte zumindest grundsätzlichen Respekt. Als sich Richard Löwenherz 1191 im dritten Kreuzzug ihm entgegenstellt und ihn zurückdrängt, bekommen die Christen im Jahr darauf wieder Zugang zu Jerusalem, in der Grabeskirche dürfen katholische Priester ihr Amt versehen, verbrieft durch Saladin.

Kaiser Friedrich II. hingegen ließ sich lange Zeit, ehe er seinem Auftrag zur Teilnahme am Kreuzzug nachkam. Zu der Zeit, die ihm dafür richtig erschien, es war dann schon der fünfte oder sechste aller Kreuzzüge gen Jerusalem, war er – ein weiterer Hinweis auf die Bedeutung der Religion – vom Papst wegen Verzugs bereits exkommuniziert und daher gar nicht mehr legitimiert. *Er* war es jedoch, der den friedlichsten aller Kreuzzüge schaffte, indem er ohne Kampf Jerusalem und weitere Stätten vom ägyptischen Sultan al-Kamil rückerstattet bekam und weitere friedenstiftende Verträge abschloss. Die Ordensritter verweigerten ihm dafür die Gefolgschaft, schlechter Ruf war ihm insgesamt sicher.

Wenige wie Saladin, al-Kamil und Harun al-Rashid gab es auf beiden Seiten, die bereit waren, den Anderen die Hand zu reichen im Gewahrsein des gemeinsamen Gottes. Meist behielt die Eifersucht die Oberhand, wenn schon nicht die schlecht verborgene Gier, das besungene und verdammte Kind der Instinkte im Schafspelz der Überzeugtheit: Weitere Kreuzzüge waren gefolgt und verloren. Schließlich war Jerusalem 1244 weitgehend bis zur Unbewohnbarkeit zerstört worden.

Seit Karl dem Großen und Harun al-Rashid hatten die Franzosen die Behütung der heiligen Stätten als ihr eigenes, nationales Recht verfolgt und als „Königreich Jerusalem" betrieben, beginnend mit Gottfried von Bouillon. Diese Vereinbarung war mit dem Einfall der Seldschuken verloren, danach von den Mameluken praktisch nicht respektiert, erst mit dem Einzug der Osmanen 1516 wieder diskutabel: die Italiener hatten schon davor Handelsabkommen mit der „Hohen Pforte" in Istanbul erreicht, die als „Kapitularien" bezeichnet wurden. Unter Berufung auf ihr altes Recht gelang Franz I. ein neues Abkommen, das nunmehr den Franzosen künftig das „Protektorat" über die heiligen Stätten sicherte – ein Erfolg gegen den eifersüchtig bekämpften mächtigeren Rivalen in Europa, den Habsburger Karl V. - Im Jahr 1555 wird die Grabeskirche wieder restauriert, 1604 tritt das erste Protektorat in Kraft. 1774 macht Katharina die Große dem Protektorat einen Strich durch die Rechnung: Sultan Abdul Hamid unterzeichnet einen Vertrag, mit dem das Protektorat nunmehr von Frankreich auf Russland übergeht und die Orthodoxen die Gesamtleitung übernehmen. Diese Schmach wollte Napoleon 1799 gutmachen durch einen Feldzug von Ägypten aus; er erlitt jedoch eine Schlappe - so begann neuer Streit:

Panslawismus, Krim, Kreuz und Halbmond

Die Grabeskirche in Jerusalem sollte zum – zumindest vorgeschobenen – Auslöser für einen weiteren Krieg werden: den Krim-Krieg von 1853. Der Kampf um die Schutzherrschaft des Heiligen Grabes war zum Dauerstreit zwischen den verschiedenen christlichen Konfessionen geworden: der Sultan des Osmanischen Reiches (genannt die „Hohe Pforte") gewährte mittlerweile die Erlaubnis abwechselnd, meist zwischen den Franziskanern und den Orthodoxen.

Auf der Krim wiederholt sich die Geschichte: im Jahr 1853, war die Krim Gegenstand der Auseinandersetzung zwischen Russen und Osmanen - Auslöser für deren 9. Krieg gegeneinander. Die europäischen Alliierten Frankreich und England unterstützten die Osmanen gegen Russland. Heute ist man wieder in derselben Lage - mit dem Unterschied, dass die EU bisher einen Krieg mit Russland vermeidet. „Mönchsgezänk" war damals der vorgeschobene Anlass: Franziskaner und Orthodoxe stritten sich um die Schlüssel zur Grabeskirche; um die Osterzeit kam es immer wieder zu handgreiflichen Auseinandersetzungen zwischen den Mönchen, weil die Orthodoxen wieder zunehmend die Alleinherrschaft beanspruchten. Diesen Anspruch erhob Zar Alexander I. nun wieder für alle Christen im Heiligen Land. Russland stellte sich hinter die Orthodoxen, Frankreich und England repräsentierten die Interessen der Katholiken, die Interessen aller Muslime vertrat das Osmanische Reich. Schon damals war das Osmanische Reich in einer Krise geschwächt („der alte Mann am Bosporus"). Europa wollte verhindern, dass Russland davon profitiert und sich die Schlüsselstellen für den Zugang zum Mittelmeer aneignet. So begann der Krim-Krieg. Schon damals waren die Russen bestrebt, in der als „Panslawismus" bezeichneten Bewegung die orthodoxen Christen des Balkans von der osmanischen Herrschaft zu befreien. Andererseits war da Österreich mit seinem Interesse an Serbien: der Konflikt sollte ein halbes Jahrhundert später den Ersten Weltkrieg auslösen.

Jerusalem wurde von Europa noch lange beansprucht: Franz Joseph I., Kaiser von Österreich-Ungarn, Erbe der Dynastie, die bis zu Karl VI. auch Könige von Neapel waren, nannte sich noch 1916 König von Jerusalem, als Erbstück der neapolitanischen Linie des Titels.

Heute betrifft er Europa betreffend Religion nur noch indirekt, dieser Kampf um Jerusalem. Die koloniale Zeit der Protektorate ist endgültig vorbei, die daraus resultierenden Dauerkonflikte halten jedoch an. Religion ist im Westen kein Machtfaktor mehr, sondern Privatsache. Ungeachtet dessen geht der Kampf weiter; weiter um Anspruch, aber tiefer reichend als je, so tief, dass sich all diese Geschichte von Grausamkeit und Eifersucht in ihr Gegenteil zu kehren beginnt: nicht mehr nur Eifersucht um Vorrangstellung, sondern Verständnis, ja Empathie, für die Vertriebenen: Juden in Israel demonstrieren dafür, den Palästinensern endlich ihren Staat zu geben – wieder eines jener Zeichen, mit denen Israels Volk sich auszeichnet vor der Welt, nichtachtend politischer Umtriebe um Macht. Und wieder ungeachtet dessen reicht der Konflikt so tief, dass die Funken der Aggression von diesem Felsen Jerusalem regelmäßig weiter sprühen wie das Drohen eines Vulkans, der vor dem großen Ausbruch, einem sich aus diesem Konflikt entfachenden weiteren Weltkrieg warnt.

Toleranz und Pogrom:

Von der Macht der Herrscher – und der Macht des Volkes

Pogrome sind nicht unmenschlich: sie sind menschlich. Erst wenn man diese Tatsache offen eingesteht, lässt sich eine Strategie zur friedlichen Koexistenz erarbeiten. Die Verdammung stammesgeschichtlich gewachsenen Verhaltens, besonders von Menschenmassen, denen man keine kollektive Verantwortung abverlangen kann, ist nutzlos. Herrscherliche Edikte bleiben selbst bei Androhung schwerer Strafen weitgehend wirkungslos, solange eine kulturelle Grundeinstellung gegenseitigen Respektierens nicht in den einzelnen Mitgliedern einer Gesellschaft tief verwurzelt ist. Denn das „natürliche" Verhalten von Clans und Nationen ist durch Fremdenabwehr und Territorialisieren gekennzeichnet:[A158]

Toleranz hatte auch der Arianer Theoderich der Große [A159] angeordnet. Als König der Ostgoten ab 493 im Italien nach dem endgültigen Ende des Weströmischen Reiches wollte er in der Folge der Raubzüge der Hunnen und Vandalen wieder Ruhe und Frieden schaffen; den jüdischen Bürgern gewährte er Religionsfreiheit und sogar autonome Gerichtsbarkeit. Immer wieder aber entlud sich an ihnen der Hass der christlichen Bevölkerung, kam es zu Ausgrenzung und Verfolgung. Ähnlich erging es einer ganzen Reihe weiterer Herrscher im Laufe der Geschichte, wie Kaiser Karl V., King George III., Kaiser Joseph II., Louis XVI., Sultan Abdülmecid, und nicht zuletzt Regierungen bis in unsere Tage.[1]

Das Ghetto von Speyer zum Schutz eingewanderter Juden gegen die einheimische Bevölkerung hatte ich bereits erwähnt (dzt. S. 203). Nach mehreren Pogromen in der Zwischenzeit wurde die Lage der Juden besonders durch die judenfeindlichen Schriften von Martin Luther erschwert. Kaiser Karl V. erließ daher am Reichstag in Speyer des Jahres 1544 das „Große Speyrer Judenprivileg", das Misshandlungen bei Strafe verbot. Das Edikt wurde 1548 erneuert, danach 1566 von Maximilian II. nochmals erlassen – zweifellos wegen der regelmäßigen Übertretung des Edikts.

Im London des Jahres 1780 wurde von Lord George ein Aufstand von über 40.000 radikalen Protestanten ausgelöst, die „Gordon Riots": Grund war ein „Roman Catholic Relief Act" von König Georg III. aus 1778 – ich hatte auf S. 149 davon berichtet, dass er mit diesem Toleranzpatent versuchte, die Katholiken Englands vor Angriffen der Protestanten zu schützen. Bürgerkriegsähnliche Zustände mit noch brutaleren Angriffen waren die Folge.

Das Jahr 1850 sah in Aleppo einen blutigen Aufstand der Muslime mit Pogromen an Christen und Juden;[252] wieder einmal war das Edikt eines Herrschers, hier des Sultans Abdülmecid I., zur Gleichberechtigung aller Bürger der Stadt (Aleppo), gleich welchen Glaubens, wirkungslos geblieben.

In unseren Tagen steht der Islam aus beiden Gründen in den Schlagzeilen: Zwangs-Islamisierung, Vertreibung und Pogrome durch die Türken in Nordsyrien; Zwangs-Ent-Islamisierung der Uiguren in West-China, Pogrome an den Rohingyas in Myanmar.

Epilog zur religiösen Toleranz

Während man im Abendland alles daransetzte, trennender religiöser Überzeugungen wegen Frieden und Leben aufs Spiel zu setzen, sich zuerst voneinander zu trennen und einander zu beschimpfen, schließlich im Dreißig-jährigen Krieg grausam zu zerfleischen, ging ein Meister der Diplomatie im Morgenland den entgegengesetzten Weg: Dschalāludin Muhammad Akbar, Großmogul von Indien, bemühte sich um eine Einigung zwischen den Religionen, zwar im besonderen zwischen Hinduismus und Islam, aber auch unter Einbeziehung von Zoroastrismus und Christentum, und schuf dafür um 1580 sogar eine eigene, neue Religion, in der alle bisherigen vereint sein konnten. Seine pazifistische Mission erinnert an das Reich des Ashoka [A160] um 250 v. Chr. Seine Nachkommen vernichteten die Initiative wieder gründlich, führten die von Akbar abgeschaffte Steuer, die dschizya für Nicht-Muslime wieder ein, begannen mit Zwangs-Islamisierung der Bevölkerung. Der Erbauer des Taj Mahal ließ den Meister-Guru der Sikhs ermorden.[81]

„Religiöser Nationalismus"

Nationalismus und religiösem Fanatismus ist die aggressive Feindseligkeit gemeinsam. Sieger über eine fremde Kultur errichteten meist – mit wenigen Ausnahmen wie der Hagia Sophia - ihre Sakralbauten an jenen Stellen, wo schon ein für die besiegte Kultur bedeutender Bau stand. Tempel, Kirchen und Moscheen wurden bewusst, und mit aggressivem, zerstörerischem Stolz, an den Stellen früherer Heiligtümer errichtet: ägyptischer, griechischer, etruskischer, keltischer, römischer, christlicher, islamischer,[257] als gelte es, sich selbst zu beweisen, dass man das einzige je existierende Leben sei –angesichts der tatsächlichen Evolution eine wirre Ansicht, die in der Tat etwas Paranoisches hat, wie Canetti mit großer Mühe für das Detail herausgearbeitet hat (siehe S. 139).

Kein Herrscher der Welt hat es bislang geschafft, Toleranz per Dekret zu erwirken. Es scheint, dass zwischen Menschen nur geschehen kann, was schon zuvor in den Herzen der einzelnen Mitglieder einer Nation ruhte. Mit „Herz" aber meinen wir Emotion, also spontanes, unreflektiertes Erleben und Verhalten. Somit wird klar, dass nur die Erziehung zur Überwindung jener zuvor erwähnten menschlichen Verhaltensfallen, die Gruppen gegeneinander hetzen, dass nur Erziehung das Risiko der gegenseitigen und letztlich selbstzerstörerischen Aggressivität bannen kann.

Migration in der Neuzeit

Migration ist nicht gleich Migration

Wer von Migration spricht, muss den fundamentalen Unterschied zwischen Besiedelung eines menschenleeren Landes und Eindringen in den Lebensraum einer anderen Kultur bedenken, auch wenn es zwischen diesen beiden Extremen beliebig viele Varianten mit Abstufungen von Zusammenrücken gibt. Im Osteuropa des 13. Jh. lebten kaum Menschen, als die Deutschen sich dort langsam auszubreiten begannen.[A86] Deportationen zur Zeit Maria Theresias und Lockangebote zur Zeit Katharinas II. dienten teils der Erweiterung des bäuerlich-produktiven Machtbereiches von Herrschern, teils zur Besiedelung von Brachland als Schutzbarriere für das Kernland gegen drohende Invasoren. Der Kontrast zur Einwanderung einer Million Menschen aus einer fremden Kultur und Religion in ein seit Jahrhunderten von Menschengenerationen einer Abstammung bis auf den letzten Quadratmeter privat oder öffentlich verwalteten Landes könnte größer nicht sein. Konfrontation und Auseinandersetzungen sind garantiert, wenn die Einwanderer dann auch noch darauf bestehen, die Sitten und Gebräuche aus ihrer Heimat im Gastland auszubreiten mit Kleidung, öffentlichem Benehmen und Bautätigkeit. Die Vermeidbarkeit davon, die Moral und die biologischen Hintergründe habe ich teilweise schon früher beschrieben, teils werde ich im nächsten Band weiter darauf eingehen.

In groben Kategorien kann man – mit der einen Ausnahme der Ost-Besiedelung [A86] - bis etwa zum Jahr 1500 Immigration *nach* Europa feststellen, danach bis zum Ende des 2. Weltkriegs Emigration *aus* Europa nach Übersee, und innereuropäische Umsiedelungen; seither wieder zunehmende Immigration.

Die Migration im Mittelalter bestand aus den Wanderungen während der Kreuzzüge und dem nächsten Akt der jüdischen Diaspora. Ansonsten lebte man eher dicht zusammengedrängt in Dörfern und Städten. Die Neuzeit beginnt nachgerade mit Emigration in die Neue Welt: Jedenfalls gewinnt mit der Entdeckung Amerikas am Ende des Mittelalters „Migration" für Europäer eine Bedeutung im umgekehrten Sinn: in den ersten 200 Jahren bis 1700 wandern knapp 100.000 Puritaner, Quäker, Royalisten, Protestanten aus; alles, was sich in Europa nicht mehr sicher fühlen konnte. Bis 1775 gingen die nächsten 250.000; die überwiegende Mehrzahl waren Briten. Nach anderen Angaben haben bis 1650 fast eine halbe Million Spanier ihre Heimat verlassen, 1,5 Millionen Briten bis zum Ende des 18. Jh. Bis 1830 betrug die Gesamtbevölkerung Nordamerikas etwa 10 Millionen. In der zweiten Hälfte des 19. Jh. brachten Hungersnot in Irland, Revolutionen, Goldrausch, Bürgerkrieg und Judenverfolgungen in Russland weitere Millionen Europäer nach Amerika. Migration aus Europa war zum Ausweg aus der Falle der Armut geworden - Amerika wird damit von europäischer Kolonie kulturell zu „Neu-Europa":

Der große Exodus im 19. Jahrhundert

Im Jahr 1800 waren über 80% der weißen Einwohner der USA britisch, der Rest war zur Hälfte deutsch, zur anderen französisch, belgisch oder holländisch; die schwarzen Sklaven machten 20% der Gesamtbevölkerung aus; durch die europäische Immigrationswelle im 19. Jh. ging dieser Prozentsatz auf 10% zurück.[21] Um 1820 begann die nächste Auswanderungswelle von Europäern nach Übersee, von den etwa 55 Millionen zwischen 1821 und 1924 gingen 34 Millionen in die USA,[11] davon bis zum Beginn des 20. Jh. 5,5 Millionen Deutsche und über 1 Million Schweden.[258] An diese Zeit erinnert das Auswandererhaus in Bremerhaven. Besonders dort und im Umfeld gab es auch damals schon betrügerische Schlepper.[259] Dieser Ereignisse wegen ist „Auswanderungsbetrug" in Deutschland seit Mitte des 19. Jh. ein Straftatbestand (alter Paragraph 144 [260]). Zum Schutz der Migranten wurde der St.Raphaels Verein und 1871 das „Comité zum Schutz deutscher Auswanderer" gegründet.[259]

Auswanderer aus Österreich-Ungarn reisten in der Regel vom damaligen Hafen der Habsburger Monarchie Triest, der seit 1857 per Bahn erreichbar war.

Im Jahr 1914 gab es bereits wieder 100 Millionen Amerikaner, 1970 schon 200 Millionen, ca. 2008 schließlich 300 Millionen,[261] „wieder 100 Mio.", weil dies um 1492 die Zahl der Indianer in den Amerikas gewesen sein soll – übrigens gleich groß wie die Bevölkerung Europas zur gleichen Zeit.

In Süd-Brasilien gibt es noch heute „Neu-Württemberg" und eine Stadt namens „Blumenau" - es handelte sich um eine deutsch-sprachige Enklave, in die mit der Zeit auch Polen und Italiener hinzukamen. Alle diese Volksgruppen blieben jedoch mit ihrer jeweiligen Muttersprache unter sich, bis eine Nationalisierungswelle in den 1940er Jahren damit ein Ende machte.

Viele Menschen waren wegen der politischen Situation massenweise aus ihrer Heimat geflohen; über die Iren und Polen in den USA schreibt Ascherson: „Wir sind nicht unserem Land in der Stunde der Not davongelaufen. Wir wurden vertrieben, von englischen Großgrundbesitzern oder preußischen Gendarmen oder zaristischen Kosaken".[49] Andere wie die gälischen Schotten in Kanada betrachten sich nach der Meinung von Ascherson als Emigranten, obwohl man sie im Rahmen der „Highland Clearances" eher genötigt, wenn nicht gar vertrieben hatte.[49]

(Marginalie:) Flucht als Migrationsursache

Innereuropäische Migration

Es gab jedoch auch innereuropäische Migration: sie begann mit den Unruhen im Umfeld der Reformation:

Hugenotten: Anfeindungen der Protestanten in Frankreich resultierten in den Hugenottenkriegen und führten ab der Mitte des 16. Jh. zu mehreren Wellen der Flucht von insgesamt über 200.000 nach allen Richtungen: England, Irland, Schweiz, Deutschland, Holland, manche bis Russland, Amerika und Südafrika. Gegen die Hugenottenansiedelungen gab es in der lokalen Bevölkerung erhebliches Misstrauen, wenn auch Übergriffe wie gegen Juden nicht bekannt sind. Unterschiede in Sprache und Religion spielten eine unterschiedliche Rolle bei der Integration; vorwiegend sorgte die bevorzugte Behandlung der oft hochqualifizierten Flüchtlinge für Neid und Missgunst in der angestammten Bevölkerung. Nach unterschiedlichen Zeiträumen wurde dann, wie z.B. in der Hugenottenstadt Neu-Isenburg im Jahr 1829 - deutsch als Amtssprache dekretiert.[262] In Louisendorf bei Frankenau in Hessen soll noch bis ins 20. Jh. altfranzösisch gesprochen worden sein; der letzte altfranzösisch-sprachige Hugenotte starb dort 1990.[263] Die Ortsteile Serres und Pinache in Wiernsheim zeugen ihrem Namen nach von der ursprünglichen Herkunft ihrer Einwohner. In Deutschland gibt es aus dieser Zeit über 60 weitere Ansiedlungen und Einbürgerungen von Hugenotten.

Lutheraner: Auch deutsche Protestanten – die Lutheraner – mussten massenweise flüchten, als die katholischen Majestäten in der Mitte des 16. Jh. zur Gegenreformation anhoben: die Folgen kann man noch heute besonders in versteckten Orten in den österreichischen Alpentälern beobachten: kaum eine Kleinstadt, in der nicht neben der alten katholischen Kirche auch eine neuere protestantische Kirche stünde. Ausgrenzung und sogar Anfeindung von Protestanten in katholischen Gegenden habe sogar ich selbst noch in meiner Kinderzeit erlebt: man sollte „mit denen da" nichts zu tun haben wollen, sah also unseren Umgang mit ihnen nicht gern. Sogar noch heute gibt es Gegenden, wo umgekehrt Katholiken Integrationsschwierigkeiten im eigenen Land haben, wenn die Mehrheit in einem letzten Winkel von Bergtälern aus Protestanten besteht.

Wirtschaftsflüchtlinge nach dem Dreißig-jährigen Krieg: eine weitere Migrations welle innerhalb Europas setzte ein, als aus den Bergregionen der Schweiz und Österreichs Menschen in die entvölkerten Gebiete in Süddeutschland übersiedelten. Hundert Jahre später wanderten Manche von dort wieder weg nach dem Südosten:

Wolgadeutsche: 1763 begann die Auswanderung der 30.000 Wolga-Deutschen, Familien aus Bayern, Pfalz, Rheinland und anderen Gebieten: Katharina die Große wollte die weitgehend menschenleere Steppenregion an der Wolga besiedelt wissen, in erster Linie als Barriere für immer wieder eindringende Nomadenvölker; daher lockte sie auch im Ausland mit Angeboten.[21] Der Transport führte aus Hamburg und Lübeck über St. Petersburg auf dem Landweg ins untere Wolgagebiet. Kaiserin Maria Theresia von Österreich und deutsche Fürsten unterbanden schließlich 1767 dieses Konkurrenzunternehmen Katharinas, denn Österreich hatte mit Siebenbürgen eigene Interessen, und Deutschland brauchte seine Bauern. Die Sonderrechte Katharinas begünstigten die Bildung einer weitgehend getrennten kulturellen Enklave, die bis zur Oktoberrevolution im Jahr 1917 auf etwa 600.000 Menschen angewachsen war und für kurze Zeit zur „Autonomen Sozialistischen Sowjetrepublik der Wolga-Deutschen" wurde; allerdings waren schon in den 1870er Jahren viele Menschen von dort wieder weggezogen und nach Amerika ausgewandert, als Zar Alexander II. ihren Sonderstatus einschränkte.[21]

„Transmigration": Donauschwaben und Siebenbürgen.

Unter diesem Titel zeigten sich Macht, Willkür und Abhängigkeit im absolutistisch-monarchischen Europa; neben freiwilliger Migration wurden Menschen aus logistischen und strategischen Überlegungen wie Vieh in andere Regionen verlagert: Zwischen 1734 und 1776 ließ Kaiserin Maria Theresia Protestanten aus dem österreichischen Salzkammergut, der Steiermark und Kärnten nach Siebenbürger zwangsdeportieren; die Maßnahme wurde mit dem Ausdruck „Transmigration" elegant anonymisiert.

1781 begann die „Josefinische Kolonisation" von Galizien: an die 15.000 Menschen, vor allem Pfälzer Schwaben und Saarländer wanderten aus, Familien, die durch die französischen Raubkriege Ludwigs XIV. verarmt waren. Das Toleranzpatent seiner katholischen Majestät, Kaiser Josephs II., erleichterte wiederum die Auswanderung von Protestanten. Zusammen mit anderen auswandernden Volksgruppen wurden sie zu den sogenannten Donauschwaben, die in der pannonischen Tiefebene im heutigen Ungarn und Rumänien seit Ende des 17. Jh. angesiedelt wurden. Die deutschsprachigen Einwanderer behielten ihre kulturelle Eigenständigkeit mitunter bis ins 19. Jh. und sogar bis ins 20. Jh. weitgehend bei. Eine multikulturelle Gesellschaft mit den Serben entstand nicht.[264]

Transmigration auch nach Pommern, zur Krim und in die Steppe: Etwa zur gleichen Zeit wie die Habsburger siedelte Friedrich der Große fast eine halbe Million Menschen nach Pommern, weitere 350.000 nach Ungarn um.[21] Katharina von Russland betrieb die Besiedelung des „Neuen Russland mit Nachdruck: Was den Slawen im Osten mit der Einwanderung der deutschen Ostbesiedelung geschehen war, traf nun auch die Tataren auf der Krim und westlich des Don : insgesamt kamen bis ca. 1850 über 14 Millionen Russen in die Steppen nördlich des Schwarzen Meeres.[21]

Arbeitsmigration im 18. und 19. Jh.

Aus Irland nach London, aus dem Zentralmassiv und den Alpen nach Paris, auch in Italien nahm die Zahl der Wanderarbeiter zu, insgesamt über 100.000. Grund waren neue Arbeitsplätze, entstanden durch die Industrialisierung in Frankreich, Deutschland, Belgien und Schweiz; insgesamt richtete sich Arbeitsmigration – wie auch heute noch - nach dem Einkommensgefälle zwischen den Ländern.[21] In der Zwischenkriegszeit wanderten viele Polen und Italiener nach Frankreich aus, teils angeworben durch Agenturen. Auch Heimkehr gab es in erheblichem Umfang: Italiener kehrten aus den afrikanischen Kolonien, Türken aus dem Balkan zurück, und Juden betrachteten ihre Auswanderung nach Palästina als Heimkehr.[21]

Kulturelle Folgen innereuropäischer Migration?

Wenn man die umfassenden Migrationsströme in der Neuzeit bedenkt, zögert man, für kleine kulturelle Unterschiede zwischen den europäischen Nationen auch ethnische Unterschiede anzuführen: im 16. Jh. war der Strom von Franzosen nach Spanien derart groß, dass 20% der Katalanen aus Frankreich stammten. Albaner zogen nach Italien, Schweizer ins Elsass, Deutsche, Belgier und Norweger nach Holland, Schotten nach Irland und England. Jedenfalls wird aus dem Vergleich zwischen innereuropäischer Migration und Transplantation von Menschen in fremdere Kulturkreise klar, dass jeweils nur die Anpassung an die dominierende Volksgruppe zu „Integration" führt, während jegliche Segregation, gleich ob sprachlich, religiös oder sonstwie kulturell, stets die anhaltende Trennung zwischen Volksgruppen verursacht, unabhängig von deren Zugehörigkeit zu einem Kulturkreis, bedingt durch die bekannten stammesgeschichtlich erklärbaren Verhaltensautomatismen von uns Menschen: Territorialität, Xenophobie, Tribalismus und Hierarchie.[1] Von Multikulturalität im Sinne unseres heutigen Verständnisses von Vermischung unterschiedlicher Kulturen in ein und demselben Siedlungsraum war mit den extremen Ausnahmen an der Levante mit ihrer besonderen Geschichte kaum eine Spur zu entdecken: Franzosen blieben in Deutschland fremd, deutschsprachige Protestanten in deutschsprachigen katholischen Landen, Jugoslawen in Österreich und Deutschland, Spanier und Portugiesen in Frankreich, Ungarn in Österreich und Deutschland. Nicht einmal zwischen deutschen Heimkehrern und Denen, die zu Hause geblieben waren, oder zwischen ideologisch über einige Jahrzehnte getrennten Deutschen blieb dieses Fremdeln, Ausgrenzen und Benachteiligen aus, wie der nächste Abschnitt weiter verdeutlichen soll:

Migration in der Nachkriegszeit des 20. Jahrhunderts

Das völkische Westdeutschland der späteren Nachkriegsjahre unterschied sich diesbezüglich von den westeuropäischen Siegermächten nicht: alle hatten etwa gleiche Immigrationszahlen: zu den Einen kamen Deutschstämmige oder Gastarbeiter aus den Nachbarländern, zu den Übrigen kamen Menschen aus ihren Kolonien – die unmittelbaren Nachkriegsjahre allerdings waren äußerst unterschiedlich:

Deutsch-deutsche Nachkriegs-Migration

Die innereuropäische, und sogar die inner-ethnische Migration ist gewiss kein Ruhmesblatt christlicher Sozialmoral oder ein Argument für die moralische Überlegenheit des westlichen Kulturkreises, vor allem aber von vornherein ein Argument gegen die Möglichkeit einer Multikulturalität: sie kommt vielmehr einer diktatorisch geleiteten soziologischen und verhaltensbiologischen Feldstudie nahe und beantwortet so manche Frage über die Hintergründe von Integration und Segregation im Rahmen von Migration im allgemeinen:

Der traurigste Beweis für die nicht stattgehabte Integration der Neuankömm-linge oder die zögerliche Fusion zwischen den verschiedenen Volksgruppen ist ihr Schicksal im Rahmen der beiden Weltkriege, das im besten Fall in Flucht nach Westeuropa endete, häufig aber in Verschleppung nach Sibirien. Nach dem Ersten Weltkrieg wurden Deutschstämmige in verschiedene Länder aufgeteilt, Ungarn (550.000), Rumänien (315.000) und Jugoslawien (450.000). Nach dem Zweiten Weltkrieg traf es davon erneut etwa 200.000 „Volksdeutsche" in Jugos-lawien, von denen Viele in die Partisanenkriege auf deutscher Seite involviert gewesen waren. In Ungarn sollen zur Zeit des Zweiten Weltkrieges etwa 700.000 Deutschstämmige gelebt haben. Von den etwa 1,4 Mio „Donauschwaben" gelang etwa 800.000 die Flucht oder Umsiedlung nach Deutschland oder Österreich.[265]

Nachkriegsmigration nach Deutschland gab es auch aus dem Nord-Osten: über 10 Mio. Deutsche wurden aus Schlesien und Ostpreußen vertrieben. Viele Jahre später folgten noch welche von den zu Kriegsende nach Russland Verschleppten. Bis zu 14 Millionen Deutsch-stämmige flüchteten 1945 nach Deutschland, also 20-25% der westdeutschen Nachkriegs-Bevölkerung.[266] Ihre Geschichte mahnt uns, sich des Vorganges bei der Immigration von Ortsfremden unabhängig von Sprache, Religion, Ethnie und Rasse bewusst zu werden und daraus Schlüsse für menschenwürdigen Umgang in Gegenwart und Zukunft zu ziehen: das Schicksal der Flüchtlinge aus Nord-Ost und Süd-Ost war zwar leichter als in den Ostblock-Ländern, aber willkommen waren sie in der „Heimat" ebenfalls nicht: sie waren vielmehr ausgesprochen unerwünscht, wurden in den schlechten Nachkriegs-jahren als Konkurrenz, minderwertige Almosenempfänger, Menschen zweiter Klasse, „Gesocks" behandelt. Man brachte sie wie heute die Muslim-Migranten aufs Land, vermittelte sie dort als quasi Zwangsarbeiter wie auf einem Sklaven-markt. Der Grund dafür war der, dass man sie – man würde fast sagen aus Ge-wohnheit - den russischen und französischen Zwangsarbeitern aus der Kriegs-zeit gleichstellte. Oft trennte man die Kinder von ihren Eltern und zwang sie zur Kinderarbeit. Die Besatzungsmächte waren äußerst überrascht von der man-gelnden Solidarität zwischen den Gruppen des „Herrenvolkes" aus dem tausend-jährigen Reich. Nicht selten musste die Militärpolizei eingreifen und Eingeses-sene zur Aufnahme der Aussiedler zwingen. Die Situation für die Deutschen war nicht viel anders als zeitgleich die der Juden in Israel: Zusammengehörige kamen zusammen aus verschiedenen „Hintergrund-Kulturen" und Sprachregionen. Die Aufnahme der Neuen durch die Eingesessenen war offenbar sehr unterschied-lich, denn die Juden schafften offenbar eine Solidarisierung wesentlich besser. Natürlich nimmt nicht sonderlich wunder, dass Donauschwaben nach 300 Jahren des Lebens in der Fremde in der alten Heimat wieder zu Kulturfremden geworden waren und nun in Deutschland – gerade so wie muslimische Immi-granten - in ihren inzwischen geänderten Kulturgepflogenheiten weiterleben wollten. Zur Pflege der alten Heimat gehört der Bund der Vertriebenen, gegrün-det in der neuen-alten Heimat. Etwas besser lief die Integration in der DDR inso-fern, als die dort angekommenen 4 Millionen als „Umgesiedelte" vollkommen totzuschweigen und gleichbehandelt zu werden hatten. Von ihnen flohen

800.000 vor dem Mauerbau in den Westen. Insgesamt schafften letztlich 10 Millionen deutsch-deutsche Flüchtlinge die Integration im Westen.

Die Heimkehr der Griechen

Einen ähnlichen Exodus ganzer Volksteile hatte es schon 1923 gegeben: eine halbe Million griechischer Muslime emigrierten in die Türkei; sie begegneten dabei über einer Million Christen aus der Türkei, den „pontischen Griechen" aus dem Schwarzmeer-Gebiet, die in die Gegenrichtung unterwegs waren.[49] Auch diese Volksschar der nach Griechenland deportierten Osmanen griechischer Abstammung *„blieb aber für die anderen Griechen eine rätselhafte, mit sich selbst beschäftigte Nation in der Nation".*[49] Viele andere dieser Griechen, die sich plötzlich im Russland Stalins wiederfanden, wurden nach Zentralasien verschleppt und in Baumwollkolchosen angesiedelt, wo sie sich um die Erhaltung ihrer griechischen Identität bemühten. Nach dem Zusammenbruch der UdSSR wurden sie dort in den Turkstaaten unter der mehrheitlich muslimischen Bevölkerung erneut zu Fremden. Ihre „Heimkehr" nach Griechenland in unseren Tagen ist noch schwieriger als jene 1923: *„Griechenland öffnete ihnen die Tür, aber nicht immer das Herz".*[49]

Fremd in der alten Heimat sind viele Volksgruppen geworden; auch die Russland-Deutschen, die transsylvanischen Ungarn, die amerikanischen Polen, und viele Andere, fremd besonders, wenn sie ihre alte Kultur beibehielten, die inzwischen in der Heimat keiner mehr kannte.

Keiner dieser Gruppen von Migranten ging es besser, gleich ob Heimkehrer, Deportierte oder Flüchtlinge: *„ ... zunehmend bemängelte man die schleppende und eigensüchtige Hilfe des Auslandes und verlangte ... eine europäische Quotenregelung: „Wir haben den Eindruck, dass der Situation seitens des Westens nicht mit erforderlicher Schnelligkeit und nötigem Kollektivverantwortungsbewusstsein Rechnung getragen wird" appellierte die Regierung ...".*[267] Dieser Ausschnitt aus dem Artikel einer Tageszeitung stammt nicht aus dem Spätherbst 2015 und nicht über die Krise mit den syrischen Flüchtlingen, sondern berichtet über den Verlauf der Flüchtlingskrise nach dem Ungarn-Aufstand des Jahres 1956:

Ungarn-Aufstand 1956

Mehrere hunderttausend Menschen waren in den Westen geflohen, davon 180.000 innerhalb weniger Tage über die berühmt gewordene „Brücke von Andau" (Abb. 73) nach Österreich; ein Zehntel davon blieb auf Dauer, der Rest wurde nach langwierigen Verhandlungen in andere Länder weiterverteilt: der Verlauf der Akzeptanz entsprach fast auf die Woche genau jenem im Deutschland und Österreich des Jahres 2015: nach anfänglich begeistertem Empfang an Grenzen und Erstaufnahmezentren [A161] begann langsam der Widerstand gegen die Verteilung der Menschen zu wachsen, wie die Menschen *„von armen Flüchtlingen zu Parasiten des Wohlfahrtsstaates"* wurden und die Politiker die anderen europäischen Staaten anriefen mit dem modernen Spruch: *„Wir können nicht die Wohltäter für die ganze Welt spielen",* gerade so als wollten sie uns vorwarnen für den Winter 2015/16".[268]

Eine dieser Flüchtlingsfamilien war auch in das Dorf meiner Kinderzeit gekommen, die Tochter als Dienstmädchen in unser Haus: ich erinnere noch sehr

gut das typische Magyarengesicht, die stolze, abweisende Miene mit schmaler, langer Nase und – einer angedeuteten Mongolenfalte. Heute erinnert sie mich an das Jahr 955 und die Schlacht auf dem Lechfeld, als das damalige Europa die Magyaren vertrieb und ihnen die ungarische Tiefebene als Siedlungsraum zuwies.

Abb. 73: Die Brücke von Andau,
Fluchtweg für viele
Ungarn zur Zeit des Aufstandes
1956:[269]

Auf die Arbeitsmigration in der zweiten Hälfte des 20.Jh. werde ich im Abschnitt
„Unterwegs in die Gegenwart" eingehen.

Medizin und Kultur – die geschichtsformende Funktion von Krankheit und Seuchen

Fürsorge im Krankheitsfall ist Ausdruck der Entwicklung dieser wichtigsten positiven sozialen Eigenschaft, der Fürsorge, in der kulturellen Evolution.[A162] Für

entsprechende Einrichtungen bedarf es einer hoch entwickelten Kultur und innerer Stabilität; wir kennen sie aus China, Indien, Persien und Ägypten. Für Europa ist der Beginn dieser Fürsorge im Griechenland des 5. Jh. v. Chr. erstmals dokumentiert mit Hippokrates, dem „Vater der abendländischen Medizin" (Abb. 74), und seiner Schule, zuerst im Asklepieion der Insel Kos, danach in einer Reihe solcher Zentren. Man nimmt an, dass ihre Blüte mit der Person des Hippokrates verbunden ist. Ihren späteren Verfall bringt man mit der zunehmenden Nachfrage nach Ärzten und deren Ausbildungsqualität in Zusammenhang, die umgekehrt porportional absank. Die medizinische Fürsorge in Rom beschränkte sich weitgehend auf seine Soldaten. Woher also zauberte Europa seine globale Führungsposition auf diesem Gebiet?

Abb. 74 oben: Hippokrates, ca. 370 v. Chr. Archäolog. Museum Kos. Photo: Autor.

Abb. 75 unten: Ausschnitt von einer hypothet. Rekonstruktion des Asklepieions von Kos durch P. Schazmann, 1932. Museum Kos. Quelle: Autor.

Zweifellos liegt die Antwort nicht bei Eigenschaften wie Fürsorge, sondern eher bei der Gier, und einer ihrer Ausdrucksformen, der Neugier, der auch Forscherdrang und Technologie entsprangen. Eine der ersten Errungenschaften moderner europäischer Wissenschaft und Technik, die sich wie von selbst weltweit verbreiteten, war dann eben außer den Waffen die Medizin – ohne die Medizin früherer Kulturen verleugnen zu wollen.[A163] Als ich das erste Mal als Gast eine Klinik in Sapporo, Japan, besuchte, las ich an der Tafel im Operationsvorraum überrascht, zwischen allen Kanji-Lettern, das Wort „Magen", und „Billroth II" in unseren lateinischen Schriftzeichen. Die europäische Medizin war ab etwa 1870 in Japan eingeführt worden, zusammen mit Deutsch als erster Fremdsprache. Seit Anfang der Siebziger Jahre habe ich die Welt bereist, und noch kein Krankenhaus entdeckt, in dem man sich nicht zumindest um westliche Standards bemühte, keinen medizinischen Kongress besucht, wo nicht die moderne westliche Medizin und ihre Forschungsfront der Maßstab gewesen wäre.

Wo also – an diesem Punkt ist es gerechtfertigt und hilfreich, für den nächsten Band zu diesem Thema einzuleiten: - wo also soll die Welt im Bemühen um Fairness und Objektivität die Grenze ziehen zwischen gerechtfertigtem westlichem Universalismus einerseits, und zu respektierender kultureller Vielfalt andererseits? Sicher nicht dort, wo aus Entwicklungsländern und von Sozialdiensten dem Westen seine Ethik und Moral rückgespiegelt wird mit der Forderung, Medikamente, Impfmittel und moderne Diagnosegeräte unentgeltlich oder zumindest zu dort erschwinglichen Preisen zur Verfügung zu stellen. Hier hat sich der Universalismus-Anspruch bereits umgekehrt, ebenso wie angesichts der Erwartung, dass Hilfsmittel per Düsenflugzeug dorthin transportiert werden, nicht per Segelschiff ohne moderne Navigation und Zeitmessung.

Die Medizin, entstanden aus raunenden Gebeten, ekstasenhaften Gebärden über menschlichem Gebrest, - den Göttern entwendet vom Baum der Erkenntnis, sagen die Götter, Folge der gottgegebenen Geistesgaben, antwortet der Mensch – die Medizin und die darum herum entstandenen sozialen Hilfsdienste sind die Vorboten einer globalisierten Menschenwelt auf der Basis des stammesgeschichtlichen Bedürfnisses nach gegenseitiger Fürsorge. Als das Prinzip in Menschen wie Albert Schweitzer Gestalt annahm, wurde daraus ein verehrtes Vorbild für Generationen.[270] Freilich kamen schon mit den ersten Schiffen auch die Tötungswaffen; aber es kamen auch jene Ärzte, die in den Lazaretten hinter der Front nicht nur die eigenen, sondern auch die Verwundeten der Gegner versorgten.[271] Beide Eigenschaften bewegen die Geschichte über mehr als tausend Jahre und treffen sich wieder an einem Ort:

Monte Cassino und Salerno: Anfänge im post-antiken Europa

An der E45, auf halbem Weg zwischen Rom und Neapel, steht ein Denkmal, das nicht nur für diese beiden Qualitäten steht, den Äskulapstab und das Gewehr, sondern auch gleich für die Religion, auf der diese Eigenschaften gewachsen sind: zu Füßen des etwas über 500 Meter hohen felsigen Hügels liegt heute eine kleine Stadt; Archäologen gruben dort die Reste eines römischen Amphitheaters aus. Die Reste jenes Apollo-Tempels, der einst den Felsen krönte, konnte man nicht finden.[257] Papst Gregor der Große beschreibt in seinem „Buch der Dialoge" [272, 273] das Leben und Wirken des Heiligen Benedikt, Gründer des Klosters von Monte Cassino, des Ordens der Benediktiner und der Ordensregel für Mönche schlechthin, der „regula Benedicti".[A164] Darin stehen Fürsorge und Pflege Kranker als eine der wichtigsten Aufgaben. Daher entstand im Kloster Monte Cassino um 550 das erste Krankenhaus Europas nach der Antike. In Subiaco östlich von Rom und an weiteren Stellen der Region bis hinunter nach Neapel sollen nach diesem Modell mehrere weitere Hospize errichtet und von den Benediktinern betrieben worden sein. Eines davon war im Nachbarort von Amalfi südlich von Neapel: Salerno. Im 6. Jahrhundert lebten und kämpften dort Goten, Langobarden und Ost-Römer aus Byzanz; 571 wurde der Ort Teil des langobardischen Herzogtums Benevent. Im 9. Jahrhundert aber entstand dort die erste medizinische Schule Europas seit der Antike, und die erste universitätsartige Einrichtung überhaupt. Schon davor hatten die Mönche von Monte Cassino medizinische Schriften aus allen Kulturen gesammelt: so kam das medizinische Wissen der Zeit an einem Ort zusammen und ermöglichte es, die Heilkunde auf eine wissenschaftliche Basis zu stellen: einige Schriften von Hippokrates von Kos, Zeitgenosse Platons um 400 v. Chr., dessen Schule im Laufe der Zeit über 60 Schriften umfasste. In die Bibliothek von Monte Cassino kamen auch die 14 Bücher des Galen aus Pergamon, des berühmten Sohnes am Ort des bedeutendsten Asklepieions des zweiten nachchristlichen Jahrhunderts. Wohl angeregt vom genius loci, ging Galen nach Alexandria, wo man Anatomie direkt an menschlichen Leichen studieren durfte. Zur Zeit Mark Aurels wurde er Leibarzt der römischen Kaiser.

Das erste Kranken-
haus
Europas

Noch im 12. Jh. dürfte dann auch der „Kanon" von Ibn Sina, dem berühmten persischen Arzt Avicenna, in die Bibliothek von Monte Cassino gekommen sein. Gerhard von Cremona hatte das Buch um 1180 in Toledo ins Lateinische übersetzt – ob bereits

Abb. 76: Mittelalterliches Krankenhaus. Bild aus der Biblioteca Laurenziana, Florenz, Ms. Gaddi, 24, f.447v, ausgestellt im Museum Salerno.[274]

davor eine arabische Version des Textes am Weg über Neapel zu den Benediktinern gekommen sein könnte, ist historisch nicht bestätigt. Das ins Lateinische übersetzte Wissen wurde dann auch direkt angewandt, und zwar im Krankenhaus des Klosters Monte Cassino und in den umgebenden klösterlichen Hospizen (das System wurde noch im 6. Jh. auch auf Einrichtungen in Frankreich übertragen). Letztlich überstieg die Nachfrage wohl die Möglichkeiten im Kloster

Monte Cassino. So entschloss man sich, das Lehrkrankenhaus samt dem medizinischen Teil der Bibliothek nach Salerno auszulagern. Auf diesem Wege entstand auf der Basis dieses größten medizinischen Wissensschatzes und der Arzneimittelkunde jener Zeit die erste medizinische Schule - in Salerno: wer im 10. bis 12. Jh. und noch später Medizin studieren und Doktor werden wollte, nicht nur Wundarzt oder Feldscher, musste nach Salerno pilgern.

Wer vom Zusammenfließen der Kulturen spricht und darauf verweist, dass die westliche Medizin dank der ägyptisch-persisch-arabischen entstanden sei, sollte nicht vergessen, dass dieses Krankenhaus zuerst 580 von den Langobarden, danach erstmals 884 und danach mehrere weitere Male von den Arabern überfallen und geplündert wurde.[275] Kulturelle Entwicklung ist komplizierter: denn begonnen hatte die persisch-arabische Medizin dank der ägyptischen, griechischen, indischen und chinesischen.

Damit habe ich aber erst die *eine* Eigenschaft angesprochen, die am Monte Cassino wiederzufinden wäre. Die andere sollte vom Schwert erzählen; sie weicht jedoch vom eigentlichen Thema dieses Abschnitts so weit ab, nämlich zu den letzten Tagen eines der ältesten Klöster Europas, Monte Cassino, dass ich sie besser in eine Anmerkung verlege.[A165]

Medizin von der Schwelle der Neuzeit zur Moderne

Die Doktoren aus Salerno blieben in der Minderzahl; nur Wenige konnten sich diese Ausbildung leisten oder wollten sie auf sich nehmen; hatte einer es geschafft und war Doktor geworden, dann konnten sich nur wenige sein Honorar leisten. Also blieb es für das einfache Volk bei Feldscher und Wundarzt. Auch darf man den Willen zu heilen und Fürsorge walten zu lassen nicht verwechseln mit effektiver Medizin: ihr Wissen um die Anatomie hatte den Doktoren noch nicht geholfen, die Funktionen der Organe und ihr Zusammenspiel – die Physiologie – zu verstehen. So mischten sich noch immer alte Erfahrungen von wirksamen Heilmitteln mit irrigen und abwegigen Vorstellungen, Astrologie und Mystizismus.

An der Krankheit treffen sich in der kulturellen Evolution Empathie und Ausgrenzung, Forschung und Glauben in einer Betätigung, die am Ende durch Behandeln zur Medizin wird, durch politisches Handeln zum Gesundheitswesen. Vom religionsbasierten Beschwören bis zum nüchtern-rationalen Analysieren und Schlussfolgern hat der Kulturmensch Heilmethoden entwickelt, praktiziert und gelehrt. Dabei wurde die Medizin rasch zum Spiegel jeder Gesellschaft. Was man zu wissen, zu glauben und zu tun hatte, war jeweils, und damit auch in der Heilkunde, Teil einer gemeinsamen Weltsicht, von Kultur und Zeitgeist. Zuwiderhandelnde riskierten und verloren oft ihr Ansehen, mitunter sogar ihr Leben als Häretiker.

Dementsprechend unruhig und gefährlich verlief das Leben früher europäischer Ärzte wie Paracelsus (Abb. 77): von Erasmus von Rotterdam konsultiert und hoch gelobt, von den eifersüchtigen Kollegen der Universitäten, beispielsweise Basel, bekrittelt, verleumdet, verjagt und verfolgt, konnten sich seine Erkennt-

nisse nur langsam und vereinzelt durchsetzen. Paracelsus, einer jener Vordenker Europas, die vor ihrem Zeitgeist flüchten und zu Migranten im eigenen Kulturkreis werden mussten – er reiht sich ein in eine Prozession mit Platon, Aristoteles, Dante und Machiavelli in Italien, John Locke und Thomas Hobbes in England, Rousseau und Diderot in Frankreich, später Karl Marx in Deutschland und vielen Anderen.

Entscheidend war das Zeitalter, nicht die Idee, die Einsicht, die Erfindung. Konnte im Ägypten und Griechenland des Altertums noch in einer harmonischen Verbindung zwischen Glauben und beobachtendem Erkennen eine erstaunlich große

Abb. 77: Paracelsus, Kupferstich aus 1540 von Augustin Hirschvogel. Quelle:[276]

Zahl von Verletzungen und Erkrankungen auf rationaler Basis behandelt werden, so hatte sich mit dem Christentum und seiner religiösen Dogmatik des Mittelalters ein moralisierender Fatalismus breitzumachen begonnen: Krankheiten und Seuchen wurden zur Strafe und Geißel Gottes; Medizin wurde zum Monopol der Klöster, althergebrachtes Heilwissen der „Weisen Frauen" [A166] wanderte als Teufelswerk auf den Scheiterhaufen.

Unsinnig zeremonielle Verfahren und unprofessionelle Praktiken konnten nur allmählich ersetzt werden durch Heilmethoden auf der Basis tatsächlicher Naturbeobachtung und Forschung. In der Neuzeit Europas entstand jedoch unaufhaltsam ein Rationalismus, der, teilweise unter dem Schutz absolutistischer Herrscher wie dem Habsburger Kaiser Joseph II. und ihrer strikten Trennung zwischen Staat und Religion, zur wissenschaftlichen Medizin für die Welt werden konnte. Was auch immer an neuen Erkenntnissen und Methoden bekannt und anerkannt wurde, verbreitete sich in kurzer Zeit über die gesamte zugängliche und entwickelte Welt, Europa, Amerika, und in weiteren Schritten alle Länder, die sich der westlichen Zivilisation öffneten oder von den christlichen Missionaren in den Kolonien behandeln ließen. Allerdings begann eine ernstzunehmende wissenschaftlich fundierte Medizin erst mit den Entdeckungen und Entwicklungen im späten 19. Jahrhundert bis hin zum Ende des 2. Weltkrieges mit der Ära der Antibiotika.

Seuchen: Motor zur Entwicklung des Gesundheitswesens

Die Geschichte der Seuchen in Europa, als herausragendes Beispiel für die Geschichte der Medizin und des Gesundheitswesens, ist aus mehrfacher Sicht von besonderem Interesse. Einmal weist sie auf den sozialen Zusammenhalt, den Umgang mit Schwachen und Kranken hin; Seuchen wurden in einer Publikation zur europäischen Seuchengeschichte „als Seismograph des Sozialen" bezeichnet.[277] Umweltphänomene wie Seuchen weisen aber auch auf den irrationalen Umgang mit, und die Dynamik der, Angst im sozialen Umfeld hin, auf kollektive Ängste, ein Phänomen, das unabhängig von Ursache bzw. Auslöser einer Krankheitsepidemie auftritt, ebenso bei anderen Umweltphänomenen, Wettererscheinungen und Kriegen. Drittens, und mitnichten zuletzt, erzählt diese Geschichte über die Bruchlinie zwischen Ansässigen und Immigranten, denn Ausbrüche von Seuchen waren häufig willkommener Anlass für Fremdenfeindlichkeit: in allen Ländern des mittelalterlichen Europa kam es bei Pestepidemien mit den verschiedensten phantastischen Behauptungen zu Judenverfolgungen. Ganz allgemein hielt sich dieses Phänomen noch erfolgreich zum Zweck der Judenverfolgungen im Osteuropa des 20. Jh., z.B. mit dem Glauben, sie würden durch ihren verlausten Kaftan das Fleckfieber verbreiten.[277] Weitere Beispiele hierzu werden noch folgen müssen.

Auch innerhalb geschlossener Gesellschaften aber, nicht nur gegenüber Fremden, entstehen durch Seuchen Bruchlinien: „Aussätzige" sind das klassische Beispiel; sobald man der Ansteckungsgefahr gewahr wird, gelten Ausstoßung oder Flucht in jedem Fall.

Seuchen sind aber auch häufig Folge von Migration, nicht nur der Seuchen, sondern auch der Menschen. Auch davon werde ich einige Beispiele zeigen:

Migration und Krankheit

Als Kaiser Mark Aurel von einem Feldzug gegen die Perser zurückkehrte, lösten seine Soldaten eine Krankheitsepidemie aus, deren Ursache nicht zugeordnet werden konnte – man nannte lange Zeit viele epidemisch auftretenden Krankheiten „Pest" entsprechend dem lateinischen Ausdruck „pestis"; so hieß auch diese Epidemie die „Aurelianische oder Antoninische Pest".[278] Übrigens werden wir weiter unten bemerken, dass das Militär durch seine „Reisetätigkeit" häufig solche Krankheiten verbreitete. Kulturen gingen durch Seuchen unter: Das erste, erst kürzlich aufgedeckte, Ereignis war die von den Steppenvölkern nach Europa eingeschleppte Masseninfektion in prähistorischer Zeit (siehe S. 49). Der Niedergang Athens 430-426 v. Chr. wurde durch eine Typhus-Epidemie unbekannter Quelle ausgelöst.[279] Ein Gutteil der Indianerkulturen ging durch die von den „Entdeckern" eingeschleppten Krankheiten zugrunde.

Krankheitsepidemien haben in der Geschichte der Menschheit vielfach einen radikalen Wandel der Kultur – oder ihr Ende – bewirkt. Das nimmt nicht wunder, bedenkt man die Hilflosigkeit gegenüber bakteriellen und viralen Krankheiten vor dem Zeitalter der Bakteriologie und Antibiotikatherapie (die auch in der Neuzeit noch verheerende Wirksamkeit von Virusepidemien erwies sich mit der „Spanischen Grippe" während des Ersten Weltkriegs, die an die 10 Millionen Menschen das Leben gekostet hatte).

Bei der „Justinianischen Pest" hingegen hatte es sich tatsächlich und erstmals in Europa um die Pest gehandelt, ausgelöst durch Yersinia pestis, einen bakteriellen Erreger, der danach weltweit ausstarb. Sie war von Ägypten aus über Byzanz nach Europa gekommen und hatte sich bis Irland ausgebreitet.

Migration der Ratten: Die Pest in Europa

Kaiser Justinian war selbst an ihr erkrankt, hatte sie jedoch überlebt. Die Hagia Sophia war 537 fertig gebaut und eingeweiht worden, als die Seuche ab 542 Byzanz mit voller Wucht traf und sich rasch im Ost-Römischen Reich und über den östlichen Mittelmeerraum ausbreitete, schon 543 in Frankreich und dem Rest des damals wieder besiedelten Europa, vor allem in dichter besiedelten Gebieten. Kaum halbwegs durchgestanden, brach die Epidemie von Infektionsnestern her immer wieder aus und wurde über die Hafenstädte verbreitet, 565 an der ligurischen Küste, nach deren Abflauen kam ab 588 eine weitere von Marseille nach Italien, war 590 in Rom, 593 in Oberitalien. Davor war 557, danach 570 eine weitere Welle aufgetreten, bis 594 eine neue Epidemie von Osten her über das Land fegte. Im Jahr 680 wurde nochmals ganz Italien befallen. Insgesamt rottete die Seuche schon damals 20% bis 50% der Bevölkerung aus; nach Schätzungen starben weltweit daran innerhalb von 300 Jahren insgesamt bis zu 100 Millionen Menschen (die Weltbevölkerung wird für das Jahr 14 n. Chr. auf 270 Millionen geschätzt, für das Jahr 1000 auf maximal 310 Millionen).[107]

Die zweite Welle der Pest

Im Jahr 1347 begann die „Schwarze Pest"; sie sollte bis ins 19. Jh. viele Male an verschiedenen Orten wieder aufflammen (Abb. 78). Bis 1353 starben erneut 30% bis 50% der Bevölkerung an der Pest, diesmal etwa 25 bis 35 Millionen Menschen.[2, 107] Die Welle ging von Südosten aus, erreichte dann über die Hafenstädte und die Handelsrouten alle Ballungsräume. Nur manche Ecken in den Alpenländern wurden verschont – in St. Gallen, Steiermark, einem kleinen Markt zu Füßen einer Fluchtburg aus 1278 für die Region um das Benediktinerstift Admont (eine Gründung des Klosters St. Gallen in der Schweiz) steht eine „Pestsäule" mit der Jahresaufschrift „1488", errichtet zum Dank dafür, dass die Gegend von der Pest verschont geblieben war. In dichter besiedelten Regionen und Orten an Überlandstraßen jedoch wurde die Pest, einmal eingenistet, zu einer immer wieder aufflammenden Plage. Schon 1518 begann wieder eine Welle sich über ganz Europa bis auf die britischen Inseln auszubreiten. Hans Holbein, Hofmaler von Heinrich VIII., starb 1543 in London an der Pest. Judenverfolgungen begannen damals aufgrund des Gerüchtes, sie hätten die Brunnen vergiftet, deshalb sei die Seuche ausgebrochen.[2] Man nimmt heute an, dass Flöhe die Krankheit übertrugen, die von den Ratten auf die Menschen übergriffen. Eine relativ kleine Zahl von befallenen Ratten soll schon ausreichen, diese endemischen Herde in praktisch allen Städten Europas dutzende Male wieder anzufachen. Schon die Ägypter, Griechen und Römer hatten diesen

Zusammenhang zwischen Rattenplage und Pest beobachtet, jedoch hatte man daraus bis ins 15. Jh. keine Konsequenzen gezogen.

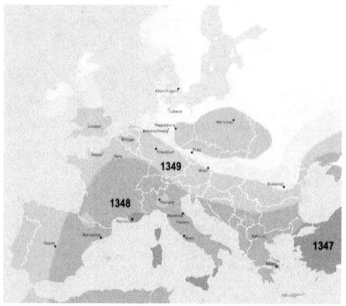

Abb. 78: Ausbreitung der zweiten großen Pestwelle über Europa. Die
grünen Bereiche markieren „keine oder geringe Ausbreitung";
diese Angaben sind jedoch für umschriebene Regionen nicht verlässlich.[280]

Nach neuesten genetischen Forschungen wurde die Pest – wie schon längere Zeit angenommen - tatsächlich aus China oder Russland eingeschleppt, jedoch von einer neuen Variante des Erregers, der mit dem Erreger aus dem 6. Jh. keine Verwandtschaft hat, dort also neu entstanden sein musste. Die mangelhaften Hygienezustände machten die Krankheiten, sowie ansteckende Krankheiten ganz allgemein, zu einem jahrhundertelangen Dauerproblem. So wurde die Pest zur „Lepra des Nordens". Es dauerte an die 300 Jahre, bis die Bevölkerungszahlen wieder das Niveau des Jahres 1300 erreichten; sie gingen im Schnitt um etwas mehr als die Hälfte der Population zurück und erreichten zwischen 1500 ud 1550 ihren Tiefststand. Die demographische Auswirkung auf die gesamte Weltbevölkerung ist nicht eindrucksvoll, aber erkennbar (Abb. 79).

Wenn es auch für Erkrankte bis in unser Zeitalter der Antibiotika keine Heilung gab, so entwickelte man im Laufe der Zeit doch einige Schutzmaßnahmen aus der Erfahrung: aus paneuropäischen Epidemien wurden endemische Herde, indem man Orte mied, in denen die Pest gerade ausgebrochen war. Der französische

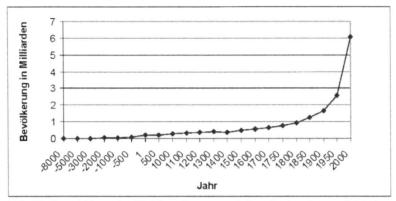

Abb. 79: Entwicklung der Weltbevölkerung seit dem Beginn der neolithischen Revolution. Die Kurvenabflachung im 6. und 15. Jh. ist erkennbar.[281]

König Ludwig XII. war – außer dafür, dass er ein Stachelschwein als Wappentier hatte - dafür bekannt, dass er ständig zwischen seinen Schlössern wechselte, um den Wanderungen der Pest auszuweichen. Erkrankte wurden isoliert, auch in sogenannten „Pesthäusern". Betroffene wurden für 40 Tage isoliert – daher kommt der auch heute noch weltweit gebräuchliche Ausdruck „Quarantäne". Ab 1498 wurden in Venedig auch Märkte und Gottesdienste während Krankheitsausbrüchen verboten. Dennoch breiteten sich immer wieder in der Stadt oder in der ganzen Region ansteckende Krankheiten aus; so starb dort 1510 der Maler Giorgione an der Pest, Tizian bei der Epidemie 1576.
Großstädte blieben noch lange Zeit exponiert: an der Pest in London in den Jahren 1665-66 starben an die 100.000 Menschen. Wien war durch die Epidemie 1678-79 weitgehend entvölkert worden – aus dieser Zeit stammt das Lied vom lieben Augustin. 1683 starb in Erfurt die halbe Bevölkerung. 1708-1714 kam bei einer Epidemie in Osteuropa, die letztlich dann doch wieder bis nach Mitteleuropa hinein wütete, mehr als eine halbe Million zu Tode. Sogar noch Friedrich II., der Große, ließ in Berlin im 18. Jh. vorbeugend ein Pesthaus errichten – daraus wurde das Klinikum Charité von heute.[282]
Es dauerte noch bis relativ kurz vor der Französischen Revolution – Napoleon war eben erst auf Korsika geboren, jener Insel, die Frankreich im Jahr davor, 1768, von Genua erworben hatte – als mit dem Jahr 1771 den Chronisten endlich die Möglichkeit gegeben war, vom Ende der Pest zu berichten, denn ab diesem Jahr trat in Europa keine Epidemie mehr auf. 1894 entdeckte der französische Arzt Yersin den Pesterreger – daher haben die Erregerbakterien den Namen „Yersinien" erhalten, „yersinia pestis".

Cholera geht um die Welt

Im Mittelalter hatten Misthaufen hinter den Häusern und Abfälle auf den Straßen die Rattenplage begünstigt, aber nicht nur das: aus Fäulnis im Boden und aus Unwissen über die kausalen Zusammenhänge wurde auch das Grundwasser verseucht, dem dann alle Menschen aus dem Brunnen am Dorfplatz oder auf Plätzen in der Stadt ihren täglichen Wasserbedarf entnahmen. John Snow war der erste Forscher, der an Wasser aus dem Brunnen an der Broad Street im Londoner Stadtteil Soho und aus Stuhlproben Verstorbener nachwies, dass Cholera durch das Bakterium „vibrium cholerae" verursacht wird. Da war 1854. Die Krankheit war zwar schon seit dem 6. Jh. v. Chr. bekannt, jedoch nur in Indien gelegentlich lokal aufgetreten. Erst während der Zeit eines weltweiten Klima-wandels nach dem Ausbruch des Vulkans Tambora auf der indonesischen Insel Sumbawa im Jahr 1815, als in Indien durch Missernten und kriegerische Auseinandersetzungen mit den Briten soziale Missstände auftraten, kam es ab 1817 zu einem Ausbruch der Cholera als Epidemie, die sich schließlich von Indien aus fast auf die ganze Welt ausbreitete. Wie damals im Römischen Reich, so hatte auch diesmal das Militär an der Verbreitung der Krankheit seinen Anteil: als im November 1831 in Polen ein Aufstand gegen die russische Besatzung ausbrach, wurden - bereits infizierte - russische Truppen von der indischen Grenze nach Polen verlegt: nun brach die Cholera-Epidemie auch in Europa aus, kam von Polen über Norddeutschland und England über den ganzen Kontinent und bis nach Amerika. Als die Seuche 1852 in Asien erneut ausbrach und in Russland über eine Million Todesopfer gefordert hatte, wurde sie 1853 durch den Krim-Krieg von den russischen Soldaten auf alle Soldaten übertragen und deshalb erneut auf ganz Europa ausgebreitet. Eine dritte Europa-weite Cholera-Epidemie wurde während des von Bismarck angestrengten Preußisch-Österrei-chischen Krieges 1866 ausgelöst, als die Krankheit in der Preußischen Armee ausbrach und sich von Niederösterreich aus über weite Teile Europas ausdehnte: nach der Niederlage der Österreicher bei Königgrätz in Polen hatten Truppen der Preußischen Armee die Verlierer bis in die Nähe Wiens verfolgt und dort die Bevölkerung angesteckt.

Typhus, Fleckfieber und Pocken – und endlich Hygiene

Die andere durch verschmutztes Trinkwasser verbreitete Seuche, der Typhus, ausgelöst durch salmonella typhi, ist von alters her in Europa bekannt; das Bakterium wurde ca. 1880 entdeckt, die Impfung Ende der 1890er Jahre einge-führt. 1899 lösten die britischen Truppen eine Epidemie in Südafrika mit über 60.000 Erkrankten aus. Aus der Erkenntnis des Kausalzusammenhanges mit der Trinkwasserversorgung wurde erst schrittweise und zögernd ab Beginn des 20. Jh. in den verschiedenen europäischen Ländern die politische Konsequenz ge-zogen: Kanalisationsanlagen und weitere Hygienemaßnahmen.
In den südlichen Ländern traten Epidemien wegen Trinkwasserverschmutzung auch im 20. Jh. immer wieder auf, zuletzt eine Cholera-Epidemie in Neapel und Süditalien im Jahr 1973.

Das Militär hat auch eine weitere Krankheit in Europa des frühen 19. Jh. verbreitet: Napoleons Truppen brachten am Rückweg aus dem Russland-Feldzug das Fleckfieber mit: insgesamt starben mehr Soldaten an Hunger, Erschöpfung und Krankheit als bei Kampfhandlungen. Fleckfieber wird auch, wie die Pest, von einem Floh übertragen, und kam auf diesem Weg 1813-14 nach Deutschland; in einzelnen Städten starben an die 10% der Bevölkerung.

Fleckfieber

Auch die Pocken kamen durch das Militär nach Europa: man nimmt an, dass die „Antoninische bzw. Aurelianische Pest" in Wahrheit eine Pockenepidemie war, die von den römischen Legionären nach deren Sieg bei der Stadt Seleukia-Ktesiphon über die Parther (Perser) im Jahr 165 n. Chr. eingeschleppt wurde und sich über das ganze Römische Reich ausbreitete. Kaiser Marc Aurel hatte den damals berühmten Arzt Galen von Pergamon nach Aquileia kommen lassen, weil viele Soldaten dort erkrankt waren; auch er selbst soll daran in Wien gestorben sein. Galens Beschreibung von Erkrankten weist darauf hin, dass es sich tatsächlich um eine Pockenepidemie gehandelt hatte, nicht um die Pest.

Pocken

Ein weiteres Mal soll dies durch die Kreuzritter geschehen sein. Pocken waren im 18. Jh. relativ weit verbreitet und traten wie eine Kinderkrankheit in verschiedenen Schweregraden auf – Joseph Haydn, Mozart, Goethe, Schiller sollen daran erkrankt gewesen sein und auch Kaiserin Maria Theresia; drei ihrer Kinder erkrankten schwer, zwei davon starben daran.– Im Jahr 1871 während des Deutsch-Französischen Krieges war die Verbreitung wieder einmal besonders hoch, weil offenbar Infektionen aus Gefangenenlagern mit schlechten Hygienebedingungen in die Umgebung verbreitet wurden.

Die Wanderungen des Wissens

Die Frage, was Wissen denn sei, hat Philosophen und ihre kritischen Wissenschaften schon immer beschäftigt, und einen ihrer ersten sogar das Leben gekostet – so wird uns berichtet: Sokrates, der es nicht lassen konnte, herausragende Persönlichkeiten durch seine bohrenden Fragen nach deren tatsächlicher Kompetenz bloßzustellen. Ob es nun der Weg sei, auf dem wir gehen, oder bloß unsere Erinnerung an das Vergangene, ist Streitthema durch die Jahrtausende geblieben. Ich halte es mit dem Spruch „Wissen ist bedingte Gewissheit", beteilige mich - jedenfalls an dieser Stelle – ansonsten nicht weiter an dieser Debatte außer mit der ergänzenden Anmerkung, dass „Wissen" hier als das gelten soll, was wir Menschen in breitem Konsens gemeinhin darunter verstehen; dabei setze ich das Eingeständnis voraus, dass jegliches Wissen im Grunde nur ein Glauben sein kann, Glauben im Sinne von Vertrauen darauf, dass eine Annahme unter den augenblicklichen Voraussetzungen tatsächlich zutrifft. Bedingt ist dieses Wissen durch die Tatsache, dass es sich jederzeit als falsch herausstellen kann, weil wir im Unwissen um die wahren Zusammenhänge von falschen Voraussetzungen ausgegangen waren.

Überschaut man die Dauer des Erdendaseins unserer Spezies als einen Tag, dann ist es erst wenige Minuten her, dass unser Wissen aus mehr bestand als nur dem, was Einzelne selbst erlebt oder von Vorfahren erzählt bekamen. Wenig mehr als zehntausend Jahre ist es her, dass erste Zeichen in Ton geritzt, in Stein gemeißelt, aus Stäbchen zusammengefügt, Informationen bewahren (das deutsche Wort hierfür wäre „Eindrücke"), Nachrichten an räumlich oder zeitlich Entfernte; begonnen hatte es zwar schon früher mit Bildern, die aber waren schon von Anbeginn mehr als nur trockene Informationen, waren Geschichten, Offenbarungen, Träume und Gebete jenseits einfacher beobachtbarer Wirklichkeit.

Nun, da wir auch wissen wollen, welchen Weges wir Menschen gekommen, haben sich manche von uns darauf verlegt, alle diese Zeichen und Schriften zu suchen und zu entziffern – am ertragreichsten für solche Suche wären zweifelsfrei Bibliotheken. Und siehe da: es gab sie fast von Anbeginn - angeblich zwar nur gegen den Widerstand dessen, der nebenbei auch *dafür* sein Leben lassen sollte: Sokrates habe sich gegen das Schreiben verwehrt; der Mensch könne und müsse alles in seinem Kopf behalten; das Gewusste niederzuschreiben, führe zu Niedergang und Verdummung. Nicht nur, dass jeder einmal irren kann: er selbst war derjenige, der seine Mitbürger damit offenbar beleidigend aufzog, dass nur er allein dessen gewahr sei, dass wir nichts wissen können. Und überdies ist die Vorstellung von antiken Bibliotheken ohnedies nicht *mehr* als ein Wunschgedanke. Erdbeben, Kriege und manch andere menschliche Überzeugtheit haben dieser Form von Wissen immer wieder zugesetzt, es zerstört oder ihm Beine gemacht. Bücherverbrennungen markieren den Anfang und das Ende des Römischen Reiches: die Zerstörung der Bibliotheken von Karthago [A167] im Jahr

146 v. Chr. markiert das eine Ende, die christlichen Attacken auf die Zauberbücher der Heiden das andere, zweimal davon in Alexandria, wie wir gesehen
haben.
Texte gab es aber auch in „unbrennbar": Tafeln mit Texten stammen aus der –
soweit bisher bekannt - ältesten Bibliothek aus einer Stadt mit direkter Verbindung zum „Fruchtbaren Halbmond": sie stand in Ugarit,[283] einer kanaanitisch-
hethitischen Stadt um 1500 v. Chr. in der Nähe von Latakia – die Geschichte der
Stadt geht zurück bis ins siebte Jahrtausend v. Chr.

Eine dieser antiken Bibliotheken sah ich selbst im Jahr 1968 in den Ruinen von
Ephesos: sogar die Fassade als einzig verbliebener Rest davon beeindruckt,
macht den sich selbstverständlich überlegen wähnenden Gegenwartsmenschen
ob ihres autoritativen Eindrucks nachdenklich. Nun war Ephesos eine antike
Weltstadt, die selbst zur
Zeit von Byzanz noch die
bedeutendste Stadt des
Reiches auf asiatischem
Boden blieb. Die Bibliothek
wurde zwar erst zur Zeit
Kaiser Hadrians um 120 n.
Chr. erbaut, war jedoch nur
eine von vielen – gegen
Ende des Reiches gab es
allein in der Hauptstadt
Rom fast 30 Bibliotheken.

Abb. 80: Fassade der Celsus
        Bibliothek in
Ephesos, die ich 1968 in dieser wiedererrichteten Form sehen konnte.[284]

Die berühmteste Bibliothek zur Zeit Caesars stand am Burgberg von Pergamon,
Hauptstadt des gleichnamigen Königreiches an der türkischen Westküste. Gegründet war diese Bibliothek um 200 v. Chr. worden, an die siebzig Jahre bevor
König Attalos III.[A168] sein Reich den Römern überließ; mit Ausnahme der Stadt
Pergamon selbst: sie musste nach der vertraglichen Vereinbarung mit dem Senat
von Rom eine freie Stadt bleiben – sie wurde nach einem Aufstand der Provinz
Asia minor dann letztlich doch dem Römischen Reich einverleibt. Die Bibliothek
von Pergamon soll an die 200.000 Texte umfasst haben; die Schriftrollen habe,
so Plutarch, Marcus Antonius, von Kleopatra betört, der Bibliothek von
Alexandria geschenkt: damit machen auch wir uns auf den Weg zur nächsten
Bibliothek, der größten der antiken Welt:
Wissenschaftler sind der Ansicht, dass sich in der Bibliothek von Alexandria
700.000 bis 1 Million Schriftrollen befunden haben müssen. Dazu sind Namen
von mindestens 3000 griechischen und römischen Autoren bekannt. Die

 Geschichte fuhr mehrmals mit Feuer und Schwert darüber – ich habe von einzelnen dieser Ereignisse berichtet, vor allem im Zusammenhang mit Hypatia. [A57, A58, A59] Es blieben Teile der Werke von etwa 400 Autoren übrig. Ihr Weg ist vielfach verschlungen: Texte wurden kopiert, übersetzt und rückübersetzt, wanderten von West nach Ost, zurück nach West und schließlich nach Norden:

Abb. 81: Die Bibliothek von Alexandria. Darstellung aus dem 19. Jh. Quelle:[285]

Kulturtransfer von Hellas nach Europa

Woher wissen wir überhaupt, was zum Beispiel der Philosoph Aristoteles geschrieben hat?

Schon allein die Frage weist darauf hin, dass es damit Probleme gab. Dabei wäre auch gut vorstellbar, dass angesichts der Vielzahl antiker Bibliotheken jedes Werk zumindest irgendwo erhalten geblieben sein könnte: denn immerhin gab es in jeder größeren Stadt eine öffentliche Bibliothek, allein im Rom des Jahres 350 sind 29 davon bekannt. Allerdings: die größte davon, die Palatina-Bibliothek des Augustus, sei vor dem Jahr 500 ohne historische Spuren verschwunden.[114]

Auch die bis dahin wieder gesammelten Schriften der Celsus-Bibliothek von Ephesos wurden beim Brand um 290 n. Chr. [112] weitgehend vollständig vernichtet. Feuer kann aber nicht die Erklärung für den nahezu vollständigen Verlust der gesamten antiken Literatur verantwortlich sein – oder doch? Zumindest spielt Feuer bei den beiden Hauptgründen für das Verschwinden der Bibliotheken eine zentrale Rolle: Überfälle und kriegerische Auseinandersetzungen in den Wirren der Völkerwanderung ist der eine davon, und der andere – wir haben es bereits wiederholt feststellen müssen – sind die Bücherverbrennungen durch hysterisch aufgebrachte Menschenmengen im Rahmen der umgekehrten Verfolgungen: Christen jagen Heiden.

Zumindest im West-Römischen Reich weist die Zahl hergestellter Bücher auf den Niedergang einer Kultur in den Wirren der Völkerwanderung hin: Bis zum Jahr 300 n. Chr. wurden nach Schätzungen jährlich noch an die 10.000 Bücher erzeugt, ab etwa dem Jahr 400 nur noch zehn! [112] Der kulturelle Verlust und

Niedergang durch die Völkerwanderung wird noch klarer angesichts einer Lagebeschreibung nochmal 400 Jahre später: Die Klosterbibliotheken aus der Zeit der Karolingischen Renaissance, also zur Zeit von Karl dem Großen um das Jahr 800, sollen jeweils höchstens 700 Bücher enthalten haben, Bücher, die sämtlich oder größtenteils durch Karls Initiative entstanden, also in der Zeit nach dem Jahr 750 geschrieben worden waren.[112] Diese Bücher beziehen sich jeweils auf vorangegangene Bücher aus einer Zeit ab dem Jahr 500, oder sind Kopien davon. Woher also kennen wir tatsächlich die Texte der antiken Klassiker? Die Wege sind abenteuerlich, verschlungen, mitunter nachgerade unglaublich, vor allem aber sind die direkten Quellen äußerst spärlich:

Als man die weit verstreuten Texte am Beginn des 20. Jh. in einer Titelsammlung zusammenfasste, den Codices Latini Antiquioris (CLA), die derzeit 1884 Bücher umfasst, samt allen nur in Fragmenten erhaltenen geretteten Texten über 2000, konnte man feststellen, dass sie fast ausschließlich religiöse Texte enthielten.[286] Wo also waren die Texte der antiken Schriften? Ganze 56 der etwa 700 Bücher aus den Schreibstuben der Karolingischen Renaissance enthalten Texte von Schriftstellern der Antike, sogar nur 31 aus der Zeit vor Cassiodor – ich komme weiter unten auf ihn zu sprechen.

Wie immer wurden auch diese Verluste antiker Schriften zur ideologisch gefärbten Geschichtsschreibung missbraucht: man warf einander vor, was an Vorwürfen zur Verfügung stand – man hatte schließlich auf beiden Seiten ausreichend Faktisches zur Hand: nach den Christenverfolgungen in den ersten zwei Jahrhunderten standen die Christen den Heiden in nichts nach, wenn es um das Aufrechnen von gegenseitigen Grausamkeiten ging.[287, 288] Vor allem ist der Vorwurf an die christlichen Fundamentalisten des Mittelalters nicht gerechtfertigt sein, wonach heidnische Texte nicht nur verboten wurden, sondern kurzerhand vernichtet, oder zumindest überschrieben.

Dazu sind Aussagen von modernen Autoren durchaus indikativ, z.B.: *„Zum Schweigen bringen, verbrennen und zerstören waren jeweils Erscheinungsformen der theologischen Beweisführung".[289]* Oder eine weitere Aussage, die sich bereits aus diesem Buchtitel ergibt: *"There is no violence for those who have Christ"* (sinngemäß zu übersetzen mit: Wer mit Christus ist, für den gilt keine Gewalt, im Sinne von: für den gilt nichts als gewalttätig).[287]

Das übrige erledigten wohl die Ostgoten zwischen 476, als Odoaker den Romulus Augustulus absetzte, und 493, als Theoderich den Odoaker ermordete. Viele römische Senatoren überlebten, indem sie sich mit Theoderich arrangierten und in seine Dienste traten, so auch Cassiodor und Boëthius, die sich um die Rettung und Weitergabe alter Schriften bemühten – ich komme darauf am Ende dieses Kapitels zurück. Nach dem Tod Theoderichs im Jahr 526 versank Italien erneut in den Kriegen zwischen Ostrom und Ostgoten, besonders zwischen 540 und 550, als die Ostgoten unter Totila den Feldherrn Belisar und seine Byzantiner wieder aus Italien vertrieben und dabei zerstörten, was vom spätantiken Rom noch verblieben gewesen war.[A169] Darin also dürfte eine weitere Erklärung für den fast radikalen Verlust des Inhaltes zahlreicher antiker Bibliotheken mit ihren zahllosen Büchern liegen. Daran konnte die Rückeroberung durch Narses, den neuen General von Kaiser Justinian nach dem Versagen von Belisar, nichts mehr ändern: Justinian schloss den Hof von Ravenna und entließ alle verbliebenen weströmischen Senatoren. Die unmittelbar aus Norden nachdrängenden Langobarden kamen nur etwa bis zur Mitte des Stiefels, daher hatte Cassiodor ein ruhiges Leben in seiner Bibliothek in Süditalien.

Verbrennungen heidnischer Bücher sollen von Anfang an als christlicher Reinigungsprozess stattgefunden haben und sogar verordnet worden sein. Auch im Rahmen der zuvor erwähnten Auftritte von Paulus kam es im Zusammenhang mit seinen Dämonenvertreibungen zu solchen Exzessen (Abb. 82). Viele antike Werke der Literatur, Philosophie und Wissenschaften wurden im Rahmen

solcher Veranstaltungen im hysterischen Taumel der Volksmasse als „Zauberbücher" verbrannt,[112] wie auch die Geschichte der schönen Hypatia in Alexandria zeigt.[A59] Lehrverbot für Nichtchristen (und zwar römischen) – daher deren Flucht zu den persischen Schulen - , Hausdurchsuchungen und Bücherverbrennungen wurden zu kaiserlichem Anliegen im frühen Byzanz,[290] von denen auch Ammianus Marcellinus berichtete, neben Prokopios von Caesarea der

Abb. 82: Paulus in Ephesus. Magier verbrennen nach ihrer Bekehrung durch den Apostel Paulus ihre eigenen heidnischen Bücher. Bibel-Illustration aus 1866. Quelle:[291]

wichtigste römische Historiker der Spätantike. Gleichzeitig herrscht fast Dauer-Kriegszustand mit Einfall von Persern, Hunnen, Goten und Germanen. Die Macht der alten Welt schwindet im Westen des Römischen Reiches also spürbar. Kaiser Theodosius trägt mit seiner apodiktischen Parteinahme für die römische Kirche auch die Mitverantwortung für dessen kulturellen Niedergang: denn Päpste und Kirchenväter des späten 4. und frühen 5. Jh. sprachen sich vehement gegen die weitere Verbreitung antiker Schriften aus. Damit nahm man einen Verfall des Bildungsniveaus bis hin zu einer massiven Zunahme des Analphabetismus in Kauf, der dann am anderen Ende der Ereigniskette von Bischof Bonifatius um das Jahr 700 beklagt wurde. Erst Alkuin am Hof Karls des Großen hat einhundert weitere Jahre später dazu beigetragen, den Zustand mit der Karolingischen Renaissance zu bessern.[112] Trotz Karls Initiativen soll der Alphabetisierungsgrad in Europa sogar noch um 1600 nicht mehr als 1% betragen haben.[292]

In Byzanz hingegen las und kopierte man noch bis etwa 600 n. Chr. antike Literatur – schwer vorstellbar angesichts der Berichte über Verbote, Strafen und Verbrennungen. Andererseits wurde die neuplatonische Akademie in Athen erst 529 von Justinian geschlossen.[A170] Damit kam ein Exodus des Wissens in Gang – allerdings nicht in Richtung Europa; das Christentum bildete eine Barriere von blinder Überzeugtheit. Was letztlich dennoch zu uns kam, musste Umwege und Schleichwege nehmen; dazu war der offiziell in Gang gesetzte Informationsaustausch zwischen Byzanz und dem Kalifat nützlich: der Großteil des überlieferten Wissens kam nämlich nicht direkt aus Byzanz nach Europa, sondern am Umweg über die arabische Welt. Dort aber blieb dieses Wissen nicht ohne Folgen: muslimische Denker bereicherten manche der Inhalte, änderten jedoch auch ihre eigene Einstellung gegenüber ihrem Islam.[A92]

Abb. 83: Informationsaustausch zwischen dem Kaiser des Byzantinische Reiches, Theophilos, und Kalif al-Ma'mūn ibn Hārūn ar-Raschīd durch die Gesandtschaft von Johannes VII. Grammatikos, Patriarch von Byzanz. Aus der Madrider Bilderhandschrift des Skylitzes um 1070, Quelle:[293]

Das Wissen aus Byzanz

Nachdem die Bibliothek des Kaisers Constantius II. bereits im Jahr 473 abgebrannt war - sie hatte angeblich 120.000 Schriften beinhaltet -, konnten von den Venezianern und Kriegern des 4. Kreuzzuges im Jahr 1202 nur noch Reste vernichtet werden, von den osmanischen Eroberern 1453 nur die Reste der Reste. Viele Schriften waren unabhängig davon zu Zeiten der Christenverfolgungen verbrannt worden, ebenso wie „pagane" Schriften anlässlich umgekehrter Verfolgungen. Was wir also heute aus den byzantinischen Bibliotheken von der griechischen Philosophie, Geschichtsschreibung und Literatur noch wissen, teils

261

auch von der lateinischen, musste zum Großteil den hindernisreichen Umweg über spätantike Schulen im Nahen Osten nehmen: berühmt war die Schule von Nisibis (Abb. 84), kulturelles Zentrum der Ostkirche ab etwa 350. Mir ist nicht bekannt, ob der Name im Zusammenhang steht mit „Nisaba",[53] , [294] der sumerisch-babylonischen Göttin der Schreiber und der Weisheit – es läge jedenfalls nahe. Die Region Euphrat war schon 297 unter Diocletian römisch geworden, kam jedoch unter Kaiser Jovian 363 zurück an Persien, damit auch Nisibis. Daher übersiedelte und versteckte man die Schule vorübergehend in der Schule von Edessa (Abb. 84), Hauptstadt der weiterhin römischen Provinz Osrhoene in Armenien. In Edessa übersetzten nestorianische Christen Schriften von Aristoteles ins Syrische; von dort gelangten sie weiter. Als Nestorius 431 am Konzil von Ephesos exkommuniziert und der Nestorianismus am darauffolgenden Konzil von Chalzedon 452 endgültig zur Häresie erklärt wurde,[A63] bedeutete dies auch das Ende der Schule von Edessa: Kaiser Zeno der Isaurier ließ sie 489 schließen. Die nestorianischen Lehrer wanderten erneut weiter: der größte Teil von ihnen kam nach Gundischapur (Abb. 84), später von dort zur Schule der Weisheit in Bagdad. Nach 489 wurde die Schule von Nisibis allerdings neu begründet. Mit dem Hauptgebiet Philosophie hatte die Schule in manchen Zeiten bis zu 800 Schüler. Ab 590 ist auch dort die Medizin als Fach verbrieft.[295] Zusammen mit Gundischapur ist Nisibis Kandidat im Wettstreit um die älteste Universität der Welt. Außerdem schließt sich hier wieder der Kreis der Textwanderung zu Gundischapur und Bagdad:

Der Umweg über die persische Welt: Die Akademie von Gundischapur

Im Jahr 271 n. Chr. lässt Kaiser Aurelian mit dem Bau der großen Mauer um Rom beginnen; er will verhindern, dass nochmal eine der marodierenden Armeen wie die der Alamannen vor 10 Jahren der Stadt etwas anhaben können; es jagt ohnehin schon eine Krise die andere. Im Südwesten von Persien, dem ewigen Gegenspieler, geht gleichzeitig ein anderes historisches Gebäude in Betrieb: die Akademie von Gundischapur; sie wird für die nächsten 600 Jahre wissenschaftliches Zentrum des persischen Sassanidenreichs bzw. des islamischen Kalifats bleiben. Gundischapur begann wahrscheinlich als christlicher Bischofssitz mit dem Namen Beth Labat um das Jahr 200. Der persische Sassanidenkönig Shapur I. hatte den Ort zu seinem Königssitz gemacht. Als er im Jahr 260 Antiochia eroberte, wurde Aurelians vierter Vorgänger in der Reihe der römischen Soldatenkaiser, Kaiser Valerian, gefangen genommen und zusammen mit den Gefangenen aus Antiochia nach Gundischapur gebracht. Nun, zehn Jahre später, gibt Aurelian seine Tochter zur Besiegelung eines Friedens mit den Persern ihrem König Shapur I. zur Frau. Mit der Entourage der zukünftigen Königin reisen griechische Ärzte der Schule des Hippokrates; sie errichten in den folgenden Jahren in Gundischapur eine Heilstätte nach ihrem Muster und transferieren damit die griechische Medizin nach Persien.[296] Der Nachfolger, Shapur II., verlegt seinen Sitz nach Ktesiphon, lässt aber die Stadt Gundischapur erweitern und die Schule offiziell als Akademie weiterbestehen.

Abb. 84: Das östliche Mittelmeer und die Levante links im Bild, der Persische
Golf rechts unten, das Zweistromland etwa in Bildmitte, die Lage der
Orte Edessa, Nisibis, Ktesiphon und Gundischapur blau eingekreist, Quelle:[297]

Dort soll ein griechischer Arzt namens Theodosius oder Theodorus gewirkt und
das erste persische medizinische Werk, „System der Medizin", verfasst haben,
das später unter den Abassiden ins Arabische übersetzt wurde.[298]

Die Akademie von Gundischapur beherbergte das älteste bekannte Lehrkrankenhaus der Welt – an die 700 Jahre vor Salerno gegründet (genaues Datum
nicht bekannt, wohl aber nach 271 AD)-, eine Bibliothek - und die Akademie,[299]
in welcher Medizin, Philosophie, Theologie und verschiedene sonstige Wissenschaften gelehrt wurden. Persisches, indisches und griechisches Wissen kamen
an einem Ort zusammen – auf die Umwege und Verstecke, über welche die Texte
aus Byzanz dorthin gelangten, komme ich im nächsten Abschnitt zurück.

Chosrau I., König der Sassaniden (531-579), der „mit der unsterblichen Seele",
gab Flüchtlingen aus Byzanz Asyl.[A171] Denn als man unter Kaiser Justinian im
Jahr 529 die neuplatonische Akademie in Athen endgültig schloss, flohen
mehrere ihrer Lehrer zu Chosrau in Ktesiphon und wurden von dort nach
Gundischapur weiterempfohlen; sie übersetzten griechische und aramäische
Texte ins Mittelpersische. Chosrau I. sandte auch nach China und Indien und ließ
Texte über Medizin, Astronomie, Mathematik übersetzen.

In der Folge wurde Gundischapur jedoch vor allem als „Ärzte-Metropole" welt-
berühmt, die „Academia Hippocratica" mit ihrem Bimārestān (Persisches Wort
für Krankenhaus). Nach Gundischapur eingeladene indische Ärzte ließen eine
neue Mischform medizinischer Wissenschaft entstehen. Anlässlich des 20-jähri-
gen Regierungsjubiläums von Chosrau I. fand ein Ärzte-Symposium statt.[295]

Das älteste Lehr-Kranken-haus der Welt

263

Zur gleichen Zeit erfuhr dort wegen der Fluchtbewegung aus Athen auch die Philosophie eine wesentliche Bereicherung: manche der Gelehrten sollen aber bereits 533 wieder nach Griechenland zurückgekehrt sein, weil seit dem Vorjahr zwischen Ost-Rom und Persien ausnahmsweise wieder einmal Friede herrschte.[A172] Damit deutet sich auch die Informationskette zu Cassiodor an (S. 266).

Der Weg über den Islam

Als die Araber in der Mitte des 7. Jh. Persien eroberten, blieb Gundischapur für weitere hundert Jahre medizinisches und wissenschaftliches Zentrum: Die Herrscher der Umayyaden-Dynastie ließen die Akademie weiterführen, bis ihre Nachfolger, die Abbasiden, sie um 740 nach Bagdad verlegten, in das „Haus der Weisheit". Der führende Kopf im Haus der Weisheit im 9. Jh. war Hunain ibn Ishaq, mit dem Beinamen „Erasmus der Islamischen Renaissance" (Abb. 85);

auch er war Arzt, und Leibarzt des Kalifen. Er übersetzte außer philosophischen Texten vor allem auch Hippokrates und Galen. Sein eigenes medizinisches Werk „articella" galt bis ins 16. Jh. als eines der meistverwendeten Medizinbücher. Inhalte darin sind zum Teil direkt von Hippokrates und Galen übernommen.

Abb. 85: Bild von Hunayn ibn Ishaq al-'Ibadi aus seinem Lehrbuch „Isagoge". Quelle:[300]

Seine Augenheilkunde ist ein Komprimat der Aussagen Galens, ein Werk, das letztlich die westliche Augenheilkunde mit prägte. Auch Hunain war zweimal interniert bzw im Gefängnis, exkommuniziert von seinem Nestorianertum, und seiner Bibliothek beraubt – man wird an Dante, Machiavelli, Paracelsus und all die Anderen erinnert. Richtig ist allerdings auch, dass er selbst zum Teil Texte bei der Übersetzung fälschte, indem er pagane Inhalte als christliche darstellte.[295]

Nach der Eroberung durch die Araber entstand ein inner-islamisches Spannungsfeld zwischen Arabern und Persern, das auf persischer Seite zur „Bewegung der Volksbewusstheit" führte, gefolgt von einer entsprechenden Gegenbewegung auf arabischer Seite. Das Haus der Weisheit in Bagdad mit seinem Übersetzerzentrum ab 830 unter dem Abbassiden-Kalif al-Ma'mūn (sein vollständiger Name war Abū l-'Abbās 'Abdallāh al-Ma'mūn ibn Hārūn ar-Raschīd) könnte ein Ausdruck dieser Gegeninitiative gewesen sein mit der Absicht, den Persern eine eigene geistige Kraft entgegenzustellen. Tatsächlich erreichte diese Initiative der Konzentration des damaligen Weltwissens unter Kalif al-Ma'mūn einen Höhepunkt. Die persische Arroganz gegenüber den Arabern zeigte sich auch in der Medizin: man nahm nur die persischen Ärzte aus

Gundischapur ernst und erachtete arabische Ärzte als minderwertig. Daher stieg auch der persische Arzt Girgis ibn Bahtisu aus Gundischapur trotz der arabischen „Gegeninitiative" zum Leibarzt des arabischen Kalifen al-Mansur auf; sein Sohn wurde Leibarzt des Kalifen al-Ma'mūn ibn Hārūn ar-Raschīd. Daraus entstand eine ärztliche Erb-Dynastie.

Auf teilweise geheimen Pfaden also hatten Bücher ihren Weg ins Morgenland gefunden zu Übersetzern, die nach dem Muster von Sammlern wie Boëthius und Cassiodor verfuhren, mit dem Unterschied, dass nun die Texte ins Arabische übersetzt wurden: Im Haus der Weisheit zu Bagdad saßen an die 90 Übersetzer und Schreiber, um Werke von Platon, Aristoteles, Archimedes, Ptolemäus, Galen und Hippokrates aus dem Griechischen zu übertragen und niederzuschreiben. Die Bibliothek selbst wurde zwar 1258 bei der Eroberung Bagdads durch die Mongolen wieder abgebrannt - jedoch waren schon davor Kopien der Schriften auch nach Cordoba und Sevilla gelangt. Auch dort direkt waren inzwischen weitere Schriften ins Arabische übersetzt worden. Mit der Rückeroberung von Toledo begann ab 1085 die Reconquista an ihren Wendepunkt zu gelangen. Dadurch sickerte nun das Wissen der antiken Europäer auch aus dieser Richtung zurück ins christliche Europa: Erzbischof Raimund von Toledo begann um 1150 mit der Einrichtung einer Übersetzerschule und Bibliothek zur Rückübersetzung der dort lagernden Schriften aus dem Arabischen ins Lateinische, später auch ins Kastilische.[301] Erst durch die Einnahme von Cordoba 1236 und von Sevilla 1248 jedoch wurde das Ende der Herrschaft islamischer Regenten in Spanien wirksam eingeleitet, das mit Januar 1492 endgültig besiegelt war – damit begann aber auch die Vertreibung und Verfolgung der Juden in Spanien, die bis 31. Juli des Jahres entweder konvertiert oder emigriert sein mussten, wollten sie nicht der Inquisition anheimfallen – unter ihnen befand sich auch die von den Mauren dort geschätzte jüdische intellektuelle Elite.

Im 11. bis 13. Jh. begannen mehrere weitere Übersetzer in Sizilien, Venedig (vor allem Jakob von Venedig [302]) und anderen oberitalienischen Städten mit der Übertragung islamischer Texte ins Lateinische, darunter die bedeutendsten medizinischen Lehrbücher von Avicenna und anderen. An dieser Stelle schließt sich ein anderer Kreis, da manche dieser Bücher zu den Standardwerken für die Medizinstudenten in Salerno wurden.[A173] Hierbei handelt es sich, besonders betreffend Sizilien und Süditalien, um Übersetzertätigkeit aus beiden Quellen in Richtung Europa, nicht nur von islamischen Büchern also, sondern auch von einigen antiken griechischen und römischen Texten, die einen direkten Weg gefunden hatten. Dieser Weg war allerdings nicht neu: er wurde schon an die 500 Jahre zuvor begangen, und zwar ebenfalls zur Zeit der Schließung der Akademie von Athen:

Der direkte Geheimpfad

Die Kette eines direkten Weges von Büchern aus der griechisch-römischen Antike in die Neuzeit – ohne Umweg über islamische Zentren - beginnt bei den gesammelten bzw. geretteten Schriftrollen aus spätantiken Bibliotheken und Privatbesitz in West-Rom einschließlich Griechenlands; dazu kamen auch Einzelstücke aus der Bibliothek von Byzanz. Diese Schriftrollen aus Pergament

wurden von Sammlern und Übersetzern wie Cassiodor und Boëthius ins Lateinische übertragen. Boëthius (Abb. 86), spätantiker römischer Gelehrter aus der Gegend von Bergamo, Sohn einer Senatorenfamilie, sammelte und übersetzte um das Jahr 500 in Ravenna Texte von Platon und Aristoteles vom Griechischen ins Lateinische. Diese Übersetzungen blieben bis ins 12. Jh. die einzigen verfügbaren Texte der griechischen Philosophen.[303] Boëthius wurde schließlich von Theoderich dem Ostgotenkönig nach einem politisch motivierten Prozess wegen des Verdachts des Verrats hingerichtet.

Abb. 86 oben: Boëthius unterrichtet Studenten. Verzierter Anfangsbuchstabe aus der Kopie eines seiner Werke aus 1385. Quelle:[304]

Abb. 87 rechts: Cassiodor, von einer Handschrift aus dem frühen 12. Jh.[305]

Cassiodor (Flavius Magnus Aurelius Cassiodorus [490-583]),[306] Minister des Ostgotenkönigs Theoderich, mag aus der Erfahrung von Boëthius betreffend das Misstrauen Theoderichs gelernt haben: er setzte sich um 550 zur Ruhe und gründete im kalabrischen Catanzaro schließlich die Klosterschule Vivarium. Dort sammelte er noch auffindbare griechische Schriften aus der im Jahr 529 geschlossenen Athener Akademie, übersetzte sie ins Lateinische und ließ sie von Mönchen

niederschreiben. Cassiodor träumte davon, eine ähnliche Schule zu gründen wie jene in Nisibis, die er aus den Schilderungen von dem Quaestor des Palastes von Kaiser Justinian kennen gelernt hatte (Junillus Africanus, siehe nächster Abschnitt).[307] Cassiodor gilt als Begründer eines frühmittelalterlichen Lehrplanes, in dem er eine Mischung aus dem griechisch-römischen Ausbildungssystem und christlichen Glaubensinhalten schuf, niedergeschrieben in seinem Werk „Institutiones divinarum et saecularium litterarum".[308]

Nach dem Vorbild von Cassiodors Klosterschule entstanden solche Kopierstuben auch in anderen, zunächst italienischen Klöstern. Von dort aus wurden Bücher nach Norden verteilt, bis in die Klöster nördlich und westlich der Alpen (St.Gallen, Lorsch, Bobbio, Reichenau, Fulda und andere – über Kontakte nach Monte Cassino ist mir nichts bekannt geworden). Dort richtete man wiederum Schreibstuben ein, die die Herstellung von Kopien übernehmen konnten (in Frankreich ab etwa 650, England/Irland ab 730, Deutschland /Österreich ab 800 [286]). Cassiodors Bibliothek war die einzige Bibliothek der Spätantike, deren Umfang von etwa 100 Codices in unsere Zeit herübergerettet wurde.[112]

Um 1260 übersetzte der Dominikaner Willem van Moerbeke – angeblich auf Anregung und Ersuchen von Thomas von Aquin – Texte von Aristoteles, zum Beispiel den „Staat" („Politeia"), aber auch von Heron von Alexandria, Archimedes und anderen antiken Autoren aus dem Griechischen ins Lateinische. Der griechische Text mag ihm zufällig in die Hände gefallen sein, denn er war zu jener Zeit Erzbischof von Korinth. Kaum fertig, kopierte und verteilte man die Texte Berichten zufolge in Eile an alle Universitäten der Zeit, nach Padua, Paris und in andere Städte; auf diese Weise kamen sie auch zu anderen Zeitgenossen wie Albertus Magnus und wahrscheinlich auch Roger Bacon,[A174] damals in Paris oder Oxford. Sie hatten den vollständigen Text bis dahin nicht gekannt, denn er war von den Arabern in Spanien nur in Teilen übersetzt und im Zuge der Reconquista ins christliche Europa gelangt gewesen. Jeder solche Einzelfund war wegen der tragischen Geschichte des Wissensschatzes ein besonderes Ereignis: so fand im 15. Jh. Poggio Bracciolini die Abhandlung „de rerum natura" von Lukrez zufällig in einem deutschen Kloster. Manche der bereits bekannten Texte wurden heimlich herumgereicht, da sie auf der Liste der verbotenen Literatur der Kirche standen.

Aachen: Eine erste Bibliothek des europäischen Mittelalters

Die Initiative in Aachen und die Aktivität in den Klöstern habe ich bereits im Abschnitt über Karl den Großen erwähnt. Karl ließ sammeln, was an antiken Texten bzw. Transkripten und Kopien verstreut in seinem Herrschaftsbereich und über die Kontakte seiner Gefolgsleute aufzutreiben war. In dieser Karolingischen Renaissance dienten die Codices mit als Basis für die Herstellung von etwa 700 Büchern mit dem Inhalt dieses überlieferten Werke-Umfangs aus der Antike. Die nächste Hofbibliothek Europas nach jenen in Rom und Konstantinopel entstand somit in Aachen. Allerdings waren viele herübergerettete antike Texte in der

Zwischenzeit deshalb verloren gegangen, weil Mönche im frühen Mittelalter kopierte Texte aus dem 6. Jh. wegen des Mangels an Pergament oder Papyrus abschabten und mit Heiligengeschichten oder neuen Bibelübersetzungen überschrieben, eine Methode, die man als „Palimpsestieren" von Texten bezeichnet. Die Identifizierung des ursprünglichen Textes ist in unseren Tagen zu einer neuen Wissenschaft geworden, z.b. durch Röntgenfluoreszenzanalyse.

Außer diesem Aufspüren und Kopieren war im Frühmittelalter auch die Zusammenfassung verfügbaren Wissens in Enzyklopädien populär. Um 600 fasste Isidor, Bischof von Sevilla im Westgotenreich, in einer 20-bändigen Enzyklopädie das Wissen der Zeit zusammen; seine Bibliothek soll jedoch deutlich kleiner gewesen sein als die von Cassiodor,[112] wie auch das von ihm in der Enzyklopädie dargestellte Wissen bereits Lücken und Fehler aufweist, weil er selbst schon nicht mehr auf Originale zurückgreifen konnte, sondern wieder nur auf Kompendien. Da diese Enzyklopädien besonders weite Verbreitung erfuhren, wusste man von der Existenz mancher Werke aus diesen Zitaten, kannte sie aber selbst nicht.

Überblickt man nun den mühsamen Weg des antiken Wissens, gesammelt in Bibliotheken Griechenlands, der hellenistischen Reiche und Roms, auf seinen komplizierten und teils verborgenen Schleichwegen und Umwegen über verschiedene Sprachregionen und Kulturen, so erstaunt die Information aus modernen Vergleichs-Statistiken der Bibliotheksbestände nicht weiter, dass der Umfang an Literatur der antiken Bibliotheken erst im 19. Jh. wieder erreicht wurde.[112]

Abschließend bleibt noch die Frage zu erörtern, inwieweit das Byzantinische Reich die kulturelle Entwicklung Europas selbst und direkt mitprägte - nicht nur als Durchreiche antiken Wissens, sondern als christlicher Kulturbereich mit der meist völlig unterschätzten Entwicklung im Laufe eines vollen Jahrtausends, von der Abspaltung vom zerfallenden Römischen Reich im Jahr 395 bis zum Fall von Konstantinopel im Jahr 1453:

Wieviel von Byzanz ist Europa?

Der Umfang des Oströmischen Reiches schwankte im Verlauf seines Bestehens erheblich: anfangs, anno 395, umfasste es die Präfektur des Diokletian „per Orientem" und den Südosten von Illyrien, nach heutigem Verständnis also den südlichen Balkan, Griechenland, Türkei, die Levante und Ägypten. Unter Kaiser Justinian hatte das Reich nach dem endgültigen Niedergang des West-Römischen Reiches seine größte Ausdehnung (Abb. 88). Bis zum Beginn der arabischen Invasion gelang für einige Zeit die Rückeroberung Nordafrikas von den Vandalen und Italiens von den Ostgoten.

Abb. 88: Umfang des Byzantinischen Reiches im Jahr 555 unter Kaiser Justinian. Quelle:[309]

Danach schrumpfte Byzanz unter dem Druck von Persern, Arabern, Normannen und Seldschuken schrittweise, bis am Ende im Jahr 1453 tatsächlich nur noch die Stadt Konstantinopel übriggeblieben war (Abb. 89):[310] Für Byzanz wurden in diesen eintausend Jahren der Bedrohungen zu keiner Zeit weniger: nach dem ersten Ansturm der Hunnen und der Zerstörung von Adrianopel vor den Toren von Konstantinopel im Jahr 378 blieben Goten und danach Langobarden.

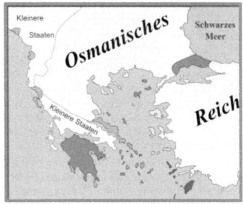

Abb.89: Im Jahr 1453 bestand das Byzantinische Reich de facto nur noch aus Konstantinopel und dem unmittelbaren Umland (violett). Das Osmanische Reich hatte die Stadt bereits umzingelt und auch den Peloponnes unter seiner politischen Kontrolle. Quelle: Ausschnitt aus [311]

Anfangs aber war der gefährlichere Gegner Persien, das Ostrom ab 604 in einen langdauernden und für beide Seiten bis zur Erschöpfung kräftezehrenden Krieg verwickelte. Während der folgenden Jahrzehnte tauchten erstmals die Araber als neue Gegner auf – davor kannte man sie lediglich als angeheuerte Legion, schließlich aber als Eroberer des erschöpften Persien.[81]

Der Kleinkrieg um das Primat zwischen Rom und Konstantinopel ging letztlich mit dem endgültigen Schisma 1054 zu Ende,[81] obwohl der Papst ab 1274 vorübergehend nochmal die Suprematie über die Ostkirche errang. Doch die Griechen hatten bereits die Oberhoheit von Byzanz jener von Rom vorgezogen, bot Byzanz doch politisch Schutz vor den aggressiven Stadtstaaten Venedig und Genua.[81] Ab 1071 ging Kleinasien für Ost-Rom verloren,[81] dafür kamen Bulgaren (angeblich türkisch-sprechende Hunnen) [81] und Serben dazu – daher ihre althergebrachte Verbindung zu Russland über die damalige gemeinsame Verbindung zu Byzanz. Insgesamt hatte Byzanz zunehmend an territorialem Einfluss verloren und war zu „Groß-Griechenland" geworden.[81] Letztlich beraubte sich das Abendland selbst dieses letzten Bollwerks gegen den Islam, indem während des 4. Kreuzzuges im Winter 1203-1204 unter Mithilfe von Venedig die Stadt Konstantinopel geplündert und teilweise zerstört wurde. Davon erholte sich Byzanz endgültig nicht wieder; bis 1261 wurde die Stadt noch von einem Franken-Herrscher regiert,[81] vorübergehend vom Serben Stephan Duschan, der sich „Kaiser der Serben und Römer" nannte; 1341 brach zusätzlich auch noch ein Bürgerkrieg aus.[81]

Schon seit 1353 hatten die Osmanen mit Gallipoli [81] und 1361 mit Adrianopel begonnen, Gebiete in Europa zu erobern [81] und damit Konstantinopel zu umzingeln, wie in Abb. 89 dargestellt. Zuletzt bestand Ost-Rom, das Byzantinische Reich, nur noch aus Griechenland, mit ihrem Patriarchen in Konstantinopel „unter politischer Aufsicht der Osmanen" [81]und insgesamt unter osmanischer Herrschaft.

Ab etwa 1400 begannen die Osmanen, christliche Jungen aus Serbien, Kroatien und Albanien zu entführen und in ihrem Sinne für administrative und militärische Zwecke auszubilden: aus ihnen wurden die Janitscharen, Zivilbeamte und militärische Spezialtruppen, Leibwache und schließlich die erste Berufsarmee; Muslime waren von diesen Tätigkeiten ausgeschlossen.[81] Diese als „Knabenlese" oder „Knabenzins" bezeichnete Zwangsrekrutierung und Zwangsislamisierung war eine Sicherheitsmaßnahme der Regenten gegenüber ihren weniger vertrauenswürdigen eigenen Vasallen. Überraschen mag, dass auch die Damen im Harem der osmanischen Herrscher ausschließlich nicht-muslimischer Herkunft gewesen sein sollen. Demnach müssten die Sultane zunehmend fremde Gene getragen haben.

Das wichtigste Erbe, das Byzanz Europa weitergab, waren seine „Akademiker", Intellektuelle, die anlässlich der Eroberung 1453 nach Europa und nach Persien flüchteten, letztlich also dadurch einiges vom antiken Wissen zur Bewahrung und Erweiterung in das Morgenland trugen.[312]

Ein weiteres Erbe von Byzanz ist der Doppelkopfadler als Wappentier (Abb. 90): angeblich das älteste Wappentier der Welt, das schon im alten Babylon verwendet wurde, ist es uns vor allem aus Ost-Rom bekannt. 1433 übernahm es der Luxemburger Sigismund, Kaiser des Heiligen Römischen Reiches, als Wappentier. Ebenfalls im 15. Jh. wurde es auch von den Russen eingeführt als Wahrzeichen für Moskau als dem „Dritten Rom" nach Byzanz. Auch im Wappen einiger Balkanländer ist er zu finden. Im Jahr 1804 ist der Doppeladler auch Wappentier von Österreich-Ungarn und später für Österreich bis 1938 geworden. In Deutschland wurde es auch zum Wappentier mehrerer Städte wie Köln und Lübeck. Das Deutsche Kaiserreich von 1871 machte daraus seinen einköpfigen Adler, dafür übernahm es von Österreich die alte Kaiserhymne von Joseph Haydn.

Abb. 90: Der Doppelkopfadler, das Wappentier des Byzantinischen Reiches.[313]

Was Recht ist und was falsch: Entwicklung der Justiz in Europa

Der Anteil römischen Rechts am modernen Rechtssystem europäischer Staaten ist von Byzanz überliefertes und weiter entwickeltes römisches Recht. In Rom gab es nur das Anklageverfahren im Sinne unseres heute noch gebräuchlichen Ausdrucks: „wo kein Kläger da kein Richter". Kaiser Justinian führte um 520 das „Corpus iuris civilis" und damit die Inquisitionsmaxime ein. Dieser Ausdruck klingt irreführend, denn er hat nichts mit der mittelalterlichen Inquisition der Katholiken zu tun. Es geht um den „Amtsermittlungsgrundsatz", sozusagen die erste Staatsanwaltschaft, also staatliche Ermittlungen ohne Kläger, aber auch das erste objektive Beweisermittlungsverfahren. Das „Corpus iuris civilis" bildete die Basis für die Rechtssysteme europäischer Staaten wir Österreich, Frankreich und Preußen.[312] Im katholischen Mittelalter wirkte der Gottesstaat mit der Einführung der Inquisition durch Papst Innozenz III. in die Justiz; Rechtsprechung wurde vielfach von religiösem Eifer beeinflusst, wenn nicht durch ihn ersetzt. Rechtsunsicherheit und Willkür waren die Folge. Die nächste größere Reform des Strafrechts leitete Karl V. im Jahr 1498 mit der Wormser Reformation ein. Schließlich wurde Napoleons Reform von 1808 auch in den anderen Reichen des Europäischen Kontinents eingeführt.

Auch das germanische Rechtsprinzip folgte ausschließlich dem Akkusationsverfahren „wo kein Kläger da kein Richter", bei dem es ohne Kläger kein Verfahren gibt. Es wurde weitgehend auf der Basis des Leumunds in der Gemeinschaft geurteilt. Im Zweifelsfall gab es das Mittel des Gottesurteils oder des Zweikampfes: letzteres galt noch als gesondertes Kuriosum bis zum Beginn des Ersten Weltkriegs als Duell. Im germanischen Europa war die Einführung der Inquisitions-Justiz zunächst ein Fortschritt: denn nun wurde nach Fakten und Beweisen ermittelt. Rasch jedoch wurde er wettgemacht durch religiösen Eifer und Parteilichkeit des katholischen Inquisitors, der allein entschied, und die Zulassung der Folter (angeblich in etwa 10% der Verfahren tatsächlich eingesetzt).

271

Kultur im Haus Europa

Spuren in der Geschichte

Lässt die Geschichte eine europäische Identität erkennen, gemeinsame Kultur als Identität? Wenn ja, wann begann sie? Was ist an Europa „europäisch"? Fanden wir Beispiele für Multikulturalität in der Geschichte? Wenn ja, wo?

Wir haben Spuren der Kelten, Griechen, Etrusker, Römer, Franken, Germanen, Wikinger, Slawen und einer Reihe weiterer aus östlichen Regionen nochmals verfolgt auf der Suche, was an gemeinsamem Erbe daraus entstanden sein soll. Für eine Orientierung in der Gegenwart geht es nicht so sehr um den Nachweis einer autochthonen europäischen Kultur, ähnlich wie dies mancherorts aus politischen Gründen versucht wurde (siehe S. 37). Es geht vielmehr um die Suche nach einer europäischen Identität, einem Gefühl davon, in einem gemeinsamen Kulturkreis zu leben, wie auch immer er entstanden sein und woraus er sich zusammensetzen möge.

Europäische Identität, Kultur, Kulturkreis - können wir es tatsächlich so nennen? Die Frage kommt Europäern spontan in den Sinn. Denn viel näher sind ihnen die Unterschiede als die Ähnlichkeiten, fast unerwünscht das Gemeinsame: jedoch, es ist nicht abzuleugnen, dieses Gemeinsame: in Architektur, Kunststilen, teilweise in Schrift und Sprachähnlichkeiten, differenziert ausgeprägt entsprechend dem unterschiedlichen Temperament, gewachsen in der jeweiligen Umwelt, unleugbar, wenn auch in kompliziertem Geflecht: das vom Römischen Reich militärisch eroberte antike Griechenland eroberte seinerseits Rom als Kulturraum. Dort fand auch, im griechischen Denken und Sprechen, die Ausformung der Lehren des Jesus von Nazareth zur christlichen Religion statt, die ihrerseits das Römische Reich nochmals eroberte. Beide, das klassische und das hellenistisch-christliche Griechenland, prägten die römische Kultur und damit die Zukunft Europas, und ließen daraus die größte kulturformende Weltreligion hervorgehen. Ob mit „hervorgehen" das richtige Wort gewählt ist, überlasse ich meinen Lesern; denn die Wahl der Methoden dieses „Hervorgehens" des Christentums in die Welt wird heute – wir haben es an einigen Beispielen nochmal nachvollzogen- mit Recht unterschiedlich beurteilt, kritisiert und mitunter verdammt.

Wenn auch erste kulturelle Einflüsse Roms auf seine Provinzen da und dort einen ersten Ansatz von Vereinheitlichung andeuteten, als Mode, als bewundernde Anpassung an den überlegenen Beherrscher: zu unterschiedlich ist das Bild, zum Beispiel zwischen West und Ost. Das wenig begabte Bemühen Roms um die Schaffung eines einheitlichen Kulturraums wurde mit den Versuchen von Kaiser Hadrian (S. 80ff, 229ff) offenbar. Man darf auch nicht vergessen, dass Rom weniger ein europäisches als ein mediterranes Reich war, das Nordafrika und die Levante mit einschloss. Das Bemühen um kulturelle Gemeinsamkeit im heutigen – und geographisch definierten - Europa, um Identität, begann mit Karl dem Großen und seiner Karolingischen Renaissance; es versandete mit seinem Tod in Streit und in Diversifizierung in den danach entstehenden Machtbereichen seiner Erben. Überfälle von Normannen und Awaren drohten alles wieder zurück ins Chaos zu stürzen.

Und dennoch entstand in Europa unaufhaltsam ein gemeinsamer neuer Kulturkreis, teils Amalgam aus den zusammengeströmten Völkern, teils verbindende Elemente zwischen ihnen. Ähnlichkeiten im genetischen Gemisch einerseits,[A175] vor allem aber auch die gemeinsame christliche Religion andererseits, dürften außer dem dominierenden Einfluss einer mehr oder weniger einheitlichen Umwelt in den gemäßigten Zonen der Nordhemisphäre die Basis dieser Gemeinsamkeiten bilden. Wer dennoch an der Existenz dieses „europäischen Kulturkreises" zweifelt und vor den Gemeinsamkeiten eher die Unterschiede sieht, möge an diesen beiden Beispielen bedenken, welchen entscheidenden Einfluss die Architektur auf das „öffentliche Wohngefühl" in Europa ausübt, und welch globale Wirkung die europäische klassische Musik auf die gesamte Welt hat:

Architektur

Es ist die Selbstverständlichkeit, mit der wir Menschen von uns selbst ausgehen, die uns eher die Unterschiede als die Gemeinsamkeiten sehen lässt: also gehen wir selbstverständlich davon aus, dass auch in anderen Ländern in der Ortsmitte die Kirche steht, am Kirchplatz, und dass um diesen Kirchplatz in den meisten Ländern Gaststätten oder andere Einrichtungen des gesellschaftlichen Lebens stehen. Die Architektur im öffentlichen und im privaten Bereich ist in Europa tatsächlich weitgehend einheitlich – und dies ist nicht selbstverständlich, sondern Ausdruck der Tatsache, dass es sich um einen Kulturkreis handelt, einen, der sich von anderen wie fernöstlichen, afrikanischen und indigenen unterscheidet. Schon erste Kirchenbauten zur Lebenszeit Kaiser Konstantins waren über weite Teile Europas und der Levante verstreut: Die Laterankirche und die ursprüngliche St. Peterskirche in Rom, die Grabeskirche in Jerusalem, in Betlehem die

Geburtskirche, die Apostelkirche in Konstantinopel, St. Peter in Trier, entstanden alle in den Jahren 324 bis 340.

Abb. 91: Dom zu St. Peter in Trier. Der Bau geht auf das frühe 4. Jh. zurück, also Konstantins Zeit in Trier. Bei den beiden runden Minarett-ähnlichen Türmen handelt es sich um frühromanische Treppentürme für die Glockentürme, aus der Renovierungszeit im 11. Jh. im salischen Stil. Quelle:[314]

Danach folgen San Lorenzo in Mailand und St. Gereon in Köln aus der Mitte bis zweiten Hälfte des 4. Jh. Man erbaute sie meist im römischen Basilika-Stil, selten unter direkter Verwendung heidnischer Tempel (indirekt dienten sie häufig als Steinbruch). Auch Bauten im 5. und 6. Jh. wie in Perugia, Assisi und Ravenna, in Porec auf Istrien, auf Zypern, Butrint in Albanien, weitere Kirchen in Konstantinopel und weiteren Städten in Noricum, im Tessin, in Frankreich in Paris, Frejus und Poitiers folgen diesem Stil, mitunter auch als runder oder mehreckiger Zentralbau. In Spanien ist San Pedro de la Nave in Kastilien aus der westgotischen Zeit im 7. Jh. erhalten. Von da leitet das Bild über zu anderen vorromanischen Bauten, aus denen die karolingische Kaiserpfalz in Aachen hervorsticht. Schließlich verbreitet sich ab etwa 1000 als erster gesamteuropäischer Baustil der romanische Stil und gibt dem städtischen Bild überall im römisch-katholischen Europa ein weitgehend einheitliches Bild,[A176] mit den ältesten romanischen Kirchen Deutschlands in Hildesheim, Mainz und Speyer, in Österreich St. Peter in Salzburg, das auf dem Fundament eines karolingischen Baues steht, in England die Westminster Abbey von London und die Kathedralen von Ely, Durham und Peterborough, dutzende in Frankreich und in Italien. Ausnahmen bleiben das maurische Spanien und das Byzantinische Reich im Südosten.

Im Norden Frankreichs beginnt sodann der gotische Stil in der ersten Hälfte des 12. Jh., breitet sich von dort in die soeben eroberten normannischen Gebiete

Englands aus, zuerst mit der Kathedrale von Wells bei Bath in Somerset,[A177] und schließlich bis ins 13. Jh. über das gesamte mittelalterliche Europa. Der Bau gotischer Kathedralen, diese „*vollkommene Darstellung der mittelalterlichen Theologie*",[2] wird auch zur Manie, zum stolzen Wetteifer der Bürger. Spezialisierte Bautrupps wandern durch Europa und bauen eine Kirche nach der anderen:

Abb. 92: die Kathedrale von Wells in Somerset, GB.[315]

von Saint Denis in Paris nach Durham und Lincoln in Nord-England, von Notre Dame, Chartres und Reims bis Wien, von Sevilla bis Kosice, Prag und Venedig – obwohl Italien häufig durch einen direkten Übergang von der Romanik zur sogenannten Proto-Renaissance hervorsticht.

Mit der Renaissance besinnt sich Italien in der Architektur seiner römischen Vergangenheit. Vorwiegend durch die Architekten Palladio und Brunelleschi entwickelt, verbreitet sich auch dieser Stil über ganz Europa und beginnt im 16. Jh. vor allem profane Bauten zu prägen, Rathäuser, Schlösser, Bürgerhäuser, in den Hansestädten die „nordische Renaissance"; von den Loire-Schlössern

Frankreichs über die englischen und schwedischen Schlösser, im Osten in Ungarn, Polen und Russland, im Westen Spanien und Portugal. Im deutschsprachigen Bereich der Alpenländer sticht besonders Graz mit seinem Landhaus (und Zeughaus) im Stil der Renaissance hervor (Abb. 93).

Abb. 93: Landhaus in Graz, Photo:[316]

Der barocke Baustil, in Italien entstanden, wird im 16. und 17. Jh. ebenfalls in ganz Europa nachgeahmt, wenn auch – noch mehr als bei den vorangegangenen Stilen - in jeder regionalen Subkultur in seiner ganz eigenen Ausprägung: so zum Beispiel in den habsburgischen Landen nach dem Türkenkrieg von 1683 als Ausdruck von überschwänglicher Siegesfreude: Dächer formt man wie türkische Zelte, Kirchturmspitzen wie osmanische Turbane, bogig-wolkige Üppigkeit ersetzt die lineare aufwärtsstrebende Strenge im Inneren vieler gotischer Kirchen, andere Gebäude passen sich in die Landschaft, als wären sie Teil von ihr. Ob zum

Ruhm oder zur Schande, barocke Gebäude finden sich nun in aller Welt, wo immer koloniale Mächte sich etablierten und wie selbstverständlich ihre Kultur importierten, ungeachtet der besonderen Dichte in Lateinamerika,

Abb. 94: Stift Melk an der Donau, Österreich. Quelle:[317]

das kulturell so wie auch Nordamerika als „Neu-Europa" verstanden wurde – Universalismus ist also keineswegs eine Erfindung der Moderne.

Dabei erschließt sich die Geschichte eines Gebäudes nicht immer schon auf den ersten Blick von außen: so manche Kirche, zuerst im romanischen Stil erbaut, wurde danach im gotischen Stil erweitert, um schließlich innen mit freude-strotzender Pracht und brausendem Gewölk barocken Stils übergossen zu werden. Jedenfalls ergeben diese Baustile zusammen genommen jenen Gesamt-eindruck, der europäische Städte typisch europäisch erscheinen macht, für Europäer als Quelle des Gefühls von Heimat mit prickelnd erfrischenden kleinen Unterschieden, für Nicht-Europäer allemal typisch Europa.

Und zuguterletzt die moderne Architektur: sie bedarf am wenigsten der Erwähnung hier, dient sie doch eher dem amerikanischen als dem europäischen – wenn auch damit einem westlichen - Universalismus als Argument: keine Großstadt der Welt, insbesondere in China und in der arabischen Welt, die nicht mit noch moderneren und höheren Bauten westlicher Bautechnik und Archi-tektur mit dem Westen wetteiferte.

Kirchturm und Minarett

Soweit mir bekannt, steht der älteste Kirchturm in Ravenna, an der Basilika Sant'Apollinare Nuovo, erbaut um 500 (Abb. 95). Glockentürme gibt es im christ-lichen Europa seit dem 8. Jahrhundert.[318] Mancher säulenförmige Turm an den Sei-ten einer romanischen Kathedrale gleicht einem frühen Minarett (Abb. 91).

Abb. 95 links: Basilika Sant' Apolli-nare Nuovo in Ra-venna, Quelle: [319]

Abb. 96 rechts: Das Ali-Minarett in Isfahan aus dem 11. Jh. Quelle:[320]

Erste Minaretts sind wahrscheinlich im 9. Jh. erbaut worden als Anbau zur Moschee, zu-nächst nur, um die Präsenz des Islam zu signalisieren, nicht, um von ihnen zum Gebet zu rufen.[321] Eines der ältesten ist das Minarett der Großen Moschee von Samarra im Irak, erbaut im Jahr 852.[322]

Musik

Der andere herausragende Ausdruck europäischer Kultur, die Musik, hat daneben auch die eines Beispiels ihrer Globalisierung im Sinne des Universalismus: Europäische Klassische Musik ist jene Musik, die weltweit in Konzertsälen und Opernhäusern aufgeführt wird, deretwegen auch neue Konzerthäuser außerhalb des Westens gebaut werden und tausende Musikstudenten aus Fernost in den Westen kommen, um diese Musik, und damit die gesamte europäische Kultur, zu ihrer eigenen zu machen.

Soweit sie ursprünglich nicht direkt religiösen Zwecken dient, sondern der Unterhaltung und Erbauung, geht ein Großteil davon wie auch bei anderen Kulturen vom Tanz aus, von gemeinsamer rhythmischer Bewegung also, die von Musikinstrumenten begleitet wird. Im Zeitalter des Barock, besonders in Frankreich, wird aus diesen Volkstänzen die Musik als Kunstform – zunächst für die Aristokratie, im 18. Jh. dann zunehmend auch für das Bürgertum. Betrachtet man an dieser Stelle den Unterschied zwischen bürgerlicher und aristokratischer Tanzmusik, so tut sich eine interessante Entdeckung auf, nämlich jene um die Erfindung des Maskenballs.[A178]

Die grenzenlose Internationalität der Kunst wird an Karrieren und Rivalitäten besonders deutlich: so revolutionierte der Italiener Jean-Baptiste Lully (Sohn von Lorenzo und Caterina Lulli in Florenz) die französische Musik, geriet damit in heftige Kontroverse mit dem Franzosen Jean Philippe Rameau, später mit dem Deutschen Christoph Willibald Gluck; letzterer war ursprünglich aus der Oberpfalz gekommen und letztendlich in London heimatlich geworden. Begehrte Künstler wanderten zwischen den Höfen, oder von Mäzen zu Mäzen. Europaweite Reisen waren selbstverständlich, man denke an Mozarts Reisen nach Frankreich und Italien, an Haydns Aufenthalt in London, die Erfolgstournee der italienischen Oper. Friedrich Kalkbrenner dokumentierte mit seinem Leben die offene und einende Rolle der Musik in der Kultur: 1785 in Deutschland geboren, studierte er mitten in den Wirren von Revolution und napoleonischen Kriegen Klavier am Pariser, ab 1803 am Wiener Konservatorium, galt schließlich als der weltberühmteste Pianist seiner Zeit, Vorbild von Liszt und Chopin. Zu Ende des 18. Jh. wurde das europaweite „Diktat" des italienischen Stils aufgebrochen, als Mozart – auch als Provokation seines Rivalen Salieri am Wiener Hof - Opern in deutscher Sprache durchzusetzen schaffte. Mit der Romantik kam der Nationalismus, und mit ihm die romantische deutsche Oper von Karl Maria von Weber, danach Richard Wagner. Romantische Werke aus Russland, impressionistische aus Frankreich, erfreuen sich in Fernost zusätzlich großer Beliebtheit.

Auch wenn einzelne Stile und Formen immer wieder eifersüchtig gehütet und für sich beansprucht wurden, so wirkte dennoch die Kunst stets länderübergreifend im europäischen Kulturkreis und schließlich kulturübergreifend, suchten die Menschen schon immer den Reiz des etwas Fremden, des anderen Temperaments, der überraschend neuen Gefühlstönung. Musikalische Zauberkünstler wie Paganini und Liszt rissen die Massen aller Länder und Sprachen mit, waren Europäer, wurden bald Kosmopoliten.

Die Mode und der Reiz des- mitunter sogar bedrohlich -Fremden

Ist Ihnen aufgefallen, wieviel mehr westliche Männer plötzlich mit muslimisch wirkenden Vollbärten umhergehen, ausgerechnet in unserer Zeit, da europäische Städte immer wieder von islamistischen Terroranschlägen erschüttert wurden und Rechtsparteien sich gleichzeitig steigenden Zulaufs erfreuen und mit der liberalen Seite polarisierende Wortgefechte liefern?

Im Januar 1699 wurde in Karlowitz, einem Ort im Grenzgebiet zwischen Russland, Polen, zwischen dem Osmanenreich und der Allianz der schon zuvor erwähnte Frieden geschlossen (siehe S. 157, S. 217), nun da die Attacke auf Wien fehlgeschlagen und die Türken weit in den Balkan zurückgedrängt waren. Eine Bedingung in den Friedensverhandlungen war, dass die Hohe Pforte den Polen eine ganze türkische Militärmusikkapelle sende: so sehr hatte die fremde Musik zum drohenden Aufmarsch der osmanischen Truppen die Europäer beeindruckt. Durch die Invasion Ost-Österreichs und die Belagerung Wiens dröhnte nämlich der Klang der osmanischen Militärmusik – die „Janitscharenmusik" - der Bevölkerung und auch dem Hussaria-Heer des Jan Sobjeski, dem Retter von Wien, drohend in den Ohren. Nach dem Sieg über die Türken wurde diese Musik vom Militär in ganz Europa kopiert und beim Volk zur Mode: türkische Militärmusikkapellen,[323] danach einheimische mit einigen türkischen Instrumenten, verbreiteten sich über ganz Europa und fanden schließlich als Blasmusikkonzert, mancherorts noch für längere Zeit „Türkenkonzert" genannt, Beliebtheit als Wochenendunterhaltung in europäischen Stadtparks. Instrumente dieser türkischen Militärmusik, Triangel, Schellenbaum, Piccoloflöte, Tamburin, tauchten in Mozart's Oper „Entführung aus dem Serail" auf, türkische Klänge in seinem „Rondo alla Turca" seiner Klaviersonate KV 331, in Haydn's Symphonie Nr.100, der Militärsymphonie. Kulturen nehmen gerne voneinander, aber davon fließen sie nicht zusammen. Mao Tse Tung gab dafür das grellste Signal: „Das Westliche für China nutzbar machen" (obschon die Idee nicht von ihm war [A179]).

Dvořak war wahrscheinlich einer der Ersten, die in die Neue Welt kamen und beides mit zurückbrachten: den Ausdruck der Sehnsucht nach der Heimat und die orientierungslose Sehnsucht nach dem Fremden. Werke russischer, italienischer, deutscher, französischer, österreichischer, amerikanischer Komponisten sind „Eigentum" aller Europäer geworden, haben begonnen, die Welt zu erobern und von ihr in Besitz genommen zu werden. Russische, deutsche, französische, italienische, österreichische, amerikanische Künstler spielen diese Werke in Europa, Amerika und der Welt. Der ukrainisch – jüdische Pianist Wladimir Horowitz kam 1986 aus New York in seine Heimat zurück und spielte den Russen Werke ihrer Komponisten vor. Anton Rubinstein spielte in den 1870er Jahren Konzerte in den USA und in Westeuropa, und war Direktor des Musikvereins in Wien.

Musik als kulturelle Identität und Authentizität, gar Universalität?

Die Attraktivität der westlichen klassischen Musik geht sogar so weit, dass völlig Kulturfremde sich an ihrer Interpretation versuchen – damit rückt die Frage nach den tiefreichenden Gemeinsamkeiten von Musikerleben quer durch alle Rassen und Kulturen über den Fokus neurowissenschaftlichen Interesses hinaus in den der Relevanz kulturellen Erbes und Hintergrundes für das, was Manche gerne als „Authentizität" fordern, während es Andere als überzüchtete Nostalgie abtun unter Hinweis auf das ohnedies dominierende Zeitgeistgefühl.

Die Extreme bewegen sich zwischen zwei weit voneinander entfernten Polen: An einem Ende steht die Forderung zur Fähigkeit der Wiedergabe dessen, was der Dirigent Nikolaus Harnoncourt seinem Mozart als „Komponieren im Salzburger Dialekt" nachsagte und versuchte, dem Pianisten Lang Lang nahezubringen. Vom anderen Ende kommt die technische Perfektion aus fernöstlicher Feingliedrigkeit und unbeugsamem Willen. An einem Pol die Sorge, ausgedrückt vom Dirigenten Kurt Masur: „Wenn ihr nicht achtgebt, werden euch in 20 Jahren die Chinesen vorführen, wie man Beethoven spielt",[154, 324] und am anderen Pol der Ausdruck von heutigem Konsum-Verständnis von Klassik, das sich im Titel von Radiosendungen wiederspiegelt wie „Musik zum entspannen und genießen". An der Musik kann man sich mit Recht fragen, ob nicht das, was einmal als europäische Kultur verstanden worden ist, heute ohnehin längst als Eigentum der Welt zu etwas Neuem im Begriff ist zu werden, das sich wie alles Künftige unserer Vorstellbarkeit entzieht.

Musik ist wegen der Eigenheit der Kunstform sozusagen als inter-kultureller Bote besonders geeignet: denn Musik konnte man vor der Ära von Schallplatten und CDs nur dort hören, wo sie gespielt wurde. Wollten Musiker sich über ihre unmittelbare Heimat hinaus bekannt machen, mussten sie also reisen, in fremden Städten und Ländern Konzerte geben. Das konnte bei anderen Kunstgattungen wie der Malerei und besonders der Bildhauerei anders sein, wenn auch nicht notwendigerweise.[A180]

Was in Europa geschah, war die Geburt der Wissenschaft aus der Kultur, Renaissance des Erbes Hellas', ergänzt um direkte Einflüsse aus Ägypten, Persien, Arabien und China. Das Hinterfragen von Wissen und Denken, das Gewahrwerden des Gewahrseins – der eigentlichen Bewusstheit, das Zusammenwirken dieses kritischen Denkens mit dem Werkzeugdenken, dem Ausbeuten von Möglichkeiten, die daraus entstandene Revolution, die Industrielle Revolution, haben die Welt verändert – hat sie das Leben verbessert? Die Wissenschaft hat Hygiene, Medizin und Pharmazie radikal verbessert und damit Leiden zu lindern ermöglicht – moderne Medizin ist heute weltweit westliche Medizin mit europäischen Wurzeln. Wissenschaft hat die Nahrungsproduktion technisiert und den Hunger beseitigt – bisher zumindest im Westen und der übrigen industrialisierten Welt.

Europa hat die Welt für die Welt entdeckt, die Welten jenseits aller Meere, und die andere Menschheit, von der sich die Einen von den Anderen vor vielen tausend Jahren getrennt hatten, damals, im Fruchtbaren Halbmond.

In Hellas sind die Fähigkeiten des Geistes auf dem europäischen Kontinent – gleichzeitig mit ähnlichen Phänomenen im Morgenland und in Fernost - erstmals voll aufgeblüht. Aber dieses Erbe blieb nicht wie selbstverständlich in Europa, um sich da einfach weiter zu entwickeln: dieser Weg war äußerst gewunden, teilweise nicht mehr sichtbar, wie ein Fluss, der im Sand versickert, in Dolinenlöchern verschwindet, sich in Gängen und Höhlen verliert, um an anderer Stelle zunächst unerkannt wieder an der Oberfläche zu erscheinen und dort zum Strom zu werden, der das Meer erreicht. Nicht Ergebnis zusammengeflossener Kulturen ist dieser Strom.[97] In Mäandern und hundert parallelen Nebenflüssen mündet er in ein Delta von unzähligen Armen. Aus gemeinsamem Quell kommen die kulturellen Merkmale, Kunst, Religion, Sprache, nicht aus vielen verschiedenen. Einander befruchtend, diversifizieren sie, grenzen sich voneinander ab, befruchten einander über die Grenzen hinweg.[A181]

Die kulturelle Evolution zeigt die Richtung: was schon in der genetischen Evolution als Beschleunigungsfaktor gewirkt hatte, Denken in der kulturellen Evolution macht es um Faktoren schneller nach: man imitiert: was besser funktioniert, schmeckt, klingt, wird von Allen gewollt, vom besseren Flagellenmotor der Einzeller bis zum dreisteren Sarabande-Tanz und dem letzten Schrei von I-Phone-Technik. Nur: Wieviel Kultur steckt in der kulturellen Evolution? Was Evolution hervorbringt ist Technik, ist Entdecktes und Imitiertes aus dem, was wir Natur nennen, ist Strategie-gewordene genetische Evolution. Was wir Kultur nennen, vor allem ihre Kunst, ist die Transzendierung der Technik, ihr verspieltes, weises Kind mit dem sechsten Sinn, das hinausahnt in das göttliche Reich, wohin der Kreatur der Weg versperrt. Wie in der genetischen Evolution wird aus wenigen einfachen Urformen Vielfalt: aus ersten Flöten, Rasseln und Trommeln wird das große romantische Orchester, aus dem Erahnen des Numinosen werden Religionen, aus ihnen wiederum zahllose Sekten.

Dazwischen tauscht es sich aus, fließt aber nicht zusammen, noch nicht. „Kulturaustausch" resultierte in Vereinheitlichung hier und Diversifizierung da, teilweise als Austausch im direkten Sinn des Wortes: In der Diskussion um die Faktoren, mit denen Kulturen einander beeinflussen, sieht der britische Historiker und Diplomat G.B. Sansom Handelsgüter bedeutender als direkte Missionsbemühungen: ändern sie Kultur, etwa wie subliminale Werbung? [155]

Wird all dies eines Tages zusammenfließen in ein Großes Ganzes? Noch freut sich der Mensch am Reiz der Unterschiede, genießt Abwechslung im engeren Umfeld, grenzt das Weitere ab wie jedes Tier.

Europa – Kulturkreis der Diversität und Universalität

Reizvoll unterschiedlich in Nuancen – das ist Europa

Ist es nicht so, dass wir die zunehmende Vereinheitlichung in einer globalisierten Welt widersprüchlich beklagen, ja bekämpfen, dass Viele sich deshalb ihrer kulturellen Wurzeln besinnen, dass wir gleichwohl den Reiz des kleinen Unterschiedes genießen, wo er noch zu finden ist, auf Städteflügen zwischen Rom und Paris, Wien und London, Berlin und Madrid, Antwerpen und Porto, wo überall noch zusätzlich der Wind aus unterschiedlichen exotischen kolonialen Reichen weht?

Nur zu gut erinnere ich die aufgeregte Neugier, in der wir als Austauschschüler in einer kleinen Stadt Südenglands erstmals ein indisches Restaurant betraten mit seinem Duft unbekannter Gewürze, wie besonders reizvoll wir die Mädchen der benachbarten Boarding School mit ihren Strohhüten fanden, wie uns als Schüler in Paris schon allein die französische Sprache wie auf einer sanft bewegten Wolke trug, wie man die kleine Sensation des anderen Frühstücksgeschirrs und Brotes genoss und als Privileg empfand, daran teilhaben zu dürfen, als Privileg schon allein deshalb, weil man als Gast im fremden Sozialsystem ohnehin nicht dazugehören konnte, unbeholfen und immer wieder an einem Detail erstaunt an deren Alltag, Sitten und Gebräuchen teilnahm, wie man mit dem Versuch begann, ebenso gelassen im letzten Augenblick auf den hinten halboffenen Bus aufzuspringen, ein Mädchen in möglichst akzentfreiem Zungenschlag der Region anzusprechen, am Trocadéro einen Café zu bestellen, den bouquiniste nicht merken zu lassen, dass man Ausländer war – welch prickelnder Reiz des anheimelnd Fremden, nicht allzu Fremden, in wohltuender Weise Ähnlichen, eben reizvoll anderen. Die unbewusste Selbstverständlichkeit des Andersseins verströmte diesen Charme - er soll heute ersetzt werden durch „ ..... *Fragen an die Relevanz von Kultur für Gesellschaften... "*.[140] Kultur hinterfragt, ist Kultur verloren, denn Kultur wird unbewusst kollektiv erlebt, fraglos gebadet, genossen.

Wie sich Charakter und Temperament im Laufe der Jahrhunderte in den Sprachen der verschiedenen Volksgemische der europäischen Länder immer deutlicher ausdrückte, so ziselierten sich auch die kulturellen Eigenheiten dementsprechend aus, aufbauend auf einer gemeinsamen Basis. Slawische und germanische Gen-Elemente und kulturelle Traditionen sind in manchen Regionen zur Unkenntlichkeit vermischt, in anderen durch alte oder neue Sprachbarrieren entmischt oder aufrecht erhalten, letztere besonders in slawischen Ländern wie Ungarn, Tschechien, Polen, Visegrád Staaten.

Jedoch: es ziselierte sich auch selbstverliebt und selbstbeweihräuchernd hinein in nationalistische Tollwut, die in Kampf um Leben und Tod einander würgend in Rache gegen Rache sich wie um den eigenen Schwanz drehen musste bis zur Erschöpfung. Peter Bamm schreibt dazu, wohl noch in Nachkriegsstimmung: *„Europa, der ruhmvolle alte Kontinent, hat seine politische Macht verloren. Er ist geistig zerrissen. Sein Glaube ist in die Verteidigung gedrängt. Seine Reichtümer* *schwinden dahin. Seine Intelligenz wandert aus. Die Poeten singen seinen Grabgesang".*[325]

Die letzten Tage der Majestäten

Europa, dessen Neuzeit - die eigentliche Stunde Europas - geprägt ist von mörderischen Streitigkeiten um Macht unter Königen, die miteinander verwandt sind, und listigen Kämpfen der Päpste mit den und gegen die Kaiser und Könige, um die Vormacht als Stellvertreter des eigentlichen Herrn: wer krönt den Kaiser, wer setzt die Bischöfe ein? Welche Nation ist die größte?

Was bedeutete den Regenten der Neuzeit ihr Gottglauben, woran glaubten sie wirklich? War die angebetete Nation ihr wahrer Gott? Die vergöttlichte Nation? Nein, der Staat, *ihr* Staat, ihr Besitz, ihre massive Körperfühlsphäre - die Verkörperung ihres Glaubens? Eine narzisstische Spiegelung, so wie ein Parlament ein Gesetz wie eine kosmische Macht anzusehen beginnt, nachdem es dieses Gesetz selbst beschlossen hat?

Ein Kulturraum seit Karl dem Großen, ging er zunächst im Zwist seiner Erben fast wieder unter. Frankreich in der Zange zwischen den deutschen und spanischen Landen der Habsburger. Deutschland noch und wieder ein Flickenteppich germanischer Stämme mit ihren trotzig verteidigten Eigenheiten. Burgund das Inselreich dazwischen.

So beginnt in der Zeit nach der Völkerwanderung, wahrlich in einem Tollhaus, in jeder nationalen - oder besser dynastischen – Wohnung Europas, ein eigenständiger, voll Nationalstolz eifersüchtig gehüteter, aber dann doch wieder zum Pan-europäischen entwischender Kulturschatz zu entstehen, in den Künsten, der Musik, der Malerei und Bildhauerei, der darstellenden Kunst. Künstler, Architekten und Baumeister reisten zwischen den Ländern, die untereinander ständig Krieg um Ländereien und Nachfolgerechte führten, gleichzeitig aber untereinander heirateten und Kinder zeugten, Allianzen schmiedeten, um sie kurz darauf zu vergessen oder zu hintergehen. Man vermählte einander wild und kreuz und quer durch Europa, Länder und Generationen, mit einer verwirrend zwischen Machtgier und Friedenswunsch gemischten Vision. Ein kindlicher, von Emotionen getriebener, seiner Zukunft weitgehend unbewusst entgegenstürzender Haufen. Die Mächtigen missbrauchen die Menschen wie Material, als Soldaten für ihre Kriege, als Leibeigene für ihre Ländereien. Wer von diesen Mächtigen – allesamt erklärten sie sich zu gottbefohlenen Schutzherren für ihr Volk – wer sorgte sich wahrhaft um das Leben der Menschen in einem befriedeten Kontinent? Karl V. glaubt man seine Mühe am ehesten, am meisten noch durch seine Abdankung zugunsten von Sohn und Bruder – er zog sich 1556 in ein spanisches Kloster zurück. Auch von den Taten Friedrichs des Großen in Preußen kann man Aspekte pro-sozialen Verantwortungsbewusstseins ablesen.

Die Erbschaft eines europäisch-römischen Kulturraumes war ihnen allesamt abhanden gekommen: die Möglichkeit des Verzichts auf ihr dynastisches

Denken, letztlich Beweis dafür, dass ihnen ihre familiäre Macht wichtiger war als ihre Verantwortung dem Volk gegenüber, stets lauernd nach einer Möglichkeit, einander durch geschlechtliche Vereinigung einen Teil der Habe abzujagen. Sicher birgt die Dynastie die Gewähr der Erziehung zum Machtpolitiker. Jedoch, was für die Beständigkeit eins Sozialsystems zählt ist nicht die Macht sondern die pro-soziale Begabung der Führung.

Von Jahrhundert zu Jahrhundert wurde es den Herrschern gleichzeitig leichter und schwerer gemacht, an der Macht zu bleiben: die Menschen gewöhnten sich an die Herrscherfigur als Verkörperung der Existenz von etwas Höherem, an dem man sich in der Kreatürlichkeit des Lebens festhalten kann. Gleichzeitig ertrugen sie den schamlosen Luxus nicht, der mit ihren Ressourcen getrieben wurde, Schloss um Schloss, Krieg um Krieg: die Serie der Revolutionen brach mit dem Protestantismus los, schon mit den Bauernkriegen des 16. Jh., kulminierte im amerikanischen Unabhängigkeitskampf und der daraus abtropfenden Französischen Revolution, verirrte sich schließlich im Nationalismus als virtuellem Stellvertreter Gottes auf Erden, dem jeder Einzelne auf dem Altar der Ehre das Leben zu opfern hatte. Ein zum Wahnsinn gesteigertes Tollhaus geriet nun in den Sog einer Massenpsychose, in der so viele Millionen in ihrem Freiheitsdrang zu Tode kamen. Wahrlich ein Narrenhaus: Noch heute haben acht der europäischen Völker ihre Herrscherhäuser zu dem gleichen Zweck wie zuvor behalten, teuer bezahlte lebende Standbilder des immanenten Hanges zur Sinngebung durch etwas Höheres, Verehrungs,- ja Anbetungswürdiges, als alltägliche Tröstung tatsächlich sichtbare, lebendige Wesen.

Wieviel von dem, was Europa sich selbst entwickelte, hat es an die Entdeckten auf den anderen Kontinenten weitergegeben? Zuerst kamen Krankheit und Religion, gleichzeitig damit Ausbeutung und Unterjochung. Zuletzt wurde vom Westen auch die Ausbeutung industrialisiert und professionalisiert. Und doch: ist all dies tatsächlich Universalismus?

Verwerflicher Universalismus?

Wenn es um den Vorwurf des Universalismus geht, unter dem Europa, das Abendland, als Ursprung von „dem Westen" seit gut 500 Jahren seine kulturelle Dominanz in der Welt durchzusetzen versuche, dann gibt es hierzu drei Argumente zur Diskussion am Rande:
1. Die Mehrzahl der Kulturkreise außer dem europäischen, von den Mongolen über die Perser bis zum muslimischen Kulturkreis und Japan hat versucht, den für ihn technisch erreichbaren Weltenkreis hegemonial zu dominieren; darin ist Europa, der Westen, nicht einzigartig, sondern nur der letzte Versuch während der letzten 500 Jahre in einer bisher über 3000- jährigen Menschheitsgeschichte.
2. Die westliche Zivilisation mit ihrer Technik für Mobilität, Kommunikation, Hygiene und Medizin, und ihre Kultur mit Architektur und Kunst, hat Europa der Welt nicht aufgezwungen. Sie wurde ihr aus den Händen gerissen. Es ist eine Frage von Siegeszug und/oder Ausverkauf. Feindliche und eifersüchtige Reak-

tionen darauf werden weder das Faktische noch den Kultur-Tourismus nach Europa ändern – außer der Hass zerstört jetzt deshalb unser aller Welt.

3. Jeder Mächtige in der Geschichte, der in seiner Hybris versuchte, den für ihn technisch erreichbaren Weltenkreis als Dauerlösung zu beherrschen, ist gescheitert: von den Persern über Alexander zu Rom und Dschingis Khan, von Ludwig XIV. über Napoleon zum Nationalsozialismus, vom Kolonialismus über den Weltkatholizismus bis zum Weltkommunismus – Bestrebungen für einen weltweiten islamischen Gottesstaat sind noch zugange.

Zusammenfinden statt Universalismus?

Die Kultur, die Kunst in Europa, ein Kind auch der Lebensfreude, sticht immer wieder hervor als ein entscheidendes Bindeglied, Kultur, immer wieder überschrieben und überrannt: keltisch, römisch-griechisch, christlich-mittelalterlich, schließlich neu geboren aus dem Misch-Erbe von Griechen, Römern, Kelten, Franken, Germanen, Slawen und Magyaren. Die Kunst, die prägende, die als bleibender Rest alles überragt, wenn sonst nichts mehr steht im politischen Tollhaus, in dem sich die Charaktereigenschaften des Einzelmenschen im Verhalten von Regierungen und Staaten wiederfinden, die guten wie die schlechten. Das Zusammengehören, das Imitieren, das Hassen, es wandert zwischen Familienmitgliedern, Familien, Sippen, Vereinen, Gemeinden, Regionen, Ländern, Staaten und Kontinenten. Unvermeidlich also, dass weiterhin genommen, übernommen und imitiert wird, aber auch abgegrenzt und ausgebeutet zwischen Interessensgruppen, mit der Kunst dazwischen, die verbindet und durchdringt, was die Gier separiert.

Die Geschichte der Menschheit ist geprägt von der Relativität des moralischen Universalismus und des individuellen Bösen. Wie kompliziert der Weg zwischen dem Anspruch auf moralische und ethische Allgemeingültigkeit einerseits, und Hybris andererseits ist, zeigt das Verhalten der Siegermächte im Jahr 1945, als im Rahmen des „Morgenthau-Plans" Deutschland komplett de-industrialisiert und zu einem von den Siegern kontrollierten Agrarstaat umfunktioniert werden sollte. Dieser Plan wurde auf halbem Wege durchkreuzt, nicht aus moralischen Bedenken, sondern weil die Interessen der amerikanischen Wirtschaft dagegen standen: der Marshall-Plan ersetzte den Morgenthau-Plan, die alten, nach Russland und Frankreich abtransportierten Maschinen wurden durch neue, amerikanische ersetzt. Der Rechtfertigung gewaltsamer moralischer Reglementierung eines Volkes stehen überdies psychologische Erkenntnisse über uns Alle entgegen, die wir besser in unser Aller Erziehung integrieren, wenn wir in Frieden überleben wollen: die Mehrzahl von uns, Leute von der Straße jeglicher Nation, Ethnizität, sozialen Stellung, führen im Vertrauen auf ihre Einbettung in die Hierarchie Befehle aus, von denen sie wissen, dass dadurch Andere zu Schaden kommen, Schmerzen erleiden, in Lebensgefahr geraten. Nur das Gewahrsein solcher Erbsünden kann soziales Leben stabilisieren.

So könnte also eines Tages, aus besserer Einsicht, sich nebeneinander, beieinander finden, was sich doch trennen wollte, weil es das gleiche begehrte, vom gleichen träumte. Wird solche Nachbarschaft Ursprung einer einzigen gemeinsamen Kultur sein, Religion? Der Blick in die Geschichte warnt vor Krankheit, jener des Selbstzwecks, denn Krankheit ist er, solange er nicht im Käfig der Selbstdisziplin wohl verwahrt bleibt: Macht kämpft auch um ihrer selbst willen weiter.

Die Welt von Gestern

Manches, das unser Gefühl aus tiefer Vergangenheit birgt, liegt letztlich doch noch nicht so unvorstellbar lange zurück: im Fronturlaub des Ersten Weltkriegs konnten Gefreiter Carl Zuckmayer [326] aus dem Schützengraben an der West-Front, ziviler Beruf Schriftsteller, oder Oberstleutnant Dr.Ing. Karl Pallasmann am Triglav,[327] ziviler Beruf Oberbundesbahnrat, oder mein Großvater als Gebirgsjäger in den Dolomiten, ziviler Beruf Buchdrucker und Nachkomme Hausangestellter am Hofe der Sommerresidenz seiner Majestät Kaiser Franz Josephs, sie alle konnten in der Zeitung lesen, was über Jahrestage in Erinnerung gebracht wurde, z.B. 1915 das 100- jährige Jubiläum der Schlacht von Waterloo und des Beginns vom Wiener Kongress, den 100. Geburtstag von Otto von Bismarck und von Karl Marx, den 50. Todestag von Abraham Lincoln, auch den 150. Todestag von Georg Philip Telemann; im Jahr 1916 den 100. Todestag von Goethes Frau Christiane, im März 1917 vom 75. Todestag von Constanze, der Frau Mozarts.
Wie ein böses Omen war am 21. Juni 1914 die Friedensnobelpreisträgerin Bertha von Suttner gestorben, so als wollte sie nicht mehr miterleben, was sie nicht verhindern konnte. Denn eine Woche darauf, am 28. Juni, wurde Kronprinz Franz Ferdinand von Österreich als Auftakt zum Ersten Weltkrieg in Sarajewo ermordet. Ferdinand Porsche hatte Glück. Der spätere Autofabrikant und Gründer von VW und Porsche, schon um 1901 bekannt als Sieger von Autorennen und Geschwindigkeitsrekorden (damals bei etwa 50km/h), war während seines Militärdienstes als Chauffeur von Kronprinz Franz Ferdinand eingeteilt; in Sarajewo war er nicht dabei. Stefan Zweig stand am 24. März 1919 am Bahnsteig in Buchs, der Grenz- und Zollstation zwischen Österreich und der Schweiz, als er beobachtete, wie am Bahnsteig gegenüber ein Sonderzug einfuhr und der österreichische Kaiser Karl und Kaiserin Zita unter Polizei-Eskorte aus Österreich deportiert wurden,[328] als Herr Karl Habsburg in Zivilkleidung, weil die Monarchie zu Ende war und man fürchtete, Monarchisten könnten seine Rückkehr auf den Thron betreiben.

Wir haben an dieser Überschau nochmal bestätigt bekommen, wie Menschen allgemein miteinander umgehen – darin machte Europa keine positive Ausnahme. Wir sind aber auch daran erinnert worden, welche letztlich dann global wirksamen Kräfte in Europa entstanden sind, die zusammen genommen auch eine gemeinsame Identität ausdrücken, einen Kulturkreis eben, von außen besser als Einheit erkennbar als von innen. Besonders auch darin ist Europa als Kulturkreis erkennbar, dass man sich gerne modisch und elegant gibt: man spricht französisch, hört italienische Musik, trinkt aus chinesischem Porzellan, trägt chinesische Seide, im alten Rom, in Byzanz wie im England des 18. Jh. und heute. Man spielt aber auch in Peking und in Tokyo Beethoven und Mozart. Deshalb wird kein Europäer Chinese, kein Japaner Franzose. Doch so mancher Italiener wurde Franzose, Deutsche zu Engländern, Franzosen zu Spaniern.

Was immer sich als „kopernikanische Wenden" in der neuzeitlichen Menschheitsgeschichte sich ereignete, nach den Alten Griechen von Galilei über Darwin und Freud zur Beschreibung der kulturellen Evolution, von den sozialen zu den industriellen Revolutionen, von der Philosophie zu den Natur- und Lebenswissenschaften: es begann und ereignete sich in oder von Europa aus. Dass die Europäer aus ihren Entdeckungen einschließlich der Welt und ihrer Bewohner selbst zunächst in Beschränktheit und daraus resultierender Arroganz einen globalen Besitzanspruch erhoben, verpflichtet sie jetzt umso mehr zum Bemühen um eine neue Form der Globalisierung, nämlich zum Bemühen um eine pro-soziale Grundhaltung der menschlichen Kulturen einander gegenüber.

Unterwegs in die Gegenwart

Die Jungfer Europa ist verlobt
Mit dem schönen Geniusse
Der Freiheit, sie liegen einander im Arm,
Sie schwelgen im ersten Kusse.

Heinrich Heine, Deutschland. Ein Wintermärchen

Nationalismus und Fremdenfeindlichkeit im ausklingenden 19. Jh.

Im Jahr 1897 hatte Kaiser Franz Joseph den antisemitisch eingestellten Karl Lueger als Bürgermeister von Wien abgelehnt; doch war der Fremdenhass in der Bevölkerung von Wien bereits derart aufgestaut, dass er sich während und nach dem Ersten Weltkrieg umso heftiger und grausamer entlud (siehe z.B. auch [329]). Schon seit Mitte des 19. Jh. hatte sich langsam aber stetig eine deutschnational gesinnte Gruppe von Studenten in sogenannten Burschenschaften zusammengefunden. Mit Kappe und Schärpe uniformiert flanierten Rotten von Studenten am Sonntagmorgen durch manche Städte und misshandelten Ausländer, die sich in der Öffentlichkeit zeigten – sie nannten es „Ausländerklopfen". Besonders im österreichischen Vielvölkerstaat der Monarchie waren sie zunächst politisch geächtet, setzten sich jedoch als Repräsentanten einer dominierenden sozialen Kraft bis zum Beginn des Ersten Weltkrieges immer weiter durch. Dies war auch bedingt durch die Tatsache, dass sie nach Abschluss des Studiums als Akademiker zur meinungsbildenden Bevölkerungsschicht gegen die eigene politische Führung wurden. Deutsch-völkische Erziehung und Aufnahmeverbot für Juden wurden zu Kernparagraphen der Aufnahmebedingungen.[330] Weniger bekannt ist, dass es ab der zweiten Hälfte des 19. Jh. – wohl als Reaktion auf den zunehmend deutsch-nationalen Charakter der „schlagenden" Burschenschaften – auch schlagende jüdische Burschenschaften gab. In Erinnerung an diese Tradition spazierten noch in den 1960er Jahren Studenten der Grazer Universität am Sonntagmorgen mit Verbindungskappen und Schärpen durch die Herrengasse.

Das Ende der Hegemonie Europas

Die Unabhängigkeit der amerikanischen Kolonie von Großbritannien im 18. Jh. ist hier nicht berücksichtigt, weil es sich um einen anderen Vorgang handelt, nämlich einen der Abspaltung von der „eigenen" Nation durch Emigranten aus dem Mutterland; irgendwo dazwischen liegt die Unabhängigkeit der spanischen Kolonien in Mittel- und Südamerika im 19. Jh. mit Simon Bolivar als deren Held, der Europa wiederholt bereiste und den spanischen König persönlich kannte.

Der Politologie-Professor Ulrich Menzel setzt das Ende der Hegemonie des Westens insgesamt zunächst mit dem Ende des Kalten Krieges gleich, sieht jedoch Anzeichen zurückreichen bis in die 70er Jahre.[331] Der Anteil Europas daran reicht aber wohl eher noch weiter zurück, ablesbar am Ende des Kolonialismus und dem Einströmen von Migranten in die einstigen „Herrenländer": In den Nachrichten der 50er und 60er-Jahre jagten einander die Meldungen von der Unabhängigkeit von Kolonien, insgesamt über 100 neue Staaten entstanden.

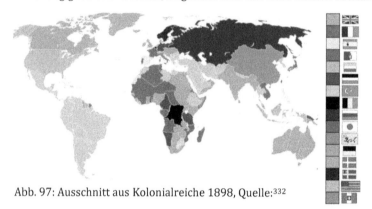

Abb. 97: Ausschnitt aus Kolonialreiche 1898, Quelle:[332]

Unabhängigkeitsbestrebungen hatten in Südostasien schon lange vor der Zwischenkriegszeit eingesetzt; als Vorläufer hatten sich nämlich die Philippinen bereits 1896 von Spanien losgesagt; nach dem Krieg gegen Spanien und dem darauffolgenden Krieg der Spanier gegen die USA entwickelte sich eine interessante Weltmachtkrise mit Aufmarsch sämtlicher Flotten im Hafen von Manila: eine Art Vorausblick auf den Ersten Weltkrieg wurde sichtbar, als die Deutschen mit einer Flotte auftraten, die jene der USA übertraf. Als die Briten auf die Seite der USA gingen, zogen sich die Deutschen dieses Mal noch zurück. Man könnte an diesem Ereignis nachgerade eine Hegemonialwende zwischen Europa und den USA sehen. Denn die USA, die vermeintlichen Retter der philippinischen Unabhängigkeit, entpuppten sich als neue Kolonialmacht. Es dauerte bis 1946, als die Philippinische Republik tatsächlich zu existieren begann, entledigt von Japanern und Amerikanern.

Mit der Unabhängigkeitserklärung Indonesiens im Jahr 1945 kämpfte das nächste Land gegen seinen Kolonialherrn, bis die Niederlande 1949, auch unter dem Druck der Weltöffentlichkeit, ihren Anspruch aufgaben. Mit Indien und Pakistan im Jahr 1947, Burma und Sri Lanka 1948, wurde in Fernost der große Machtwechsel fortgeführt, mit den weiteren 11 Staaten bis 1975 weitgehend, schließlich mit Macao und Hongkong bis 1997 endgültig abgeschlossen.

Die Ablösung der Länder in Nahost war kompliziert durch die Mandatsverwaltungen durch die Briten und Franzosen, erfolgte dann endgültig zwischen 1932 und 1946 (bzw. 1948 mit der Staatsgründung Israels), danach nochmal zwischen 1962 und 1971.

In Afrika hatte die Kolonisation mit stotternden Wellen und Schritten begonnen, zuerst mit dem als Expedition kaschierten Einmarsch Napoleons in Ägypten und seiner Vertreibung durch die Briten. Danach folgte die britisch-französische de-facto Regierung während des Baues am Suez Kanal, schließlich die Besetzung durch die Briten unter dem Vorwand des Schutzes gegen den Mahdi-Aufstand, eine Beherrschung, die das Land in drei weiteren Schritten erst 1956 los wurde.

Die Kolonisation des Großteils von Afrika begann erst in der zweiten Hälfte des 19. Jh., während die ersten asiatischen Kolonien bereits wieder abfielen. Die abenteuerschwangeren Entdeckerberichte von Serpa Pinto, David Livingstone, Henry Morton Stanley und anderen sind weithin bekannt (sie animierten wohl die dann allerletzten Entdeckerabenteurer zu ihren Expeditionen an die Antipoden: Roald Amundsen und Robert Scott).

Abb. 98: Kolonisierung Afrikas.[333]

Ablösungsaktivitäten begannen in den afrikanischen Ländern erst während und zu Ende des Zweiten Weltkriegs. Beginnend mit Libyen im Jahr 1951, folgten bis 1960 weitere 21 afrikanische Staaten, danach nochmal 16 bis zum Jahr 1970 und erneut 8 bis zum Jahr 1976, schließlich Dschibuti und Simbabwe bis 1980.

Ethnische Konflikte in Afrika bis in unsere Tage sind auf eine weitere Versündigung des Westens zurückzuführen: die willkürliche Grenzziehung zwischen afrikanischen Staaten mit schnurgeraden Linien quer durch die Siedlungsgebiete unterschiedlicher Volks- und Stammesgruppen ohne jegliche Rücksichtnahme auf nationale Zusammengehörigkeit bzw. Stammesunterschiede, Religionskonflikte unbenommen.

Abb. 99: Karikatur mit Darstellung des britischen Kolonialmagnaten und Politikers Cecil Rhodes, dessen Ziel es war, eine Eisenbahn von Kairo nach Kapstadt zu bauen. Quelle:[334]

Die zentralasiatischen und südkaukasischen Länder erlangten ihre Unabhängigkeit erst mit dem Zerfall der UdSSR im Jahr 1989. Die daraus resultierenden
kulturell-religiös bedingten Konflikte gehen teilweise nahtlos in die Gegenwart
über- ich werde sie im zweiten Band besprechen.

Im Kampf um hegemoniale Positionen spielte Moral keine Rolle, Demokratie
schon gar nicht: In der Zwischenkriegszeit bauen die Deutschen Panzer in
Russland; als Hitler das Projekt beendet, gibt ein US-Panzerbauer seine Lizenz
an Stalin.

Amerikanisierung im 20. Jahrhundert

Europa, überempfindlich und zunehmend narzisstisch-nationalistisch an seinem
„Fin de siècle" leidend, verlor an kulturellem Elan, verspürte einen unverstan-
denen Sog; mit dem Gewahrwerden seines Universalismus verblasste dessen
Selbstverständlichkeit. Stefan Zweig schrieb über den Verfall der europäischen
Kultur durch Amerikanisierung: *„In all diesen neuen Mechanisierungsmitteln der
Menschheit liegt eine ungeheure Kraft, die nicht zu überwältigen ist: Vergnügen zu
bieten, ohne Anstrengung zu fordern. Und ihre nicht zu besiegende Stärke liegt
darin, daß sie unerhört bequem sind. Der neue Tanz ist von den plumpsten Dienstmädchen in drei Stunden zu erlernen, das Kino ergötzt Analphabeten und erfordert
von ihm nicht einen Gran Bildung".*[335] Der Sog von Zivilisation durch Technik,
Wohlstand auf Pump, griff zu tief in die menschliche Kreatürlichkeit aller
Kulturen der Welt, nicht nur Europas, als dass Religion oder sonstige Ideologie
daran etwas hätte ändern können.

Die Bedeutung eines Hinweises auf die hegemoniale Aktivität der USA klang
bereits bei den amerikanischen Interventionen zur Schaffung einer Vereinigung
Europas an (siehe hier S. 176), wie ebenfalls Stefan Zweig hervorhebt: *„Nach dem
Zweiten Weltkrieg bekam der gesamte Prozess der Amerikanisierung eine un-
übersehbar politische Note. Denn nun ging es nicht mehr nur darum, dass die USA
für Europa ein mögliches Vor- oder Schreckbild der Modernisierung war, sondern
nun wurde seitens der US-Regierung eine explizite Politik der Amerikanisierung
zur Reorganisation des gesamten Kontinents und vor allem Deutschlands
betrieben."*[140]

Europa hat vor einhundert Jahren seine Hegemonie nach Amerika ausgehaucht.
War damit das Ende einer europäischen Kultur gekommen, ein Ausverkauf nach
dem Siegeszug?

Migration der neuen Art

Als ich mit siebzehn das erste Mal in einem „Düsenflugzeug" reiste, von Paris
nach Wien – damals noch mit Zwischenlandung in Stuttgart – war das ein
sensationelles Erlebnis; nur wenige photographierten einander nicht beim Ein-
oder Aussteigen. In der Zeit, die man zu Beginn des 20. Jh. für eine Reise in die

USA mit einem modernen Übersee-Liner brauchte, konnte ich 70 Jahre später dank einer Flugreise mit einem „round-the-world"-Ticket der PANAM-Fluglinie Vorträge auf einem Kongress in Europa, danach in USA und in Japan absolvieren. Heute kostet ein Flug von London nach irgendwo in Europa so viel wie die Bahn zum Flughafen. Migration hat eine neue Dimension bekommen – dass sie im Begriff ist, am Rand unseres Ökosystems abzukippen in eine Katastrophe, wird Thema für den dritten Band.

Ich selbst bin ein Europäer mit Migrationshintergrund: Schule in Großbritannien, Frankreich und Österreich, Studium und Arbeit in europäischen Ländern, USA und Japan. Ich kenne den Unterschied im Lebensgefühl zwischen Besuch, begrenztem Aufenthalt für ein Projekt, und Immigration in vielen Facetten, auch die unterschiedlichen Aspekte der Wirkung von Sprachkenntnissen zwischen „kein Wort verstehen" und daher nach einigen höflichen Sätzen auf englisch als intellektuell Zurückgebliebener zwischen den Einheimischen sitzen, „die Sprache des Gastlandes fast perfekt beherrschen" (zum Beispiel bei Ermüdung dem regionalen Dialekt nicht mehr ganz folgen können und schließlich doch wieder nicht dazu gehören), und „die Sprache des Gastlandes verstehen", wenn dies weder erwartet wird noch erwünscht ist (z.B. Japan in den frühen 1980ern). Wer nicht dazu gehört, spürt dies deutlich, oft schmerzlich. Wer einwandert, wird obendrein zur Konkurrenz.

"Man hat Arbeitskräfte gerufen, und es kommen Menschen."
(Max Frisch)

Arbeitsmigration hatte es schon lange zuvor gegeben, auch, dass sich dadurch Lebensgewohnheiten ändern. Ein Beispiel davon sind die von Landwehr erwähnten *„Hollandgänger, Arbeitssuchende aus Norddeutschland, die jährlich nach Holland auf Arbeitssuche gingen und zu Hause zunehmend als fremd empfunden wurden.*[140] Auch „überall fremd" ist dabei eine mögliche Entwicklung, wie sie Handlungsreisende erleben – und erleiden.

Der Bedarf überstieg nun aber, nach dem Zweiten Weltkrieg, alles in Europa Dagewesene. Abkommen für sogenannte zirkulare Migration von Süd nach Nord wurden getroffen, aber kaum kontrolliert. In den Jahren des Wiederaufbaus und des „Wirtschaftswunders" kamen allein nach Deutschland in den ersten 25 Jahren etwa 18 Millionen Fremdarbeiter, von denen Viele blieben. Zwischen 1967 und 2000 stieg die Zahl der Türken in Deutschland von 100.000 auf 2 Millionen; die Zahl der Immigranten aus Ex-Jugoslawien verdoppelte sich auf 1 Million (alle anderen Nationen blieben etwa bei oder unter 0.5 Millionen).[336] Huntington zählte an die 13 Millionen Muslime in Europa bis Mitte der 90er Jahre, davon etwa 4 Millionen in Frankreich,[11] also dreimal mehr als in Deutschland. Bis in die 70er Jahre war man sich eines Problems scheinbar überhaupt nicht bewusst. *„Bis in die siebziger Jahre wurde Einwanderung in den europäischen Ländern generell gern gesehen und in einigen Fällen, namentlich in Deutschland und der Schweiz, ausdrücklich ermutigt ...".*[11] Auch den Politikern der Auswanderungsländer war diese Entwicklung nicht unrecht, senkte diese

Migration doch ihre Arbeitslosenzahlen. In Deutschland begehrte man nicht auf. Als man dies in Frankreich am 17. Oktober 1961 tat, kam es auf den Champs Elysées zu einem Massaker an friedlichen algerischen Demonstranten, während die Franzosen im Kino saßen; als sie aus den Kinos wieder auf die breiten Gehsteige strömten, war alles wieder sauber gewaschen vom Blut und in Ordnung gerückt, die Verletzten und Toten abtransportiert; manche hatte man verletzt aber noch lebend über Brückengeländer in die Seine geworfen. Das Ereignis wurde lange Zeit in gleicher Weise selbstgerecht wie auch beschämt so gut wie möglich verborgen gehalten. Heute kennt man es als das „Massaker von Paris".[337, 338]

Damals hatte niemand Sinn und Zeit für Gedanken an kulturelle Unterschiede zwischen Arbeitnehmer und Arbeitgeber, oder gar Bedürfnisse. Aber man begann in den 70er Jahren mit Beschränkungen. Vor allem war lästig geworden, dass Arbeiter, die nicht nach kurzer Zeit zurückgingen und durch andere ersetzt wurden, sondern blieben, dann auch noch ihre Familien mitbrachten und begannen, das Bild in manchen Stadtvierteln zu prägen. Dabei waren – zumindest für Deutschland, damit aber auch stellvertretend für die anderen europäischen Immigrationsländer – die aufkommenden Probleme mehr als deutlich beschrieben und diskutiert worden:

Im Jahr 1978 war die deutsche Bundesregierung jedenfalls beunruhigt genug, einen „Ausländerbeauftragten" zu ernennen, und zwar nicht irgend einen kleinen Beamten, sondern Heinz Kühn, den früheren Bundestagspräsidenten und Ministerpräsidenten von Nordrhein-Westfalen. Kühn gab sich offenbar mehr Mühe, als man von ihm erwartet hatte. Denn das Memorandum zu *„Stand und Weiterentwicklung der Integration der ausländischen Arbeitnehmer und ihrer Familien in der Bundesrepublik Deutschland"*, das er im September 1979 vorlegte, verschwand rasch in der Schublade. Dabei wäre es besser gewesen, es sofort an alle Länder der damaligen Europäischen Gemeinschaft zu verteilen. Was Deutschland betrifft, so kann man heute dieses „Kühn-Memorandum" lediglich als Klageschrift über alle damals - und gegen seither - verantwortlichen Politiker lesen: schon der erste Satz der Einleitung macht klar, dass 1979 dringender Entscheidungsbedarf bestanden hätte, dass es unverantwortlich war, zu tun was damals geschah, nämlich einfach nichts: *„Der alarmierende Befund, insbesondere im Hinblick auf die Zukunftsperspektiven von 1 Mio. ausländischer Kinder und Jugendlicher im Bundesgebiet, macht umfassende Anstrengungen dringlich, um größten individuellen und gesamtgesellschaftlichen Schaden abzuwenden. .... für die nahe Zukunft abzeichnenden Probleme stellen eine Aufgabe, die, wenn sie nicht alsbald gelöst wird, unlösbar zu werden droht und dann verhängnisvolle Konsequenzen befürchten lässt".[339]* Und weiter: *„ ... so dass ohne eine gravierende Verbesserung der Situation nahezu die Gesamtheit der ausländischen Kinder und Jugendlichen in die Gefahr gerät, weiter in eine totale Pariarolle hineinzuwachsen".[A182]*

Die Prognosen in diesem Memorandum sind zum Teil nicht eingetroffen, wie z.B. die Annahme, dass der Anteil von Jugendlichen in der Gesamtbevölkerung bis

1995 etwa 20% betragen würde. Man steht jedoch erschüttert vor der politischen Aussage in jenen Tagen, dass Deutschland *kein* Einwanderungsland sei, wenn man dem Memorandum einen Ausländeranteil in Baden-Württemberg und Berlin von fast 10%, und in Frankfurt am Main von 20% entnimmt. Dementsprechend mahnte zwar Kühn an: *„ ... dass hier eine nicht mehr umkehrbare Entwicklung eingetreten ist und die Mehrzahl der Betroffenen nicht mehr „Gastarbeiter" sondern Einwanderer sind, ...",* und er sah unmittelbaren Handlungsbedarf, *„da eine ganze Bevölkerungsgruppe auf Dauer nicht in einem Sonderstatus belassen werden kann."* Die Politik sah jedoch keinen Handlungsbedarf. Dabei hatte sich die Zahl der Zuwanderer zwischen 1961 und 1979 versechsfacht.[340] Dementsprechend konnten die Autoren eines Berichts anlässlich des 30. Jahrestages dieses Memorandums nur festhalten: *„Von der Wahrnehmung, zu einem Einwanderungsland geworden zu sein, das dieses Faktum auch politisch gestalten muss, waren Gesellschaft und Politik der Bundesrepublik damals noch weit entfernt".*[341]

Kühn sah sich veranlasst, noch besonders darauf hinweisen, dass man Ängsten der Elterngeneration vor Entfremdung der Kinder durch Einschulung am besten mit intensiver Aufklärung begegne. Dem stehen heute längst zwei Gruppen von Migranten-Nachwuchs gegenüber: jene, die mit Selbstsicherheit ein Leben entsprechend ihres von den Eltern und Großeltern mitgebrachten kulturellen Hintergrundes im Gastland einfordern, und die Zurückgelassenen, die als „böser Sohn der Zeit" in der Ecke hocken und auf Rache sinnen dafür, dass sie von den Benefizien der westlichen Wohlstandsgesellschaft weitgehend ausgeschlossen bleiben. Einige davon haben mittlerweile als Terroristen in Europa und Nahost Leid über Andere gebracht und sorgen weiterhin für Schlagzeilen.

In teilweisem Widerspruch zur Warnung vor Selbsthilfe durch Einwanderer steht dann die Empfehlung von Kühn, für die Beratungstätigkeit Landsleute einzusetzen, weil diese den leichtesten Zugang zu ängstlichen Kulturfremden hätten. Dass daraus letztlich erst recht eine Segregation resultieren würde, war für ihn wohl nicht ersichtlich. Letztlich betont er dann aber doch wieder, dass *„Unterricht außerhalb der Verantwortung der deutschen Kultusverwaltungen zu schwerwiegenden Problemen (z.B. mit ideologischen Indoktrinationen) führen kann".* Kühn spricht auch von einem *„verwaschenen und irrationalen Bikulturalismus",* der keine Erfolgschancen habe, also schon damals eine deutliche Absage an das, was lange Zeit danach als „Multikulturalismus" politisch korrekt zu sein haben würde.

Zusammenfassend bestehen Kühn's Empfehlungen vor allem darin, berufliche und säkular-soziale Integration mit allen Mitteln zu fördern, jedoch die schulische einschließlich der religiösen Bildung ausschließlich nationalen Einrichtungen zu überlassen, um Segregations- und Radikalisierungsbestrebungen von vornherein zu unterbinden [A183] – wie gesagt, Empfehlungen aus dem Jahr 1979, wertvoll nicht nur für Deutschland. Das Zitat von Max Frisch am Beginn dieses Abschnitts kommentierte ein Europa-Politiker unserer Tage: *„Die fulmi-*

nanten Worte ... fassen die Kurzsichtigkeit der Regierungen in Bezug auf die Migrationen gut zusammen".[21]

Natürlich soll damit nicht die alleinige Verantwortung auf die einheimischen Politiker geschoben werden; aber auch daran hatte Kühn schon 1979 gedacht: *„Dem müssen allerdings auch entsprechende Verhaltensweisen auf seiten der ausländischen Bevölkerung hinzutreten, denn Integration kann kein einseitiges Angebot sein, sondern setzt ein Aufeinanderzugehen und eine gegenseitige Verständnisbereitschaft voraus."*

Ohne jegliche Interventionen reichte schon damals die Palette der Reaktionsmöglichkeiten von einem Extrem zum anderen. Immer schon stand die Sorge um Arbeitsplätze im Vordergrund; andererseits war auch schon immer bekannt, dass persönliche Erfahrung mit „Ausländern", z.b. am Arbeitsplatz, Toleranz und aktive Integrationsbemühungen positiv beeinflussten: wer einen Türken als guten Kameraden am Arbeitsplatz kennen gelernt hat, ist nicht mehr ausländerfeindlich. Selbstverständlich beginnt diese Erkenntnis in der Schule, eine im Zusammenhang relevante Bemerkung, denn 1979 gab es noch abgetrennte Sonderklassen für Ausländerkinder.

Als man gewahr wurde, dass hier ein Problem nicht mehr ignoriert werden konnte, „ .... *tendierten die westeuropäischen Länder Mitte der neunziger Jahre unerbittlich dazu, die Einwanderung aus nichteuropäischen Herkunftsländern wo nicht ganz zu unterbinden, so doch auf ein Minimum zu reduzieren".*[11] Trotz der Immigrations-Einschränkungen ab den 70er Jahren kamen seit 1990 etwa weitere 28 bis 30 Millionen nach Europa und machen zur Zeit etwa 5% der Gesamtbevölkerung aus.[21]

Denkt man zurück an die Völkerwanderungen, an die Zwangsumsiedlungen und Deportationen aus unserem historischen Rückblick in diesem Buch, so kann man hier nicht nostalgisch auf die Vergangenheit weisen. Wer an den Umgang Europas mit den Juden in der Diaspora denkt, kann nur verstummen.

Welche Strategien hat Europa auf seinem Weg in seine Gegenwart bereitgestellt?

Das bezugsfertig renovierte Haus Europa im Jahr 1989

Der Kalte Krieg ging mit einer historisch einzigartigen und wegweisenden Annäherung zwischen Russland und dem Westen zu Ende. Europa war nicht mehr das Schlachtfeld der Zukunft für den nächsten Weltkrieg. Wie aber würde sich dieser überraschende Wandel auf das menschliche Machtstreben auswirken? Wie reagierte Europa? Kaum hatte jemand aus den Intellektuellenkreisen des befreiten, von den USA als NATO geschützten Europa einzuatmen begonnen für eine Antwort, war die Welt schon überschwemmt von Erklärungen und Belehrungen der hegemonialen USA:

Francis Fukuyama rief mit seinem Buch "The End of History and the Last Man" [342] in raschem Überschwang das Ende der Geschichte und den sofortigen „Weltfrieden auf Amerikanisch" aus. Diese Verkündigung veranlasste den

Politologie-Kollegen Huntington zur Publikation seiner Bedenken: kurz zusammengefasst warnte er in seinem Buch „Kampf der Kulturen" davor, die Reaktion der alten nicht-westlichen Kulturen zu unterschätzen: *„In der Welt nach dem Kalten Krieg sind die wichtigsten Unterscheidungen zwischen Völkern nicht mehr ideologischer, politischer oder ökonomischer Art. Sie sind kultureller Art".*[11] Diese Prophezeiung, eine der Kernaussagen der Huntington'schen These, löste ebenfalls eine Welle der Kritik auf allen Ebenen aus, nun auch aus Europa. In der Tat fehlte darin von Anfang an die Berücksichtigung einer der, wenn nicht überhaupt der entscheidenden, treibenden Kräfte in Auseinandersetzungen der Vergangenheit: Macht, Machtanspruch, Rangreihe der Mächtigen bei den Nationen bzw. Staaten so wie bei Individuen. Diese Kritik, wonach Ideologie, Politik und Ökonomie, wie er schreibt, in der Wirklichkeit nicht als Entitäten nebeneinander existierten, führt weiter zu einem Punkt, an dem von Huntington's Aussage eigentlich nichts mehr bestehen bleibt angesichts der Erfahrung, dass Politik als Exekutive der Macht sich der Ideologie und Ökonomie bedient, auch der Religion, zum Zwecke der Schaffung von Argumenten als verbale Waffen im Kampf um Macht.

Wo waren die Europäer, als Gorbatschow vom „Gemeinsamen Haus Europa" sprach? Gorbatschow hatte den einzigartigen Moment in der Geschichte der Menschheit voll erfasst und zögerte auch nicht, seine Erkenntnis so breit wie möglich zu publizieren, mit vollem persönlichem Risiko: *„Das neue Denken basiert auf der Anerkennung der Priorität gesamtmenschlicher Interessen und Werte; der allgemeingültigen ethischen Normen als unabdingbares Kriterium jeder Politik; ... die objektive Chance, in eine prinzipiell neue, friedliche Periode der Menschheitsgeschichte einzutreten. ... Das Land hat sich der Außenwelt geöffnet, um einen würdigen Platz in der internationalen Arbeitsteilung einzunehmen ... Schwierigkeiten lassen sich ... überwinden. Die wichtigste Voraussetzung dafür sind gegenseitige Achtung ... Wir sind bereit, mit den USA auf einer überschaubaren und stabilen Grundlage zusammenzuwirken ... unzulässig sind die Anwendung von Gewalt und die Androhung von Gewalt für die Erreichung politischer, wirtschaftlicher oder anderer Ziele ... ist die Achtung der Souveränität, Unabhängigkeit und territorialen Integrität unumstößlich ... Zusammenarbeit mit allen, die dazu bereit sind."* Und weiter: *„Würden wir ... einander Ultimaten vorbringen, etwa: „Ihr sollt euch ändern, und wir bleiben, wie wir sind, kommt nichts Gescheites dabei heraus. Wir müssen einander entgegenkommen."*[343] Und nochmal Gorbatschow: *„ ... diktiert die Humanisierung der Gesellschaft ... einen solche Typ der Entwicklung, in deren Mittelpunkt die Persönlichkeit, die Wesenskräfte des Menschen stehen müssen. ... Die Antagonismen zwischen den ... sozialen und politischen Kräften werden durch die ... Zusammenstöße der Gesellschaft mit der Natur und durch die Armut des immensen Teils der Menschheit überdeckt."*[343] Er machte es sogar noch deutlicher, indem er alle möglichen ablehnenden Hintergedanken von Gegnern aussprach, damit auf sein persönliches Risiko hinwies und darauf, dass es einer gemeinsamen Aktion gegen seine Feinde in seinen eigenen Reihen bedurft hätte, um diesen gewaltigen Schritt in Richtung zum globalen Frieden zu schaffen: *„Bei weitem nicht alle im Westen glauben daran, dass wir diesen Kurs für immer gewählt haben und nicht beabsichtigen, ihn zu ändern. Auch bei uns im Lande ... manch einer betrachtet sie als eine Art Taktik, eine vorübergehende Zickzacklinie oder sogar als* Zugeständnisse an den Westen".[343]

Doch George H.W. Bush als Präsident der USA, der Westen insgesamt, machte nach Reagan den unverzeihlichen Fehler, nicht von ihrer Siegermentalität zurückzustehen, nicht mit aller Kraft auf Russland als möglichen künftigen Partner zuzugehen und mit allen möglichen diplomatischen Mitteln nicht mehr loszulassen. So blieb Gorbatschow nichts anderes übrig, als mit Bedauern festzustellen: *„Leider können sich einige Delegationen der NATO nicht von der Versuchung befreien, erneut Druck auf die sozialistischen Länder auszuüben, um von ihnen irgendwelche Zugeständnisse zu erzwingen".*[343] Gorbatschow wollte mit seiner Perestroika sein Land zurückführen *„zur Demokratie, zur Macht des Volkes, zur sozialen Gerechtigkeit und zu den Menschenrechten".*[344] Dabei machte er auch den Westen auf dessen Fehler aufmerksam.

Doch auch dies war nicht neu: zuletzt waren sie in Wien zusammen gesessen mit solchen Plänen, ab Herbst 1814 (Wiener Kongress). Obschon: die Absichten konnte man im Beisein eines Talleyrand nicht als lauter bezeichnen. Als eine Einigung über die Zukunft Frankreichs auf sich warten ließ und der Winter kam, mussten die Wiener zusätzliche Steuern zahlen, damit den Damen der Regenten Schlitten angeschafft werden konnten, für Ausfahrten zum Amusement, gegen die Fadesse und zur Anbahnung von politisch opportunen Amouren.

Priština und das reife Europa – eine zweite Warnung

Wer die Schlächterei von Priština verstehen will, muss in die Geschichte zurückblicken, auf das „Amselfeld" wenige Kilometer von Priština: nach 1398 und 1448 fand dort 1998 die dritte Schlacht der Serben gegen die Muslime statt. Zweimal davor hatten sie den Kampf gegen das Osmanische Reich und damit „das Herzstück ihres Landes, die Wiege ihrer Kultur" verloren. Der Balkankrieg von 1912 war bereits eine erste Rache der Serben gewesen.

Nationale oder völkische Identität ist vor allem und zuerst ein Gefühl, bevor dann Rationalisierungen zur Erklärung daran gehängt werden können. Dieses Gefühls wegen, verankert in der Volksseele, „ ... *sickert der Konflikt nicht von oben nach unten, er kocht von unten her hoch*" meint Huntington.[11] Die serbische Identität ist auf den Kosovo als mittelalterliches Zentrum der Großmacht Serbien und seiner Kultur unter dem Zaren Dušan fokussiert, als „Legitimationsideologie", die man auch als „invention of traditions" bezeichnen könne, wie sie im Nationalismus des 19. Jh. gebräuchlich war.[345] Daran geknüpft folgte die nächste Rache für die osmanische Erniedrigung: *„Die Serben säuberten die Stadt Zvornik von ihren 40.000 Muslimen und errichteten ein Kreuz an der Stelle des osmanischen Turmes, den sie zuvor gesprengt hatten und der seinerseits die von den Türken*

1463 geschleifte orthodoxe Kirche ersetzt hatte. In Kriegen zwischen Kulturen ist die Kultur Verlierer".[11] Huntington meint weiter: *„Karadzic … betrachtet dies als den anti-imperialistischen Krieg in Europa … dass er die Aufgabe habe, die letzten Spuren des osmanisch-türkischen Reiches in Europa zu tilgen …".*[11] Aber die Serben seien damit nicht allein gewesen, denn ein europäischer Anti-Islamismus habe sich im späten 20. Jh. längst etabliert. So schreibt Huntington: *„Europäer … äußerten die Befürchtung, die Errichtung eines muslimischen Staates auf dem Boden des früheren Jugoslawien werde zum Sprungbrett für muslimische Einwanderer und islamischen Fundamentalismus werden und in ganz Europa die Intensivierung dessen bewirken, was Jacques Chirac als „les odeurs de l'Islam" genannt hat".*[11]

Damit entstand wie von selbst ein Auskristallisieren in Parteinahmen entsprechend den religionsbasierten Kulturkreisen, indem Europa und USA Kroatien unterstützten, die orthodoxen Länder aber Serbien, und schließlich die islamischen Länder die bosnischen Muslime. Der „bosnischen Sache" schlossen sich „ *… Sunnitische, schiitische, … arabische und nichtarabische muslimische Gesellschaften von Marokko bis Malaysia … an. … Einzeln und kollektiv bekundeten muslimische Regierungen immer wieder ihre Solidarität mit ihren bosnischen Glaubensgenossen"*, bis schließlich sogar tausende Mudschaheddin nach Bosnien infiltrierten.[11] Dazu, so Huntington, habe sich der europäische Standpunkt in einem geschlossenen Kreis selbst manipuliert, in dem die Medien durch einseitige Berichterstattung die vorbestehende öffentliche Meinung verstärkten und damit die Politik unter Druck setzten: *„Der Papst erklärte Kroatien zum „Schutzwall des [westlichen] Christentums und beeilte sich ebenfalls, die beiden Länder noch vor der Europäischen Union anzuerkennen".*[11] Die Moral hinter der Parteilichkeit des Westens kommentiert nochmal Huntington: *„Zur westlichen Unterstützung Kroatiens gehörte auch das Hinwegsehen über dessen ethnische Säuberungen und Verletzungen von Menschenrechten und Verhaltensregeln im Krieg … Der Westen schwieg, als 1995 die … kroatische Armee … Hunderttausende [Serben] ins Exil nach Bosnien und Serbien trieb".*[11] Huntington warnt auch mit konkreten Daten vor der immer wieder resultierenden Konstellation von globalen Stellvertreterkonflikten, die jedes Mal voll der zerstörerischen Lust ein Weltkriegsszenarium an die Wand malen: *„ … einem UNO-Bericht zufolge waren russische und griechische Kämpfer am serbischen Angriff auf die UNO-Schutzzone Zepa beteiligt. … Anfang 1993 scheinen russische Militär- … den Serben … Panzer, Anti-Raketen … im Wert von 300 Millionen Dollar …verkauft zu haben".*[11] Wieder tritt damit die Frage auf, wer zuerst von außen eingriff – an diesen Stellen der Geschichte wurde stets mit größter Sorgfalt getäuscht und gelogen. Jedenfalls hat der Jugoslawienkrieg insgesamt den Islam einen Schritt weiter gegen den Westen radikalisiert und Russland wieder in Konfrontationsstellung manövriert.

Hat das neue Europa als Teil des Westens in diesem Jugoslawienkrieg seine Unschuld verloren? Oder hat es sich wieder zu verteidigen wie vor 500 Jahren? Wenn man davon ausgeht, dass Saudi-Arabien Bosnien schon 1992 massiv unterstützt hat, begleitet von Iran und Türkei,[11] dann mag man der serbischen

Seite mit dem alten serbischen Imperialismus angesichts von Hass und Druck des Islam dennoch nicht von vornherein weniger Gehör schenken als der kroatischen Seite. Huntington kritisiert die anti-serbische Haltung der USA: „ *... stieß die amerikanische Regierung ihre Verbündeten vor den Kopf ... und trug dazu bei, auf dem Balkan einen muslimischen Staat entstehen zu lassen, der stark vom Iran beeinflusst ist.*[11]

Die Grenze jenes Anteils in diesem Konflikt, der Europa und Russland betrifft, ist mittlerweile an die Ostgrenze, quer durch die Ukraine, weitergewandert. Der Anteil zwischen USA und Russland sitzt seit Jahren in Syrien fest. Jener zwischen Islam und dem Westen schwelt in mehreren Facetten, mittlerweile ohne geographische Orientierung.

Der Auslöser für die gegenseitigen Grausamkeiten der regionalen Gruppen lauert tief unten in den Volksseelen, verborgen im stammesgeschichtlichen Erbe.[1] Diese Erfahrung machte auch Neal Ascherson bei seinem erschöpfenden Studium der Kulturen rund um das Schwarze Meer: *„Völker, die – sei es hundert, sei es tausend Jahre – in enger Gemeinschaft mit anderen Völkern leben, sind einander nicht immer wohlgesonnen. Als Individuen können „die anderen" durchaus gute Nachbarn, auch Freunde sein, aber eine der traurigen Lehren aus meiner Beschäftigung mit dem Leben am Schwarzen Meer ist die Erkenntnis, dass das Misstrauen zwischen den Kulturen anscheinend unsterblich ist. Notwendigkeiten und zuweilen auch Furcht binden solche Gemeinschaften zusammen. Innerhalb dieses Bandes bleiben sie aber ein Bündel disparater Gruppen – kein besonders ermutigendes Modell für die „multi-ethnische Gesellschaft" unserer Hoffnungen und Träume."*

Dass ich es bei einer Warnung bewenden lassen, aber keineswegs auf diese Hoffnungen verzichten wollte, das ist der Grund für meine Entscheidung, diese Buchserie zusammenzustellen. Aus der Hoffnung heraus nach Lösungen zu streben ist so sehr menschliche Qualität, dass wir auch im Vertrauen darauf beginnen können, sie schon unseren Kindern mitzugeben in einer aufklärenden Erziehung: denn wir kennen die Lösung; die Herausforderung besteht darin, sich der Auslöser von Grausamkeit stets bewusst zu bleiben, und Strategien dagegen bereitzuhalten, als Teil der Sozialordnung. Mit „aufklärender Erziehung" meine ich die warnende Belehrung all unserer Nachkommen, welche stammes-geschichtlichen Eigenschaften der Kreatur in uns als Individuen, Sippen und Völkern ohne unser bewusstes Zutun schlummern und heimlich andauernd wirken, vor allem aber, dass unsere Kernfähigkeit über der sonstigen Biosphäre darin besteht, diese Wirkungen zu hemmen, zu kontrollieren, eben zu beherr-schen.[1]

Gegenseitige Vorwürfe von Nationen, aber sogar auch von Volksgruppen – sei es gegen deren Führer oder die ganze Volksgruppe – Polarisierung also, war schon immer Teil einer selbstzerstörerischen Eigenschaft des Menschen: sie hetzt in Kriege gegeneinander mit Toten auf allen Seiten. Schon Platon schrieb: *"Die Volksseele spiegelt sich in der Seele ihres Herrschers"*.[346]

Die Begründung für unsere Hoffnung werde ich im zweiten Band weiter ausführen; Lösungsvorschläge sind schließlich für den dritten vorgesehen.

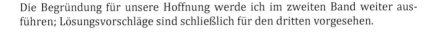

Ausblick in Richtung Gegenwart

Wir haben nun Völker und Volksscharen auf ihrem Weg nach und von und in Europa begleitet durch die Geschichte, woher sie kamen, wo sie blieben, wie sie miteinander umgingen. Der zusammenfassende Eindruck entspricht dem biologischen Bild des Einzelmenschen als flexiblem, intelligentem Ausbeuter seiner Umwelt, was oft schon beim Nächststehenden beginnt, und das schon ganz am Anfang.

Die kulturelle Vielfalt nach der Völkerwanderung in Europa ist zuerst durch die territoriale Abgrenzung der eingewanderten Volksgruppen entstanden, die von Anbeginn eine weitgehende genetische Homogenität beibehielten. Der unterschiedliche Volkscharakter der heutigen Nationalstaaten wird aus biologisch-anthropologischer Sicht auf deren unterschiedliches Mischungsverhältnis zurückgeführt, das sich aus den machtpolitischen Abgrenzungen quer durch solche ursprünglichen Territorien und auch durch Migrationen ergab. Alle diese Einwanderer entstammen jedoch dem gleichen Großraum der östlichen Steppen, beginnend am fruchtbaren Halbmond, mit gleichen Sprachwurzeln und ähnlichen archaischen Kulturformen. Noch heute erkennt man uralte Volksgruppen an ihrer Eigenart, mitunter ihrer Segregation: versprengte Reste der von den Römern verdrängten Kelten im Baskenland und in Irland machen bis in unsere Tage Schlagzeilen, genetische Untersuchungen in Wales bestätigen ihre bis heute bewahrte genetische Eigenheit. Budapest und Paris, Stockholm und Rom, London und St. Petersburg, ihre Architektur und ihre Menschen haben ihre Eigenheiten, sind aber alle unverkennbar europäisch.

Die nüchterne Beobachtung dieser Entwicklung ohne ideologische Tönung weist auf ein Geschehen hin, das der genetischen Evolution und der aus ihr hervorgegangenen Artenvielfalt ähnelt: aus zusammenlebenden Verbänden werden territorial abgegrenzte Großverbände mit Führungshierarchie, eigener Sprachentwicklung und Kultur. Sie tauschen sich in begrenztem Umfang aus, fließen aber nicht zusammen. In Städten und Landstrichen mit gemischt-kultureller Bevölkerung wie in den Weltstädten Alexandria, Jerusalem und Aleppo, oder am Balkan, verkehrten Anhänger unterschiedlicher Religionen zwar oft friedlich

miteinander, lebten aber in getrennten Bereichen. Im heutigen Europa überwiegen dennoch die Ähnlichkeiten vor den Unterschieden, denn im Gegensatz
zum Islam des 7. und 8. Jh. und zum Christentum des 4. Jh. hat das Europa des 21.
Jh. eine über 1000-jährige Geschichte weitgehend gemeinsamer kultureller
Entwicklung hinter sich: es gibt keine Tradition des Zusammenlebens in einer
multikulturellen Gesellschaft, es gibt nur eine lange Geschichte der Abwehr
fremder Kulturen, von Abweichlern von der katholischen Zentralgewalt, zuletzt
nur noch des eifersüchtigen Kampfes um Vormacht, sei sie religiös oder säkular.
Toleranz war Thema von Philosophen untereinander oder im Diskurs mit den
Herrschern ihrer Zeit. Erste Versuche waren seit den späten Jahren des 18. Jh.
unterwegs. Als jedoch Mitte des 19. Jh. das Volk seine eigenen Sorgen beachtet
wissen wollte, nicht jene Anderer, begannen neue Regierungsformen zwischen-
und innerstaatliche Dialoge in eine existenzbedrohende Krise zu stürzen, tödlich
für viele dutzende Millionen Menschen.

Aus dem Studium von Migration und Kultur ergibt sich somit kein Beispiel für
eine „multikulturelle" Gesellschaft in der Geschichte im Sinne meiner einleiten-
den Definition, nämlich einem nicht nur separiert nebeneinander, sondern
einem miteinander in einer Gemeinschaft leben, trotz unterschiedlicher Her-
kunfts- und gelebter Kulturen. Es gab Volksgemeinschaften, die sich aus verschiedenen Kulturen zusammensetzten, die nebeneinander lebten in einer gemeinsamen, übergeordneten Gesellschaftsordnung, aber nicht in einer gemeinsamen Super-Kultur – die Erörterung weist ohnehin darauf hin, dass schon in der
Erwartung einer solchen „Multi-Kulturalität" ein Widerspruch liegt. Jede Untergruppe blieb in ihrer eigenen Kultur; gemeinsam war allen eine Zivilisation auf
Minimalkonsens- Basis. Was wir gesehen haben, ist gelegentliche, meist teilweise, religiöse Toleranz. Was wir aber auch gesehen haben, ist die Tatsache,
dass „Dazukommen", Fremdheit der Lebensgewohnheiten, stets zur gegenseitigen Ablehnung und Segregation führte. In den europäischen Kolonien der
Neuzeit gab es alle Varianten des umgekehrten Vorgangs, des Ausgrenzens der
unterdrückten, besiegten Einheimischen. Betreffend die Religion als Begleit-
phänomen der Kolonisierung stellt man alle möglichen Varianten fest, von der
langjährigen merkantilen Kontaktnahme ohne direkte Missionierung am einen,
bis zur mörderischen Zwangs-Christianisierung am anderen Ende der Skala.

Sogenannten Multikulturalismus – nennen wir es „Quasi-Multikulturalität" - ist
man in einigen Ausnahmefällen wie Jerusalem gewöhnt, dort gibt es ihn seit
1500 Jahren; und nicht einmal dort geht das Nebeneinander friedlich ab, heute
nicht und auch in früheren Jahren und Jahrhunderten nicht. Wenn es einen Ort
gibt, der das „Zusammenfließen von Kulturen" bestätigen kann, es müsste
Jerusalem sein. Für die Erfahrung in unserer wirklichen Welt muss man das Fazit
ziehen: Kulturen fließen nicht zusammen, schon gar nicht in Multikultur.
Kulturen entstanden aus gemeinsamen Ursprüngen und entwickelten sich wie
die Artenvielfalt des Lebens. Sprache, Religion, tradierte Sozialordnung, Kulturen also, haben zwar gemeinsame Ursprünge. Wie jedoch Menschengruppen
verschiedene Winkel der Welt besiedelten und sich dort der Umwelt anzupassen

begannen, entwickelten sie daraus eigene Formen wie Vögel auf einer Insel, deren Schnäbel sich den dort wachsenden Früchten anpassen. Treffen sie später wieder aufeinander, grenzen sie sich zunächst voneinander ab, verteidigen ihr Territorium. Sie beeinflussen und „befruchten" einander zwar, entwickeln sich aber im Laufe der Zeit dennoch auseinander in dem Sinn, dass sie sich individuell ausdifferenzieren in unterschiedliche Richtungen. Sie begegnen uns heute in einem bunten Bild als Kulturkreise, Nationen, Ein- oder Vielvölkerstaaten und separatistische Regionen.

Sogar Multi-Ethnizität, wie Quasi-Multikulturalismus mit segregierten Kulturen, zusammengefasst in einer übergeordneten Zivilgesellschaft, ist ein sehr fragiles Phänomen, und das Ergebnis eines historischen Prozesses über Generationen. Er existiert als labiles Gleichgewicht dort, wo Menschen unterschiedlicher Kulturen ohne jegliche Bevorzugung einer Seite innerhalb eines gemeinsamen Ordnungssystems leben, oder anderer Umstände wegen. Dieses Gleichgewicht geht verloren, sobald eine von zwei Interventionen geschieht: erstens: die politische Macht bevorzugt - und wenn auch nur andeutungsweise – eine der Parteien. Zweitens: eine der Parteien verhält sich missionarisch, dominant oder segregatorisch in einer Weise, die in das gemeinsame Ordnungssystem eingreift, indem sie besondere Regeln für sich selbst fordert, und damit selbst Anspruch auf Bevorzugung erhebt. Nicht selten vergisst man bei der Diskussion von Multikulturalität, dass Toleranz auch davon abhängt, wie lange und wie fest verankert eine Kultur ist, wenn sie mit einer anderen konfrontiert wird, wie unerschütterlich, oder wie geschüttelt: Das Römische Reich war zur Zeit seiner massivsten Gefährdung durch herandrängende Völker aus Ost und Nord in seinem Inneren gerade selbst in einem fundamentalen Umbau begriffen: seine heidnische kulturelle Kraft war dahin, Rom riss selbst seine Tempel nieder oder legte sie still, schloss seine Bibliotheken, verbat die Lektüre seiner Literaten und Wissenschaftler. Das Christentum, neues Symbol der Macht, feierte seinen Antritt mit Bücherverbrennungen. Rom schloss selbst die Tore der Antike, seiner eigenen Welt. Der Kampf mit anderen Kulturen war vorbei. Die Führer des Christentums begannen, eine neue Welt in Europa zu formen, fundamentalistisch intolerant bis in die eigenen Reihen, entschlossen, einen Gottesstaat zu beherrschen.

Perioden der gegenseitigen Toleranz auf Distanz wechselten sich in der Menschheitsgeschichte stets mit Zeiten gegenseitiger Verfolgung ab. Episoden toleranter Parallelgesellschaften waren meist mit dem Namen von Herrschern oder Dynastien verbunden – auf einige Beispiele davon habe ich aus dem Lauf der europäischen und levantinischen Geschichte hingewiesen; sie alle zeigen, dass Toleranz von oben stets nur teilweise erfolgreich war, wenn überhaupt. Bis heute ist die Situation unverändert: die Menschen haben keine Erfahrung, keine Übung im Umgang mit Toleranz. Immigranten sind daher einem besonders hohen Widerstandsniveau ausgesetzt; Segregation und Exklusion ausgeprägt wie eh. Allenfalls wird diskutiert, ob nicht Europa, der Westen insgesamt, heute in einer ähnlichen Situation ist wie Rom im 4. Jh.: die innere Kraft dahin, die Wahrscheinlichkeit daher hoch, dass eine neue, äußere Kraft die Führung in andere Zeiten übernehmen könnte. Oder kann man hoffen, dass das Ausmaß von Bedrohung schon heute ausreicht, um aus neuem Gemeinschaftsgefühl neue Kraft für eine neue europäische Gemeinschaft zu schöpfen?

Ideologien wie Kommunismus und weltumspannende Gottesstaaten im Zusammenbruch von Sowjet-Russland, dem China von Mao Tse Tung und im Wirbel des arabischen Frühlings sind derzeit im Westen nicht gefragt. Demokratie mit den Streitereien von Parteien und zunehmender Auflehnung von Volksmassen gegen die resultierende Despotie der jeweiligen – oft zufällig entstandenen und nachgerade austauschbaren - Mehrheit begegnet uns auf nationaler Ebene wie auch dort, wo wir auf der Suche nach der gefühlten Gemeinsamkeit sind: Europa. Werden wir sie noch in *unserer* Gegenwart finden?

Abkürzungen

Abb.	Abbildung
etc.	et cetera, und so weiter
evtl.	eventuell
ggf.	gegebenenfalls
Jh.	Jahrhundert
Mio.	Million
n. Chr.	nach Christus
v. Chr.	vor Christus

Verzeichnis der Fremdwörter

Siehe auch Hinweise im Sachregister

(Human-)Ethologie	Verhaltensforschung
Reziprozität	Gegenseitigkeit
Reziproker Altruismus	Empathie und Unterstützung auf Gegenseitigkeit
social divide	Einkommensschere, wachsender Unterschied zwischen arm und reich
Territorialität	Revierverteidigung, Anspruch auf Lebensraum erheben und verteidigen
Tribalismus	Seilschafts- oder Stammesdenken in Interessensgruppen
Xenophobie	Fremdenscheu

Abbildungszuordnung

Anmerkungen

A1 Egon Friedell zum Dilettantismus:
„Will in Deutschland jemand etwas öffentlich sagen, so entwickelt sich im Publikum sogleich Mißtrauen in mehrfacher Richtung: zunächst, ob dieser Mensch überhaupt das Recht habe, mitzureden, ob er „kompetent" sei, sodann, ob seine Darlegungen nicht Widersprüche und Ungereimtheiten enthalten, und schließlich, ob es nicht etwa schon ein anderer vor ihm gesagt habe. Es handelt sich, mit drei Worten, um die Frage des Dilettantismus, der Paradoxie und des Plagiats.
Was den Dilettantismus anlangt, so muß man sich klarmachen, daß allen menschlichen Betätigungen nur so lange eine Lebenskraft innewohnt, als sie von Dilettanten ausgeübt werden. Nur der Dilettant, der mit Recht auch Liebhaber, Amateur genannt wird, hat eine wirklich menschliche Beziehung zu seinen Gegenständen ....."
Wenn ich auch seiner Darstellung im Zusammenhang von Kulturgeschichte und seiner Definition von Geschichte gerne folge, so kann man sie dennoch nicht wirklich verallgemeinern im Sinne „aller menschlichen Betätigungen", besonders, wenn ich an meinen früheren Beruf eines Chirurgen zurückdenke. Schnell kehrt sich die Argumentation allerdings wieder um, sobald man an die Medizin im allgemeinen denkt und seine Beispiele von Dilettanten wie James P. Joule dem Bierbrauer, Joseph Fraunhofer dem Spiegelschleifer, Michael Faraday dem Buchbinder oder Pfarrer Mendel berücksichtigt, um nicht Goethe als den Entdecker des os incisivum beim Menschen zu bemühen.
Kant schreibt in seinen „Prolegomena": *„ Die, so niemals selbst denken, besitzen dennoch die Scharfsichtigkeit, alles, nachdem es ihnen gezeigt worden, in demjenigen, was sonst schon gesagt worden, aufzuspähen, wo es doch vorher niemand sehen konnte."*
Und abschließend nochmals Friedell's eigene Worte:
„Gegen Leute, die etwas ganz Neues sagen, soll man mißtrauisch sein; denn es ist fast immer eine Lüge".[2]

A2 In Anlehnung an die Worte des Philosophen: „only when I am aware that I am aware am I aware" – nur wenn ich mir meiner Bewusstheit bewusst bin, bin ich wirklich bewusst.[347]

A3 Jedoch: was kaum beachtet wird: diese Bedeutungen müssen einmal von einem Individuum in einer Menschengruppe eingeführt worden sein, weil es sich zuerst um das Deuten der Beziehung zwischen „mir" und einem Objekt oder Phänomen der Umwelt handelt, um einen Vorgang also, der nur in einem (individuellen) Menschenhirn ablaufen kann. Erst in einem weiteren Schritt kann diese „Be-

307

Deutung" in einem Sozialkontrakt für eine Gemeinschaft von Individuen allgemein anerkannt werden.

Die Beschreibung einer Kultur ist eine lokale/regionale/nationale Momentaufnahme im Prozess der Kulturellen Evolution; letztere entwickelt sich wie die genetische Evolution. Nur ist die kulturelle eine Folge von „Denken" als Phänomen des Nach-Bedenkens der Ergebnisse der kosmischen und der genetischen Evolution, eine Rekonstruktion und Interpretation der Ereignisse in Gedanken, Fragen, Nachfragen, Nachforschen. Geologie, Paläoanthropologie als Beispiele bestehen in diesem Nachfragen und Nachdenken über die Ereignisse anhand beobachtbarer Phänomene, also Zusammenhangs- und Zusammengehörigkeits-Analyse. Dieses Forschen ist ein Zusammengehörigkeits-Finden, das dem Nach-Denken entspricht. Die Zusammengehörigkeiten selbst hängen ab von der entsprechenden Erkenntnis im Denkprozess, sind also ein Konstrukt des Denkprozesses. Denn jedes Denken ist ein Forschen.

A4 Technik ist das Wort für angewandtes Werkzeugdenken, ist Werkzeugbauen als Folge von Werkzeugdenken, als Mittel zum Zweck von Kulturentwicklung.

A5 Europa – ein Kulturkreis?
Ein Kulturkreis ist ein Bereich mit gemeinsamer Kulturgeschichte.
Bei der Schwierigkeit, eine europäische Kultur zu definieren, hilft der Verweis auf das Problem mit der Bestimmung der geographischen Ostgrenze Europas: denn bei dem zumindest betreffend die innerkontinentalen Grenzen zu Asien weitgehend fruchtlosen Versuch einer geographischen Eingrenzung werden wir wie selbstverständlich zurückgeworfen auf die Abgrenzung überwiegender kultureller Gemeinsamkeiten der Bewohner, mit denen auch ethnische Grenzen einhergehen.

Angesichts der geographischen Gegebenheit, dass Europa allenfalls ein Teil des eurasischen Kontinents ist, hat Europa nur teilweise einen legitimen Anspruch auf den Titel, ein einheitlicher Kontinent zu sein. Dieser Anspruch reduziert sich jedoch keineswegs weiter, wenn man ihn aus kultureller Sicht erhebt, sondern gewinnt an Rechtfertigung: man sehe nur als Beispiel auf Nordamerika mit den USA, Canada und Mexiko; oder auf Asien und Afrika. Ich würde sogar so weit gehen zu behaupten: wenn ein Kontinent Anspruch auf die Behauptung hat, eine gemeinsame kulturelle Basis zu haben, dann ist dies Europa.

Will man von Europa als „nur" einer politischen Utopie sprechen, dann erhebt sich daraus die Frage, welcher Kontinent mehr als das ist. Die Antwort müsste sein, dass es keinen anderen Kontinent gibt, der wenigstens diese Forderung erfüllte.

Will man von Europa als einem einheitlichen Kulturraum sprechen, dann erhalten Zweifel ihre Rechtfertigung, bedarf es einer differenzierten Betrachtung. Daher werde ich in diesem Band auf die Rolle des Christentums als gemeinsame Basis im Mittelalter eingehen, danach auf die Entwicklung gemeinsamen Kulturbewusstseins in Anlehnung an die antike hellenische Kultur ab der Renaissance. Vor allem aber war es die Entwicklung von Wissenschaft und Technik, die

Europa mit dem ausgehenden Mittelalter zu einem homogenen Kulturraum werden ließ und schrittweise in eine globale Führungsrolle brachte. Im Gefolge dieser zivilisatorischen Errungenschaften fanden auch kulturelle Eigenschaften Europas wie seine Religion, Musik und andere Kunstrichtungen sowie sozialpolitische Entwicklung Eingang in der Weltgemeinschaft.

Dennoch bleibt die Frage: Ist nun Europa überhaupt ein homogener Kulturraum, dessen Zerstörbarkeit durch Migration man hier erwägen könnte? Die erneute Frage mag auf den ersten Gedanken überraschen, ja befremden, doch findet sich auf den zweiten Gedanken zunehmende Rechtfertigung: denn wenn wir einerseits einräumen müssen, dass Europa nicht, wie China oder Ägypten, ein klar definierter geographischer Bereich ist, in welchem *ein* Volk *eine* Kultur aufbaute, die zu verteidigen es heute gelte, dann müssten wir dennoch gleichzeitig feststellen können, dass es zumindest eine Kultur gab, die den größten Teil Europas einbezog, und auf die sich viele kulturelle Aspekte aller heutiger europäischen Nationen beziehen: sie begann mit dem Römischen Reich – ausgerechnet dem Römischen Reich, dem Manche viele Aspekte eigenständiger Kulturentwicklung absprechen wollten - ich gehe in einem eigenen Abschnitt dieses Bandes darauf ein. Davor und danach prägten teils unterschiedliche teils universelle Einflüsse das kulturelle Leben europäischer Nationen. Will man die Frage nach einer europäischen Kultur auch nur ansatzweise erörtern, kommt man also nicht umhin, diesen Prozess zurückzuverfolgen bis an seine Anfänge, und von dort her zu versuchen, ein zumindest überblicksweise nachvollziehbares Bild von dem zu zeichnen, was wir heute als „Europäischen Kulturkreis" verstehen könnten. Der Vorteil dieses Ansatzes ist, dass wir auf diesem Weg in Einem immer wieder die Frage aufwerfen können, welche invadierende Volksmasse die Kultur der invadierten in welchem Umfang verändert hat.

Es ist wohl in der Tat so, dass man vor Bäumen mitunter den Wald nicht sieht: es ist die in über tausend Jahren gewachsene Vielfalt aus einem einheitlichen Ursprung, damals, als es noch „Abendland" hieß, die diese mittlerweile unüberschaubare und undurchsichtige Vielfalt hat wachsen lassen seit dem Ende des Römischen Reiches und der Völkerwanderung. Es ist jedoch tatsächlich ganz einfach *so*: Europa ist das Abendland!

Interessanterweise bezweifelt niemand, dass das Abendland ein Kulturkreis ist; erst wenn wir „Abendland" durch „Europa" ersetzen, stellen wir einen Kulturkreis in Frage. Jeder hat eine schemenhaft bildliche Vorstellung vom „christlichen Abendland" und vom „Morgenland" als fraglos unterschiedlichen Kulturkreisen von aufregendem, Neugier-, bei Manchen Abscheu-erregendem Ausmaß. Auch wenn von solchen plakativ-summarischen Vorstellungen im Allgemeinen vieles, im Einzelfall gar nichts zutrifft, so entspricht dieser erlebte Gesamteindruck dennoch einer charakteristischen Atmosphäre: sie ist für den eintretenden Fremdling geprägt von den Unterschieden zum Gewohnten. Daher muss es nicht weiter wundernehmen, dass ein Europäer, befragt um seine Kultur, nur die Unterschiede zwischen seiner und anderen Nationen oder Regionen hervorhebt.

Somit läge nahe, die Beschreibung europäischer Kultur zuerst einen Kulturfremden versuchen zu lassen, jemanden also, der am schnellsten spontan jene
Unterschiede aufzählen könnte, die ihm einerseits beim Vergleich mit seiner
eigenen Kultur auffallen, Unterschiede, die andererseits aber auch allen diesen
Europäern gemeinsam sind. Der Kulturfremde also ist es, der die kulturellen
Gemeinsamkeiten des Abendlandes, Europas, eher beschreiben kann als die
nuancehaften Unterschiede zwischen seinen einzelnen Regionen.

Was nun die Europäer betrifft, so würde es Keinem von ihnen einfallen, auf einer
Reise von Mekka über Kairo nach Isfahan nicht zuallererst von „dem Orient" zu
sprechen. Erst der Erfahrenere beginnt, die Unterschiede als solche zu bemerken
und zu beachten, genießend wie jede Abwechslung, jede Variation, dem aufmerk-
samen Geist wohl tut wie erquickend oder erheiternd klingende Gegenargu-
mente im freundschaftlichen Streitgespräch. Für den Besucher aus dem Abendland zählt das gemeinsam Fremde, nicht die diskreten Unterschiede dazwischen,
deren Geschichte hineinführt in den inneren Kulturkampf, den blutigen, mörderischen. Jedoch, der Streit von Menschen unter der scheinbar harmonischen
Decke eines Kulturkreises interessiert den träumenden Besucher zunächst nicht,
weil er, in die fremde Harmonie eingetaucht, in ihr schwebt wie in einem beglück-
kenden Traum.

Das gemeinsame Unterschiedliche ist es, das Kulturen voneinander unterscheidet: hier die Kirchen in Dorf und Stadt, dort die Moscheen mit ihren
Minaretts, hier das Läuten der Glocken, dort der Ruf des Muezzin.

Hier die selbstbewusst ausschreitende, gleichzeitig aufreizend gekleidete und
abwehrend blickende Frau. Dort die sehnsuchtsvoll lebhaft suchenden Augen
hinter schwarzen Kutten und Schleiern.

Heute ebnet dies alles ein ausgleichend darüberfegender Nebel von dröhnendem
Autoverkehr und chattendem Geplauder und Geglotze ein, die weltweit kultur-
zersetzende technische Zivilisation.

Leidet Europa mit seiner Kulturgeschichte an maßloser Selbstüberschätzung?

Die Frage nach der Bedeutung der Kulturgeschichte Europas ist gerade deshalb
interessant, weil es zu unterscheiden gilt, wieviel davon sich tatsächlich mit der
westlichen Zivilisation weltweit verbreitet hat und dort eine Rolle spielt, eine
Frage, die auch Max Weber, einen der Gründer der Soziologie, beschäftigt:
„Universalgeschichtliche Probleme wird der Sohn der modernen europäischen Welt
unvermeidlicher- und berechtigterweise unter der Fragestellung behandeln:
welche Verkettung von Umständen hat dazu geführt, daß gerade auf dem Boden
des Okzidents, und nur hier, Kulturerscheinungen auftraten, welche doch– wie
wenigstens wir uns gern vorstellen– in einer Entwicklungsrichtung von universeller
Bedeutung und Gültigkeit lagen?"[348]

Wie entstand Kultur?

Da wir von „Kult", „kulturellen Einrichtungen" und auch von „Pflanzenkulturen"
sprechen, ist ohne Zweifel auch die Pflege von Objekten und Lebensgewohnheiten bis hin zur sozialen Einordnung und auch einer metaphysischen Unter-

ordnung und Einordnung in ein Weltverständnis, also eine Religion, Teil unseres Begriffes von Kultur. Wahrscheinlich entstand Kultur durch Transgression und Transzendenz, ermöglicht durch den neuen Bewusstheitsgrad, die aus Menschenhorden Kulturen werden ließen:

Transzendenz und Transgression

Transgression ist ein quasi körperlich aus sich Heraustreten, neben oder eigentlich hinter sich Stehen, und sich von außen als Objekt betrachten und erkennen, auch wiedererkennen. Der Vorgang ist insoferne alltäglich, als er nur eine Folge unserer Bewusstheit ist: wir sehen unsere Hände an wie einen Teil der Umwelt, aber auch im Wissen darum, dass es sich um einen Teil unserer Ich-Identität handelt, eines „Ich", das wir aber eigentlich als im Kopf beheimatet erleben. Als Transgression bezeichne ich also die Fähigkeit zum Wechsel zwischen dem Erleben des Individuums seiner selbst als Subjekt, und des Gewahrwerdens von sich selbst als Objekt, so als würde man sich selbst gegenüberstehen, das Subjekt „Ich" einem Objekt, das man aber ebenso selbst ist, also auch „Ich". Damit beginnt die Darstellung seiner selbst oder von Anderen in Bildern, geritzt, gezeichnet oder gemalt: das subjektive „Ich" als Objekt an der Wand.

Transzendenz hingegen ist die darüber hinausreichende Fähigkeit – und gleichzeitig zwingende Notwendigkeit – über das unmittelbar Erlebte hinaus einen Gesamtzusammenhang für das ganze Leben herzustellen einschließlich des Davor und Danach, einen, der den selbst erlebten und von Anderen erfahrenen Ereignissen zurück in die Vergangenheit der Vorfahren und noch weiter, und nach vorne in die Zukunft folgt, dorthin, wo sich einst Herkunft, Ziel und Sinn des Ganzen erweisen sollen. Transzendenz ist das geistige, nicht nur konkret gedankliche, sondern gesamt erlebte, Hinübertreten in eine Welt jenseits der sinnlich erkannten irdischen Wirklichkeit, einer erlebbaren, wenn auch nicht beschreibbaren Wirklichkeit. Die frühen Methoden der Bestattung der Toten zeigen uns, woran die Weiterlebenden mit ihren Grabbeigaben und Nekropolen bis hin zu unterirdischen Palästen und oberirdischen Denkmälern gedacht haben könnten, zumindest aber, dass sie sich eine Zeit jenseits des irdischen Lebens vorstellten. Damit spätestens also muss Kultur begonnen haben.

Vor allem drückt sich Kultur aber auch in Kunst aus: Musik als einzige Quelle direkt sinnlich ausgelösten Erlebens einer transzendenten Welt, nachgerade empfundener Transzendenz. Bild und Wort, und besonders auch Musik, können diese Transzendenz auslösen, auch ohne dass der Schöpfer des Kunstwerkes dessen je gewahr werden muss.

Kultur und Umwelt

Allem anderen voran diktiert die Umwelt das Leben und die Gewohnheiten. Zwar gestaltet die Phantasie aus den Beobachtungen der Natur Erklärungen, malt als Kristallisationspunkt einer Kultur ein gemeinsames Glauben an eine zeitlose Weltordnung ab, eine Macht über uns, die alles schuf. Ich kenne keine Kultur ohne Religion, Quelle der mystischen Erklärung der Welt um uns, von Ethik und Moral, also Ordnung in und zwischen den Menschen. Jedoch: so wie die Umwelt die körperlichen Formen der Lebewesen durch Anpassung in der genetischen Evolution diktiert, so diktiert sie auch in weitem Umfang die kulturelle Entwicklung über viele Jahrtausende: so entstehen Kulturen von Küstenmenschen, Bergmenschen und Wüstenmenschen, Stadtmenschen, mit ihren tief verwurzelten Gepflogenheiten, angepasst an die Eigenheiten ihrer Umwelt.

Kultur ist auch Zugehörigkeitsgefühl zu einem Sozialkontrakt: wir werden jeweils in ein Sozialkonstrukt hinein erzogen von dem, was richtig ist und was falsch. Was für die Menschen der einen Kultur richtig und gut ist, mag denen einer anderen Kultur fremd und abartig erscheinen.

Begegnung und Austausch

Begegnen Menschen unterschiedlicher Kulturen einander, herrschen zunächst instinktive Abwehr, Scheu, Angst und Aggression vor; erst das Vertrauen in die Ungefährlichkeit der Begegnung erlaubt Neugier und Austausch von Wissen und Gütern in weiterer Folge. Man nimmt jeweils voneinander, was in die eigene Welt passt, an Waren und an Wissen. So beginnen Handel und Ausweitung des geistigen Horizonts, der Werkzeuge, Gegenstände und Erkenntnisse (in [A92] in mehr Detail diskutiert). Kulturaustausch ereignet sich also zunächst fast ausschließlich in Form von Erkenntnissen und deren Produkten oder Speisen, nicht jedoch der Lebensgewohnheiten; daran dürfte sich bis heute nichts geändert haben: deshalb, weil der Mensch des Westens abends ins Sushi-Restaurant geht, begrüßt er nicht für den Rest seines Lebens den Chef mit der tiefen Verbeugung der Japaner. Ebenso beginnt er nicht, wie ein Inder quer mit dem Kopf zu wackeln, wenn er zustimmt, nur weil er gerne Indisch isst.

Zwar haben wir von den Phöniziern das Alphabet, von den Arabern das Zahlensystem und von den Chinesen die Seide, aber deshalb sind die Europäer weder Nordafrikaner noch Chinesen geworden.

Warum Kulturen untergehen

Darüber zerbrechen sich Kulturhistoriker und -philosophen seit Jahrhunderten die Köpfe und schrieben und schreiben. Im Zusammenhang unseres Themas interessiert nur, ob tatsächlich, und wenn ja, auf welchen Wegen, Menschen durch Migration ihre Kulturen gegenseitig beeinflussen oder auslöschen. Und auch darin wollen wir uns beschränken - auf Europa. Der Lauf der Geschichte zeigt uns die verschiedensten Folgen der Begegnung von Kulturen. Die wichtigsten davon wollen wir in einer Überschau betrachten, um zu verstehen, was geschehen kann, wann und wie Kulturen durch Begegnung, durch Migration, untergingen, oder eben nicht.

A6   Eine zeitliche Zuordnung der bisher benannten vorangegangenen Superkontinente Kenorland, Nuna und Rodinia reicht bis etwa 2,5 Milliarden Jahre vor unserer Zeit zurück; sie ist im Text von Hans Peter Schönlaub [15] illustrativ dargestellt. U.a. ist dort auch die Position jener Landmassen im Norden von Gondwana auf Abb. 20 dargestellt, aus denen später die Alpen entstehen sollten.

A7   Die Entstehung der Alpen.

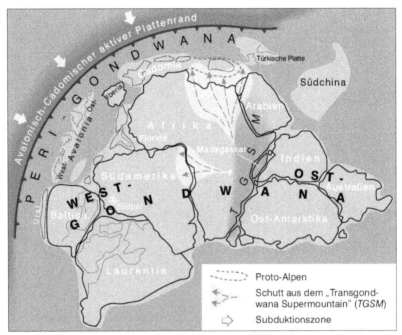

Abb. 100: Darstellung des Entstehungsortes der Alpenregion und des südlichen
  Europa aus dem Nordrand von Gondwana. Zusätzlich wird der Ur-
sprung von Gestein für die Bildung der Alpen gezeigt: es ist nordwärts ge-
schwemmtes Erosionsmaterial eines Gebirges in Zentral-Gondwana. Diese
Zonen am Nordrand von Gondwana schieben sich über den Südrand von
Laurasia. Quelle.[15]
Der westliche Teil von Avalonia (längliche Insel links im Bild) bildet Teile der
Ostküste der USA und Canadas, der östliche Teil, abgebildet am Oberrand von
Gondwana, (auch Cadomia genannt nach dem lateinischen Namen von Caens in
der Normandie) bildet die britischen Inseln sowie Teile von West-, Nord- und
Zentraleuropa (Frankreich, Belgien, Niederlande, Deutschland und Polen). Die
skandinavischen Länder sind Teil des Kontinentalblockes Baltica links im Bild,
darunter Laurentia, das zukünftige Nordamerika.

Drei verschiedene Hypothesen zur Bildung des südlichen Anteiles von Europa aus Landmassen von Gondwana werden von F. Neubauer in seiner rezenten Publikation vorgestellt und diskutiert; sie sind auch in Abb. 101 mit 1, 2 und 3 bezeichnet.[349]

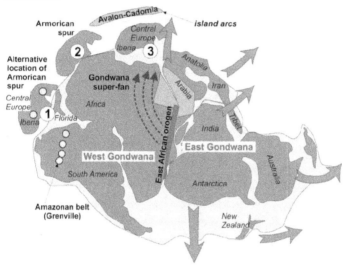

Abb. 101.: Drei Hypothesen der Entstehung des südlichen und zentralen Anteils von Europa aus Gondwana entsprechend den drei markierten Bereichen links und oben im Bild. Graphik: F. Neubauer.[349]

A8: Abb. 102: Situation vor etwa 5,3 Millionen Jahren: Landbrücken bestanden nicht

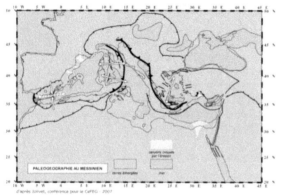

nur bei Gibraltar, auch über Sardinien und Korsika, über Sizilien nach Dalmatien und über Kreta zur heutigen türkischen Südküste, Verbindungswege zu Land von Afrika nach Europa. Das Schwarze Meer war ein Binnensee und stand mit dem Kaspischen Meer in breiter Verbindung.

Auch Zypern war keine Insel sondern eine Halbinsel. Der Pannon-See ist ebenfalls noch erkennbar. Quelle:[350]

A9 Der Name Amerika geht auf den Vorschlag von Matthias Ringmann und Martin Waldseemüller (Abb. 46) aus deren Publikationen im Jahr 1507 zurück. Dass Vespucci der Entdecker Amerikas war, wurde erst mit dem Prozess in Frage gestellt, den später die Erben Kolumbus' und die spanische Krone anstrengten. Bis dahin war unbezweifelt, dass Kolumbus der Meinung gewesen war, Indien entdeckt zu haben, weswegen man von den von ihm erreichten „West-Indischen Inseln" spricht und den von ihm so benannten „Indianern". Dementgegen hatte Amerigo Vespucci stets davon zu überzeugen versucht, dass es sich um einen ganz eigenen, neuen Kontinent handle, den *er* entdeckte, nicht Columbus.

A10 Die Einschränkung basiert auf der Tatsache, dass die Geschwindigkeit des Wissenszuwachses meine Schreibgeschwindigkeit zu überholen beginnt: neue Ergebnisse, publiziert von der Universität Tübingen im Jahr 2019,[65] eröffnen nämlich die Möglichkeit, dass der „Ur-Mensch", das erste Wesen an der Abzweigung vom gemeinsamen Entwicklungsast für Menschenaffen und Menschen, ebenso gut – oder ebenfalls - in Europa entstanden sein könnte. Diese neue Spezies namens „danuvius guggenmosi" entdeckte man im Allgäu, einer Region, die wir im Abschnitt über die geologische Entstehung Europas als sumpfreiches, Schwemmland des verlandeten Boden des Paratethys-Meeres nördlich der „eben erst" entstandenen Alpen kennen gelernt haben (S. 14 und Abb. 3), mit dem großen „Pannon-See" im Gebiet der pannonischen Tiefebene des heutigen Ungarn und des österreichischen Burgenlandes (Abb. 103). Danuvius guggen-

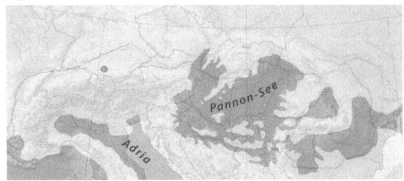

Abb. 103: Südost-Europa vor etwa 12 Millionen Jahren. Die heutigen politischen Grenzen sind gekennzeichnet. Der Pannon-See als Rest des Paratethys-Meeres umfasst das Burgenland, Ungarn und Teile der südöstlichen Nachbarländer. Der Fundort von „danuvius guggenmosi" ist mit einem roten Punkt markiert. Quelle:[351]

mosi ist zwar ein Menschenaffe, jedoch einer, der offenbar bereits aufrecht ging und deshalb so manche These über unsere Entwicklung in Frage stellt.

A11 Jedenfalls ist das Meer zwischen Malaysia-Sumatra und Sumatra-Java nicht tiefer als 100 Meter; daher bestanden wohl während der Eiszeit Landbrücken bis jenseits der Insel Bali.

A12 Ich neige zu der Ansicht, dass dieses Verbot zynisch ist, handelt es sich doch bei unserem Erkenntnisdrang um eine fundamentale Lebensäußerung, welche einerseits so eng mit dem Lebenswillen zusammenhängt wie die anderen Grundinstinkte, andererseits aber das Risiko der Selbstvernichtung in sich birgt – deshalb wird es an dieser Stelle äußerst kompliziert: denn es bleibt nur der Ausweg des Verzichts auf der Basis von Vernunft und Evidenz. Im Gegensatz dazu wäre der radikale Verzicht auf „Fortschritt", der ja auch die intelligente Anpassung an Umweltveränderungen einschließt, wiederum nahe an der Selbstvernichtung. Deshalb erscheint es mir gerechtfertigt, das Verbot als Zynismus zu bezeichnen.

A13 Der auf ein Alter von 300.000 Jahren datierte Fund aus dem Jahr 2007 eines Schädels von homo sapiens sapiens in Marokko ist noch Gegenstand von erheblich schwerwiegenden wissenschaftlichen Debatten: denn er könnte darauf hinweisen, dass nicht der ostafrikanische Graben Geburtsstätte unserer Spezies war sondern irgendeine andere afrikanische Region, z.B. eben in der heutigen Sahara.

Es sind dann immer wieder jene kleinsten Hinweise, die eine Forscher-Spürnase – ein weiteres Mal ohne Respekt vor dem verbotenen Baum der Erkenntnis - ganz am Rande der breiten Straße üblichen Denkens zu nutzen weiß: hier war es das Wachs auf Blättern der Sahara-Pflanzen, abgelagert am Meeresboden zusammen mit davongewehtem Sand, das uns anzeigt, wann feuchte und wann trockene Zeiten herrschten,[28] denn dieses Wachs besteht aus einer chemischen Verbindung, die viele Jahrtausende unverändert überstehen kann. Immerhin bezeugen die Felsbilder mitten in der Sahara davon, im Hoggar- und im Tassili-Gebirge,[352] dass dort Menschen und Tiere in einer zumindest ausreichenden Vegetation gelebt haben müssen – wir wissen nicht seit wann. Immerhin aber wurden in den letzten Jahren in Marokko 300.000 Jahre alte Knochenreste von Menschen gefunden, die zumindest sehr nahe an die Entwicklung des modernen Menschen heranreichen, wenn sie nicht überhaupt einen Sensationsfund darstellen und die Wissenschaft veranlassen müssen, den Beginn von Sapiens um 100.000 Jahre vorzuverlegen und die Geburtsstätte woanders zu suchen als im ostafrikanischen Graben.[353]

A14 Wie auch immer man die üppige Dame aus der "Hohle Fels" Grotte in Schelklingen bei Ulm beurteilt (Abb. 11), in jedem Fall gilt sie mit 35.000 Jahren als älteste Menschendarstellung der Welt und als eines der ältesten Beispiele für figürliche Kunst. Die "Venus vom Hohle Fels" ist sechs Zentimeter groß, wiegt 33 Gramm. Einige tausend Jahre später finden sich Darstellungen weiblicher Körper in ganz Eurasien. Berühmt wurde etwa die "Venus von Willendorf", die in Österreich gefunden wurde, die aber mit einem Alter von 28.000 Jahren deutlich jünger ist, ähnlich wie die „Venus von Dolní Věstonice" in Mähren und die „Venus von Moravany" in der Slowakei.[354]

A15 Berichte über Versklavung reichen so weit zurück in der Geschichte wie dies die entdeckte Geschichtsschreibung und die dort erzählte Kunde aus früheren Zeitaltern erlaubt.

A16 Deshalb wurde der Neandertaler-Anteil am genetischen Einschlag in der Sapiens-Bevölkerung immer geringer. Grund für die geringere Fruchtbarkeit der Hybridmenschen ist die Tatsache, dass Mischlinge von Gruppen, die lange voneinander getrennt lebten, und dann wieder zusammenkommen (Sapiens-Leute hatten sich genetisch von den Neandertalern vor 470.000 bis 360.000 Jahren getrennt und trafen mehrere hunderttausend Jahre später in Nahost und in Europa wieder aufeinander) geringer fortpflanzungsfähige Spermien produzieren.[24]

A17 Ebenso kann man dieses Argument für pazifistisches Wunschdenken halten und darauf hinweisen, dass wir stets unsere Intelligenz dahingehend ausgereizt haben, einander gruppenweise abzuschlachten. Tatsächlich also wird es wohl die individuelle Intelligenz sein, die den Ausschlag gab und gibt, ausgedrückt in Neugier und Kreativität beim zweckbezogenen wie spielerischen Werkzeugdenken. Die daraus resultierenden Erfindungen macht sich die gesamte Menschheit in zunehmend kurzem Zeittakt zunutze, auch im Gesundheitswesen und der Nahrungsmittelindustrie, nicht nur in der Militärtechnik. Deshalb sind wir wohl die über 7 Milliarden geworden, die wir heute sind – und kein Prophet vermag verlässlich zu deuten, ob diese Eigenschaften auf unserer Gratwanderung zwischen Egozentrismus, Gemeinschaft und Umwelt zum Überleben ausreichen werden.

A18 Wir wissen noch nicht verlässlich, ob diese neue Lebensart erneut durch Einwanderer nach Mittel- und Nordeuropa kam, oder ob die Menschen vorort ihre Lebensgewohnheiten änderten, weil sie durch Handelskontakte von den Leuten im Zweistromland, Anatolien und am Mittelmeer lernten. Die gentechnischen Forscher der neuen Disziplin „Paläogenetik" bzw. „Evolutionäre Anthropologie" könnten diese Frage aus geeignetem Knochenmaterial in naher Zukunft endgültig beantworten. Die Tonscherben von Ausgrabungen dieser frühesten Siedlungen sprechen gegen eine Immigration im Sinne einer aggressiven Invasion und Landnahme – ein Phänomen, das ohnehin erst später bei größerer Bevölkerungsdichte zu erwarten wäre.

A19 Unabhängig davon kam es auch an zwei weiteren Stellen der Erde zu dieser Entwicklung: in Südchina (ab etwa 8000 v. Chr. begann mit dem Reisanbau auch die Landwirtschaft in China) und in Mittelamerika.[55]

A20 Was für eine sonderbare Kultur aus unserer heutigen Sicht: Menschen, die zweifellos den Wechsel der Jahreszeiten, die Änderungen des Sonnenstandes im Laufe eines Jahres erkannten, beobachteten und für die Schaffung eines Kalenders nutzen wollten; Menschen, die wissen wollten, wann der kürzeste und der längste Tag wiederkehrt; Menschen, die in der Lage waren, tonnenschwere Felsblöcke aus Bergen zu hauen, sie zu einem bestimmten Ort – Stonehenge zum Beispiel, oder Orte in Apulien, der Bretagne, auf Malta, Irland, Bretagne, den Niederlanden, auf Korsika – zu transportieren, die aber mit keinem einzigen

Zeichen in diesen Felsen verraten, welche Bedeutung sie ihren Bauten gaben, was sie damit bezweckten.

A21 Als Urschatt bezeichnen Geologen die Verlängerung jenes Stromes, der nach dem Zusammenfluss von Euphrat und Tigris nahe dem heutigen Meeresufer die damals verlandete Ebene durchfloss und fruchtbar hielt, so wie heute der Nil einen Teil Ägyptens. Dort beheimatete Vorstufen von Sumer als einer ältesten Hochkulturen der Welt und seiner Sintflutgeschichte wären demnach unweigerlich zuende der Eiszeit überschwemmt worden, deren Überreste heute am Meeresboden des Persischen Golfs (Abb. 13), so wie die Siedlungen in der Tiefe des Schwarzen Meeres (s.A26, A27, S. 38). Bisher steht der britische Archäologe Jeffrey Rose [355] weitgehend allein mit seiner These, dass die Vorstufe der Hochkulturen Mesopotamiens am Boden des Persischen Golfs stehen müsse, da das plötzliche Erscheinen von Kulturen am heutigen Festland nach der Flutung des Golfs anders schwer erklärbar wäre. Plausibel ist daran aus klimatologischer Sicht, dass zur Eiszeit alle höher gelegenen Nahost-Regionen wegen der Regenarmut zu Steppen oder Wüsten geworden sein müssen, wohingegen die Flussniederungen als einzige fruchtbare Regionen verblieben. Gegen diese Annahme könnte sprechen, dass Binnenseen ohne Abfluss zum Meer versalzen können, so wie der südliche Teil des Kaspischen Meeres, besonders aber wie der Aral-See in Zentralasien.[356] Unabhängig davon kann jedoch der Urschatt die Tiefebene abseits der Salzseen zu einem fruchtbaren Land gemacht haben und im Bereich der heutigen Straße von Hormuz in das Meer des Golfes von Oman geflossen sein.

A22 Um 6400 v. Chr. war sie in der Thessalischen Ebene angekommen, erkennbar zuerst an schwarz gefärbter Keramik, die sich später änderte zu der typisch weiß-rot gefärbten der Sesklo-Kultur ab 6000 v. Chr.: dieses Datum würde zusammenpassen mit dem Ende der Zwischeneiszeit und der Auswanderung wegen relativer Übervölkerung durch die Austrocknung der Böden. Ab etwa 6000 v. Chr. jedenfalls waren in der Gegend von Sesklo in der Thessalischen Ebene einige hundert bis einige tausend Menschen sesshaft geworden. Manche nehmen an, dass eine zweite Welle dort als "Dimini-Leute" ankam und sich weiter über Griechenland ausbreitete.

Später, wohl als nächste Einwanderungswelle wegen erneuter Nah-Ost-Übervölkerung nach der Zwischeneiszeit, wird Thessalien erneut von Einwanderern aus dem „Fruchtbaren Halbmond" besiedelt, den „Trichterbecher"-Leuten, im Sinne allmählicher Verdrängung, nicht in Form einer Invasion. – So viel zur Ausbreitungsroute über den Balkan.

A23 Damit hält sich der Mensch selbst einen Spiegel vor, in dem er sich dabei zusehen muss, wie er Erfahrung und Erkenntnis in Glauben und Manipulation umwandelt und darüber seine Fähigkeit zur Reflexion vergisst. Auch die Wissenschaft ist davor manchmal nicht gefeit, wie eben diese Erforschung der Frühgeschichte zeigt, wenn die Interpretation wissenschaftlicher Ergebnisse zur Glaubenssache wird und sich darin mit politischem Willen zusammenfindet. Grundsätzlich handelt es sich dabei um einen spontanen Überzeugtheits-Zwang als allgemeine menschliche Eigenschaft, der daher rührt, dass man der Richtigkeit der eigenen

Interpretation von Daten vertraut und dementsprechend daran glaubt. Auf diese Weise wird eben Wissen wieder zur Glaubenssache und deshalb zum Ursprung hitziger Debatten zwischen Forschern.

A24 Denn auch die heutige Bering-See ist ein Flachmeer von höchstens 120 Metern Tiefe. Zwar wurden erste archäologische Funde auf den Aleuten-Inseln angeblich nur auf ca. 6.000 v. Chr. datiert, jedoch waren die Menschen wohl schon spätestens um 15.000 v. Chr.[27] bis 10.000 v. Chr. in Nord- und Südamerika angekommen,[357] denn schon um 8.000 v. Chr. gab es an der Ostküste der USA die Clovis-Kultur.[358] Als die Menschen dorthin gelangten, trafen sie auf das Kamel – es war dort geboren und musste ihnen schon entgegengewandert sein, denn in Amerika ist es um 9000 v. Chr., wohl wegen einer kurzen Zwischeneiszeit, ausgestorben, und kommt heute nur noch in Nordafrika und Asien vor.

A25 Außer eine massive Strömung durch Gibraltar schwemmte hunderte Meter Material vom Boden der Meerenge ab und vertiefte dadurch das Meer.

A26 Forschungsarbeiten seit dem Jahr 2000 brachten einige Funde zutage: ein nahezu vollkommen erhaltenes Schiff in 300 Metern Tiefe[359] und mehrere Schiffe und Holzteile von Bauten in 100 Metern Tiefe aus der Zeit vor der Sintflut.[360, 361]

A27 Über Datierungen und Umfang einer Sintflut gibt es allerdings noch erheblichen Streit in der Wissenschaft:
So zitiert Haarmann die Arbeit von Ryan aus 2003 als „im Druck": diesen Daten zufolge soll die Sintflut auf 6700 v.Chr. datiert worden sein – aber nach der mir zugänglichen Arbeit schrieb Ryan von einer Zeit um 5500 v. Chr. – Haarmann könnte bei seiner „durchgesehenen Auflage" von 2013 übersehen haben, dass sich die Ansichten anhand neuer Daten von Ballard und anderen geändert hatten. Die Arbeiten von Ryan et al.[362] mit den Funden aus der Zeit vor der Sintflut werden auch von Ballard[360] diskutiert; in Ballard's Publikation findet man einige eindrucksvolle Abbildungen. Weitere archäologische Hinweise lieferten sodann auch russische Forscher: sie datieren im Jahr 2012 die Sintflut ebenfalls auf eine Zeit 7500 bis 7600 Jahre vor unserer Zeit.[363]
Auch bezüglich des Niveaus des Schwarzen Meeres zu Beginn der Sintflut herrschen beträchtliche Meinungsunterschiede. Diese könnten entweder auf mehrere Ereignisse zu verschiedenen Epochen hinweisen, oder darauf, dass wir noch keinen sicheren Zusammenhang der Ereignisse herzustellen vermögen – am verlässlichsten scheint dabei die Entdeckung der Siedlungen am Boden des Schwarzen Meeres in 200 Metern Tiefe zu sein – vorausgesetzt auch dabei handelt es sich nicht lediglich um EINE von mehreren Besiedelungsphasen am Südufer.
Für eine plötzliche Sintflut oder einen zumindest kurzfristig steigenden Meeresspiegel müsste sich der Boden am Bosporus, nicht wie heute, bis zu 124 Meter unter dem heutigen Meeresspiegel befunden haben, sondern höher oben, zum Beispiel 110 Meter höher. Wenn man sich nun vorstellt, dass zu einem bestimmten Zeitpunkt ein Strom von Meerwasser durch den Bosporus in das Schwarze Meer zu fließen begann und den Bosporus zu riesigen Stromschnellen werden

ließ, so konnte der Druck des dort durchrasenden Wassers den Meeresboden immer schneller abschwemmen und den Boden vertiefen, so dass immer mehr Wasser pro Zeiteinheit durchfloss. Vollkommen unbekannt ist, wie hoch zur Zeit des Beginns eines solchen Riesen-Wasserfalls in das Schwarze Meer der Niveau-unterschied noch war. Es könnten auch zwei oder mehrere Überschwemmungs-ereignisse mit unterschiedlichem Zeittakt geschehen sein. Demnach bleibt auch möglich, dass gegen Ende dieses Angleichungsprozesses der Wasserpegel zwischen Mittelmeer und Schwarzem Meer lediglich eine begrenzte Sintflut ver-ursachte, eine Annahme, die auch mit weiteren wissenschaftlichen Daten ganz gut übereinstimmt: denn aufgrund neuester Untersuchungen der Ablagerungen am Donaudelta wurde eine Flutung auf 7500 v. Chr. datiert, allerdings auch ein Anstieg des Schwarzmeer-Spiegels um lediglich 5 Meter. Dies könnte bedeuten, dass ein überschwemmungsartiger Anstieg des Schwarzen Meeres den Ab-schluss dieses postglazialen Niveauanstiegs bildet: auch damit konnten nochmal weite Küstenstriche überschwemmt werden. Insgesamt würde dies bedeuten, dass der Pegel des Schwarzen Meeres am Ende der Weichsel-Eiszeit, ab ca. 12.000 v. Chr., über Jahrtausende allmählich anstieg, bis er um 7500 v. Chr. plötz-lich sintflutartig um weitere 5 Meter anstieg. Die Annahme, dass eine derartige Flutwelle eine Fluchtwelle der Menschen ausgelöst hätte, liegt nahe. Man denke nur an die Horror-Szenarien, die in unserer Zeit des Klimawandels bei einem Meeresanstieg von 2 Metern prophezeit werden.

Die allmähliche Verdrängung der Strandbewohner vor dieser Sintflut könnte also eine direkte Migration nach Norden und Osten ausgelöst haben, oder eine konsekutive Verdrängung benachbarter Volksgruppen.

A28 Funde von Schiffen aus der Zeit vor der Sintflut am Grunde des Schwarzen Meeres weisen auf Handel auf dem Seewege schon über 7000 Jahre vor unserer Zeit hin.[360]

A29 Nach der „Kamel-Eiszeit" um 9000 v. Chr. – wir waren ihr kürzlich am Weg über die Aleuten begegnet- kam es zwischen 6200 und 5800 v. Chr. wieder zu einer Kältewelle. Der Wasserstand sank daher erneut, wenn auch geringer als zuvor, um 15 Meter. Damals waren die Gletscher in den Alpen höchstens so groß wie heute oder vor 150 Jahren. Gleichzeitig kommt es dabei zu klimatischen Ver-änderungen: plausibel ist daher die Annahme, dass die Menschen wegen zu-nehmender Trockenheit aus Mesopotamien wegzuziehen begannen, weil es während Eiszeiten weniger regnet, und daher die Felder ausgetrocknet waren. Demnach hätte eine Emigrationswelle etwa um 6000 v. Chr. das früher frucht-bare Zweistromland entvölkert, wären diese Leute in Richtung zur Schwarz-meerküste oder ostwärts gezogen, um dort ihre Kultur wieder zu errichten. Nach neueren klimatologischen Forschungsergebnissen aus polaren Eiskernproben soll im Gegensatz dazu um 6200 v. Chr. eine relativ abrupte Warmzeit mit erheb-lichen klimatischen Veränderungen eingesetzt haben.[364] Genau in der Zeit einer etwa 200 Jahre anhaltenden Trockenperiode wurden Stätten in Südwest- und Zentral-Anatolien sowie auf Zypern verlassen, darunter auch Göbekli Tepe und Çatalhöyük, aufgegeben um 6150.[53] In diese Periode fällt

auch die Einführung von Bewässerungssystemen in Mesopotamien (Nordirak).
[364]

Deshalb entstanden am Balkan und der adriatischen Mittelmeerküste Kulturen, gebildet von einwandernden Gruppen aus Südost, die von der Westküste des Schwarzen Meeres in mehreren Schüben in Richtung Nordwesten wanderten, das Donautal hinauf bis nach Ungarn, sich in einigen Regionen wie dem Donautal selbst, dem Nebenfluss Theiss (Tisza-Kultur) und dem Zentralbalkan (z.B. Vinča-Kultur) niederließen und dort bäuerliche Kulturen bildeten.

Diese und viele andere Informationen geben unser derzeitiges Wissen wieder, nicht unbedingt die Wirklichkeit: so zum Beispiel könnte weitere frühe Besiedelung unerkannt unter dem Wüstensand Arabiens oder der Sahara liegen. Auch betreffend die Datierungen gibt es unterschiedliche Interpretationen. Weitere Details über die genetischen Untersuchungen betreffend die neolithische Migration, die Linienbandkeramiker, finden sich in den unter [107] und [365] zitierten wissenschaftlichen Publikationen.

A30 Auch Webstühle habe es im 7. Jahrtausend in Anatolien, Thessalien und der Donaukultur gegeben. Im 6. Jahrtausend habe sich diese Technik rasch weiter verbreitet.[53]

A31 Allerdings existierte am südlichen Ufer des Tigris schon um 5500 v. Chr. eine städtische Kultur mit Sawwan als Zentrum. Damit bleibt die Frage offen, ob diese Leute nicht entsprechend der These von J.I. Rose aus dem überschwemmten Becken des Persischen Golfs (Abb. 13) gekommen waren und dort ihre noch viel ältere Kultur wieder errichtet hatten. Vorstufen von „Halaf", bzw. Zwischenstufen wären demnach die Ubaid-Kultur und die Kultur von Samarra um 5500 v. Chr. in Mesopotamien, bis dann letztlich die Kultur der Sumerer mit der Entwicklung ihrer Schrift um 3000 v. Chr. in die Geschichte eintrat.

A32

Abb. 104: Position von
Hierakonpolis
zwischen Assuan und
Karnak/Luxor, Quelle:[366]

A33 Manche Archäologen sprechen von einer Kulturrevolution am Amazonas vor 2000 Jahren. Die Konquistadoren im 16. Jh. begegneten in den Andensiedlungen

Abb. 105: Ausbreitungsgebiet der Karthager um 264 v. Chr. Quelle:[367]

der Chachapoya in Peru hellhäutigen Menschen; rezente genetische Untersuchungen weisen auf eine Verwandtschaft mit Kelten. Hellhäutige blonde Menschen findet man dort noch heute. Die Erklärung für den keltischen Ursprung findet sich bei den Ibero-Kelten aus dem nordspanischen Galizien, die nach manchen Quellen im Einflussgebiet der Karthager lebten. Auf der anderen Seite des

Atlantik weisen Detailfunde wie mediterrane Keramikmuster, Wurfschleudern und Methoden der Schädeltrepanation auf den Zusammenhang mit dem Ende Karthago's hin.[368]

A34 Siehe z.b. H. Haarmann und seine Hinweise auf weitere Sprachforscher.[53] Man kann annehmen, dass Sprachentwicklung überhaupt bereits vor der Auswanderung aus Afrika begann, in welcher Form auch immer. Denn auch Jene, die Afrika nicht verließen, sprechen Sprachen mit grammatikalischem Aufbau, so wie alle Auswanderer. Dementsprechend finden sich zunehmend Anzeichen für eine gemeinsame Ursprache, die man die "Nostratische Sprache" nennt (siehe auch [A35]). Davon ausgenommen sind außer einigen Randgebieten wie Nord-Kanada und Zentral-Australien vor allem Afrika südlich der Sahara und das heutige China.[369]
Ob die Neandertaler eine Sprache hatten, bzw. welcher Form der akustischen Kommunikation sie sich bedienten, können wir hingegen nicht wissen.

A35 Als Ursprung der ur-indogermanischen Sprache nimmt man eine „kartwelische" Ursprache an. Indo-europäische Volksgruppen begannen zwischen 3400 und 3000 v. Chr. sich in erste Sprachgruppen zu trennen. Eine räumliche Zuordnung ihrer Ursprungsregion ist noch nicht gelungen, wird hypothetisch in Westasien, dem Steppenland nördlich oder auch südöstlich des Schwarzen Meeres vermutet – manche nennen diese „Proto-Indo-Europäischen Leute dennoch die „Jamna-Kultur" oder „Jamnaja-Kultur", die von Anderen als mehr oder weniger den Kurgan-Leuten gleichzusetzen beschrieben werden.

Während Manche den Ursprung der indo-europäischen Auswanderer nach Europa im Hochland von Anatolien und der südlichen Schwarzmeer-Region sahen, besteht nun zunehmend breite Übereinstimmung unter Forschern, dass diese Menschen aus den Steppen nordöstlich des Schwarzen Meeres kamen: bevor rezente genetische Daten den endgültigen Nachweis erbrachten, hatte man bereits seit Jahrzehnten von einer „Kurgan-Theorie" oder nach neuerer, gewollt neutraler Bezeichnung „Steppen-Theorie" gesprochen. Marija Gimbutas [63] und andere hatten archäologisch erforscht, was sodann Cavalli-Sforza [370] mit ersten genetischen Untersuchungen bestätigte. Damit ist die These des Ursprungs der Indo-Europäer im anatolischen Hochland, wie z.B. von C. Renfrew vertreten,[371] in den Hintergrund getreten.

Nach „herkömmlicher" Ansicht kamen sie in drei Wellen, verteilt über nahezu 1500 Jahre, nach Ost-und Mitteleuropa (Abb. 21). Schon in der zweiten Hälfte des 5. Jahrtausends v. Chr., gegen 4300 v. Chr., sollen die Kurgan-Völker begonnen haben, aus Südsibirien und Kasachstan, aus der Steppe zwischen Don und Wolga, in das „Alte Europa" einzudringen, die Kulturen von Varna, des Donau-Raumes und des zentralen Balkan zu kontrollieren und dort ein dunkles Zeitalter eingeleitet zu haben. Die letztere Annahme erscheint allerdings angesichts des Hinweises auf die Herkunft dieser Invasoren aus Städten wie Tallyanky nicht plausibel – warum sollten sie all ihre Fähigkeiten und Kenntnisse in der neuen Heimat verloren haben? Eine zweite Welle soll tausend Jahre später gefolgt sein.

Andere wie David Anthony befürworteten eher eine Theorie des allmählichen Eindringens der Lebensweise der Steppenvölker nach Europa, ohne Migration oder gar Invasion.[80] An der von Gimbutas publizierten Kulturgeschichte dieser Völker wird u.a. kritisiert, sie habe die Funde zu sehr in Richtung einer matrilinearen Bauernkultur in Osteuropa interpretiert, die von einer patriarchalischen indo-europäischen Volksgruppe invadiert, überlagert und unterworfen worden sei.[53, 63]

A36 Die Migrationsrichtungen dieser Ur-Indo-Europäer nach allen Richtungen sind in Abb. 106 eingezeichnet.

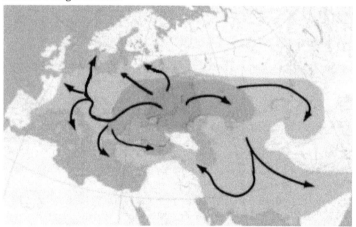

Abb. 106: Karte der indo-europäischen Migration von ca. 4000 bis 1000 v.Chr. nach der Kurgan-Hypothese. Violett: Ursprüngliches Verbreitungsgebiet der indo-europäischen Sprache und Urheimat der Indo-Europäer gemäß der Kurgan-Hypothese, dunkel-ocker: proto-indo-europäisch sprechende Völker bis 2500 v. Chr. Hell-ocker: Besiedlung bis 1000 v. Chr. Quelle:[372]

"Marija Gimbutas hat in einer Reihe von Arbeiten die Steppen nördlich des Schwarzen und Kaspischen Meeres als wahrscheinlichsten Ausgangspunkt befürwortet. Sie identifiziert die urindogermanische Kultur mit der nach den Bestattungen in Grabhügeln benannten Kurgankultur, die sich in drei sukzessiven Wellen ca. 4500-3000 v. Chr. über große Teile Europas verbreitet haben soll." * [44] Nach wieteren genetischen Untersuchungen entspricht die „Kurgan"-Kultur einer Untergruppe der „Indo-Europäer", die mit dem genetischen Fachbegriff „Haplo-Gruppe R1a" typisiert sind. Weitere genetische Untersuchungen ergaben mittlerweile eine immer präzisere Zuordnung prähistorischer Menschentypen zu europäischen Regionen heute.[24]

Wie sehr Forschung, demnach also Forscher, die Interpretation ihrer Ergebnisse immer wieder vom politischen Willen ihrer Zeit abhängig machen, zeigt sich deutlich am Zeitverlauf dieser Theorien: in den Jahren 1930er bis 1940er Jahren beherrschte die „Mitteleuropa-Theorie" die Wissenschaft, der zufolge diese

„Indogermanen" nicht aus der russischen Steppe eingewandert sein sollen, sondern aus der Urbevölkerung Mitteleuropas selbst hervorgegangen seien; daraus wurde in der Hitler-Diktatur die Rassenlehre vom nordischen Herrenmenschen, entnommen der Arbeit des Archäologen Gustav Kossinna, der selbst allerdings bereits 1930 gestorben war.[24] Dass die Jamnaja- bzw. Linienbandkeramik-Menschen aus der östlichen Steppe eingewandert, nicht aber vorort in Deutschland entstanden waren, hatte auch der Archäologe Gordon Childe vermutet.[373] Nach 1945 wurden Aspekte aller Theorien in diesem Zusammenhang, auch die plausiblen Steppen-Theorien rundweg und grundsätzlich abgelehnt (man bedenke Assoziationen zu den Walküren aus Wagner's Opern-Ring, deren Herkunft ebenfalls in die Steppe nördlich des Schwarzen Meeres projiziert wird) und durch andere Theorien ersetzt. Dies galt lange Zeit auch für die Kurgan– Theorie. Letztlich stimmen jedoch Daten aus der Paläogenetik, der klassischen Archäologie und der Linguistik überein in der Bestätigung der Kurgan-Theorie. Mit der zusätzlichen genetischen Studie der Harvard Universität aus dem Jahr 2015 [374] scheint das Faktische endgültig Platz zu greifen und sich die „Kurgan-Theorie" unter dem neuen Namen „Steppen-Theorie" durchzusetzen.

Die russischen Ausblühungen solch nationalistischer Selbstbildnisse, besonders der stalinistischen Ära, übermalt Neal Ascherson mit erzählenden Landschaften von einer tragischen Menschenwelt, seinen elegischen Gedanken über historische Wirklichkeit und Menschentraum (*„Russlands staatlicher Nationalismus hat seit jeher von einer Art Jungfrauengeburt geträumt"*), mit vereinzelt kratzenden Strichen quer durch allzu groben pseudowissenschaftlichen Schwachsinn. [49]

China ist ein weiterer Sonderfall nicht ganz Ideologie-freier kultureller Evolution: chinesische Forscher sind der Überzeugung, dass sich die Chinesen aus dem homo erectus direkt entwickelten, nicht aus dem danach eingewanderten homo sapiens. Untersuchungen des genetischen „out-of-Africa"-Markers erbrachte dann aber kürzlich den Beweis dafür, dass auch die Chinesen Nachkommen des aus Afrika eingewanderten homo sapiens seien. Die Entdeckung ist für die politisch korrekte Öffentlichkeit Chinas etwas peinlich, weil die dogmatische Ansicht einer eigenständigen Entwicklung des chinesischen Menschen bisher in allen Schulen Chinas gelehrt und dementsprechend gewusst werden musste.

A37 Ortega y Gasset bezeichnet es als den Einbruch der Hellenen in die ägäische Welt um 1.400 v. Chr.[10] und macht die Achäer auch für eine erste Attacke auf die Paläste von Knossos, Gournia und Palaiokastro verantwortlich (bei der nächsten Angriffswelle – wahrscheinlich im Verein mit dem Vulkanausbruch auf Santorin - um 1200 v. Chr. wurden sie dann endgültig zerstört).

A38 Dies gilt zum Beispiel für die aus Südostanatolien in Syrien einfallenden indo-europäischen Churriter aus ihrem Reich „Mitanni" (da wir nicht wissen, wann sie dort angekommen waren, ist nicht ausgeschlossen, dass ihre Invasion Anatoliens zeitlich mit jener Osteuropas um 2500 v. Chr. zusammenfällt). Um 1600 v. Chr. fielen die Hyksos mit ihren Streitwagen in Ägypten ein, in Babylon die Kassiten. Archäologische Funde von Pferdeknochen in diesen Gegenden, wo man das Pferd noch nicht gekannt hatte, sind der erklärende Zusammenhang: Reiter und Kämpfer auf Streitwagen erklären die plötzlichen massiven Überfälle wie aus dem Nichts.[81] Von den Hyksos hatten die Ägypter sodann Pferd und Streitwagen übernommen. Als die Hyksos vertrieben waren, drangen die Ägypter ihrerseits mit dieser Kriegstaktik bis Syrien vor. Es war die Zeit, da „Akkadisch" zur internationalen Sprache im Vorderen Orient wurde.[81]

Gleichzeitig mit dem Einfall in Syrien um 1800 v. Chr. tauchte der Streitwagen auch im China der Schang-Dynastie auf.[81] Ähnliches könnte sich auch fast zur gleichen Zeit im Industal abgespielt haben; allerdings ist die Zerstörung der Indus-Kultur durch hellhäutige barbarische Indo-Arier – siehe hierzu * unten - archäologisch bisher nicht exakt genug datiert - Indien tritt erst mit *seinem* Protestanten wieder in die Geschichte ein: Buddha.

* An dieser Stelle der Geschichtsschreibung führt sich allerdings das zeitgeschichtlich gefärbte Vorurteil gegenüber dem Ausdruck „Arier" ad absurdum, der sich zeitweise anstelle von „germanisch" im Wort „Indo-arisch" verbarg. Für das Nachkriegs-Europa war vor allem „germanisch" auszulöschen und durch „europäisch" zu ersetzen – daraus wurde dann eben „indo-europäisch" anstelle von „indo-germanisch". Bei der Zerstörung der Induskultur durch vom Norden einfallende Arier konnte nur „Indo-arisch" als Wortbildung bleiben, völlig losgelöst von jeglicher germanischen Rassenideologie.

A39 Letztlich werden die Archäologen wohl mehrere, großteils kausal zusammenhängende, Ereignisse als Ursachen des Dunklen Zeitalters feststellen: zunächst den Ausbruch des Vulkans Thera auf Santorin; dieser ging wahrscheinlich mit einem Seebeben und einer Flutwelle einher. Diese „Deukalionische Flut" wurde mit Hilfe der Chronik von der Insel Paros (Parische Chronik, einer Marmorplatte, dzt. Im Ashmolean Museum in Oxford) auf das Jahr 1529/28 v. Chr. datiert. Übrigens ließ sich der Vulkanausbruch durch Radiokarbonmessungen im Jahr 2018 ebenfalls auf einen Zeitraum zwischen 1600 und 1525 v. Chr. datieren.[375] Man kann annehmen, dass dieser Tsunami die Siedlungen an der griechischen und kretischen Küste auslöschte und den Handel zwischen den Inseln und Kulturen fatal unterbrach. Der dadurch und durch die klimatisch bedingte Hungersnot ausgelöste Niedergang schwächte die militärische Abwehr und machte Peloponnes und Kreta zur leichten Beute von Seevölkern, die als die nächste Katastrophe die Küsten des östlichen Mittelmeeres heimsuchten. Das Tsunami-Ereignis ist in der griechischen Mythologie ähnlich der biblischen Sintflut festgehalten: Deukalion, der griechische Noah, Sohn des Prometheus, baute ein Schiff und überlebte die Sintflut mit seiner Frau Pyrrha; er landete schließlich auf dem Berg Parnass.

A40 Herodot bestätigt die drei „klassischen" indo-europäischen Einwanderungswellen nicht: *„Während die Dorer also aus dem Norden eingewandert sind, sind die Athener (und die Ionier, vgl. 7.94) laut Herodot Pelasger, die von den einwandernden Dorern hellenisiert wurden. Das „klassische" Modell der Indogermanisierung Griechenlands operiert dagegen mit drei Einwanderungswellen: einer ionischen (um 1900 v. Chr.), einer achäischen (um 1600 v. Chr.) und einer* *dorischen Welle (um 1200 v. Chr.)."* Vielmehr beschreibt Herodot eine Einwanderung der Ionier und der Athener aus der Region von Troja.[44] Nach seiner Ansicht wanderten die „Ur-Griechen" gegen 3200 v. Chr. als „Balkan-Indo-Europäer" aus den Steppen nördlich des Schwarzen Meeres ein, nachdem im Raum um das Schwarze Meer eine Trennung in „indo-europäische" und „indo-iranische" Gruppen erfolgt war. George Hinge stellt auch eine Verbindung zur „Kurgan"-Kultur her, indem er diesen Balkan-Indo-Europäern „typische Kurgan-Elemente" zuspricht [44] (siehe auch Zitat am Ende dieser Anmerkung *). Die Herkunft der Pelasger ist hingegen unklar; Thesen reichen bis zu Proto-Slawen, die den Balkan, Kleinasien und evtl. sogar größere Bereiche Kontinentaleuropas schon früher als 3200 v. Chr. besiedelten;[376] sie seien also eine Art Früh-Indo-Europäer mit einer vor-indo-europäischen Sprache gewesen. Diese Annahme stimmt überein mit jener von Haarmann's Donaukultur.[53]

Mit der Ankunft der Achäer am griechischen Festland manifestierte sich eine vor-griechische Kultur in Mykene, etwa 400 Jahre nach Beginn der minoischen Kultur auf Kreta. Beide, Kreta und Mykene, standen in Kontakt mit Ägypten. In Mykene sprach man eine Art Altgriechisch; ihre Schrift, Linear B, ist im „Dunklen Zeitalter" nach 1200 v. Chr. verloren gegangen. Damals gingen am griechischen Festland allmählich die Lichter aus; die Hintergründe für Verarmung und Entvölkerung sind den Archäologen, wie erwähnt, noch nicht eindeutig klar. Sie sollen jedoch mit der nun folgenden Einwanderung der Dorer nichts zu tun haben (siehe Hinweis ** am Ende dieser Anmerkung). Am ehesten hängt das Ereignis mit dem Vulkanausbruch auf Santorin zumindest als auslösendem Ereignis zusammen.

* *„Wenn die Griechen nicht autochthon aus den ersten neolithischen Siedlern entstanden sind, sondern tatsächlich aus einer nördlichen Urheimat unfern des ursprünglichen Sitzes der Indoiranier eingewandert sind, muss man sich fragen, zu welcher Zeit und unter welchen Umständen die Hellenisierung des Südbalkans erfolgt sein soll. Die Einwanderung wird traditionell auf ca. 2100 v. Chr. datiert, aber die archäologische Grundlage dieser Datierung ist nicht mehr stichhaltig. John Coleman argumentiert für eine Einwanderung der Griechen um 3200 v. Chr., weil es in den meisten griechischen Siedlungen eine archäologische Lücke von mehreren Jahrhunderten zwischen dem Spätneolithikum und der Bronzezeit gibt."*[44]

** Woher die Dorer kamen, ob sie Teil der Wanderung aus dem Osten sind, wissen wir ebenso wenig; damit ist auch der Vorgang der sogenannten Dorischen Wanderung in der Archäologie umstritten. Jedenfalls wanderten die Dorer allmählich bis zum südlichen Peloponnes; dort werden aus ihnen später die berüchtigten Spartaner.

A41 Herodot hatte sie als quasi den Iraniern gleichzusetzendes Volk beschrieben – tatsächlich wurden sie mittlerweile von der Forschung als indo-iranisches Volk bestätigt. Sie seien aus Zentralasien eingewandert als Folge einer Kettenreaktion: die zentralasiatischen Arimaspen hätten die Issedonen und diese die Skythen und diese wiederum die Kimmerier westwärts verdrängt.[44] Eine ähnliche Bewegung kann man auch aus den Schilderungen Homers entnehmen, der das Ende des Hethiter-Staates auf einen Einfall der Phrygier zurückführte, die ihrerseits 696 v. Chr. von den Kimmeriern besiegt und verdrängt worden seien.

Die älteste direkte Dokumentation dieser Invasionswellen der Steppenvölker, diesmal der Kimmerier, findet sich bei den Assyrern durch die Eroberung des Königreichs Urartu im Jahr 707 v. Chr.[81] Sie waren entlang der Binnenmeere bis an die Mittelmeerküste gelangt; nach Herodot hätten sie davor nördlich von Kaspischem und Schwarzem Meer gelebt. Toynbee nimmt an, dass diese Welle davor auch nach China geschwappt sein könnte und dort um 770 v. Chr. die Tschou-Dynastie zu Fall brachte.[81]

Weiter nördlich drangen die Odrysen nach Thrakien ein. Toynbee stellt hier auch die interessante These auf, dass diese Steppenvölker ihren aus dem Schamanismus kommenden Glauben an eine Wanderung der Seele sowohl nach Griechenland als auch nach Indien transportiert hätten.[81]

A42 Das religiöse Zentrum von Sumer war die Stadt Nippur, deren Existenz bis ins 5. Jahrtausend v.Chr. zurückreicht. In Uruk, der Hauptstadt der Sumerer, sollen um 3500 v. Chr. an die 100.000 Einwohner gelebt haben.

A43 Die Mächte im Vorderen Orient in den zwei letzten vorchristlichen Jahrtausenden waren die Hethiter mit Stammland in der heutigen Türkei, die Assyrer in Syrien mit Hauptstadt Ninive, die Babylonier im Irak mit Hauptstadt Babylon (altes Reich mit König Hammurabi, um 1600 v. Chr. erobert von den Hethitern, neues Reich, ab ca. 1100 v. Chr. unter Nebukadnezar I.; sein Sohn, Nebukadnezar II. zerstörte Ninive 612 v. Chr., drängte die Ägypter zurück und schuf ein Großreich von Palästina bis zum persischen Golf). Die kulturell vielleicht wichtigste Eigenheit dieses Assyrien war die Deportation nützlicher besiegter Bevölkerungsschichten in ferne Provinzen ihres Reiches – so geschehen mit Israel im Jahr 722 v. Chr.[81] (Dieser Taktik hatte sich später auch der Neu-Babylonier Nebukadnezar bedient, der nach jeder seiner drei Eroberungen von Jerusalem zwischen 597 und 582 v. Chr. brauchbare Judäer verschleppte – sie kamen erst 539 v. Chr. zurück [81]). Die kulturhistorische Lehre aus dieser Maßnahme kann gar nicht hoch genug eingeschätzt werden: denn es handelte sich um eine gezielte Maßnahme zur Zerstörung eines rivalisierenden Kulturraumes. Diese Methode der Deportation und Versklavung ist mittlerweile altbewährt und wurde auch im und nach dem 2. Weltkrieg von mehreren Parteien in großem Stil geübt.

Als wichtigstes Erbe der Assyrer bezeichnet Toynbee die Integration des phönizischen Alphabets in die aramäische Sprache: die resultierende einfachere Schrift konnte man von da an mit der Feder auf Papyrus schreiben, anstatt sie mit dem Griffel in Tontafeln zu kerben.[81]

Babylon wurde 539 v. Chr. von den Persern unter Kyros II. besiegt, von Alexander dem Großen 331 v. Chr. befreit und zur Hauptstadt seines Reiches gemacht – dort ist er dann auch 323 v. Chr. gestorben. Der Grund dafür ist naheliegend: Man nimmt heute an, dass Babylon die erste Stadt der Welt mit mehr als 200.000 Einwohnern war und von 1770 bis 1670 v. Chr., danach von 612 bis 320

v. Chr., die größte Stadt der Welt war – also war der Besitz der Welt-Hauptstadt jener Zeit ein wichtiges Signal für Alexander. Persische Hauptstadt war zur Zeit Alexanders Persepolis, außerdem das äonenalte Susa als Königssitz, Susa, Stadt Akkadiens, Hauptstadt von Elam, nun im Besitz Alt-Persiens der Achämeniden, Stadt des Alten Testaments aus dem Buch Esther.

Das Reich Alexanders entspricht im Wesentlichen dem der persischen Achämeniden: mit dem Sieg über Dareius erwarb Alexander den Umfang seines Reiches mit Ausnahme der nordindischen Regionen.

A44 Im Jahr 2011 hatten sich griechische und amerikanische Archäologen bereits tief genug in den Boden archäologischer Fundstellen Kreta's gegraben, um feststellen zu können, dass die ältesten Funde bis 700.000 Jahre zurückreichen sollen, also in das Zeitalter des homo heidelbergensis.[66] Wenn Hominiden nicht nur nach Asien, sondern wie zuvor berichtet auch nach Sardinien und Korsika gekommen waren, warum nicht auch nach Kreta. Auch hier muss die Frage offenbleiben, ob sie per Schiff gekommen waren oder schon mehreren Millionen Jahren zur Zeit der Messinischen Krise. Jedenfalls gibt es heute keine Stelle rund um die Insel mit einer Meerestiefe von weniger als 500 bis 1000 Metern.

Soviel also zur „Wiege Europas"; man kann Wetten abschließen, wann diese Nomenklatur geändert wird; allenfalls kann man vom „klassischen Europa" mit Hinblick auf die griechischen Wurzeln der Kultur sprechen. Was von der kretischen Kultur Europa beeinflusste, ist unklar.

Ein europäischer Adam?

Kaum war der Satz geschrieben, als auch bereits Untersuchungsergebnisse aus 2017 von Funden in Griechenland und Bulgarien erneut alle bisherigen Thesen ganz fundamental in Frage stellen: vormenschliche Wesen der allerersten von den Menschenaffen abzweigenden Art sollen demnach bereits vor etwa 7,2 Millionen Jahren auf dem europäischen Kontinent gelebt haben.[377] Damit würde Europa plötzlich mindestens ebenso wahrscheinlich als „Geburtsort" der ersten Menschen wie Ostafrika – wären da nicht die paläogenetischen Befunde als Gegenbeweis. Selbst wenn also ein „Graecopithecus" schon winkend zur Begrüßung am Hellespont (Dardanellen) gestanden sein, als Lucy dort mit verdutztem Gesicht (wofern ihre Gesichtsmuskeln schon solche Mimik zuließ) ankam, beide hätten nicht in Europa eine Linie zum heutigen Menschen geschaffen: sie wären inzwischen ausgestorben.

A45 Aber warum sollte sich der Einfluss zuerst auf den Inseln ausgebreitet haben, nicht auf dem Weg über das griechische Festland? Die Schifffahrt flussabwärts und entlang der Küsten könnte eine Antwort sein. Haarmann zeigt in seinem Buch Bilder mit Schiffen.[378]

A46 Fremdenscheu und -furcht (Xenophobie) ist ein stammesgeschichtlich tiefsitzendes Phänomen, nicht beschränkt auf irgend eine Kultur, Rasse oder Religion: Am Nildelta des 6. Jh. v. Chr. soll den griechischen Händlern jedoch sogar der Fremden-*Hass* der Ägypter entgegengeschlagen sein (obwohl ihnen griechische Soldaten als Fremdenlegionäre durchaus willkommen waren).[81] Die

Unterscheidung zwischen diesen beiden Verhaltensformen wird besonders heute allerseits mit populistischer Motivation verwischt.[1]

A47 Dabei handelt es sich um eine selbst-gespiegelte Fata Morgana der Gesellschaft des 18.Jh. zu Beginn des Klassizismus, die sich das Bild einer glänzend-weißen Klassik voll besonnener Menschen in einer reifen demokratischen Gesellschaft schuf- eine griechische Welt, wie sie in Wirklichkeit nie existierte. *„Die Renaissance glaubte das Altertum wiederzuentdecken, während sie nur ihr eigenes Lebensgefühl in den römischen Dichtern und Helden feierte."*[2] „Marie Antoinette spielte im Trianon Harfe, lorbeerbekränzt und in griechische Gewänder gehüllt".[2] Egon Friedell spricht in seiner Kritik vom *„Gipsgriechen"* [2] und einem *„Bild der ruhevollen Klarheit und edeln Selbstläuterung"*, von einem griechischen Ideal der *„maßvollen Weisheit, klaren Besonnenheit und beherrschten Leidenschaft"*,[2] das Winckelmann für seine Zeitgenossen vom klassischen Griechen zeichnete und lästert: *„Wenn wir dieser Auffassung des Alterums glauben wollten, so hätte die Hauptbeschäftigung der Griechen und Römer offenbar darin bestanden, fleißig Winckelmann zu lesen".* Sie hatten *„alles bunt angetüncht, was ihnen unter die Hände kam, und unsere weiße Plastik und Architektur wäre ihnen wie eine Kunst für Farbenblinde vorgekommen"* [2][siehe Abb. 33]. *„Der „griechische Kopf" mit der bleichen Gipswange, ohne Augenstern, ohne Blick in die Welt ist das sprechendste Symbol des neudeutschen Humanismus".*[2] *„Obgleich wir jetzt von der Bemalung wissen, doch nicht von ihr wissen, weil noch heute in jeder größeren Stadt Dutzende von Monumenten und öffentlichen Gebäuden, die der irrigen Annahme der antiken Achromie ihr Dasein verdanken, die neue Erkenntnis durch den täglichen Augenschein widerlegen".*[2]

A48 Die Französische Revolution brachte zwar auch in Europa das gesellschaftliche Modell des monarchistischen Nationalstaates ins Wanken – jedoch: von demokratischer Gleichheit und Brüderlichkeit konnte keine Rede sein: denn es handelte sich um eine Revolution des Bürgertums, das sogenannte Proletariat, die bitterarmen kleinen Leute blieben weiterhin zurückgelassen.

Eine aus heutiger Sicht halbwegs ernstzunehmende Demokratie entstand auch in Großbritannien erst ab 1832 mit der Einführung des Wahlrechts zumindest für wohlhabende Bürger; bis dahin – und auch noch danach – dominierten Großgrundbesitzer das Land und zwangen Kleinbauern in die Fabriken oder zur Emigration nach Amerika oder Australien. Erst die zweite Wahlreform unter dem Ministerpräsidenten Disraeli ermächtigte wenigstens Arbeiter in Städten zur Wahl.[81] Eine umfassendere Diskussion der mangelhaften Glaubwürdigkeit selbst von Demokratie gegenwärtiger Prägung habe ich an anderer Stelle zusammengetragen.[1]

A49 siehe auch Karte unter
https://de.wikipedia.org/wiki/Urnenfelderkultur#/media/File:1000v. Chr. _Migrations_Europe.png

A50 Dabei hat der vorwurfsvolle Unterton, in welchem der Spruch in unserer Zeit meist angewandt wird, seine durchaus verständlichen Wurzeln in der wirklichen

Welt, und damit der Biologie. Eibl-Eibesfeldt schrieb dazu den Satz: *"Sie wollen den Frieden und denken an Krieg. Wir verabscheuen den Einsatz von Gewalt und verurteilen den Krieg – aber heißen es dann doch gut, wenn der Staat Gewalt gegen jene einsetzt, die die Gesetze brechen und den inneren Frieden gefährden."*[379]

A51 Kaiser Augustus war übrigens Nolaner wie auch Giordano Bruno; er starb 14 n. Chr. in Nola bei Pompeji im 76. Lebensjahr.

A52 Drusus und Tiberius – Augustus' dritte Frau hatte diese beiden Söhne mit in die Ehe gebracht.

A53 Dem Philosophen Protagoras sagt man die Worte nach: *„Von den Göttern mag ich nicht zu erforschen, ob sie sind oder ob sie nicht sind."* Und Philosoph Diogenes von Sinope antwortete auf die Frage, was im Himmel vorgehe: *„Ich war nicht oben".* Der Dichter Theognis von Megara wird mit den Worten zitiert: *„Wer wird noch Achtung vor den Göttern haben, wenn er sieht, wie der Frevler sich im Reichtum mästet, indes der Gerechte darbt und verdirbt?"* In Sophokles' Ödipus singt der Chor: *"Wie soll der Mensch in solcher Zeit die eigne Brust vor Frevelmut bewahren? Wenn solches Handeln Ehre bringt, was tanzen wir noch vor den Göttern?"* [2]

A54 Arius vertrat die Ansicht, Jesus sei ein Wesen zwischen Gott und Mensch. Athanasius hingegen verteidigte Jesus als gleich mit Gott, also Gott. Konstantin war anwesend, zusammen mit damals bereits 300 Bischöfen. Jesus wurde als gottgleich erkannt, Arius und seine Anhänger wurden verbannt: sie bildeten eine eigene Sekte der Christenheit, die Arianer, die noch lange machtvoll bleiben sollte und in manchen Ländern mehr Anhänger hatte als die römische Kirche.

A55 Auch wenn es bereits eine „Kavallerie" gab, „Ala" genannt, weil sie als Hilfstruppe mobile Außenflügel der Streitmacht bilden sollten, so spielten sie dennoch bis fast zuletzt eine militärisch untergeordnete Rolle. Immerhin aber wirkten die Reiter des Römischen Reiches mit ihren silbrig glänzenden Masken furchtein-flößend gebieterisch, ja an Götter gemahnend, und schüchterten damit Krieger-haufen der Barbaren ein. (Eine dominierende militärische Rolle hatten Pferde ja lange davor wegen des Streitwagens gespielt, bei den Hethitern und Ägyptern.) In der Armee Rom's spielte die Kavallerie erst eine bedeutendere Rolle, so meint Ascherson, nachdem sie an ihrer Nordost-Grenze auf die Sarmaten mit deren schweren Eisenhelmen und Rüstungen gestoßen waren: umgehend änderten auch die Römer ihre eigene Struktur und stellten eine schwere Kavallerie auf.

A56 Den Ausdruck verwende ich, weil er, allgemein bekannt, klar macht, was gemeint ist, obschon er aus dem Russischen kommt und erst anlässlich der Judenverfol-gungen dort im 19. Jh. aufkam.

A57 Theodosius und die Rechtgläubigkeit. Oder: was ist eine Religion?
Die Verhaftung des schwulen Wagenlenkers und die Macht der Kirchenväter: Noch 350 Jahre nachdem man Jesus von Nazareth den Kreuzestod hatte sterben lassen, konnte der Christenmensch sich fragen: was ist es nun eigentlich wirklich, was wir glauben sollen, oder glauben müssen? Das fragte sich auch Theodosius I., Kaiser von Ost-Rom, für kurze Zeit auch letzter Kaiser des gesam-ten Alten Rom. Er war der erste, der sich nicht mehr „Pontifex Maximus" nannte

– allerdings auf Drängen von Kirchenvater Ambrosius -, aber auch die erste katholische Majestät, einer, der sich noch selbst und direkt auf Gott berief als seine Legitimation, ohne dessen Stellvertreter auf Erden. Er war der erste wahre Katholik vielleicht, und damit der erste Fundamentalist, auch einer, der Religion zu Recht machte und damit auf die Ähnlichkeit, wenn nicht Gleichheit zwischen Religion und Staat wies: Resultat seiner Überlegungen, nein, seiner Überzeugung, war das Edikt „Cunctos populos", auch als „Drei-Kaiser Edikt" bekannt, aus dem Jahre 380.

„ ... *das bedeutet, dass wir gemäß apostolischer Weisung und evangelischer Lehre eine Gottheit des Vaters, Sohnes und Heiligen Geistes in gleicher Majestät und heiliger Dreifaltigkeit glauben. Nur diejenigen, die diesem Gesetz folgen, sollen, so gebieten wir, katholische Christen heißen dürfen; die übrigen, die wir für wahrhaft toll und wahnsinnig erklären, haben die Schande ketzerischer Lehre zu tragen. Auch dürfen ihre Versammlungsstätten nicht als Kirchen bezeichnet werden. Endlich soll sie vorab die göttliche Vergeltung, dann aber auch unsere Strafgerechtigkeit ereilen, die uns durch himmlisches Urteil übertragen worden ist."* [380]
Der Kaiser also, der sich als von Gottes Gnaden eingesetzt erklärt, erlässt ein Gesetz, das den Untertanen verdeutlicht, was sie zu glauben haben bei sonstiger Strafe. Rechter Glaube wird hier zu Recht. Der Unterschied zwischen juristischem Recht und religiöser Rechtgläubigkeit existiert nicht mehr. Damit beginnt der katholische Gottesstaat, alle Anderen werden praktisch für vogelfrei erklärt bzw. der willkürlichen Judikatur überlassen, die man als eine Art Vorstufe der späteren Inquisition verstehen kann – in der Tat berief sich die Inquisition auf dieses Edikt.
Gleichzeitig erklärt Theodosius einerseits sehr deutlich, dass alles andere als der von ihm dekretierte Glaubensinhalt Häresie ist, andererseits jedoch sehr undeutlich, was genau daran strafbar ist. Heute würde man von einem schwammigen, nachbesserungspflichtigen Gesetz sprechen. Theodosius besserte nach - vor allem auf Drängen des Fundamentalisten und Kirchenvaters Ambrosius von Mailand: im Jahr 391 wurde das katholische Christentum Staatsreligion, und alle anderen Kulte verboten [244] – aber wieder weiß der Historiker nicht ausreichend verlässlich, aus welchen Quellen er Konkretes nachweisen könnte. Es verhielt sich wohl wie zu Zeiten so manchen diktatorischen Herrschers: eine Andeutung genügte den servilen Nachrangigen, besonders aber Bischöfen als Legitimierung für Untaten: als der Bischof im heutigen Raqqa, damals Callinicum, zu einem Pogrom gegen die Juden aufrief und die aufgewiegelte Menge die Synagoge niederbrennen ließ, ordnete Theodosius die Bestrafung der Täter und den Wiederaufbau der Synagoge an, um Recht und Ordnung wiederherzustellen. Kirchenvater Ambrosius schaffte es, Theodosius zur Begnadigung der Täter zu zwingen, und sogar, den Wiederaufbau der Synagoge zu verhindern.[244, 381]
Ähnlich verlief das Nachspiel des sogenannten Massakers von Thessaloniki: vielleicht war ein erzürnter Ausruf im Befehlston aus dem Mund des Kaisers der Auslöser – jedenfalls sah sich die aus Goten bestehende Miliz des Kaisers dazu autorisiert, angeblich 7000 aufgebrachte Bürger niederzumetzeln, die man nach einem Aufruhr wegen eines Mordes im Hippodrom zusammengetrieben hatte:

Heermeister Butherich hatte einen Volkshelden einsperren lassen; man warf ihm homosexuelle Übergriffe vor. Das Volk ging auf die Straße und forderte seine Freilassung. Im Zuge des Aufruhrs wurde Butherich ermordet. Theodosius' Befehl für ein Exempel wurde wohl etwas vorschnell und überkorrekt statuiert, denn auch Butherich war Gote.

Nicht das Recht des Kaisers sollte mehr gelten, sondern das der Kirchenväter. Letztere waren in jenen Tagen zweifellos mächtiger als der Papst. Ambrosius war es, nicht der Papst, der forderte, der Kaiser müsse innerhalb der Kirche stehen, nicht über ihr [244] (damit also unter dem Papst – als erster Papst gilt Siricius, Patriarch und Bischof von Rom seit dem Jahr 384).

So wie in Raqqa verhielt es sich auch mit dem Aufruhr im Alexandria des Jahres 391 und der Ermordung der Hypatia.[A59] Ganze verheerende Aggressionskriege wurden mit der Lüge begonnen, der Angegriffene habe den Krieg begonnen. In Alexandria waren es Gerüchte, die Heiden des Serapeions hätten dort Christen zu ihren heidnischen Opfern gezwungen ...

Der Patriarch von Alexandria jedoch war der Täter im Hintergrund; er berief sich auf das jüngste Edikt von Kaiser Theodosius des Verbots aller Religionen außer der römischen Kirche – oder jedenfalls einer angeblichen Information in diese Richtung, denn ein offizielles Edikt des konkreten Verbotes hat man bisher nicht gefunden.

A58 Dieses sogenannte Edikt war in der Tat derart radikal, dass es nicht an allen Stellen des Reiches unverzüglich durchsetzbar war und wohl auch nur nach regionaler Opportunität befolgt wurde. Der allerletzte kaiserlich genehmigte Tempel soll der Isis-Tempel von Philae im Gebiet des heutigen Assuan-Staudamms gewesen sein, der erst von Kaiser Justinian um 550 geschlossen wurde - die Anlage wurde zwischen 1977 und 1980 aus dem Stausee gehoben und auf eine benachbarte Insel verlagert, ähnlich dem Ramses-Monument von Abu Simbel. In der Geschichtsforschung neigt man zur Annahme, dass überhaupt erst Justinian es war, der die Schließung aller heidnischen Heiligtümer konkret anordnete und auch konsequent durchsetzte.

A59 Hypatia war die Tochter des Astronomen und Mathematikers Theon von Alexandria und wurde selbst eine anerkannte Mathematikerin und Philosophin. Die Geschichte spielt in diesem vorwiegend christlichen Alexandria zur Zeit des Patriarchen Kyrill. Die eigene Miliz des Patriarchen – schon damals trugen Kirchenfürsten deutliche Züge weltlicher Macht - verstärkt um militante Mönche aus der Umgebung, bedrohte den Stadtpräfekten von Alexandria, Beamten des Kaisers von Byzanz. Eine aufgebrachte Menschenmenge von Christen, ange-stiftet mit dem Gerücht, sie würde den Präfekten mit Zauberei gegen die Christen

aufbringen, lauert Hypatia auf und ermordet sie. Unsicher ist aus der Überlieferung, ob Hypatia von der Meute, nackt ausgezogen, in der Kirche in Stücke gehackt und dann verbrannt wurde, oder ob man sie nackt hinter einem Wagen am Boden schleifend umkommen ließ. Sicher ist hingegen - aus dieser wie aller ver-gleichbaren Überlieferung über Ver-treter anderer Religionen oder sons-tiger Überzeugtheit – die Sinnlosig-keit gegenseitiger Vorwürfe, Schuld-zuweisungen und herabwürdigender Kommentare aus religiösen Ecken auch noch des 21. Jh.. Hypatia's Schriften sind sämtlich verbrannt, so wie Christen antike Bibliotheken an vielen Stellen ihrer Welt als Teufels-werk in Brand steckten – noch im

Abb. 107: Hypatia, Ölgemälde von Charles William Mitchell aus dem Jahr 1885. Photo:[382]

Jahr 1600 verbrannten sie sämtliche Schriften von Giordano Bruno anlässlich seines Prozesses und seiner Hinrichtung.

A60 Der Hl. Hieronymus war einer der vier spätantiken Kirchenväter (die anderen: Papst Gregor I., Augustinus und Ambrosius von Mailand). Von Geburt Dalma-tiner, ausgebildet in Rom, zog er nach einer Reise nach Trier weiter nach Syrien und lebte in Bethlehem.

A61 Unvergessen bleibt mir, mit welch feinem Respekt wir von dem Schiffer begrüßt wurden, der uns drei Studenten, so gut wie aus Alemania, im Jahr 1968 über den Stausee zu den lykischen Felsengräbern von Myra in der Süd-West-Türkei ruderte; nie vergessen wir die Geste, mit der unser Versuch einer Entlohnung selbstverständlich nicht angenommen wurde, nicht abgelehnt, nicht zurückgewiesen, sondern mit unassprechlichem Ausdruck an die bestehende Verbundenheit der Völker erinnernd. Und dennoch: es war ein Respekt voreinander, vor dem gegenseitigen Anderssein, wenn auch bewundernd, ohne Andeutung eines Wunsches, gleich zu sein oder zu werden.

A62 Zweitausend Jahre später wird man der Überzeugung von der Relativität und potenziellen Schädlichkeit von sogenanntem Wissen wieder einiges abgewinnen können, wenn man will: denn man sieht, dass Wissen auch die Menschen guten Willens immer näher an den Rand des Abgrundes der Selbstvernichtung getrieben hat, so knapp sogar, dass gar niemand erklären könnte, warum wir Alle im Jahr 1963 und danach 1980 – und wahrscheinlich mehrere weitere Male - nicht bereits über diese Klippen des Wissens in einem Atomkrieg in den Tod gestürzt sind. Empathie beginnt sich als einziger Ausweg abzuzeichnen, selbst der Anschein davon wird nachgerade nützlich. Denn außer dem Selbstzweck kann der Geist auch der Einsicht dienen. Vorwiegend jedoch, so hat uns Gustave LeBon so überzeugend dargelegt, halten neue Ideen nur mit der Langsamkeit eines Jahrhundert-Takts Einzug in die Welt der menschlichen Seele, der gefühlten Überzeugtheit von Ideen.[3] Seine Erkenntnis ist nicht ermutigend, denn die Menschheit steuert an mehreren Fronten gleichzeitig mit zunehmender Geschwindigkeit auf ihre Selbstvernichtung zu. Demnächst mag es auf die mehr oder weniger sofortige Entscheidung ankommen, entweder den Wahnideen von ewigem Wachstum, absoluter Macht und totaler individueller Freiheit zu folgen und damit die eigene Vernichtung auszulösen, oder aber im letzten Moment der eigenen Fähigkeit zur Erkenntnis zu folgen, dass reziproker Altruismus Aller das Überleben Aller ermöglicht, zumindest solange die kosmische Umwelt dies grundsätzlich erlaubt.[1]

A63 Häresie und Ketzerei im Christentum

Beim Ersten Konzil in Nicäa im Jahr 325 war es um die Göttlichkeit Jesu gegangen, den sprichwörtlichen Streit um ein „Jota" Unterschied, nämlich um die Frage, ob Jesus gottgleich (griechisch homo-ousios) sei oder lediglich gottähnlich (griechisch homo-i-ousios); es ging also um fundamentalen Monotheismus gegen die Dreifaltigkeit von Gott Vater, Sohn und dem Heiligen Geist: – die Arianer wurden als Ketzer gebrandmarkt und ihr Oberhaupt Arius verbannt. Beim zweiten Konzil im Jahr 431 in Ephesos ging es dann um die Rolle der Gottesmutter Maria: Nestorios vertrat den Standpunkt, Maria könne nur die Mutter des irdischen Jesus gewesen sein, nicht des göttlichen. Kyrill gewann den Streit um das Dogma mit der Feststellung, dass Maria die göttliche Natur Jesu geboren habe, nicht nur den Menschen. Die Nestorianer wurden als Ketzer identifiziert und Nestorios exkommuniziert. Beide, die Arianer wie die Nestorianer, bestanden dennoch abseits Europas fort und wurden selbst da für lange Zeit nicht beseitigt: der Franke König Chlodwig I. war ursprünglich Arianer, bis er um 500 zum römisch-katholischen Glauben konvertierte.

Zu den Nestorianern: Über einhundert Jahre später, im Jahr 635, kam ein nestorianischer Mönch namens Olopoen in die Haupstadt Chang'an des Chinesischen Reiches unter T'ai-tsung. Die Bibel wurde ins Chinesische übersetzt und kam in die kaiserliche Bibliothek. Diese Ostkirche wurde für über 200 Jahre „Beth Sinaye", im chinesischen „Jingjiao", mit eigenem Patriarch (Abb. 108). Eine Stele aus dem Jahr 781 mit chinesischer und syrischer Inschrift zeugt von dieser Ära.

Abb. 108: Predigt am Palmsonntag (vermutl). Ausschnitt von einem Fresko aus einer nestorianischen Kirche in Khocho (heute Gaochang), China, datiert mit 683-770 n. Chr. Ethnolog. Museum Berlin. Quelle:[383]

Sie ging mit dem Ende der T'ang Dynastie Ende des zehnten Jahrhunderts gewaltsam unter. Die Nestorianer kehrten jedoch im 13. Jh. mit den Mongolen zurück nach China und gründeten erneut Gemeinden in vielen Städten. Aus dieser Zeit ist die Reise des Mönchs Rabban Bar Sauma zwischen China und den europäischen Zentren bekannt; sein Bericht datiert aus der Zeit vor der Reise von Marco Polo,[384] der China ebenfalls in der 2. Hälfte des 13. Jh. bereiste und seinen Bericht wohl gegen das Jahr 1300 veröffentlichte – sein Bericht wurde wesentlich früher und breiter bekannt als jener des Mönchs. Ab der Mitte des 14. Jh. führten jedoch zunehmende islamische Pogrome und Zwangs-Islamisierungen zum Niedergang dieser Ostkirche, mit einem abrupten Ende zur Zeit der Revolution 1368 und dem Beginn der als fremdenfeindlich bezeichneten Ming Dynastie. An die 20 größere Kirchen und Klöster waren in dieser Zeit entstanden. Auch diese zweite Episode ging gewaltsam zu Ende, obschon es sich für längere Perioden durchaus um friedliche und erfolgreiche Missionierung und Kulturaustausch gehandelt hatte. Nestorianer gibt es noch heute, z.B. in Kurdistan, und in Syrien die „Assyrische Kirche des Ostens", neben den orthodoxen, der armenischen und der katholischen Kirche.[385]

A64 Prinz spricht dazu von „*Stagnation, Vulgarisierung und Substanzverlust"*, und sagt auch: „ *... daß die Spätantike mit ihrer Folgezeit in manchen Zügen eine überraschende Ähnlichkeit mit den wilden Umbrüchen unserer Gegenwart hat. Das gilt für die Orientierungslosigkeit dieser Epoche, die gleichzeitig ein großes Verlangen nach neuer Orientierung und Wegweisung auslöste. Ebenso gibt es damals wie heute das Gefühl einer generellen Bedrohung aus verschiedenen Richtungen und damit eng verbunden eine starke Sehnsucht nach Sicherheit und Geborgenheit im Katarakt der Ereignisse und Innovationen, die oft unter der bunten Flagge des "Fortschritts" segeln, aber tödliche Gefahren in sich bergen.*" Und außerdem, dass die „ *... christliche Spätantike wachsendes Interesse weckt: Es ist die geheime Wahlverwandtschaft beider Epochen, die gleichermaßen alarmiert wie auch Gegenkräfte gegen den Can-Can der Beliebigkeiten und gegen eine zynische "Everything goes"-Mentalität mobilisiert"*.[114, 386]

A65 Toynbee zählt sie als die 5. Welle der Migration der östlichen Steppenvölker und eine der vier großen Wellen von explosionsartigen Ausbrüchen von Volksscharen neben den moslemischen Arabern ab 625, den Skandinaviern (Normannen, Wikinger) und den Mongolen.[81]

A66 Diesmal war es die Schwester des weströmischen Kaisers Valentinian III. Und gleich eine zweite Namensverwickelung kommt hinzu: die Dame, mit Namen Honoria, Schwester des Kaisers, sei ein Verhältnis mit einem Hofbeamten eingegangen, so die Gerüchteküche, weshalb der Kaiser sie wegen dieses unhonorigen Verhaltens mit einem alten Adeligen zu verheiraten gedachte. Honoria sei aber gleichzeitig dem König Attila zur Frau versprochen gewesen, weswegen Honoria ihren Attila zuhilfe gerufen habe. Diese Affäre hatte neben weiteren Gründen zu wachsenden Spannungen zwischen Attila und dem eigentlichen Machthaber Roms geführt, Aetius, einer Art Regierungschef. Wie gesagt Gerücht, wenn nicht überhaupt nur leere Mähr. - Nach einer anderen Legende soll Attila 453 in der Hochzeitsnacht mit der Gotenprinzessin Ildico verstorben sein.

A67 Völker zwischen Ostsee und Karpathen werden erstmals im 1. Jh n. Chr. vom römischen Geschichtsschreiber Plinius als „Veneter" erwähnt, danach in byzantinischen Chroniken zur Zeit Kaiser Justinians im 6. Jh. als „Sklavinen" oder „Sklavenoi" am Schwarzen Meer und dem unteren Lauf der Donau. Aus ihnen werden die Slawen, Teil der indo-europäischen Sprachengruppe - weitere Herkunft unbekannt. Im 6.-8. Jh. siedeln sie weiterhin im Raum zwischen Schwarzem Meer und Elbe, bis in den Osten Deutschlands (Wenden, Elbslawen), hatten sich aber schon ab dem 5. Jh., wohl hinter den abziehenden Hunnen, bis nach Ost-Österreich, Kärnten und Ost-Tirol ausgebreitet (auf der Höhe von Linz und Salzburg wurden sie dabei von den Bajuwaren gestoppt), im 7. Jh. auch nordwärts über den Großteil Polens (außer dem Nordosten der Prussen), im 9. Jh. auch in die heutige Slowakei und Ungarn, bis zur Invasion der Magyaren im 10. Jh.

A67A   Seit dem Herbst 552 war Italien nach der endgültigen Vernichtung des Ostgoten-Reiches durch Ost-Rom unter Kaiser Justinian und seine Feldherrn Belisar und Narses verwüstetes Territorium unter schwacher Kontrolle. Sechzehn Jahre später nahmen die Langobarden die nördliche Hälfte in Besitz.

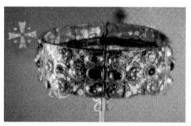

Abb. 108A oben: Europa zu Ende der Völkerwanderung. Grün: Reich der Franken unter der Herrschaft der Merowinger. Das Ostgoten-Reich ist 552 unter der Kontrolle Ost-Roms, wird jedoch 568 von den Langobarden invadiert. Quelle:[387] Links: die „Eiserne Krone" der Langobarden-Könige (in der Theodelinda-Kapelle der Kathedrale von Monza). Quelle:[388] Karl der Große hatte sie sich im Jahr 777 aufgesetzt, Napoleon im Jahr 1804, dazwischen fast ein Dutzend weiterer Regenten; der letzte Träger war Kaiser Ferdinand I. von Österreich 1838.

A68 Der Reichsapfel ist eigentlich als Symbol der Weltherrschaft Christi bekannt, als Reichsinsignie des Heiligen Römischen Reiches, angeblich erstmals von Papst Benedikt VIII. an Kaiser Heinrich II. im Jahr 1014 übergeben. Dieses Symbol soll jedoch auf Kaiser Konstantin zurückgehen und dessen Vision vor der Schlacht auf der Milvischen Brücke gegen seinen Rivalen Maxentius: er sah ein Kreuz über der aufgehenden Sonne. Schon bald sollte ein Kreuz auf der Erdkugel zum Symbol für die Regentschaft Christi werden, und das Insignium ein Zeichen der

Übertragung der weltlichen Macht vom Papst auf den Kaiser. Erstmals findet sich dieses Symbol auf der Rückseite einer Münze des oströmischen Kaisers Theodosius II. aus dem Jahr 423 (Abb. 109). Schon zu dieser Zeit zweifelte der gebildete Mensch die Kugelgestalt der Erde seit Jahrhunderten nicht mehr

Abb. 109: Gold solidus aus der Zeit Kaiser Theodosius' um 440 n. Chr. mit Reichsapfel, globus cruciger, in der rechten Hand. Quelle:[389]

an (siehe Nachweise durch Pythagoras im 6. Jh. und Eratosthenes im 3. Jh. v. Chr., sowie die Hinweise von Platon und Aristoteles). Kritiker dieser Lehre zur Zeit Kaiser Theodosius' wurden nicht ernst genommen – der hier im Text erwähnte Chrysostomos war einer von ihnen. Daher ist ein „globus cruciger" auf der Münze aus ca. 641 n. Chr. keine überraschende Entdeckung. Die im Westen weit verbreitete Meinung, der mittelalterliche Mensch sei von der Vorstellung der Welt als einer Scheibe ausgegangen, beruht auf einer Irreführung, die durch einen viel gelesenen Roman aus dem frühen 19. Jh. ausgelöst wurde.[390]

A69 Das Reich umfasste die heutigen EU-Länder Frankreich, Deutschland, Italien (damals mit der Hauptstadt Pavia), Nordspanien, Holland, Belgien, Luxemburg, Österreich, West- Slowakei und die Schweiz. Man sprach fränkisch, lateinisch, gallo- romanisch („lingua rustica romana"), ladinisch, „lingua romana", „lingua theotisca", die zu „deutsch" wurde. Im Gebiet der heutigen Länder mit germanischen Sprachen war damals das Fränkische üblich, in Franken, dem heutigen Frankreich, entstand in dem Gemisch von Franken und Gallo-Römern* eine gallo-romanische Sprache, aus der das heutige Französisch hervorging. Amtssprache und Sprache der Wissenschaft war selbstverständlich lateinisch.

* Ein Volksgemisch aus keltisch sprechenden Galliern, die sich aus einer Gruppe keltischer Stämme zusammensetzten, und den lateinisch sprechenden Einwanderern aus dem Stammland des Römischen Reiches, entstanden über 800 Jahre seit Julius Caesar. Für die Elite gab es alsbald Listen – also eine Art Wörterbuch - der wichtigsten Wörter in all diesen Sprachen – aber die überwiegende Mehrheit bestand aus Analphabeten.

In den Gerichten wurde nach zehn verschiedenen Rechtssystemen verhandelt: fränkisch, salisch, alamannisch, hispanisch, gotisch, bayrisch, sächsisch, friesisch, lombardisch, burgundisch.

A70 Chlodwig war der Begründer der merowingischen Dynastie der Franken und der Entwicklung zum katholisch-christlichen Gottesstaat: Auf gemeinsames Betreiben seiner Gemahlin Chlothilde und des Bischofs Remigius von Reims ließ sich König Chlodwig I. um das Jahr 500 zusammen mit 3000 weiteren Franken taufen (Abb. 58). Damit war der Grundstein für die katholische Christianisierung des Frankenreiches und des gesamten christlichen Abendlandes gelegt. Remigius und Chlothilde, die nach dem Tod Chlodwigs Klöster und Kirchen gründete, wurden für ihr Bemühen um den Katholizismus heiliggesprochen.

A71 Dieser Handelskontakte wegen wussten die Normannen zu genau, wo sich Wohlstand angesammelt hatte: so wurden sie allmählich von Händlern zu Räubern und Piraten. Manch einer wird sich nun denken, dass solches Vorgehen auch in unseren Tagen nicht unbekannt ist.

A72 Otto der Große war der Erste; er wurde 936 in der Pfalzkirche zu Aachen zum König gekrönt; Ferdinand I. sollte 1531 der Letzte werden, danach wurde nach der Wahl im Frankfurter Dom gekrönt. Die genaue Regelung der Wahl wurde 1356 von Kaiser Karl IV. nach Beratung mit den Kurfürsten in der „Goldenen Bulle" festgelegt.

A73 Die Umayyaden wurden 749 in einem Aufstand der Abbasiden abgeschlachtet, nur Abd-ar-Rahman entkam und errichtete das Umayyaden-Kalifat von Cordoba.

A74 Im Römischen Reich gab es nie eine eindeutige Regelung der Wahl oder Krönung zum Kaiser. Diese mussten sich die Unterstützung der drei Machtkörper holen: Senat, Heer und Volk der Stadt Rom. Es gab also auch keine offizielle Krönung. Wenn eine Gruppe einen Kandidaten zum Kaiser ausrief, den eine andere Gruppe nicht akzeptierte, dann kam es ggf., und de facto oft, zur militärischen Auseinandersetzung, es sei denn der Kandidat konnte die anderen Seiten kaufen, also bestechen.
Nach Karl dem Großen erfolgte die Krönung zum Kaiser des Heiligen Römischen Reiches weiterhin, bis zu Karl V., durch den Papst, danach nannten sich die Kaiser mit Einverständnis des Papstes „Erwählter Römischer Kaiser".

A75 Kein Ereignis ist geradlinig verlaufen in der Weltgeschichte; wir haben hierfür ohnehin keine Zielansprache als eine virtuelle, folgen einem Konstrukt von Hypothesen als Zielsetzung – wenn überhaupt; denn in der heutigen Politik scheinen Taktieren und Machtgewinn als Selbstzweck im Kreis herum zu führen. Folgt man der Relativitätstheorie, kommt es auf den Blickwinkel an; versucht man es mit der Quantenmechanik, bewegt man sich jenseits logischer Konstrukte, dort, wo Denken nicht weiterhilft. Paulus hat offenbar versucht, das Metaphysisch-Mystische an den Schilderungen der Apostel und Jünger so weit zu ummauern, dass der Versuch einer auch für griechisch erzogene Mithörer logisch nachvollziehbaren Metaphysik am Christentum gelingen konnte. Dabei konnte er nicht ausschalten, musste vielmehr selbst erleiden, dass auch die

Denklogik nur Abbild dieses evolutionären Hypothesengebäudes sein kann, mit der Folge, dass damit das Räsonieren beginnen musste, das endlose Zerpflücken von Aspekten und gedanklichen Alternativen, der Kreislauf von Wissen, Meinung und Glauben, vor allem aber das Verbergen von Motiven hinter Prachtbauten der Moral. „Macht" ist eine der Ursachen für die Verwirbelung von Möglichkeiten und Standpunkten im Scheinspiegel der Wirklichkeit: Macht entsteht im Glauben, wenn „Glauben" die Bedeutung bekommt, sich dem Willen Gottes zu unterwerfen. Macht verleitet zum Missbrauch, wenn der Vertreter Gottes auf Erden diesen Anspruch in Vertretung erhebt. Wenn „Machtanspruch" und „Argumente" einander in einzelnen Köpfen begegnen, gleichzeitig jedoch in mehreren Köpfen, dann wird die im Glauben geforderte friedliche, sogar freundliche Auseinandersetzung mit dem Gegenüber mitunter zur übermenschlichen Herausforderung. So mancher Stellvertreter Gottes auf Erden war ihr wohl nicht gewachsen. Interessant ist vor allem die Beobachtung der Wanderung des Machtanspruchs: nachdem Jesus gesagt hatte, man solle Gott geben, was Gottes ist, und dem Kaiser, was des Kaisers, überzeugte der Stellvertreter Gottes auf Erden den Römischen Kaiser davon, diesen Gott anzuerkennen. Damit, dass der Kaiser dies tat, unterwarf er sich dem Stellvertreter und dessen Machtanspruch: von da an krönte der Papst den Kaiser. Die Katholische Kirche, mehr als andere christliche Splitter, demonstriert mit diesem Faktischen, dass religiöser Glaube an sich, unabhängig von der irdischen Vertretung durch eine Religionsgemeinschaft, auf einer anderen Ebene wohnt als auf jener des Rationalen, dort, wo Widersprüche nicht gleichberechtigt nebeneinander existieren dürfen, wo Machtanspruch und Nachgeben keine Gleichzeitigkeit haben können, es sei denn in Form einer teuflischen List.

Petrus hingegen, der Fels, blieb unverrückbar im Glauben ohne Frage: so brandet seither das Christentum im Menschenkleid wild um diesen Felsen; längst ist er Fels, ist Stein, längst umschiffen seine Nachfolger ihn mit Argumenten, Ansprüchen, Gegenansprüchen. Manche haben die Auseinandersetzung gescheut, die Konsequenz gezogen und sind fortgesegelt zu anderen Ufern, andere haben den Kampf um diesen Felsen aufgenommen.

A76 Inwieweit der Stellvertreter selbst seine Hand im Spiel hatte, verliert sich meist im Nebel der tatsächlichen Umstände, oder auf jenen ausgeklügelten Umwegen, die auch Häretiker wie Giordano Bruno aus Nola, und Savonarola, nicht etwa von der Kirche, sondern von weltlichen Gerichten veranlasst, am Wege über den Scheiterhaufen zu Gott brachten. Viele weitere, und viele weise Frauen, die den Ansprüchen der klösterlichen Heilkundler im Wege standen, mussten ihnen folgen.

Karls Heiligsprechung gewann im Übrigen nie die Anerkennung der Päpste in Rom; selbst die Umwandlung in eine Seligsprechung ist sehr umstritten.

A77 Und im Lexikon steht weiter: *„Sein Eheleben entsprach den lockeren Gepflogenheiten des fränkischen Adels mehr als den Normen christlicher Lehre; sein brutaler, 30 Jahre lang währender Feldzug gegen die Sachsen verdient nur mit Mühe den*

Titel Missionierung oder Christianisierung. Seine Bemühungen um Ordnung und Frieden im Reich begründeten das Staatskirchentum".

A78 Der Karlspreis der Stadt Aachen
Der erste Preisträger war Richard Nikolaus Graf von Coudenhove-Kalergi im Jahr 1950. Die Reihe der Preisträger erscheint mir passend zu den immer wieder heftigen Debatten über den Preis selbst: braucht es tatsächlich eine Medaille zur Würdigung der Würde eines Mitmenschen, oder zur Erinnerung an die Bedeutung einer Idee? Dass Ehrungen insgesamt überhaupt notwendig oder gerechtfertigt erscheinen, ist doch ein Hinweis auf unser Versagen und auf die Regel als Ausnahme. Reicht uns nicht so ein Leben als Ehrung?
Unbestritten, dass eine Kultur der Ehrung und des Hinweises auf jene Leuchttürme in der Zeit bedarf, die den Weg zu einem erklärten Ziel weisen. Aber Ehrungen für die Nachahmer? Ehrungen als politische Signale, die die Empfänger zu Statisten für eine Politik machen? Sind solche Ehrungen nicht nachgerade eine Schändung der Ziele und der Leuchttürme dorthin? – Und was hat ein Papst mit Europa als politischer Zielsetzung zu tun? (Papst Franziskus, Papst Johannes Paul II. sind beides, selig - ja sogar heilig – und Preisträger im Namen des nicht als selig Anerkannten.)

A79 Eine grobe Form von Spanien und Griechenland wird ihm ebenfalls bekannt gewesen sein, ebenso wie die Tatsache der Existenz der großen Länder im Süden und im Osten jenseits vom Mittelmeer. Man war auch bemüht, die Römerstraßen in brauchbarem Zustand zu halten.[118]

A80 Die „annales regni francorum" berufen sich wiederum teilweise auf die Chronik von Fredegar,[391] die von der Schöpfung bis zum Jahr 768 reicht und ihrerseits an die „decem libri historiarum" von Gregor von Tours anschließt, dem Bischof von Tours im 6. Jh. und wichtigsten Geschichtsschreiber der Übergangszeit vom Ende des weströmischen Reiches zum Frühmittelalter.

A81 Die Schulbildung
Wann hat Schule eigentlich begonnen?
Schule beginnt in der Regel mit Lesen und Schreiben, womit wir schon wieder bei Geschichte wären, gleichzeitig beim Beginn mit Schreiben und mit Schule nämlich: da der Mensch erst von etwa 5000 Jahren zu schreiben begonnen hat, müssen wir nicht weiter zurück suchen als bis zu den Sumerern und Ägyptern um 3000 v. Chr. Dabei waren gar nicht immer alle für diese neue Mode, alles Gedachte und Erlebte niederzuschreiben: so erinnert Platon in seinem „Phaidros", dass Sokrates schwerwiegende Bedenken gegen die Einführung der Schrift hegte, weil er meinte, Gedächtnis und wahrer Dialog würden dadurch verarmen.[392] Er lästerte auch über seinen Schüler Aristoteles als „den Leser".
Auch im klassischen Griechenland war Schulbildung nicht allgemein zugänglich, sondern nur den Kindern der Aristokraten. Gelehrt wurden vor allem Sport, Kampftechnik, Dichtung und Rhetorik. Erst im hellenistischen Zeitalter nach Alexander dem Großen, also ab etwa 300 v. Chr., wurde Schule weitgehend frei für Alle zugänglich.

Im Rom vor der Kaiserzeit unterrichteten zunächst die Eltern in Lesen, Schreiben und Rechnen. Ab dem 2. Jh. v. Chr. gab es allgemeine Grundschulen, in denen die Kinder Lesen, Schreiben und Rechnen lernten. Unsere „Kalkulation" und der englisch-sprachige „calculator" kommen von den „calculi" der römischen Schulkinder, kleinen Steinchen, die sie auf ihrem Rechenbrett umherschoben. In den nachfolgenden höheren Schulen konnte man das trivium und das quadrivium sowie die griechische Sprache lernen, die Voraussetzung für die Lektüre der philosophischen und literarischen Schriften. Es gab also ein geregeltes allgemeines Schulsystem von der Grundschule bis zur höheren Bildung; sie war jedoch meist nicht umsonst und damit auf Bevölkerungsschichten begrenzt.[393] Schule wurde öffentlich angeboten, war jedoch nicht gesetzlich verpflichtend. Umfassendere Bildung und Berufsausbildung, besonders zum Rechtsgelehrten und Rhetoriker, war vorwiegend den Aristokraten und wohlhabenden Bürgern vorbehalten. Ab der hellenistischen Zeit wurden griechische Lehrer beliebt, Bildung kam aus Griechenland. Am wenigsten beeindruckt waren die Römer von einem der ganz wichtigen Erziehungsinhalte der Griechen: zu musizieren. Für Griechen war nicht nur Dichtung, sondern auch Musik der Inbegriff zur Bildung der Seele. Man lernte in Rom deshalb auch griechisch, um die Literatur lesen zu können – aber lediglich als akademische Disziplin für Wohlhabende und Hochgestellte. Zur Bildung gehörte auch eine Bildungsreise nach Griechenland, wie in unserem Zeitalter Europa für Amerikaner. Dieses Bildungssystem setzte sich auch in den Provinzen weitgehend durch. Daher wurde – und blieb es – zumindest in Teilen Europas – die Basis für geistige Bildung und das Verständnis für ihre Bedeutung.

A82 Denn um all diesen Belastungen zu entgehen, schlugen Bischöfe nach Karls Tod die Schaffung öffentlicher Schulen vor, eine Initiative, die jedoch im Sand verlief.[118] Pflichtschulen für die gesamte Bevölkerung wurden erst nahezu tausend Jahre später, im Habsburger Land unter Kaiserin Maria Theresia eingeführt.[1]

A83 1057 beginnt mit der Medizinischen Schule von Salerno der erste universitätsähnliche Betrieb (siehe S. 247f.), 1088 folgt die Universität Bologna als weltliche Einrichtung. Im Gegensatz dazu kam danach die Sorbonne in Paris als päpstliche Gründung im Jahr 1150 als zentralisierte Einrichtung zur Ausbildung aller Theologen. Es folgten sodann Oxford zwischen 1096 und 1167, Vicenza 1204, Cambridge 1209, Valencia (Valladolid) 1212, Salamanca 1218, Montpellier 1220, Padua 1222, Neapel 1224, Toulouse 1229 – die Liste umfasst 68 Universitäten bis zum Jahr 1499.[394] Zur Auswahl standen Theologie, Recht und Medizin.

A84 Eine wundersame Geschichte, die nur aus Widersprüchlichkeit besteht, ist die Geschichte der Gilde der Dombauer: Jene Maurer, die an den prächtigsten gotischen Kathedralen Europas bauten, diese zum Himmel strebenden, dort oben fast schon direkt in den Himmel übergehenden Ausziselierungen des Irdischen, gründeten zuerst als Ausdruck dieser neuen Lebenstüchtigkeit, bürgerlicher Selbstbestimmung ohne kirchliche Patronanz, ihre eigene Gilde und wurden schließlich Paten der Freimaurer, derer also, die diese Kathedralen bildlich wieder abrissen, gleich ganz ohne Gott auskommen wollten.

A85 Als Revanche für normannische Überfälle in das Slawengebiet nützten die Slawen die Gelegenheit und plünderten Haithabu, als Wilhelm der Eroberer im Jahr 1066 mit seiner Armee abwesend war, weil er in England einfiel.

A86 Bremer und Lübecker Kaufleute hatten im dritten Kreuzzug bei Akkon ein Hospital errichtet und betrieben. Daraus wurde ein geistlicher Ritterorden wie jene der Templer und Johanniter. Nach dem Ende dieses Kreuzzuges 1190 engagierte sich der Orden an verschiedenen Stellen des Reiches, beteiligte sich an der Ostbesiedelung und durfte dort schließlich ab etwa 1230 einen eigenen Staat betreiben, eine Großregion im Baltikum, aus dem später Lettland, Estland und Preußen hervorgingen. Der Orden war einem Hilferuf des Polen-Herzogs gefolgt, und zwar unter der von Kaiser und Papst garantierten Bedingung, dass die baltischen Länder danach dem Orden zufallen würden. Wie schon 400 Jahre davor, gerieten die Deutschen und Polen letztlich aneinander: Polen und Litauer vertrieben durch die Schlacht bei Tannenberg den Deutschorden aus dem Baltikum. Für diese Schmach rächte sich weitere 500 Jahre danach Hindenburg 1914, indem er eine der ersten Schlachten des Ersten Weltkriegs, in welcher die Deutschen die Russen aus Ostpreußen zurückdrängen konnten, anstatt „Schlacht bei Allenstein" umbenennen ließ in „Schlacht bei Tannenberg".

A87 Diesen „Gründereffekt" [21] untermauert Bacci zum Beispiel mit Zahlen über die europäische Besiedlung von Nordamerika, wo die Franzosen in Kanada mit einem Fortpflanzungsvermögen von 7,2 zu Buche stehen (auf diese Weise sollen aus 4669 Siedlern bis heute über 4 Millionen Franko-Kanadier geworden sein), im Gegensatz zu den eingeschleppten Sklaven aus Afrika mit einem Vermehrungsfaktor von 0,4 (abgesehen von der angestammten Indianerbevölkerung, von der nur 10 Prozent am Leben blieben).[21]

A88 Die Mystiker durchspüren die Welt in ihrem Inneren – allen voran Meister Eckhart; in der Mitte treffen sie auf Jene, die, von der anderen Seite gekommen, zum selben Ziel gelangten: dort haben sich der westliche und der östliche Weg schon einmal getroffen und vereint, aber eben nur ganz im Inneren, und unerkannt. Im Grunde also verlässt der Mystiker das Machtgefüge dieses Gottesstaates. In der Tiefe seines Ahnens wird er zum Agnostiker, der Rücken an Rücken zu den Weggefährten des östlichen Kulturkreises steht, vergleichbar mit Gautama Buddha.[395]

Abb. 110: Ibn Sina (Avicenna) (ca. 980-1037), Quelle:[396]

Als Werke der griechischen Klassik aus dem Kalifat von Cordoba, aus dem Arabischen rückübersetzt und mit den Kommentaren von Avicenna versehen, verfügbar wurden, begann die Scholastik, vor allem kirchliche Dogmen auf logisch-deduktivem Weg als rational erklärbar, und Gott überhaupt als rational beweisbar darzustellen, vermeintlich basierend auf den von Aristoteles überlieferten Prinzipien. Dem stellten sich dann am Ausgang des Zeitalters die Humanisten entgegen, als Vorstufe zur Aufklärung; Petrarca und dann Erasmus von Rotterdam: sie waren es bereits, die darauf drangen, statt endloser und spitzfindiger deduktiv-logischer Erklärungsketten und induktiver Schlussfolgerungen auch Erfahrung als Wissen gelten zu lassen.

A89 Für kurze Zeit während der Regierung von Dschingis Khan kontrollierten die Mongolen das größte jemals beherrschte Territorium der Geschichte bis dahin (33 Millionen Quadratkilometer mit 100 Millionen Einwohnern [397]), mit der Hauptstadt Karakorum. Im Jahr 1211 drang Dschingis Khan in China ein, eroberte 1215 Peking und unterwarf Korea; 1220 waren sie in Samarkand, 1221 am Indus. Nach dem Tod von Dschingis Khan 1227 wurde das Reich noch zwei Generationen lang vergrößert. 1237 bis 1240 wurden Bulgarien, Kiew und Russland überfallen.[81] 1258 überfielen und plünderten sie Bagdad, löschten das Abbasiden-Kalifat aus und stürmten weiter, bis sie von den Mamelucken an der Verwüstung von Ägypten gehindert wurden.[81]
Gesandte des Papstes und des französischen Königs reisten gegen Ende des 13. Jh. sogar dorthin mit dem Auftrag, die Mongolen zu einer gemeinsamen Vernichtungsaktion gegen den Islam zu bewegen; der Versuch blieb erfolglos.[81]
Die Mongolen regierten China als Yüan-Dynastie in der Zeit von 1279 bis 1368; spätestens ab 1294 war das Gesamtreich jedoch bereits in mehrere Teile zerfallen.[81] Die chinesische Kultur hatte an der mongolischen nichts zu ändern vermocht; nur im Westen, im Iran und Irak, traten viele Mongolen zum Islam über – darin lag wohl der Grund für das Scheitern der abendländischen Mission zur Allianz gegen den Islam.[81]
Einer der Nachfolgestaaten des Riesen-Reiches von Dschingis Khan ist die legendäre „Goldene Horde", ein Staat zwischen Schwarzem und Kaspischem Meer mit Ausdehnung weit nach Sibirien, der bis 1360 bestehen blieb.
Dschingis Khan und seine Leistung der Vereinigung der vielen untereinander zerstrittenen Stämme zu einem Großreich erinnert an Mazedonien und Griechenland, an König Philip und seinen Sohn Alexander, an Etrurien und Rom, an Karl den Großen und an die anderen Beispiele für Macht durch Zusammenschluss.
Die Mongolei ist noch heute einer der größten Binnenstaaten der Welt – annähernd viermal so groß wie Deutschland - mit der kleinsten Bevölkerung zwar, von 3 Millionen, deren eine Hälfte in der Hauptstadt Ulaanbaatar lebt. Da sich die Lebensbedingungen nicht wesentlich geändert haben, fragt man sich mit Recht, wie dieses Völkchen es hatte schaffen können, die gesamte Alte Welt in

Angst und Schrecken zu versetzen und die Bevölkerung an manchen Stellen mehr als zu dezimieren.[398]

Timur, auch Tamerlan genannt,[399] erhob den Anspruch auf Wiedererrichtung von Dschingis Khans Mongolenreich, allerdings als islamischen Staat. Ab 1380 eroberte er Iran und Irak, Isfahan 1387, plünderte Bagdad, Aleppo und Damaskus,[81] eroberte 1398 Delhi, besiegte die Goldene Horde und zuletzt auch die Osmanen in Kleinasien. Er gilt als einer der grausamsten Herrscher, der bei seinen Eroberungen jeweils hunderttausende Menschen abschlachten ließ; Isfahan soll damals die größte Zahl von Schädeltürmen gesehen haben. Sein Reich, das größte von Zentralasien, war gleichzeitig eines der kurzlebigsten.

Die weiteren Nachkommen aus diesem Mongolenreich wurden häufig – und wohl irrtümlich - als „Tataren" bezeichnet; sie machten sich noch bis ins 17. Jh. wiederholt durch ähnliche Raubzüge und Massaker bemerkbar, wie sie im 13. und 14. Jh. stattgefunden hatten, zum Beispiel mit dem Überfall auf Preußen in den Jahren 1656-1657, bei dem über 100.000 Menschen entweder zu Tode kamen oder als Sklaven verschleppt wurden.

Wie man daraus erkennen kann, hatten nicht nur die Europäer, sondern auch die Bewohner der islamischen Welt unter diesen Raubzügen der Steppenvölker zu leiden; ihre Staaten verloren die Stabilität und brachen darunter fast zusammen.

A90 Im Jahr 1241 waren mehrere Truppenverbände der Mongolen nach Nordwesten vorgerückt und in Schlesien eingefallen. Dort kam es zur historischen Schlacht bei Liegnitz (zuvor hatten die Reiter der „Goldenen Horde" Krakau überfallen, nachdem sie Moskau und Kiew geplündert hatten, und Hermannstadt in Siebenbürgen): Des denkwürdigen Tages mit der Abschlachtung der großteils aus dem deutsch-polnischen Ritterheer von Herzog Heinrich dem Frommen und einer schlecht bewaffneten Bürgerwehr aus der Gegend von Liegnitz bestehenden „Armee" am 4. April wird noch heute jedes Jahr mit einem Gedenkgottesdienst im Dorf Legnickie Pole in Niederschlesien gedacht. Der deutsche Name des Dorfes am Rand des Schlachtfeldes ist „Wahlstatt". Die Mongolen kehren nach ihrem Sieg zur Überraschung der Europäer um. Sie wenden sich aber noch einmal nach Süden, überfallen Ungarn und schlagen die Armee König Bela's IV., versklaven Teile der Bevölkerung (Abb. 111). Sie verfolgen König Bela südwärts entlang des Ostufers der Donau, kommen über Buda und im Winter über die zugefrorene Donau westwärts bis Wiener Neustadt, danach südwärts bis Triest. Als ihr Groß-Khan Ugedai (Ögedei), der dritte Sohn von Dschingis Khan, zu Tode kommt, beendet die Goldene Horde ihre Heimsuchung Europas; nur Bulgarien bleibt mit Tributzahlungen unter ihrer Geißel.[400],[401]

Abb. 111: Nach der Schlacht von Muhi 1241 werden ungarische Gefangene von den siegreichen Mongolen als Sklaven verschleppt. Quelle:[402]

A91 Schon im Frühmittelalter zwischen den Jahren etwa 536 und 660 hatte sich eine dieser Zwischeneiszeiten ereignet (Late antique little ice age LALIA). Die Temperaturschwankungen im zweiten Jahrtausend sind in Abb. 112 graphisch dargestellt.

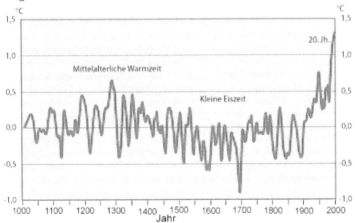

Abb. 112: Temperaturschwankungen im zweiten Jahrtausend. Quelle:[403]

A92 In ihrem Buch, betitelt als Kampfabsage gegen den Kampf der Kulturen, stattdessen deklariert als deren Zusammenfließen, beschreiben Trojanow und Hoskote diesen Prozess, wie sie ihn verstehen, vor allem am Beispiel, auf welche Weise islamische Intellektuelle an der Beschäftigung mit der griechischen Philosophie zu Häretikern des Islam wurden, allen voran ar-Razi (Rhazes), al-Farabi (Alpharabius), zwischen ihnen der jüdische Maimonides (Mosche ben Maimon) - und Ibn Rushd, im Westen besser bekannt als Averroes (Abb. 113):

Abb. 113: Ibn Rush (Averroes) wird im Jahr 1195 von Kalif Abu Yusuf Yaqub aus Cordoba verbannt, seine Bücher verbrannt (Buchillustration aus dem 19. Jh.).[404]

Ibn Rushd war einer der größten Gelehrten des 12. Jahrhunderts, Philosoph, Arzt und zuletzt oberster Richter von Cordoba. Zu seinen herausragenden Leistungen zählen Kommentare zu Aristoteles und Platon, deren Übersetzungen ins Lateinische und Hebräische im Gegensatz zu den arabischen Originalen erhalten geblieben und nicht der islamischen Bücherverbrennung zum Opfer gefallen sind. Verbannung und Fluch auf Averroes war ein Ausnahmefall, denn Regenten der islamischen Welt ist es zu verdanken, dass durch die Gründung von Übersetzungs- und Wissenseinrichtungen vieles vom Gedankengut der griechischen Philosophie und Wissenschaften sowie der byzantinischen Schulen nicht verloren ging, sondern auf unterschiedlich verschlungenen Pfaden zurück nach Europa kam, soweit das Wort „zurück" überhaupt gerechtfertigt ist (Thales zum Beispiel war in der kleinasiatischen Stadt Milet zu Hause, zwar Teil der griechischen Kultur, jedoch nicht des europäischen Kontinents). Dass diese Brückenfunktion der islamischen Welt auch als das „Hüten der aristotelischen Katze" vorgehalten wird, trägt sicher bei zum Hass gegen einen arroganten

348

Westen, der vorgibt, den Entwicklungsländern die gesamte Welt der Kultur und Zivilisation überbracht zu haben, während der Islam die Schätze des Abendlandes nichts als gehütet und weitergetragen habe.

Die Kränkung ist verständlich, und umso unverständlicher die arrogante Frage des Abendlandes, was denn nun der eigene Beitrag der islamischen Welt gewesen sei, den Europa von dort übernommen habe, um sich danach arrogant damit zu brüsten. Denn allzu offensichtlich ist es, dass dieser Beitrag in jenem Verarbeitungsprozess bestand - ich hatte ihn einleitend Metabolisierungsprozess genannt (S. 5) -, wie dies in Kulturen so der Fall ist, in der Interpretation, Fortführung und Fusion des aus dem griechischen, aber auch persischen, indischen und anderen Richtungen herangeschafften und übersetzten Wissens, vor allem auch in der Auseinandersetzung damit aus der Sicht des Islam, bald aber auch darüber hinaus – damit jedoch begann dieser Beitrag zu einer Leistung Einzelner zu werden - für die Welt, nicht für die islamische Kultur. Damit reihten sich diese Häretiker ein in die Liste Jener, die aus ihrem kulturellen Umfeld herausragen durch Weitsicht und Mut, durch Niederschrift von Erkenntnissen, die sich nicht in das Weltbild ihrer Zeit einfügen ließen und deshalb sie, ihre Karriere und sogar ihr Leben in Gefahr brachten:

Islamische Gelehrte wie Avicenna (Abb. 110) und Ibn Rushd (Averroes),angeregt von Plato und Aristoteles, entfernten sich vom religiösen Dogmatismus des Islam und schufen sich einen toleranten Gott,[97] der nach dem islamischen Mystiker Algazel nicht der Gott des Islam sein konnte.[97] Aber damit nicht genug: *„Um zu verstehen, wie weit die heutigen Fundamentalisten von der Tradition der islamischen Gedankenwelt entfernt sind, genügt schon der Hinweis, dass selbst Algazel heute vielen als Häretiker gilt".*[97]

Und wie kam es aus morgenländischer Sicht zu dieser europäischen Arroganz? *„Der Orientalist und Historiker Albert Hourani erkennt in dieser Sichtweise eine intellektuelle Begeisterung, eine erhöhte Aufnahmefähigkeit sowie das Selbstbewusstsein einer Kultur, die von ihrer imperialen Macht und dem Glauben an göttliche Führung überzeugt ist".*[97]

Dazu kommt auch noch ein Gutteil an Bemühen um Fairness auf Augenhöhe, ohne Hass: *„Al-Kindi erklärt:" Wir sollten uns nicht schämen, die Wahrheit anzuerkennen, egal aus welcher Quelle sie stammt, selbst wenn sie uns von früheren Generationen und fremden Völkern überbracht wurde".*[97] Und diese *„Wahrheit"* habe darin bestanden: *„ ... dass sich viele falasifa mit Platons Schüler Aristoteles beschäftigten, dessen rationale und wissenschaftliche Haltung ihnen mehr zusagte als Platons Vorliebe für die Abstraktion".*[97]

Die Folge davon war, und damit schließt sich der Kreis, dass: *„ ... in der muslimischen Welt [ ] Alpharabius als „zweiter Lehrer" nach Aristoteles verehrt [wird], [der jedoch] lehrte [ ], dass der Islam als Religion den Bedürfnissen eines Philosophen nicht genüge".*[97] Und weiter: *„Al-Kindis Nachfolger Rhazes ... war noch radikaler: Er erklärte, dass „allein der menschliche Verstand ein gewisses Wissen vermitteln kann. Der Pfad der Philosophie ist allen Nutzungen offen, die Behauptungen der Offenbarung sind falsch, und Religionen sind gefährlich. ....*

jemand, der auf eine spezielle Offenbarung Anspruch erhebe, zu Intoleranz und Gewalt neige, um diese zu verteidigen ....".97
Jedenfalls auch Hinweis, dass die Erkenntnisse des Einzelnen, sobald sie die Masse wie ein Feuer entfachen, zum unkontrollierbaren Feuersturm werden, Erkenntnisse, die erst recht wieder zerstören, was sie doch bewahren wollten. (Ein Beispiel aus der europäischen Geschichte sind die Bauernkriege, und schlimmer, die spätere Gegenreaktion mit dem Dreißig-jährigen Krieg, die Martin Luther mit seiner Aufforderung zum Diskurs unter Theologen-Kollegen keinesfalls hatte lostreten wollten).

„ .....ähnlich wie Aristoteles in Griechenland vergessen wurde und nur durch die Araber weiterlebte, genoss Ibn Rushd später großes Ansehen unter Christen ... Ibn Rush wurde im 12. und 13. Jahrhundert zum Rammbock, den Freigeister in einem Krieg der Ideen einsetzten, einem Krieg, bei dem der Verstand des einzelnen gegen das institutionalisierte Dogma antrat, und an dem die brillantesten Köpfe des christlichen Europa beteiligt waren: Pierre Abaelard, Albertus Magnus, Roger Bacon, Siger von Brabant, Thomas von Aquin. Alle fünf betrachteten die Verbindung mit Ibn Rushd – ob als Schüler oder Kritiker – als grundlegend für ihre Arbeit. .... nannten sich Averroisten, Anhänger Ibn Rushds". Ihre Schlachten veränderten den Lauf der europäischen Politik und Kultur. Das Stück war im Islam einstudiert worden; seine Aufführung erlebte es im Christentum".97

Primär geht es hier wohl nicht um Leihgaben oder Erbe zwischen Kulturen, nicht um Ibn Rushd als Phänomen, als um den Kampf – wie die Autoren ja in der Einleitung hinweisen – zwischen Offenbarung und kritischem Denken, der seinen Weg zwar sucht und findet wie das Wasser, aber nicht, um in einen Strom zu münden, sondern um überhaupt weiterzukommen unter den Lebenden.

In ihrer Begeisterung stellen die Autoren nicht nur solche Einzelerscheinungen mehr als Dankesschuld zwischen Kulturen, als dies aus der Gesamtsicht sinnvoll erscheinen kann; sie stellen auch anachronistische Zusammenhänge her, wie zum Beispiel, dass „Zu den frühesten christlichen Denkern in den Fußstapfen von Averroes [1126-1198] .... Pierre Abelaerd (1079-1142) [gehörte]. Abelaerd, ein Vorgänger von nachfolgenden Einzelkämpfern wie Giordano Bruno, dem Nolaner, und von christlichen Reformatoren, denn auch „ .... seine [Abelaerd's] Schriften wurden verbrannt".97 Schließlich „ ... fand er Zuflucht bei Petrus Venerabilis, dem Abt von Cluny ..." ... „ ... bereits eine Generation nach Abelaerd's Tod hatten sich seine Lehren so sehr verbreitet, dass aus den Räumen, wo er in Paris seine Vorlesungen gehalten hatte, die Sorbonne wurde .....".97 Ich meinte, die Sorbonne ginge auf Robert von Sorbon, den späteren Hofkaplan von Ludwig IX. zurück, dessen Kolleg für mittellose Studenten in der Scheune von Montagne Sainte-Geneviève im Jahr 1253 mit seinen ersten 16 Studenten als College de Sorbonne an die Universität Paris übersiedelte und 1257 vom König offiziell anerkannt wurde.405

„Albertus Magnus (1206-1280).... lehrte, dass die arabischen Aristoteliker durch ihr eigenes Ringen mit dem Verhältnis von Verstand und Offenbarung einen Weg aufgezeigt hätten. ..... Sein bester Schüler an der dominikanischen Klosterschule in

Köln war Thomas von Aquin".[97] Albertus Magnus und Thomas von Aquin hatten nicht nur Ibn Rushd und Abelaerd als Quellen der Lehren von Aristoteles: hier tut sich ein Stück Weges von einem jener verschlungenen Pfade auf, die ich zuvor ansprach: an seinem Beginn steht der Heilige Johannes von Damaskus, geboren ebendort im Jahr 650, also 18 Jahre nach dem Tod von Mohammed, und 15 Jahre nach der Eroberung von Damaskus. Die Stadt war damals vorwiegend von Christen bewohnt. Sieben Jahre davor hatte sie Byzanz mit dem Sieg in der Schlacht von Ninive den sassanidischen Persern wieder entrissen (611 hatte Chosrau II. Syrien von Ostrom erobert gehabt). Johannes' Vater, wohlhabender und einflussreicher Christ der Stadt, blieb einflussreich, wurde sogar Finanz-experte und Jurist am Hofe des Kalifen, dessen Sohn Johannes' Spielgefährte wurde. Auf der Suche nach einem geeigneten Lehrer für Johannes erlebte Vater Sargun, bei Hofe namens Ibn Mansur, im Jahre 664 eine sonderbare Geschichte: ein italienisch-griechischer Sklave namens Kosmas der Mönch, auch Kosmas der Sizilianer genannt, gefangen und aus Sizilien verschleppt von sarazenischen Seeräubern, sollte hingerichtet werden. Sargun wurde durch sein lautes Schreien und Weinen aufmerksam und fragte ihn erstaunt, warum ein christlicher Mönch sich so sehr vor dem Tode fürchten musste, dass er dermaßen schrie und um sein Leben bettelte. Da jammerte Kosmas, er beweine nicht den Verlust seines Lebens als vielmehr den Schaden, den die Welt mit seinem Tode würde hinnehmen müssen: er wisse nämlich so gut wie alles, was es zu wissen gäbe, Rhetorik, Logik, Geometrie, Astronomie, Theologie, Musik, vor allem aber Philosophie. Alles was er sich noch wünsche, sei jemand, an den er all dies Wissen weitergeben könne, damit er nicht nutzlos dahingehe. Sargun erkannte, welchen Schatz er da vor sich hatte, kaufte Kosmas frei und machte ihn zum Lehrer seines Sohnes. Der Patriarch von Jerusalem soll Johannes später zum Priester geweiht haben. Als mit Kalif Abd al-Malik christenfeindliche Zeiten anbrachen, trat Johannes um 700 in das Kloster Mar Saba bei Jerusalem ein. Als Heiliger Johannes von Damaskus gilt er als der letzte der Kirchenväter, sein bekanntestes Werk „Quelle der Erkenntnis", ließ Papst Eugen III. um 1150 ins lateinische übersetzen. In seiner Dogmatik berief sich Johannes auf Aristoteles. [406]

In berechtigtem Zorn reagieren Trojanow und Hoskote auf die arrogante Selbst-verständlichkeit, mit welcher der Westen in den vergangenen Jahrhunderten und bis heute seine technische Überlegenheit für Kolonisation und Ausbeutung missbrauchte und in Einem gleich auch seine sozialen Systeme zu importieren gedachte: eine universale Welt nach westlichem Vorbild, ohne Alternative, auf Kosten bestehender Kulturen. Dabei zeichnen sie auf unterhaltsame Weise manch kurioses Ereignis nach, um auf die Entwicklungen und gegenseitigen Beeinflussungen der Kulturen in Ost und West aufmerksam zu machen. Jedoch erscheint mir just aus ihren eigenen Beispielen heraus widerlegt, dass man daraus in der Tat schließen könne, dass diese Kulturen deshalb einander nicht bekämpften sondern vielmehr ineinander flössen wie die vielen Zuflüsse zu einem Strom, der sich letztlich als Großes, Ganzes, Eines ins Meer ergießt. Vielmehr scheint mir ein gegenteiliger Prozess abzulaufen: Kulturen entfernen sich voneinander wie biologische Arten auf auseinanderdriftenden Inseln, zwischen denen es sich auf dem Luft- und Wasserweg zwar austauscht, die aber in ihrer Insel gleichzeitig ihr Territorium sehen und dieses verteidigen. Letztlich ähneln Kulturen ihren Individuen, sind also ein Spiegel von deren Verhalten, genetisch geprägt von den Grundmustern: Abwehr, Annäherung und Territorialisierung, strukturiert durch Macht, Ideen und Glauben. Dementsprechend grenzen sie sich zuallererst voneinander ab, nähern sich sodann tastend, von Nützlichkeit getrieben, einander an. Ob die Schlussfolgerungen aus der Erkenntnisfähigkeit letztlich in Kulturen gelebt werden, ist Streitfrage geblieben bis in unsere Tage, mit zunehmenden Sorgenfalten in Aller Gesichtern. Kurz gesagt: bislang haben stets Schmerzvermeidung und kurzfristige Befriedigung unseres kreatürlichen Fundaments die Richtung vorgegeben, durchzuckt von Ausbrüchen spontaner Schaffenskraft. Das Gebäude der Aufklärung wird von einzelnen Kleinkolonien immer wieder besucht und gar bewohnt, steht aber weiterhin zum Verkauf, weitgehend leer, würde wohl gar verschenkt, aber eben zu jenen Bedingungen, an denen sich der alte Streit wieder entzündete. Und im Streit war die Lösung schon immer: Distanz ist die einzig vernünftige Lösung. Von Zusammenfließen der Kulturen kann man also bislang nichts erkennen als das, was auch die Autoren kritisieren, nämlich das kapitalistische Zerrbild von globalisierter Un-Kultur: gekauftes Glück, bislang angeführt von Coca Cola. Die Globalisierung von Handel und Technik (Mobilität, Kommunikation) wird im Laufe von Generationen die Welt verändern, vorausgesetzt wir überleben die Gegenwart. Ob dadurch die Kulturen zusammenfließen werden in Eine, oder sich weiter oder erneut voneinander entfernen und einander bekämpfen werden, ist unbekannt wie eben die Zukunft uns unbekannt ist.

Noch kämpfen die Kulturen. Neu ist nur das Niveau des Risikos der globalen Selbstvernichtung.

Zusammen leben in einer Kultur wäre nur in jenem leerstehenden Gebäude der Aufklärung möglich. Diese Autoren, und manch andere, drängen darauf, die Welt solle endlich zur Vernunft kommen, das Gebäude einfach nach Willkür und Laune stürmen und kreuz und quer bewohnen, tolerant und kreativ.

Ich hingegen meine, wir, die derzeit lebenden Generationen, sind verantwortlich für das gegenseitige Respektieren der Kulturen. Vor dem Einzug in das Haus der Vernunft müssen wir einander bewiesen haben, dass wir nicht nur zum Kompromiss einer Hausordnung bereit sind, sondern auch gewillt, diese dann einzuhalten. Zwar geht die Zeit zu Ende, da manche Menschen nicht einmal wissen, dass es anderswo auf der Welt andere Kulturen gibt als die ihre. Aber es leben noch ausreichend viele Millionen ohne Wissen und Verständnis darum, wie es sich in den anderen Kulturen lebt, geschweige denn, wie man mit denen reden könnte, nicht zu denken an leben.

Nicht wir, sondern die Umwelt macht Kulturen voneinander weichen: die unterschiedlichen Lebensbedingungen sind es, die bislang die Götter und ihre Kulturen schafften.

Auch wenn all diese Formen von Kultur aus einer gemeinsamen Urform weiter ausziseliert wurden: die derzeitigen, unterschiedlichen Formen repräsentieren Kultur, nicht ihre Urform. Kulturen haben sich in eine Vielfalt entwickelt wie die Arten in der Natur, jede in ihrer Nische. Biologen meinen, in dieser Vielfalt läge das (Über-) Leben, nicht in der Reduktion auf wenige oder eine.

Nicht die Herkunft kultureller Inhalte ist bedeutend (außer um zu verstehen), sondern das, was daraus gemacht wurde und wird in den einzelnen Kulturen – Kultur ist ein Prozess, ja, aber wir können an diesem Prozess jeweils nur in unserer Lebenszeit teilnehmen.

Wenn wir Heutigen etwas hinter uns lassen sollten, dann ist es nicht unsere heutige jeweilige Kultur, sondern das gegenseitige Aufrechnen kultureller Leistungen. Immerhin und vor allem haben nicht wir selbst sie erbracht, sondern unsere Vorfahren, nicht für uns, sondern für die Welt. Das Aufrechnen bis ad fontes führt letztlich in den ostafrikanischen Grabenbruch; dort stehen die ersten Menschen und fordern: ihr schuldet uns – alles.

Zusammengefasst: islamische Häretiker waren geistige Bindeglieder zwischen der alten und der neuen Welt, Griechenland/Rom/Byzanz und Europa. Die Geschicke der arabischen Gelehrten, auch von Maimonides, der falasifa, entstanden aus dem Studium der griechischen Philosophen, schockierte nicht nur *„die Intellektuellen im christlichen Europa .... „*, sondern auch die Theologen des Islam. Und wenn sie *„alles andere als Kuriere [waren], die wertvolle Botschaften aus der Antike in die Renaissance überlieferten, sondern Führer, die ... den Weg bereiteten für den empirischen Geist und den Vorrang des Verstandes vor den totalitären Ansprüchen kirchlicher Autorität"*, dann muss man dennoch akzeptieren, dass schon die Griechen auf diesen Vorrang des Geistes hingewiesen hatten, eine Nachricht, die auch ohne die arabischen Kommentare angekommen wäre. Gerade in einer Zeit, da der Islam dem Westen Säkularismus vorwirft und ihn dafür verachtet, muss der Hinweis befremdlich erscheinen, dass der Westen eben diesen Säkularismus nicht den alten Griechen, sondern dem Islam zu verdanken hätte – es war vor allem nicht der Islam sondern die aus dem Studium der Griechen erwachsenen Häretiker daraus, und es waren auch die Griechen selbst. Dass diese Araber *„die Voraussetzung für Montesquieu, Diderot, Rousseau und Voltaire"* gebildet hätten, erscheint danach doch etwas übertrieben.

Der Faylasuf sei der Vorläufer des Philosophen – aber der Vorläufer des faylasuf ist in Wahrheit der griechische Philosoph.

Dass *„Die Aufteilung in Ost und West ... auch in der Philosophie keinen Bestand* [hat], ist doch angesichts der menschenmöglichen Erkenntnis ein a priori, erwiesen von Denkern aller Völker in Ost und West.

Wenn der Westen auf seine eigenen Wurzeln zurücksieht, dann heißt dies doch nicht gleichzeitig, dass diese Wurzeln ihre Nahrung nicht aus vorangegangenen Kulturen bezogen haben können, sondern aus dem Beginn der Welt.

„Wenn wir die Gründung der modernen säkularen Gesellschaft feiern, sollten wir nicht so sehr die „christliche Tradition" loben, sondern die ruhmreiche Tradition des Zusammenfließens".[97] Ich sehe daran kein Zusammenfließen und keinen Ruhm, sondern das Ergebnis des Prozesses menschlicher Erkenntnisfähigkeit, der sich auf verschlungenen Wegen quer durch alle Kulturen abseits des jeweiligen Zeitgeistes seinen Weg gebahnt hat. Vor allem sehe ich keinen Anlass für Abkömmlinge östlicher Kulturen, sich jetzt einer Entwicklung zu einer modernen säkularen Gesellschaft zu rühmen, wo ihre Gesellschaft dieser säkularen westlichen Gesellschaft den Tod wünscht.

Der Hass des Morgenlandes gilt nicht primär der westlichen Kultur, sondern dessen Dominanzverhalten. Respekt des Westens vor allen anderen Kulturen muss aber nicht bedeuten, alle westlichen Leistungen dem Osten als Herkunftsland vieler Ursprünge zuzuschreiben. Zu seinem Dominanzverhalten wurde der Westen nicht durch Raub aller dazu nötigen geistigen und technischen Werkzeuge aus dem Osten befähigt; dass der Westen seine kulturellen Leistungen auch dazu missbrauchte, den Rest der Welt zu kolonisieren und von sich abhängig zu machen, ist eine besorgniserregende menschliche Eigenschaft, die auch dem Osten nicht fehlt.

Gegen Ende der Kultur-Kampfabsage geraten wir an das Überzeugtheitssyndrom und seine unausweichliche Widersprüchlichkeit: der Mensch glaubt!

Der Kampf im Individuum ist ein Kampf der Kreatur gegen den Geist, Erkenntnis gegen .... Glauben? Erkenntnis gibt es nicht, es gibt nur Interpretation, die geglaubt werden muss, um umgesetzt zu werden; theoretisches Besserwissen schafft kaum je die Hürde über das gefühlsmäßige Glauben: das ist die biologische Hürde am Denken, der Fehler, der Widerspruch, der im Denkapparat eingebaut ist, dort, wo der Geist dem Körper entfliehen möchte, aber doch nicht kann.

A93 Einer Bamberger Wirtin, Barbara Schwarz, gelang die Flucht aus dem Gefängnis und der Zutritt zu Kaiser Ferdinand II. während des Reichstages zu Regensburg. Der Kaiser veranlasste daraufhin 1630 den Freispruch und eine Rüge an den Fürstbischof von Bamberg. Damit, und nach der Veröffentlichung der „Cautio Criminalis" des Jesuiten Friedrich Spee, kamen die Hexenprozesse 1631 offiziell zu einem Ende. Nachdem die Kirche die Hexenverfolgung einstellte, wurde sie trotzdem von weltlichen Gerichten noch bis ins 18. Jh. weiter betrieben. Im Jahr 2000 hat Papst Johannes Paul II. für diese Morde an Häretikern und Hexen im Namen der katholischen Kirche um Vergebung gebeten.

A94 Die Spanische Inquisition zwischen 1478 bis 1834
befasste sich vorwiegend mit getauften Juden und Moslems, den sog. Conversos, denen man vorwarf, heimlich ihre alte Religion zu praktizieren.
Nach dem Ende der Kalifate war es mit der Toleranz zwischen den Religionen in Spanien bald zu Ende; ab 1492 hatten die Juden endgültig nur noch die Möglichkeit, entweder zu konvertieren oder auszuwandern. Damit aber verlor das Land einen Gutteil seiner Bildungselite und bescherte sich selbst einen kulturellen und wirtschaftlichen Niedergang.

In Aragon ordnete Kaiser Karl V. im Jahr 1525 die Zwangstaufe aller Muslime an, ab etwa 1550 verfolgte die Inquisition dort auch die Protestanten. Der Inquisitor wurde vom König eingesetzt, übte jedoch Kirchenrecht aus. Hinrichtungen erfolgten oft im Rahmen eines sogenannten Autodafé: nein, damit ist nicht der Titel des Romans von Elias Canetti gemeint, sondern die Bezeichnung eines etwa monatlichen Volksfestes während der spanischen Inquisition: man ließ die Verurteilten aus der Inquisition ein Weile lang zusammenkommen, um sie dann in einem Großereignis samt Imbissbuden und Kurzweil en gros nochmal aufzufordern abzuschwören, nur um sie danach zu verbrennen oder aufzuhängen. Im 18. Jh. war die Inquisition vor allem mit der Überwachung der Moral beauftragt und der Verfolgung der Beleidigung des Königs und der Regierung, auch mit Bücherverbannung. Im Jahr 1829 übertrug der Papst die spanische auf die römische Inquisition.

A95 *„Die Spanier beuteten Menschen und Boden mit vielfältigen Formen des Zwangs aus. Die Möglichkeit, in den neu eroberten Ländern rasch materiellen Wohlstand und sozialen Aufstieg zu erreichen, und zwar ohne eigener Hände Arbeit, lockte viele Einwanderer aus Spanien nach Amerika. Bis 1600 emigrierten rund 243.000 Menschen in die Kolonien, wodurch Lateinamerika– wiederum im Unterschied zur portugiesischen Vorgehensweise– auch zu einer Siedlungskolonie wurde."* [140]
Der Dominikaner-Pater Bartolome de las Casas berichtet im Jahr 1552: *„Bei diesen sanften Schafen ..... sind die Spanier wie ungeheuer blutgierige, seit vielen Tagen ausgehungerte Wölfe, Tiger und Löwen eingefallen, sobald sie von ihnen erfuhren. Und seit vierzig Jahren haben sie bis jetzt nichts anderes getan, und auch heutigentags tun sie nichts anderes, als sie zu zerfleischen, zu töten, zu peinigen, zu kränken, zu martern und zu vernichten[...]; und dies geschah in solchem Maße, daß von den mehr als drei Millionen Menschen, die es auf der Insel Española gab und die wir gesehen haben, heute nicht einmal mehr zweihundert Eingeborene übrig sind.[...] Zwei allgemeine und hauptsächliche Mittel sind es, die jene wählten, die sich Christen nennen und hinübergefahren sind, um jene beklagenswerten Völker auszurotten und vom Angesicht der Erde zu vertilgen."* [407]
Dem wird entgegengehalten: *„Deutlich wird dies anhand der ‚Reduktionen', die Jesuiten zum Schutz der Indianer errichteten. In ganz Südamerika wurden an der Peripherie des spanischen Kolonialreiches solche autonomen Indianergemeinden errichtet. Diese Reduktionen sollten frei von Europäern sein und es den Indianern ermöglichen, ihr traditionelles Leben weiterzuführen– abgesehen davon, dass die Jesuiten sich natürlich weiterhin um ihre Christianisierung bemühten".* [151]
„Besonders bekannt und besonders tragisch ist der Untergang zahlreicher indianischer Ethnien. Man nimmt an, dass Ende des 15. Jahrhunderts 35 bis 45 Millionen Indianer in Süd- und Mittelamerika lebten, deren Zahl bis 1650 auf etwas mehr als 4 Millionen sank. Wesentliche Ursache für dieses Massensterben war allerdings weniger die kaum zu leugnende Unmenschlichkeit der Kolonisatoren als vielmehr aus Europa und Afrika eingeschleppte Krankheiten." [140]

A96 Allerdings war bis dahin eine Million Japaner zum Christentum konvertiert;[155] im Rahmen der anschließenden Christenverfolgungen verloren zwei- bis dreihunderttausend Japaner ihr Leben, Viele davon endeten am Kreuz. Das Land wurde gegen jeglichen Außeneinfluss abgeschottet, bis 1863 der preußische König Wilhelm I. eine japanische Gesandtschaft empfing und damit eine enge Entwicklungskooperation einleitete, die in Japan in die Meiji – Restauration des Jahres 1868 mündete. Von da an war Japan kontinuierlich bemüht, unter Wahrung seiner kulturellen Eigenheit die technischen und wissenschaftlichen Errungenschaften des Westens zu integrieren, bis nach dem Ende des 2. Weltkriegs eine Welle der Amerikanisierung Japan zum östlichen Außenposten der entwickelten westlichen Welt machte. Seine ländlichen Regionen weitab von der Megalopolis zwischen Tokyo und Osaka blieb kulturell noch jahrzehntelang weitgehend isoliert: ich selbst habe bei meinen Reisen durch Japan Anfang der 80er Jahre noch die staunenden Gesichter von Japanern und Japanerinnen hinter kichernd vorgehaltenen Händen erlebt, die zuvor noch nie einen leibhaftigen Westerner, einen Gaijin, gesehen hatten – das bedeutete damals einen Auftritt im Fernsehen (das Geschenk von NHK steht noch heute in meinem Büro; die Straftat der Geschenkannahme ist verjährt).

Japan wurde somit zum ersten, und eindrucksvollsten, Beispiel für die einsetzende Assimilation der Welt an die europäische Zivilisation, die mit dem Aufholen der USA die „westliche" Zivilisation geworden war. Gleichzeitig wurde dort der Unterschied zwischen Kultur und Zivilisation vorgeführt, als zwar technische Annehmlichkeiten und medizinische und andere wissenschaftliche Erkenntnisse die Lebensbedingungen zu verbessern begannen, ohne aber zunächst die Kultur, die gewachsenen Lebensgewohnheiten und sozialen Traditionen zu ändern – die schrittweise Globalisierung kultureller Inhalte ist ein anderer, wesentlich komplizierterer Prozess, regional unterschiedlich und abhängig von der sozialen Schicht; er spielt sich in unserer Zeit, vor unseren Augen ab.

A97 Allerdings fuhren die Japaner schon seit dem 13. Jh. entlang der Küste nach China und waren dort vor allem als lästige Piraten bekannt. Zu Beginn des 17. Jh. gab es japanische Piraten-Flotten mit über tausend Dschunken.[155]

A98 Bengalen wurde zum Zentrum der britischen Kronkolonie mit der Hauptstadt Kalkutta, und umfasste den Westteil vom heutigen Bangladesch und das heutige West-Bengal Indiens.

A99 Zu Kaiser Justinians Zeiten jedoch soll es zwei Mönchen gelungen sein, Seidenraupen in ihren ausgehöhlten Wanderstäben aus China zu schmuggeln; danach hütete auch Byzanz das Geheimnis der heimlich etablierten Seidenherstellung lange Zeit als Geheimnis.

A100 Philipp II. hatte weitere Zwangs-Christianisierungen wegen der bitteren Erfahrungen in Südamerika verboten, wo das Christentum teilweise „mit Feuer und Schwert" eingeführt worden war.

A101 Die Krönung Maximilians fand daher im Februar 1508 in Trient statt. Anlässlich seiner Kaiserkrönung ließ er in seinem Münzamt in Hall bei Innsbruck eine Münze prägen, auf der „Europa" als Großraum erstmals benannt wird:

MAXIMILIANVS DEI GRA(tia) ROM(anorum) IMP(erator) SEMP(er) AVG(vstvs)
ARCHIDVX AVSTRIE - PLVRIVMQ(ve) EVROPE PROVINCI-AR(vm) REX ET
PRINCEPS POTENTISIM(vs) -
Maximilian, von Gottes Gnaden Kaiser der Römer, allzeit Mehrer des Reichs,
Erzherzog von Österreich - König zahlreicher Länder Europas und
allermächtigster Fürst.

A102 Mir ist klar, dass der Vergleich hinkt, weil in unseren Tagen die Türkei der NATO
angehört; der Vergleich ist eben nicht mit Bezug auf Türken gemeint, sondern
auf Gruppen-Kooperation gegen einen potentiellen Feind im allgemeinen.

A103 Schon unter Kaiser Maximilian I. hatte Frankreich mehr als einmal seine Rolle
zwischen Feind und Bruder des Römischen Deutschen Reiches gewechselt.

A104 Jedoch ist bekannt, dass allein Liverpool, die „Hauptstadt des Sklavenhandels",
an die 40% am gesamten Welthandel bestritt und nur im Jahr 1799 45.000
Sklaven transportiert haben soll. Bei aller Kritik aus heutiger Sicht muss man
aber bedenken, wie selbstverständlich Sklaventum von alters her war: auch die
Venezianer und Genueser handelten spätestens seit dem 14. Jh. mit Sklaven, die
sie von den jeweiligen Herren der nördlichen Schwarzmeerküste kauften und
über die Kolonien Tana und Kaffa nach Istanbul oder gleich nach Italien ver-
schifften.[49]

A105 Brandenburg deportierte 17.000, Dänemark 100.000, teilweise betrieben von
der deutschen Kaufmannsfamilie Schimmelmann, Frankreich und Portugal
jeweils deutlich über 1 Million. Als erstes Land verbot Dänemark den Sklavenhandel im Jahr 1803, England 1807. Insgesamt sollen 10 [408] bis 40 Millionen
Afrikaner in die Sklaverei verschleppt worden sein.[409] Die Kirche hatte dazu
nochmal gesondert ihren Segen gegeben – ihr Verhalten im Frühmittelalter
haben wir bereits kennen gelernt: Papst Nikolaus V. sprach mit seinem Edikt
„Romanus Pontifex" im Jahr 1455 König Alfons V. von Portugal und dem Orden
der Christusritter (Nachfolger und Erben der Templer) – und damit dessen Verwalter Heinrich dem Seefahrer - das Recht zu, Nicht-Christen zu versklaven.[410]

A106 Dabei ist es nicht so, weil es so sein muss, oder noch besser, weil es geschrieben
steht, sondern deshalb, weil man es unbehindert geschehen lässt, träge und
vorbeugend beruhigt, dass man auch selbst nicht ob des Kavaliersvergehens
gegen die „Menschlichkeit" belangt werden würde, jedenfalls so lange es einen
tatsächlich noch nicht selbst erwischt hat. Menschlichkeit in Anführungszeichen
weist darauf hin, dass erst dann eine grundsätzliche Änderung eintreten kann,
wenn alle Menschen in ihrer Erziehung darauf aufmerksam geworden sind, dass
„Unmenschlichkeit" menschlich ist, Teil der „menschlichen Natur", gewahr geworden der Tatsache, dass nur dieses Gewahrwerden selbst der Anfang davon
sein kann, diese „menschliche Unmenschlichkeit" zu überwinden.[1] Kapitulation
vor dieser Herausforderung ist eine verlässliche Ursache für unseren möglichen
Untergang.

A107 1716 erschien ein Buch „De Tribus Impostoribus" – über die drei Betrüger, in
dem die drei Religionsgründer als die drei großen Betrüger der Menschheit

bezeichnet werden. Über die Autorenschaft und die Geschichte des Textes wird seither diskutiert und gestritten. Einige aufklärerische Initiativen zielten in der Tat auf den Nachweis gezielter Betrugsversuche durch den Klerus der Religionen, die auch als Reaktion auf den offensichtlichen Ablassbetrug der katholischen Kirche zu verstehen sind. Die aufklärerische Vernunft macht sich auch über die Zwangsmissionierung lustig („la force passe la raison" – Gewalt geht an der Vernunft vorbei).

Diese Form von zynischer Kritik und der Vorwurf betrügerischer Absicht erinnert auch an die zuvor erwähnten Kritiker der Götterwelt im antiken Griechenland, und an Hinweise auf Maschinen im Unterbau griechischer Tempel mit der Technik von Heron von Alexandria und der Hydraulik von Archimedes zum vorgegaukelten Beweis der Präsenz und direkten Aktion der Götter. Die Wirkung sollte die Spendenwilligkeit der Besucher anregen.

A108 Leibniz soll in seinen „essais de theodicée" beschrieben haben, dass es unendlich viele verschiedene Welten geben müsse – ein weiter Vorausblick auf die moderne These multipler Universen.

A109 David Hume erkannte, dass wir bei der wiederholten Wahrnehmung von Ereignisabläufen Kausalzusammenhänge erleben, und, dass diese Abläufe nicht wirklich kausal zusammenhängen: dieses Erlebnis ist nur eine Auswirkung der Hirnfunktion, des Denkprozesses, nicht aber der objektiven Umwelt. Gewöhnung ist es, die Bildung von Vertrauen darauf, dass Ereignisse, die oft davor zusammen beobachtet wurden, auch künftighin in dieser Abfolge festzustellen sein würden, nicht, weil es sich tatsächlich um eine Gesetzmäßigkeit handelt.* Diese fundamentale Erkenntnis, dass wir nicht die Wirklichkeit wahrnehmen, sondern nur unsere Wahrnehmung, hatte zwar in ähnlicher Form bereits Sokrates ausgedrückt. Jedoch begann nun die Verbindung zwischen gedanklicher Analyse von Bebachtbarem mit der Zuordnung zu Körperfunktionen, welche diese Analyse bewirkten: mit anderen Worten der Hirnfunktion als oberster Stufe von Nervenfunktion. David Hume nahm also an, dass ein Mechanismus im Gehirn, eine Art Instinkt, vorhanden sein müsse, der uns Menschen dazu veranlasst, Kausalzusammenhänge als solche zu „erkennen", und zwar im Sinn von „glauben müssen", von instinktiver Überzeugtheit eben. Im Gegensatz zu Descartes und Locke sieht Hume kein real existierendes „Ich", sondern nur Abläufe von Hirntätigkeit, eine Aufeinanderfolge von Wahrnehmungen, welche den Eindruck, die Illusion, von einem „Ich" ergäben, als *Bedürfnis der Seele*.[411] Das war etwa 1739 (das Jahr, in welchem Persien Indien überfiel, Delhi ausraubte und den Koh-i-Noor als Beute mitnahm; doch schon 8 Jahre später kam er zurück nach Indien, fiel den Briten in die Hände und wurde Eigentum von Königin Victoria).

* Heute wissen wir, dass viele der Gegebenheiten unserer Welt nur deshalb regelmäßig erscheinen, weil sie sich in einer Zeitachse ändern, die wir in einem Menschenalter nicht überblicken können: der Mond wandert von der Erde weg, die Tage werden länger, weil sich die Erde immer langsamer dreht (sie drehte sich davor schon einmal wesentlich schneller als heute).

A110 Konrad Lorenz erhielt für sein Lebenswerk 1973 den Nobelpreis für Physiologie und Medizin. Von philosophischer Seite blieb dieser Ansatz einer evolutionären Erkenntnistheorie allerdings nicht unwidersprochen: Eve-Marie Engels zeigte in einer überzeugenden und erschöpfenden Arbeit,[412] dass die evolutionäre Erkenntnistheorie einen Zirkelschluss birgt, vor dem schon David Hume gewarnt hatte, nämlich „ *sofern sie ... das philosophische Problem der Realität der Außenwelt zu lösen beansprucht“*.[412] Lorenz hatte argumentiert, dass z.b. die Form einer Fischflosse die irdischen Verhältnisse, also Schwerkraft, Viskosität des Wassers etc. abbilde und damit erlaube, die Verhältnisse der Umwelt als objektiv gegeben anzunehmen, also die Wirklichkeit an sich zu erkennen.[412] Dem steht eben die Erkenntnis entgegen, dass ja der Erkennende, der Mensch als Beobachter, selbst eine auf diese Weise angepasste Form ist, die eine solche angepasste Form als real existierend beurteilt, obwohl wir tatsächlich außerstande sind, einen Standpunkt außerhalb unseres eigenen Erkennens einzunehmen:[412] *„Sobald man sich konsequent auf den konstruktionistischen Standpunkt einlässt, Erkenntnis in allen ihren Formen als Konstruktion betrachtet und die alte Korrespondenztheorie der Wahrheit im Sinne der Übereinstimmung von Erkenntnis und Realität an sich aufgibt, kommt keiner Erkenntnisform eine Priorität per se zu.' Anpassung' an die Realität bedeutet danach nicht mehr die Entwicklung realitätsabbildender, kognitiver Strukturen, sondern die Evolution von Erkenntnisorganen, die es ermöglichen, Realitäten auf überlebensdienliche Weise zu konstruieren sowie die individuelle Konstruktion dieser Realitäten“.[412]*

A111 Bemerkenswert ist die gleichzeitige Entstehung des aufgeklärten Absolutismus und der Demokratie, insbesondere wenn man sich vorstellt, dass der Preuße Friedrich der Große und sein Zeitgenosse George Washington, der erste Präsident der USA, Freimaurer waren, aber auch der Franzose Talleyrand und der Brite Wellington, taktische Widersacher der napoleonischen Ära, Simon Bolivar, Befreier von Südamerika, der polnische Nationalheld Jan Dombrowski, Louis Bonaparte, König der Niederlande, und viele weitere Aristokraten der Freimaurerei angehörten, ebenso wie der italienische Freiheitskämpfer Giuseppe Garibaldi und der ungarische Patriot Lajos Kossuth. Danach waren auch die deutschen Friedrich Wilhelm II. und Wilhelm I. Freimaurer, ebenso wie der Habsburger Erzherzog Johann, Bruder des Kaisers, 1848 Reichsverweser des Deutschen Reiches. In neuerer Zeit waren Regenten wie Kemal Atatürk Freimaurer, die britischen Könige Edward VII. und VIII. sowie George VI. und danach Winston Churchill, im 20. Jh. Franklin Roosevelt, Gustav Stresemann und Salvador Allende.

Dass Mozart Freimaurer war, ist weithin bekannt, weniger, dass auch dessen Vater Leopold und Joseph Haydn der Loge „Zur Wohlthätigkeit“ angehörten, ebenso wie van Swieten, den Kaiserin Maria Theresia zur Planung des Allgemeinen Krankenhauses nach Wien berufen hatte, obwohl im Habsburgerreich der katholischen Majestäten die Freimaurerei verboten war und bis zum Ende blieb. Aus den Kreisen der Dichter und Denker zählen auch Voltaire, Diderot, Lessing, Kleist, Goethe, Charles Dickens, Oscar Wilde, Heinrich Heine, Stendhal,

Puschkin und Victor Hugo und viele weitere Künstler und Komponisten wie Jean Sibelius und Franz Liszt dazu. Unter den Entdeckern waren Heinrich Schliemann, Roald Amundsen Freimaurer, unter den Forschern Isaac Newton, ebenso Alexander Fleming (Entdecker des Penicillins), Henri Dunant, Gustave Eiffel, viele weitere Forscher, Techniker und Fabrikanten.

Die Mitgliedschaft von Herzog Albert von Sachsen-Teschen war eine besonders delikate Geheimsache, weil er Ehemann von Marie-Christine, einer Tochter der österreichischen Kaiserin Maria Theresia war, die das Freimaurertum verfolgte und untersagte (im Gegensatz zu ihrem Sohn Joseph II.)

A112 Dr. Guillotin war bekannt geworden durch seine Tätigkeit in einer von Ludwig XVI. einberufenen Kommission zur Überprüfung der Seriosität der Machenschaften eines Herrn Mesmer, der die Massen mit seinen spiritistischen Veranstaltungen begeisterte – noch heute spricht man von „mesmerisiert". Ein anderes Mitglied jener Kommission war Benjamin Franklin.

A113 Dieser Teil der Aufklärung hat also *noch nicht* stattgefunden; er ist wahrscheinlich bedeutsamer als alles vorher dagewesene: dem Menschen die Gefährlichkeit seines Glaubenmüssens schon als Teil der Erziehung klarzumachen. Alle Kinder auf Erden, nicht nur in Europa, sollten künftig nicht nur lernen müssen, sondern verstanden haben, dass „Wissen" nur eine Spielform von „Glauben" ist, dass Glauben-müssen, dieser Zwang zur Überzeugtheit, unsere eigentliche Erbsünde ist, Teil unseres Denkvorganges. Decken wir sie auf, verwickelt und verstrickt sie uns in diese gedankliche Orientierungslosigkeit, in der uns das Erkennen der Relativität und Bruchstückhaftigkeit der Erkenntnis von Wirklichkeit, des autonomen und irreleitenden Erkenntnisvorgangs in uns, den Boden entzieht, bis wir wieder „zur Vernunft kommen" und „Wissen" wenigstens als Provisorium anerkennen, Wissen als bedingte Gewissheit, um des Überlebens willen. Lebenlernen auf und mit diesem Vorläufigen, Vorübergehenden, Vorbeifließenden ist jedenfalls die einzige wirkliche Hoffnung, die wir haben, auf Erlösung von ideologischem Wüten aus Überzeugtheit, gleich ob religiös oder säkular. Denn Überzeugtheit *ist* eine Form von Wut, Irrlicht zum Mord.

Darum: nicht Gedankenfreiheit braucht es: in der Befreiung von der Wut der Überzeugtheit liegt der Friede verborgen. Dann darf auch Gott wieder erscheinen am Horizont unserer Besuchslandschaft auf Erden, ohne dass wir versuchen müssen, uns vor seiner Gewaltherrschaft wegzustehlen.

Es bleibt uns ohnehin die andere Erbsünde als Last: der Krieg in uns zwischen ich und du, mit seiner Siegerprämie, der Macht, dem zweiten Mordmotiv.

A114 *„Es gehört so vollständig zum guten Ton für eine Dame von Welt, unerlaubtes Glück genossen zu haben, daß sie gezwungen ist, die Spuren ihrer Liebesnächte von Zeit zu Zeit öffentlich zur Schau zu tragen ... Dem Gatten ist hierbei die Aufgabe zugewiesen, mit Verstand und Anstand über der Situation zu stehen ... Voltaire lebte bekanntlich ein halbes Menschenalter lang mit der Marquise du Châtelet auf deren Schloß Cirey in Lothringen, aber niemals hören wir etwas von irgendeiner Verstimmung des Marquis. Seine Toleranz ging aber noch viel weiter. Eines Tages wurde auch Voltaire von Emilie betrogen ... was aber Voltaire nicht hinderte, an* *ihrer Seite zu bleiben und sogar der väterliche Freund seines Nebenbuhlers zu werden."* Als die Marquise ein Kind erwartet, lautet Voltaire's Lösung: *„Pater est, quem nuptiae declarant"* [der Kindsvater ist jeweils der, den die Frauen als solchen deklarieren].[2]

A115 Helden für Europa - von Blindheim

Blenheim Palace – zwischen Oxford und Stratford on Avon gelegen – ist der Familienwohnsitz von Winston Churchill, Nachkomme des Duke of Marlborough.

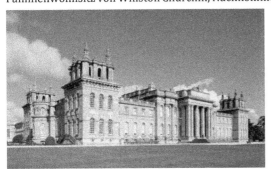

Letzterer hatte das Schloss mit seinem umgebenden Parkgelände als Anerkennung für seinen Sieg bekommen. Dabei war aus „Blindheim" „Blenheim" geworden, in Erinnerung daran, dass die Franzosen es nicht anders hatten aussprechen können.

Abb. 114: Blenheim Palace, Oxfordshire, England.[413]

Abb. 115: rechts: Schloss Belvedere, Wien. Photo:[414]

Auch Prinz Eugen von Savoyen, der Held in den Türkenkriegen des ausgehenden 17.Jh., konnte durch seine militärischen Erfolge ein Schloss erwerben: er war der Besitzer von Schloss Belvedere in Wien. In einem Nebengebäude des Schlosses verbrachte der Komponist Anton Bruckner sein letztes Lebensjahr. 1955 wurde dort der Staatsvertrag unterzeichnet, der Österreich wieder zu einem freien, neutralen Staat werden ließ; der Vertrag wurde von britischer Seite von Außenminister Macmillan und Geoffrey Arnold Wallinger unterzeichnet.

A116 An außereuropäischen Kriegen weltweit zwischen 1945 und 1992 zählte Eibl-Eibesfeldt noch etwa 130, und über 30 im Jahr 1993. [379]

A117 Nur 1766 trat in Spanien von Madrid ausgehend der sog. „Hutaufstand" aus: die Regierung hatte den Sombrero verboten und versuchte vergeblich, die Verord-

361

nung mit militärischer Gewalt gegen das aufgebrachte Volk durchzusetzen. König Karl III. verbot daraufhin die Jesuiten in Spanien, weil er sie als Auslöser der Unruhen verdächtigte.

A118 Ein erster Staatenbund scheiterte damals wohl am eben erst entstandenen Deutschen Reich und seiner Weigerung, sich einer internationalen Instanz unterzuordnen, ein Fehlverhalten, das man in unseren Tagen wieder an den Briten bemängeln kann – darf man es tatsächlich Fehlverhalten und im Zusammenhang mit Großbritannien „bemängeln" nennen, wo es sich doch um ein Zufallsergebnis am Rande einer Form von Demokratie mit fragwürdiger Sinnhaftigkeit handelt?

Bismarck hatte noch vehement, und auch militärisch, gegen Frankreich agiert: die erniedrigende Okkupation von Paris 1871 und die Ausrufung des Deutschen Reiches von Versailles aus hat zweifellos den Beginn der Kettenreaktion dargestellt, in dessen Folge 1918 ebendort die Friedensverhandlungen und 1940 die Kapitulation Frankreichs stattfanden. Auch das 3-Kaiser Abkommen mit Österreich und Russland gegen das Bündnis Frankreichs mit England hat die deutsch-französische Front schon Jahrzehnte vor dem Ausbruch des Ersten Weltkriegs gebildet.

Erst musste wieder ein großer Krieg den Blick klären: Der Völkerbund wurde 1920 unter wesentlicher Initiative des amerikanischen Präsidenten Wilson gegründet (Wilson bekam für seine Initiative schon 1919 den Friedensnobelpreis), nach den komplizierten Verhandlungen um den Versailler Vertrag, der an Italien und Japan zu scheitern drohte; aus heutiger Sicht als Vorstufe der UNO. Wegen der internationalen Friedensbemühungen für Europa von deutscher Seite durch Reichskanzler Gustav Stresemann – er hatte sich insbesondere zusammen mit Ministerpräsident Aristide Briand um Aussöhnung bemüht und erreicht, dass Deutschland 1926 in den Völkerbund aufgenommen wurde. Beide Herren erhielten dafür gemeinsam den Friedensnobelpreis.

A119 Toynbee schreibt: „Einem englischen Bürgerkind meiner Generation musste es im Jahr 1897 ... so scheinen, als habe die Welt, in die es hineingeboren wurde, die Gesetze der Geschichte überwunden. ... Die Geschichte war Vergangenheit" – Eben in diesem Lebensgefühl wuchs auch meine Generation bis zum Jahr 1968 auf: ein Gefühl, als könnte sich von nun an nichts mehr zum Schlechten ändern, alles war bereits geschehen, nun konnte es nur noch in die globale Moderne gehen, und in den Weltraum. Der Kalte Krieg erschien wie ein spielerisches Geplänkel; noch waren die fernen Länder fern, jene, in die der Krieg nun ausgewandert war. – Im Übrigen klingt der Satz von Toynbee wie eine Leihgabe an Francis Fukuyama und sein Ende der Geschichte.[342]

A120 Diese Revolution wird „Die Drei Glorreichen" genannt, „Les Trois Glorieuses", weil sie sich über diese 3 Tage erstreckte und zur endgültigen Absetzung der Monarchie in Frankreich führte.

A121 In Manchester war es 1819 bei einer friedlichen Demonstration von 100.000 Arbeitern sogar zu Militäreinsatz mit Toten und hunderten Verletzten gekommen. Die Stadt steht wegen des Sitzes der Textilindustrie als Ursprungsort der Industriellen Revolution und des daraus resultierenden Kapitalismus – des Manchester-Kapitalismus – in den Geschichtsbüchern.

A122 *„Inzwischen" – so geht die Argumentation weiter – „werden ... etwa 200 Staaten auf der Erde gezählt. Dies könnte zu dem Eindruck verleiten, dass der Staat gewissermaßen das notwendige Ergebnis einer historischen Entwicklung war, also schlicht das beste Modell, das sich aufgrund seiner Stärken weltweit durchgesetzt hat. Dass dem keineswegs so war, erweist der Blick in die europäische Kulturgeschichte des Staates. Hierbei zeigt sich, dass der Staat als Organisationsform vor allem durch die großen Kolonialmächte Spanien, Frankreich und Großbritannien, aber darüber hinaus natürlich auch durch andere europäische Staaten in die ganze Welt exportiert wurde. Die europäische Dominanz über nahezu den gesamten Globus führte dazu, dass der Staat als die unhinterfragt ‚normale' Organisationsform für Gesellschaften angesehen und zugleich mit einem europäischen Verständnis von Zivilisation identifiziert wurde. Alternativen wurden dadurch von vornherein ausgeblendet".*[140]

A123 Das Wort ist nichts als Bezeichnung für „Gebietsanspruch" durch eine Macht, allenfalls Ausdruck des Machtwillens, der hinter dem Anspruch steht – und allemal „Vorstellung". Staat wird zur Idee gemacht, die sich verselbständigt hat wie eine Vorstellung von Gott als weisem altem Mann mit wallendem Bart, ein geistiger Fetisch eben, den die Menschen einer Volksgemeinschaft im Kopf umhertragen, aber keinesfalls *„Endpunkt einer historischen Entwicklung".* Dass zu diesem Fetischismus zuguterletzt auch noch wissenschaftliche Messdiener auftreten, die diese Verirrung noch mit –ismen beweihräuchern, bespreche ich an anderer Stelle.[1]

A124 *„Die Nation beruht, und das gilt nach wie vor als Forschungskonsens, auf ethnischen, sprachlichen, kulturellen, ethischen, religiösen, geographischen, historischen und politischen Einflüssen, die ein bestimmtes, eben nationales Wir-Gefühl in einer Gesellschaft erzeugen. Vor allem die Verankerung einer Gesellschaft in einer gemeinsamen Geschichte spielt bei der Erzeugung nationaler Identität eine maßgebliche Rolle: Kollektive Erinnerungen, Geschichtsmythen und politische Symbole gehören zu den konstituierenden Bestandteilen einer Nation. Als gemeinsame Sinnkonstruktionen legen Mythen, Symbole und Rituale eine nationale Gruppenzugehörigkeit fest. ..... ihre eigenen Gründungsereignisse und Integrationsfiguren: in Frankreich beispielsweise die Marianne, der Sturm auf die Bastille und die Tricolore, in England die Magna Charta, die Glorious Revolution und das Parlament oder aber in Deutschland der Germanenmythos, die Hermannschlacht und womöglich auch die inzwischen als ‚deutscher Sonderweg' sprichwörtlich gewordene Verspätung der Nation".*[140]

A125 Anlässlich der von ihm geliebten Stadt Aachen besuchte Napoleon am 7. September 1804 den Dom. *„Der Bischof begrüßte den Kaiser mit den Worten: 'Sire! A votre entrée dans ce temple auguste, les ceindres de Charles se raniment'* (Eure Majestät! Bei Ihrem Eintreten in dieses kaiserliche Heiligtum kommt die Asche

von Karl zu neuem Leben), *und fügte hinzu, dass Napoleon gleich Karl die Liebe, Bewunderung und Achtung aller Herzen in Frankreich und in Europa gewonnen habe".*[415]
„Napoléon hat ... Charlemagne imitiert, hat sogar mit dem Gedanken gespielt, sich in Aachen zum Kaiser krönen zu lassen".[416]

Abb. 116: Napoleon zu Füßen des Throns von Kaiser Karl dem Großen, von Henri-Paul Motte. Quelle:[417]

Napoleon sah sich allerdings auch in der Rolle Alexanders des Großen, träumte von seinem Sieg gegen die Osmanen und der Eroberung Persiens und hatte schon von Jugend an aus dem Buch über die beiden Indien die Vorstellung von Ägypten als einer strategischen Schlüsselstellung; daher fügten sich die Erwartungen der Académie Française mit denen Napoleons und jenen des Direktoriums der Revolution. Dieser Kindheitstraum, wenn man so will, war auch der wahre Grund für Napoleons „Expedition" nach Ägypten.

A126 Zu meiner Kinderzeit am Land in den 1950er Jahren handelte noch so manches Theaterstück von Laienspielergruppen von den napoleonischen Kriegen am europäischen Kontinent, so tief war der Schock gesessen. Davon musste Hitler aus eigener Erfahrung gewusst haben. Dass er nicht schon allein deshalb an Napoleon's Schicksal in Russland dachte, lässt sich kaum noch mit einer normalen Psyche vereinbaren, allenfalls mit der eines gewissenlosen Spielers, der alles auf eine Karte setzt und sich – und damit das Schicksal eines ganzen Volkes – dem Zufall ausliefert. Ich meine, dass Elias Canetti mit seinem Vergleich zwischen paranoischen Patienten und despotischen Machthabern der Realität am nächsten kam.[163] Ich diskutierte den Zusammenhang an anderer Stelle.[1]

A127 Mit seinem unter vielen Militärs und Historikern im negativen Sinn legendären „Haltebefehl" stoppte Hitler den rasanten Vormarsch des durch die Ardennen vorrückenden Südflügels der deutschen Armee kurz vor der Atlantikküste. Damit konterkarierte er den Plan der Generäle, die vereinte Armee der Briten und Franzosen zangenförmig einzukreisen und an der Flucht übers Meer zu hindern (Manöver „Sichelschnitt").

A128 Thomas Mann, Albert Einstein, Konrad Adenauer, Aristide Briand, (Friedens-nobelpreis 1926), Edouard Herriot (französischer Ministerpräsident), Karl Renner (österr. Bundeskanzler), Edvard Beneš (tschechoslowakischer Außen-minister). Zu den vielen weiteren Unterstützern zählten auch Charles de Gaulle, Bruno Kreisky, Georges Pompidou, Sigmund Freud, Gerhart Hauptmann, Hugo von Hofmannsthal, Ortega y Gasset, Rainer Maria Rilke, Arthur Schnitzler, Franz Werfel, Stefan Zweig und Richard Strauß.

A129 Seit 1978 gibt es einen Coudenhove-Kalergi Europapreis der Europa-Gesell-schaft Coudenhove-Kalergi, den z.B. 1990 Helmut Kohl, 1994 Otto von Habsburg und 2010 Angela Merkel erhielt. Weitere Preisträger waren 1992 Ronald Reagan, 2000 Yehudi Menuhin sowie eine Reihe weiterer Staatsoberhäupter und EU-Politiker.
Coudenhove-Kalergi war es auch, der sich schon in den 1920er Jahren um eine Befriedung zwischen Deutschland und Frankreich bemühte.

A130 Samuel P. Huntington ist Professor für Politologie in USA, und seine These steht als Titel auf seinem Bestseller „Kampf der Kulturen" – ich werde im zweiten Band darauf zurückkommen.

A131 In den romanischen Sprachen entsprechend „dies Jovis" im Lateinischen (bedeutet „der Tag Jupiters") im Französischen „jeudi", spanisch „jueves", italienisch „giovedi" (Giove ist Jupiter in neu-Latein, also italienisch), rumänisch „joi"; in den germanischen Sprachen „torsdag" auf schwedisch und dänisch, englisch „Thursday", niederländisch „donderdag".

A132 Nach der 2. und 3. Sure im Koran hatten schon Abraham und sein Sohn Ismael die Grundmauern der Kaaba in Mekka errichtet, den „Standplatz Abrahams", weswegen die „Qibla" von Jerusalem nach Mekka verlegt wurde; Abraham sollte auf Gottes Geheiß die Menschen zur „Haddsch" aufrufen. Manche meinen auch, der Koran bezeichne Abraham als den Gründer eines vor-islamischen Mono-theismus, der von Mohammed erneuert worden sei; der „Hanifiyya"also – vergleichbar dem Judentum aus der christlichen Sicht, wonach Jesus von Nazareth als der Erneuerer des jüdischen Glaubens zu verstehen ist.

A133 Auch Buddha war ein Protestant in seiner hinduistischen Welt, ebenso wie hundert Jahre davor Zarathustra, als er den Vielgötterglauben in seiner Region zum Monotheismus zentrieren wollte.[81]

A134 Grundsätzliche Probleme hatte es ja von Anbeginn gegeben, als Petrus den Standpunkt vertrat, nur beschnittene Juden könnten Christen werden, wohingegen Paulus zur Überzeugung gelangt war, dass alle Menschen Christen werden könnten. Diese allererste Auseinandersetzung war Gegenstand des Apostelkonzils von Jerusalem: Paulus war von seinem „Adlatus" Titus begleitet, wie im Galaterbrief berichtet. Die Jünger und Petrus forderten, dass Titus sich beschneiden lassen müsse: aus dieser Forderung resultierte die Auseinandersetzung zwischen Petrus und Paulus, der diese Forderung zurückwies und Titus zum gleichsam lebendigen Beispiel für die Freiheit der „Heidenchristen" machte.

A135 In Pannonien geboren, dem heutigen Szombately in Ungarn, brachte man Martin als Kind nach Pavia, der Heimat seines Vaters. Dort kam er in Kontakt mit dem Christentum: Pavia lag zwischen den Bischofssitzen in Mailand und Aquileia. Martin musste jedoch auf Befehl seines Vaters wider Willen um 330 unter Kaiser Konstantin in den Dienst der römischen Armee gehen und dort 25 Jahre dienen, kam in diesen Jahren weit herum, zwischen Worms und Amiens, Trier und Genua, Le Mans und Rom. Schon während seiner Dienstzeit wurde er getauft und schließlich dritter Bischof von Tours. Als er 397 starb, zwei Jahre nach Kaiser Theodosius, war die Reichsteilung in Ost- und Westrom bereits vollzogen.

A136 Zu bedenken ist auch, dass das Christentum schon zwei Jahre davor durch Galerius in einem Duldungserlass als den anderen Religionen gleichrangig bezeichnet worden war. Damit setzten Konstantin und Licinius den von Diokletian initiierten Christenverfolgungen ein Ende. Allerdings kehrte sich die Situation um, als 391 ein Verbot aller heidnischen Kulte folgte; nun wurden also diese ihrerseits verfolgt. Mir ist nicht bekannt, wie sich die noch nicht christianisierte Hälfte der Bevölkerung zu dieser Zeit verhielt, z.B. ob die Menschen ihren „paganen" Glauben heimlich weiter praktizierten.

A137 Unter diesen frühesten Wieder-Gründungen war auch Salzburg im Jahr 696, allerdings nicht durch die Iren, sondern durch Rupert, Bischof von Worms. In Salzburg fand Rupert noch eine Bevölkerung aus der Römerzeit und eine Gruppe von Mönchen vor; 711 gründete er das erste Nonnenkloster „Nonnberg", das noch heute zu Füßen der später errichteten Festung Hohensalzburg steht.[418]

A138 Am bekanntesten ist Bonifatius für seine Fällung der Donaueiche im Jahr 723, einem von den germanischen Heiden verehrten Baum; er wollte damit beweisen, dass ihr Gott „Donar" – wir erinnern uns - keinerlei strafende Konsequenzen aus dieser Untat würde ziehen können, da es ihn gar nicht gebe – und es geschah in der Tat: nichts (außer dass er selbst, Bonifatius, 30 Jahre später während eines Tauf-Festes von friesischen Heiden erschlagen wurde [419]). Auch wenn es nicht stimmen sollte, dass Bonifatius den Vater von Karl dem Großen, Pippin, 751 auf der Reichsversammlung in Soissons gesalbt habe, so erkennt man hier dennoch die unmittelbare Nähe zu Karl, der all diese Tätigkeit zu einem historisch bedeutsamen Ergebnis zusammenführen sollte, indem er das fast ganz Europa umspannende Frankenreich zum Heiligen Römischen Reich machte.

A139　Das römische oder abendländische Patriarchat wurde zur „Römisch-Katholischen Kirche", das Patriarchat von Konstantinopel zur Orthodoxen Kirche; Antiochia, Alexandria und Jerusalem, die drei übrigen Patriarchate, werden seither von den verschiedensten, voneinander getrennten Kirchen als Sitz ihres Patriarchen beansprucht, z.B. Antiochia für die Syrisch-Orthodoxe, Alexandria für die Koptische und die Äthiopische Kirche. Inzwischen entstanden weitere Katholikate und mindestens 10 weitere orthodoxe Patriarchate.

A140　Der erneute päpstliche Machtanspruch gipfelte 1302 mit dem Postulat Bonifatius' VIII., wonach dem Papst die kirchliche wie auch die weltliche Herrschaft über die Christenheit zustand („Zwei-Schwerter-Theorie"). Initiativen wie die Gründung der Bettelmönch-Orden - der Franziskaner und Dominikaner sowie der häretischen Katarer in Südfrankreich - waren eine Reaktion auf dieses päpstliche Machtspiel. Weiterer Protest entstand im England des 14. Jh. mit John Wyclif.

A141　Clemens VI. kaufte dann 1348 gleich die ganze Stadt. Mit Kaiser Karl IV. begann die Wende: er bot dem Papst die Rückübersiedlung unter seinem Schutz an; Gregor XI. zog 1376 zurück nach Rom. Zwischen Entrüstung über Macht und Moral des Papst- und Kardinalstums entstand schon zwei Jahre darauf neues Getümmel, neue Dominanz des eifersüchtigen Franzosen: das abendländische Schisma mit zwei Päpsten, einem in Rom, einem zweiten in Avignon, sollte bis 1417 dauern.

A142　Kaiser Theodosius I. bezeichnete sich in seinem Drei-Kaiser-Edikt von 380 noch selbst als Hüter der Strafgerechtigkeit, die ihm „durch himmlisches Urteil übertragen worden ist",[380] etwa entsprechend der Meinung, dass der Kaiser nun „Gottes Vizekönig auf Erden" [420] sei. Kirchenvater Ambrosius wetterte dagegen und forderte, dass der Kaiser innerhalb der Kirche stehen müsse, nicht über ihr [244] - damit also unter dem Papst.

A143　Johannes hatte den Beinamen „Chrysostomos" – Goldmund – wegen seiner Redebegabung erhalten; er war seiner Predigten in der Patriarchalkirche von Antiochia wegen berühmt und deshalb zum Patriarchen von Konstantinopel ernannt worden. Ränke- und Machtspiele am Kaiserhof sowie die Eifersucht des Patriarchen von Alexandria brachten Johannes zu Fall: er wurde letztlich nach Pityus in Kolchis an der Nordostküste des Schwarzen Meeres verbannt, dem heutigen Sochumi, wo er alsbald starb.

A144　Als 1923 ein Erdbeben und der danachfolgende Feuersturm über 140.000 Menschen in der Region Tokyo-Yokohama das Leben gekostet hatte, fielen marodierende Banden über die koreanischen Zwangsarbeiter her und massakrierten Tausende unter dem Vorwand, sie hätten Feuer gelegt und Brunnen vergiftet.

A145　Früher als in Österreich * waren jüdische Staatsbürger in England schon ab 1838 in hohe politische Ämter zugelassen. Als Kuriosum kam es dort am Anfang des 20. Jh. zu einer gleichzeitigen juden- und deutschenfeindlichen Welle, die wohl mit der Machtübernahme der Nationalsozialisten in Deutschland ein Ende fand.

* Während der Kaiserzeit waren sie dort von administrativen Ämtern ausgeschlossen, daher die Konzentration in Wissenschaft, Kunst und Ökonomie.

A146 Joseph II. stellte nur Truppen an die 1500 Kilometer lange Süd-Ost-Grenze des Reiches und inspizierte sie unter großem persönlichen und sogar gefahrvollem Einsatz – um ein Haar wäre er in Gefangenschaft geraten. Wahrscheinlich erkrankte er damals an Tuberkulose, die ihn für den Rest seines Lebens kränklich werden ließ und seine Regierungszeit als Aufklärer auf zehn Jahre begrenzen sollte.

A147 Es ist interessant zu beachten, dass Städte wie Seleukia, Babylon, Samarra und Ktesiphon allesamt im Umkreis von etwa 100 km vom heutigen Bagdad standen; möglicherweise war die Region deshalb ein beliebter Bauplatz, weil dort die beiden Ströme, Euphrat und Tigris, am nahesten nebeneinander verlaufen. Assur lag 200 km nördlich, Ur etwa 300 km südlich, damals Hafenstadt an der Küste.

A148 Danach waren fast regelmäßig Emire und Sultane mächtiger als der Kalif. Die Osmanen verschleppten 1517 den letzten Abbasiden-Kalifen nach Istanbul; erst um 1770 interessierten sie sich selbst wieder für diesen Titel, bis schließlich Abdülmecid II. von Kemal Atatürk als letzter Kalif in eine rein repräsentative Funktion eingesetzt wurde.

A149 Es gilt die Schari'a. Zwangsislamisierung und Versklavung sind noch im 20. Jh. gängige Praxis; Missionare anderer Religionen wurden 1964 des Landes verwiesen. Der zunehmende Druck auf die im Südsudan lebenden Schwarzafrikaner - mehrheitlich Anhänger ihrer monotheistischen Ur-Religionen der Nuer und der Dinka, oder Christen – führte zu den grausamen Auseinandersetzungen mit vielen Toten und Millionen Flüchtlingen, einer Entwicklung, die bis heute ungelöst ist.

A150 Islamische Toleranz in Ägypten?
In Ägypten haben die Araber schrittweise die Kontrolle des Landes durch Übernahme der byzantinischen Verwaltungsstrukturen und Besetzung der entsprechenden Führungspositionen übernommen;[12] teilweise durften sogar mit den Tätigkeiten vertraute Christen manche Ämter weiterführen. Erst später ersetzte man die christliche Administration durch eigene Ordnung.[12] Damit begann auch die aktive Segregation Andersgläubiger: die Fremdensteuer, dschizya, ist in Ägypten im Jahr 680 erstmals dokumentiert.[12] Mit einem Edikt von ca. 720 werden Nichtmuslimen eine Kleiderordnung und Verhaltenmaßregeln vorgeschrieben; gleichzeitig werden ihnen jegliche religiösen Rituale in der Öffentlichkeit verboten.[12] Toleranz kann man diese neue Ordnung schon auch noch nennen, wenn man sich bei der Definition mit „Duldung von Nicht-Dazugehörigen gegen Entrichtung einer Gebühr" begnügt. Dennoch soll das Land bis ins 9.-10. Jh. weitgehend christlich geblieben sein.[12] Noch mindestens ein Jahrhundert nach der Invasion der Araber sprach man vorwiegend griechisch, und in der Region des heutigen Kairo koptisch, obwohl arabisch als Amtssprache sofort eingeführt worden war. Es durften auch, z.B. im heutigen Kairo, damals al-Fustāt genannt, Kirchen gebaut werden. Andererseits bestimmten die neuen

Herren, wer Patriarch werden durfte.[12] Insgesamt infiltrierte die Umayyaden-herrschaft das Land eher tastend, als dass es brutal erobert worden wäre. Jedoch, als sodann das Kalifat nach der Revolution in Damaskus von den Abbasiden über-nommen wurde, scheint nach den Quellen mehr zerstört worden zu sein als bei der ursprünglichen Machtübernahme der Araber im Jahr 639.[12] Zwischen den verschiedenen Bevölkerungsgruppen untereinander gab es zu allen Zeiten von Anbeginn Spannungen, ethnisch wie religiös. Außerdem bestand auch dort die „gesetzliche Diskriminierung" Andersgläubiger gegenüber den Muslimen,[12] die Viele letztlich zum Übertritt zum Islam bewegte. Von aggressiver Missionierung ist jedoch nirgendwo die Rede, und auch von vielen geschäftlichen Verbindungen quer durch die Religionsgruppen, die engere soziale Kontakte zur Folge hatten, Brücken zwischen den sonst wohl voneinander getrennten Bevölkerungs-gruppen.

A151 Alexander der Große machte sogar in Ägypten das Griechische zur Umgangs-sprache. Die Römer waren später an der Verbreitung ihrer Sprache weniger interessiert, so gibt es kaum historische Spuren – im Gegensatz zum Griechi-schen, das dann in byzantinischer Zeit wieder die Hauptsprache der Bildung blieb, aber immer mehr vom Koptischen abgelöst wurde; Ägyptisch wird zu Koptisch, einer Mischung aus Ägyptisch und Griechisch.[12] Arabisch setzt sich nach der Eroberung erst im 8. Jh. langsam durch. Ab dem 11. Jh. verwendet auch die koptische Kirche Arabisch. [12]

A152 Eratosthenes von der griechischen Kolonie in Nordafrika, der Kyrenaike im heutigen Libyen, hatte den Erdumfang mt einem Fehler von nur etwa 7% errech-net, war also selbstverständlich von der Kugelgestalt der Erde ausgegangen; er beschrieb außerdem ein heliozentrisches System und bestimmte die Neigung der Erdachse zur Sonne. Die Weltkarte des Eratosthenes erscheint detaillierter als die 400 Jahre später – ebenfalls in Alexandria - von Ptolemäus verfasste. Noch erstaunlicher ist, dass Ptolemäus trotz der exakten und detailliert erklärten Berechnungen von Eratosthenes dennoch zum geozentrischen Weltbild von Aristoteles zurückkehrte und damit den Rest der Spätantike und durch das Mittelalter anerkannt bleiben konnte bis zur kopernikanischen Wende.

A153 Abraham soll um 2.000 v. Chr. in Ur im Zweistromland gelebt haben. Von dort zog er mit seinem „Volk" nach Süden.

A154 Wenige Kilometer neben Issos liegt Tarsos, Geburtsstadt des Hl. Paulus. Von Issos sind es nochmal 40 km nordwärts bis zur Kilikischen Pforte, Nadelöhr der Weltgeschichte. Gegenüber in der Bucht liegt der Musa Dagh, berühmt geworden durch den Roman von Franz Werfel „Die vierzig Tage des Musa Dagh" über das Schicksal der von der türkischen Armee zu Tode geschundenen armenischen Bewohner eines Dorfes am Fuß des Berges nahe Antakya, jener Stadt, die zur Römerzeit die Weltstadt Antiochia war.

A155 Heiligenverehrung ist, wie im Christentum, auch im Islam weit verbreitet; sie ist der Grund für das Entstehen der vor allem in Saudi-Arabien ansässigen Wahhabiter, gegründet von Abd- al Wahhab in der zweiten Hälfte des 18. Jh., die einen reinen Monotheismus *ohne* solche Heiligenverehrung vehement vertraten – insofern also eine Art Protestanten des Islam. Die Wahhabiter waren bestrebt, diesen „reinen Islam" sogar mit militärischen Mitteln zu sichern. In diesem Rahmen schändeten sie zum Beispiel Heiligengräber mit kriegerischen Interventionen. Wie auch im Christentum, so schließt diese islamische Heiligenverehrung an Traditionen vorangegangener Religionen und Brauchtümer an (s. z.B.[251]).

A156   Eine erste Siedlung in Jerusalem ist datiert auf etwa 5300 v. Chr. bis 4500 v. Chr., die von Rom auf etwa 1000 v. Chr.

A157   Schon davor, im Jahr 40 n. Chr., hatte Kaiser Caligula die Absicht kundgetan, anstelle des jüdischen Tempels eine Anlage für den römischen Kaiserkult errichten zu lassen, mit einer Statue von sich selbst auf einer zentralen Säule – man hatte ihn davon abbringen können.

A158   Auf die verhaltensbiologische Problematik von Menschengruppen und den politischen Umgang damit in unserem Zeitalter zunehmender Übervölkerung habe ich mich an anderer Stelle im Detail auseinandergesetzt. Es handelt sich dabei wahrscheinlich um die alles entscheidende Frage für das Überleben des Menschengeschlechts. Ohne das Verständnis der Wirkzusammenhänge unserer Verhaltensautomatismen, und ohne deren intelligente Kontrolle und vor allem Erziehung zu deren Selbstkontrolle nimmt die Wahrscheinlichkeit der Selbstvernichtung in unkontrollierbarer Aggressivität rasch steigender Beschleunigung zu. An diesem Punkt wird sich erweisen, ob die menschliche Intelligenz in der Evolution mit dem Ziel entstand, eben diese Gefahr intelligent zu bannen, oder ob es sich um eine Fehlentwicklung bei einer Spezies – uns Menschen – handelt, die in ihrer Ausmusterung resultiert, wie bei unzähligen vorangegangenen Arten in der Geschichte des Lebens.[1]

A159   Bei der Betrachtung der Geschichte der Goten-Könige kommt leicht Verwirrung auf: Theoderich war sowohl der Name mindestens zweier Könige der Westgoten (Theoderich I. und II.) wie auch eines Königs der Ostgoten (Theoderich der Große); letzterer war auch nach dem Tod von Westgoten-König Theoderich I. vertretungsweise deren Herrscher, somit also König aller Goten.

A160   Ashoka war der zweite Herrscher der indischen Maurya-Dynastie; während seiner Regentschaft von 268 bis 232 v. Chr. umfasste das Reich bereits fast den gesamten indischen Subkontinent und Teile von Afghanistan. Er propagierte den Buddhismus und ein Leben in Frieden, sandte missionarische Boten bis nach Kleinasien, angeblich auch nach Ägypten, Griechenland und Rom. Die Reichshauptstadt war Pataliputra am Ganges, das heutige Patna, wo um 250 v. Chr. ein buddhistisches Konzil stattfand. In Alexandria könnte eine buddhistische Schule existiert haben, wo gegenseitige Beeinflussung zuerst mit der griechischen Philosophie, danach mit der Gnosis und dem Neu-Platonismus vermutet wird. Umgekehrt scheint der Mahayana-Buddhismus aus hellenistischen und christlichen Quellen beeinflusst worden zu sein, obwohl der historische Nachweis nicht gelungen ist.[421]

A161 Das damalige Erstaufnahmezentrum für Asylwerber in Traiskirchen, Nieder-österreich, ist dasselbe, das auch 2015 wieder für diesen Zweck diente.

A162 Damit soll allerdings nicht gesagt sein, dass Fürsorge, „pro-soziales Verhalten", eine ausschließlich menschliche Eigenschaft ist: keineswegs, denn es handelt sich um uralte Verhaltensweisen aus den tiefsten Tiefen der Evolution tierischen Lebens, deren Entstehung wahrscheinlich hunderte von Jahrmillionen zurück-reicht.[1]

A163 Damit soll hier also nicht arrogant verleugnet werden, dass es Jahrtausende da-vor außerhalb Europas medizinische Erkenntnisse und Einrichtungen gegeben hatte, keineswegs: die ältesten Krankenhäuser der Welt standen wahrscheinlich in Indien und Persien. Chirurgische Methoden von erstaunlich ausgeprägter technischer Expertise und Ausstattung kennen wir aus dem Ägypten der Phara-onenzeit. Vieles, wenn nicht alles von diesen teilweise sogar prähistorischen Erkenntnissen floss wohl zuerst ein in die hippokratische Medizin. Danach kamen die Errungenschaften der Antike auf dem Umweg über die muslimische Welt– und zusammen mit deren Errungenschaften – nach Europa. Hier wollte ich lediglich den Weg zur modernen naturwissenschaftlich fundierten und technisch dominierten Medizin ansprechen.

A164 Der Heilige Benedikt
Der Frankfurter Historiker Johannes Fried behauptet, Benedikt habe es nie gegeben, er sei vielmehr nach den Worten des französischen Benediktinerpaters Adalbert de Vogué „ein spirituelles Selbstbildnis Papst Gregors ". Das „Buch der Dialoge"[267, 422] von Gregor enthalte den einzigen Hinweis auf einen Benedikt in der gesamten Literatur. Fried sagt: „ ... *nehmen Sie die Begegnung Benedikts mit dem ostgotischen König Totila: Als Totila ihn besucht, sitzt Benedikt. Sitzen ist in Texten des 7. Jahrhunderts ein Synonym für thronen. Der König wirft sich vor ihm zu Boden. Er ehrt ihn wie einen Kaiser. Benedikt erhebt Totila und gibt ihm den Friedenskuss. Das wiederum ist die Geste des Bischofs. Symbolisch vereint Benedikt hiermit Kaiser und Papst in sich – als einziger Heiliger der Kirche überhaupt!"[423]* Benedikt sei eine idealisierte Gestalt zum Zweck der Einführung der Mönchs-regel, „regula Benedicti", die das Mönchstum in Europa prägen sollte, zuerst in England und Frankreich, dann im gesamten christlichen Europa.

A165 Die schwarzen, die roten und die grünen Teufel
Sicher, die Geschichte begann mit den schwarzen Teufeln – Peter Bamm hatte sie in seinen Erzählungen vom Krieg „die Anderen" genannt, die hinter dem Militär nachkamen in ihren schwarzen Uniformen, mordend und herrschend, die Waffen-SS des NS-Regimes. Im Herbst 1943 landeten in Salerno die Alliierten, aus mehreren Richtungen zusammenkommend. Am 15. Februar warf die 96. US-Bomberstaffel der „red devils" 1.400 Tonnen Bomben auf das älteste Kloster Europas und machte die gesamte Gegend platt: man versuchte sich danach zu rechtfertigen mit der Ungewissheit, ob nicht doch die Truppen des NS-Regimes dort verschanzt waren. Einer der verantwortlichen Generäle flog wiederholt über den Berg, konnte aber außer einer Antenne und einigen Uniformen auf

einer Wäscheleine nichts feststellen – der Feind hatte respektiert, dass dieses Kulturdenkmal vom Kriegsgeschehen verschont zu bleiben hatte. Im Kloster war dementsprechend auch niemand außer Einheimischen, die vor dem Krieg auf den Berg geflüchtet waren (etwa 400 von ihnen kamen bei dem Bombardement im Kloster und im Ort zu seinen Füßen ums Leben); die Schlacht um Monte Cassino hatte außerdem 55.000 Soldaten der Alliierten und 20.000 der „Achsenmächte" das Leben gekostet. Nur ist damit die Geschichte noch nicht zu Ende: denn es gab dort einen gewissen Julius Schlegel aus Wien, der nach der Schlacht von den Alliierten gefangengenommen und für 7 Monate inhaftiert worden war – wegen Plünderung im Kriegsgebiet, zusammen mit seinem Helfer, dem Chirurgen Stabsarzt Dr. Maximilian Becker. Auf Befragen der überlebenden Mönche stellte sich jedoch heraus, dass Julius Schlegel einer der bösen Menschen war, nicht einer von den Schwarzen, aber immerhin Offizier einer Reparaturabteilung der Fallschirm-Panzer-Division in der Region, in seinem 49. Lebensjahr immer noch Soldat, eigentlich schon nach Hause geschickt, aber freiwillig noch immer an der Front, denn er hatte noch ein Ziel: Schlegel hatte das Desaster kommen gesehen und rechtzeitig - auf eigene Faust und eigenes Risiko - die Bibliothek und Kunstschätze, Bilder von Leonardo, Raffael und Tizian, 70.000 Bücher, 80.000 Urkunden, 1.200 Handschriften – und die alten Baupläne-, aus dem Kloster mit 100 Armeelastwagen zur Engelsburg nach Rom transportieren lassen.[424] *"Im Namen unseres Herrn Jesus Christus! Dem erlauchten und geliebten Militärtribun Julius Schlegel, der Mönche und Schätze von Montecassino mit viel Arbeit und Eifer rettete, danken aus ganzem Herzen die Cassinenser und erbitten ihm von Gott alles Gute."* Mit einer Urkunde diesen Wortlauts bedankte sich vor gut 60 Jahren der Abt von Montecassino bei Oberstleutnant Schlegel für die Rettung der Kunstschätze der Abtei vor amerikanischen Luftangriffen."* [425] Schlegel und seine Helfer wurden später in einer Verfilmung des Geschehens als „Die Grünen Teufel von Monte Cassino" betitelt, wohl wegen ihrer grau-grünen Uniformen.

A166 Die Weisen Frauen waren seit dem Frühmittelalter vor allem als Heilerinnen, Hebammen und Pflegerinnen mit Wissen um die Heilkräuter bekannt. Da man ihnen deshalb eine Zauberkraft unterstellte, wurden sie auch Opfer der Hexenverfolgungen.

A167 Die punische Literatur war in punischer Sprache verfasst, einer semitischen Sprache ähnlich dem Hebräischen. Plinius der Ältere berichtet, dass es in Karthago mehrere Bibliotheken gegeben habe.

A168 Lysimachus, einer der Generäle von Alexander dem Großen und einer seiner Diadochen, hatte das Reich von Pergamon gegründet; nach seinem Tod übernahmen die Attaliden einen Rumpfstaat davon mit Attalos I. um 230 v. Chr. Attalos III. wurde von Plinius „Attalus medicus" genannt, weil er sich als Liebhaber von Acker- und Gartenbau besonders mit der Zucht von Giftpflanzen und der Herstellung von Gegengiften beschäftigt haben soll. Galen, der selbst aus Pergamon stammte, meinte, Attalos habe Arzneimittel zubereitet und an Sklaven getestet.[426] Der Geschichtsschreiber Iustinus erwähnt ihn auch als Mörder eines Gutteils seiner Familie.

A169 Daran waren übrigens die persischen Sassaniden Schuld, denen man hundert Jahre später in der Geschichte Jerusalems wieder begegnet, und bei der Eroberung Persiens durch die Araber. Die Sassaniden hatten nämlich Byzanz im Südosten eine zweite Kriegsfront eröffnet, daher konnte Justinian nur ein begrenztes Heer nach Italien schicken.

A170 Die Akademie bzw. das Museum in Alexandria soll nach Watts [427] sogar erst im Rahmen der arabischen Eroberungen des 7. Jh. endgültig zugrunde gegangen sein – genaue Informationen hierzu fehlen uns.

A171 In diese Jahre fallen der Nika-Aufstand von 532 gegen Kaiser Justinian I., das Katastrophenjahr 536 nach einem oder mehreren Vulkanausbrüchen mit Schnee im Sommer, sowie die Justinianische Pest des Jahres 541.

A172 Im Jahr 532 war zwischen Chosrau I. und Kaiser Justinian eine Sicherheitsgarantie ausgehandelt worden,[295] die auch den Namen „Ewiger Frieden" erhielt [428] - der Hintergrund war, dass einfallende Volksscharen aus den östlichen Steppen zum gemeinsamen Feind geworden waren wie schon um das Jahr 400 die Hunnen.

A173 Der Karthagener Konstantin, „der Afrikaner", hatte in Ägypten Medizin studiert, wurde Mönch im Kloster Monte Cassino und übersetzte dort Lehrbücher der islamischen Medizin wie „Die gesamte Heilkunst" von al-Madschūsi.[429, 430] Auch Sizilien als frühe multikulturelle Region wurde zum Nährboden für Übersetzertätigkeit: Henricus Aristippus als einer von ihnen übersetzte in der zweiten Hälfte des 12. Jh. Texte von Platon und Aristoteles aus dem Griechischen ins Lateinische. Eugenius von Palermo übersetzte Texte von Ptolemäus, Andere konnten auch aus dem Arabischen übersetzen,[430] z.B. Faraj ben Sālim, ein Sizilianer jüdischer Abstammung, der das Tacuinum Sanitatis ins Lateinische übertrug, ein Werk aus ca. 1050 von Ibn Butlān, einem nestorianisch-christlichen Arzt aus Bagdad. Dieses Buch erfreute sich besonders in späteren Jahrhunderten als allgemeiner Gesundheitsratgeber großer Beliebtheit und wurde in verschiedenen Varianten, dem Zeitalter angepasst, illustriert; eine Ausgabe davon ist der Codex Vindobonensis 2644, der wahrscheinlich um 1390 entstanden ist.[431]

A174 Roger Bacon (nicht zu verwechseln mit Francis Bacon 1561-1626), Zeitgenosse von Albertus Magnus, Thomas von Aquin und Bonaventura, genannt "doctor mirabilis", Lehrer zuerst an der Universität Oxford (um 1230), danach Paris, führte das römische quadrivium wieder ein und lehrte Aristoteles, experimentierte im Gebiet der Optik, gab dabei eine erste Erklärung zum Phänomen des Auftretens der Regenbogenfarben, nachdem er diesbezügliche arabische Texte studiert hatte (sie waren aus dem maurischen Spanien in die katholischen Länder geschmuggelt worden). Er erfand das Schießpulver unabhängig erneut, erläuterte Möglichkeiten zum Fliegen und zu Unterseebooten auf der Basis physikalischer Prinzipien. Bacon versuchte, sein wissenschaftliches Wissen und seine aus dem Studium von Aristoteles gewonnenen Erkenntnisse zu einem neuen Verständnis von Religion zusammenzuführen. Als Papst Clemens IV.

starb, verlor er seinen Beschützer und wurde wegen der Verbreitung verbotener Schriften inhaftiert. Bacon scheint der Erste gewesen zu sein, der die neu zugänglichen und ungekürzten Texte von Aristoteles studierte und kommentierte, ein Forschergeist, der sogar Albertus Magnus dafür kritisierte, dass er falsch übersetzte Textfragmente benutzt habe, die er am Weg über Byzanz erhalten hatte.

A175 Die Überlagerungen, Durchmischungen und migrationsbedingten Homogenisierungen wurden und werden uns mit Hilfe der modernen Genforschung in immer mehr Detail verdeutlicht.[24] Dabei darf man allerdings nicht übersehen, dass all diese Mischungsgrade eine genetische Basis aus den Tiefen der Evolution gemeinsam haben, verankert in der tierischen Entwicklung, die sich in Grundverhaltensformen ausdrücken, in denen sich folglich Menschen verschiedener Kulturkreise nicht unterscheiden. Nur wer diese Gemeinsamkeiten im Verhalten in ausreichendem Umfang berücksichtigt, wird diese neuen Erkenntnisse genetischer Herkunft von Menschengruppen sinnvoll in eine Diskussion um Migration in unserer Zeit einbringen können. Im Gegensatz zu David Reich schreibt der Biochemiker Johannes Krause in seinem Buch über neue paläo-genetische Daten liberal-ideologisch getönt, wenn nicht gar verblendet, denn er beharrt auch angesichts der offensichtlichen Widersprüche, die er selbst beschreibt, auf der Weitergabe seiner liberalen Sicht: Er berücksichtigt weder das Argument unterschiedlicher Kulturen von Migranten, noch das Argument des evolutionären Unterbaus unseres Verhaltens.

Das heutige Verständnis von „Liberalität" reflektiert nicht Fairness und Schutz der Menschenwürde, sondern Verleugnung von Faktischem, Verblendung bis zur Selbstschädigung und Selbstzerstörung.

Nicht Selbstverleugnung und nicht Aggression schützt uns vor der Selbstvernichtung, sondern Verteidigung der Menschenwürde. Deshalb ist der Vorstoß von Politikern beispielgebend, die sich bemühen, eine Allianz Gleichgesinnter zu schaffen, nicht zur Aggression, sondern zur Verteidigung und zum Schutz von Menschen, die Opfer von Übergriffen werden – und dies nicht in der Heimat der Beschützer, sondern in der Heimat der Schutzsuchenden.

Das Thema Migration darein zu mischen, ist ein grobes Missverstehen des Unterschiedes zwischen spontanen Abläufen und Entscheidungen, und von Handlungen im Sinne des guten Willens zum Schutz der Menschenwürde und des Überlebens Aller.

Dass genetische Verwandtschaft nichts mit Nationalität zu tun hat, ist *eine* Sache; dass jedoch genetische Unterschiedlichkeit betreffend das äußere Aussehen eine Rolle im Sozialverhalten spielt, ist eine andere Sache: denn hierbei ist zu berücksichtigen, dass sie Alle, die Schwarzen, die Gelben und die Weißen, Vorurteile voreinander haben, die tief in der Evolution des Sozialverhaltens verwurzelt sind.

Dass „das Ende von Schwarz und Weiß", das Johannes Krause und Thomas Trappe kommen sehen,[432] noch lange nicht gekommen ist, zeigt die gegenwärtige US-amerikanische Gesellschaft nach jahrhundertelangem Zusammenleben in einer Nation. Dass die „schwarzafrikanische" Bevölkerung in der Wahr-nehmung der westlichen Menschen „geradezu zwangsvereinheitlicht"[432] werde, obwohl sie genetisch wesentlich vielfältiger unterschiedlich sind als der Rest der Menschen außerhalb Afrikas, liegt nicht an ihrer anti-liberalen Rassenideologie sondern am genetisch determinierten Spontanverhalten des Fremdelns, der Xenophobie, eines Verhaltens, das nicht nur Weiße gegenüber Schwarzen zeigen, sondern auch Schwarze gegenüber Gelben und Weißen.[1] Menschen sind nicht nur ein „DNA-Mix",[432] sondern sie sind das Ergebnis des Aufwachsens in einer menschlichen Kultur mit dessen Folgen: Heimatgefühl, Spracheigenheiten, Gewohnheiten im Umgang miteinander. Aber dabei handelt es sich um sekun-däre Ursache der Xenophobie, denn die Primären bleiben jene, die Allen eigen sind: Fremdeln und Territorialisieren, Bildung von Hierarchien und Seilschaften. Vor allem aber verniedlicht Krause mit seinen Interpretationen die Folgen der Migration von Menschengruppen, die ihre Kultur in die neue Heimat mitbringen und dort weiterzupflegen entschlossen sind, überspielt damit die dadurch aus-gelösten Konflikte, spielt sie in die Ecke Jener, die als im 20. Jahrhundert und in Rassenideologie verhaftet und zurückgeblieben seien. Denn von der „Integra-tionskraft" der erfolgreichen Zivilisation [432] ist weder in USA noch in euro-päischen Ländern wie Frankreich, Deutschland, Belgien, Österreich, den skandinavischen Ländern etc. etwas zu merken; im Vordergrund stehen eher Segregation und Polarisierung. Diese Autoren machen damit denselben Fehler, den sie den Anderen vorwerfen, indem sie in ideologisierender Überzeugtheit in gleicher Weise polarisierend argumentieren wie die Politiker, und darüber vergessen, sich um Verstehen, Verständnis und Verständigung zu bemühen und dabei auch jene Faktoren zu berücksichtigen, die für das Sozialverhalten eine mitentscheidende Rolle spielen und eben auch genetisch festgelegt sind.

A176 Süditalien und Sizilien erhielten durch die Einflüsse des byzantinischen, normannischen und arabischen Stils eine besondere Note; auch Bauten in Pisa haben einen eigenen Charakter: eben romanisch-pisanisch (z.B. die Basilika San Piero a Grado).

A177 Der Bau der Kathedrale von Lincoln wurde sogar bereits 1072 noch im normannischen Baustil begonnen. Nach einem Großbrand erfolgte der Wieder-aufbau bis 1148.

A178 Aristokraten begannen, sich mit ihrem steifen Hofzeremoniell beim Tanz zu langweilen, schlichen sich heimlich zu Tanzveranstaltungen des gemeinen Volkes, wo man saftiger, frivoler, bis hin zu obszöner tanzte: dazu trugen sie Masken, um nicht erkannt zu werden.[433] Dies wurde schließlich zur Mode und zurück in die Schlösser getragen: beides, freche Bauerntänze und Masken wurden hoffähig. Vielleicht typischestes Beispiel ist die Sarabande, ein ursprüng-lich mexikanisches oder spanisches Tanzlied, ausschweifend erotisch, das schon im 17. Jh. bei Hofe wild und ausgelassen getanzt worden sein soll; im Laufe der Zeit wurde es immer gravitätischer und festlicher und kam in dieser letztend-lichen Form in die deutsche Barockmusik.[434]

A179 „Chinesische Bildung als grundlegendes Wertesystem, westliche Bildung zu praktischen Zwecken" war die Parole von Ti-Yong der Ching-Dynastie.[11]

A180 Hans Holbein war am Hofe Heinrichs VIII. angestellt, Canaletto reiste durch Deutschland und machte in England und Polen, besonders in Prag, längere Zeit Station. Denkt man an Architektur und Dombauten in der Gotik, dann waren diese Dombaumeister und ihre Trupps ebenfalls europaweit begehrte Kulturträger, die ihr Spezialwissen gut zahlenden Gemeinden anboten. Sie genossen als „Freimaurer" manche Sonderrechte, wie man weiß.

A181 Auch in Europa, so wie in anderen Kulturbereichen wie Indien und Persien, fließen kulturellen Eigenheiten mehrere Male ineinander zu einem sprachlich weitgehend homogenen Bereich von Volksgruppen einer Kultur, um dann wieder in Chaos oder Verdunkelung zu zerfallen und sich erneut zu formieren, dann wieder, von einer Ebene kultureller Gemeinsamkeit, sich voneinander entfernend, auszudifferenzieren.

Einen der deutlichsten und gleichzeitig am besten versteckten Hinweise auf frühe gegenseitige kulturelle Einflüsse und Gemeinsamkeiten geben die Religionen mit Übernahmen und Ähnlichkeiten zwischen Zoroastrismus, ägyptischen Gottheiten, hebräisch-jüdischer und christlicher Religion.

Je tiefer man in Vergleiche stiege, desto mehr Ähnlichkeiten würde man wahrscheinlich entdecken zwischen kultureller und genetischer Evolution, von den Anfängen bis in die heutigen Verästelungen und Globalisierungen: bei aller Artenvielfalt in der Tierwelt haben alle Wirbeltiere weitgehend vergleichbare innere Organe, Nervensysteme und vier Extremitäten, abgesehen von Zweigeschlechtlichkeit, alles in unterschiedlicher Form und Ausprägung, so wie praktisch allen Menschengemeinschaften Sprache, Religion und Lebensgewohnheiten eigen sind, entwickelt und verästelt aus gemeinsamen Urformen.

A182 Damit ist eine Außenseiterrolle gemeint: „pariah" steht für Kastenlose Indiens, ein Wort, das die Briten übernahmen und von dort in den deutschen Sprachgebrauch kam.

A183 Schon in seiner Einleitung (und unter 5.10., S. 32) stand bei Kühn der warnende Vorschlag, keine Selbsthilfeversuche wie z.B. Koranschulen zuzulassen, sondern Religionsunterricht in den Schulbetrieb zu integrieren.

A184 Das Einbuchstabenkreuz, das griechische Tau und Ro symbolisierend durch das Anhängen eines Henkels, oder umgekehrt gesehen, durch das Anbringen eines Querstrichs in der Mitte des Längsstrichs bei dem Großbuchstaben P, ein Symbol, das als „Henkelkreuz" auch dem Kreuz der Kopten entspricht und dort als Mischung mit dem ägyptischen „Anch"-Symbol interpretiert wird.

A185 Bei allem Versuch, aus der Geschichte zu lernen, darf man dennoch nicht vergessen, dass wir uns „ … *beständig aus dem falschen Gefühl einer Vertrautheit mit der Vergangenheit aufrütteln und uns immer wieder unsere Dosis Kulturschock verpassen lassen …"* [435] müssen, weil wir nicht in der Lage sein können, uns tatsächlich in die Wirklichkeit vergangener Tage zu versetzen. Man denke nur daran, wie man in der „ *Frühen Neuzeit das Meer ... als ein monströser Abgrund beschrieben, als schreckliches Schauspiel der Natur, ... Die Küsten ... als Trümmerlandschaften wahrgenommen, deren Unregelmäßigkeit jegliche Ordnung und daher auch jede Ästhetik vermissen ließen. ... Wahrnehmung der Alpen ... als ‚Schande der Natur‘, die wie eine hässliche Warze aus der Oberfläche der neuen Kontinente herausgewachsen war“.* Wie befremdet sind wir heute über diese früher als politisch korrekt anzusehenden Meinungen über „Natur“. Und noch viel eindrucksvoller: *„Der Blick von Strandgängern, die einem biblisch vermittelten Weltbild anhingen, sah in den reglosen Felsen ewige Festungen, die von Gott errichtet worden waren, um das Land gegen das tosende Meer zu schützen und die Menschen vor einer neuen Sintflut zu bewahren. Der Strand war daher Beweis und Abbild der wundersamen Ereignisse aus den Anfangstagen der Schöpfung. Mit einer solchen Sicht war es unmöglich, die ständigen Veränderungen zu erkennen, die tatsächlich in dieser Vegetation vor sich gingen, denn schließlich wurden deren Formen als von Gott gegeben angenommen. Dieses Bündel von Glaubensvorstellungen führte zu einer völligen Blindheit gegenüber Phänomenen der Erosion, der Ablagerung oder der Veränderung des Uferverlaufs.“*[140] - Man sollte dabei nur nicht vergessen, dass nicht „Religion“ solchen Irrglauben bedingte, sondern „Überzeugtheit an sich“, eine fatale Hirnleistung, die jegliche Erkenntnis aus kritischer Analyse zurückzuwerfen droht in die Welt von „Glauben“. Der Vorgang mahnt uns zur Vorsicht, dass alles, was wir wissen, Vertrauen in die mögliche oder wahrscheinliche Richtigkeit dieser Annahme ist; und dieses Vertrauen heißt „Glauben“. Kein noch so „objektiver“ Forschergeist ist davor gefeit, bei der Interpretation seiner Ergebnisse, der Daten aus Untersuchungen, Lieblingsthesen zu entwickeln, die dann als Glaubenssätze verteidigt werden.

Liste von Autoren

Sachregister

Literatur- und Bildquellen

Eine detaillierte Liste der ca. 1000 Einzel-Zitate mit allen individuellen Seiten-angaben ist beim Autor via e-mail erhältlich: europatrilogie@gmx.net.
In einigen Fällen habe ich Quellen aus wikipedia zitiert, wenn der Autor entweder persönlich oder zumindest als fachlich qualifiziert identifizierbar war.

1 L.M. Auer, Demokratie 4.0, Evidenz statt Macht, dritte Auflage, BoD 2019.
2 E. Friedell, Kulturgeschichte der Neuzeit, Bd.1, Die Krisis der europäischen Seele von der schwarzen Pest bis zum Ersten Weltkrieg, Bd.1, DTV 2005
3 Gustave LeBon, Psychologie der Massen, 1911 (Kröner 1981)
4 Oswald Spengler, Der Untergang des Abendlandes. Band 1, S. 43
5 https://dictionary.cambridge.org/dictionary/english/civilized
6 https://dictionary.cambridge.org/dictionary/english/cultivated
7 Lateinisch-deutsches Wörterbuch Stowasser, Hölder-Pichler-Tempsy 1962.
8 Y.N. Harari, Homo Deus, Vintage 2017
9 Siehe z.B. Zit. 99: K. E. Müller, Das Unbehagen mit der Kultur. In: ders.(Hg.): Phänomen Kultur. Perspektiven und Aufgaben der Kulturwissenschaften. Bielefeld 2003, S.13-47, hier S.13f., zit. in A. Landwehr, S.Stockhorst, Einführung in die Europäische Kulturgeschichte, UTB, Verlag Schöningh 2004, S.99
10 Jose Ortega y Gasset, Eine Interpretation der Weltgeschichte. Rund um Toynbee. Müller Verlag München 1964
11 S. P. Huntington, Kampf der Kulturen, Goldmann 2002
12 C. Fluck, G. Helmecke et al., Ein Gott. Abrahams Erben am Nil. Imhof Verlag 2015
13 Abb. 1. Quelle: https://www.theoi.com/Prot https://www.theoi.com/Gallery/T1.1B.html /abgefragt am 29.8.2019.
14 Abb. 2. Quelle: Jack-Dahlgren, https://www.quora.com/ auf https://www.quora.com/How-would-a-continental-drift-affect-a-continents-climate, https://qph.fs.quoracdn.net/main-qimg-01744fc26abdf238150d6a0b51cb103c, abgefragt am 15.08.2019
15 Hans Peter Schönlaub, Die Entstehung der Alpen. Werden und Vergehen eines Gebirges, Sterndruck 2019. https://www.alpenverein.at/a-bas01_wGlobal/wGlobal/scripts/accessDocument.php?forceDownload=0& document=%2Fportal_wAssets%2Fdocs%2Fnatur-umwelt%2Faktuell%2F7_Publikationen%2FAROs_digital%2F_ARO42_Blaet terkatalog.pdf. Mit freundlicher Genehmigung von H.P. Schönlaub
16 Abb. 4. Quelle: Künstlerische Darstellung von Pau Bahí unter fachlicher Anleitung Daniel Garcia Castellanos, Geophysiker am Institute of Earth Sciences Jaume Almera (CSIC), CC BY-SA 3.0, https://commons.wikimedia.org/w/index.php?curid=20096264

[17] D. Garcia-Castellanos et al.: *Catastrophic flood of the Mediterranean after the Messinian salinity crisis.* In: *Nature*, Bd. 462, 2009, S. 778–781, doi:10.1038/nature08555

[18] K. Tutschek, Der erste Brexit. Als die britischen Inseln vom Festland getrennt wurden. https://www.piqd.de/zeitgeschichte/der-erste-brexit-als-die-britischen-inseln-vom-festland-getrennt-wurden, abgefragt am 16.08.2019

[19] Abb. 6. Francis Lima - Own work, CC BY-SA 4.0, https://commons.wikimedia.org/w/index.php?curid=49850020, mit freundlicher Genehmigung.

[20] H. Kühn, Der Aufstieg der Menschheit, Fischer 2015

[21] M.L.Bacci, Kurze Geschichte der Migration, Wagenbach 2015.

[22] Abb. 7. Sortie d'Afrique, ou plutôt *les* sorties d'Afrique ! Les premiers hommes, franchissaient les frontières invisibles du continent africain. http://www.hominides.com/html/dossiers/sortie-d-afrique.php, abgefragt am 21.01.2017.

[23]http://www.landschaftsmuseum.de/Seiten/Lexikon/Entwicklung_Mensch.htm, abgefragt am 22.01.2017.

[24] D. Reich, Who we are and how we got here, Oxford Univ. Press 2019.

[25] Zur Geologie siehe: F. Neukirchen, Der Ostafrikanische Graben. http://www.riannek.de/2006/der-ostafrikanische-graben/, abgefragt am 20.01.2017.

[26] 26- Abb. 8. Sémhur, translated by NordNordWest [GFDL (http://www.gnu.org/copyleft/fdl.html) or CC BY-SA 3.0 (https://creativecommons.org/licenses/by-sa/3.0)], via Wikimedia Commons

[27] G. Barraclough, ed. Historischer Weltatlas, Verlag Knaur 2005

[28] 28- A. Gerdes, Out of Africa, Informationsdienst Wissenschaft, 10.11.2009. https://idw-online.de/de/news343340 aus: Isla S. Castañeda et al.:Wet phases in the Sahara/Sahel region and human migration patterns in North Africa. In: PNAS , Band 106, Nr. 48, 2009, S. 20159–20163, doi:10.1073/pnas.0905771106

[29] M. Claussen, V. Gayler, The greening of the Sahara during the Mid-Holocene, in: Global ecology and Biogeography letters 1997, 6, 369-377.

[30] J. Jaubert et al., Early Neanderthal constructions deep in Bruniquel Cave in southwestern France, Nature 543, 2016, S.111.114. https://www.nature.com/articles/nature18291, abgefragt am 24.10.2019

[31] D. Radovcic et al., Evidence for Neandertal Jewelry, PLoS One 2015,10, doi: 10.1371/journal.pone.0119802, abgefragt am 24.10.2019.

[32] S. Wells, The journey of man. A genetic odyssey. Penguin 2003.

[33] Abb. 10, Photo von Thilo Parg / Wikimedia Commons Lizenz: CC BY-SA 3.0

[34] Abb. 11. Ramessos, VenusHohlefels2.jpg, CC BY-SA 3.0 https://commons.wikimedia.org/wiki/File:VenusHohlefels2.jpg, abgefragt am 22.9.2019

35 D. Huron, Is music an evolutionary adaptation? In: THE COGNITIVE NEUROSCIENCE OF MUSIC, Isabelle Peretz Robert J. Zatorre Editors, OXFORD UNIVERSITY PRESS 2003, pp. 57-78

36 Conard, N.J., Malina, M., Münzel, S.C. (2009) New flutes document the earliest musical tradition in southwestern Germany. Nature 460, 737-740

37 F. D'Errico, C. Henshilwood, G. Lawson, M. Vanhaeren, A.-M. Tillier, M. Soressi, et al., Archeological evidence for the emergence of language, symbolism, and music-an alternative multidisciplinary perspective, Journal of World Prehistory, 17 (2003), pp. 1–70

38 The nature of music from a biological perspective Isabelle Peretz, Cognition. 2006 May;100(1):1-32. Epub 2006 Feb 20.

39 Andaine Seguin-Orlando et al., Genomic structure in Europeans dating back at least 36,200 years, Science 346, 2014, 1113-1118

40 J. Ehlers, Das Eiszeitalter, Spektrum Akadem. Verlag 2011

41 Juschki, Maulucioni, Mt-Haplogruppen-Wanderung https://commons.wikimedia.org/wiki/File:Mt-Haplogruppen-Wanderung.png, abgefragt am 17.6.2017

42 Abb. 12. Juschki, Saale- und Weichsel Kaltzeit im Vergleich, https://upload.wikimedia.org/wikipedia/commons/thumb/0/02/SaaleWeichsel_x.png/1280px-SaaleWeichsel_x.png, abgefragt am 16.6.2017

43 T. Hingham et al., The Timing and Spatiotemporal Patterning of of Neanderthal Disappearance, Nature 2014, 512, 306-309.

44 G. Hinge, Völkerwanderungen in Herodots Geschichtswerk, in: Proceedings of the Conference on "Language and Prehistory of the Indo-European Peoples", in press 2016, http://herodot.glossa.dk/integr.html

45 T. Flannery, Europe. The First 100 Million Years, Penguin 2018.

46 I.J. Thorpe, The Origins of Agriculture in Europe, Routledge 2003.

47 W. H. Stiebing et al., Ancient Near Eastern History and Culture, Routledge 2017

48 Abb. 13: eigene Graphik unter Verwendung von Daten aus H. Haarmann 2013, Abb. 1, J.I. Rose, R.D. Ballard und W.B.F. Ryan.

49 Neal Ascherson, Schwarzes Meer, Berlin Verlag 1996

50 http://map.openseamap.org/

51 G. Brandt et al., Ancient DNA Reveals Key Stages in the Formation of Central European Mitochondrial Genetic Diversity, Science 11 Oct 2013, Vol. 342, Issue 6155, pp. 257-261

52 Abb. 14. Quelle: Geographie Infothek, Autor: Dr. Klaus-Uwe Koch und Elke Fleiter, Verlag: Klett, Ort: Leipzig, Quellendatum: 2012, Seite: www.klett.de https://www2.klett.de/sixcms/list.php?page=infothek_artikel&extra=Geschichte%20und%20Geschehen%20-%20Online&artikel_id=434173&inhalt=klett71prod_1.c.1836893.de abgefragt am 22.9.2019

53 H. Haarmann, Geschichte der Sintflut. Auf den Spuren der frühen Zivilisationen. Beck 2013 (orig. 2003)

401

[54] C. Posth et al. Pleistocene Mitochondrial Genomes Suggest a Single Major Dispersal of Non-Africans and a Late Glacial Population Turnover in Europe. Current Biol. 26, 2016, S.827-833. http://www.cell.com/action/showImagesData?pii=S0960-9822%2816%2900087-7, abgefragt am 01.08.2017.

[55] S. Wells, Die Wege der Menschheit. Eine Reise auf den Spuren der genetischen Evolution, S.Fischer Verlag 2003.

[56] http://www.archäologie-online.de/magazin/nachrichten/forscher-entraetseln-die-bevölkerungsentwicklung-europas-in-der-jungsteinzeit-27430/, abgefragt am 23.03.2017.

[57] H. Haarmann, Einführung in die Donauschrift, Burske 2010.

[58] Abb. 15. N. Smolenski, Tartaria Amulett. https://commons.wikimedia.org/wiki/File:Tartaria_amulet_retouched.PNG

[59] S. Perić, The oldest cultural horizon of trench XV at Drenovac, Starinar 2009, 58, 29-41

[60] S. Perić, Drenovac: a Neolithic settlement in the Middle Morava Valley, Serbia, DOI: https://doi.org/10.15184/aqy.2017.41, Cambridge University Press:05 June 2017

[61] Abb. 16. J. Roe, Vinca culture locator map, https://commons.wikimedia.org/wiki/File:Vin%C4%8Da_culture_locator_map.svg

[62] Abb. 17. Yelkrokoyade, Bijoux exposés au musée archéologique de Varna (Bulgarie) et qui sont les plus vieux objets en or connus à ce jour (-4600 avant J.C) https://commons.wikimedia.org/wiki/File:Or_de_Varna_-_Bijoux.jpg, abgefragt am 3.10.2019

[63] M. Gimbutas, Die Zvilisation der Göttin, Zweitausendeins 1996 (orig. Engl. Civilization of the Goddess, Harper Collins 1992)

[64] Abb. 18. H. de Guettelet, Expansion neolithique, https://commons.wikimedia.org/wiki/File:Expansion_n%C3%A9olithique.png, abgefragt am 27.9.2019

[65] M. Böhme et al., A new Miocene ape and locomotion in the ancestor of great apes and humans, Nature 575, 2019, S. 489-493. https://www.nature.com/articles/s41586-019-1731-0, abgefragt am 14.9.2019

[66] C. Runnels et al., Lower palaeolithic artifacts from Plakias, Crete: implications for hominin dispersals, Eurasian Prehistory 2015, 11, 129-152.

[67] J.D. Vigne et al., First wave of cultivators spread to Cyprus at least 10,600 y ago, in Proc. Natl. Acad. Sci 2012, 109(22):8445-9. doi: 10.1073/pnas.1201693109. Epub 2012 May 7.

[68] Thor Heyerdahl: Tigris. Auf der Suche nach unserem Ursprung. Bertelsmann 1979

[69] Abb. 19. https://www.historyfiles.co.uk/KingListsMiddEast/MesopotamiaSumer.htm

[70] 70- Abb. 20. F. Raffaele, Tumulo 100.jpg,

https://commons.wikimedia.org/wiki/File:T%C3%BAmulo_100.JPG
JEA 48 (1962), 5-18; J. Crowfoot-Payne, Tomb 100: The Decorated Tomb at
Hierakonpolis confirmed, in: JEA 59 (1973), 31-35; B.J. Kemp, Photographs
of the Decorated Tomb at Hierakonpolis, in: JEA 59 (1973), 36-43; K.M.
Cialowicz, La naissance du royaume (2001), 100f., 157-161. Aus J.E. Quibell,
F.W. Green 1902, abgefragt am 29.9.2019.

71 J. Müller, Maidanetske 2013 : new excavations at a Trypillia mega-site :
Majdanec'ke 2013 : Novi rozkopki velikogo Tripìl's'kogo poselennâ, Habelt
Verlag 2017.

72 Abb. 21. Genehmigt von Sybilla
https://upload.wikimedia.org/wikipedia/commons/7/78/Kurgan_kultur.p
ng, abgefragt am 31.01.2019

73 S. Rasmussen et al., Early divergent strains of yersinia pestis in Eurasia 5000
years ago, Cell 163, 2015, 571-582, zit. in D. Reich, Who we are and how we
got here, Oxford Univ. Press 2019, S. 113.

74 M. Hay, Haplogroup R1a.
http://www.eupedia.com/europe/Haplogroup_R1a_Y-DNA.shtml

75 J. E. Coleman: An Archäological Scenario for the ‚Coming of the Greeks' ca.
3200 B.C. J. Indo-European Studies, 28, 2000, 101–153

76 M. Achtman, Vorgeschichtliche Völkerwanderungen mit Hilfe des
Magenbakteriums Helicobacter Pylori rekonstruiert.
https://web.archive.org/web/20070610183752/http://www.mpiib-
berlin.mpg.de/news/PressenotizMPGMagenbakterien.pdf, abgefragt am
04.01.2017 aus:
https://web.archive.org/web/20070427200643/http://www.mpiib-
berlin.mpg.de/news/press.htm

77 https://web.archive.org/web/20070313003854/http://www.innovations-
report.de/html/berichte/biowissenschaften_chemie/bericht-16887.html,
abgefragt am 04.01.2017.

78 Abb. 22. Sumerischer Streitwagen, Standarte von Ur, Königsgrab Nr. 779,
https://www.wikiwand.com/de/Streitwagen, CC BY -SA 4.0, abgefragt am
02.10.2019.

79 Abb. 23. F. Ülker, https://authgram.com/p/vUCf5MSHUK, abgefragt am
03.10.2019

80 D.W. Anthony, The Horse, the Wheel, and Language; how Bronze-Age Riders
from the Eurasian Steppes shaped the Modern World, Princeton Univ.Press
2010

81 A. Toynbee, Menschheit und Mutter Erde. Die Geschichte der großen
Zivilisationen. Claassen 1979, S.105ff.

82 Abb. 24. AlMare, Mediterranian Sea, CCA-Lizenz aus
https://commons.wikimedia.org/wiki/File:Minoan_Ash.png, basierend auf
der Publikation von Walter L. Friedrich, Fire in the sea: natural history and
the legend of Atlantis, Cambridge Univ. press 2000 (Original in deutscher
Sprache „Feuer im Meer: Vulkanismus und Naturgeschichte der Insel
Santorin, Spektrum Verlag 1994)

[83] O. Johannsen, Geschichte des Eisens, Verlag Stahleisen 1925

[84] G. Dreyer: Umm el-Qaab I, Das prädynastische Königsgrab U-j und seine frühen Schriftzeugnisse. von Zabern, Mainz 1998

[85] Middle East kingdoms, Early Mesopotamia, https://www.historyfiles.co.uk/KingListsMiddEast/MesopotamiaSumer.ht m, abgefragt am 25.9.2019

[86] Abb. 25: Das Fresko stammt aus Raum 5 des Westhauses, Ausgrabungsstätte Akrotiri, Santorin; Archäolog. Nationalmuseum Athen. https://commons.wikimedia.org/wiki/File:Akrotiri_Westhaus_Schiffsfresk o_16-9_02.jpg, abgefragt am 20.10.2019.

[87] Abb. 26. Marco del Torchio 95, Maschera die Agamemnone, https://commons.wikimedia.org/wiki/File:MascheraDiAgammenone.jpg, abgefragt am 23.9.2019.

[88] Abb. 27. A. Trepte, Löwentor in Mykene, http://www.photo-natur.net/ https://commons.wikimedia.org/wiki/File:Lions-Gate-Mycenae.jpg, abgefragt am 23.9.2019, mit freundlicher Genehmigung.

[89] Abb.28: Die Schule von Athen, Rafael. https://commons.wikimedia.org/wiki/File:La_scuola_di_Atene.jpg, abgefragt am 13.11.2019.

[90] Abb. 29. Eratosthenes world map svg.svg, https://de.m.wikipedia.org/wiki/Datei:Eratosthenes_world_map_(German_ text)_SVG.svg. Commons-Lizenz von MagentaGreen https://commons.wikimedia.org/wiki/User:MagentaGreen

[91] B. Russell, Philosophie des Abendlandes. Europaverlag 1978 (erste Ausgabe 1950)

[92] W. Klausnitzer, Glaube und Wissen, Lehrbuch der Fundamentaltheologie, Pustet Verlag 2008 (erste Auflage 1999), S.10

[93] H. Harrer, Meine Tibet-Bilder, Heering Verlag 1953.

[94] Abb. 30: Schlacht Alexanders bei Issos, Mosaik aus einer Villa in Pompeji (Haus des Fauns), Archäolog. Nationalmuseum Neapel. Photo: Autor.

[95] Tom Holland: „Persisches Feuer. Ein vergessenes Weltreich und der Kampf um Europa." Rowohlt 2011.

[96] Abb. 31. Gryffindor, https://commons.wikimedia.org/wiki/File:Museum_f%C3%BCr_Indische_ Kunst_Dahlem_Berlin_Mai_2006_015.jpg

[97] I.Trojanow, R. Hoskote, Kampfabsage. Kulturen bekämpfen sich nicht, sie fließen zusammen. Fischer Verlag 2017.

[98] Ch. G. Von Arndt, Über den Ursprung und die verschiedenartige Verwandtschaft der europäischen Sprachen. Broenner, Frankfurt am Main 1818, abgefragt am 02.02.2017 über https://books.google.co.uk/books?id=PDUJl1tOfm8C&pg=PA36&lpg=PA36 &dq=ähnlichkeit+keltisch+mogolisch&source=bl&ots=gKFXqgxK80&sig=Rj 0KFAQJ1-_vkwzYc3M7glmcgIU&hl=en&sa=X&ved=0ahUKEwi6-664-vHRAhXG0xoKHQSFDkwQ6AEIOTAF#v=onepage&q=ähnlichkeit%20keltis ch%20mogolisch&f=false

[99] J.L. von Parrot, Versuch einer Entwicklung der Sprache, Abstammung, Geschichte, Mythologie und bürgerlichen Verhältnisse, Verlag Klemann 1839.

[100] Aus der Natur, 63, 51, Verlag Gebhardt & Reisland 1874, S.133. https://www.digitale-sammlungen.de/index.html?c=verlage_index&ab=Gebhardt+et+Reisland&l=de, abgefragt am 27.09.2017

[101] Abb. 32. D. Bachmann, Hallstatt LaTene png, Repro aus Atlas of the Celtic World, J. Haywood, Thames & Hudson 2001, Celts in Europe-fr.svg. CC BY - SA 3.0 https://commons.wikimedia.org/wiki/File:Celts_in_Europe-fr.svg, abgefragt am 27.10.2019.

[102] http://homepage.univie.ac.at/ilja.steffelbauer/stifter.pdf, abgefragt am 05.07.2017.

[103] E.Eichler et al., Namensforschung, ein internationales Handbuch zur Onomastik, 2.Teilband, W. De Gruyter 1996, S.1082f.

[104] M. Pellecchia: The mystery of Etruscan origins – novel clues from Bos taurus mitochondrial DNA. In: Proc. of the Royal Society London B. Nr. 274, London 2007, doi:10.1098/rspb.2006.0258, ISSN 0080-4649, S. 1175–1179.

[105] Abb. 33. Ara pacis in Rom, https://www.romaculta.com/kulturrubrik/die-ara-pacis/, abgefragt am 1.11.2019

[106] http://www.science-at-home.de/wiki/index.php/Liste_der_historischen_Weltreiche, abgefragt am 05.07.2017.

[107] R.E. Herden, Die Bevölkerungsentwicklung in der Geschichte Berlin Institut fuer Bevölkerung und Entwicklung, http://www.berlin-institut.org/online-handbuchdemografie/bevölkerungsdynamik/historische-entwicklung-der-bevölkerung.html, abgefragt am 22.07.2017

[108] Abb. 34. http://byzantinemilitary.blogspot.com/2015/06/azraq-fortress-limes-arabicus.html, abgefragt am 27.10.2019

[109] Abb. 35. http://roman.archeurope.info/index.php?page=frontiers-of-the-roman-empire, abgefragt am 1.11.2019

[110] Abb. 36. Akika 3D, Roman-empire-395AD.svg, CC BY-SA 4.0 https://en.wikipedia.org/wiki/Byzantine_Empire#/media/File:Roman-empire-395AD.svg, abgefragt am 18.9.2019

[111] Abb. 37, Mumienmaske, Louvre, Paris. https://commons.wikimedia.org/wiki/File:Fayum-34.jpg, abgefragt am 18.11.2019.

[112] Bücherverluste in der Spätantike. https://de.wikipedia.org/wiki/Bücherverluste_in_der_Spätantike, abgefragt am 10.02.2017

[113] F. Prinz, Europas geistige Anfänge. Auszug aus „Spätantike und Frühmittelalter - vom geistigen Aufgang Europas" vom 12.06.2002,

Europäische Grundlagen deutscher Geschichte (4.–8. Jahrhundert) cum A. Haverkamp In: Gebhardt. Handbuch der deutschen Geschichte. Band 1: Spätantike bis zum Ende des Mittelalters. 10., völlig neu bearbeitete Auflage. Klett-Cotta 2004, S. 147–616.
http://www.zeit.de/reden/gesellschaft/200229_prinz, abgefragt am 11.02.2017

114 F. Prinz, Von den geistigen Anfängen Europas. Der Kulturtransfer zwischen christlicher Spätantike und Frühmittelalter. In: Akkulturation. Probleme einer germanisch-romanischen Kultursynthese, Hrsg. D. Hägermann et al., RGA-E Band 41, S.1-17, Walter de Gruyter 2004.
Europäische Grundlagen deutscher Geschichte (4.–8. Jahrhundert) cum A. Haverkamp In: Gebhardt. Handbuch der deutschen Geschichte. Band 1: Spätantike bis zum Ende des Mittelalters. 10., völlig neu bearbeitete Auflage. Klett-Cotta, Stuttgart 2004, ISBN 3-608-60001-9, S. 147–616.
http://www.zeit.de/reden/gesellschaft/200229_prinz, abgefragt am 11.02.2017

115 Abb. 38. Hagia Sophia zur Zeit Kaiser Justinians.
http://byzantinemilitary.blogspot.com/2015/06/azraq-fortress-limes-arabicus.html, abgefragt am 26.9.2019

116 Abb. 39. Gent, Universiteitsbibliotheek, Ms. 92, fol. 241r. Mit freundlicher Genehmigung (public domain:
https://commons.wikimedia.org/wiki/File:Liber_floridus,_Map_of_Europe.jpg, abgefragt am 04.09.2019

117 Abb. 40.
https://commons.wikimedia.org/wiki/File:D%C3%BCrer_karl_der_grosse.jpg?uselang=de, abgefragt am 15.09.2019

118 P. Riché, Daily life in the world of Charlemagne, Univ. of Pennsylvania Press 1978.

119 F. Jakob, Die römische Orgel aus Avenches/ Aventicum. Avenches 2000.

120 Nach den Studien von Pierre Riché (Zitat 150, S.77) handelte es sich bei seinen Kriegen um 30.000 bis 100.000 Mann – genauere Zahlen konnten offenbar bisher nicht ermittelt werden.

121 Abb. 41:
https://commons.wikimedia.org/wiki/File:AT_13763_Roof_figures_at_the_Kunsthistorisches_Museum,_Vienna-67-Bearbeitet.jpg, abgefraggt am 14.11.2019.

122 Außerferner Chronik
http://www.verren.at/zeit.php, abgefragt am 15.11.2019

123 V. Valentin, Weltgeschichte. Drömersche Verlagsanstalt 1959

124 Abb. 42. Karl der Große, Photo: Autor

125 Abb. 43. W. Horsch, Lizenz cc-by-sa-3.0,2.5,2.0,1.0
https://upload.wikimedia.org/wikipedia/commons/9/9c/Aachen%2C_Innenarchitektur_der_Pfalzkapelle.jpg, abgefragt am 9.11.2019

126 https://www.heiligenlexikon.de/

127 http://www.karlspreis.de/de/der-
karlspreis/weiterentwicklung/erklärung-des-rates-der-stadt-aachen-und-
der-gesellschaft-fuer-die-verleihung-des-internationalen-karlspreises-zu-
aachen-e-v-im-jahre-1990
128 J. Fried, Karl, der Große Europäer?,
http://www.spiegel.de/spiegel/print/d-21197891.html
129 E.A. Thompson, The Goths in Spain, Clarendon 1969.
130 http://www.geschichtsquellen.de/repOpus_00265.html, abgefragt am
16.01.2017.
131 J. Fleckenstein, Admonitio generalis, in: Lexikon des Mittelalters, Bd. 1,
Artemis & Winkler 1980.
132 Peter Shaffer, Amadeus, First Signet Printing 1984.
133 https://www.heiligenlexikon.de/BiographienS/Stephan_I_von_Ungarn.htm
134 De institutione morum, Corpus iuris Hungarici 1000–1526, S. Stephani I.
Cap. 6, zit. aus
https://de.wikipedia.org/wiki/Deutsche_Ostsiedlung#cite_note-6,
abgefragt am 24.05.2017.
135 Abb. 44.
https://commons.wikimedia.org/wiki/File:Otto_I_Manuscriptum_Mediolan
ense_c_1200.jpg, abgefragt am 14.11.2019
136 W. Kuhn, Geschichte der deutschen Ostsiedlung in der Neuzeit, Boehlau
Verlag 1957.
137 H. Aubin, German Colonization Eastward, in: The Cambridge Economic
Historyof Europe, Cambridge Mass. 1966.
138 C.T. Smith, An Historical Geography of Europe, New York 1990, zit. in
M.L.Bacci, Kurze Geschichte der Migration, Wagenbach 2015, S.41
139 Georges Duby,Die drei Ordnungen. Das Weltbild des Feudalismus. Frankfurt
a.M. 1981, S.16, zit. in A. Landwehr, S. 150.
140 A. Landwehr, S.Stockhorst, Einführung in die Europäische Kulturgeschichte,
UTB, Verlag Schöningh 2004
141 Dante Alighieri, Monarchie(Demonarchia). Übers. u. komm. v. Con-stantin
Sauter, Freiburg1913 [Reprint Aalen1974], S. 97f., zit. in : A. Landwehr, S.
Stockhorst, Einführung in die Europäische Kulturgeschichte, UTB, Verlag
Schöningh 2004, S. 274.
142 Abb. 45. Dante bittend vor Kaiser Heinrich VII., Illustration von Hermann
Plüddemann in der Zeitschrift Die Gartenlaube, 1865, Bayer.
Staatsbibliothek, https://reader.digitale-
sammlungen.de/resolve/display/bsb10498430.html, commons, abgefragt
am 24.03.2017.
143 Meister Eckhart, zit. vonE. Friedell, Kulturgeschichte der Neuzeit, Bd.1, Die
Krisis der europäischen Seele von der schwarzen Pest bis zum Ersten
Weltkrieg, Bd.1, DTV 2005, S. 161
144 Josef Kürzinger, Kloster und Markt Geisenfeld bis zur Säkularisation 1803,
Pro Business 2014, S.191,

https://books.google.co.uk/books?id=o_klAwAAQBAJ&pg=PA191&dq=die+
sieben+hungerjahre+1315&hl=en&sa=X&ved=0ahUKEwjnnP64svfTAhUiL8
AKHcljCaYQ6AEIUDAG#v=onepage&q=die%20sieben%20hungerjahre%20
1315&f=false

145 Wolfgang Behringer, Kulturgeschichte des Klimas. Von der Eiszeit bis zur
     globalen Erwärmung. München 2007, S. 142ff.

146 http://www.berlin-
     institut.org/fileadmin/user_upload/handbuch_texte/pdf_Herden_Bevölker
     ungsentwicklung_in_der_Geschichte.pdf
     Abgefragt am 24.02.2017

147 B. Ankarloo, G. Henningsen, Early Modern European Witchcraft: Centres
     and Peripheries. Clarendon Press 1990.

148 G. Schwerhoff, Die Inquisition. Ketzerverfolgung in Mittelalter und Neuzeit.
     3. Auflage. Verlag C. H. Beck 2009.

149 G. Menzies, 1434. The year a magnificent Chinese fleet sailed to Italy and
     ignited the renaissance. HarperCollins 2008.

150 Abb. 46. Tafel aus der Mitte der oberen Umrandung der Weltkarte des
     Breisgauer Kartographen Martin Waldseemüller.
     https://commons.wikimedia.org/wiki/File:Vi%C3%B1eta_del_mapa_de_W
     aldseem%C3%BCller.jpg, abgefragt am 20.11.2019.

151 Bartolomé de Las Casas, aus einer Werkauswahl von Mariano Delgado, Bd.
     2: Historische und ethnographische Schriften. Paderborn 1995, S. 67-69.
     , zit. im Werkeverzeichnis von Mariano Delgado:
     http://www.unifr.ch/skg/assets/files/publikationen/Delgado_Publikations
     liste_2014-korr.pdf, abgefragt am 07.07.2017, auch zit. bei A. Landwehr, S.
     Stockhorst, Einführung in die Europäische Kulturgeschichte, UTB, Verlag
     Schöningh 2004, S. 318f.

152 C.R. Boxer, The christian century in Japan 1549-1650, Univ. California Press
     1951.

153 RHP Mason, JG Caiger, A History of Japan, Charles E. Tuttle Comp., Tokyo
     1984 (1972).

154 H. Geiger, Erblühende Zweige. Schott Verlag 2009.

155 GB Sansom, The Western World and Japan. Charles E. Tuttle Comp., Tokyo
     1977 (1950).

156 https://www.uni-
     muenster.de/HausDerNiederlande/Zentrum/Projekte/Schulprojekt/Lerne
     n/Kolonialzeit/91/12.html

157 R. Sabatino Lopez, Silk Industry in the Byzantine Empire. Speculum 20, No.
     1 (Jan., 1945), 1-42, aus
     https://www.jstor.org/stable/2851187?seq=1#page_scan_tab_contents

158 The dispatches and letters of Vice Adminral Lord Viscount Nelson, Colburn
     1846, Bd. 7, S.139
     https://www.archive.org/stream/dispatchesletter07nels#page/138/mode
     /1up, abgefragt am 25.01.2017.

159 Abb. 47. Fundacion Biblioteca Miguel de Cervantes,

http://blog.cervantesvirtual.com/les-sugerimos-querela-pacis-de-erasmo-de-roterdam/, abgefragt am 09.09.2019

[160] Abb. 48. Der größte Silbertaler der Welt in der Münze Hall, Die Münze 19, 2008

[161] Auf dieses Zitat weist Jose Ortega y Gasset hin, in seinem Buch: Eine Interpretation der Weltgeschichte. Rund um Toynbee. Müller Verlag München 1964, S.78.

[162] Kaiser Maximilian I., Verlag R. Oldenburg 1950.

[163] Elias Canetti, Masse und Macht, Claassen 1960

[164] Abb. 49. Ausschnitt der Abbildung der Statue von Machiavelli, https://commons.wikimedia.org/wiki/File:Machiavel_Offices_Florence.jpg, abgefragt am 23.11.2019.

[165] V. Reinhardt: Machiavelli oder Die Kunst der Macht. Eine Biographie. Verlag Beck 2012, S. 351

[166] Daten aus den „Term catalogues" https://de.wikipedia.org/wiki/Aufkl%C3%A4rung#/media/File:1700_Lon don%27s_Book_Market_according_to_Term_Catalogues.png, abgefragt am 24.01.2017

[167] K. Lorenz, Kants Lehre vom Apriorischen im Lichte gegenwärtiger Biologie. Blätter für Deutsche Philosophie 15, 1941, S.94–125

[168] Wilhelm Roscher: Geschichte der National-Ökonomik in Deutschland. München: R. Oldenbourg 1874, S.380-381 http://archive.org/stream/geschichtedernat00roscuoft#page/380/mode/1up

[169] Abb. 50. https://commons.wikimedia.org/wiki/File:Leviathan_by_Thomas_Hobbes.j pg, abgefragt am 4.11.2019.

[170] Immanuel Kant, Was ist Aufklärung?, Berlin. Monatsschr., 1784, 2, S. 481–494 (dort S. 1)

[171] E.S. Creasy, The Fifteen Decisive Battles of the World, Enhanced Media 2016 (erste Ausgabe 1851).

[172] Abb. 51. https://commons.wikimedia.org/wiki/File:Duke-of-Marlborough-signing-Despatch-Blenheim-Bavaria-1704.jpg, abgefragt am 5.11.2019.

[173] Abb.52. Jacob van Schuppen, Portrait von Prinz Eugen 1718, Rijksmuseum Amsterdam https://commons.wikimedia.org/wiki/File:Prinz_Eugene_of_Savoy.PNG, abgefragt am 5.11.2019.

[174] E. C. Conte Corti, Metternich und die Frauen. Fremayr & Scheriau 1977, S.405.

[175] Abb. 53. Heinrich Bünting, Europa prima pars terrae in forma virginis https://commons.wikimedia.org/wiki/File:Europa_Prima_Pars_Terrae_in_F orma_Virginis.jpg, abgefragt am 13.02.2017

[176] Art. ‚Europa'.In:Zedler,JohannHeinrich(Hg.):Großes vollstaendigesUniversal-Lexiconaller Wissenschaften undKünste, welchebisherodurchdenmenschlichenVerstand undWitz erfunden und

verbessertworden.Bd. 8:E.Halle/Leipzig1734,Sp. 2191-2196,hier Sp. 2194-2196, zit in A. Landwehr, S. Stockhorst, Einführung in die Europäische Kulturgeschichte, UTB, Verlag Schöningh 2004, S. 283.

177 Heine, Heinrich: Reisebilder. Dritter Teil. In: ders.: Sämtliche Schriften. Hg. v. Klaus Briegleb. Bd. 2. 3. Aufl., München 1995, S. 309-470, hier S. 375f, zit in A. Landwehr, S. Stockhorst, Einführung in die Europäische Kulturgeschichte, UTB, Verlag Schöningh 2004, S. 286

178 Abb. 54.
https://de.wikipedia.org/wiki/Datei:PSM_V39_D323_Crompton_fancy_narrow_loom_of_1855.jpg, abgerufen am 15.11.2019
[http://en.wikisource.org/wiki/Page:Popular_Science_Monthly_Volume_39.djvu/323 |Date = 1891 |Author = Unknown |Permission = {{PD-old}} |other_v]

179 Für Quelle der Originaltexte und Sekundärliteratur siehe auch: P.Reiter, Herodot, Vater der Ethnologie?
http://othes.univie.ac.at/4646/1/2009-05-04_0305051.pdf

180 z.B. in H. Weisweiler, „Das Geheimnis Karls des Großen, Bertelsmann 1981, S. 224.

181 https://www.alamy.de/stockfoto-adolf-hitler-einem-grossen-svres-prasentation-platte-auf-der-1100-jahrfeier-der-teilung-des-karolingischen-reiches-im-jahr-843-, abgefragt am 2.12.2019.

182 http://www.neue-ordnung.at/index.php?id=228, abgefragt am 08.03.2017.

183 Thomas Mann, Freud und die Zukunft, Fischer 1965, in S. Freud, Abriss der Psychoanalyse, Das Unbehagen in der Kultur, S. 131-151, dort S. 147

184 Th. Theurl, Eine gemeinsame Währung für Europa. 12 Lehren aus der Geschichte. Studien Verlag 2011.

185 J. Friederichs, Wohin stolpert Europa. BoD 2015

186 http://www.schuman.info/Strasbourg549.htm

187 Bernd Florath: Die Europäische Union. In: Johannes Tuchel (Hrsg.): Der vergessene Widerstand. Zu Realgeschichte und Wahrnehmung des Kampfes gegen die NS-Diktatur. Dachauer Symposien zu Zeitgeschichte, Wallstein, Göttingen 2005, S. 114–139, zit in:
https://de.wikipedia.org/wiki/Europ%C3%A4ische_Union_(Widerstandsgruppe), abgefragt am 24.02.2017.

188 Guy Verhofstadt, Europe's Last Chance, Basic Books 2017, S.29.

189 https://www.konrad-adenauer.de/biographie/zitate/europa, abgefragt am 20.03.2017.

190http://www.europarl.europa.eu/brussels/website/media/Basis/Geschichte/bis1950/Pdf/Churchill_Rede_Zuerich.pdf, abgefragt am 20.03.2017.

191 Neues Testament, Matth. 4

192 z.B. dargestellt als Kolossalstatue (775 v. Chr.), zu besichtigen im Pergamon-Museum Berlin.

193 Abb. 55.
https://commons.wikimedia.org/wiki/File:Weather_God.jpg abgefragt am 22.04.2017

[194] Abb. 56. creative commons, CC genehmigt von Warren Apel, https://de.wikipedia.org/wiki/Vajra#/media/Datei:Large_carved_stone_Do rje_in_Patan,_Nepal.JPG, abgefragt am 11.09.2019

[195] Abb. 56. CC BY-SA 3.0, Classical numismatic group, https://de.wikipedia.org/wiki/Vajra#/media/Datei:Epirus234bc.jpg, abgefragt am 11.09.2019.

[196] Abb. 57. Watch Tower Bible and Tract Society of Pennsylvania. https://www.jw.org/de/bibliothek/zeitschriften/wachtturm-studienausgabe-september-2018/allmaechtig-und-doch-ruecksichtsvoll/, abgefragt am 15.11.2019 – noch keine Erlaubnis eingeholt.

[197] H. Spiekermann et al., Geschichte des Volkes Israel und seiner Nachbarn in Grundzügen: Von den Anfängen bis zur Staatenbildungs-zeit. Vandenhoeck & Ruprecht 2007

[198] https://www.heiligenlexikon.de/BiographienT/Titus.htm

[199] F.W. Graf, K. Wiegandt, Die Anfänge des Christentums, Fischer 2009.

[200] T.D. Barnes, Tertullian: A historical and literary study. Oxford Univ. Press 1985.

[201] K-H Schwarte, Diokletians Christengesetz. In: Beiträge zur römischen Geschichte und zu ihren Hilfswissenschaften. Schöningh, Paderborn 1994.

[202] P.J. Podipara, Die Thomas-Christen, Augustinus-Verlag 1966.

[203] https://www.heiligenlexikon.de/BiographienI/Irenaeus_von_Lyon.html, abgefragt am 16.01.2017.

[204] https://www.heiligenlexikon.de/BiographienP/Polykarp_von_Smyrna.htm, abgefragt am 16.01.2017.

[205] https://www.heiligenlexikon.de/BiographienD/Dionysius_von_Paris.html, abgefragt am 17.01.2017

[206] https://www.heiligenlexikon.de/BiographienM/Martin_von_Tours.htmabgef ragt am 17.01.2017.

[207] https://www.heiligenlexikon.de/BiographienR/Remigius_von_Reims.htm, abgefragt am 17.01.2017

[208] https://www.heiligenlexikon.de/BiographienC/Clothilde.htm, abgefragt am 17.01.2017.

[209] Abb. 58. https://commons.wikimedia.org/wiki/File:Saint_Remigius_binding_Mediev al_Picardie_Museum.jpg, abgefragt am 12.02.2019

[210] http://www.whithorn.info/history/historyinfo.asp?rowID=24, abgefragt am 17.01.2017.

[211] Dabei geschieht in der Regel das Umgekehrte, nämlich, dass wir zu glauben beginnen, was wir zu wissen bestimmt haben

[212] K. Ziegler: Pontifex, in: Der Kleine Pauly, Band 4, 1972, zit in: https://de.wikipedia.org/wiki/Pontifex_Maximus#cite_ref-1

[213] Theodoret von Kyrrhos, Heilmittel gegen hellenistische Krankheiten, zit in https://de.wikipedia.org/wiki/Theodoret, abgefragt am 11.02.2017 Theodoret aus Antiochia war arianischer Bischof von Kyrrhos zwischen 423 und 460.

[214] Oekumenisches Heiligenlexikon,
https://www.heiligenlexikon.de/BiographienJ/Johannes_Chrysostomus.ht
ml, abgefragt am 11.02.2017

[215] E. Canetti, Die Fackel im Ohr. Lebensgeschichte 1921-1931, Hanser 1980, S.
32f.

[216] Abb. 59. Tableau représentant la capture de Séville par Ferdinand III, peint
par Francisco Pacheco.
https://commons.wikimedia.org/wiki/File:Capture_de_S%C3%A9ville_par_
Ferdinand_III.jpg, abgefragt am 14.09.2019

[217] A. Foà, Ebrei in Europa. Dalla Peste Nera all'emancipazione. XIV-XIX secolo,
Laterza 2004.

[218] Th. Migge, Das erste jüdische Ghetto in Europa, Deutschlandfunk
24.03.2016,
https://www.deutschlandfunk.de/vor-500-jahren-in-venedig-das-erste-
juedische-ghetto-in.886.de.html?dram:article_id=349231, abgefragt am
07.04.2017.

[219] M. Fulbrook, A Concise History of Germany, Cambridge University Press
1991.

[220] Abb. 60. Modell der Mikwe in Speyer von Otto Martin aus dem Jahr
1911, Museum SchPIRA im Judenhof Speyer. Dauerleihgabe
des Historischen Museums der Pfalz, Speyer
https://commons.wikimedia.org/wiki/File:MikweSpeyerModell.jpg,
abgerufen am 15.11.2019

[221] Abb. 61. C. Oettle, Wo Stuttgarts Galgen stand, Stuttgarter Nachrichten,
23.08.2014,
https://www.stuttgarter-nachrichten.de/inhalt.auf-den-spuren-von-
joseph-suess-oppenheimer-wo-stuttgarts-galgen-stand.625573ea-749e-
440d-9fa7-62b6e90f4991.html, abgefragt am 5.11.2019.

[222] Wilhelm Hauff, Jud Süß, Createspace 2013.

[223] Lion Feuchtwanger, Jud Süß, Aufbau TB 2002

[224] T. Jaecker, Judenemanzipation und Antisemitismus im 19. Jahrhundert.
http://www.jaecker.com/2002/03/judenemanzipation-und-
antisemitismus-im-19-jahrhundert/, abgefragt am 23.05.2017.

[225] W. Benz, Antisemitismus im 19. und 20. Jahrhundert, Bundeszentrale für
politische Bildung,
https://www.bpb.de/politik/extremismus/antisemitismus/37948/19-und-
20-jahrhundert, abgefragt am 23.05.2017.

[226] O. Rathkolb, Der lange Schatten des Antisemitismus, Vienna University
Press, V&R unipress 2013.

[227] Peter Bamm, Die unsichtbare Flagge, Knaur 1976

[228] http://www.bpb.de/apuz/30392/zur-entstehung-und-frühgeschichte-des-
islam?p=all, abgefragt am 12.02.2017

[229] Abb. 62. Mu'awiya, Copper, Fals, Damascus, 661-680, mit freundlicher
Genehmigung,

https://www.doaks.org/resources/coins/catalogue/BZC.2009.017, abgefragt am 14.09.2019

230 Karl-Heinz Ohlig, Weltreligion Islam. Eine Einführung, Mainz - Luzern 2000, S. 60 – 67, zit in: http://www.bpb.de/apuz/30392/zur-entstehung-und-frühgeschichte-des-islam?p=all, abgefragt am 12.02.2017

231 R. Slatin Pascha, Feuer und Schwert im Sudan. Brockhaus, Leipzig 1896.

232 Abb. 63. Slatin Pascha GCVO, KCMG, CB, Aquarell von Friedrich Perlberg, https://commons.wikimedia.org/wiki/File:RudolfSlatinFriedrichPerlberg.jpg, abgefragt am 16.11.2019.

233 Abb. 64. Pfeiffer, Simon Friedrich/Schmitthenner, Friedrich: Meine Reisen und meine fünfjährige Gefangenschaft in Algier Ricker'sche Buchhandlung, Gießen 1834, S.121, https://download.digitale-sammlungen.de/BOOKS/download.pl?ersteseite=1&letzteseite=408&id=10065807&ersteseite=1&letzteseite=408&vers=d&nr=&abschicken=ja&captcha_zeit=149322046410065807&xdfz=2&captcha_in=2155&submitbutton=WEITER&dafoemail=, abgefragt am 26.04.2017

234 Abb. 64. Le coup d'eventail, unbekannter Künstler. https://commons.wikimedia.org/wiki/File:Le_coup_d_eventail_1827.jpg, abgefragt am 16.11.2019.

235 J.M.Kühn, Gefangen unter Korsaren, Edition Erdmann 1997

236 Abb. 65. https://commons.wikimedia.org/wiki/File:23_Estancia_de_Constantino_(Visi%C3%B3n_de_la_Cruz).jpg, abgefragt am 22.9.2019

237 Abb. 66. Seneca, https://www.roma-antiqua.de/forum/threads/im-rom-des-gian-lorenzo-bernini.21482/page-20, abgefragt am 22.9.2019

238 Peter Bamm, Gesammelte Werke, Bd. 3, Frühe Stätten der Christenheit, Knaur Verlag 1976.

239 Abb. 67. Max von Oppenheim, ca. 1917. CC BY-SA 3.0 de https://commons.wikimedia.org/wiki/File:Oppenheim_Circa1917.jpg, https://secure.i.telegraph.co.uk/multimedia/archive/03001/Oppenheim_3001312c.jpg, abgefragt am 16.11.2019

240 Abb. 68. Aus Lowell Thomas' „With Lawrence in Arabia", Lieutenant Colonel Thomas Edward Lawrence, 1919. https://commons.wikimedia.org/wiki/File:With_Lawrence_in_Arabia.jpg, abgefragt am 16.11.2019

241 K. Lorenz, Die Rückseite des Spiegels, DTV 1977

242 Porphyrios, Adversus Christianos, Fragment 76, siehe R. Goulet: Hypothèses récentes sur le traité de Porphyre Contre les chrétiens. In: Michel Narcy, Eric Rebillard (Hrsg.): Hellénisme et Christianisme, Villeneuve d'Ascq 2004. zit. in https://de.wikipedia.org/wiki/Porphyrios#cite_note-55

243 H. Brandenburg: Die frühchristlichen Kirchen Roms vom 4. bis zum 7. Jahrhundert. Schnell und Steiner 2005

[244] J. Schäfer, Ambrosius von Mailand, Ökumenisches Heiligenlexikon, abgerufen am 4.6.2017. https://www.heiligenlexikon.de/BiographienA/Ambrosius_von_Mailand.ht m, abgerufen am 4.6.2017.

[245] D. Fernandez-Morera, The Myth of the Andalusian Paradise: Muslims, Christians, and Jews Under Islamic Rule in Medieval Spain , Intercollegiate Studies 2016

[246] T. Lautwein, Hekate: Die dunkle Göttin. Edition Roter Drache 2009.

[247] K. Schwenck, Die Mythologie der Asiatischen Völker, Verlag Sauerländer 1843.

[248] Abb. 69. Münze aus dem 1. Jahrhundert v. Chr. https://commons.wikimedia.org/wiki/File:001-Byzantium-2.jpg, abgefragt am 16.11.2019

[249] Abb. 70. https://commons.wikimedia.org/wiki/File:Ankh_isis_nefertari.jpgabgefragt am 15.09.2019

[250] http://www.eslam.de/begriffe/g/große_moschee_aleppo.htm, abgefragt am 01.12.2016

[251] J. Gonella, Heiligenverehrung im urbanen Kontext am Beispiel von Aleppo Syrien. Islamkundliche Untersuchungen, Klaus Schwarz Verlag Berlin, 1995, Bd. 190, S. 29. http://menadoc.bibliothek.uni-halle.de/iud/content/pageview/350087

[252] http://www.bpb.de/apuz/155119/syrien-ein-historischer-überblick?p=all

[253] M. Gil, A History of Palestine, 634-1099, Cambridge University Press 1997, zit in https://de.wikipedia.org/wiki/R%C3%B6misches_Pal%C3%A4stina, abgefragt am 01.06.2017.

[254] *inna d-dīn ʿinda llāhi l-islāmu wa-mā ʾḫtalafa lladīna ūtū l-kitāba illā min baʿdi mā ǧāʾa-humu l-ʿilmu baġyan baina-hum wa-man yakfuru bi-āyāti llāhi fa-inna llāha sarīʿu l-ḥisābi* (Sure 3, 19)
Als (einzig wahre) Religion gilt bei Gott der Islam. Und diejenigen, die die Schrift erhalten haben, wurden – in gegenseitiger Auflehnung – erst uneins, nachdem das Wissen zu ihnen gekommen war. https://de.wikipedia.org/wiki/Felsendom

[255] Abb. 72. Tempelberg: Religionen in Jerusalem, Institut für Bildungswesen, Landesbildungsserver Baden-Württemberg https://www.schule-bw.de/faecher-und-schularten/gesellschaftswissenschaftliche-und-philosophische-faecher/geschichte/unterrichtsmaterialien/sekundarstufe-I/mittelalter/jerusalem, Grabeskirche: https://upload.wikimedia.org/wikipedia/commons/b/bd/Grabeskirche_Je rusalem.jpg https://de.wikipedia.org/wiki/Grabeskirche#/media/Datei:Grabeskirche_J erusalem.jpg, abgefragt am 19.9.2019

[256] http://www.unifr.ch/bkv/kapitel2027-27.htm

257 A. Demandt, Geschichte der Spätantike, Beck Verlag 1998.

258 M. Müller, Die europäische Auswanderung und die beiden Amerikas im 19. Jh., http://www.geschichte.uni-mainz.de/NeuereGeschichte/797.php?rd_id=339193627905050&t=Vorlesung%20Neuzeit:%20Die%20europ%C3%A4ische%20Auswanderung%20und%20die%20beiden%20Amerikas%20im%2019.%20Jahrhundert&d=PD%20Dr.%20Michael%20M%C3%v.Chr.ller&k=VL.Auswanderung&nr=07.068.260c&di=339193627984051, abgefragt am 24.02.2017

259 A. Bretting, Von der Alten in die Neue Welt, in: Aufbruch in die Fremde, Hrsg. D. Ghörder, D. Knauf, Edition Temmen 1992, S.75-122.

260 https://de.wikisource.org/wiki/Strafgesetzbuch_f%C3%BCr_das_Deutsche_Reich_(1871), abgefragt am 15.04.2017

261 Einwanderung in die Vereinigten Staaten. https://de.wikipedia.org/wiki/Einwanderung_in_die_Vereinigten_Staaten, abgefragt am 28.01.2017

262 H. Fogel, Neu-Isenburger Geschichtsbuch: Von der Hugenottensiedlung zur modernen Stadt, Momos Verlag 2016.

263 Nationalparkstadt Frankenau, Die kleine Stadt am großen Wald, https://www.frankenau.de/seite/184802/stadtprofil.html, abgefragt am 16.09.2019

264 I. Senz, Die Donauschwaben, Langen-Müller 1994.

265 V. von Doom, Donauschwaben, https://de.wikipedia.org/wiki/Donauschwaben, abgefragt am 04.02.2017.

266 T. Sarrazin, Deutschland schafft sich ab, RandomHouse 2012.

267 http://diepresse.com/home/zeitgeschichte/4753365/Flüchtlingskrise-1956_Menschlichkeit-mit-Ablaufdatum, abgefragt am 04.01.2017.

268 268- http://derstandard.at/2000022018004/Ungarn-1956-Von-armen-Flüchtlingen-zu-Parasiten-des-Wohlstands, abgefragt am 05.02.2017.

269 Abb. 73. 60 Jahre Brücke von Andau, Bericht des Samariterbundes, https://www.samariterbund.net/aktuell/detail/60-jahre-bruecke-von-andau-10107/, abgefragt am 6.11.2019.

270 J.Pierhal, Albert Schweitzer, Das Leben eines guten Menschen, Kindler 1955.

271 Peter Bamm, Die kleine Weltlaterne, Gesammelte Werke, Knaur 1976

272 Papst Gregor der Große, Das Buch der Dialoge, http://www.benediktiner.de/index.php/der-hl-benedikt-von-nursia/das-buch-der-dialoge.html?start=1, abgefragt am 14.07.2017

273 B.M. Lambert, Hrsg., Gregor der Große, Das Buch der Dialoge, Band 2, Eos Verlag 1995.

274 Abb. 76. Mittelalterliches Krankenhaus. Photo: Autor.

275 W. Durant, The Age of Faith: A History of Medieval Civilization - Christian, Islamic, and Judaic - from Constantine to Dante: A.D. 325-1300. Simon and Schuster 1950.

276 Abb. 77. https://commons.wikimedia.org/wiki/File:Paracelsus-03.jpg, abgefragt am 14.3.2017

[277] Infiziertes Europa. Seuchen in der Sozial- und Kulturgeschichte des 20. Jahrhunderts, M. Thießen, ed., ., Berlin: De Gruyter Oldenbourg, 2014. http://www.hsozkult.de/conferencereport/id/tagungsberichte-4205, Proceedings S.13.

[278] L. Clausen, Krasser sozialer Wandel. Springer 1994, S.63.

[279] https://www.aerzteblatt.de/nachrichten/22853/Das-Athen-des-Perikles-erlag-einer-Typhus-Epidemie, abgefragt am 14.02.2017.

[280] Abb. 78. R. Zenner, Ausbreitung der Pest in Europa zwischen 1347 und 1351, Creative Comons, Attribution-Share Alike 2.0 Germany https://upload.wikimedia.org/wikipedia/commons/2/29/Pestilence_sprea ding_1347-1351_europe.png, abgefragt am 17.09.2019

[281] Abb. 79. R-E Herden, Historische Entwicklung der Bevölkerung, Berlin-Institut für Bevölkerung und Entwicklung, Abb. 2 in bearbeiteter Fassung aus J.D. Durand, The Modern Expansion of World Population. In: Proceedings of the American Philosophical Society 111, 1967, S. 139, https://www.berlin-institut.org/online-handbuchdemografie/bevoelkerungsdynamik/historische-entwicklung-der-bevoelkerung.html?type=98, abgefragt am 17.09.2019

[282] http://www.collasius.org/WINKLE/04-HTML/hh-pest.htm

[283] N. Wyatt, Religious Texts from Ugarit, Continuum Publishing 2003.

[284] Abb. 80. Benh Lieu Song - Eigenes Werk, CC BY-SA 3.0, https://commons.wikimedia.org/w/index.php?curid=15578063, abgefragt am 17.09.2019

[285] Abb. 81. A. Ditzel, Die ältesten Bibliotheken der Welt, http://www.online-wissensdatenbank.de/die-älteste-bibliothek-der-welt-44/, abgefragt am 22.04.2017

[286] E.A. Lowe, Codices Latini Antiquiores, Oxford Univ. Press 1935

[287] M. Gaddis, There is no violence for those who have Christ. Univ.California Press 2015.

[288] A. Momigliano, ed., The conflict between paganism and Christianity in the fourth century. Oxford Univ. Press 1964.

[289] R.MacMullen, Christianizing the Roman Empire. Yale Univ.Press 1984, S.119, zit. in https://de.wikipedia.org/wiki/Bücherverluste_in_der_Spätantike#cite_note-41

[290] W. Speyer: Büchervernichtung und Zensur des Geistes bei Heiden, Juden und Christen, Hiersemann, Stuttgart 1981.

[291] Abb. 82. Bibel-Illustration von Gustave Doré, 1866. https://commons.wikimedia.org/wiki/File:Paulus_B%C3%BCcherverbrenn ung.jpg, abgefragt am 11.02.2017

[292] C.M. Cipolla, Literacy and development in the West. Penguin Books 1969.

[293] Abb. 83. John the Grammarian as ambassador before Theophilus and Mamun.jpg, The embassy of John the Grammarian in 829, between the Byzantine emperor Theophilos (right) and the Abbasid caliph Al-Ma'mun, from the Madrid Skylitzes fol 47r, detail,

https://commons.wikimedia.org/wiki/File:John_the_Grammarian_as_amba
ssador_before_Theophilos_and_Mamun.jpg?uselang=de abgefragt am
10.02.2017

[294] M. Ceccarelli, Die ‚Alte Weise' und die ‚weise Frau' im alten Mesopotamien,
Fabula 2019, 60, 100-131.
https://www.academia.edu/37686495/Die_Alte_Weise_und_die_weise_Fra
u_im_alten_Mesopotamien, abgefragt am 21.10.2019.

[295] In H.H. Schöffler, Die Akademie von Gondischapur. Aristoteles auf dem
Wege in den Orient, Verlag Freies Geistesleben 1979.

[296] K. Hummel, Die Anfänge der iranischen Hochschule Gundischapurs in der
Spätantike. Tübinger Forschungen 9, 1963, zit. In H.H. Schöffler, Die
Akademie von Gondischapur. Aristoteles auf dem Wege in den Orient,
Verlag Freies Geistesleben 1979

[297] Abb. 84. Enyavar, Der Römisch-Persische Grenzraum im 4. Jh., - Eigenes
Werk, CC BY-SA 4.0,
https://commons.wikimedia.org/w/index.php?curid=78661077, abgefragt
am 17.09.2019

[298] C. Elgood, A Medical History of Persia on the Eastern Califate, Cambridge
Library Collection 2010 (1951).

[299] F.R. Hau, Gondeschapur. Eine Medizinschule aus dem 6.Jahrhundert n. Chr.,
Gesnerus 36, 1979, S. 98-115.

[300] Abb. 85. Angrense, Bild von Hunain ibn-Ishaq
https://commons.wikimedia.org/wiki/File:Hunayn_ibn-Ishaq_al-
%27Ibadi_Isagoge.jpg, abgefragt am 8.11.2019.

[301] O. Lieberknecht u.a., Übersetzerschule von Toledo,
https://de.wikipedia.org/wiki/%C3%9Cbersetzerschule_von_Toledo,
abgefragt am 10.02.2017.

[302] C.E. Viola, L'Abbaye du Mont Saint-Michel et la préparation intellectuelle du
grand siècle. Paper read in the Salle des Chevaliers of the Abbey of Mont
Saint-Michel on 8 September 1970 to the Association Amis du Mont Saint-
Michel (see the newspaper Le Monde, 5 sept. 1970, p. 6.)
http://coloman.viola.pagesperso-orange.fr/Mont_Saint_Michel.html,
abgefragt am 20.02.2019

[303] Weströmisches Reich,
https://de.wikipedia.org/wiki/Bücherverluste_in_der_Spätantike, abgefragt
am 11.02.2017

[304] Abb. 86. Historiated initial on folio 4r from Boethius' *On the Consolation of
Philosophy* Italy?:1385, MS Hunter 374 (V.1.11), Special Collections
Department, Library, University of Glasgow,
https://commons.wikimedia.org/wiki/File:Boethius_initial_consolation_phi
losophy.jpg, abgefragt am 18.09.2019

[305] Abb. 87. Gesta Theodorici, Variae; and other texts – Flavius Magnus Aurelius
Cassiodorus (c 485 – c 580). Latin manuscrpit on vellum. 186ff. Fulda,
before 1176, jpg, Leiden Univ. Library, Ms.vul.46, fol.2r,

https://commons.wikimedia.org/wiki/File:Gesta_Theodorici_-
_Flavius_Magnus_Aurelius_Cassiodorus_(c_485_-_c_580).jpg, aus
http://bc.ub.leidenuniv.nl/bc/goedgezien/index.html Goed g abgefragt am
3.2.2017.

[306] Günter Ludwig: Cassiodor. Über den Ursprung der abendländischen Schule.
Akademische Verlagsgesellschaft, Frankfurt a.m. 1967.

[307] M.L.W. Laistner, *Thought and Letters in Western Europe: A.D. 500 to
900* second edition (Ithaca: Cornell University, 1957)

[308] Cassiodorus, Flavius Magnus Aurelius (490-583), Institutiones und
verschiedene naturwissenschaftliche Texte - Staatsbibliothek Bamberg
Msc.Patr.61, Buch aus dem 8. Jh.
https://bavarikon.de/object/SBB-KHB-00000SBB00000157

[309] Abb. 88. Tataryn, Justinian555AD.png, CC BY-SA 3.0,
https://en.wikipedia.org/wiki/Byzantine_Empire#/media/File:Justinian55
5AD.png, abgefragt am 18.9.2019

[310] Abb. 89. Benowar, Procopius, Byzantinisches Reich,
https://de.wikipedia.org/wiki/Byzantinisches_Reich, abgefragt am
24.2.2017b und 18.9.2019

[311] Abb. 89. Östliches Mittelmeer 1450 DE.svg, Wikimedia Commons,
https://commons.wikimedia.org/wiki/File:%C3%96stliches_Mittelmeer_1
450_DE.svg, abgefragt am 18.9.2019

[312] Das Erbe des Byzantinischen Reiches, http://www.byzanz-
konstantinopel.de/erbe-byzantinisches-reich/byzantinisches-erbe.php,
abgefragt am 03.02.2017

[313] Abb. 90. Wappen über dem Eingang des ökumenischen Patriarchates von
Konstantinopel, Orhan,
https://commons.wikimedia.org/wiki/File:Byzantine_eagle.JPG, abgefragt
am 8.11.2019.

[314] Abb. 91. Kathedrale zu St. Peter, Trier, Deutschland.
https://visitworldheritage.com/en/eu/cathedral-of-st-peter/270b01ce-
0f18-4cb1-b1b9-751cd3ad31ff, abgefragt am 19.9.2019

[315] Abb. 92. Photo by David Iliff. License: CC BY-SA 3.0,
https://de.wikipedia.org/wiki/Kathedrale_von_Wells#/media/Datei:Wells_
Cathedral_West_Front_Exterior,_UK_-_Diliff.jpg, abgefragt am 19.9.2019

[316] Abb. 93. A. Bossi, CC-BY-SA-2.5
https://commons.wikimedia.org/wiki/File:IMG_0411_-_Graz_-
_Landhaushof.JPG, abgefragt am 9.11.2019

[317] Abb. 94. Bwag, ©, © *Bwag/CC-BY-SA-4.0.*
https://commons.wikimedia.org/wiki/File:Melk_-_Stift_(2).JPG, abgefragt
am 9.11.2019.

[318] John H. Arnold, Caroline Goodson: Resounding Community: The History and
Meaning of Medieval Church Bells. In: Viator, Bd. 43, Nr. 1, 2012, S. 99–130

[319] Abb. 95. Ausschnitt aus: Ravenna, sant'apollinare nuovo, ext.01.jpg, ACC 3.0
https://commons.wikimedia.org/wiki/File:Ravenna,_sant%27apollinare_n
uovo,_ext._01.JPG, abgefragt am 19.9.2019

320 Abb. 96. Khakestari, Ali Minaret.jpg, CC BY-SA 3.0
https://commons.wikimedia.org/wiki/File:Ali_Minaret.jpg, abgefragt am
03.09.2019

321 K.A.C. Creswell, 1926 a-c, Bloom 2002, zit. In E.Fuerlinger,
Moscheebaukonflikte in Österreich, Vienna University Press 2013.

322 Great Mosque of Samarra jpg., CC BY 3.0
https://commons.wikimedia.org/wiki/File:Great_Mosque_of_Samarra.jpg,
abgefragt am 19.9.2019

323 H.G. Farmer, The rise and development of military music, HardPress 2013

324 Persönliche Mitteilung

325 Peter Bamm, Gesammelte Werke, Bd. 2, An den Küsten des Lichts, Knaur
Verlag 1976.

326 Carl Zuckmayr, Als wär's ein Stück von mir, Fischer 2013 (orig. 1966)

327 K. Pallasmann, D. Tonazzi, Kriegswege, Edizioni Saisera 2016.

328 Stefan Zweig, Die Welt von Gestern, Fischer Verlag 1990 (1944).

329 E. Roehrlich, M.John, Migration und Innovation um 1900. Perspektiven auf
das Wien der Jahrhundertwende. Boehlau Verlag Wien 2016.

330 A.Graf, Los von Rom und heim ins Reich. LIT Verlag 2015.

331 U. Menzel, Globalisierung versus Fragmentierung, Suhrkamp 2002, S. 8f

332 Abb. 97. World 1898 empires colonies territory.png,
https://commons.wikimedia.org/wiki/File:World_1898_empires_colonies_t
erritory.png, abgefragt am 20.9.2019

333 Abb. 98. F. Murmann, Tristan-baeu, Karte der Kolonialmächte in Afrika.
https://commons.wikimedia.org/wiki/File:Kolonien-Afrikas.svg, abgefragt
am 20.9.2019

334 Abb. 99. E.L. Sambourne, The Rhodes Colossus: Caricature of Cecil John
Rhodes, after he announced plans for a telegraph line and railroad
from Cape Town to Cairo, 1892.
https://commons.wikimedia.org/wiki/File:Punch_Rhodes_Colossus.png,
abgefragt am 20.9.2019.

335 Zit. n. Doering-Manteuffel, Anselm: Dimensionen von Amerikanisierung in
der deutschen Gesellschaft. In: Archiv für Sozialgeschichte 35(1995), S.1-34,
hier S. 3f., zit in A. Landwehr, S. Stockhorst, Einführung in die Europäische
Kulturgeschichte, UTB, Verlag Schöningh 2004, S. 332.

336 J.H. Schroedter, Binationale Ehen in Deutschland,
https://www.destatis.de/DE/Publikationen/WirtschaftStatistik/Gastbeiträ
ge/Binationale_Ehen0406.pdf?_blob=publicationFile, abgefragt am
11.10.2017.

337 D. Hüser. Vom „Un-Skandal" des Algerienkrieges zum „Post-Skandal" der
Gedächtniskultur. Die Pariser Polizei-Repressionen vom 17. Oktober 1961,
in: A. Gelz et al. edt. Skandale zwischen Moderne und Postmoderne.
Interdisziplinäre Perspektiven auf Formen gesellschaftlicher Transgression.
Linguae & Litterae; 32. DeGruyter 2014, S. 183–213.

338 Paris marks Algerian protest 'massacre',
http://news.bbc.co.uk/1/hi/world/monitoring/media_reports/1604970.stm

339 H. Kühn, Stand und Weiterentwicklung der Integration der ausländischen Arbeitnehmer und ihrer Familien in der Bundesrepublik Deutschland. Memorandum des Beauftragten der Bundesregierung. September 1979.

340 Generatives Verhalten und Migration. Forschungsbericht 10 des Bundesamtes fuer Migration und Flüchtlinge. http://www.bamf.de/SharedDocs/Anlagen/DE/Publikationen/Forschungs berichte/fb10- generativesverhaltenundmigration.pdf?_blob=publicationFile, abgefragt am 02.12.2016.

341 J Motte, R.O. Ohliger, Rückblick: 30 Jahre Kühn-Memorandum. Bundeszentrale fuer politische Bildung. 01.09.2009, http://www.bpb.de/gesellschaft/migration/newsletter/57143/rückblick-30-jahre-kühn-memorandum, abgefragt am 30.11.2016

342 F. Fukuyama, The End of History and the Last Man, Free Press 2006.

343 Michail Gorbatschow, Das gemeinsame Haus Europa. Econ Verlag 1989.

344 Michail Gorbatschow, Rede an der Sorbonne, Paris, zitiert aus „Das gemeinsame Haus Europa". Econ Verlag 1989.

345 W. Hoepken, Die schaurige Sage vom Amselfeld. Die Zeit 12/1998, http://www.zeit.de/1998/12/Die_schaurige_Sage_vom_Amselfeld, abgefragt am 06.04.2017.

346 Platon, Politeia, 9.Buch, 5. 577c-578.

347 MR Bennett PMS Hacker, Philosophical Foundations of Neuroscience. Blackwell 2003

348 Weber, Max: Gesammelte Aufsätze zur Religionssoziologie I.9. Aufl.,Tübingen1988, S.1, zit. In : A. Landwehr, S. Stockhorst, Einführung in die Europäische Kulturgeschichte, UTB, Verlag Schöningh 2004, S. 53.

349 F. Neubauer, Gondwana-Land goes Europe, Austrian Journal of Earth Sciences 107(1) · Januar 2014, https://www.researchgate.net/figure/The-Gondwana-supercontinent-after-amalgamation-of-West-and-East-Gondwana-resulting-from_fig1_279846859 [accessed 18 Aug, 2019]

350 Abb. 102. Jolivet, conference pour le CeFEG 2007, Lithoteque.ac-aix-marseilee.fr, https://www.google.at/url?sa=i&source=images&cd=&cad=rja&uact=8&ve d=0ahUKEwjGptPB6YfkAhVLx4UKHZ0yARAQMwg0KAAwAA&url=http%3 A%2F%2Fwww.lithotheque.ac-aix-marseille.fr%2FAffleurements_PACA%2F13_Cassis%2F13_cassis_portmiou _erosion_plus.htm&psig=AOvVaw3ZLLeYsnEo8KEdelO3zEk1&ust=156605 9800088796&ictx=3&uact=3, abgefragt 25.05.2017

351 Abb. 103. NordNordWest, Paratethys, Creative Commons by-sa-3.0 de Der Karte ist ein Punkt zur Markierung des Fundortes von „danuvius guggen-mosi" hinzugefügt. https://creativecommons.org/licenses/by-sa/3.0/de/legalcode https://commons.wikimedia.org/wiki/File:Pannon-See_vor_11_Mio_Jahren.png, abgefragt am 28.11.2019

352 Henri Lhote: The Search for the Tassili Frescoes; the Story of the Prehistoric Rockpaintings of the Sahara. Dutton, New York 1959.

353 J-J Hublin et al, New fossils from Jebel Irhoud, Morocco and the pan-African origin of Homo sapiens, Nature 546, 2017, 289–292.

354 Weitere Zitate siehe "Geschichte der Keramik", https://de.wikipedia.org/wiki/Geschichte_der_Keramik#Pal.C3.A4olithikum

355 J.I. Rose, New light on human prehistory in the Arabian-Gulf Oasis, Current Anthropology 2010, 51, 849-883.

356 Th. Ewe, Paradies unter Wasser, mit Bezug auf H-P Uerpmann, https://www.wissenschaft.de/geschichte-archaeologie/paradies-unter-wasser-2/, abgefragt am 23.9.2019

357 W. Haberland, Amerikanische Archäologie, Wissenschaftl. Buchges. 1991.

358 M. Thomas et al., DNA from Pre-Clovis human coprolites in Oregon, Science 320, 2008, S.786-789

359 C. Dwyer, 'Oldest Intact Shipwreck Known To Mankind' Found In Depths Of Black Sea, https://www.npr.org/2018/10/23/659808976/oldest-intact-shipwreck-known-to-mankind-found-in-depths-of-black-sea?t=1567014634413, abgefragt am 28.08.2019

360 R.D. Ballard, F.T. Hiebert, Deepwater Archaeology of the Black Sea, American Journal of Archaeology 105, 2001, S. 607-623. http://web.mit.edu/deeparch/www/publications/papers/BallardEtAl2001.pdf, abgefragt am 28.08.2019

361 Maritime archaeology expedition in Black Sea. http://www.southampton.ac.uk/news/2016/10/black-sea.page

362 W.B.F. Ryan, W.C. Pitman III, Noah's Flood, The scientific discoveries about the event that changed history. Simon & Schuster 1998.

363 Y. Y. Shopov et al. , Initiation of the migration and separation of indo-europeans by a catastrophic flooding of the Black Sea region, 2012 https://www.researchgate.net/publication/333787365_INITIATION_OF_THE_MIGRATION_AND_SEPARATION_OF_INDO-EUROPEANS_BY_A_CATASTROPHIC_FLOODING_OF_THE_BLACK_SEA_REGION

364 B. Weninger et al., Die Neolithisierung von Südosteuropa als Folge des abrupten Klimawandels um 8200 calBP, in: D. Gronenborn (ed.): Klimaveränderung und Kulturwandel in neolithischen Gesellschaften Mitteleuropas 6700-22 v. Chr., RGZM-Tagungen Band 1, 2015, 75-117.

365 M. Metspalu et al., Most of the extant mtDNA boundaries in south and southwest Asia were likely shaped during the initial settlement of Eurasia by anatomically modern humans, in: BMC Genetics 5, 2004, S. 26 doi:10.1186/1471-2156-5-26; PMC 516768

366 Abb. 104. Ausschnitt ausW.wolny, Oberägypten.jpg, CC-BY-SA https://de.wikipedia.org/wiki/Datei:Ober%C3%A4gypten.jpg

367 Abb. 105. BishkekRocks, CarthageMapDe.png, https://commons.wikimedia.org/wiki/File:CarthageMapDe.png, abgefragt am 28.9.2019

[368] H. Giffhorn, Wurde Amerika in der Antike entdeckt?: Karthager, Kelten und das Rätsel der Chachapoya, Beck 2014

[369] A. Dolgopolsky. The Nostratic Macrofamily and Linguistic Palaeontology. The McDonald Institute for Archäological Research, Oxford 1998
https://de.wikipedia.org/wiki/Nostratisch

[370] L.L. Cavalli-Sforza, Gene, Völker und Sprachen. Die biologischen Grundlagen unserer Zivilisation, Hanser 1999

[371] C. Renfrew, The making of the human mind, W&N 2008

[372] Abb. 106. Genehmigt von Dbachmann
https://commons.wikimedia.org/wiki/File:IE_expansion.png, abgefragt am 23.06.2019

[373] V. G. Childe, The Aryans, Knopf 1926.

[374] W. Haak et al., Massive migration from the steppe is a source for Indo-European languages in Europe, *Nature* doi: 10.1038/nature14317
http://biorxiv.org/content/early/2015/02/10/013433, abgefragt am 11.11.2016

[375] C.L. Pearson et al. Annual radiocarbon record indicates 16th century BCE date for the Thera eruption, Science Advances 4, 2018, doi 10.1126/sciadv.aar8241.

[376] http://makedon.eu/die-pelasgischen-stamme/

[377] J Fuss, N Spassov, D R. Begun, M Böhme, Potential hominin affinities of *Graecopithecus* from the Late Miocene of Europe, Published: May 22, 2017, https://doi.org/10.1371,
http://journals.plos.org/plosone/article?id=10.1371/journal.pone.017712 7, abgefragt am 23.05.2017.

[378] H. Haarmann, Early civilization and literacy in Europe. An inquiry into cultural continuity in the Mediterranean world. De Gruyter 1995, S. 116, Abb. 11.

[379] I. Eibl-Eibesfeldt, Wider die Misstauensgesellschaft. Streitschrift fuer eine bessere Zukunft. Piper 1994.

[380] K. Dietz, D. Hennig, H. Kaletsch: Klassisches Altertum, Spätantike und frühes Christentum. Verlag Der Christliche Osten 1993.

[381] A.M. Ritter: Alte Kirche, Kirchen- und Theologiegeschichte in Quellen Bd. 1, Vandenhoeck & Ruprecht 2007, siehe auch zit. in
https://de.wikipedia.org/wiki/Ambrosius_von_Mailand#cite_note-6, abgefragt am 04.06.2017.

[382] Abb. 107. Die Mathematikerin Hypatia, in der Kirche Caesarion von einem Mob gegen sie aufgebrachter Christen ermordet, Photo von VladiMens,
https://commons.wikimedia.org/wiki/File:Hypatia_(Charles_William_Mitch ell).jpg, abgefragt am 8.11.2019.

[383] Abb. 108. Daderot, Ausschnitt aus Fresko von einer nestorianischen Kirche in Gaochang, China.
https://commons.wikimedia.org/wiki/File:Palm_Sunday_(probably),_Khoc ho,_Nestorian_Temple,_683-770_AD,_wall_painting_-
_Ethnological_Museum,_Berlin_-_DSC01741.JPG, abgefragt am 30.11.2019.

384 M. Rossabi, From Yuan to modern China and Mongolia: The writings of Morris Rossabi, Brill 2014, auszugsweise unter https://books.google.co.uk/books?id=GXejBQAAQBAJ&pg=PA385&redir_esc=y#v=onepage&q&f=false, abgefragt am 27.07.2017.

385 K. Bihlmeyer, Kirchengeschichte, Bd. 1, Schöningh 1955

386 F. Prinz, Von Konstantin zu Karl dem Großen. Entfaltung und Wandel Europas. Artemis & Winkler 2000

387 Abb. 108A. Karte des Frankenreiches zwischen 481 und 555. Altaileopard, CCA-SA 3.0. Der Eintrag der Langobarden wurde der Karte hinzugefügt. https://commons.wikimedia.org/wiki/File:Frankenreich_Expansion_481-555.png, abgefragt am 3.12.2019.

388 Abb. 108A: Eiserne Krone der Langobarden. J. Steakley. CCA-SA 3.0, https://commons.wikimedia.org/wiki/File:Iron_Crown.JPG, abgefragt am 3.12.2019.

389 Abb. 109. https://www.icollector.com/Roman-Rep-Theodosius-II-Solidus-441-450-AV-4-25g_i9259007, abgefragt am 15.09.2019.

390 J.B. Russell, Inventing the flat earth: Columbus and modern historians, Praeger 1997

391 R. Collins, Die Fredegar-Chroniken, Monumenta Germaniae Historica, Studien und Texte 44, Hahn 2007.

392 Platon, Phaidros, 274c-278b, Rowohlts Klassiker der Litertur und Wissenschaft, Griechische Philosophie Band 5, Platon, Sämtliche Werke Band 4, S. 54-58.

393 Yun Lee Too, Education in Greek and Roman antiquity. Brill, Boston 2001

394 W. Rüegg, A history of the university in Europe. Vol. 1, Universities in the Middle Ages, Cambridge Univ. Press 1992.

395 D. T. Suzuki, Der westliche und der östliche Weg, Ullstein 1960.

396 Abb. 110. Ibn Sina. Ursprung der Miniatur unbekannt. https://commons.wikimedia.org/wiki/File:Avicenna-miniatur.jpg, abgefragt am 17.11.2019

397 http://www.science-at-home.de/wiki/index.php/Liste_der_historischen_Weltreiche, abgefragt am 05.07.2017.

398 M. Weiers, Geschichte der Mongolen, Kohlhammer 2004

399 B.F. Manz, The rise and rule of Tamerlan, Cambridge Univ. Press 1989

400 C. Brockelmann, Geschichte der Islamischen Völker und Staaten, Olms 1977.

401 A. Klopprogge, Ursprung und Ausprägung des Abendländischen Mongolenbildes im 13. Jahrhundert, Harrassowitz Verlag 1993

402 Abb. 111: Versklavung der ungarischen Bevölkerung durch die Mongolen nach der Schlacht von Muhi. https://commons.wikimedia.org/wiki/File:Thur%C3%B3czy_Tat%C3%A1rj%C3%A1r%C3%A1s.JPG, abgefragt am 18.11.2019.

403 Abb. 112. D. Kasang nach C.D. Schönwiese, R. Janoschitz, Klima-Trendatlas Europa , Bericht Nr. 7, 2008, Institut für Atmosphär. Umwelt, Univ. Frankfurt/Main,

https://wiki.bildungsserver.de/klimawandel/index.php/Datei:Temp_eu10 00.jpg, abgefragt am 06.09.2019.

[404] Abb. 113. A. Lacroix, Vies des savants du moyen age, New York Public Library 2005 (orig. Verboekhoven 1867) https://commons.wikimedia.org/wiki/File:The_Disgrace_of_Averroes_-_Vies_Des_Savants_Illustr%C3%A9s.jpg, abgefragt am 1.12.2019.

[405] A. L. Gabriel: The Paris Studium: Robert of Sorbonne and His Legacy (Texts and studies in the history of mediaeval education) Univ. of Notre Dame, Verlag Josef Knecht 1992.

[406] James, Croake (1892). Curiosities of Christianity. London: Methuen. Kapitel: John of Damascus, champion of images. http://freepages.rootsweb.ancestry.com/~wakefield/history/39966-h/39966-h.htm#Page_131, agefragt am 23.04.2017.

[407] Bericht von Pater Bartolome de las Casas, zit in A. Landwehr, S. Stockhorst, Einführung in die Europäische Kulturgeschichte, UTB, Verlag Schöningh 2004, S. 318

[408] J. Meißner, U. Mücke, K. Weber, Schwarzes Amerika. Eine Geschichte der Sklaverei. München 2008

[409] http://www.planet-wissen.de/geschichte/menschenrechte/sklaverei/pwiesklavenfueramerika 100.html

[410] Dokumente zur Geschichte der europäischen Expansion, Hrsg. Eberhard Schmitt, Bd. 1, Die mittelalterlichen Ursprünge der europäischen Expansion, Hrsg. von Charles Verlinden und Eberhard Schmitt, Beck Verlag 1986, S. 218–231.

[411] R. Riedl, Evolution und Erkenntis, Piper Verlag 1982, S.198.

[412] E.M. Engels, Erkenntnis als Anpassung? Eine Studie zur Evolutionären Erkenntnistheorie. Suhrkamp 1989.

[413] Abb. 114. Blenheim Palace, Südansicht 2016, De Facto, https://commons.wikimedia.org/wiki/File:Blenheim_Palace_south_view_2 016.jpg, abgefragt am 5.11.2019.

[414] Abb. 115. Schloss Belvedere, Wien, Südansicht 2018, Bwag, https://commons.wikimedia.org/wiki/File:Wien_-_Schloss_Belvedere,_oberes_(1).JPG, abgefragt am 5.11.2019

[415] R. Mager, Zwischen Legitimation und Inspektion. Die Rheinlandreise Napoleon Bonapartes im Jahre 1804, 8. Napoleon als neuer Karl der Große in Aachen, Verlag Peter Lang 2018. https://www.peterlang.com/view/9783631695074/chapter8.xhtml, abgefragt am 2.12.2019.

[416] H. Malangreé, Blicke auf Europa, EFF ESS Verlagsanstalt 2011, S. 360

[417] Abb. 116. Napoleon zu Füßen des Throns von Kaiser Karl dem Großen, von Henri-Paul Motte. https://commons.wikimedia.org/wiki/File:Napoleon_in_Aachen,_Henri-Paul_Motte.jpg, abgefragt am 2.12.2019.

418 R. Deutinger: Rupert von Salzburg. In: Neue Deutsche Biographie, Band 22, Duncker & Humblot 2005.

419 https://www.heiligenlexikon.de/BiographienB/Bonifatius_Winfried.htm, abgefragt am 17.01.2017.

420 A. Cameron, The Last Pagans of Rome, Oxford Univ. Press 2011

421 M. Clauss, Alexandria, Schicksale einer antiken Weltstadt, Klett-Cotta 2004.

422 B.M. Lambert, Hrsg., Gregor der Große, Das Buch der Dialoge, Band 2, Eos Verlag 1995.

423 Ch. Staas, Benedikt gab es nicht. http://www.zeit.de/2010/16/GES-Interview/komplettansicht, abgefragt am 14.07.2017

424 http://helmut-dinter.de/Italien/CassinoMonte.htm, abgefragt am 14.07.2017.

425 https://www.onetz.de/deutschland-und-die-welt-r/lokales/rettung-der-bibliothek-von-montecassino-thema-bei-reservistenkameradschaft-schätze-vor-vernichtung-bewahrt-d1254236.html

426 W. Wegner, Attalos III. Philometor. In: Enzyklopädie Medizingeschichte, Hrsg. W. E. Gerabek, B. D. Haage, G. Keil, W. Wegner, De Gruyter 2005.

427 Edward J. Watts: City and school in Late antique Athens and Alexandria. University of California Press, Berkeley, California 2006

428 Procopius, Ewiger Frieden, https://de.wikipedia.org/wiki/Ewiger_Frieden, abgefragt am 18.9.2019

429 D. Jacquart, The Influence of Arabic Medicine in the Medieval West, in: R. Morelon, R. Rashed (Hrsg.), Encyclopedia of the History of Arabic Science. Routledge 1996.

430 D. Campbell, Arabian Medicine and Its Influence on the Middle Ages. Routledge, 2001.

431 Tacuinum Sanitatis in Medicina, Codex Vindobonensis series nova 2644, Akad. Druck- und Verlagsanstalt 1966.

432 J. Krause, T. Trappe, Die Reise unserer Gene, Propyläen 2019.

433 Siehe z.B. Stefan Zweig, Marie Antoinette, Fischer 1980.

434 N. Harnoncourt, Musik als Klangrede, Residenz Verlag 1982

435 Robert Darnton, Das große Katzenmassaker. Streifzüge durch die französische Kultur vor der Revolution. München/ Wien 1989, S.11-14, zit. in A. Landwehr, S. Stockhorst, Einführung in die Europäische Kulturgeschichte, UTB, Verlag Schöningh 2004, S. 94.

436 Soziale Ungleichheit in bronzezeitlichen Haushalten. Mitteilungen der Max Planck Gesellschaft, Sozialwissenschaften, vom 09.10.2019. https://www.mpg.de/13976900/1009-wisy-052382-social-inequality-in-bronze-age-households, https://www.shh.mpg.de/1508081/social-inequality-bronze-age, beide abgefragt am 12.01.2020.

437 S. Müller, Nordische Altertumskunde, Verlag Trübner 1897, S. 447

438 A. Gibbons, Why are adult daughters missing from ancient German cemeteries? ScienceMag 10.10.2019. https://www.sciencemag.org/news/2019/10/why-are-adult-daughters-missing-ancient-german-cemeteries, abgefragt am 12.01.2020.